Kurt Lüscher/Franz Schultheis (Hg.)

Generationenbeziehungen in »postmodernen« Gesellschaften

D1671767

Konstanzer Beiträge
zur sozialwissenschaftlichen Forschung

Herausgegeben von Rudolf Fisch und Kurt Lüscher

Band 7

UNIVERSITÄTSVERLAG KONSTANZ GMBH

Kurt Lüscher/Franz Schultheis (Hg.)

Generationenbeziehungen in »postmodernen« Gesellschaften

Analysen zum Verhältnis von Individuum,
Familie, Staat und Gesellschaft

UNIVERSITÄTSVERLAG KONSTANZ GMBH

Einbandvorderseite
Paul Klee, 1930, 260, (J 19), Familienspaziergang Tempo II
Paul Klee-Stiftung/Kunstmuseum Bern
© VG Bild-Kunst, Bonn, 1991

Die Deutsche Bibliothek – CIP-Einheitsaufnahme

Generationenbeziehungen in »postmodernen« Gesellschaften : Analysen zum Verhältnis von Individuum, Familie, Staat und Gesellschaft / Kurt Lüscher ; Franz Schultheis (Hg.). – Konstanz: Univ.-Verl. Konstanz, 1993
(Konstanzer Beiträge zur sozialwissenschaftlichen Forschung ; Bd. 7)
ISBN 3-87940-408-9
NE: Lüscher, Kurt [Hrsg.]; GT

ISSN 0933-1190
ISBN 3-87940-408-9

© Universitätsverlag Konstanz GmbH, Konstanz 1993

Satz: Claudia Wild, Konstanz
Druck: Siegl Druck GmbH, Friedrichshafen

Inhalt

V. GENERATIONENBEZIEHUNGEN UND GESELLSCHAFTSPOLITISCHE AUFGABEN

Vorwort

Die Beziehungen zwischen den Generationen finden in jüngster Zeit zusehends Aufmerksamkeit. In sozialwissenschaftlicher Perspektive ist vor allem wichtig, daß damit zum einen das Verhältnis von Eltern und Kindern innerhalb der Familie gemeint ist, zum anderen dasjenige zwischen Älteren und Jüngeren in der Gesellschaft; beide Bedeutungen lassen sich miteinander verbinden. Dies legt nahe, die Entwicklung des Individuums und der Gesellschaft über die wechselseitigen Einflüsse zwischen privaten, familiären und öffentlichen – gesellschaftlichen ebenso wie staatlichen – Lebensweisen zu analysieren. Die vielfältige Dynamik der Generationenbeziehungen lädt überdies ein, zeitdiagnostische Überlegungen anzustellen und sich der Provokation des Schlagwortes der »Postmoderne« zu stellen.

Arbeiten dieser Art entstehen gegenwärtig in mehreren Forschungseinrichtungen und Disziplinen sowie in interdisziplinären Ansätzen. Es zeichnet sich ein neues Verständnis eines alten Themas ab. Um darüber näheren Aufschluß zu gewinnen, machten wir die Thematik zum Gegenstand des II. Konstanzer Symposiums »Gesellschaft und Familie«, das im Herbst 1991 stattfand.

Wir stellten uns dabei mehrere Ziele. Zunächst lag es nahe, an das erste Symposium über »Die ›postmoderne‹ Familie« anzuknüpfen. Doch wir wollten das Thema – mithin auch die Analyse von Familie – ausweiten. Untersuchungen über Generationenbeziehungen sind weniger darauf angelegt, die typologische Vielfalt der privaten Lebensverhältnisse darzustellen als vielmehr ihre Dynamik zu untersuchen. Sie wenden sich überdies der besonderen Rolle der Frauen zu. Vor allem aber werfen diese Untersuchungen ein neues Licht auf die Möglichkeiten und Grenzen der sozialstaatlichen Maßnahmen und Einrichtungen. Dementsprechend gibt es wichtige Unterschiede, die zu internationalen und interkulturellen Vergleichen einladen. Um eine Verzettelung zu vermeiden, beschränkten wir uns auf die USA, Frankreich und die westliche Bundesrepublik Deutschland; in den Monaten, in denen wir das Symposium vorbereiteten, war es leider nicht möglich, in angemessener Weise die neuen Bundesländer einzubeziehen.

Eine mehrtägige Tagung bietet gute Möglichkeiten, um ein Forschungsfeld auszumessen. Nebst den Plenumsvorträgen, den Diskussionen in Ateliers und zusammenfassenden Bilanzen sind die persönlichen Gespräche überaus wichtig. Wir danken der Deutschen Forschungsgemeinschaft für die Grundfinanzierung. Zusätzlich standen uns Mittel aus dem laufenden Budget des vom Land Baden-Württemberg an der Universität Konstanz eingerichteten Forschungsschwerpunktes »Gesellschaft und Familie« zur Verfügung. Vor allem konnten wir auf den Einsatz mehrerer wissenschaftlicher und studentischer Mitarbeiterinnen und Mitarbeiter zählen; sie beteiligten sich auch an den redaktionellen Arbeiten, worauf bei den einzelnen Kapiteln hingewiesen wird.

Das vorliegende Buch ist indessen kein Bericht über die Verhandlungen des Symposiums. Vielmehr haben wir uns bemüht, eine eigenständige Publikation zu erstellen, von der wir hoffen, daß sie als Übersicht über das Forschungsgebiet sowie als alternativer Zugang zu einer Soziologie der Familie dienen kann. Dementsprechend waren die Autorinnen und Autoren eingeladen, die Beiträge zum Symposium zu überarbeiten, womöglich Querbezüge herzustellen und – wo sich dies anbot – wichtige Konzepte und Thesen hervorzuheben. Auf diese Weise sind teils Abhandlungen von offensichtlich systematischem, auch programmatischem Gepräge entstanden, teils in sich abgeschlossene Forschungsberichte, teils Verbindungen zwischen beidem. Bei aller Vielfalt und Offenheit der Thematik gibt es viele Gemeinsamkeiten des Vorgehens und inhaltliche Übereinstimmungen. Wir haben versucht, ihnen mit der Gliederung sowie im einleitenden Kapitel gerecht zu werden. Doch liegt es selbstverständlich in der Natur wissenschaftlicher Arbeit, daß die Argumentation im wesentlichen getragen wird durch die Originalität der Beiträge und die sich darin ausdrückende Individualität der beteiligten Kolleginnen und Kollegen. Wir danken ihnen darüber hinaus für die fristgerechte Niederschrift der Beiträge – im heutigen Wissenschaftsbetrieb keine Selbstverständlichkeit.

Die Verhandlungen während des Symposiums waren in deutscher, französischer und englischer Sprache geführt worden, unter anderem in der Absicht, sich der besonderen Problematik einer internationalen Zusammenarbeit zu stellen, in der grundsätzlich alle Sprachkulturen gleichwertig und gleichberechtigt behandelt werden, was wiederum von nicht geringer Bedeutung für die Analyse sozialer Tatbestände ist. Für die Herausgabe des Buches ergaben sich aus dem Umstand, daß Manuskripte in drei Sprachen vorlagen und die meisten Übersetzungen von Mitarbeiterinnen und Mitarbeitern in Konstanz vorgenommen wurden, zusätzliche Anlässe zur fachlichen Zusammenarbeit mit den Autorinnen und Autoren. Es erhöhten sich aber auch die Anforderungen im Umgang mit den Manuskripten. Barbara Werner nahm sich diesen Aufgaben mit Sachkunde und eindrücklichem Engagement an. Die akribische, oft mühselige Arbeit, eine integrale Bibliographie zu erstellen, lag in erster Linie in den Händen von Andreas Lange, M. A. Der Aufgabe, ein Sachregister zu erstellen, das die mannigfachen Querbeziehungen zwischen den Beiträgen nachweist und die Publikation in die Nähe eines Nachschlagewerkes und Lehrbuches zu bringen versucht, widmete sich mit großem Einsatz Peter Sägesser, VDM. Einen herausragenden Anteil am Zustandekommen des Ganzen haben der Leiter des Universitätsverlages, Walter Engstle, und insbesondere der Lektor, Dr. Artur Göser. Wir wissen uns mit ihnen in der Sorgfalt und der Wertschätzung einig, die alle Facetten des Büchermachens erfordern.

Wir können uns vorstellen, daß es Leserinnen und Leser gibt, die in diesem Band die dramatischen Töne vermissen, wie sie in jüngster Zeit in der Öffentlichkeit zum Verhältnis der Generationen zu hören sind. Sie finden sich in Prophezeiungen schwerwiegender Konflikte zwischen den Altersgruppen und basieren im wesentlichen auf Interpretationen demographischer Daten. Die Ergebnisse systematischer Forschungen in verschiedenen Ländern und sozialen Milieus, die in den Beiträgen zu diesem Band dargestellt und analysiert werden, sprechen eine nüchternere Sprache. Sie zeigen zwar die Schwierigkeiten, die sich für die einzelnen, in den Familien, im Staat und in der Gesellschaft stellen. Doch sie legen auch dar, welches Potential in der persönlichen Erfahrung der Generationenfolge und der durch sie begünstigten sozialen Logik der Beziehungen liegt. Diese Realitäten in ihren mannigfachen Erscheinungsweisen darzustellen und gedanklich zu durchdringen ist ein zwar nicht unbedingt spektakulärer, aber wie wir hoffen nützlicher Beitrag zum Diskurs darüber, wie die das Leben in »postmodernen« Gesellschaften kennzeichnenden persönlichen Ambivalenzen, strukturellen Widersprüche und gesellschaftspolitischen Probleme gelöst werden können.

Kurt Lüscher und Franz Schultheis

I. Einführung

Kurt Lüscher

Generationenbeziehungen –
Neue Zugänge zu einem alten Thema

1. Vorverständnisse und Schlüsselbegriffe

DAS »PROBLEM DER GENERATIONEN«

Der Begriff der Generation ist mehrdeutig. Das kann nicht überraschen; denn er bezieht sich auf Sachverhalte, welche die Menschen seit jeher erfahren und bedenken: die eigene Herkunft, das Verhältnis zu den Nachgeborenen, namentlich zu den eigenen Kindern, die Bedeutung des Alters und von Altersgruppen im alltäglichen Zusammenleben sowie für die gesellschaftliche Entwicklung. Das »Problem der Generationen« (Mannheim) stellt sich jeder Generation neu. Besonders brisant ist es in einer Zeit wie der unseren, die von vielen als gesellschaftlicher Übergang aufgefaßt wird.

Wie wirkt sich die im Vergleich zu früher wesentlich längere Lebensdauer aus? Warum vermindert sich gleichzeitig die Zahl und die Größe der Familien? Steht tatsächlich ein »Krieg der Generationen« bevor, wie viele befürchten? Oder gibt es Gründe in den Generationenbeziehungen ein Bollwerk gegen soziale Desintegration zu sehen? Welche Rolle spielt dabei die Sozial- und die Gesellschaftspolitik?

Auf Fragen wie diese werden heutzutage in erster Linie von den Sozialwissenschaften Antworten erwartet; sie fallen angesichts der Vielfalt der Lebensverhältnisse und der Entwicklungen unterschiedlich aus. Doch in einem besteht weitgehend Einvernehmen: Generationenbeziehungen sind ein Schlüssel zum Verständnis des menschlichen Zusammenlebens, heute wie eh und je und dennoch auf eine besondere Weise. In fast allen westlichen Gesellschaften verändert sich das demographische Gewicht der Altersgruppen. »Familie« wird offensichtlich anders verstanden und gelebt als noch vor wenigen Jahrzehnten. Der beschleunigte Wandel des Wissens und seiner technologischen Anwendungen führen dazu, daß nicht nur die Jüngeren von den Älteren lernen, sondern ebenso die Älteren von den Jüngeren. Seit jeher beeinflussen die Generationenbeziehungen in der Familie, in Organisationen und in der Gesellschaft das Verständnis und die Entfaltung der Persönlichkeit des einzelnen Menschen. Offen ist, in welcher Art und in welchem Ausmaß dies unter den heutigen Lebensbedingungen geschieht.

Die Mehrdeutigkeit des Begriffes ist bereits in seiner Etymologie enthalten.[1] Der Ursprung liegt im griechischen Wort »genos«. Seine Bedeutung drückt sich im zugehörigen Wert »genesthai« aus, als »zum Leben kommen«, ins Leben eintreten. In dem Moment, in dem ein Kind geboren wird, entsteht eine neue Generation: Die Entwicklung geht weiter und beginnt gleichzeitig von Neuem. An diese sehr weite Bedeutung werden wir erinnert, wenn wir bis in die Gegenwart feststellen, daß dann, wenn von Generationen die Rede ist, es häufig ganz allgemein um Grundfragen der menschlichen Existenz geht. Ähnliches können wir beispielsweise hinsichtlich der vielen Bedeutungen beobachten, die mit dem Wort »Familie« verknüpft sind.

Der römische Begriff »Generatio« verweist ebenfalls zum einen auf die Zeugungsfähigkeit, zum anderen auf die Geschlechterfolge: Leben werde immer neu gezeugt und dem einzelnen eine Postion im geschichtlichen Ablauf zugewiesen. Oder anders ausgedrückt: Die Entwicklung geht immerwährend vor sich, doch sie läßt sich über das Ereignis der Geburt neuen Lebens strukturieren. Konstitutiv für Leben ist Zeit, und konstitutiv für das menschliche Zusammenleben ist das Bewußtsein seiner Zeitlichkeit. Vorstellungen darüber, was Zeit ist, genauer, was mit Zeit gemeint ist, bilden das Herzstück der gesellschaftlichen Organisation. Die gedanklichen Konstruktionen von Zeit und ihr sozialer Ausdruck, die »gesellschaftlichen Konstruktionen« von Zeit, regulieren in einem hohen Maß das individuelle und gesellschaftliche Handeln. Die Entwicklung einer Soziologie der Generationenbeziehungen ist eng mit der Analyse von Theorien sozialer Zeit verknüpft.

Wird im Alltag von unterschiedlichen Generationen gesprochen, sind zunächst in der Regel jüngere und ältere Menschen gemeint, die zur gleichen Familie, ferner zur gleichen Organisation oder Gesellschaft gehören, jedoch aufgrund ihres unterschiedlichen Alters nicht dieselben Aufgaben, Pflichten und Rechte haben. Ihr gegenseitiger Einfluß ist unterschiedlich, häufig ebenso jener im Verkehr mit Dritten. Dementsprechend verweist der Begriff der Generationenbeziehungen auf eine bestimmte Ordnung, m. a. W. eine »soziale Logik« des Verhältnisses zwischen den Angehörigen unterschiedlicher Altersgruppen. Sie ist diesen Beziehungen eigen und hebt sie von anderen qualitativ und quantitativ ab; darauf verweisen Begriffe wie Bindungsverhalten, Solidarität, Autorität, Generationenkonflikt. Gemeint sind mit Generationenbeziehungen im hier zunächst verwendeten allgemeinen Sinne sowohl mikrosoziale Interaktionen als auch makrosoziale »Verhältnisse«; besondere Aufmerksamkeit erheischt, wie sie sich zueinander verhalten.[2]

Es geht nicht nur um Geburts- oder Eintrittsjahre. Diese kennzeichnen Alterskohorten. Der Begriff der »Generation« schließt Vorstellungen über die »Bewußtseinslage« ein. Illustriert an einem anderen soziologischen Schlüsselbegriff, jenem der sozialen Klasse: Dem Konzept der Kohorte entspricht in ungefähr jenes der sozialen Klasse »an sich«, demjenigen der Generation die soziale Klasse »für sich«. Das erste ist eine an äußeren Merkmalen orientierte Zuordnung; das zweite setzt eine Mentalität voraus, aus der sich ein Gefühl der Gleichartigkeit und der Zusammengehörigkeit ergibt. Generationen haben also nicht nur den Jahrgang oder das Eintrittsalter gemeinsam; sie haben nicht nur die gleichen Ereignisse erlebt. Es geht um Orientierungen, die für das Zusammenleben bedeutsam sind. Dies wiederum setzt Vorstellungen von der Identität des einzelnen und sozialer Systeme voraus.

In zeitlicher Hinsicht kann man sich – schematisch gesprochen – auf der einen Seite die »sozialen Systeme« im Mikro-, Meso- und Makrobereich, also Familien, Gruppen, Betriebe, Organisationen, Gemeinschaften und Gesellschaften vorstellen. Sie existieren länger als die Lebensspanne der einzelnen Mitglieder reicht, nämlich so lange wie eben neue hinzukommen und es gelingt, den Zusammenhalt im innern und die Eigenständigkeit gegen außen zu wahren sowie veränderten Anforderungen zu genügen. Auf der anderen Seite gibt es die Menschen als Individuen. Zugehörigkeiten, in die sie hineingeboren werden oder die sie erwerben können, verschaffen ihnen soziale Positionen. Diese bilden eine wichtige Basis der Bestimmung der personalen Identität des einzelnen, sowohl hinsichtlich der Zuschreibung durch die anderen als auch – subjektiv – durch sich selbst. Die Zugehörigkeit zu einer Generation ergibt sich aus dem Verhältnis zu den bisherigen Mitgliedern des sozialen Systems sowie zu möglichen künftigen Mitgliedern. Das Verhältnis zwischen zwei Generationen ist Teil einer Kette von Generationen; es umfaßt »Gleichzeitigkeit« und »Ungleichzeitigkeit«.[3]

Eine noch kaum genutzte Möglichkeit, diese theoretischen Annahmen konzeptuell zu integrieren, sehe ich darin, die Ideen von G.H.Mead zur Perspektivik menschlichen Handelns aufzunehmen und abzuwandeln (insbesondere Mead 1964 – s. Lüscher 1990). Mit dem Konzept der Perspektive bezeichnete Mead die »objektive« (d. h. von Dritten nachvollziehbare) Beziehung eines Individuums zu seiner Umwelt. Statt von Umwelt könnte man auch von »Lebenswelt« sprechen, um zu verdeutlichen, daß es um den sprachlich faßbaren und in diesem Sinne »objektivierbaren« Ausdruck des Verhältnisses geht, das ein Individuum in seinem Denken, Fühlen und Handeln zwischen sich selbst und und der Welt, in der es lebt, herstellt, und dabei gleichzeitig sich seiner selbst bewußt wird.[4] Perspektiven verbinden sich mit der Konstitution von Identitäten; sie ermöglichen die »exzentrische Positionalität« des Menschen (Plessner).[5]

Gemäß diesen Überlegungen sind Perspektiven zu denken als »Weltanschauungen«, welche die eigene Person einschließen und die Orientierungen des Handelns organisieren. Dem Konzept liegt die Annahme zugrunde, es gäbe kohärente, somit rekonstruierbare Zusammenhänge zwischen den Erfahrungen, die ein Mensch unmittelbar macht, seinem Wissen (das sich auf eigene Erfahrungen ebenso wie auf die ihm vermittelten Erfahrungen anderer stützt) und seinem Selbstbild, seiner »Identität« als Referenz seines Tuns. »Perspektiven« in diesem Sinne – so lautet die theoretische Annahme weiter – werden an den einzelnen im sozialen Raum herangetragen. Sie lassen sich somit verstehen als soziostrukturell akzentuierte und gefilterte Identitätsangebote, unter Umständen auch Identitätsgebote, die letztlich vom einzelnen, wenn er sie annimmt oder sich ihnen fügt, vor sich und anderen zu verantworten sind. Generationenspezifische Perspektiven können dies in empirisch differenziert zu bestimmender Weise und Gewichtung sein. Sie können vor dem Hintergrund eines Spektrums gedacht werden, dessen Eckpunkte die Gesellschaft und das Subjekt sind, je nachdem, ob die »Identität« der Person von ihrer Zugehörigkeit zur Gesellschaft, zu einer Nation, einem Staatswesen, einer Organisation, einer Gruppe, einer

Familie oder eben von Vorstellungen einer möglichst reinen »Subjektivität« bestimmt wird bzw. – im Falle präskriptiver Perspektiven – bestimmt werden soll.

Diese Argumentation ermöglicht folgende »Definition« des Begriffes Generation: Individuen verhalten sich als Angehörige von Generationen, wenn und insoweit sie ihr Handeln an Perspektiven orientieren, die sich auf ihre Zugehörigkeiten zu »Altersgruppen« (oder Beitrittsgruppen) in der Familie, der Gesellschaft und weiteren sozialen Systemen beziehen. – Der Begriff der Generation bezeichnet somit Kategorien von Individuen, von denen angenommen wird, daß sie unter Bezug auf den gleichen »Jahrgang« wichtige Verhaltensweisen an gleichen Perspektiven orientieren.[6]

Das Konzept der Perspektive nimmt hier Überlegungen auf, die Mannheim (op. cit. 550) im Anschluß an Pinder zum Begriff des »Generationenstils« bzw. der »Generationenentelechie« anstellt. Dabei ist in Rechnung zu stellen, daß der Ausgangspunkt dieser Autoren kulturhistorische, also makrosoziale Überlegungen sind. Dasselbe gilt für Ortega y Gasset, der in diesem Zusammenhang von einer »vitalen Fühlfähigkeit« (»vigencias«) der Generationen spricht, die sich in entsprechenden Mustern ausdrückt (hierzu auch: Marías 1987: 46–76). Attias-Donfut (1988: 56) setzt den Gedanken in Bezug zum Konzept des »Habitus«.

Die vorgeschlagene Umschreibung ist ein Versuch, in konzentrierter Form die mikro- und makrosozialen sowie die klassifikatorische und dynamische Komponente des Begriffes anzusprechen und aufeinander zu beziehen. Inwieweit nun *tatsächlich* generationenspezifische Erfahrungshorizonte für individuelle und gesellschaftliche Entwicklungen von Belang sind, ist durch empirische Forschung abzuklären. Dabei ist sowohl der mulitplen Zugehörigkeit zu Generationen, namentlich zu einer Familien- und einer Gesellschaftsgeneration, Rechnung zu tragen als auch zu erhellen, wie sich diese Zugehörigkeiten wechselseitig beeinflussen. Überdies ist der Konkurrenz durch andere identitätsstiftende Zugehörigkeiten und Zuschreibungen Rechnung zu tragen, beispielsweise Geschlecht, Religion, Nation und soziale Klassen.

GENERATIONENBEZIEHUNGEN

Verschiedene Generationen können gemäß der vorgeschlagenen Definition gleiche oder ähnliche Handlungsorientierungen haben; das ist für das Zusammenleben konstitutiv. Tugenden wie »Sparsamkeit« oder »Treue« nehmen beispielsweise in den Orientierungen bestimmter Generationen eine hohe Priorität ein. Andere Generationen ordnen sie Erwägungen über ihren individuellen Nutzen unter. Es lassen sich aber auch Dichotomien bilden, um die Handlungsorientierung bestimmter Generationen zu charakterisieren, z.B. sparsam vs. verschwenderisch, prüde vs. freizügig. Einen anderen wichtigen Bezug stellt die Technologisierung des alltäglichen Lebens her. Über Perspektiven läßt sich einerseits praktischer Konsens zwischen den Generationen herstellen, andererseits entzünden sich daran die Konflikte zwischen ihnen.

Der Begriff des Generationenkonfliktes wird besonders häufig gebraucht, um zu sagen, daß sich die Jungen gegen die Alten auflehnen und deren Anspruch in Frage stellen, die gegenseitigen Beziehungen zu dominieren und hieraus das Zusammenleben kraft ihres Alters und damit erworbener Positionen zu bestimmen. Es handelt sich um ein geradezu klassisches Thema der Jugendsoziologie. Neuerdings drängt sich ein weitergefaßtes Verständnis in den Vordergrund. Von Generationenkonflikt, sogar von einem »Krieg der Generationen« ist die Rede, wenn vitale Interessen aufeinanderprallen, z. B. hinsichtlich der Verteilung wirtschaftlicher Mittel oder der Nutzung ökologischer Ressourcen.

Damit Interaktionen den Charakter von Generationenbeziehungen haben, ist es, theoretisch gesprochen, notwendig, eine allgemeine Vorstellung von Generation haben. Diese kann manifest sein, wenn der Begriff ebenso im öffentlichen Diskurs ebenso wie im privaten Gespräch verwendet wird. Manifest wird Generationenzugehörigkeit auch in Symbolen, beispielsweisen in der Kleidung, im Haarschnitt oder in Vorlieben für Musik. Es gibt fließende Übergänge; so weisen Umgangsformen und sprachliche Ausdrücke auf Generationen hin, ohne daß dies allen Beteiligten gegenwärtig sein muß. Die Generationenzugehörigkeit ist dann eher latent; es bedarf eines konkreten Anlasses oder spezifischer Interpretationen, um sie ins Bewußtsein zu haben.

Die Kennzeichnung von Generationen hat somit im öffentlichen Raum den Charakter »sozialer Konstruktionen«. Es wäre indessen irreführend, anzunehmen, daß sie beliebig, d. h. ohne Bezug auf »objektive« Merkmale und Sachverhalte entstehen. Die Kennzeichnungen sind das Ergebnis von Prozessen der Interpretation und ihrer Institutionalisierung. Darüber können sich Generationenkonflikte entzünden, beispielsweise in Bezug auf rechtliche Regelungen über die Volljährigkeit oder Vorschriften über den Austritt aus dem Erwerbsleben (s. Kohli idB). Sogar die historische Festlegung von Generationen kann umstritten sein, wie Berger (1960: 18) darlegt; denn eine Zeit zu benennen erfüllt nicht nur diagnostische, sondern auch ideologische Funktionen.

Im Anschluß an diese Überlegungen stellt sich die Frage, ob es Aufgaben gibt, deren Verständnis und deren Lösung die verschiedenen sozialen Bedeutungen von Generationenzugehörigkeit konkretisieren. Wird weit ausgeholt, können diese Aufgaben anthropologisch umschrieben werden, nämlich als angelegt im Umstand, daß der menschliche Nachwuchs während Jahren auf die Pflege, Fürsorge und Erziehung durch die Älteren angewiesen ist. Damit sind spezifische Lernerfahrungen verbunden. In späteren Lebensphasen stehen Generationen u. a. vor der Aufgabe, den Transfer von ökonomischem und kulturellem Kapital zu regeln. In neuester Zeit ist die Nutzung natürlicher Resourcen aller Art und der Umgang mit Risiken hinzugekommen. Eine hohe Lebensdauer schafft Aufgaben im Umgang mit Krankheit und Hilfsbedürftigkeit. In der Psychologie ist in diesem Zusammenhang von Entwicklungsaufgaben die Rede (s. Trommsdorff idB), ein Konzept, das sich generalisieren läßt, wie dies im Ansatz von Bronfenbrenner (idB) geschieht.

Generationenbeziehungen liegt, so kann jedenfalls mit guten theoretischen Gründen postuliert werden, eine sie kennzeichnende »soziale Logik« zugrunde. Ihr Grund liegt in der lebenszeitlichen Asymmetrie von »jünger« und »älter«, der Einordnung in eine Entwicklungsfrage und der gemeinsamen Zugehörigkeit. Diese Struktur verbindet sich in einer im einzelnen empirisch zu ermittelnden Weise mit Dimensionen wie Macht und Reziprozität, die ebenfalls soziale Beziehungen kennzeichnen sowie mit den inhaltlichen Aufgaben, die sich den Beteiligten stellen. Aufmerksamkeit hat überdies seit jeher die Frage gefunden, wie aus Art und Weise, in der junge Generationen das kulturelle und soziale Erbe interpretieren, ein Neues entstehen kann, inwiefern also die Analyse von Generationenbeziehungen geeignet ist, den Prozessen der sozialen »Emergenz« auf die Spur zu kommen. »Soziale Logik« könnte dann als »sozialer Kode« aufgefaßt werden, der den Generationenbeziehungen zugrundeliegt und der durch tatsächliches Handeln weitergegeben, bekräftigt und unter Umständen modifiziert wird.

Es bietet – wie erwähnt – keine besonderen Schwierigkeiten, die vorgeschlagene Umschreibung des Begriffes der Generation auf die gesellschaftlichen Meso-Bereiche, also auf Organisationen aller Art, auf Verbände, Vereine und Betriebe, ferner auch auf Mikrobereiche wie Gruppen anzuwenden bzw. auszuweiten, wobei an Stelle des Lebensalters der Zeitpunkt des Eintrittes bzw. der Aufnahme in die Organisation oder die Gruppe treten kann. Die Dauer der Mitgliedschaft bildet hier die naheliegende zeitliche Referenz. Es gibt dafür in der Alltagssprache Bezeichnungen, z.B. Junioren und Senioren, Anfänger und Fortgeschrittene, »alte Herren« und »Füchse«. In vielen Organisationen gibt es eigentliche Karrieren im zeitlichen Verlauf der Mitgliedschaft, bisweilen verbunden mit dem Lebensalter.

In der Familie, der für das Verständnis von Generationenbeziehungen eine besondere Bedeutung zukommt, entsprechen Generationen sozialen Rollen, die das Verhältnis von Eltern und Kindern umschreiben und über die Lebensphasen hinweg strukturieren. Die Beziehungen haben, vom Fall der Adoption abgesehen, biologische Wurzeln, die über mehrere Generationen wirksam sein können (hierzu insbesondere Bronfenbrenner idB). Hinzu kommen die Dispositionen als Folge des sogenannten Bindungsverhalten. Vieles spricht für die These, daß Generationenbeziehungen das »proprium« von Familie bilden (so auch Max Weber 1964: 275–279). Sie sind institutionell in vielen Kulturen den Formen und Regeln der Heirat bzw. der Partnerschaft vor- bzw. übergeordnet.

Generationenbeziehungen in der Familie zeichnen sich somit dadurch aus, daß ihnen eine – wie auch immer wahrgenommene und interpretierte – »Verantwortung« der Eltern zugrunde liegt. Ihr entspricht eine Asymmetrie der Abhängigkeit und des Einflusses, häufig »Autorität« genannt, ein Begriff bzw. Sachverhalt, dessen Verständnis allerdings kultur- und zeitbedingt ist. Mit dem Heranwachsen des Kindes verschiebt sich diese Asymmetrie und kann sich sogar – bei Pflegebedürftigkeit im hohen Alter – umkehren.[7] Kennzeichenend für unsere Gegenwart ist gerade der Umstand, daß durch die Ausweitung der Lebensdauer sich die »soziale Logik« der Beziehungen zwischen den Generationen – im Laufe des Lebens – mehrmals ändert. Wie andere Grundregeln des menschlichen Zusammenlebens »dynamisiert« und differenziert sie sich.

In Familien als alltägliche Lebensgemeinschaften können die Menschen besonders häufig, vielfältig und anschaulich die Erfahrung machen, daß ein und dieselbe Handlung subjektiv Unterschiedliches bedeuten kann, weil eben die Älteren und die Jüngeren stets in unterschiedlichen Phasen der Persönlichkeitsentwicklung stehen. So wird denn auch die Auffassung vertreten, daß die meisten Menschen zunächst in der Familie erfahren, was Generationenzugehörigkeit sozial bedeutet, die Grundmuster von Generationenbeziehungen

22

in den meisten Fällen also im Familienverband ihren Ursprung haben (so Donati 1991a). In der Familie gilt also in ausgeprägter Weise, was über die Zugehörigkeit zu einer Generation in der Gesellschaft gesagt werden kann: Die elementare Verschiedenheit der Lebensperspektiven und die Unterschiede bei der Interpretation gemeinsamer Perspektiven vor dem Hintergrund der Mitgliedschaft in einem das Leben des einzelnen überdauernden sozialen Systems ermöglichen die Entwicklung persönlicher Identität.

MEHRFACHE GENERATIONENZUGEHÖRIGKEITEN UND -BEZIEHUNGEN

Die Komplexität der mit dem Begriff der Generation angesprochenen Sachverhalte kommt erst richtig ins Blickfeld, wenn bedacht wird, daß der einzelne mehrfache Erfahrungen der Generationenzugehörigkeit macht, sowohl in sozialräumlicher als auch in sozialzeitlicher Hinsicht. Es lassen sich somit vier Grundtypen von Generationen unterscheiden:

Sozial		
– zeitlich	*– räumlich*	
	Mikro-	Makrosoziologisch
Aktuell	Kernfamilie	Gesellschaftsgeneration
Historisch	Verwandtschaft	Geschichtsgeneration

Diese vier Grundtypen sind miteinander verknüpft. Konkret äußert sich dies in der Art und Weise, wie die einzelnen Generationenbeziehungen gelebt und gestaltet werden. Als allgemeine These läßt sich postulieren: Wird eine Person im Hinblick auf ihre Zugehörigkeit zu einer der vier Grundformen charakterisiert, so ist prinzipiell anzunehmen, daß sie darin auch von ihren anderen Generationenzugehörigkeiten beeinflußt werden kann. Auch in diesem Sinne kann zwischen manifesten und latenten Generationenzugehörigkeiten unterschieden werden, nämlich denjenigen, die unmittelbar (und sozial bewußt) erfahren oder angesprochen werden und diejenigen, die im Hintergrund (und sozial nicht oder nur teilweise bewußt) von Belang sind. – Für die Forschung kann es nützlich sein, zwischen dem mikrosozialen und dem makrosozialen noch einen mesosozialen Bereich zu unterscheiden.

Eine weitere Dimension betrifft die Tragweite bzw. die Verbindlichkeit der Generationenzuschreibungen bzw. -zugehörigkeiten. Als Kontrast zur unausweichlichen Abkommenschaft seien die sich in rascher Folge ablösenden Generationenzugehörigkeiten genannt, auf die sich die Werbung von Konsumgütern bezieht, durchaus betonend, daß sich damit Identitätsvorstellungen ausdrücken lassen. Das Ausmaß multipler, sich u. a. widersprüchlicher Generationenzugehörigkeiten des einzelnen sowie das Verhältnis zwischen der Logik privater und öffentlicher Generationenbeziehungen läßt sich – worauf im vierten Teil dieses Kapitels eingegangen wird – mit zeitdiagnostischen Charakterisierungen verbinden.[8]

Zusammengefaßt ergibt sich aus dieser ersten Annäherung an die Schlüsselbegriffe: Eine Generation bildet sich im Verhältnis zu einer anderen heraus. Um das bereits eingeführte Wortspiel aufzugreifen: Es gibt keine Generation an sich, sondern stets nur eine für sich, und als solche bedarf sie des sozial organisierten Gegenübers anderer Generationen und eines minimalen gesellschaftlichen Bewußtseins dieser Zusammenhänge. Wesentlich für die Entwicklung des einzelnen wie der Gesellschaft sind – sowohl in der Praxis als auch in der Theorie – die Generationenbeziehungen. Das heißt auch: Menschen »beziehen« sich in ihrem Handeln auf diese Zugehörigkeiten – eine weitere Bedeutung des Wortes »beziehen«, die unserer Argumentation durchaus gelegen kommt. Diesem Handeln lassen sich Qualitäten eigener Art zuschreiben, die für die Konstitution individueller und kollektiver Identitäten und das daran orientierte Handeln in einem empirisch genauer zu bestimmenden Maß relevant sind.

2. Sozialwissenschaftliche Ansätze und Forschungsstrategien

TRADITIONELLE ANSÄTZE IM ÜBERBLICK

Die historische Entwicklungslinie sozialwissenschaftlicher Generationentheorien wird in der Regel – so auch von Marìas (1968) und neuerdings ähnlich von Attias-Donfut (1988, 1991) von Comte über Mill, Ferrari, Dilthey ins 20ste Jahrhundert gezogen (s. a. Anm. 1). Eine wichtige Rolle im Übergang von einem geistes- zu einem sozialwissenschaftlichen Verständnis kommt Ortega y Gasset zu. Für ihn repräsentieren Generationen das dynamische Verhältnis von Masse und Individuum; sie werden so zum wesentlichen Anlaß des sozialen Wandels. In konkreten Generationen manifestieren sich Lebenseinstellungen; sie variieren diese im Laufe der Zeit. Das Studium der Generationen ist somit seiner Ansicht nach geeignet, den Lauf der Geschichte zu erhellen; sie ermöglichen eine »soziale Kartographie«. Diese Sichtweise findet sich unter anderen Vorzeichen wieder in Vorschlägen, die Analyse der Generationenfolge mit jener des sozialen Wandels zu verbinden (z. B. Eckert 1989). Dies läßt sich bis in den Bereich der Zeitdiagnose fortsetzen, wozu namentlich die 68er Jahre Anlaß boten (so z. B. Riedel 1969 und – dem Schicksal der 68er journalistisch nachgehend – Horx 1989). In enger Verwandtschaft dazu steht die vor allem in der Jugendsoziologie verbreitete Beschäftigung mit dem sogenannten Generationenkonflikt (hierzu als Beispiele ältere Darstellungen Neidhart et al. 1966, Mead 1974, aktuell und kritisch: Oswald und Boll 1992).

Wichtigster Bezugspunkt, auf den sich verschiedene Ansätze beziehen, ist bis heute Mannheims klassischer Essay »Das Problem der Generationen« (1964, original 1928). Er beanstandete, »daß es an einer Einheitlichkeit der Problemstellung mangelt« (S. 522). Diese strebte er zunächst im Rahmen einer »formalsoziologischen Klärung« an, in deren Rahmen er dafür plädiert, sich auf »das spezifische Miteinander der in der Generationseinheit verbundenen Individuen« zu konzentrieren (S. 524). Sie besteht seiner Ansicht nach in einer »verwandten Lagerung der einer Generation zurechenbaren Individuen im sozialen Raum« (S. 526f.). Doch zur Verbundenheit braucht es überdies eine »Partizipation an den

24

gemeinsamen Schicksalen« (S. 542). Erst über diesen Generationenzusammenhang kann eine Generationseinheit entstehen. Daß sie sich immer neu konstituiert, ist der Anlaß, gewissermaßen der Motor sozialen Wandels. Mannheim stützt sich dabei auf Vorstellungen eines biologischen Rhythmus (Attias-Donfut 1991: 26).

Matthes kritisiert (1985), daß Mannheim das Potential seines kultur- und »denk«-soziologischen Ansatzes für die Analyse des Problems der Generation nicht ausreichend genutzt hat, indem er in der »Verräumlichung« des Konzeptes – gegen seine eigenen Absichten – verhaftet bleibt. Dadurch verfehlt er die nach Matthes grundlegende Einsicht, generationelle Verhältnisse zu erkennen als »eine Modalität der gesellschaftlichen Regelung von Zeitlichkeit, in der es um die Verarbeitung der Erfahrung von Ungleichzeitigkeit in Erfahrungs- und Erinnerungsbeständen geht, die je für sich Konsistenz und Plausibilität aus dem Umstand ihrer Gleichzeitigkeit gewinnen, – auch und gerade dann, wie Mannheim betont hat, wenn sie im Blick auf geteilte Erfahrungen polare Typisierungen in sich enthalten. Der Blick wird damit von Generationen als Altersgruppen mit je in sich gemeinsamen, unter sich verschiedenen Orientierungen weg auf kulturelle Typisierungen und Regelungen von Zeitlichkeit gerichtet, für die generationell ausgeprägte Altersgruppen als gesellschaftliche Indikatoren stehen« (S. 363).

Matthes vertritt somit unter Bezug auf die neuere Lebenslauf- und Sozialisationsforschung die Auffassung, ein Schlüssel zum Verständnis des Problems der Generation liege darin, die »Generationen-verhältnisse« (S. 369), mit anderen Worten, die zeitlichen Qualitäten der Interaktionen zwischen den Angehörigen unterschiedlicher Generationen, herauszuarbeiten: »Denn genau das ist die gesellschaftliche ›Leistung‹, die über die generationellen Verhältnisse erbracht wird: chronologisch gegeneinander versetzte Muster der Weltwahrnehmung, wechselseitig identifizierbar zu machen, in ihrer Konfrontation aus der Selbstverständlichkeit ihrer ›konjunktiven Geltung‹ unter den Gleichzeitigkeiten herauszuholen, zurechenbar und ›verhandlungsfähig‹ zu machen. Nicht um ›Generationen‹ als wie auch immer gestaltete und bestimmbare Gruppen geht es, sondern um generationelle Verhältnisse« (S. 369). Unter Bezug auf das Konzept der Perspektive, wie es vorne eingeführt worden ist, ließe sich somit sagen, das Wesentliche am Verhältnis der Generationen zueinander sei die Vielfalt der Perspektiven, also die Multiperspektivität und der Umgang mit ihr, d. h. die unter diesen Umständen entstehenden Formen individuellen und kollektiven Handelns.

Ebenfalls im Anschluß an Mannheim und überdies ein von Davis (1940) entwickeltes Modell zum Konflikt zwischen Eltern und Jugendlichen nutzend haben Buchhofer, Friedrichs und Lüdtke (1970) einen Bezugsrahmen im Hinblick auf empirische Forschungen entworfen. Sie definieren Generation als ein »Aggregat« von Altersgruppen, deren charakteristische Orientierungs- und Verhaltensweisen sich von denen anderer Altersgruppen zum Zeitpunkt T1 unterscheiden« (S. 308). Im Zentrum steht für sie »Information« als Basis integrierter Handlungsmuster. Es wird angenommen, sie sei altersgruppen- und generationenspezifisch verteilt und in ihrer Nutzung an soziale Subkulturen gebunden. Zwischen der Dynamik des sozialen Wandels und dem Umfang sowie der Anzahl der Generationen in einer Gesellschaft besteht ein enger Zusammenhang (S. 309). Er äußert sich darin, »wie sich Alter und Rezeption von Information im Lebenszyklus von Altersgruppen zueinander verhalten und mit welchen charakteristischen kulturellen Distanzen zwischen den Generationen im Zeitlauf zu rechnen ist« (S. 313). Gestützt auf diese Prämissen stellen die Autoren einen differenzierten Satz von »Hypothesen zur Generationendynamik« (S. 234ff.) auf. Forschungspraktisch verweisen sie auf den Kohortenansatz.

Immer wieder wird die Polysemie des Begriffes der Generation thematisiert (Attias-Donfut 1991, Bacon 1964). Kertzer (1983) sieht darin einen Vorteil für den populären, jedoch einen Nachteil für den wissenschaftlichen Gebrauch. Segalen (idB) geht sogar soweit, vorzuschlagen, auf den Begriff für sozialwissenschaftliche Analysen überhaupt zu verzichten und statt dessen die »Transmission« in den Vordergrund zu rücken. Eine andere Konsequenz, die namentlich in der amerikanischen Literatur gezogen worden ist, besteht darin, wie erwähnt, den Begriff der Generation auf Verwandtschaftsbeziehungen zu beschränken (Kertzer op. cit. 128, Riley 1987). Für diese Auffassung plädiert auch Schmied (1984).

Demgegenüber wird immer wieder gefordert, gesellschaftliche Kategorien, die primär am Alter orientiert sind, als Kohorte zu bezeichnen, wobei allerdings die im öffentlichen Diskurs vorgenommenen bzw. bekräftigten sozialen Klassifikationen und ihre Veränderungen nicht außer Acht bleiben sollten. Kertzer (op. cit. 128ff.) beanstandet, daß oft Kohorten mit Generationen gleichgesetzt und ohne nachvollziehbare Begründung der eine oder andere Begriff abwechselnd verwendet wird. Ausführlich mit dem Begriff der Kohorte beschäftigt sich Pfeil (1967) und verweist auf die Schwierigkeiten, die sich bei der Umsetzung des Begriffes der Generation in der empirischen Forschung ergeben. Mit einer gewissen, hier jedoch vertretbaren Vereinfachung läßt sich sagen, daß auch in den ausgeprägt unter funktionalistischen Gesichtspunkten vorgenommenen Analysen die Altersgruppen im Vordergrund stehen. Stellvertretend kann hier Eisenstadt (1956) genannt werden, dessen Abhandlung »Von Generation zu Generation« bezeichnenderweise im Untertitel von »Altersgruppen und Sozialstruktur« spricht. In diesem Zusammenhang sind auch die Versuche zu sehen, für die jüngere Vergangenheit »Generationen« mittels Umfragen historisch zu bestimmen.[9]

Kretzer (op. cit.) bietet im übrigen einen ausführliche Übersicht über die neuere angelsächsische, insbesondere die amerikanische Literatur. Die britischen Arbeiten werden ausführlich von Finch (1989) gewürdigt. Der zweite italienische Familienbericht (Donati 1991a) behandelt eingehend das Verhältnis der Generationen und nimmt dies zum Anlaß, nebst einschlägigen internationalen die jüngsten italienischen Arbeiten darzustellen, wobei der Ansatz einer »Soziologie der Beziehungen« (siehe Donati 1991a, 1991b) als ordner Gesichtspunkt dient, auch im Hinblick auf sozialpolitische Folgerungen. In der umfassenden Soziologie der Generationen von Attias-Donfut (1988) wird insbesondere auch die französische Literatur ausführlich berücksichtigt. Eine umfassende Dokumentation demographischer Daten und eines Bestandesaufnahme der Literatur in Deutschland enthält der »Vierte Familienbericht« von 1986 über »Die Situation der älteren Menschen in der Familie«; er ist auch deswegen wichtig, weil damit die Thematik gewissermassen offiziell in den öffentlichen Diskurs eingeführt worden ist. Übereinstimmend zeigen diesen neueren Darstellungen, daß es sich nach wie vor um ein breites und heterogenes Feld handelt, das

26

dementsprechend auf den ersten Blick die Vieldeutigkeit des Begriffes selbst wiederspiegelt, sich jedoch lassen sich neue Zugänge erkennen lassen, die eine stärkere Strukturierung versprechen.

NEUE ZUGÄNGE

Die Soziologie des Lebenslaufes führt konsequent eine These weiter, die in den 60er Jahren in der Sozialisationstheorie und -forschung aufgekommen ist, daß nämlich Sozialisation ein lebenslanger Prozeß ist. Damit wandte sich die Aufmerksamkeit den Bezugspersonen in Familie, Schule, Beruf, Freizeit und Politik zu, die in den verschiedenen Phasen des Lebenslaufes wichtig sind. Um ihre Rolle angemessen zu analysieren erwies es sich als fruchtbar, historische Ereignisse und Entwicklungen miteinzubeziehen, beispielsweise die »großen Depression« in den USA. Ein neues Verständnis der Generationenbeziehungen ergab sich insbesondere aus dem Vergleich mit einer anderen »Generation« von Eltern bzw. von Kindern und Jugendlichen, die geprägt war durch die wirtschaftliche Depression in den 70er Jahren. Teils angeregt von diesen Ideen Elders (1974),teils parallel zu ihm, analysierten andere Autorinnen und Autoren ebenfalls Lebensläufe und Generationenbeziehungen in sozialen Kontexten, so Clausen mittels der – von ihm mehrfach ergänzten – Längsschnitt-Daten des »Institute of Human Development« in Berkeley (s. den Beitrag Clausen idB sowie zusammenfassend Clausen 1993). Einen ausgeprägt historischen Ansatz hat Hareven erarbeitet (s. den Beitrag idB und die dort genannte Literatur). Gewissermaßen eine Subspezialisierung innerhalb der Soziologie des Lebenslaufes stellt die Soziologie des Alters dar, die – wiederum als Teil einer interdisziplinären Altersforschung – aus naheliegenden Gründen einen mächtigen Aufschwung genommen hat.

Als eine Verallgemeinerung der Sozialisationsforschung kann Bronfenbrenners Ökologie der menschlichen Entwicklung angesehen werden. Je mehr sie ausgearbeitet wurde, desto expliziter wurden auch die Querbezüge zu den Analysen des Lebenslaufes sowie zur Psychologie und zur Soziologie des Wissens. Hinzu kommt neuerdings ein ausgeprägtes Interesse, die Dimension sowie das Verständnis von Zeit in das Modell miteinzubeziehen, wozu das Konzept des »Chronosystems« vorgeschlagen wird. In seinem Beitrag zu diesem Band legt Bronfenbrenner erstmals das Ergebnis von Überlegungen vor, wie die Ökologie der menschlichen Entwicklung für die Generationenanalyse genutzt werden kann. Bezeichnenderweise setzt er bei den Beziehungen ein; in seiner Terminologie sind es die »proximalen Prozesse«.

Die Soziologie der Zeit hat in den letzten Jahren einen immensen Aufschwung genommen. Sie wird mittlerweile als allgemeine Theorie der Sozialität betrieben, wie dies beispielsweise bereits bei Meads »Philosophy of the Present« (1932) angelegt ist. Ebenso wird Zeittheorie zur Zeitdiagnose genutzt (so z.B. Nowotny 1989). Zeittheoretische Überlegungen sind namentlich geeignet, das Verhältnis unterschiedlicher Generationen und die Dynamik ihrer Beziehungen systematisch darzustellen, worauf im kurzen Referat über Matthes (1985) im vorigen Abschnitt hingewiesen wird und was verschiedene Beiträge in diesem Band darlegen (insbesondere Bronfenbrenner, Gubrium, Hareven, Moen, Pitrou). Sie lassen den Schluß zu, daß ein neues theoretisches und empirisches Interesse am Problem der Generation durch die Soziologie der Zeit gefördert worden ist.[10]

In gewisser Hinsicht auf entgegengesetzten Prämissen, nämlich der Erfahrung praktischer Probleme, beruhen die Impulse, die von der Sozialpolitik ausgehen. Oft wird der Begriff der Generation hier zunächst vorausgesetzt, entweder vor dem Hintergrund von Vorstellungen über einen ebenfalls gewissermaßen sich von selbst verstehenden »Konflikt der Generationen« oder – damit häufig verbunden – gestützt auf die demographischen Gewichtsverlagerungen unter den Altersklassen. Sie verweisen auf widersprüchliche oder paradoxe Begründungen und Konsequenzen wohlfahrtsstaatlicher Maßnahmen und Einrichtungen. Diese legitimieren sich beispielsweise mit der Vermutung einer zurückgehenden, sogar einer mangelnden Solidarität in den Familien; zugleich stellen sie eine solche weiter in Rechnung und erklären sie sogar für einforderbar. Daraus ergibt sich die Frage nach Kriterien einer »Gerechtigkeit zwischen den Generationen« (hierzu Kaufmann, Schultheis, Fach idB). Noch komplizierter wird das Bild, wenn der Gedanke auf das Verhältnis jener Teile der Bevölkerung, die eine eigene Familie haben, und jenen, die darauf verzichten, ausgeweitet wird. Die Vorstellung eines Generationenvertrages bedarf unter diesen Umständen neuer Klärungen (Wingen 1988, journalistisch z. B. Adam 1992).

Wichtige Impulse sind schließlich in den letzten Jahren von der Frauenforschung gekommen. Sie hat – theoretisch – unter anderem die geschlechtsperspektivische Rekonstruktion sozialer Verhältnisse und Prozesse zum Thema, oft parallel zur Dekonstruktion der in einer ausschließlich männlichen Perspektive gewonnenen Erkenntnisse. Dem entspricht – empirisch – die Untersuchung jener besonderen Entwicklungsaufgaben, ferner Belastungen und Leistungen, die in Familie und Gesellschaft von Frauen erbracht werden, und denen oft genug die sozial- und gesellschaftspolitische Anerkennung fehlt. Der rasche Wandel im (Selbst)-Bewußtsein der Frauen führt unter ihnen zu einer dichteren Generationenfolge, deren Analyse wiederum für das allgemeine Verständnis von Generationenbeziehungen wichtig ist (wie Pitrou und die Beiträge des vierten Teils in diesem Band belegen).

ENTWICKLUNGSLINIEN

In den neueren Arbeiten lassen sich, ungeachtet der nach wie vor bestehenden Vielfalt, einige Entwicklungslinien erkennen, die, auf einen knappen Nenner gebracht, folgendermaßen umschrieben werden können:
– Die Aufmerksamkeit verlagert sich von der Beschäftigung mit Generationen als Einheiten der sozialen Morphologie zum Verhältnis der Generationen bzw. zu Generationenbeziehungen als dynamischem Element, also als einem Grundprozeß menschlicher Entwicklung. Die Orientierung an räumlichen Modellen wird durch eine solche an zeitlichen Modellen abgelöst. Das soziale Bewußtsein von Zeitlichkeit und ihrer Tragweite für die Gestaltung von Lebenszusammenhängen gilt dabei in Theorie und

Praxis als ein Schlüssel zum allgemeinen Verständnis menschlicher Sozialität schlechthin.

– Menschliche Entwicklung läßt sich am besten erfassen, wenn den wechselseitigen Verflechtungen von individueller und gesellschaftlicher Entwicklung Rechnung getragen wird. Generationenbeziehungen stellen einen Kristallisationspunkt dieses Geschehens dar. In den frühen Phasen der individuellen Entwicklung, doch nicht nur in diesen, ist grundsätzlich die Zugehörigkeit zu einer Familie von besonderem Belang, wie immer sie empirisch gestaltet sein mag. Diese wiederum ist auf mannigfache Weise mit Meso- und Makrosystemen der Gesellschaft verknüpft. Generationenbeziehungen lassen sich somit im Hinblick auf spezifische, letztlich anthropologisch vorgegebene Entwicklungsaufgaben untersuchen. Die Art und Weise, wie sie gestaltet und gelöst werden, beeinflußt die soziale Integration der Individuen in die Gesellschaft und folglich die gesellschaftliche Integration schlechthin. – Scheint sie gefährdet, erhöht sich somit das Interesse an Generationenbeziehungen.

– Parallel zur Zuwendung zu den zeitlichen Dimensionen des Verhältnisses der Generationen und ihrer Relevanz für individuelle und gesellschaftliche Entwicklung hat sich die Einsicht durchgesetzt, daß Generationen nicht mehr formal quantifizierend in Jahren oder Jahrgängen bestimmt werden können; vielmehr wird versucht, die je nach Fragestellung relevanten Erfahrungen, Informationen, Einstellungen in ihrer unterschiedlichen Relevanz für das soziale Handeln zu ermitteln. Eine Möglichkeit besteht darin, Generationen in Bezug auf die sie kennzeichnenden Lebensperspektiven zu charakterisieren. Die Analyse von Generationenbeziehungen beinhaltet dann u. a. die Erforschung der gesellschaftlichen Gestaltung und Verarbeitung von Multiperspektivik. Sie steht in einem zusehends thematisierten inneren Zusammenhang mit Reflexionen über die Konsequenzen und möglicherweise die Grenzen einer dynamischen gesellschaftlichen Differenzierung und Pluralisierung insbesondere auch der privaten Lebensformen sowie ihres Zusammenhanges mit den demographischen Transformationsprozessen.

– Die seit einigen Jahrzehnten beschleunigt ablaufenden Entwicklung der Sozialpolitik hat bestimmte Formen der Solidarität zwischen den Generationen meist stillschweigend vorausgesetzt. Der Diskurs über »Grenzen des Sozialstaates« lenkt unter gesellschaftstheoretischen und -politischen Prämissen die Aufmerksamkeit sowohl auf das öffentliche als auch das private Verhältnis der Generationen.

– Die empirische Forschung wird stark gefördert durch die Fortschritte, die technisch und methodologisch im Umgang mit großen Datensätzen gemacht wurden. Dadurch haben insbesondere für den Vergleich von Kohorten und die Verwendung von Panels bzw. den Längsschnittuntersuchungen im Vergleich zu früher wertvolle neue Möglichkeiten eröffnet. Zugleich zeichnet sich ab, daß sinnvolle Synthesen zwischen quantitativen und qualitativen Analysen möglich sind, indem beispielsweise Fallstudien systematisch in einen größeren Kontext eingeordnet werden.

3. Thesen und Themen der Forschung

Unter Bezug auf die vorausgehenden beiden Abschnitte möchte ich fünf Propositionen formulieren, also allgemeine Sätze, die inhaltliche Schwerpunkte der aktuellen Forschung umschreiben. Sie stellen einen Zusammenhang zwischen theoretischen Überlegungen und empirischen Sachverhalten her und verweisen auf differenzierende Thesen bzw. Hypothesen, wie sie teils explizit, teils implizit spezifischen Projekten zugrunde liegen, insbesondere auch den Beiträgen zu diesem Band.[11]

Die Propositionen lauten:

(1) Generationenbeziehungen konstituieren personale Identitäten und soziale Systeme; beides bedingt sich gegenseitig.

(2) Generationenbeziehungen sind in Theorie und Praxis eng verflochten mit Geschlechterrollen.

(3) Generationenbeziehungen verfestigen sich im Alltag und akzentuieren sich in besonderen Lebenssituationen in Abhängigkeit gesellschaftlicher Entwicklungen.

(4) Generationenbeziehungen begründen Solidaritäten und provozieren Konflikte.

(5) Theorie und Praxis der Generationenbeziehungen werden maßgeblich beeinflußt von Überzeugungen und vom Wissen über ihre soziale Relevanz.

Diese Propositionen beruhen auf einer Systematik, die sich an den im ersten Teil aufgestellten Schlüsselbegriffen sowie an der Schematik einer Ökologie menschlicher Entwicklung orientiert. Ihr zentraler Bezug ist der einzelne Mensch, das Individuum als Person, das sein Handeln vor sich selbst und gegenüber anderen verantworten kann, dementsprechend auf andere angewiesen ist und in der tätigen Beziehung zu ihnen eine Vorstellung seiner selbst zu entwickeln vermag. Die Vorstellungen einer personalen Identität sind immer auch sozial beeinflußt; dementsprechend läßt sich postulieren, daß das Handeln eines Individuums aus der Zugehörigkeit zu einer Familiengeneration jenes aus seiner Zugehörigkeit zu Generationen in Organisationen und in der Gesellschaft beeinflußt und umgekehrt. Ausgangspunkt aller Generationenbeziehungen ist das Angewiesensein auf ältere; ebenso fundamental ist die Tatsache und die Erfahrung der Zweigeschlechtlichkeit. Darum ist sie untrennbar mit den über die Generationenbeziehungen vermittelten Identitäten verknüpft, ein Sachverhalt, der bis in die Details empirischer Untersuchungen verfolgt werden kann. Maßgeblich für die differentielle Ausgestaltung von Generationenbeziehungen, auch für ihre unterschiedliche Tragweite, sind die konkreten Aufgaben der Lebensführung. Da Generationenbeziehungen oft als selbstverständlich erlebt werden, ist ihnen eine Tendenz zu Veralltäglichung eigen. Feiern und Feste heben ihre Tragweite wiederum ins Bewußtsein. Wird der Alltag problematisiert (wie das in der »Postmoderne« der Fall ist – vgl. hierzu die Ausführungen S. 38ff.) oder schaffen besondere persönliche

30

Ereignisse und Schicksalschläge sowie historische Entwicklungen einen neuen Handlungsbedarf, wirkt sich das auf das Verständnis der Generationenbeziehungen aus. Diese in der fünften Proposition angesprochene Dimension zieht sich quer durch die in den einzelnen Bereichen angesprochene inhaltliche Thematik hindurch.

DIE KONSTITUTION VON IDENTITÄTEN UND SOZIALEN SYSTEMEN

Identitäten ordnen zu und grenzen ab. Sie beziehen sich darum unmittelbar auf den einzelnen Menschen, seine Zugehörigkeit zu sozialen Systemen aller Art, deren Bestand sowie deren Entwicklung. Die Einsicht in diese Zusammenhänge unterliegt generell dem Diskurs und der Forschung über Generationenbeziehungen. In einer allgemeinen, bisweilen versteckten Weise ist davon die Rede, wenn demographische Sachverhalte angesprochen werden (Kaufmann, Schultheis). Identitäten drücken sich in Namen aus. Daß in verschiedenen Ländern, so in Deutschland und der Schweiz, in den letzten Jahren Revisionen des Namensrechts stattgefunden haben, verweist symbolisch auf das sich in der Generationenfolge ausdrückende soziale Verhältnis von Individuum und Gesellschaft und belegt die verminderte Geltung von Brauch und Sitte, u. a. im Gefolge des Wandels der Geschlechterrollen. Die mit dem Stichwort »sukzessive Ehe« bzw. »sukzessive Familie« angesprochenen Veränderungen in Eltern-Kind-Arrangements betreffen ebenfalls Identitätszuschreibungen, die sich aus Familienrollen ergeben; im Alltag lassen sich Versuche beobachten, neue persönliche Anreden zu entwickeln (Théry 1991).

Inwieweit wird die Grundstruktur einer sozialen Logik von Generationenbeziehungen von den Tatsachen biologischer Abkunft beeinflußt? Zunächst ist ja offensichtlich, daß die Erbanlagen eine Asymmetrie begründen: Kinder erben einen Teil ihrer Verhaltensdispositionen von ihren Eltern und den weiteren Ahnen, und in keinem Fall ist das Umgekehrte der Fall. Diese Abhängigkeit kommt – was wissenssoziologisch bedeutsam ist – im Alltag ständig zur Sprache, beispielsweise beim Arzt. Bei vielen Symptomen taucht die Frage auf, ob bereits Vater oder Mutter darunter gelitten hätten. Auf diese Weise werden wir im Alltag immer wieder – und häufig genug im Sinne einer Einschränkung – auf ein »Erbe« hingewiesen, das unser Selbstbild und die Möglichkeiten unserer persönlichen Entfaltung betrifft. Allerdings kommt es auch vor, daß wir darauf angesprochen werden, ob wir das Talent zum Musizieren oder zum Kopfrechnen von den Eltern geerbt hätten. Unabhängig davon, welche wissenschaftlichen Erkenntnisse darüber bestehen, beeinflussen solche Bezüge das »Vorverständnis« der sozialen Logik der Generationenbeziehungen.

Entsprechend große Aufmerksamkeit finden immer wieder wissenschaftliche Arbeiten über diese Zusammenhänge. Dabei zeichnet sich – generell gesprochen – offensichtlich Übereinstimmung dahingehend ab, erstens, daß die biologische Ausstattung sich sowohl hinsichtlich der verhaltenseinschränkenden Dispositionen als auch der Variablität des Potentials je nach physischen, sozialen und kulturellen Umwelten auswirkt und entfaltet; zweitens, daß erhebliche Unterschiede je nach Verhaltensweisen bestehen. Bronfenbrenner diskutiert einige dieser Einsichten anhand einer Interpretation der Simonton'schen, auf klassische Studien zurückgehende, diese jedoch modifizierende Untersuchung über »Vererbung« in europäischen Königshäusern. Deutlich ist bei diesen Daten und in seiner ökologischen Perspektive erkennbar, daß eben »Vererbung« in mehrfacher Weise stattfindet: zur Weitergabe der biologischen Ausstattung kommt eine große sozial gesteuerte Stabilität bzw. Ähnlichkeit des Milieus von einer Generation zur anderen hinzu. Modifizierend wirken sich die historischen Veränderungen aus.

Daß Soziologinnen und Soziologen es sich mit der Rezeption von Einsichten über die biologische Reproduktion in der Vergangenheit schwer tun, ist in gewisser Hinsicht verständlich. Der Rekurs auf »Gesetze« der Vererbung hat oft genug die Legitimation zur Begründung politischer Ungleichheit geliefert, nicht zuletzt hinsichtlich des Verständnisses der Geschlechterrollen. Zudem gehört es zum eisernen Bestand des kritischen Arsenals der Soziologie, auf die durch den Grundbesitz und anderen finanziellen Resourcen sowie durch die differentiellen Bildungschancen politisch geschaffenen Ungleichheiten und ihre rechtlichen Stützen hinzuweisen.

Angesprochen ist die Statusähnlichkeit zwischen Eltern und Kindern, m. a. W. die Reproduktion sozialen und kulturellen Kapitals – wie die unter Bezug auf Bourdieu mittlerweile weitverbreitete Metapher lautet. Moen, Pitrou, Schultheis belegen zwar die in der allgemeinen These angesprochene Ausstrahlung der Generationenzugehörigkeit in der Familie auf gesellschaftliche Positionen. Doch die veränderten wirtschaftlichen Bedingungen erfordern zusehends Differenzierungen. Elder zeigt dies anhand des sozusagen klassischen Themas der Berufstradition bei Farmern. Besonders nachhaltig sind die Veränderungen im Zusammenhang mit dem Wandel der Rolle der Frau.

Verwandt der Statusähnlichkeit ist die Frage, inwieweit Einstellungen ähnlich bzw. übereinstimmend sind. Glass et al. (1986) kommen gestützt auf die Ergebnisse ihrer 3-Generationen-Studie zum Schluß, daß die festgestellte Ähnlichkeit das Ergebnis eines dynamischen Prozesses sind, in deren Verlauf sich die Gewichte verschieben. Ältere Dyaden lassen einen geringen Einfluß der Eltern erkennen, während der Einfluß der Kinder sowie der inneren Umstände relativ an Bedeutung zunehmen. Im übrigen ist die Ähnlichkeit hinsichtlich politischer und religiöser Einstellungen größer als hinsichtlich der Vorstellungen über Geschlechterrollen.

Aus sozialpsychologischer Sicht legt Trommsdorff systematisch dar, wie die entwicklungstheoretischen Einsichten über die Mechanismen der Weitergabe von Verhaltensweisen und Denkweisen für das Studium der Generationenbeziehungen nutzbar gemacht werden können. Das gilt vorab für das sogenannte »Bindungsverhalten«, ein Konzept, das teilweise mit demjenigen der »proximalen Prozesse« übereinstimmt. Weiter von Belang sind die mit Lernprozessen verknüpften Formen der Transmission, wobei sich hier wiederum zeigt, daß die Möglichkeiten zur Modifikation in späteren Lebensphasen angesichts des Wandels der Generationenverhältnisse neue Aufmerksamkeit verdienen. Eine wichtige erkenntnisleitende Rolle spielt das Konzept der Entwicklungsaufgaben, das überdies den Brückenschlag zur interdisziplinären Arbeit erleichtert. – Am Ende des Lebenslaufes steht der einzelne in Auseinandersetzung mit dem Tod; sie wird beeinflußt vom Verhältnis des einzelnen zu den vorausgegangenen und den nachfolgenden Generationen (Attias-Donfut).

Der einzelne kann sich seines Ortes in der Abfolge der Generationen vergewissern, indem er sich um seine Genealogie kümmert (Segalen); so betrachtet handelt es sich dabei um mehr als nur ein Hobby. Eine analoge symbolische Bedeutung hat der Umgang mit alten Möbeln und anderen Erinnerungsstücken (ebd). Ihm entspricht auf gesellschaftlicher Ebene die Weitergabe von Grundbesitz und anderen Vermögensteilen (siehe z. B. die Fallstudie von Bertaux und Bertaux 1991). Im historischen Rückblick, im internationalen Vergleich und angesichts aktueller Veränderungen kommt den darauf bezogenen rechtlichen Regelungen große faktische und symbolische Bedeutung zu (Moch, Schultheis). Zu ihr treten die wohlfahrtsstaatlichen Systeme – zumindest teilweise – in Konkurrenz (Schultheis, Kaufmann).

GENERATIONENBEZIEHUNGEN UND GESCHLECHTERROLLEN

In der Geschichte gibt es wenige Hinweise auf ein weibliches »Patriarchat«, wie Attias-Donfut (1991: 53) im Anschluß an L. Simmons bemerkt. Hingegen dominierten die Frauen die informellen Netzwerke und Beziehungen. Auch für die Gegenwart zeigen die Forschungsberichte übereinstimmend, daß Frauen bei der alltäglichen Gestaltung der Generationenbeziehungen die Schlüsselrolle spielen; wo Männer aktiv sind, tun sie dies als eine Art zweiter Helfer, u. U. auch in der Rolle als Geschwister (Attias-Donfut, Clausen, Troll, Schütze, Hareven). Das gilt ebenso bei der Reorganisation von Familien nach einer Scheidung (Moch). Mit guten Gründen frägt darum Walter: »Ist Solidarität weiblich?«

Diese Zuständigkeit der Frauen für die konkreten Generationenbeziehungen – im Unterschied zu den abstrakten, z. B. erbrechtlichen, hat ihre Wurzeln in der mütterlichen Fürsorge; sie ist in jüngster Zeit immer stärker auf die Pflege der älteren Familienangehörigen ausgeweitet worden. Im Zuge der historischen Entwicklung, namentlich im 19. Jahrhundert, wurde bekanntlich die häusliche Zuständigkeit der Frauen für die Kindergeneration verfestigt und in der Folge – vor dem Hintergrund des Ideals der Großfamilie – »über den engen Kreis der eigenen Nachkommen hinaus auf die weitere Familie« ausgedehnt (Mesmer 1986: 4f.). Damit geht eine in mehr als einer Hinsicht zwiespältige Einschätzung ihrer Bedeutung für die Beteiligten und die Gesellschaft einher (Pitrou, Attias-Donfut, Hareven). Plausiblerweise werden die individuellen Belastungen hervorgehoben. Sie führen zu einer lebenslänglichen Dauerbelastung für jene Generationen von Frauen, die jung heirateten und Mütter wurden, ökonomische Krisen durchstehen mußten und als bereits ältere Frauen für ihre sehr alt werdenden Eltern und Schwiegereltern sorgen müssen, für die es wenig andere Betreuungs- und Pflegemöglichkeiten gibt (Hareven, Moen). Allerdings ist anzumerken, daß Frauen ihrerseits wegen ihrer langen Lebenserwartung in hohem Maße Nutznießerinnen von Pflegeleistungen sind (Schütze). – Unter besonderen Umständen, z.B. wenn Angehörige unter der Alzheimer-Krankheit leiden, werden die Grenzen der physischen und psychischen Leistungsfähigkeit erreicht und es müssen Strategien des Selbstschutzes sowie zur Wahrung von Interessen anderer Familienangehöriger entwickelt werden; dabei spielen die Überzeugungen von Fachleuten eine wichtige Rolle (Gubrium). Diese zunehmend nachgefragten

Pflegeleistungen verstehen sich indessen immer weniger von selbst, weil Frauen in größerem Maß erwerbstätig sind. Engpässe können sich in diesem Zusammenhang auch bei der Vorsorgung von Kleinkindern durch die Großmütter ergeben (Wilk). Daran zeigt sich, daß im Grunde genommen die Aufwertung der sozialen Rolle der Frau sowohl einen Teil ihrer häuslichen als auch ihre außerhäuslichen Tätigkeitsfelder betrifft (Höpflinger).

Das persönliche Verhältnis zwischen Müttern und Töchtern ist heutzutage kompliziert. Zum Teil besteht nach wie vor ein traditionell frauensolidarisches Einverständnis, oft genährt von Sonderwissen (Moen unter Bezug auf Hochschild). Oft wollen Töchter jedoch betont anders leben, was die Mütter nicht unbedingt als Kritik an ihrer Lebensführung auffassen, sondern sogar unterstützen. In der Praxis werden diese Auffassungen überlagert von der Notwendigkeit unmittelbar anstehender Aufgaben; das Ergebnis sind alltägliche individuelle Arrangements. Ihre Vielfalt bricht häufig den Impetus für frauenpolitische Aktionen. Indessen ist auch zu beachten, daß Generationenbeziehungen zwischen Frauen ein wichtiger Bezug des feministischen Diskurses sind (s. z. B. Attias-Donfut 1988, Kap. III).

GENERATIONENBEZIEHUNGEN IM ALLTAG
UND IN BESONDEREN LEBENSSITUATIONEN

Ganz allgemein läßt sich sagen: Je pluralistischer die Familienformen, desto differenzierter und fragiler sind die Generationenbeziehungen. Die Analyse von Generationenbeziehungen ist ein Schlüssel für das Verständnis des sich wandelnden Verhältnisses der öffentlichen und der privaten Bereiche des gesellschaftlichen Lebens und der dabei auftretenden Ambivalenzen und Widersprüche.

Wegen der verlängerten Lebensdauer kennen sich die Angehörigen von drei und vier Generationen länger persönlich; es müssen neue Formen des Kontaktes entwickelt werden. Namentlich erhält die Rolle der Großeltern einen neuen Stellenwert (Wilk). Da in den mittleren Generationen Ehescheidungen häufiger sind und Formen unverheirateten Zusammenlebens weitgehend toleriert, mittlerweile sogar akzeptiert werden, kommt es in sogenannten »Sukzessivfamilien« zu komplizierten Verwandtschaftsbeziehungen (worauf unter Bezug auf die Konstitution von Identitäten bereits hingewiesen worden ist), die sich auf die Muster der Hilfeleistungen auswirken. Es ist zwischen rechtlichen und sozialen Verwandtschaftsbeziehungen zu unterscheiden. Als Konsequenz ergibt sich, daß die faktisch gepflegten und dementsprechend »gelebten« Beziehungen von persönlichen Zuneigungen und Übereinstimmungen abhängig werden. Bei alledem ist jedoch bemerkenswert, daß in der Bevölkerung insgesamt die familiären Netzwerken nach wie vor ideel und faktisch einen größeren Stellenwert haben als andere persönliche Beziehungen und öffentliche Dienstleistungen (Walter).

Verändert haben sich auch die Muster des Auszuges aus dem Elternhaus. Er geschieht teilweise früher, allerdings – da er nicht unbedingt mit der Gründung eines eigenen Familienhaushaltes zusammenhängt – weniger definitiv. Nach aufgelösten Beziehungen kann es temporär zu einer Rückkehr ins Elternhaus kommen (Vaskovics, Troll).

Die Logik der Beziehungen zwischen den Generationen in den Familien wird des weiteren durch die Dynamik der wirtschaftlichen Entwicklung sowie der – eng damit zusammenhängenden – zunehmenden, den familialen Alltag immer mehr einschließenden Verbreitung neuer Technologien beeinflußt. Um zunächst auf ein traditionelles Beispiel hinzuweisen: Kinder können und wollen weniger häufig in die beruflichen Fußstapfen ihrer Eltern treten. Besonders aufschlußreich an Elders Untersuchungen ist, welche Qualitäten der Beziehung trotz widriger Umstände dann doch noch Söhne dazu bringen, es ihren Vätern gleich zu tun: es sind dies u. a. Wärme und Zuneigung. Auf die Bedeutung dieser Eigenschaften macht hinsichtlich des allgemeinen persönlichen Lebenserfolges auch Clausen aufmerksam. Im Alltag erleichtern das Telefon sowie das Auto regelmäßige Kontakte zwischen den Generationen und mildern so die Folgen wirtschaftlich bedingter Mobilität. Dazu ist überdies zu bemerken, daß erstaunlich viele Kinder als Erwachsene (wieder) in der Nähe ihrer Eltern wohnen (so Vaskovics für Deutschland). Im Erwerbsleben sind die Regeln über festgelegte, flexible, vorweggenommene, freiwillige und erzwungene Pensionierung von mannigfacher Bedeutung für die privaten und öffentlichen Generationenbeziehungen (Kohli).

Hinsichtlich der sekundären Aspekte der sozialen Logik von Generationenbeziehungen in der Familie und ihr Verhältnis zur Umwelt interessieren in erster Linie die Beziehungen unter Geschwistern. Die historischen Modelle der Erbfolge lassen sich u. a. dadurch unterscheiden, ob bzw. in welcher Weise die Eltern von vornherein eines der Kinder, in der Regel einer der Söhne, bevorzugen oder ob zumindest Testierfreiheit besteht (Schultheis). Auf der Ebene der – heute als besonders bedeutsam angesehenen – Gefühlsbeziehungen lautet die allgemeine Norm, daß die Eltern alle ihre Kinder ohne Unterschied gern haben sollen. Eine entsprechende französische Untersuchung (de Singly) bestätigt im allgemeinen die Dominanz dieser Norm; sie zeigt jedoch auch, daß Differenzierungen vorkommen, die sich auf subtile Weise mit Vorstellungen über die persönliche Ähnlichkeit und die Beziehungen zum Partner verbinden.

SOLIDARITÄTEN UND KONFLIKTE

Was generell als Tendenz der »Emotionalisierung« der Beziehungen unter Partnern sowie zwischen Eltern und Kindern festgestellt wird, schließt auch die Beziehungen über mehrere Generationen hinweg ein. Intensive Kontakte, Sympathien und Hilfeleistungen gibt es häufig zwischen der ersten und der dritten Generation (Pitrou, Wilk). Dies wiederum hat Auswirkungen auf die Art und Weise, wie die Älteren die Jüngeren finanziell unterstützen und damit faktisch einen Teil der Erbfolge vorwegnehmen. Allem Anschein nach sind oft die Enkelkinder Nutznießer finanzieller Zuwendungen. Nach einer Scheidung ist es nicht ungewöhnlich, daß die Großeltern ihren Besitz ausdrücklich den Enkelkindern überlassen oder ihnen zuschreiben (Moch et al. 1992).

Dieser Differenzierung des Transfers von Besitz steht die Verpflichtung zu Hilfeleistungen an die pflegebedürftigen Ältesten gegenüber. Die ihr zugrundeliegenden Regeln sind in gewisser Hinsicht erst im Entstehen, denn der Bedarf nimmt ebenso wie die Anforderungen zu (z. B. prognostisch Kytir/Münz 1991). Beide Aspekte, der quantitative und der qualitative, tragen dazu bei, daß die Aufgabe über die Familie hinausgetragen wird.

Dadurch wiederum ergeben sich neue Akzente hinsichtlich des Verhältnisses der Familie zur Öffentlichkeit. Mittlerweile ist überall ein Teil der Vorsorge für ältere Menschen zu einem öffentlichen Anliegen geworden. Das ist auch in den USA der Fall, trotz des im europäischen Vergleich wenig ausgebauten Systems der Sozialversicherung (Clausen); denn es gibt privatwirtschaftliche und indirekt staatlich geförderte (den Ausbau der Infrastuktur betreffende) Einrichtungen. Doch hinsichtlich der Finanzierung dieses Systems wird zunehmend auf die unterschiedlichen Anteile von Familien und Nichtfamilien hingewiesen. Weiterhin wird geltend gemacht, daß dort, wo große Unterschiede in den öffentlichen Investitionen für ältere Menschen und für Kinder beobachtet werden, ein Anlaß für einen neuartigen Generationenkonflikt geschaffen wird (Preston 1984, Donati 1991a, Saladin und Zeuger 1988, Sonderheft Society 1991). In diesem Zusammenhang sind – zumindest teilweise – die Bemühungen zur Formulierung einer »Politik für Kinder« zu sehen.[12]

Wird es möglich sein, diese Aufgaben unter Berücksichtigung der unterschiedlichen Interessen in die Weiterentwicklung des Wohlfahrtsstaates einzubeziehen, durch den Generationen ja teilweise sozial definiert werden, indem er Lebensperspektiven umschreibt? Der Staat hat seit jeher die soziale Logik der Generationenbeziehungen beeinflußt. Die historische Rekonstruktion ihrer Idealtypen (Schultheis) sowie darauf aufbauend der Vergleich der Sozialpolitiken ist jedenfalls von großer Bedeutung, ist doch damit u. a. das »Selbstverständnis«, m.a.W. die Souveränität der Nationalstaaten und ihrer föderalistischen Einheiten angesprochen. Doch in der europäischen Zusammenarbeit steht vorläufig die Schaffung eines wirtschaftlichen Marktes im Vordergrund; wird die Sozialpolitik miteinbezogen, ist anzunehmen, daß nicht nur praktische Schwierigkeiten der Abstimmung komplexer Regelungen auftreten, sondern damit auch (symbolisch) Fragen der Lebensperspektiven und kollektiven Identitäten verknüpft werden. Ein interessantes Indiz ist das neuerdings in die Diskussion eingebrachte Konzept der Wohlfahrtskultur (Kaufmann). Es verweist auf Dimensionen der Sozialpolitik, die über den Umgang mit den für sie traditionell kennzeichnenden Risiken wie z. B. Krankheit, Invalidität und Arbeitslosigkeit hinausgehen, nämlich auf historisch gewachsene Muster des Zusammenlebens – nicht zuletzt desjenigen der Generationen. Eine zentrale Aufgabe besteht darin, die Vorstellungen der Gerechtigkeit in Bezug auf Generationen neu zu umschreiben. Donati (1992: 10) lokalisiert diese sowohl hinsichtlich der privaten und der öffentlichen Sphären hinsichtlich der Verteilung von Resourcen unter den aktuell lebenden Generationen, des Verhältnisses zwischen aktuellem Konsum und Investitionen für künftige Generationen sowie des Familienlastenausgleiches.

ÜBERZEUGUNGEN UND WISSEN

Quer durch alle Bereiche hindurch ist zu beobachten, daß die Menschen ihre Generationenbeziehungen orientiert an Brauch und Sitte, familieneigenen Überlieferungen, Normen und Regeln leben. Sie darzustellen kann sozusagen als ethnologischer Teil der Forschungsarbeit betrachtet werden. Von besonderem wissenssoziologischen Interesse ist indessen, wie die Akzeptanz an diesen Orientierungen zustande kommt und begründet wird, und unter welchen Umständen diese Orientierungen in Frage gestellt, modifiziert oder sogar verworfen und ersetzt werden. – In mehrfacher Weise ist das gesetzte Recht von Belang. Es ist Ausdruck einer allgemeinen Institutionalisierung der Generationenbeziehungen und dient der Konfliktregelung; doch ebenso bedeutsam ist, in welcher Weise gesetzliche Bestimmungen im Fall einer Erbfolge antizipiert werden und ob es Strategien gibt, sie zu umgehen.

Untersuchungen, die sich darauf konzentrieren, in mikrosozialen Kontexten diese Sachverhalte zu klären, werden immer mehr als wünschenwert postuliert (so z.B. von Bronfenbrenner, Pitrou), und in der Sozialisationsforschung sind einige Ansätze zu beobachten, die »Überzeugungssysteme« von Eltern (»parental belief systems« – siehe Goodnow 1984, 1985), also ihr »Sozialisationswissen« zu ermitteln, dh. ihre Vorstellungen, wie sie selbst aus welchen Gründen und mit welchem Erfolg ihre Kinder pflegen und erziehen, welche Vorstellungen sie vom Kind und von der Familie haben.[13] Dies wiederum hängt mit den Angeboten an Wissen zusammen, das an die Eltern herangetragen wird, familienpolitisch gesprochen, welchen Bedarf an Beratung sie haben und wie dieser institutionell abgedeckt wird (Wissenschaftlicher Beirat 1992). Explizite Hinweise auf Sachverhalte dieser Art im Bereich von Generationenbeziehungen geben Segalen hinsichtlich der Vergewisserung der eigenen Herkunft, de Singly im Zusammenhang mit Gerechtigkeitsvorstellungen sowie Moch in Bezug auf die Repräsentation der Familie nach einer Scheidung.

Auf makrosozialer Ebene handelt es sich traditionellerweise darum, die Ideologien bzw. Weltanschauungen zu untersuchen, die hinsichtlich der Relevanz und der »richtigen« Gestaltung von Familie und Generationenbeziehungen vorhanden sind, dokumentiert in diesem Band am amerikanischen Beispiel durch durch Beitrag von Fach, in Bezug auf die historische Entwicklung und den interkulturellen Vergleich durch jenen von Schultheis. Hinsichtlich der Generationenbeziehungen besteht (ebenso wie in Bezug auf die Familie) eine öffentliche Rhetorik. Für sie ist u.a. kennzeichnend, daß Aussagen darüber, wie Generationenbeziehungen gestaltet werden sollen und wie ihre gesellschaftliche Bedeutung einzuschätzen ist, die Form von Seinsaussagen haben. Walter verweist auf eine weitere Dimension: die Analyse der Relevanz wissenschaftlicher Untersuchungen, die darin besteht, daß ihre Ergebnisse wiederum für die praktische Politik genutzt oder negiert werden. Damit einher gehen Abklärungen darüber, inwieweit die Problematisierung der Generationenbeziehungen angesichts konkreter Probleme oder in Verbindung mit allgemeinen Zeitdiagnosen wissenschaftliche Untersuchungen anregt. Schließlich gehören zur wissenssoziologischen Arbeit Analysen darüber, wie sich das Konzept der Generation im Laufe der Zeit und etwa unter dem Eindruck sozialer Probleme verändert – ein sozusagen ostinates Thema vieler Beiträge in diesem Band.

4. Die Herausforderungen der »Postmoderne«

Wer von »Postmoderne« spricht, meint damit entweder bestimmte Werke der aktuellen Literatur, Architektur, Kunst und Musik oder eine Zeitdiagnose gegenwärtiger westlicher Gesellschaften oder (bisweilen »Postmodernismus« genannte) Positionen in der Philosophie. Diese drei Bedeutungen des Begriffes sind ineinander verschachtelt. Die Ende der 50er Jahre in der amerikanischen Literaturkritik aufgekommenen Interpretationen wurden nach und nach auf die anderen Bereiche des Kulturschaffens übertragen. Es ging dabei um Phänomene wie die freie und dementsprechend vielfältige Nutzung von Verknüpfung und Möglichkeiten des Ausdruckes und von Inhalten, oft mit schroffen Gegenüberstellungen (»juxtapositions«), großer Freiheit des Zitierens, aufwendiger Gestaltung des Vordergründigen, wodurch insgesamt der Eindruck radikaler Pluralität entstand. Im Laufe der Zeit führte dies dazu, daß viele postmoderne Werke unter Nutzung mehrerer Medien entstanden, die Pluralität sich somit potenzierte.[14]

Wird angenommen, daß Kunstschaffende eine wache Sensibilität für Entwicklungen der menschlichen Zivilisation haben und in ihren Werken auszudrücken vermögen, ihrer Zeit also gewissermaßen voraus sind, dann bietet es sich an, Einsichten aus der Interpretation von Kultur im engeren Sinne des Wortes auf das Verständnis von Kultur in einem weiten, allgemeinen Sinne zu übertragen, mithin auch für die soziologische Zeitdiagnose zu nutzen.[15] Das ist mittlerweile geschehen, und dementsprechend wird von »postmodernen Gesellschaften« ebenso wie vor einiger Zeit beispielsweise von postindustriellen gesprochen. Sowohl die geistes- als auch die sozialwissenschaftliche Beschäftigung mit einem Konzept wie demjenigen der Postmoderne verlangt nach Reflexionen auf der Ebene von Metatheorien, naheliegenderweise also der Wissenssoziologie, der Wissenschafts- und der Erkenntnistheorie.[16] Diese Diskussion ist mittlerweile ebenfalls in Gang gekommen. Durch die begreiflicherweise kontroversen und widersprüchlichen Vielfalt der Positionen und Thesen hindurch ist überall die besondere Provokation zu spüren, die in der Wortbildung liegt: Das Moderne im Sinne des Aktuellen, des Zeitgenössischen als bereits vergangen aufzufassen? Die Moderne im Sinne einer Epoche als beendet zu bezeichnen?

Es bestehen offensichtlich mehrere Bezüge zwischen »dem Problem der Generationen« und den »Herausforderungen der Postmoderne«. Die ältere Literatur erinnert an die Rolle der Künstler (von Frauen war kaum je die Rede) bei der Artikulation eines Zeitgefühls. Der Begriff der Generation verweist darauf, daß die Deutung der jeweiligen Gegenwart ein wichtiges Moment der gesellschaftlichen Entwicklung ist. Doch vor allem interessiert in soziologischer Sichtweise, inwiefern das aktuelle Interesse an Generationenbeziehungen mit jenen sozialen Sachverhalten und Prozessen zusammenhängt, die als charakteristisch für »postmoderne Gesellschaften« gelten.

Mannigfach beeinflussen die aktuellen gesellschaftliche Bedingungen die Perspektiven und Handlungsorientierungen jünger und älterer Menschen, sowie ihre persönlichen und institutionellen Beziehungen. Überkommene Formen des Verhältnisses der Geschlechter werden in Familie, Beruf, Freizeit sowie Politik zwar oft zögernd und unspektakulär, aber doch mit Nachdruck in Frage gestellt und in einer Weise verändert, die restaurativen Tendenzen auf die Dauer kaum Chancen bietet. Die Entwicklung der Wissenschaften und die Umsetzung ihrer Erkenntnisse in Großtechnologien sowie in alltäglichen Geräten aller Art stellt neue Anforderungen an den Erwerb des Wissen und praktischer Kenntnisse. Bestimmt mehr als früher lernen heutzutage die Älteren von den Jüngeren. Gewissermaßen das Paradebeispiel (um nicht zu sagen das »praktische Paradigma«) ist die Nutzung des Computers. Doch folgen sich in der Technik selbst die sogenannten »Generationen« so rasch aufeinander, daß auch die Kenntnisse der jüngeren rasch veralten. Für sozusagen alle Menschen wird das Handeln angesichts dieser Erfahrungen zusehends gegenwartsbezogen.

Die Risiken der Großtechnologien und die Übernutzung der Natur bedrohen alle in gleicher Weise. Diese Einsicht ist ein Anlaß für sozialen Bewegungen; dort treten die aktuellen Generationenzugehörigkeiten zugunsten des Gefühls der Schicksalsgemeinschaft und der gemeinsamen Verantwortung für die kommenden Generationen oft zurück, obgleich es auch Stimmen von jüngeren gibt, welche die heutige Situation einseitig ihren Eltern anlasten. Technik im Alltag, so sehr sie Skeptik provoziert, begünstigt Mobilität und Kommunikation; sie erleichtert wiederum Kontakte zwischen den Generationen.

In besonderer Weise werden die aktuellen Lebensverhältnisse, mithin auch die Generationenbeziehungen, durch die Medien beeinflußt. Sie machen Menschen aller Altergruppen alle Lebensbereiche mittelbar zugänglich und vermindern dadurch die Bedeutung generations- (und geschlechts-)spezifischer Kenntnisse. In anderen Programm-segmenten werden – oftmals idealisiert – Modelle der Generationenbeziehungen vorge-führt. Prägende Unterschiede bestehen hinsichtlich des Umganges mit den einzelnen Medien. Über das Fernsehen bauen sich diejenigen, die es häufig nutzen, Weltbilder eigener Art auf, woraus sich neuartige generationsspezifische Perspektiven ergeben. Das Fernsehen selbst, und (unter seinem offensichtlichen Einfluß) andere Medien wie der Hörfunk und die Presse, tragen so insgesamt teils zur gesellschaftlichen Integration bei, teils verstärken oder schaffen sie Differenzierungen unter den Bevölkerungsgruppen, teils provozieren sie Widerstände angesichts der Vervielfältigung angebotener »Wirklichkei-ten«. Vor allem aber ist wohl zum ersten Mal in der Geschichte der Menschheit Information kein knappes Gut mehr, sondern wird im Überfluß und dementsprechend kompetitiv, oftmals aggressiv angeboten.

Die Kräfte, die das Leben in der Gegenwart westlicher Gesellschaften, eingeschlossen ihr Verhältnis zu den anderen Kulturkreisen, beeinflussen, vermitteln nach Auffassung vieler Beobachter den Eindruck hoher Komplexität und offensichtlicher Widersprüchlichkeit, die sich bis in die privaten Lebensbereiche und den Alltag der Menschen fortsetzen. Die künftige Entwicklung scheint darum in einem hohen Grad problematisch.

Tatsächlich spricht vieles für die Auffassung, tragende Orientierungen und Errungenschaf-ten,welche die sozialen und kulturellen Entwicklungen seit der Aufklärung, jedenfalls seit dem 19. Jahrhundert prägen, seien fragwürdig geworden. Gemeint sind, generell, die Idee des Fortschrittes, der Glaube an die Überlegenheit wissenschaftlicher Erkenntnisse und den unbedingten Nutzen daraus abgeleiteter Technologien sowie die Vorstellung unbeschränkter natürlicher Resourcen.

Zweifel an diesen Orientierungen gibt es allerdings nicht erst seit heute. Namentlich in den 20er Jahren dieses Jahrhunderts artikulierte sich eine Kritik an der Moderne, doch beschränkte sie sich auf kleine, zumeist elitäre Zirkel. Demgegenüber ist heute das Unbehagen in vielen, oft alltäglichen, sich wechselseitig verstärkenden Facetten in weiten Kreisen der Bevölkerung verbreitet. Teils unbewußt, teils bewußt verstärkend wirkt eine breite, mittlerweile diffuse Produktion »postmoderner« Architektur, Malerei, Musik und multimedialer Präsentationen die in der »Informationsgesellschaft« ebenfalls allgegenwärtig ist. Design und Werbung verstärken sie auf ihre Weise. Gewissermaßen den Oberbau stellen Beiträge zu einer Philosphie dar, die explizit für sich in Anspruch nimmt, postmodernes Gedankengut zu formulieren oder dies mittels verwandter Konzepte zu tun.

Für unsere Überlegungen besonders wichtig ist die Problematisierung des Subjektes, also der Möglichkeit, personale (individuelle) Identität zu leben und zu denken.[17] Dieses Thema findet sich bereits in den ersten (amerikanischen) literaturkritischen Untersuchungen zur Postmoderne und dann später namentlich in Werken der Malerei und ihr verwandte Gattungen; er spielt überdies eine wichtige Rolle in der Philosphie und Erkenntnistheorie zur Postmoderne. In der radikalen Fassung wird grundsätzlich angezweifelt, ob die Vorstellung eines sich selbst reflektierenden, demensprechend in größerem oder geringerem Maße autonom und verantwortlich handelnden Subjektes sinnvoll sei. Orientierungen, die empirisch und – im philosophischen Sinne des Wortes – pragmatisch ausgerichtet sind, halten am Konzept der personalen Identität fest. Sie heben indessen hervor, daß sie dem Individuum nicht von vornherein angeboren ist, sondern sozial zu erwerben und immer wieder zu bekräftigen, mithin aktiv zu entwickeln ist; sie stellt eine »Leistung« dar.

Unter »postmodernen« sozialen und kulturellen Bedingungen – so die These – bestehen besonders hohe Ansprüche, sich eine persönliche Identät »anzueignen«. Das ist die Konsequenz der Pluralität der Lebensverhältnisse, des allgemein verbreiteten Wissens um diese Pluralität, woraus sich große Zahl von Perspektiven und Handlungsorientierungen ergibt. Nicht nur sind die Optionen der Lebensgestaltung vielfältig – sie beinhalten, permanent an den einzelnen herangetragen, ihm oft sogar aufgedrängt, die Notwendigkeit und die Pflicht unablässigen Entscheidens. Gefordert ist somit grundsätzlich eine Dauerreflexion seiner selbst. Diese gesellschaftliche Situation birgt in sich mehrere Gefahren. Die eine liegt darin, daß fundamentalistische Identitätsangebote religiöser (hierzulande auch sektiererischer) und politischer (nationalistischer, faschistischer) übernommen werden. Eine andere liegt in den Radikalisierung von Individualität, womit gemeint ist, daß der Wille, seinen eigenen Nutzen zu maximieren oder das Bemühen um Selbstentfaltung so sehr zum Lebensinhalt wird, daß die Beziehungen zu anderen einzig und allein unter diesen Gesichtspunkten gesehen und gestaltet werden, mithin solidarisches Handeln oder die Orientierung an Vorstellungen des »Gemeinwohls« obsolet werden. Eine weitere liegt in dem, was vague als »Konsumerismus« bezeichnet wird; gemeint ist im wesentlichen eine Lebensform, die sensibel, rasch und unkritisch auf möglichst viele alltägliche und außeralltägliche Angebote von Gütern reagiert, denen in der Werbung zugeschrieben wird, sie seien Ausdruck verfeinerter Persönlichkeitsdarstellung und -entfaltung. Versuche, diese problematischen Orientierungen auszudrücken, u. U. sie als Evidenz der realen Gefahr des Scheiterns, sogar der Unmöglichkeit personaler Identität auszugeben, finden sich in vielen »postmodernen« Darstellungen, meist in kritischer, also nicht in affirmativer Absicht, wenngleich oft als Thematisierung eigener Erfahrungen. Walter (idB) macht unter Berufung auf Habermas (1985) in diesem Zusammenhang geltend, daß eine gesellschaftliche Situation besteht, »in der sich arbeitsgesellschaftliche und sozialstaatliche Utopien erschöpft haben«.

GENERATIONEN IN DER POSTMODERNE

Inwiefern sind im Lichte der Beiträge zu diesem Band sowie weiterer aktueller Literatur die Konstitution von Generationen sowie die persönlichen und institutionellen Beziehungen zwischen ihnen ein Ausdruck »postmoderner« Tendenzen? Eine Antwort soll in drei Schritten versucht werden. Erstens lassen sich eine Reihe von Befunden als Problematisierungen privater und öffentlicher Generationenbeziehungen plausibel in einen Zusammenhang mit »postmodernen« Entwicklungen bringen. Zweitens legen allerdings die empirischen Befunde und theoretische Überlegungen den Schluß nahe, daß ungeachtet der Schwierigkeiten und Widersprüche Generationenbeziehungen namentlich im privaten, familialen Bereich intensiv und verantwortungsvoll gelebt werden. Dies ist drittens mit der Auffassung vereinbar, daß die Gestaltung von Generationenbeziehungen in der Gegenwart von vielen Menschen als in einem hohen Maße sinnstiftend und bedeutsam namentlich für die persönliche Entwicklung angesehen wird, ihnen also ein großes Potential im Umgang mit den Herausforderungen der Postmoderne eigen ist.

Was zunächst die Problematisierung der Generationenbeziehungen betrifft, ist daran zu erinnern, daß unter Bedingungen der Postmoderne die Vielfalt der Lebensverhältnisse und – was wesentlich ist – die durch die Medien produzierten Kenntnisse darüber, ungeachtet, wie zutreffend die Darstellungen sind, mithin auch die gedankliche Transparenz zwischen den Lebensverhältnissen, verknüpft ist mit einem großen, kompetitiv und aggressiv vorgetragenen Angebot an Lebensperspektiven. Selbst wenn viele davon für den einzelnen nicht realistisch sind, können sie mittelbar, nämlich über die Bewertung der eigenen Möglichkeiten, für das Verständnis der persönlichen Identität von Belang sein. Der unmittelbaren oder mittelbaren Erfahrung unterschiedlicher Lebenswelten entsprechen unterschiedliche Erfahrungen der Zugehörigkeit zu Generationen; denn sie wird keineswegs durchgängig durch das Lebensalter festgelegt. Dieses ist nicht allein ausschlaggebend, ob jemand zu den jüngeren oder den ältern gehört. So sind beispielsweise Frauen über fünfzig aktiv als Töchter ihrer (pflegebedürftigen) Eltern und Mütter ihrer eigenen (nach wie vor Unterstützung in Anspruch nehmender) Kinder. Diese Frauen haben möglicherweise erneut eine Erwerbstätigkeit aufgenommen, müssen sich einarbeiten und lernen, stehen in der Hierarchie weit unter gleichaltrigen Männern. Doch hinsichtlich ihrer Orientierung an der Frauenbewegung und den Zielen der Gleichheit zwischen den Geschlechtern vertreten sie wiederum ein reifere

Generation als ihre männlichen Kollegen. Das Angebot im Bereich des Konsums ebenso wie der Kultur spricht diese Frauen zum Teil als jung, zum Teil als ältere an. Nahegelegt wird überdies die Antizipation des dritten Lebensalters.

Beispiele dieser Art lassen sich viele finden. Im Erwerbsleben können Dreissigjährige rasch in leitende Positionen aufsteigen, also Seniorpositionen einnehmen, doch in der Freizeit gehören sie zu den jungen; die Gründung einer eigenen Familie erfolgt häufig später als in den vergangenen Jahrzehnten, und dort, wo Familien nach einer zweiten oder dritten Ehe bzw. Partnerschaft gegründet werden, kann es zu sich überkreuzenden Altersrollen kommen. Viele Formen der persönlichen und beruflichen Weiterbildung stellen -immer wieder – einen neuen Anfang in Aussicht, verheißen bzw. erfordern somit einen »Generationenwechsel«, der von einzelnen, gewissermaßen in sich selbst und für sich selbst zu leisten ist. Als eine erste These läßt sich somit formulieren: Unter Bedingungen der »Postmoderne« entspricht der Multiperspektivik eine Multigenerativität: Die Vielfalt an Identitätsangeboten geht einher mit einer Vielfalt an Generationenzugehörigkeiten.[18]

Eine andere Art von Problematisierung besteht in Bezug auf die Qualitäten und die sozialen Logik der gesellschaftlichen Generationenbeziehungen. Der sogenannte »Drei-Generationen-Vertrag«, auf den namentlich die Rentenversicherung abgestützt ist, gilt angesichts der demographischen Verschiebungen als brüchig. Zunehmend thematisiert werden die mehrfachen Belastungen der Familien, für die es keinen ausreichenden monetären Ausgleich gibt. Angesprochen ist somit die Gerechtigkeit innerhalb von Generationen, hinsichtlich des Aufwandes ebenso wie – später – hinsichtlich der Verteilung. Zusätzlich zeichnet sich ab, daß die zu erbringenden Pflegeleistungen nicht über ein öffentliches, professionelles System aufgebracht werden können. Die familialen Leistungen bleiben auf lange Zeit hinaus unverzichtbar. Doch sie verlieren an Verläßlichkeit, je vielfältiger die private Lebensgestaltung ist, und eben diese wird durch den Wohlfahrtsstaat erleichtert, wenn nicht sogar gefördert. – Die Widersprüchkeit der Situation zeigt sich im weiteren darin, daß es Bemühungen gibt, innerhalb der Sozialpolitik eine betont interessegeleitete Altenpolitik und gleichzeitig eine Politik für Kinder zu etablieren. Beide unterscheiden sich überdies von der Familienpolitik, jedenfalls in der Perspektive von Professionen, die sich in diesen Bereichen etablieren möchten. Als zweite These läßt sich formulieren: Organisation und Qualität der Generationenbeziehungen im Bereich der privaten Lebensführung, namentlich der Familie und im Bereich der Öffentlichkeit, namentlich im Rahmen der Sozialversicherung und der wohlfahrtsstaatlichen Einrichtungen, sind wechselseitig voneinander abhängig und aktuell widersprüchlich.

Somit ergibt sich, daß das aktuelle Interesse an Fragen, die sich auf das Verhältnis der Generationen beziehen, interpretierbar ist als Ausdruck eine weitverbreiteten Problematisierung persönlicher Identität und der Möglichkeiten sinnvoller individueller und gesellschaftlicher Entwicklung angesichts von Tendenzen wie der radikalen Pluralisierung, »Mediatisierung« und Risikogefährdung der Lebenswelten. Diese Problematisierung wird von vielen Menschen in der Gestaltung ihrer alltäglichen Lebensverhältnisse und ihrer persönlichen Beziehungen erfahren, inbesondere in den Familien. Parallel dazu treten die Paradoxien im Verhältnis zur öffentlichen, namentlich der sozialstaatlichen Organisation der Generationenbeziehungen immer deutlicher zutage und werden zu einem Politikum eigener Art.

In diesem Feld sind nun – insbesondere in einer handlungstheoretischen Sichtweise – jene alltäglichen Beobachtungen, Forschungsbefunde und Analysen zu bedenken, die zeigen, daß auch unter den gegenwärtigen gesellschaftlichen Bedingungen die überwiegende Mehrzahl erwachsener Frauen und Männer eigene Familien gründen. Dabei zeigt sich, daß von vielen die damit verbundenen Aufgaben engagiert, mit einem ausgeprägten Bemühen um Sachkunde verantwortungsbewußt und angesichts der Verhältnisse oft innovativ erfüllt werden. Gleiches gilt für die Betreuung und Pflege von Angehörigen der älteren Generation. Die Studien berichten ausführlich von den sich dabei ergebenden Schwierigkeiten und Belastungen. Parallel dazu zeichnet sich ab, daß die soziale Bedeutung der Leistungen, die mit der privaten Gestaltung von Generationenbeziehungen erbracht werde, öffentlich thematisiert werden. Obgleich dabei vieles Rhetorik ist, gibt es doch wichtige Initiativen ihrer materiellen und ideelen Anerkennung. Dies läßt die Interpretation zu, daß auch oder gerade unter »postmodernen« Lebensbedingungen Generationenbeziehungen in besonderer Weise als sinnstiftend und sozial bedeutungsvoll angesehen werden. Dies dürfte damit zusammenhängen, daß die familialen Beziehungen mehrheitlich als ein von den einzelnen zu gestaltenden und gestaltbarer Bereich aufgefaßt werden, um die problematischen Aspekte gesellschaftlicher Entwicklung zu vermeiden oder gegen sie anzugehen. Das ergibt sich aus pragmatischen Motiven, nämlich in Hinblick auf die alltäglich anstehenden Aufgaben einer erträglichen, befriedigenden Lebensführung sowie aus ideelen Motiven, nämlich dem Verständnis, die Beziehungen zwischen Eltern und Kindern seien in besonderem Maße bedeutsam auch für die Vorstellung der persönlichen Identität der Mütter und Väter und sogar der Großeltern.

Die theoretisch orientierten Analysen liegen auf vergleichbarer Linie. Sie differenzieren das Konzept der Generation unter Bezug auf die komplexen Wechselwirkungen zwischen den »Ebenen« der gesellschaftlichen Organisation; die Dynamik der Entwicklung wird erfaßt, in dem die primäre Aufmerksamkeit den *Beziehungen* zwischen den Generationen gilt. Implizit kommt damit in sozusagen allen Untersuchungen zum tragen, was die vorne vorgeschlagene Umschreibung von Generation heraushebt, daß nämlich soziales Handeln, soweit es sich an der Generationenzugehörigkeit orientiert, grundsätzlich im Hinblick auf seine qualitative und quantiative Relevanz für die Entwicklung personaler Identität zu analysieren und zu würdigen ist und weiter, daß es in besonderer Weise mit der unvermeidlichen Perspektivik menschlichen Handelns zusammenhängt.

Die empirischen und die theoretischen Analysen weisen somit auf eine besondere Relevanz von Generationenbeziehungen und ihres Studiums gerade angesichts der zeitdiagnostischen Tendenzen zur Postmoderne hin. Sie haben ihren »Ursprung« in elementaren anthropologischen Tatsachen, nämlich der Notwendigkeit, junge und alte Menschen zu pflegen und zu betreuen, dementsprechend sich unterschiedlichen Lebensperspektiven zu stellen und ihre Tragweite für sich, andere und die Gemeinschaft zu bedenken. Solchermaßen stellen sie einen fundamentalen, gewissermaßen »stabilen« Bezug der Organisation des menschlichen Zusammenlebens dar, der sich allerdings in unseren

Erfahrungen und Beschreibungen aktueller Realität in einer Fülle von sozialen Phänomenen verbirgt, die in sich wiederum differenziert, vielfältig, widersprüchlich und paradox sind oder scheinen. Als *dritte These* läßt sich somit formulieren: Der Gestaltung der familialen und öffentlichen Generationenbeziehungen ist ein spezifisches Potential zur Verarbeitung der für »postmoderne« Lebens- und Gesellschaftsformen kennzeichnenden Ambivalenzen und Widersprüche eigen. Diese These, die zugegebenermaßen offen und spekulativ ist, sei hier abschließend behauptet, stellt die aktuelle Fassung des »Problems der Generationen« dar.

Anmerkungen:

[1] Neben den allgemeinen enzyklopädischen Darstellungen sei insbesondere verwiesen auf Marìas (1968), der eingehend den Beitrag von Ortega y Gasset würdigt. Im Sonderheft »Generations« der Zeitschrift »Daedalus« (Fall 1978) finden sich ausführliche Beiträge über die Idee der Generationen von Altertum bis in die Gegenwart. Attias-Donfut (1988) enthält ebenfalls ausführliche (be-griffs-)geschichtliche Teile; bemerkenswerter ist, daß die Autorin sich nicht auf eine Definition festlegen will und stattdessen auf die Dimensionen der Zeit hinweist, die mit dem Begriff ihrer Ansicht nach angesprochen werden. Sackmann (1991) interpretiert den Begriff der Generation als »Deutungsmuster« und behandelt im historischen Teil (S. 205–210) auch die religiösen Kontexte. Begriffsgeschichtlich argumentiert auch Schmied (1984). Für die pädagogischen Implikationen siehe Pfliegler (1968), für die historische Sichtweise Spitz (1973), Jaeger (1977), Schuler (1987).

[2] In der englischsprachigen Literatur werden Generationenbeziehungen in der Familie bzw. der Verwandtschaft häufig als »intergenerational relationships« bezeichnet. Das hat dazu geführt, daß auch in deutschsprachigen Texten von »intergenerationellen« Beziehungen die Rede ist. Aus sprachästhetischen Überlegungen verzichten wir in diesem Band weitgehend auf diesen Wortge-brauch. Meistens ergibt sich aus dem Zusammenhang, ob mikro- oder makrosoziale Beziehungen gemeint sind. – Gelegentlich wird vorgeschlagen, von »Generationenbeziehungen« nur in Bezug auf Interaktionen zu sprechen (vgl. Kaufmann idB.).

[3] Damit wird auf die Charakterisierung des Verhältnisses der Generationen bei Pinder (hier zitiert nach Pinder 1949) angespielt, für den »Die ›Ungleichzeitigkeit‹« des Gleichzeitigen den Ausgangspunkt seiner Überlegungen bildet. Für ihn ist das Nebeneinander der Erscheinungen immer Chaos: »Das in ihm verborgene Nacheinander aber ist Rhythmus, noch mehr: Polyphonie« (S. 40). – Es sind die »Stimmen« der Generationen, die Art und Weise, wie einzelne von ihnen sich durchsetzen, den Ton angeben, was Ordnung schafft bzw. erkennen läßt. Dies zu analysieren stellt die Aufgabe der (bei Pinder kunstwissenschaftlichen) Generationenanalyse dar. Demgegenüber liegt der soziologischen Betrachtungsweise, wie ich sie hier vertrete, die Annahme zugrunde, die Gleichzeitigkeit unterschiedlicher Perspektiven, verstanden als Muster des Verhältnisses zwischen dem einzelnen und seiner Lebenswelt, sei die Folge der gesellschaftlichen Organisation des Zusammenlebens. Dementsprechend sei es eine vom einzelnen zu erbringende Aufgabe und Leistung, sich mit der Vielfalt der Perspektiven (der »Multiperspektivik«) auseinanderzusetzen und mit ihr lebenspraktisch umzugehen.

4 Der Begriff der »Lebenswelt« wird hier also in einem allgemein Sinne verwendet und bezeichnet die Gesamtheit der physischen und sozialen Sachverhalte, die zu einem bestimmten Zeitpunkt für das Handeln eines einzelnen von Belang sind bzw. sein können, wobei er sich selbst als Teil davon sehen kann. Diese Umschreibung ist verwandt, jedoch nicht identisch zur spezifischen Bedeutung, die der Begriff in der Phänomenologie und darauf aufbauenden sozialwissenschaftlichen Ansätzen hat. Trotz dieser spezifischen Ausprägung wird er hier ins Spiel gebracht, weil sich kein anderes Wort von vergleichbarer Anschaulichkeit anbietet; der Begriff der Umwelt kommt nicht in Frage, weil er den Gegensatz Subjekt – Objekt zu sehr betont.

5 Man könnte auch sagen, das Konzept der Perspektive ist formal betrachtet von ähnlicher Abstraktheit wie dasjenige der »Strategie«, ohne allerdings damit inhaltlich übereinzustimmen (siehe Pitrou idB). Gemeint ist in beiden Fällen eine kognitive oder emotionale Operation, nämlich die zu einem »bestimmten Zeitpunkt herzustellende Interdependenz von Person – Handlungsorientierungen – Lebenswelt«.

Die Terminologie ist nicht einheitlich. Ich möchte darum meine Wortwahl wie folgt erläutern, ohne sie hier im einzelnen zu begründen (vgl. hierzu Lüscher 1990 und 1988, Lüscher und Wehrspaun 1985): Die Identität eines Individuums, m.a.W. seine personale Identität, ergibt sich in den Prozessen der Reflexion und der Interpretation seiner Zugehörigkeiten bzw. der identitätsspezifischen Zuschreibungen; sie enthält soziale Komponenten (da der Mensch immer in sozialen Bezügen lebt) und eine subjektive Komponente, die durch die Überzeugung (den »belief«)der Einmaligkeit des einzelnen Menschen geprägt ist, eine Überzeugung, die empirisch mehr oder weniger stark ausgeprägt ist; diese Überzeugung kann sich auf glaubensmäßige Überzeugungen oder auf biologische (die Einmaligkeit der Erbausstattung betreffende) Vorstellungen oder schlicht auf (meditative) Erfahrungen des eigenen Wesens beziehen.

Skeptiker werden fragen, ob der Begriff der Perspektive nicht nicht dasselbe wie jener des Wertes meine, und ob Orientierungen nicht »Normen« entsprächen. In der Tat überschneiden sich teilweise die Bedeutungen dieser Konzepte. Doch entscheidend ist, daß mit »Perspektiven« ein Handlungszusammenhang zwischen »Lebenswelt« und der Reflexion von Identität postuliert wird. Dem entsprechen unterschiedliche wissenschaftstheoretische Prämissen. Mit dem Begriff der Perspektive soll versucht werden, die Dualität zwischen Subjekt und Umwelt zu überwinden. Damit wird theoretisch auf Prozesse der Interpretation und der sich daraus ergebenden »Konstruktion« der sozialen Wirklichkeit hingewiesen, die ihrerseits Selbstreflexion der handelnden Subjekte einschließt.

6 Die Kennzeichnung »Jahrgang« ist einem dehnbaren Sinne des Begriffes zu verstehen. Eine Generation kann u. U. Angehörige mehrerer Geburtsjahre umfassen. Dasselbe gilt für die Eintrittsjahre in eine Organisation. Wie oft in sozialwissenschaftlichen Analysen hängt die »Operationalisierung« einer Definition von der jeweiligen Fragestellung ab.

7 Hierzu ausführlicher Lüscher (1980), wo ich versuche, »Autorität« in Verbindung mit dem besonderen Wissen zu bringen, das Eltern von den Kindern haben und für die Entwicklung der personalen Identität des Kindes einsetzen können und stellvertretend für es Verantwortung übernehmen (müssen). Je mehr ein heranwachsender Mensch seiner selbst bewußt wird, desto geringer – in dieser Sichtweise – die Autorität. Doch angesichts neuer Lernbedürfnisse, die dazu führen, daß die älteren häufig auf die jüngeren angewiesen sind, verändert sich faktisch und symbolisch das pädagogische Verhältnis (Tuggener 1992).

8 An dieser Stelle kann nochmals an Mannheim erinnert werden. Er wendet sich (S. 556) gegen den historischen Monismus, der seiner Ansicht nach den meisten Generationslehren anhaftet. Lediglich

aufzulisten, welche weiteren Kräfte von Belang sind, ist seiner Ansicht nach unbefriedigend. Die eigentliche Fragestellung gilt der »Erforschung des Zusammenspiels der zusammenwirkenden Kräfte«, um die »Geschichte in ihrem Werden« zu erfassen. Mannheims eigene »formalsoziologische Analyse des Generationenphänomens« soll dazu beitragen zu zeigen, »was von dieser Komponente aus erklärt und was nicht unmittelbar aus ihr erfaßt werden kann«. – Dieses Programm ist in jüngster Zeit – wie unter anderem die Beiträge zu diesem Band zeigen – insofern einen Schritt weiter vorangetrieben worden, als untersucht wird, wie die Interaktionen zwischen Angehörigen unterschiedlicher Generationen in der Realität ablaufen sowie welche gesellschaftlichen Maßnahmen zur Anerkennung ihrer Bedeutung und zu ihrer Gestaltung getroffen werden können bzw. sollen.

9 Mittels Umfragen in der amerikanischen Bevölkerung darüber, ob der Golfkrieg mit dem Zweiten Weltkrieg oder dem Vietnam-Krieg verglichen wurde, konnten Schuman/Rieger (1992) zumindest teilweise generationenspezifische Effekte im Sinne Mannheims in der Beurteilung des Krieges feststellen, nämlich hinsichtlich derart, ob ein Vergleich mit dem Vietnamkrieg oder dem Zweiten Weltkrieg vorgenommen, nicht aber hinsichtlich der Einstellung zum Krieg überhaupt. – Becker (1991) schägt vor, die noch lebenden Generationen zu kennzeichnen als Vorkriegs- und Kriegsgeneration (geboren 1910–30), stille Generation (1940–55) und verlorene Generation. Dieser Vorschlag steht in Verbindung mit Versuchen, eine diskursive Verständigung über die Charakterisierung von Generationen im internationalen Vergleich zu finden (Hullen, 1991).

10 Den Zusammenhang zwischen der Theorie der Zeit und der Generationenanalyse darzustellen, würden den Rahmen dieser Einleitung sprengen. Kurz und auf einer allgemeinen Ebene skizziert bilden, wie die Darstellungen von Pinder, Ortega y Gasset und namentlich Mannheim abhandeln, ein positivistisches und ein romantisch-subjektives Verständnis von Zeit wichtige Leitlinien. Heute geht es darum, die »konstruktivistische Wende« nachzuvollziehen, die gerade im Verständnis von Zeit einen deutlichen Niederschlag gefunden hat und daraus die theoretischen sowie die methodologischen Konsequenzen abzuleiten.

11 Wenn im folgenden Abschnitt eine Autorin oder ein Autor ohne Jahreszahl genannt werden, ist damit deren Beitrag in diesem Band gemeint.

12 »Politik für Kinder« in einem Zusammenhang mit Generationenverhältnissen erörtern vor allem italienische Autoren, z. B. Sgritta (1992). Andere konzeptuelle Wurzeln sind die Sozialpolitik sowie die Bemühungen, Rechte für Kinder zu proklamieren (siehe: Lüscher und Lange 1992).

13 Die Analyse des »Sozialisationswissen« war seinerzeit eine wichtige Fragestellung im Rahmen der Konstanzer Untersuchungen über die Lebenssituation junger Familien (Fisch und Lüscher 1977, Lüscher und Stein 1985). Sie schloß die Untersuchung des an die Eltern herangetragenen Wissens ein (Lüscher, Koebbel, Fisch, 1984; Schultheis und Lüscher 1987). Daraus ist in Bezug auf den öffentlichen Diskurs über Familie ein Interesse an »Familienrhetorik« entstanden (Lüscher, Wehrspaun, Lange 1989).

14 Die Geschichte des Begriffes Postmoderne legen ausführlich Köhler (1977) und Welsch (1988) dar. Jencks (1990) erläutert das Konzept anschaulich anhand von Beispielen aus der Malerei und der Architektur sowie in einer historischen Schematik. Weitere Bescheibungen unter Bezug auf konkrete Beispiele finden sich u. a. in Boyne/Rattansi (1990) und Gitlin (1989), Jameson (1991).

15 Die Integration des Konzeptes der Postmoderne in die Sozialwissenschaften, eingeschlossen die kritische Auseinandersetzung damit, dokumentieren u. a. Agger (1991), der namentlich auch Querverbindungen zur kritischen Theorie herstellt, Baumann (1988) in einem Sonderheft von »Theory, Culture and Society«, Cheal (1991: Kapitel 5 und 6) in Bezug auf Entwicklungen in der Familiensoziologie, Donati (1991) kritisch vor dem Hintergrund seines Entwurfes einer »Teoria

relazionale della società«, Jameson (1991) in Verbindung mit einer Theorie der Universalisierung des Spätkapitalismus, Giddens (1991) unter Negation des Konzeptes, Kellner (1988), sowie die Beiträge aus dem Plenum 1 des 25. Deutschen Soziologentages (Zapf 1990: 165–227).

[16] Damit sind die zunächst die Schriften von Baudrillard, Derrida und Lyotard gemeint. Dazu z. B. der Sammelband Postmoderne und Dekonstruktion (1990), die kritische Auseinandersetzung von Kellner (op. cit.) und die Rekonstruktion von Welsch »Die Geburt der modernen Philosophie aus dem Geist der modernen Kunst« (in: Welsch 1991: 79–113).

[17] Siehe hierzu den anschaulichen Essay von Welsch »Identität im Übergang«, unter Bezug auf Cindy Shermans Darstellungen »multipler Identität« sowie weiteren Arbeiten zeitgenössischer Kunst (in: Welsch 1991: 168–200), ferner Gergen (1990), mit einer Entgegnung von Luckmann sowie meine eigenen Überlegungen in Bezug auf die Familie sowie die Zusammenhänge mit stukturell bedingten Zufälligkeiten (Aleatorik) in Lüscher (1986, 1988).

[18] Den Begriff der »Multigenerativität« verwendet auch Horx (1989: 64). – Attias-Donfut (1992: 79) spricht von einer »société multigénérationelle«, welche die Beziehungen der Generationen und ihre Definition verändere. – Den Abbau von klaren Altersbezügen und die sich daraus ergebenden Unklarheiten mit dem Begriff der Generation heute hebt Nash (1978) vor dem Hintergrund ihrer Darstellung der Ursprünge des Denkens in Generationen im alten Griechenland hervor.

II. Konzepte und Ansätze

URIE BRONFENBRENNER

Generationenbeziehungen in der Ökologie menschlicher Entwicklung*

Die Einladung, Generationenbeziehungen aus der Perspektive einer ökologischen Theorie menschlicher Entwicklung zu betrachten, stellte eine herausfordernde Aufgabe dar, die ein konstruktives Ergebnis zu Tage gefördert hat. Dieses Ergebnis besteht in Ausweitungen und Anwendungen des ökologischen Modells, die eine Integration gegenwärtiger Ansätze aus verschiedensten Disziplinen erlauben. Sie gestatteten darüberhinaus die Formulierung neuer, wissenschaftlich vielversprechender und testbarer Hypothesen zur Beleuchtung der Rolle von Generationenbeziehungen in der menschlichen Entwicklung nicht nur innerhalb, sondern auch zwischen den Generationen.

1. Das Konzept der Generationenbeziehungen

Ich beginne gleichzeitig mit einer Begrenzung und Ausweitung der generellen Forschungsfrage. In einer ersten Annäherung kann sie wie folgt gestellt werden: Wie beeinflussen Generationenbeziehungen die Muster der Entwicklung von einer Generation zur nächsten? Die Bedeutung der hervorgehobenen Frage liegt gleichermaßen darin, was sie ein- und gleichzeitig ausschließt. Ohne Begrenzung würde unsere Frage nämlich den ganzen Bestand an Forschungen zur menschlichen Entwicklung der Beziehungen zwischen Kind und Erwachsenen umfassen, beginnend mit der Interaktion von Mutter und Neugeborenem über die Eltern-Kind-, Lehrer-Schüler-, Mentor-Schützling- und anderen altersgemischten Dyaden über den gesamten Lebenslauf hinweg. Zwar könnte dies ein produktives Vorhaben sein; es würde jedoch einfach den wissenschaftlichen status quo festschreiben. Dagegen schließt die Forschungsfrage ein relativ unbearbeitetes Feld zur Exploration ein: Um die Frage anders zu formulieren: Welches sind die Bedingungen und Prozesse, die Kontinuität vs. Wandel in der menschlichen Entwicklung über die Generationen hinweg erzeugen?

So formuliert gibt diese Frage dem ökologischen Konzept des Chronosystems (Bronfenbrenner, 1989a) eine neue Bedeutung und einen neuen Anwendungsbereich. Ursprünglich war dieses Konzept eingeführt worden, um die traditionellen Längsschnittdesigns auszuweiten, so daß nicht nur die Erfassung der Eigenschaften der sich entwickelnden Person, sondern auch die der beiden anderen grundsätzlichen Komponenten des ökologischen Modells, nämlich die Natur der Umwelt und der proximalen Prozesse der Interaktion

51

zwischen der sich entwickelnden Person und ihrer unmittelbaren Umwelten, möglich wurde. Eine verstärkte Konzentration auf die Entwicklung über die Generationen hinweg erweitert die Betrachtung über die Spanne eines einzelnen Lebens hinaus und umfaßt den gegenseitigen Einfluß aufeinanderfolgender Generationen über die historische Zeit hinweg.

2. Quellen der Kontinuität und des Wandels über die Generationen hinweg: Eine erste Annäherung

Welches sind nun die konkreteren Forschungsfragen, die durch eine solche Formulierung erhellt oder neu aufgeworfen werden? Ein Weg, sich dieser Frage anzunähern, besteht darin, auf der Grundlage gegenwärtigen Wissens und gegenwärtiger Theorie zu untersuchen, welches die grundsätzlichen Bedingungen und Prozesse sein könnten, die Kontinuität und Wandel über die Generationen hinweg formen.

Vermutlich stellt die genetische Vererbung, welche innerhalb von Familien auftritt, eine Quelle der Kontinuität dar. Da sich diese Form der Vererbung entlang der Familienlinie vollzieht, sollte sie zu einer größeren Homogenität in den Entwicklungsmerkmalen innerhalb von Familien über die Generationen hinweg führen. Natürlich ist diese Hypothese ausgiebig im Feld der medizinischen Genetik untersucht worden und hat in Bezug auf Krankheiten mit einer starken genetischen Komponente gute Absicherungen erfahren. Jedoch wurde sie meines Wissens (und zu meiner Überraschung) selten über mehr als zwei Generationen hinweg für nicht-pathologische Entwicklungsmerkmale untersucht, auch nicht für jene Merkmale, die als primär genetisch bedingt bezeichnet worden sind, wie die Temperaments-ausprägungen. Dieselbe Situation ergibt sich interessanterweise, wenn man sich die Studien über die Kontinuität von psychologischen Eigenschaften ansieht, die aus der Ähnlichkeit des sozialen Hintergrunds entstehen. Noch seltener sind schließlich Untersuchungen, die diese beiden Entwicklungsbereiche in einem einzigen Forschungsdesign vereinen, das es erlaubt, die relativen Beiträge von Vererbung und Umwelt zu unterscheiden. Das einzige Beispiel, das ich finden konnte, verdient aus diesem Grund unsere besondere Aufmerksamkeit.

SIMONTONS EXEMPLARISCHE UNTERSUCHUNG

Eine bemerkenswerte Ausnahme kann im Beitrag des amerikanischen Psychologen Dean Simonton (1983) gesehen werden, der die kontrastierenden Einflüsse genetischer und sozialer Vererbung für aufeinanderfolgende Generationen von über 300 Monarchen aus 14 europäischen Ländern zurückverfolgt hat. Aus biographischen und historischen Materialien wurden auf der Basis übereinstimmender Darstellungen Kompetenzen und Persönlich-keitseigenschaften der Monarchen eingeschätzt. Als Ausgangspunkt wählte Simonton Galtons (1869) klassische Studie »Hereditary Genius«, und die darauf folgenden

Replikationen des späten 19. und frühen 20. Jahrhunderts.[1] Indem er besonders heraushebt, daß diese Arbeiten ein starkes vererbungstheoretisches Vorurteil beinhalteten, unternahm es Simonton, eine Studie durchzuführen, in welcher die beiden alternativen Erklärungen systematisch gegeneinander ausgespielt wurden. Seine Arbeit ist einzigartig in ihrer Scharfsinnigkeit und Logik des Forschungsdesigns. Diese Qualitäten zeigen sich am besten im Zusammenhang mit den vier Hypothesen über mögliche Arten des Transfers über die Generationen hinweg, die er aufstellte und testete.

1. Simontons genetische Hypothese ist sorgfältig eingeschränkt, so daß sie eine effektive Forschungsumsetzung zuläßt. Er beginnt mit der Feststellung, daß nicht jede Persönlichkeitseigenschaft gleichermaßen genetischen Einflüssen unterworfen ist. Unter Heranziehung der vorhandenen Forschungsliteratur schlägt er dann vor, daß »nur Intelligenz und vielleicht die Lebensspanne« »eine bedeutsame genetische Komponente« (S. 386) zeigen werden. Ein zweiter Ansatzpunkt, der Grad der Blutsverwandtschaft, bietet eine noch wirksamere Umsetzung der Forschungsidee. Simonton formuliert die Hypothese, daß bei einer Dominanz genetischer Faktoren die Korrelationen zwischen Vater und Sohn gleich denen von Vater und dessen leiblichen Geschwistern sein sollten. Im Gegensatz dazu sollten die Korrelationen zwischen Sohn und Vater zweimal so groß sein wie jene zwischen Sohn und Großvater. Zusätzlich sollte sich bei statistischer Kontrolle der erstgenannten Korrelation die zweitgenannte Korrelation auf Null reduzieren.
Schließlich sollte sich, außer für die an das biologische Geschlecht gekoppelten Eigenschaften (beispielsweise Farbenblindheit), der genetische Transfer über die Generationen hinweg für beide Geschlechter in der gleichen Weise vollziehen.
2. Als zweite Hypothese schlug Simonton vor, daß der Transfer zwischen den Generationen auch über Prozesse der Rollenübernahme stattfinden könnte. Diese beschrieb er als »bestimmte Typen des sozialen Lernens und von Identifikationsprozessen« (S. 356). Simonton interpretiert dieses Konzept sehr umfassend, so daß es »jedes aktive Training des Kindes durch die Eltern« (idem) einschließt. Da es bis dahin keine Befunde für das Wirken solcher Prozesse gab, ersann Simonton wieder eine scharfsinnige Strategie, um ihre Existenz aus beobachteten Effekten abzuleiten. Mit seinen eigenen Worten ausgedrückt: »Ein Modell des Rollenlernens würde vorhersagen, daß das Ausmaß an Unterschieden zwischen den Generationen von der jeweiligen zeitlichen Überlappung der Lebensspannen, und nicht von der genetischen Ähnlichkeit abhängt« (S. 356). Er erwartete auch, daß das Rollenlernen im Vergleich mit der genetischen Hypothese eine größere Spanne von Eigenschaften betreffen würde und darüberhinaus in gleichgeschlechtlichen Dyaden mehr Wirkung entfalten würde als in gemischtgeschlechtlichen. In der Tat ist die Hypothese des Rollenlernens die einzige, derzufolge Geschlechtsdifferenzen in der Art des Transfers zwischen den Generationen erwartet werden.
3. Simontons Kohortenhypothese beruht auf der Annahme, daß die Ähnlichkeit zwischen Generationen nicht durch die direkte Übertragung von Eigenschaften der Eltern auf das Kind vollzogen wird, sondern dadurch entsteht, daß sie von ähnlichen »sozialen, kulturellen, und politischen Bedingungen, welche während der späten Kindheit, Jugend

und dem frühen Erwachsenenalter vorherrschten« (S. 357)[2] betroffen sind. Simonton sieht im Altersunterschied zwischen den Parteien den kritischen Faktor für seine Hypothese. Je näher sie sich im Lebensalter stehen, um so wahrscheinlicher werden sie ähnlichen soziokulturellen Einflüßen ausgesetzt sein. »Wenn ein Kind mehr den Eltern als den Großeltern ähnelt, so nur deshalb, weil das Geburtsjahr des Kindes dem der Eltern näher liegt als dem der Großeltern« (S. 357).

4. Ferner konzentriert sich die Hypothese der sozio-kulturellen Trägheit nicht auf die Nähe der Lebensalter, sondern auf die der Ähnlichkeit der Regierungszeiten der aufeinanderfolgenden Regenten. Dem liegt die Annahme zugrunde: wenn sie in ähnlichen Zeitperioden regieren müssen, dann reagieren sie auch in ähnlicher Art und Weise – vernünftig, kompetent und weise, wenn das Königreich prosperiert, unvernünftig und leichtsinnig, wenn die Umstände ungünstig sind. Kurz gesagt: Die Zeit macht den Mensch.

Die Resultate der Analyse zeigten im Einklang mit der Vorhersage des Autors, daß nur Intelligenz und Lebensspanne ein Muster aufwiesen, das mit der genetischen Hypothese zu vereinbaren war. Für diese zwei Bereiche waren die Korrelationen zwischen den Regenten und ihren Söhnen, wie vorhergesagt, zweimal so groß wie die zwischen Regent und Großvater. Noch eindrucksvoller waren die Ergebnisse der Regressionsanalyse. Wurde der Einfluß des Vaters miteinbezogen, spielte der Großvater keine Rolle mehr. Die Ergebnisse für andere persönliche Eigenschaften unterstützten die alternativen Hypothesen, wie unten zu zeigen sein wird.

Die Resultate für das Rollenlernen waren im großen und ganzen konsistent mit den Erwartungen des Autors; aber auch hier gab es einige unerwartete Befunde. Wie vorhergesagt, erklärte das Modell des Rollenlernens den Transfer eines größeren Spektrums von Eigenschaften als das Modell genetischer Faktoren. Insbesondere konnten Effekte für drei überwiegend soziale Eigenschaften gefunden werden: Moralität, Führungsqualität und Berühmtheit. Es gab jedoch wichtige Unterschiede, je nachdem, ob der Vater oder der Großvater das wirksamere Modell war. Im Fall der Moralität hatte der Vater mehr Einfluß, während der Großvater kaum Einflüsse ausübte. Die Resultate für die Führungsqualitäten besagten genau das Gegenteil, denn hier stellte sich der Großvater als hauptsächlich bestimmend heraus. Was endlich den Ruhm betraf, so halfen beide »Urregenten« den Weg zu bahnen, wobei der Großvater etwas größeres Gewicht hatte.

Simonton bietet folgende Interpretation für die unerwartete Wichtigkeit des großväterlichen Monarchen als Rollenmodell für den zukünftigen Prinzen an. »Es wurde herausgefunden, daß die Königinnen wirklich kein bißchen Ruhm von ihrem Vater erbten, wohingegen das väterliche Erbe der Könige beträchtlich ist [...]. Daher scheint im Einklang mit der Rollenlernhypothese die Vererbung von Ruhm über die Generationen hinweg gleichgeschlechtliche Rollenmodelle zu erfordern« (S. 362).[3] Es könnte sein, daß sich der Herrscher tendenziell mehr mit dem Großvater als mit dem Vater identifiziert, besonders, weil der Vater möglicherweise eher einen Rivalen um die Macht darstellt (d.h., viele Herrscher werden ungeduldig, wenn ihre Väter nicht sterben, so daß sie selber die Kontrolle übernehmen können, S. 361–362).

54

Schließlich erhielt, entgegen den Erwartungen des Autors, keine der Hypothesen zur »Nähe« empirische Unterstützung. Wie er einräumt, könnte das Ausbleiben signifikanter Befunde daher rühren, daß eine ungenügende Variabilität der Altersunterschiede und der Intervalle zwischen den Regierungszeiten vorhanden war. Bedeutender aber, wie ich weiter unten argumentieren werde, ist ein zweiter einschränkender Faktor, der vom Autor erwähnt wird. Die operationalen Messungen waren nämlich zu weit von den substantiellen Hypothesen, aus denen sie abgeleitet wurden, entfernt.

SIMONTONS MODELL IN ÖKOLOGISCHER PERSPEKTIVE

Simontons Arbeit stellt einen wichtigen Beitrag zum wissenschaftlichen Verständnis der Entwicklung über die Generationen hinweg dar. Gleichzeitig fehlen seinen konzeptuellen und operationalen Modellen bzw. verletzen sie sogar in gewissen Aspekten die Anforderungen eines ökologischen Paradigmas. Oder, positiv formuliert: eine Erfüllung dieser Anforderungen hätte einen noch größeren wissenschaftlichen Ertrag erbracht. Es folgen nun einige, notwendigerweise hypothetische Beispiele, die sich auf die von Simonon vorhergesagte Ergebnisse beziehen.

1. Genetische Einflüsse im Kontext. Eine kennzeichnende Eigenschaft des ökologischen Paradigmas lautet: Die Kräfte, die die menschliche Entwicklung formen, sind nicht unabhängig voneinander, wirken in einer nichtadditiven Art und Weise zusammen und produzieren synergistische Effekte. Das impliziert beispielsweise, daß genetische Einflüsse ihre Wirkung nicht gleichförmig in allen Umwelten ausüben, sondern systematisch als Funktion der sozialen Kontexte, innerhalb derer sie entfaltet werden, variieren werden. So habe ich (1989a, 1992b) auf der Basis der ökologischen Theorie und der verfügbaren Befunde vorgeschlagen, daß die Potentiale für effektives Funktionieren eher in vorteilhaften als in benachteiligten Umwelten realisiert werden können. Simontons Formulierungen umfaßten beide Komponenten (d. h. Charateristika der Person und der Umwelt), aber er behandelte sie als eigenständige und unverbundene Bereiche – der erste repräsentiert durch die genetische Hypothese und der zweite durch die Kohortenhypothese. Die Anwendung des ökologischen Konzepts der Person-Kontext-Interaktion erbringt die differenziertere Hypothese, daß genetische Einflüsse (gemessen als Unterschied zwischen den Korrelationen Herrscher-Vater und Herrscher-Großvater) ausgeprägter in denjenigen Kohorten oder Regierungszeiten sein werden, die günstigere »soziale, kulturelle und politische Bedingungen «genossen (S. 357).(2)
   Vorrausgesetzt, daß es sich als möglich erweisen sollte, auf der Basis zugänglichen historischen Materials die Persönlichkeitseigenschaften des Monarchen einzuschätzen, sollte es auch möglich sein, abzuschätzen, ob sie in schlechten oder guten Zeiten aufwuchsen oder regierten.
2. Kohortenhypothese und soziokulturelle Hypothesen erneut betrachtet. Die Verfügbarkeit von Indikatoren für gute bzw. schlechte Zeiten würde auch einen gültigeren Test der

55

beiden oben genannten Hypothesen erlauben. Wie ich an anderer Stelle angedeutet habe (Bronfenbrenner, 1992 b) gilt das wissenschaftliche Gebot, daß operationale Definitionen mit ihren konzeptuellen Gegenstücken korrespondieren müssen, mit besonderer Schärfe für Forschungen, die sich auf das ökologische Modell stützen. Andernfalls könnten die Analysen zu irreführenden Resultaten führen, oder was noch bedauernswerter wäre, sie könnten den theoretischen und substantiellen Ertrag, den ein solches Modell abwerfen könnte, nicht ausschöpfen. Im vorliegenden Fall läuft Simontons Gebrauch eines »viel zu indirekten« Indikators Gefahr, beides zu riskieren.[4]

3. Quellen des Wandels über die Generationen hinweg. Obwohl Simontons Forschung sich alleine auf die Übertragung der gleichen Eigenschaften von der einen Generation zur nächsten konzentrierte, könnte das erweiterte, oben entfaltete ökologische Modell auch ein erhellendes Licht auf die Kräfte werfen, die Diskontinuitäten zwischen den Generationen hervorbringen. So könnten Fluktuationen der ökonomischen, sozialen und politischen Bedingungen über die historische Zeit zu korrespondierenden Wandlungen der Prozesse und Resultate der Entwicklung führen. Evidenzen, die mit dieser Hypothese konsistent sind, erscheinen in anderen Kapiteln dieses Bandes.

Oder, um eine über das vorliegende Material hinausgehende Hypothese vorzuschlagen: Wenn es wahr ist, daß genetische Einflüsse in benachteiligen Umwelten weniger effektiv wirken, dann sollten Ähnlichkeiten in Familien von einer Generation zur nächsten bezüglich psychologischer Eigenschaften weniger ausgeprägt sein in den gesellschaftlichen Gruppen, die in eher ungünstigen sozioökonomischen Umständen leben. Eine mögliche Quelle der Diskontinuität zwischen den Generationen kann aus Simontons Interpretation seiner Befunde, welche die Rollenlernhypothese betreffen, erschlossen werden. Der Konflikt mit dem Vater kann die Identifikation mit ihm untergraben. Dies kann wiederum die Entwicklung anderer Orientierungen in die Wege leiten. Diese Möglichkeit wird weiter in der Formulierung eines integrativen ökologischen Modells für die Erforschung der Entwicklung über die Generationen hinweg exploriert/diskutiert (siehe unten, Teil 3).

4. Wenn es wahr ist, wie es das ökologische Modell postuliert, daß die genetischen Potentiale und die durch sie beeinflußten Entwicklungsprozesse systematisch als Funktion der sozialen und kulturellen Umwelten, innerhalb derer Menschen leben, variieren, dann könnten Simontons Befunde in der Tat sehr eingeschränkt in ihrem Anwendungsgebiet sein.

Die untersuchten 342 Monarchen, obwohl über 14 europäische Länder und 900 Jahre der Geschichte verstreut, repräsentieren nichtsdestoweniger eine seltene und hochprivilegierte Position in der menschlichen Gesellschaft. Es ist deshalb durchaus möglich, daß das Zusammenspiel genetischer und sozialer Vererbung, das sich bei ihnen zeigt, sich erheblich von Familienlinien unterscheidet, die andere ökologische Nischen in der Geschichte besetzt haben.[5]

5. Simontons Modell, so produktiv es auch gewesen sein mag, ist darüber hinaus paradoxerweise durch die Scharfsinnigkeit seines Forschungsdesigns unvermeidlich begrenzt. Sein Gebrauch verfügbarer historischer und biographischer Materialien

beschränkt nicht nur die ihm zugängliche Art von Informationen, sondern auch die Elemente, die realistisch gesehen in sein konzeptuelles Modell eingeschlossen werden können. Deshalb brauchen wir zur Fortsetzung unseres theoretischen Rahmens für die Erforschung der Entwicklung über die Generationen hinweg noch andere Quellen für unsere Ideen und unser Wissen.

3. Soziologische Modelle der Entwicklung über die Generationen hinweg

Obwohl die meiste Forschung über menschliche Entwicklung von Psychologen durchgeführt worden ist, waren es in erster Linie Soziologen, die als erste Generationenbeziehungen als prozeßhaftes Phänomen in der Zeit entdeckten, bestimmten und erforschten. (Elder, 1974, 1985, Thomas & Znaniecki, 1918–20). Daher erscheint es vielversprechend das Ausmaß an Überlappung bzw. Abweichung ihrer Konzeptionen von denen, die sich aus der psychologischen Tradition ergeben zu untersuchen, für die Simonton ein erstes Beispiel ist.

Glücklicherweise gibt es hierzu in diesem Band den kompetenten Beitrag von Moen (S. 249ff.). Sie bietet nicht nur eine systematische Beschreibung und Analyse soziologischer Modelle für die Untersuchung von Generationenbeziehungen. Darüberhinaus präsentiert sie konkrete Beispiele aus ihrer eigenen Studie zu den Generationsbanden zwischen Müttern und deren erwachsenen Töchtern. Weil die ganze Untersuchung für die Leser dieses Bandes verfügbar ist, beschränke ich meine Diskussion auf jene Eigenschaften der soziologischen Modelle, die sich entweder mit den vier von Simonton formulierten Vorschlägen überlappen, oder von diesen abweichen.

Obwohl die beiden Autoren zwei unterschiedliche Disziplinen vertraten und unabhängig voneinander arbeiteten, (beide zitieren jeweils unterschiedliche Literaturen), ist in zwei Beispielen die Übereinstimmung der Konzepte fast vollständig. Der einzige Unterschied besteht in den jeweils gewählten Worten. Beispielsweise liest sich Moens Modell der Sozialisation im Kindesalter wie folgt: »Mütter sind Rollenmodelle für ihre Töchter und wenden verschiedene Formen der Überredung an« (idB S. 250). In ähnlicher Weise beschwört ihre Konzeption des Modells der Statusähnlichkeit das gleiche Grundprinzip wie Simontons Kohortenhypothese, nämlich, daß Ähnlichkeit zwischen Generationen nicht alleine durch einen Transfer von den Eltern zu den Kindern zustande kommen kann, sondern auch durch das Teilen gemeinsamer sozialer, kultureller und materieller Ressourcen. Beide Fassungen stellen sich aus der Perspektive eines ökologischen Paradigmas heraus betrachtet als unvollständig dar. Die Art der theoretischen Differenz und ihrer Implikationen kann am besten im Zusammenhang mit dem dritten von Moen diskutierten soziologischen Modell diskutiert werden.

Es sind drei hervorstechende Merkmale des Lebenslaufansatzes, die Bedeutung für ein theoretisches Modell der Entwicklung über die Generationen hinweg haben. Das erste ist eine Betonung von Zeit und »timing«, welche Moen als bestimmende Eigenschaft des Lebenslaufansatzes ansieht. Sie hebt, kurzgesagt, fehlende Übereinstimmungen in den Lebenserfahrungen als wichtigste Quelle hervor. Es entspricht genau dem, was ich Entwicklung über die Generationen hinweg genannt habe. Hervorzuheben ist, daß diese Diskontinuität auf zwei Ebenen wirkt, einmal auf der übergreifenden von sozialem und historischem Wandel, und dann, in einer Art Wiederholung innerhalb der unmittelbaren Umgebung der Familie. Dieser Kontrast bietet eine Einführung in eine Hauptunterscheidung der ökologischen Theorie in Begriffen, die hierarchisch verschachtelte Umweltsysteme von der Mikro- bis zur Makroebene umfassen.

Das System als Ganzes, wie der Name schon sagt, ist nicht nur Struktur. Es weist auch dynamische Eigenschaften auf. Eine davon besteht darin, daß Systeme höherer Ordnung (in diesem Fall das Makrosystem) Strukturen und Prozesse von Systemen auf niedrigerer Ebene (in diesem Fall das Mikrosystem)[6] beeinflussen. Darüberhinaus besitzen die miteinander verknüpften Systeme auch beträchtlichen Gehalt. Mit der Spezifikation der präzisen Natur dieser Konzepte, und besonders mit der Betonung der dynamischen Verknüpfungen zwischen ihnen geht das ökologische Paradigma über die anderen Modelle hinaus, oder präziser gesagt, profitiert es von diesen, fügt etwas Neues hinzu und integriert sie.

Moens Kapitel bietet einen ausgezeichneten Ausgangspunkt, um diese zusätzlichen Elemente und Verknüpfungen einzuführen. So ist es ein grundlegender Lehrsatz des ökologischen Ansatzes, daß menschliche Wesen vom Beginn des Lebens an aktive Betreiber und Teilnehmer an ihrer eigenen Entwicklung sind (Bronfenbrenner, 1979, 1989a, im Druck). Einer dieser Bereiche, innerhalb dessen sich dieses aktive Element ausdrückt, sind Initiativen und Aktivitäten der Eltern für die Entwicklung ihrer Kinder – was ich an anderer Stelle als das am besten geeignete Kriterium zur Beurteilung des Werts einer Gesellschaft bezeichnet habe: »die Vorsorge einer Generation für die nächste« (Bronfenbrenner, 1970: 1). Der möglicherweise größere Beitrag des Individuums in der Gestaltung von Entwicklung, und dies gilt gleichermaßen innerhalb und zwischen den Generationen, wird von Moen im folgenden Kommentar mitgeteilt: »Mütter übergeben ihren Töchtern vermutlich eher ›einen leeren Koffer‹ als einen ›traditionsbepackten‹, den diese gegebenenfalls selbst mit eigenen Aspirationen und Lebensstilen ›füllen‹« (S. 256).

Aber sind diese Bestrebungen und Lebensstile wirklich selbstgemacht? Wenn nicht, woher kommen sie dann? Und welches sind ihre Konsequenzen für die nächste Generation? Ein Hinweis auf mögliche Antworten liegt in zwei anderen Konzepten, die immer wieder in Moens Diskussion auftreten, oft sogar im selben Satz: Werte und Verhalten. Bei ihr werden diese als Konsequenzen »früher Kindheitserfahrungen« innerhalb der Familie und »situationaler Imperative«, die in der Jugend und im Erwachsenenalter erfahren werden, verstanden. Beide Konzepte nehmen innerhalb eines ökologischen Modells eine zentralere und stärkere Position ein. Sie werden nicht nur als Produkte der in früheren Generationen verwurzelten Macht, sondern als primäre, dynamische Einflußfaktoren der Kompetenz und des Charakters der folgenden Generationen angesehen.

Ein anderes Konzept, welches nicht in den von Moen präsentierten enthalten ist, aber eine hervorragende Rolle in ihrer eigenen Diskussion innehat, repräsentiert ein Schlüsselelement eines ökologischen Modells von Generationenbeziehungen. Gemeint ist das Geschlecht. In der Tat fordert das Modell, aus Gründen die unten angeführt werden, daß jede Analyse von Kontinuität oder Wandel von einer Generation zur nächsten für beide Geschlechter getrennt durchgeführt werden sollte.

Schließlich nimmt Moen auch noch in einer anderen Art und Weise ein Merkmal des ökologischen Modells der Entwicklung über die Generationen vorweg. Ihre Darstellung der Modelle der Sozialisation in der Kindheit spiegelt die dominante Sichtweise wieder, es handele sich jeweils um unterschiedliche Erklärungen des Generationseinflusses, jeweils für sich selbst ausreichend und gültig. Es ergibt sich aus Moens Diskussion, daß ein Lebenslaufansatz nichts daran ändert, daß die beiden anderen Konzeptionen verschieden und unabhängig voneinander sind. Eher ist es so, daß die temporale Perspektive beide Ansätze durch Einführung der Dimensionen Zeit und »timing« bereichert.

Gerade diese Auffassung wird aber vom ökologischen Paradigma in Frage gestellt. Die hauptsächliche Stoßrichtung dieser Herausforderung besteht in der Annahme, daß die jeweils in den beiden Modellen beschriebenen Wirkmechanismen tatsächlich eng miteinander verknüpft sind. Auf der einen Seite werden Sozialisationsprozesse stark durch die Ressourcen und Wirkkräfte im umfassenderen sozialen Milieu beeinflußt. Auf der anderen Seite üben diese eher distalen Einflüsse ihre Wirkung nicht direkt aus, sondern über die eher proximaleren Prozesse, die auf der Ebene der unmittelbaren Umwelt der sich entwickelnden Person stattfinden. Obwohl Sozialisationsprozesse auf der gleichen unmittelbaren Ebene auch wirksam sind, führt der Begriff der Sozialisation, betrachtet man ihn aus einer ökologischen Perspektive, etwas in die Irre, weil er nur die Hälfte der Geschichte erzählt. Genauso wie soziale und ökonomische Bedingungen sowohl Diskontinuität als auch Kontinuität in der Entwicklung über die Generationen hinweg produzieren können, genauso können proximale Prozesse entweder so wirken, daß ähnliche Eigenschaften von den Eltern zu den Kindern übertragen werden, oder aber in der Art und Weise, daß die Entwicklung von Eigenschaften , die sich von denen der Eltern unterscheiden, gefördert werden. Darüberhinaus sind diese gegenläufigen Einflüsse nicht nur hypothetische Möglichkeiten, sondern sie sind nun sehr umfassend als empirische Realitäten dokumentiert.[7]

Diese Konvergenz von Theorie und Befunden hat sicherlich Implikationen für das wissenschaftliche Verständnis der Entwicklung über die Generationen hinweg, und dies ist die Ansicht, die der letzte Satz von Moens Kapitel ahnen läßt. Nachdem sie auf ihre eigene provokative Reihe von durch zukünftige Forschungen zu beantwortenden Fragen zurückgeblickt hat, schließt sie folgendermaßen: »Dies erfordert eine Verknüpfung von Sozialisationskonzepten und Status-Ähnlichkeitsansätzen zu einer umfassenden lebenslaufzentrierten Analyse von Stabilität und Veränderung in den Lebensverläufen von Müttern und Töchtern sowie deren Wechselwirkungen.« Obwohl dies nicht die explizite Absicht dieses Aufsatzes war, stellt er doch auch den Versuch dar, diese Herausforderung anzunehmen.

4. Auf dem Weg zu einem ökologischen Modell der Entwicklung über Generationen hinweg

Die folgende Darstellung ist notwendigerweise vorläufig und unvermeidlicherweise unvollständig. Auf der einen Seite gibt es einen Bedarf an Replikationen von Forschungsbefunden und den daraus abgeleiteten Prinzipien. Auf der anderen Seite erwartet dieser Entwurf noch das sine qua non akademischer und wissenschaftlicher Arbeit – die kritische Reaktion der anderen Forscher. Dies ist in der Tat eine der Zwecke dieser Darstellung.

Das ökologische Modell der Entwicklung über die Generationen hinweg hat zwei Typen von Propositionen. Der erste besteht aus generellen Prinzipien, die der ökologischen Konzeption menschlicher Entwicklung zugrundeliegen. Bis zum gegenwärtigen Zeitpunkt haben diese Prinzipien bedeutende empirische Absicherungen erfahren, wie in Literaturübersichten dokumentiert worden ist (siehe Bronfenbrenner, 1979, 1986b, 1989a, im Druck). Propositionen des zweiten Typs umschreiben die Implikationen der generellen Prinzipien für ein ökologisches Modell der Entwicklung zwischen den Generationen. Diese Prinzipien werden durch Forschungsbeispiele begleitet, durch tatsächliche, so weit wie möglich; durch hypothetische, wenn notwendig.

DIE KENNZEICHNENDEN EIGENSCHAFTEN EINES ÖKOLOGISCHEN MODELLS

Übereinstimmend mit den vorhergehenden Ausführungen, beginne ich mit der ersten kennzeichnenden Eigenschaft einer ökologischen Konzeption menschlicher Entwicklung:

Proposition 1:
Menschliche Entwicklung vollzieht sich grundsätzlich über zunehmend komplexere Muster reziproker Interaktionen zwischen einem aktiven, sich entfaltenden biopsychischen Organismus und den Menschen, Dingen und Symbolen in seiner unmittelbaren Umwelt. Um wirksam zu sein, müssen diese Prozesse in einer gewissen Regelmäßigkeit über längere Zeiträume hinweg vorkommen.

Diese Muster werden proximale Prozesse genannt. Wie ich an anderer Stelle gezeigt habe, erklären diese Prozesse ein weit größeres Ausmaß an Varianz in der menschlichen Entwicklung als Eigenschaften der Person, der Umwelt, oder die Verknüpfung beider. Es wird also postuliert, daß die proximalen Prozesse als die eigentlichen Antriebskräfte der Entwicklung anzusehen sind. Wenn dies zutrifft, dann folgt daraus, daß diese Prozesse auch eine entscheidende Rolle in der Entwicklung über Generationen hinweg spielen. Diese Schlußfolgerung ist der Brennpunkt einer korrespondierenden Proposition zu meinem speziellen Thema.

Um diese zwei Arten von Propositionen voneinander zu unterscheiden, werde ich die spezifischeren als Generationenprinzipien bezeichnen: Das erste so entwickelte Prinzip lautet wie folgt:

Generationenprinzip 1:
Grundsätzlich sind Kontinuität und Wandel in der Entwicklung über die Generationen hinweg eine Funktion der Kontinuität und des Wandels der proximalen Prozesse, die zwischen den Generationen wirken.

Welche Faktoren sind nun für Stabilität vs. Wandel in den proximalen Prozessen in aufeinanderfolgenden Generationen verantwortlich? Die zweite kennzeichnende Eigenschaft des ökologischen Modells bietet einen ersten Hinweis:

Proposition 2:
Inhalt, Form und die entwicklungsbestimmende Kraft der proximalen Prozesse variieren systematisch als gemeinsame, interaktive Funktion der Eigenschaften der Person und des Kontextes – der unmittelbaren ebenso wie der mittelbaren.

Kurzgefaßt, wenn die proximalen Prozesse die Antriebskräfte der Entwicklung sind, dann sind die Person und der Kontext der Treibstoff und sorgen für die Steuerung. Ein Forschungsdesign, welches alle drei Komponenten berücksichtigt, wird als »Prozeß-Person-Kontext-Modell« bezeichnet (Bronfenbrenner 1986b, 1988, 1989a, 1992b, im Druck).

DIE ROLLE DES WISSENS UND DER ÜBERZEUGUNGEN IN DER MENSCHLICHEN ENTWICKLUNG

In Bezug auf die Entwicklung über die Generationen hinweg stellt sich die Frage: Welche Aspekte der Person und des Kontextes sind es nun, die über Wandel und Kontinuität in der Entwicklung von einer Generation zur nächsten entscheiden? Glücklicherweise gibt es einige Forschungsergebnisse, die Antworten auf diese Frage nahelegen. Die erste stammt aus einer vor mehr als drei Jahrzehnten publizierten Studie, die wahrscheinlich den Beginn meiner ökologischen Denkweise markiert (obwohl ich mir darüber zu diesem Zeitpunkt keinesfalls bewußt war). Diese Studie wurde aufgrund einer Einladung von Eleanor Maccoby durchgeführt, um mit einem Kapitel zu einer revidierten Fassung der »Readings in Social Psychology« (Maccoby, Newcomb, & Hartley, 1958) beizutragen. Ich wurde gebeten, mich mit einer Reihe von widersprüchlichen Befunden zu Schichtunterschieden in Erziehungseinstellungen und Erziehungspraktiken auseinanderzusetzen. Einige Untersuchungen zeigten, daß Eltern aus den unteren Schichten permissivere Orientierungs- und Handlungsmuster in der Erziehung aufwiesen, andere Forschungsergebnisse besagten genau das Gegenteil. Die Richtung meines Vorschlags, die Gegensätze zu überwinden, wurde im Titel meines Kapitels angedeutet:»Socialization and Social Class across Time and Space«. Ich argumentierte, daß die Widersprüche aufgelöst werden könnten, wenn der Ort und die Zeit der Datenerhebung berücksichtigt würden.

Es ist vor allem der Zeitaspekt, der für unser Thema Bedeutung hat. Die Studien, die größere Permissivität in Unterschichtfamilien berichteten, waren zu einer früheren Zeit durchgeführt worden, größtenteils vor dem Zweiten Weltkrieg. Darauf gab es eine Zeitspanne ohne markante Unterschiede, gefolgt von einer Umkehrung der Zusammenhänge. Ich wies weiter darauf hin, daß diese Trendumkehr ein langsamer Wandel der Ratschläge für Eltern in Zeitschriften, Ratgeberkolumnen, Radioprogrammen und, speziell vor dem Zweiten Weltkrieg, in den weit verbreiteten Ausgaben des Handbuchs zur Kleinkindpflege des »Children's Bureau« vorangegangen war, und zwar in Richtung größerer Permissivität. Der letzte Schritt der Argumentation bestand in der Hypothese, daß diese Ratgeberquellen öfter von den Mittelschichtangehörigen gelesen und gehört wurden.

Das Thema des Wandels von Erziehungspraktiken im Laufe der Zeit fesselte weiter mein Interesse. Im besonderen beschäftigten mich zwei Fragen: erstens, was waren die Quellen des Wandels in den durch die Massenmedien verbreiteten Erziehungsratschlägen für die Eltern; und zweitens, was waren die Entwicklungskonsequenzen dieser Erziehungsratschläge. In den späten 80er Jahren hatte ich dann genügend Material, um eine auf den neuesten Stand gebrachte und erweiterte Version der früheren Untersuchung zu publizieren, diesmal aber im Lichte des ökologischen Modells. Die neue Studie befaßte sich mit meinen beiden unbeantworteten Fragen. Durch eine Inhaltsanalyse der Befunde aus jahrelanger systematischer Forschung über erzieherische Umgangsformen von Eltern und ihren Entwicklungskonsequenzen gelangte ich zu drei, notwendigerweise vorläufigen Schlußfolgerungen:

1) Was ähnliche erzieherische Umgangsformen zu sein schienen, führte zu sehr unterschiedlichen Entwicklungsergebnissen für aufeinanderfolgende Generationen;
2) Die Wandlungen sowohl in den erzieherischen Umgangsformen als auch in den Entwicklungsergebnissen waren verbunden mit Veränderungen der Lebensbedingungen von Kindern außerhalb ihrer Familien; und
3) Der Wandel der Forschungsresultate und Schlußfolgerungen schlug sich daraufhin in der Art der Ratschläge nieder, die den Eltern in den Massenmedien gegeben wurden, oftmals von den Forschern selbst.

Eine Interpretation dieser Befunde aus einer ökologischen Perspektive wird im folgenden Auszug der Untersuchung von 1985 zusammengefaßt: (Eine mögliche Erklärung) basiert auf einer ökologischen Konzeption von Entwicklung-im-Kontext, die sich weit über jeden einzelnen Lebensbereich hinaus erstreckt, wie z.B. der Familie, und konzentriert seine Aufmerksamkeit auf die existierenden Beziehungen zwischen den verschiedenen, von den Kindern genutzten Lebensbereichen und denjenigen Menschen, die ihr Leben am meisten beeinflussen. Von dieser Perspektive aus müssen wir uns fragen, was über die Jahre hinweg in den Umwelten außerhalb der Familie, wie der Tagespflege, Schule, Gruppe der Gleichaltrigen, dem Arbeitsplatz, der Nachbarschaft, der Gemeinde und der Gesamtgesellschaft passiert ist. Vielleicht hängt die optimale Balance zwischen Freiheit und Kontrolle innerhalb der Familie von dem Ausmaß an Ungewißheit vs. Struktur in den größeren Systemen, in welchen die Familie eingebettet ist, ab.

Es gibt auch Hinweise für die Annahme, daß die sich rapide beschleunigenden demographischen und sozioökonomischen Veränderungen, die in den Vereinigten Staaten seit dem Zweiten Weltkrieg stattgefunden haben, eine Auflösung der sozialen Struktur, in welcher Familien, Schulen und andere unmittelbare Lebensbereiche der Entwicklung eingebettet sind, widerspiegeln. So wie die Umwelten der Familie weniger stabil und weniger strukturiert werden, mag es für diese unmittelbaren Lebensbereiche notwendig sein, entgegengesetzte Kräfte der Steuerung und Kontrolle für effektive Entwicklung zu bieten.

Eine derartige Formulierung stimmt mit den paradoxen Mustern, die sich aus den historischen Befunden ergeben, überein. Wie wir gesehen haben, konnte im letzten halben Jahrhundert ein sich beschleunigender Trend hin zu größerer Permissivität in den Erziehungsstilen amerikanischer Familien beobachtet werden. Zur selben Zeit haben aufeinanderfolgende wissenschaftliche Untersuchungen einen größeren entwicklungsbezogenen Vorteil für Strategien nachgewiesen, die einen stärkeren Nachdruck auf Disziplin und Herausforderung durch die Eltern legen. Die Interpretation, die sich aus dieser Analyse ergibt, legt die Annahme nahe, daß der zuletzt genannte Trend eine effektivere Anpassungsstrategie seitens der Institution Familie an störende historische Veränderungsprozesse in der Gesamtgesellschaft darstellt. Welche Strategie am Ende die erfolgreichere sein wird, wird die Geschichte zeigen (Bronfenbrenner, 1985: S. 336/7).

Es gibt noch eine andere Dimension der Umwelt, die die Wirksamkeit der proximalen Prozesse beeinflußt. Dieser Einfluß wird in neueren Studien von Laurence Steinberg und ihren Mitarbeitern eindrucksvoll dokumentiert (Steinberg et al. 1989).

In einer Untersuchung zum Einfluß der Erziehungsstile sensu Baumrind auf die Schulleistungen von Kindern aus drei unterschiedlichen ethnischen Gruppen fanden die Forscher, daß der gleiche Stil eine unterschiedliche Wirksamkeit in den verschiedenen Teilkulturen entfaltete. Beispielsweise war der autoritative Erziehungsstil in den Familien der Weißen am wirksamsten, an zweiter Stelle standen die asiatischen Familien, während die Resultate für die afroamerikanischen und hispanischen Haushalte nicht-signifikant waren. Bei der Suche nach einer Erklärung für ihre Befunde weisen Steinberg und Mitarbeiter auf die mögliche Rolle kultureller Faktoren hin. Darüber hinaus interpretieren sie die Erziehungsstile der Eltern als Repräsentation einer »Konstellation von Einstellungen gegenüber dem Kind«, welche durch das Verhalten der Eltern übertragen wird. Mit anderen Worten schlagen die Autoren vor, daß jedes Verhaltensmuster eine gemeinsam geteilte Orientierung von bestimmten Gruppen von Familien widerspiegelt, die die Wirksamkeit spezifischer erzieherischer Umgangsformen gegenüber dem Kind beeinflussen. Zugleich legen diese Resultate die Annahme nahe, daß diese Orientierungen der jeweiligen ethnischen Gruppen in unterschiedlichem Ausmaß mit denen des umfassenderen kulturellen Kontextes kompatibel sein können. Das Ausmaß an Übereinstimmung oder Nichtübereinstimmung übt dann wiederum einen gewichtigen Einfluß auf die Wirksamkeit proximaler Prozesse aus.

Das letzte Glied in dieser hypothetischen Kausalkette aus Konzepten und Forschungsbefunden ergab sich aus einer Sichtung der Forschungsliteratur nach Hinweisen auf die Natur der Eigenschaften von Person und Kontext, die möglicherweise einen starken Einfluß auf die proximalen Prozesse haben könnten (Bronfenbrenner, 1989b, 1992a, im Druck). Einer der stärksten Einflußfaktoren, der sich bei dieser Analyse herausschälte, wird in der nächsten Proposition dokumentiert.

Proposition 3:
Ein wesentlicher Faktor des Wesens und der Wirkungen proximaler Prozesse ist in den Überzeugungen (Bronfenbrenner 1989a, im Druck) und Wissenssystemen (Lüscher 1982) über menschliche Entwicklung und deren Wirkungsmechanismen zu sehen. Diese Systeme existieren auf drei Ebenen. Aus einer Entwicklungsperspektive betrachtet entstehen sie in den umfassenderen soziokulturellen und institutionellen Strukturen der Gesellschaft, und zwar auf formale als auch informale Art und Weise.
Diese Überzeugungen und Systeme des Wissens werden dann, über eine Vielfalt von Pfaden, in die unmittelbaren Umwelten der Familie, Schule, Gleichaltrigengruppe und des Arbeitsplatzes übertragen, wo sie dann direkt auf die proximalen Prozesse wirken. Letztlich werden durch die Wirkung dieser Prozesse über eine längere Zeit hinweg diese Überzeugungen internalisiert und somit zu Eigenschaften der sich entwickelnden Person und beeinflussen dadurch den weiteren Entwicklungspfad dieser Person.

Zusammengenommen führen diese Befunde zum nächsten Generationenprinzip:

Generationenprinzip 2:
Kontinuität und Wandel in der Entwicklung von einer Generation zur nächsten variieren als eine Funktion der Kontinuität und des Wandels im Inhalt der Wissenssysteme und Überzeugungen über die menschliche Entwicklung. Damit kommt der Übertragung von Wissen und Überzeugungen von den umfassenderen Kontexten der Umwelt zu den unmittelbaren Umwelten, in denen sich Entwicklung vollzieht, eine Schlüsselbedeutung zu.

Die zuerstgenannten lassen sich unterscheiden in:

1) die formalen organisierten Institutionen der Gesamtgesellschaft, also die Gesundheitssysteme, Bildungsinstitutionen, religiöse und wissenschaftliche Institutionen, Regierungsbehörden, soziale Organisationen, und, speziell in unserer heutigen Zeit, die Massenmedien.
2) die informellen Strukturen wie Schicht, Ethnizität, Nachbarschaft und soziale Netzwerke.

Die Bedeutung von Wissenssystemen und Überzeugungen liegt in zwei Tatsachen begründet. Erstens können diese Systeme über die historische Zeit hinweg bemerkenswerte Stabilität und dramatischen Wandel zeigen; zweitens sind sie besonders einflußreich, was das Wesen, die Gestalt und Wirkung der proximalen Prozesse, die die Entwicklung innerhalb und zwischen den Generationen produzieren, angeht.

Es folgt aus den bestimmenden Eigenschaften des ökologischen Paradigmas, wie sie in den Propositionen 1 und 2 entwickelt worden sind, daß Unterschiede in der sozialen Struktur, ob in den unmittelbaren Lebensbereichen oder breiteren Umweltkontexten, systematische und gewichtige Veränderungen der Wirkungsweise der proximalen Prozesse bedingen. Die vielleicht klarste Veranschaulichung für dieses Prinzip wird von meinen (1992b) erneuten Analysen von Datensätzen geboten, welche Operationalisierungen für beide Entwicklungsbereiche beinhalten. Die Befunde zeigten, daß Gestalt und Wirkkraft proximaler Prozesse sich je nach den Familienstrukturen, in denen Kinder und Jugendliche aufgezogen wurden, unterschieden, sowie nach dem sozioökonomischen und bildungsmäßigen Hintergrund ihrer Eltern. Zusätzlich, wie in Proposition 1 postuliert, variierten diese Effekte auch je nach untersuchtem Entwicklungsbereich. In diesen Beispiel waren dies zwei Indikatoren für Entwicklungsstörungen, erfaßt über die Häufigkeit von Problemverhaltensweisen, entweder in der Kindheit oder in der Jugend, und Maße für das effektive psychologische Funktionieren wie es sich in Intelligenztests und den Schulnoten niederschlug. Sieht man sich die Befunde an, so ist ersichtlich, daß im Fall der problematischen Verhaltensweisen die proximalen Prozesse ihre größte Wirkung in jenen Umwelten entfalteten, die am meisten benachteiligt waren – z.B. in den Haushalten der unteren gegenüber den höheren Schichten, und in Eineltern- und Stieffamilien gegenüber den Familien mit zwei biologischen Eltern.[8] Im Gegensatz dazu waren die Muster für das effektive psychologische Funktionieren genau spiegelbildlich hierzu. Hier besaßen die proximalen Prozesse einen größeren Einfluß in den bevorzugteren Umwelten, in den unmittelbaren ebenso wie in den umfassenderen.[9]

Die Bedeutung dieser theoretischen Erwägungen und der empirischen Befunde für die Entwicklung über die Generationen hinweg kann am besten im Kontext der markanten Wandlungen verstanden werden, die sich im Leben von Kindern und Familien in den letzten Jahrzehnten vollzogen haben . Diese Veränderungen sind in jüngster Zeit für die Vereinigten Staaten und andere »postmoderne« Gesellschaften dokumentiert und analysiert worden (Bronfenbrenner, 1992b; Lamb et al.1992; Hobbs & Lippman, 1990; Kamerman & Kahn, 1988; Sorrentino, 1990; Towson, 1985; United Nations, 1988). Diese Analysen offenbaren einen sich beschleunigenden Trend in den Anteilen derjenigen Kinder, die in Einelternfamilien, Stieffamilien und anderen sogenannten »neuen Familienformen« leben. Darüberhinaus hat es in den USA und anderen englischsprachigen Ländern ähnliche Zuwachsraten im Anteil derjenigen Kinder gegeben, die in Armut leben, und auch besonders hohe Zuwachsraten von Kindern, die von »teen-age mothers« geboren werden (und Kinder, deren Mütter ihr erstes Kind nach dem 35. Lebensjahr bekommen). Schließlich hat es, in Verbindung mit den geschilderten Entwicklungen, eine Reduktion der den Familien zur Verfügung gestellten Ressourcen in Form von Gesundheitsdienstleistungen, Familienbeihilfen, Wohnungsförderung, Kinderbetreuung und anderen Familienunterstützungsprogrammen gegeben.

Ironischerweise hat sich parallel zu diesen demographischen Entwicklungen und politischen Veränderungen ein wachsender Bestand an Forschungsbefunden angesammelt, der darauf hinweist, daß diese strukturellen Entwicklungen mit erhöhten Risiken für die zukünftige Entwicklung verknüpft sind.[10] Zusammengenommen bestimmen diese beiden Forschungsbefunde eine Erscheinung der Entwicklung über die Generationen hinweg, die sich gegenwärtig vollzieht. Sie führen auch, aus einer ökologischen Perspektive betrachtet, zur Aufstellung eines weiteren »Prinzips«:

Generationenprinzip 3
Kontinuität und Wandel in der Entwicklung über die Generationen hinweg sind eine Funktion von Kontinuität und Wandel in der Familienstruktur, und den den Familien gewährten Prioritäten und Ressourcen in der Gesamtgesellschaft. Der Einfluß dieser Faktoren auf die Entwicklung ist indirekter Art, er wirkt durch ihren Einfluß auf das Wesen, die Gestalt und Wirkkraft der proximalen Prozesse, die die menschliche Entwicklung über den Lebenslauf hinweg gestalten.

DIE ROLLE VON UMWELTSTABILITÄT IN DER MENSCHLICHEN ENTWICKLUNG

Die Spezifikation in der Proposition 1, der ersten bestimmenden Eigenschaft des ökologischen Paradigmas, führt ein Element ein, welches nicht in den bislang vorgestellten anderen Modellen eingeschlossen war. Es fordert nämlich, daß die proximalen Prozesse, um wirksam zu sein, auf einer möglichst regelmäßigen Basis über längere Zeitabschnitte im Leben einer Person stattfinden müssen. Dieses Element erweist sich als wichtige Determinante des Kurses der Entwicklung von einer Generation zur nächsten. Wie in Proposition 1 impliziert, beginnt die Kausalkette, durch welche dieser temporale Faktor seine Wirksamkeit entfaltet, mit den proximalen Prozessen.

Um es mit einer Metapher aus der Welt des Automobils auszudrücken: solche Prozesse brauchen Zeit, um auf Touren zu kommen. Und wenn sie dann unterbrochen und abgewürgt werden, muß der Motor immer wieder von neuem gestartet werden. Und man muß immer in Übung bleiben. Dies gilt im erwachsenen Alter nicht weniger als in früheren Lebensphasen.

All dies bedeutet, daß Unterbrechungen und Unregelmäßigkeiten die proximalen Prozesse sehr verlangsamen können und damit das Entwicklungstempo verzögern. Die daraus resultierende Zerrüttung kann, wie im folgenden konkreten Forschungsbeispiel zu zeigen sein wird, darüberhinaus eine verhängnisvolle Spirale von Entwicklungsstörung und Unordnung in Gang setzen. Eine der wichtigsten Ressourcen für die menschliche Entwicklung über den Lebenslauf hinweg ist daher eine, die besonders in den gegenwärtigen »postmodernen« Gesellschaften nicht leicht vergegenwärtigt wird, da sie erst seit kurzem die Aufmerksamkeit der Forscher auf sich ziehen konnte. Ich meine die Verfügbarkeit und Organisation von Zeit.

Die hier implizierte Auffassung von Zeit ist nicht die, wie sie im Lebenslaufansatz betont wird, obwohl sie mit dieser in der Verursachung von Langzeiteffekten verknüpft ist. Eines der besten Forschungsbeispiele zu diesem Thema gehört gleichzeitig zu den ältesten, ist aber immer noch sehr lebendig und anregend. Ich meine das Projekt »Jugend und Familienökologie« (Pulkinnen 1982; Pulkinnen & Saatomainen, 1986), welches von der Finnischen Psychologin Lea Pulkinnen vor drei Jahrzehnten begonnen worden ist. Im Lauf ihrer Untersuchung prüfte sie den Einfluß von Umweltstabilität und Umweltwandel auf die psychische Entwicklung von Menschen im Alter von 8 bis 20 Jahren. Es wurde im besonderen »Stetigkeit« vs. »Unstetigkeit« der familialen Lebensbedingungen anhand des Auftretens solcher Ereignisse wie Anzahl der Familienumzüge, Veränderungen in der Tagespflege oder den Schulbedingungen, dem Ausmaß an elterlicher Abwesenheit, und Änderungen der Arbeitsbedingungen der Eltern gemessen. Eine größere Instabilität der Familienumwelt war mit einer größeren Unsicherheit in der späteren Kindheit, mit einem erhöhten Auftreten von Verhaltensweisen wie extremer Unterwürfigkeit oder Aggression, früher sexueller Aktivität, exzessivem Rauchen und Trinken und Delinquenz in Kindheit und Jugend verknüpft – ein Muster, das dem für die USA berichteten (Bronfenbrenner, 1989b, 1992a) ähnelt. In der Forschung von Pulkinnen war der Effekt der Umweltstabilität beträchtlich größer als derjenige der sozialen Schicht.

Ein ähnlicher Befund erscheint in Stevenson und Stiglers (1992) neuem Buch über »Cultural Lessons«, hervorgegangen aus ihrer vergleichenden Untersuchung von Faktoren, die die weit besseren Schulleistungen von Schülern in Japan und China gegenüber ihren Altersgenossen in den Vereinigten Staaten erklären. Unter den Komponenten, die am meisten zwischen den Gruppen differenzierten, war die vergleichsweise größere Disorganisation und der chaotische Charakter amerikanischer Klassenzimmer.

Zusammengefaßt legt ein Überblick zur Forschungsliteratur die Annahme nahe, daß in den gegenwärtigen postmodernen Gesellschaften die sich vergrößernde Instabilität, Inkonsistenz und Hektik des Familienalltags einen hauptsächlich störenden Faktor im Leben von Familien und Kindern darstellt.[11] Dieser wachsende Trend kann zwar sowohl in entwickelten als auch in Entwicklungsländern festgestellt werden, aber mit jeweils unterschiedlichen Ursachen.

Aber die entwicklungsbeeinträchtigende Wirkung auf die Kinder ist größtenteils die gleiche, wobei sich die beobachteten Resultate hauptsächlich in Bildungshemmnissen und Problemverhalten zeigen, mit den stärksten Ausprägungen in den Vereinigten Staaten (Bronfenbrenner, 1992a).

Um die Stoßrichtung der oben präsentierten Konzepte und Befunde zusammenzufassen: Die entwicklungsgenerierenden proximalen Prozesse benötigen stabile Bedingungen über die Zeit hinweg, um sich wirksam entfalten zu können.

Die Disorganisation in den unmittelbaren Lebensbereichen resultiert im wesentlichen aus zwei Quellen:

1) Dem Scheitern der wichtigsten Institutionen der Gesellschaft, die notwendigen Ressourcen für das Wirken proximaler Prozesse bereitzustellen. Die Ressourcen umfassen solche Notwendigkeiten wie Gesundheitsfürsorge, Wohnen, Kinderbetreuung, öffentliche Verkehrsmittel, welche die Familien und andere Entwicklungsumwelten selten eigenständig herstellen können.

2) Die konkurrierenden Anforderungen und Zwänge anderer gesellschaftlicher Lebensbereiche und herrschender Lebensstile, die die Verfügbarkeit regelmäßiger,

ausgedehnter, ungestörter Zeitabschnitte, die proximale Prozesse für ihr Wirken benötigen, begrenzen und vermindern. In zeitgenössischen Gesellschaften stellt dabei die Arbeitswelt einen der Hauptbereiche dar, der solche konkurrierenden Anforderungen und Zwänge auferlegt.

Die vorhergehende Zusammenfassung bereitet das nächste Prinzip vor:

Generationenprinzip 4:
Kontinuität und Wandel in der Entwicklung von einer Generation zur nächsten sind eine Funktion der Einflußfaktoren, die entweder Stabilität oder Störungsmuster in der Umwelt produzieren. Das Wirken der destabilisierenden Kräfte über nachfolgende Generationen hinweg erhöht das Risiko der Aufrechterhaltung und des Wachstums schlecht strukturierter Umwelten, die durch ihren störenden Einfluß auf die proximlen Prozesse die Entwicklung menschlicher Kompetenz und Persönlichkeit unterhöhlen.

Umgekehrt erhöht die Aufrechterhaltung stabiler Umwelten über die historische Zeit hinweg die Wahrscheinlichkeit für eine durch proximale Prozesse ermöglichte Übertragung adaptiver und kreativer menschlicher Eigenschaften von einer Generation zur der nächsten.[12]
So weit scheinen die aufgestellten Propositionen gleichermaßen für Männer und Frauen anwendbar zu sein. Diese Schlußfolgerung ist teilweise korrekt, aber auch falsch. Die Wahrheit liegt darin begründet, daß die in jedem Prinzip geforderten kritischen Elemente die Entwicklung von Männern und Frauen von einer zur nächsten Generation bestimmen. Der Fehler in der Schlußfolgerung besteht darin, daß die Einflüsse bei den beiden Geschlechtern unterschiedlich wirken.
Diese Unterschiede zeigen sich schon sehr früh zu Beginn des Lebens. In einer Beobachtungsstudie zur Interaktion zwischen Mutter und Neugeborenem innerhalb eines warscheinlichkeitstheoretischen Paradigmas fand Rosenthal (1982a, 1982b, 1983a, 1983b), daß weibliche Kleinkinder in den ersten Tagen nach ihrer Geburt mehr auf ihre Mütter eingingen als die männlichen Kleinkinder, indem sie primär auf die unmittelbaren Reize aus dem Gesicht der Mütter und deren Vokalisierungen reagierten und diese prompt beantworteten. Im Gegensatz dazu sprachen die männlichen Neugeborenen mehr auf körperliche Bewegung und distalere Reize an. Kagan (1971) berichtete, daß weibliche Kleinkinder aus der Mittelschicht vom Alter von vier Monaten an aufmerksamer gegenüber Darbietungen menschlicher Gesichter und Gestalten waren als männliche Kleinkinder. in einer Studie mit Jugendlichen dokumentierte Bronfenbrenner (1961) ähnliche Trends. Hier reagierten die Mädchen mehr auf die Sozialisierungsbemühungen ihrer Eltern als die Jungen, besonders in der Mittelschicht.
Was sich hier deutlich zeigt, sind Evidenzen dafür, daß die proximalen Prozesse in Kindheit und Jugend differentiell bei den beiden Geschlechtern operieren und damit etwas unterschiedliche Effekte hervorbringen. Aber die Bedeutung des Geschlechts für die Entwicklung zwischen den Generationen beschränkt sich nicht auf die Vorgänge in der unmittelbaren Umgebung, sondern erstreckt sich bis weit in das Makrosystem hinein. Denn

die frühen Geschlechtsunterschiede in den Persönlichkeitseigenschaften und die proximalen Prozesse nehmen die unterschiedlichen Entwicklungsverläufe der beiden Geschlechter über den Lebenslauf und die Generationen vorweg (Brooks-Gunn & Matthews, 1979; Maccoby & Jacklin, 1974; Terman & Miles, 1936). Darüberhinaus schlagen sich diese unterschiedlichen modalen Entwicklungsverläufe über den Lebenslauf in der Verteilung von Männern und Frauen auf die sozialen Rollen innerhalb der Gesamtgesellschaft nieder. So sind die Frauen trotz der aus der »sexuellen Revolution« resultierenden größeren Vermischung immer noch stärker in Rollen vertreten, die mit der Pflege, mit Erziehung und Bildung der Kinder zu tun haben, und zwar nicht nur als Mütter, sondern auch als Pflegepersonen, Lehrerinnen und Personal in Dienstleistungsprogrammen. Damit sind sie die aktivsten Gestalter proximaler Prozesse, und zwar direkt und indirekt, indem sie die Umwelten, in denen sich diese Prozesse vollziehen, gestalten.

Auf der anderen Seite sind diejenigen, die die mit Macht und Entscheidungsbefugnis verknüpften Positionen innehaben und auch auch diejenigen, welche die externalen Ressourcen der Entwicklungsumwelten mitbestimmen, größtenteils Männer. Es gibt darüberhinaus Evidenzen dafür, daß von der mittleren Kindheit an Männer und Frauen sich in ihrem Wissen, ihren Überzeugungen und Ideologien bezüglich der menschlichen Entwicklung unterscheiden. Diese Unterschiede wiederum beeinflussen ihr Verhalten, und zwar einerseits in den unmittelbaren Lebensbereichen, in denen sich die Entwicklung vollzieht, und in den umfassenderen informellen Kontexten, in welchen diese Lebensbereiche eingebettet sind. Im Lichte dieser Überlegungen läßt sich das nächste Prinzip wie folgt formulieren:

Generationsprinzip 5:
Kontinuität und Wandel in der Entwicklung zwischen den Generationen sind eine Funktion der Kontinuität und des Wandels der Geschlechtsunterschiede und zwar in Bezug auf die proximalen Prozesse, die sozialen Rollen und die damit verknüpften Ideologien. Diese Unterschiede sind hinreichend wichtig, um zu begründen, daß jede Analyse von Daten zur Unterschiedlichkeit der Entwicklung über die Generationen hinweg einerseits getrennt für jedes Geschlecht, und dann kombiniert durchgeführt werden sollte, um den jeweiligen gegenseitigen Einfluß abschätzen zu können.

INTERGENERATIONSBEZIEHUNGEN UND INTRAGENERATIONSBEZIEHUNGEN

Konsistenz und Wandel in den Entwicklungsmustern von einer zur nächsten Generation hängen nicht nur von der Beziehung der Älteren zu den Jüngeren ab, sondern auch von den Beziehungen zwischen Personen des gleichen Alters. – Eine wachsende Forschungsliteratur belegt den starken Effekt der Beziehung zwischen den Ehepartnern auf diejenige zwischen Eltern und Kind. Beispielsweise konnte gezeigt werden, daß die Qualität der Beziehung zwischen Ehemann und Ehefrau die Muster der Eltern-Kind-Interaktionen vorherzusagen erlaubt. Darüberhinaus, und hier begegnen wir zum ersten Mal einer starken Kraft in der

Entwicklung zwischen den Generationen, wirkt dieser Prozeß auch in die andere Richtung, d.h. die Beziehung zwischen Eltern und Kind beeinflußt das Verhalten und die Entwicklung der Eltern in ihren Erwachsenenrollen als Ehepartner und in ihrer jeweiligen Arbeitsleistung (Belsky, 1979; Belsky & Perry-Jenkins, 1985; Belsky & Rovine, 1990; Cowan & Cowan, 1992; Eckenrode & Gore, 1990).

Aber diese gegenläufigen Generationseffekte sind nicht auf die Familie beschränkt. Der Einfluß der Jungen auf die Alten zeigt sich auch auf einer umfassenderen Skala von Raum und Zeit. So üben beispielsweise in westlichen Gesellschaften, in denen Jungbleiben nicht nur ein Wert, sondern ein Ziel darstellt, die Lebensstile der Jungen einen Einfluß auf alle Teile der Gesellschaft und ihre Basisinstitutionen aus, eingeschlossen Wirtschaftssystem, Bildungssystem und Familienleben. Und weil diese Lebensstile der Jungen unbeständiger sind als die der Erwachsenengesellschaft, können sie als wichtige Triebfedern des Wandels in der Entwicklung zwischen den Generationen angesehen werden. Ein dramatisches Beispiel für solch einen Wandel ist die sogenannte »Revolution der sechziger und siebziger Jahre«. Es kann kein Zweifel daran bestehen, daß in dieser Revolution die treibende Kraft die jüngere Generation war. Man nehme als Beispiel ihre Parole: »Trau keinem über Dreißig«. Und es ist keine Frage, daß ihre Ideologie und ihre Handlungen gewichtige Auswirkungen in allen Teilbereichen der Gesellschaft der Erwachsenen hatte. Trotzdem bleibt für Sozialwissenschaftler noch die Aufgabe, eine systematische Studie dieses Phänomens und seiner Implikationen für die Entwicklung über die Generationen hinweg durchzuführen.

EINE ZUKUNFTSPERSPEKTIVE

Eines jedoch ist klar: Entwicklung zwischen den Generationen ist eine Straße in beide Richtungen, und die (Haupt-)richtung des Verkehrs kann sich öfters ändern. Darüberhinaus dürfte ein ähnlich wichtiges und umfassendes Phänomen gerade im Entstehen begriffen sein. Seine Wurzeln liegen in einer entwicklungsmäßig gesehen frühen altersgleichen Struktur, nämlich der »peer-group« der Kinder. Über die letzten drei Jahrzehnte hat sich ein umfangreiches Forschungsprogramm auf den relativen Einfluß von Altersgenossen gegenüber Eltern auf die zukünftige Entwicklung konzentriert. Zusammengefaßt besagen die Ergebnisse, daß die Gleichaltrigen zwar eine starke Wirkung auf das aktuelle Verhalten von Schulkindern und Jugendlichen in anderen Lebensbereichen ausüben, daß es aber hauptsächlich die Eltern sind, die die langfristigen Werte und Ziele der jungen Menschen beeinflussen. Befunde aus eher theoretisch orientierten Untersuchungen weisen darauf hin, daß dies nur einen Teil eines wesentlich komplexeren Bildes darstellt.

Auf der einen Seite gibt es Forschung in der Tradition von Piaget, die Hinweise darauf liefert, daß peer-groups unter bestimmten Bedingungen Möglichkeiten und Herausforderungen für größere Unabhängigkeit schaffen. Damit bieten und ermutigen sie komplexere Niveaus kognitiven Funktionierens, und Fähigkeiten zur Aufrechterhaltung kooperativer Beziehungen mit Altersgenossen, eingeschlossen enge Freundschaften mit dem gleichen Geschlecht. Solche Bindungen können dann einen Übergang zur Aufnahme vernünftiger

Beziehungen zum anderen Geschlecht bieten. Auf der anderen Seite, berichtet eine andere Forschungsrichtung, die sich auf sogenannte semi-autonome peer-groups konzentriert – das sind jene, die vollkommen ohne Überwachung oder Engagement von Erwachsenen sind – Befunde, die darauf hinweisen, daß die Mitglieder solcher Gruppen nicht in die »Muster progressiv komplexer werdender Interaktionen« mit ihrer unmittelbaren Umwelt eintreten, und daher nicht in der Lage sind, die internalisierten Kompetenzen und Fähigkeiten der Ausdauer, Selbststeuerung und Selbstkontrolle, die zur erfolgreichen Bewältigung der Rollen im Erwachsenenalter notwendig sind, zu entwickeln.

Ein Beispiel für dieses Muster findet sich in der zuvor zitierten ertragreichen Studie von Pulkinnen über »Jugend und Familienökologie«: Kinder, die in instabilen Familienumwelten aufgewachsen waren, waren mit einer größeren Wahrscheinlichkeit in »autonome peer-groups« involviert und nahmen daher eher unproduktive und asoziale Aktivitäten an, die sie weiter auf einen ungünstigen Entwicklungspfad drängten.

Diese Reihe von Befunden, zusammen mit der vorangegangenen Dokumentation störender Entwicklungen in der Ökologie von Kindern und Familien, gibt Anlaß zu der beängstigenden Hypothese, daß der sich erweiternde Graben, welcher sich scheinbar zwischen der Welt der Kinder und der der Erwachsenen auftut, möglicherweise die Fähigkeit und den Charakter kommender Generationen bedrohen könnte. Es gibt noch eine genügende Vielfalt in zeitgenössischen, »postmodernen« Gesellschaften, die einen Test der Hypothese erlauben und – wie man hoffen möchte – eine Möglichkeit den Trend umzukehren, sollte sich die Hypothese bewahrheiten.

Wiederum bieten die Komplementarität von Konzepten und Daten die Grundlage für das diesmal letzte Generationsprinzip:

Generationsprinzip 6
Kontinuität und Wandel in der Entwicklung zwischen den Generationen sind eine Funktion der Kontinuität und des Wandels in der schwierigen Balance zwischen Einflüssen der älteren und jüngeren Generation und ihren jeweiligen Subkulturen. Die Gestalt dieser Balance ist umgekehrt Produkt und Produzent der folgenden Generationen.

5. Schlußfolgerung

Wenn wir diese Zusammenschau der Implikationen des ökologischen Paradigmas für das Studium der Entwicklung über die Generationen hinweg beenden, ist es wichtig, die an den Beginn gestellte Warnung zu wiederholen. Es ist nämlich nicht nur notwendig, die Befunde der hier zitierten Schlüsselstudien zu überprüfen, sondern, fast noch wichtiger, auch die generellen Hypothesen und Prinzipien, die sich aus dieser integrativen Bemühung ergeben haben. Dies nicht zuletzt deshalb, weil die Resultate dieses Unternehmens ein Ergebnis einer unsicheren Erkundung eines unerforschten Terrains darstellen. Es war für viele Forscher in der Vergangenheit wahr, daß die Karten, die sie für die vielversprechenden Routen anfertigten, und ihre Berichte von den dort zu findenden Reichtümer, mehr Produkte ihrer Einbildungskraft als von Wissen waren. Und wenn es tatsächlich Entdeckungen gab, waren sie wie die des berühmten »Prinzen von Serendip«[13], unbeabsichtigt, unerwartet und oftmals von den Forschern gar nicht erkannt. Nichtdestoweniger dienten ihre Karten und Berichte einem sinnvollen Zweck, weil sie andere dazu motivierten, ihren Spuren zu folgen und das neue Terrain im Wissen um Fallstricke und vielversprechende Möglichkeiten zu vermessen. Kurzum, auch die wissenschaftliche Tätigkeit ist ein Prozeß, der von einer zur nächsten Generation weitergegeben werden kann. Dies ist der Hauptzweck und die Hoffnung, die diesem Artikel zugrunde liegt.

Anmerkungen:

[1] Für Referenzen siehe Simonton (1983)

[2] Simonton führt nicht aus, warum die frühe Kindheit nicht in seiner Lebenslaufperspektive miteingeschlossen ist. Wahrscheinlich liegt der Grund dafür in seiner Annahme begründet, daß, im Gegensatz zu genetisch weitergegebenen Eigenschaften, Umweltfaktoren in den ersten Lebensmonaten keinen Einfluß auf die späteren Eigenschaften als regierender Monarch haben. Wie unten gezeigt wird, gibt es gute Gründe dafür, diese Annahme anzuzweifeln.

[3] Es ist bemerkenswert, daß sich diese Unterschiede im Bereich des höchsten Status zeigten, wie er von Biographen und Historikern überliefert wurde, von denen die meisten unzweifelhaft Männer sind. Es gab zuwenig Beispiele von weiblichen Monarchen, um eine Analyse durchzuführen, ob ein analoges Vorurteil in der übertragenen Prominenz/Wichtigkeit auch für deren Kinder wirksam war.

[4] Beide Hypothesen »zur Nähe« werden als unvollständig aus der Perspektive des ökologischen Modells betrachtet. Weil die Diskrepanz sich auch in Beziehung zum Status-Ähnlichkeitsmodell, welches weiter unten beschrieben wird, zeigt, wird die Diskussion dieses theoretischen Unterschieds und seiner Implikationen auf einen späteren Teil dieses Kapitels verschoben.

[5] Dies ist tatsächlich eine testbare Hypothese. Informationsarchive über Familienmitglieder über die menchliche Geschichte hinweg sind nicht auf den Adel beschränkt. Eine andere menschliche Eigenschaft, die oft innerhalb von Familien übertragen wird, und auf keinen Fall auf die privilegierten Klassen beschränkt ist, besteht in einem anhaltenden Interesse an den eigenen Urahnen, oft mit mehr Respekt auch als »Genealogie« bezeichnet. Dieses Interesse ist auch nicht auf die Rekonstruktion von Familienstammbäumen beschränkt. Es erweiter sich oft auch auf die Sammlung von Familienaufzeichnungen, einschließlich der Biographie und der Beschreibungen von Persönlichkeitseigenschaften.

Vieles von diesem Material ist schon in veröffentlichter Form zugänglich . Um seine Qualität und Reichweite einschätzen zu können, muß man nur die außergewöhnliche Sammlung genealogischer Aufzeichnungen aus der ganzen Welt besuchen, die von einer Gruppe zusammengetragen worden ist, für die diese Aktivität eine heilige Pflicht darstellt. Ich meine die Mormonen.

Ihre Bibliothek in Salt Lake City, Utah, enthält Tausende von Bänden, von denen jeweils einer einer einzigen Familie über aufeinanderfolgende Generationen hinweg gewidmet ist. Die Familienlinien umfassen ein breites Spektrum ökonomischer, sozialer, religiöser, nationaler und ethnischer Hintergründe, sowie verschiedene Grade der Blutsverwandtschaft. Damit aber bieten sie reichhaltige Gelegenheiten, um das Zusammenspiel genetischer Einflüsse und der Umwelt auf die menschliche Entwicklung innerhalb von Generationen und über die Generationen hinweg zu untersuchen.

6 Für eine Explikation dieser Systemkonzepte s. Bronfenbrenner (1979, 1988).

7 Einen Überblick zu dieser einschlägigen Literatur bietet Bronfenbrenner (1979, 1986, 1989, im Druck).

8 Es gab nicht genug Adoptivfamilien, um sie in die Analysen miteinzubeziehen.

9 Für Details zu den speziellen konzeptuellen und operationalen Bestandteilen, die in den Modellen eingesetzt wurden, und zu den Resultaten sowie ihrer theoretischen Interpretation s. Bronfenbrenner (1992b).

10 Zusammenfassungen der Befunde finden sich bei Bronfenbrenner (1986a, 1989b).

11 Um diese Abstraktionen zum Leben zu erwecken, zitiere ich folgenden Auszug aus meiner eigenen Beschreibung als teilnehmender Beobachter der amerikanischen Verhältnisse (wo das Phänomen leider am deutlichsten sichtbar ist).
»In einer Welt in welcher üblicherweise beide Eltern arbeiten müssen, zumeist in einer beträchtlichen Entfernung von daheim, ist jedes Familienmitglied vom Aufstehen bis zum späten Abend »auf Achse«. Die Notwendigkeit, konfligierende Ansprüche von Beruf und Kinderpflege zu koordinieren, welche oft variieren und von Tag zu Tag wechselnde Arrangements beinhalten, kann eine Situation schaffen, in welcher jedermann mehrmals am Tag in verschiedene Richtungen transportiert wird, ein Zustand, welcher einen ausländischer Kollege zu der Bemerkung veranlaßte: »Es scheint, daß die meisten Kinder in Deinem Land in Fahrzeugen aufwachsen«.

12 Der vorhergehende Satz enthält eine nicht weiter erwähnte Annahme, nämlich, daß proximale Prozesse effektive Mechanismen für die Übertragung von menschlichen Eigenschaften und Begabungen über die Generationen hinweg sind. Es gibt in der Tat Forschungsbefunde, die für die Validität dieser Annahme sprechen, besonders im Hinblick auf Eltern und Kinder.
Die gemeinsame Beteiligung von Eltern und Kindern an schrittweise komplexer werdenden Aktivitäten, vorausgesetzt, diese geschieht »auf einer ziemlich regelmäßigen Basis über eine gewisse Zeitspanne« hinweg, resultiert typischerweise in einem Prozeß, der von Psychologen Internalisierung genannt wird, d. h. die Aufnahme von Wissen, Werten und Fertigkeiten, so daß sie zu Eigenschaften des Kindes werden. Bislang gibt es noch keine Evidenzen dafür, daß ähnlich überdauernde Muster der Interaktion mit Objekten und Symbolen vergleichbare Konsequenzen haben, in erster Linie, weil dieses Phänomen vorab noch innerhalb eines systematischen Forschungsdesigns untersucht werden muß, welches in der Lage ist, alternative Erklärungen auszuschließen.

13 Geschichte von Warpole.

* Aus dem Englischen übersetzt von Andreas Lange, M. A. (Konstanz). Vom Verfasser autorisiert. »Intergenerational relations« wird in der Regel mit Generationenbeziehungen übersetzt. Siehe hierzu Anm. 2, S. 44, idB.

AGNÈS PITROU

Generationenbeziehungen und familiale Strategien*

Untersuchungen über die »Zusammenhänge« von Generationenbeziehungen, familialen Lebensformen und gesellschaftlichem Wandel situieren sich notwendigerweise in einer Perspektive, für welche die Kategorie der »Zeit« von zentraler Bedeutung ist: die Lebenszeit mit ihren wechselnden Formen, die man immer wieder als Etappen eines »Zyklus« zu klassifizieren sucht (vgl. Attias-Donfut, 1988); Zeit des Generationenwechsels, deren ebenso vielfältige wie oft auch vage Definitionen zwangsläufig immer auf eine chronologische Unterteilung verweisen (vgl. Le Bras, 1981; Balandier, 1985; Pitrou, 1986). Immer lassen die einschlägigen Analysen die Hoffnung durchscheinen, hier den Schlüssel zum Verständnis des »sozialen Wandels« und die Antwort auf die Frage zu finden, ob wir uns im Übergang von einer überkommenen Moderne zu einer Postmoderne befinden, welcher die familialen Lebensformen wenn auch nicht »determiniert«, wie es in einem obsolet gewordenen Sprachgebrauch wohl lautete, so doch zumindest beeinflußt (vgl. Lüscher et al. 1988).

Ob man also das Problem der Beziehungen über die Generationen hinweg von einem makro- oder einem mikrosoziologischen Standpunkt her angeht, immer findet man sich in die Dimension der Zeit, der Rhythmen, der Dauer versetzt, denn die soziohistorischen Rahmenbedingungen wandeln sich für Individuen wie für Gesellschaften gleichermaßen im Takt der Zeit. Während ihrer gesamten Lebensdauer – auf den allzu zweideutigen Begriff des Lebenszyklus verzichten wir hier zugunsten dieses linearen Verständnisses! – sind Individuen Teil familialer Netzwerke, deren Formen und Strukturen sich unter dem aufmerksamen Blick des Demographen wandeln. Dies betrifft insbesondere die Position des Individuums innerhalb dieser Netzwerke, welche zunächst durch eine ausgeprägte Abhängigkeit von deren Funktionstüchtigkeit und Mitteln gekennzeichnet ist, in späteren Phasen dann durch eine stärkere Handlungsfähigkeit gegenüber den Formen familialen Zusammenlebens geprägt wird, um schließlich dann – mehr oder minder spät und mehr oder minder radikal – mit dem Schwinden dieser Handlungsautonomie wieder in eine neue Phase der Abhängigkeit überzugehen.

Es ist klar, daß sich Wesen und Charakteristika dieser Phasen nur mittels einer komplementären Betrachtung des gesellschaftlichen Verflechtungszusammenhangs erschließen, in welchem sie ablaufen. Mehr noch: sie sind gleichermaßen ein Indikator und ein treibender Faktor des gesellschaftlichen Wandels und werfen grundlegende Fragen auf: »Heute muß man sich fragen, was aus der unerschütterlichen Natur und dem Zyklus der Kinder-Produktion geworden ist. Späte Mutterschaft ist eine Massenerscheinung. Wo findet man im fortgeschrittenen Alter noch eine chronologische Kohärenz angesichts eines überalterten und schrumpfenden Arbeitsmarktes? Was heißt es für einen Mann oder eine Frau heutzutage, 40 oder 50 Jahre alt zu sein, wo er oder sie hoffen können, ein Alter von 70 oder 80 Jahren zu erreichen und dies vielleicht sogar gemeinsam? Was anderes ist denn das Alter als ein im Personalausweis eingetragenes Geburtsdatum? Kann man an ihm wirkliche Kapazitäten ablesen, oder muß man es eher als Element einer sozialen Ausschließungs- bzw. Selektionsstrategie begreifen?« (Bawin-Legros, 1988). Trotz ihrer Metamorphosen und tiefgehenden Transformationen bleibt die Familie ein Schlüsselelement für das Verständnis gesellschaftlicher Verhaltensweisen und Beziehungen, durch welches sich die individuellen Schicksale entfalten und gestalten. Andererseits muß man sich davor hüten, wie Olivier Schwartz in Anlehnung an Pierre Bourdieu unterstreicht, der Familie »eine autonome Existenz und Subjektivität zuzuschreiben, und diese als gegenüber der individuellen Existenz transzendent und übergeordnet zu begreifen«.

Was das uns interessierende Thema selbst betrifft, so ist Familie als der Ort zu verstehen, an dem sich Generationenbeziehungen notwendigerweise herausbilden und konkretisieren, und zwar unabhängig von den im jeweiligen gesellschaftlichen Kontext gegebenen Abgrenzungen zwischen den Altersgruppen.

1. Das Netz der Generationenbeziehungen und die Plazierung seiner Mitglieder im gesellschaftlichen Spiel

Die Besonderheit des familialen Netzwerks im Hinblick auf die Verteilung und Plazierung seiner Mitglieder auf der sozialen Pyramide ist zum Bezugspunkt vielfältiger und teilweise paradoxer wissenschaftlicher Ansätze und Thesen geworden, wenn diese auch letztlich alle darin übereinstimmen, daß die familiale Tradierung als ein vorrangiger Faktor bei der Orientierung der Individuen angesehen werden muß, was im übrigen ja auch durch empirische Befunde tausendfach belegt ist, und dies unabhängig vom jeweiligen sozialen Kontext und den je gegebenen Entwicklungsstadien der betrachteten Familien.

Der rasche Wandel familialer Strukturen und Lebensformen um die 70er Jahre dieses Jahrhunderts und die heftigen Debatten zur Frage der »Chancengleichheit« haben einen scheinbar paradoxen Diskurs in Gang gesetzt: einerseits bestritt dieser die Relevanz der von ethnologischen und anthropologischen Untersuchungen hervorgehobenen Bedeutung der Abstammung, der systematischen Tradierung von Gütern und Werten und der Dauerhaftigkeit der sozialen Einbindung des Individuums gemäß jener ihrer Familien bzw. Eltern im Hinblick auf die heutige Familie (vgl. Burguière, 1986). Gemäß dieser schon von Durkheim (1921) vertretenen Auffassung kann heute nur noch von einer »Wahlfamilie« die Rede sein, welche ihre Grundlagen in affektiven Beziehungen und nicht mehr in der Dauerhaftigkeit oder den Verpflichtungen der Reproduktion findet. Hier situieren sich Familientypen wie jener der »Assoziationsfamilie« (Menahem, 1979) oder der »Partnerschaftsfamilie«, aber auch »ungewisse« Modelle: »Gerade weil sich die Familie am Schnittpunkt der

76

Erwartungshaltungen situiert, wird sie zum Ort der Vervielfältigung von Identitätsproblemen«. (Roussel, 1989).

Andererseits legte man in eben diesem Diskurs den Akzent nachdrücklich auf das determinierende – und manchmal sogar das deterministische – Gewicht des familialen Lebens, ob es sich dabei denn auch um soziale, ökonomische oder kulturelle Kapitalien handeln mochte (vgl. Bourdieu, 1974; Bertaux, 1977). Im Rahmen dieser Theorieansätze, die keineswegs alle marxistischer oder strukturalistischer Provenienz waren, ging man sogar so weit, dem Bildungssystem Ohnmacht im Hinblick auf eine Neutralisierung der Beharrungskräfte familialer Reproduktion zu attestieren (vgl. Establet u. Baudelot, 1971). Natürlich sind solche theoretischen Fragestellungen leicht nachvollziehbar, wenn man sie in ihrem soziohistorischen Kontext situiert, welcher durch ein Aufleben der Debatten rund um die Frage der Chancengleichheit und der Teilhabe aller an der sozialen Mobilität gekennzeichnet war.

Zieht man die empirischen Untersuchungen über Beziehungen zwischen den Generationen hinzu, an welchen es im Zeitraum der letzten 15 Jahre alles andere als mangelte, so bestätigt sich der Eindruck, daß unsere Gesellschaften, die häufig als von freier Wahl und Konkurrenz geprägt angesehen werden, in Wirklichkeit hinsichtlich ihrer Plazierungslogik weiterhin zutiefst von der familialen Abstammung gekennzeichnet sind.

So fehlt es nicht an empirischen Belegen für die ausgeprägte Abhängigkeit des schulischen Erfolgs vom elterlichen oder großelterlichen Erbe: nicht nur Erfolg oder Mißerfolg leiten sich maßgeblich aus diesem Faktor ab, sondern auch der Umgang mit einem etwaigen schulischen Erfolg im Hinblick auf diese oder jene Karriere. Wobei der egalitäre Aspekt des Bildungstitels durch die Effekte der jeweiligen Bezugssysteme und deren Bedeutung für die Ausbildung von Ambitionen weitgehend konterkariert werden können (vgl. Ballion 1986; Boudon 1973). Die gleiche Feststellung ist im Hinblick auf die unterschiedlichen Orientierungen von Mädchen und Jungen zu treffen, denn diese werden immer noch sehr weitgehend von familialen Normen und Strategien geprägt (vgl. Daune-Richard). Was schließlich die gesellschaftlichen Wertsysteme betrifft, so ist trotz der oft lautstarken Proteste Jugendlicher festzuhalten, daß der familiale Einfluß hier im Verhältnis zu anderen Kontexten der Wertvermittlung weiterhin fundamental ist. Denn es scheint ganz so als ob hier weiterhin das »Fundament« gelegt wird, auf dem später individualisierte Normen aufbauen, selbst wenn diese dann andere Ausrichtungen aufweisen (Percheron, 1985).

»Zwischen die gesellschaftlichen Strukturen und die individuellen Biographien schiebt sich die Familie als »nomische« Instanz, d.h. als Ort der Konstruktion von Plänen und Normen, welche den persönlichen »Flugbahnen« Sinn geben. Was Individuen mit der Familie vorhaben, ist komplementär zu den Plänen, die Familien für ihre Mitglieder schmieden. Auch wenn Prägung und Sozialisation meistens unbewußt ausgeübt werden, so bleiben sie doch fest in der elterlichen Funktion verankert. Damit sich die gesellschaftliche Ordnung durch die Familien zu reproduzieren vermag, müssen diese das materielle Überleben ihrer Mitglieder sichern, und dies nicht nur bezüglich der Ernährung, sondern auch, indem sie deren Rollenkonformität mit dem zugewiesenen Status garantieren» (Roberge, 1985).

Ohne diese wohlbekannten Sachverhalte weiter ausbreiten zu wollen, soll hier doch noch angemerkt werden, daß das Gesagte natürlich auch über das Verhältnis zwischen zwei Generationen hinaus verallgemeinert und hierbei auch die Großeltern und die Verwandtschaft miteinbezogen werden können, deren wirklichen Einfluß man erst seit kurzem zu erfassen beginnt, was u. a. wohl auch auf das Auftauchen spezifischer Beistands- bzw. Stellvertretungsprobleme der wachsenden Zahl aufgelöster oder neu zusammengefügter Familien zurückzuführen sein dürfte.

Schließlich darf auch nicht vergessen werden, daß der elterliche Einfluß unter den gegebenen gesellschaftlichen Umständen dahin tendiert, über einen längeren Zeitraum wirksam zu bleiben, und dies unter allgemein weniger konfliktträchtigen Vorzeichen, als es die Stürme der 68er-Ära hätten vermuten lassen. Angesichts der strukturellen Arbeitsmarktkrise fortgeschrittener Industriegesellschaften, welche in Ländern wie Frankreich insbesondere die frisch aus dem Bildungssystem entlassenen Jugendlichen trifft, aber auch im Hinblick auf einen allgemeinen weiter hinausgeschobenen Eheschluß und die Ausweitung der Schul- und Studiendauer bleibt der elterliche Einfluß auch in ökonomischer Hinsicht oder in Form der Fortführung der Haushaltsgemeinschaft (im Frankreich des Jahres 1986 lebten immerhin noch 57 % der männlichen und 44 % der weiblichen Jugendlichen im Alter von 20 bis 24 Jahren bei ihren Eltern!) über einen deutlich längeren Zeitraum spürbar.

Wie dem auch sei, die elterliche Unterstützung für die Kinder hält heute über einen größeren Zeitraum hin an und zielt darauf ab, so weit wie möglich fördernd auf die gesellschaftliche Plazierung und den Aufstieg der erwachsenen Kinder Einfluß zu nehmen. Sind die Familien jedoch entweder nachlässig oder mittellos, so tragen die Kinder das Risiko, im Falle schwerwiegender Probleme keinen anderen Ausweg zu finden, als sich an jene gesellschaftlichen Institutionen der »Fürsorge« zu wenden, deren Klientel – wie man heute etwa betreffs der Empfänger des »Mindesteinkommens zur Eingliederung« in Frankreich (vgl. Pitrou 1991) feststellt – sich maßgeblich unter Personen ohne aktivierbare familiale Ressourcen rekrutiert.

Eine ganze Vielzahl von Untersuchungen haben im Zeitraum der letzten 15 Jahre Licht auf die sogenannte »Schattenwirtschaft« geworfen, welche mittels der familialen »Schaltkreise« Mittel für das Fortkommen oder die Versorgung bereits ins Leben entlassener Kinder im Sinne einer Ergänzung oder einer Substituierung der im öffentlichen, verbandsmäßigen oder marktorientierten Sektor angebotenen Dienste bereitstellt (vgl. Dechaux, 1990; Sgritta, 1989). »Die Verwandtschaft bleibt die Institution, die am ehesten befähigt scheint, den vielfältigen und verflochtenen Bedürfnissen Rechnung zu tragen, welche eine dauerhafte Inanspruchnahme implizieren« (Roberge, 1985). Dies erklärt die gerade im populären Milieu zu beobachtende Bevorzugung dieser Unterstützungsformen gegenüber institutionellen Dienstleistungen, welche häufig nicht nur fragmentarischen Charakter haben, sondern auch von Bedingungen der Zugangs- und Nutzungsberechtigung geprägt werden, deren Logik den Familien entgeht.

Ein eher vernachlässigter Aspekt des generationenspezifischen Verwandtschaftsnetzes betrifft jene Strategien der »Mobilitätsvermeidung«, welche Eltern oder Großeltern an den Tag legen, um ihren Nachkommen eine soziale Deklassierung im Gefolge von Unfällen oder von Schwierigkeiten auf ihrem Lebensweg zu ersparen. Je privilegierter die jeweilige Situation der Herkunftsfamilien sich ausnimmt, umso deutlicher versuchen diese – und vermögen es auch – den Kindern bzw. Enkeln eine ihnen entsprechende Situation mittels der direkten finanziellen Unterstützung oder der Aktivierung ihrer »Beziehungen« zu verschaffen (vgl. Pitrou, 1977). Natürlich läßt sich dieses Modell nur unter deutlich schlechteren kontextuellen Bedingungen auch auf die Verhältnisse von Unterschichts- bzw. kleinbürgerlichen Familien übertragen. Deren Ziel ist es, der Nachkommenschaft einen mindestens dem Status quo entsprechenden Lebensstandard zu sichern und ihnen durch Bereitstellung vielfältiger Dienste und Unterstützungen den Rückgriff auf die öffentliche Fürsorge zu ersparen.

Die Unterstützung zwischen den Generationen hilft also ihren Adressaten, bei ihren »Laufbahnen« nicht den »Boden« unter den Füßen zu verlieren: die engen Maschen des gesellschaftlichen Gewebes lassen nur jene (durch-)fallen, die ihre Bindung an die Verwandtschaft willentlich oder unwillentlich gelöst haben. Die soziale Positionierung eines jeden – gleich welche redistributiven Maßnahmen konkret zur Geltung kommen und dabei die Effekte der familialen Tradierung entweder unterstützen oder teilweise korrigieren – hängt also im hohen Maße von diesem Prozeß ab. Darüber scheint die Mehrheit der politischen und sozialen Akteure im übrigen sehr befriedigt, auch wenn sie zuvor noch überzeugt war, daß die familialen Netzwerke ein für alle Mal zersplittert seien.

Es wäre vielleicht angeraten, wenn sich die Forscher vermehrt die Frage stellten, was denn eigentlich die Gründe für einen solchen optimistischen Konsensus sind, und sich vor allem auch mit der Frage auseinandersetzten, welche Kräfte der Beharrung bezüglich des sozialen Wandels von solchen Prozessen ausgehen könnten, und dies nicht nur im Hinblick auf die Reproduktion individueller Schicksale. Zu diesem Thema findet man bisher nur wenige Überlegungen, welche den gängigen ideologischen Unterstellungen etwas hinzuzufügen wüßten, oder dem oft redundanten Diskurs über die »Erben« mangels einer Einbettung in globale sozio-ökonomische Analysen innovatorische Elemente beisteuern könnten. Es stellt sich also die Frage: Ist das familiale Netzwerk von seiner Eigenart her konservativ?

Unterstützung ist keine von der älteren Generation zur nachfolgenden führende Einbahnstraße. Das Thema »Unterstützung der älteren durch die nachwachsende Generation« steht zwar heute nachhaltiger auf der gesellschaftlichen Tagesordnung denn je, was den Sorgen im Hinblick auf die Überalterung westlicher Industriegesellschaften nur entgegenzukommen scheint. Zugleich ist dieses Thema in hohem Maße durch Moralisierungen des Typs »die verlassenen Alten«, »die Sandwich-Generation zwischen Hilfeverpflichtung für die Eltern und Verantwortung für Kinder und Enkelkinder« etc. und mehr oder minder bewußte Schuldzuschreibungen, nostalgische Träume vom verlorenen Paradies der Großfamilie, wo man vermeintlich harmonischer und in der stetigen wechselseitigen Sorge zusammenlebte etc., ideologisch aufgeheizt. Die analytischen Mängel solcher Ansätze erklären sich direkt aus ihren unmittelbaren Erkenntnisinteressen.

Es scheint so, als ob die Hauptströmungen der einschlägigen Forschung sich vor allem auf den Aspekt der effektiven Hilfeleistungen für unterstützungsbedürftige Eltern oder andere ältere Verwandte konzentrierte, somit der Frage der Versorgung älterer »abhängiger«

Personen Priorität einräumt und hierbei nur geringes Augenmerk auf die sehr wesentliche Rolle der Austauschbeziehungen zwischen Generationen richteten, die sowohl der Aufrechterhaltung eines Gegenwartsbezugs dienen als auch der Integration älterer Menschen in eine durch rasche technische Neuerungen sowie Wandlungen der normativen Bezugsrahmen gekennzeichnete Gegenwartsgesellschaft. Die umgekehrte Beziehung stellt einen nur wenig bekannten und erforschten Prozeß dar, sieht man einmal von den euphorischen Feststellungen von Großeltern ab, nach denen es die Enkelkinder übernehmen, sie am Altern zu hindern.

Die Forschungsarbeit von B. Bawin und A. Gauthier (1990), die über solche journalistische Aussagen hinausgeht, auch wenn sie den medialen Erfolg dieses Themas selbst als soziologisch relevantes Phänomen ernst nimmt, weist zwar zunächst die sich je nach Zugehörigkeit zu sozialen Milieus ergebenden Differenzen von Generationenbeziehungen und ihrer Inhalte auf, unterstreicht aber zugleich deren gemeinsamen Nenner. Dieser findet sich in der Schlüsselstellung der Generation »erwachsener Kinder«, der Elterngeneration, welche eine Art Grenzwächter-Rolle zwischen den beiden polaren Generationen spielt und je nachdem den Großeltern freie Hand bei der Erziehung der Enkelkinder läßt oder aber diesen erzieherischen Einfluß beschneidet.

Der Einfluß der jüngsten auf die ältesten Familienangehörigen kann im Rahmen einer dem sozialen Wandel Rechnung tragenden Betrachtungsweise kaum überschätzt werden. Wie verschiedene Untersuchungen ergaben, haben sich die Einstellungen der Generation der 60 bis 70jährigen gegenüber neuen ehelichen und familialen Verhaltensweisen umso schneller weiterentwickelt, als die Vertreter dieser Generation direkt durch Kinder oder Enkelkinder mit diesen konfrontiert wurden und dadurch nicht einfach fortfahren konnten, diese neuen Verhaltensstile ›en bloc‹ zu verdammen. Zwar kann man die »Jungen« ganz allgemein ins Kreuzfeuer der Kritik rücken; die Urteile werden spätestens dann moderater und toleranter, wenn es sich um den eigenen Enkel oder die eigene Enkelin handelt.

2. Unterstützungen im Hier und Jetzt – Pfandbriefe für später

Jedes Familienprojekt, so brüchig es auch unter Umständen werden kann, schreibt sich einer Dauer ein, bzw. – um es anders und besser zu formulieren: jede Plazierung in einem Verwandtschaftsnetz ist ein Schnittpunkt zwischen Vergangenheit, Gegenwart und Zukunft. Wenn sich Konzepte wie jenes der »familialen Strategie« (Pitrou, 1987), des »ehelichen Projektes« (Bertaux-Wiame, 1987) oder der »Mobilisierung« von Paaren im Hinblick auf ein bestimmtes Ziel wie jenes des Erwerbs von Wohneigentum (Godard/Cuturello, 1980) als sinnvoll und treffend bei der Analyse konkreter Entscheidungen und Praktiken erweisen können, so gerade deshalb, weil die betroffenen Paare in einer familialen Vergangenheit wurzeln, welche sie geformt hat und ihnen weiter anhaftet und weil sie ihre lebensweltlichen Strukturen Tag für Tag mittels der vorausgehend hervorgehobenen vielfältigen Interaktionen zwischen den Generationen entfalten. Sie tun dies im Bewußtsein, daß sie und ihre Kinder früher oder später die Fortführer einer Abstammungslinie spielen werden und sie hierbei neben anderen ›Mitgiften‹ zum einen von den Gütern und Vorteilen profitieren werden, die ihre Vorfahren erworben haben und vererben, zum anderen aber auch deren Probleme anstammen. Eine solche dynamische Sicht von Familieneinheiten als Prozeß und Dauer erscheint angesichts gegenwärtiger Wandlungserscheinungen familialer Lebensformen dringlicher denn je.

Der Rückgriff auf verwandtschaftliche Unterstützung im Hinblick auf die Bewahrung und Entwicklung persönlicher und familialer Existenzen über die Zeit hinweg wirft gezwungenermaßen die Frage der Reziprozität auf. Dieser Begriff, welcher sich wie andere die Familie tangierende Konzepte für das Alltagswissen von selbst zu verstehen scheint, ist für viele zeitgenössische Forscher weit weniger evident (vgl. Bloch/Buisson, 1991; Deschaux, 1990). Wenn auch der »rechte Gebrauch von Verwandtschaft« sich wie von selbst darauf versteht, daß geleistete Hilfen und Dienste wenn schon nicht umgehend, so doch zukünftig entgolten werden, so ist eine solche Reziprozität alles andere als eindeutig bemeßbar. Die Schuld ist schwer abwägbar, weil sie sich aus einer Vielzahl akkumulierter kleiner Gesten zwischen Partnern oder Eltern und Kindern zusammenfügt. Oft handelt es sich um eine Art mehr oder weniger langfristiger Investition, deren Dividende weder quantitativ noch qualitativ vergleichbar ist und auch nicht – wie es die Idee der Reziprozität nahelegt – dem Investor selbst zugute kommt. So kommt es zum Beispiel dazu, daß Großeltern im fortgeschrittenen Alter mehr Unterstützung von ihren Enkeln als von ihren Kindern selbst erfahren, oder aber auch nur von einigen von ihnen, anstatt gleichermaßen von allen Nachfahren. Des weiteren können die ausgetauschten Leistungen im Hinblick auf ihre Natur und ihre Implikationen sehr asymmetrisch ausfallen, ob man hierbei konkret an die Austauschbeziehungen zwischen Ehepartnern denkt (vgl. de Singly, 1990), oder aber an jene zwischen Eltern und Kleinkindern. Familiale Unterstützung ist Teil des alltäglichen Lebensvollzugs und zeichnet sich durch selektive Beziehungsmuster aus: ein bestimmtes Familienmitglied kann bevorzugter Ansprechpartner für die Unterstützung bei kleinen Arbeiten oder beim Ausborgen von Geld sein, ein anderes, wenn es um persönliche Ratschläge und Vertrauensangelegenheiten geht, und ein drittes schließlich, wenn es darum geht, eine Ferienunterkunft oder eine Empfehlung für die Vorstellung bei einem Arbeitgeber zu bekommen.

Sicher ist, daß dieses latente Unterstützungskapital viele familiale Entscheidungen beeinflußt. Dies erklärt zum guten Teil den für viele Technokraten nicht nachvollziehbaren Widerstand gegenüber der arbeitsmarktpolitisch angestrebten regionalen Mobilität: Anstatt eine vorteilhafte Arbeitsstelle in der Ferne, und handle es sich auch nur um einige Dutzend Kilometer, anzunehmen, ziehen viele Menschen die Nähe ihrer Familie vor. Ähnliches gilt für die Frage der Kinderbetreuung, welche man mehr oder minder bereitwillig an Verwandte delegiert und hierbei oft auch auf Formen unbewußter Erpressung rekurriert, aber auch für die situationsspezifische Aktivierung oder Vernachlässigung der Beziehungen zu diesem oder jenem Familienmitglied oder die Entscheidung für oder gegen größere finanzielle Belastungen und Risiken bei Ausgaben und Investitionen. Schaut man sich Lebensberichte an, so scheint es ganz so, als ob sich solche familialen Interventionen gerade bei wichtigen biographischen Wegmarken oft als ausschlaggebend herausstellen.

Nun könnte man im Hinblick auf solche Austauschbeziehungen eine rein in utilitaristischen Kategorien denkende Betrachtung anstellen und jeweils beim Gebenden und Nehmenden nur ein nutzenorientiertes Kalkül unterstellen. Demnach ginge es dem Ersteren nur darum, einen Schuldbrief zu erwerben und später fruchtbar zu machen, seinem Alter ego dementsprechend nur um das Ausnutzen einer sozialen Beziehung unter Prämissen der Zweckdienlichkeit. Nun beruht aber gerade die Besonderheit intrafamilialer Austauschbeziehungen im Unterschied zu marktmäßig oder verwaltungsmäßig organisierten Dienstleistungen darin – und dies wird von allen Befragten unterstrichen – daß erstere die materiellen Inhalte des Austauschs aufs engste mit affektiven Gehalten verknüpfen. Was immer auch bisher über die sog. »expressive« Funktion der Familie – die wohl letzte dem familialen Funktionsverlust zugunsten ökonomischer und gesellschaftlicher Institutionen entgehende Bastion familialer Funktionen – geschrieben worden sein mag, unterstrichen werden muß, daß deren Effizienz sich im Rahmen familialer Netzwerke nur Dank einer ganzen Vielfalt konkreter Gesten unter Beweis stellen kann. Diese sind zugleich Träger und Zeichen dieser Funktion und dienen hierbei ebensogut als Ausdrucksmittel angestauter Ressentiments und offenen Hasses wie, auf der Gegenseite, als Bekundung von Anerkennung und Freundschaft. Nicht nur Romane werden ja schließlich von Interessenskonflikten, Gefühlen der Frustration, Machtwillen oder Herrschsucht gespeist. So kommt es auch, daß die Interaktionen und Austauschbeziehungen entlang dem familialen Lebenszyklus durch die jeweils Etappe für Etappe gestaltete Qualität konkreter Beziehungen geprägt werden: Hilfe wird im Falle von Schwierigkeiten zunächst von dem- oder derjenigen erbeten, welchem oder welcher man sich psychisch am innigsten verbunden fühlt.

So beruht denn wohl auch die häufig unterstrichene Ambivalenz der geographischen Entfernung von diesem oder jenem Familienmitglied (in der Regel den Eltern oder Geschwistern) und der Abbruch oder das Einfrieren affektiver Bindungen auf dem Umstand, daß ein solches »Abstand nehmen« im zweifachen – zugleich buchstäblichen und übertragenen – Sinne eine Konkretisierung von Distanzierung bedeutet, sieht man dabei einmal von den Fällen einer ungewollten Entfernung wie etwa im Rahmen der für die Oberschichten charakteristischen Karrierestrategien ab.

Die Strategie der Generationenbeziehungen baut demnach auf den im Rahmen der Lebensverläufe akkumulierten materiellen und affektiven »Schulden« auf. Die konkreten Verhaltensweisen beim Umgang mit Erbschaften (im materialistischsten Sinne des Wortes) spiegeln dies am besten wider. Ohne den Moment des »Hinterlassens« im eigentlichen Sinne des Wortes abwarten zu müssen, kann der Erblasser seine Großzügigkeiten schon zu Lebzeiten nach eigenem Gutdünken dosieren und zu einem selbst bestimmten Zeitpunkt einem frei gewählten Familienangehörigen zugute kommen lassen. Wie allgemein bekannt ist, treten Erbschaften post mortem in der Regel zu einem Zeitpunkt ein, wo die erbberechtigten Kinder bereits ein Alter erreicht haben, in dem sie solcher Erbschaften materiell weniger bedürfen als in vorausgehenden Lebensphasen. Die potentiellen Nutznießer können daher eine Vielzahl profitmaximierender Strategien an den Tag legen, insbesondere was die Beziehung zu den jeweiligen Konkurrenten – die Geschwister – betrifft. So kommt es auch, daß die Formen der Weitergabe des Familienbesitzes einen hervorragenden Spiegel für die Qualität und die Natur der Beziehungen im Schoße einer bestimmten Familie abgeben (vgl. Gotmann 1988). Auch wenn der Begriff der »Gerechtigkeit« zwischen den Erbschaftsanwärtern im Rahmen fast aller intrafamilialer Beziehungen zu Worte kommt, so kann dieser doch deutlich nuancierende Konnotationen annehmen (vgl. Kellerhals et al., 1988). Mit Deschaux (1990) läßt sich daher feststellen: »Ein sich im familialen Binnenraum flechtender Austausch ist nie auf ein einziges Gleis festgelegt.«

Die Verwandtschaft bleibt also, selbst wenn sie relativ mittellos ist, ein wesentlicher Stützpfeiler, wenn es darum geht, auf Projekte für die persönliche oder familiale Zukunft Hypotheken aufzunehmen. Ist nicht jener Proletarier am verletzlichsten, der weder über Wurzeln, noch Vergangenheit noch Nahestehende verfügt, welche ihm bei der Meisterung materieller oder moralischer Schwierigkeiten eine Stütze sein könnten?

»Die notwendige Dynamik im Schoße der Familien setzt die Mitglieder der jeweiligen Abstammungslinien in Bewegung: sei es, daß die respektiven Leistungen und Gegenleistungen auf der Schiene von Beziehungen zwischen den Generationen das Individuum in der symbolischen Kontinuität oder aber im Bruch mit dieser Tradition situieren, sei es, daß die durch Anheiratung geknüpften Abstammungslinien im Rahmen von anstehenden Erbschaften interessensmäßig kollidieren oder aber konvergieren.« (Bloch/Buisson/Mermet, 1991).

3. Generationenbeziehungen in einem Kontext der Ungewißheit

Der Abgesang auf die Relevanz der Generationenbeziehungen im Rahmen der über den ehelichen Kernbereich hinausgehenden familialen Beziehungen wurde von T. Parsons im Rahmen seiner Analysen der zur Entwicklung der industriellen Gesellschaft führenden bzw. diese begleitenden sozialen Wandlungserscheinungen zu früh intoniert. Vielleicht überfordern wir heute aber auch diese Parsonsche These, welche ja immerhin den gegebenen Verhältnissen der nordamerikanischen Gesellschaft seiner Zeit gut zu entsprechen schien. Damals war Parsons auch nicht der einzige, der auf die Vorstellung gerissener familialer Netzwerke setzte, auch wenn er diese Idee wohl allzu sehr explizierte, generalisierte und auch zu entschieden als irreversibel beschrieb. Aber auch andere soziologische Ansätze dieser Epoche, ja sogar bis in die späten 70er Jahre hinein, schenkten der Idee eines möglichen Fortbestandes von Beziehungen im erweiterten Verwandtschaftssystem bei ihren Analysen von Lebensstilen oder gesellschaftlichen Klassen keine Beachtung.[1] Mag sein, daß der Bezug auf – zu recht oder nicht als ›traditional‹ erachtete – familiale Beziehungen in einer Ära, welche die bis dahin als Referenzmodell hingestellten Formen ehelichen und familialen Lebens in Frage stellte, reaktionär erschien. Auch die moralisierenden oder ideologischen Konnotationen vieler nostalgischer Einstellungen gegenüber einem ins Wanken geratenen Familienmodell haben das ihre dazu beigetragen, die gängigen Analysen sozialen Wandels von diesem Gegenstand abzulenken. Gefördert wurde diese Tendenz auch noch durch die von Zeitgeist-Strömungen geförderte Vorstellung von der Vorrangigkeit des sozio-ökonomischen Unterbaus bei der Strukturierung sozialer Beziehungen gegenüber familialen »Überbau«-Phänomenen. Anzuerkennen gilt es, daß wenigstens die Historiker und Ethnologen sich als standfester und klarsichtiger im Hinblick auf die Analyse familialer Bindungen erwiesen als die Soziologen, die – zumindest was Frankreich betrifft – lange brauchten, um hierin einen Gegenstand zu erkennen, der ihrem Forschungsinteresse würdig war.

Nach der schrittweisen Rehabilitation der erweiterten Familie als legitimer Gegenstand der Sozialwissenschaften, treten wir nun in eine Ära ein, welche gestattet, es nicht bei der simplen Feststellung eines Überlebens familialer Netzwerke zu belassen. Die Konfrontation mit Forschungsarbeiten aus verschiedenen Ländern sollte es möglich machen, die entweder allzu nostalgische oder aber allzu kritische Analyse der Beziehungen zwischen den Generationen zu überwinden und die sich seit rund zwei Jahrzehnten steigernden grundlegenden Wandlungen im Bereich des Ehe- und Familienlebens miteinzubeziehen. Die familialen Beziehungen sind dabei zugleich Ausdruck und Motor dieses Wandels. Ich beschränke mich darauf, nur dessen zentrale Aspekte kurz zu streifen.

Wenn es stimmt, daß die stabile »Gattenfamilie« (Durkheim) aus Vater, Mutter und Kindern seit mehreren Jahrzehnten wenn schon nicht die vorherrschende Familienform unserer Gesellschaften, so doch deren als »normal« erachtetes Bezugsmodell darstellte, d. h. nicht nur konform mit einer allgemein anerkannten Norm ging, sondern selbst auch normative Prägekraft hatte, so ist klar, daß wir hier heute nicht mehr den zentralen, geschweige denn den einzigen empirischen Bezugspunkt vor uns haben. Die »stabilen« Gattenfamilien repräsentierten, ja repräsentieren noch immer für einen bedeutenden Teil unserer Mitbürger eine relativ geordnete Struktur des familialen Netzwerkes im Hinblick auf die Abfolge von Vor- und Nachfahren und die Verteilung der Seitenlinien, und dies vor allem unter den Bedingungen einer gerade die gesellschaftlichen Unterschichten betreffenden Abnahme frühzeitiger Mortalität, welche zuvor mehr oder minder rasch Löcher in die Alterspyramide riß. Gegenwärtig nimmt die Simultaneität der Lebenszeit verschiedener Generationen immer weiter zu, so daß C. Gokalp schon 1976 feststellen konnte, daß rund ein Viertel der Befragten einer von ihr untersuchten Stichprobe von 45 bis 64jährigen die Koexistenz von vier Generationen erlebten und es sich hier – wie sie betonte – um einen »signifikant neuen Tatbestand« handelte. Während sich das familiale Netz auf seiten der Älteren verdichtet, verdünnt es sich jedoch hinsichtlich der Nachkommen: »Wenn die Erziehung von durchschnittlich zwei Kindern schon die Sorgen eines Paares während rund zwei Jahrzehnten in Beschlag nahm, so ist die Aussicht, vier Großeltern im Zustand der Abhängigkeit versorgen zu müssen nochmals angetan, für eine ähnlich lange Dauer vom 50. bis rund 70. Lebensjahr zirka – als Quelle des Freiheitsverlustes zu fungieren.« (Ormezzano, 1982).

Gleichzeitig nimmt jedoch der Anteil der »Einpersonenhaushalte« (im statistischen Sinne des Wortes) ständig zu: »Schon jetzt wächst die Zahl der Haushalte mit wenigen oder nur einem Bewohner schneller als die der anderen und dies verändert das demographische Fundament der Gesellschaft. Im übrigen könnte es unter den Bedingungen einer

Fortschreibung aktueller Entwicklungstendenzen, insbesondere im Falle einer weiteren Verstärkung ehelicher Mobilität, dazu kommen, daß die dann allzu geschwächte familiale Gruppe aufhört, die elementare Einheit des Gesellschaftskörpers darzustellen, denn sie wäre dann zu schwach, um als Fundament herhalten zu können.« (Roussel, 1983)[2]

Im Hinblick auf unsere Frage nach der Zukunft familialer Bindungen scheinen jedoch die Wechselfälle des Ehelebens – welche von beiden Generationen auch je betroffen sein mag – eine noch größere Bedeutung beanspruchen zu können. Die Auflösung von Ehebeziehungen, die Neubildung von zum Teil höchst komplexen familialen Einheiten etc. stören nicht nur das Beziehungsgefüge zwischen den Ex-Partnern und ihren Kindern, sondern auch jenes, welches die vorausgehende Generation und die gleichaltrigen Familienangehörigen miteinschließt.

Mittlerweile sind die Analysen familialer Binnenbeziehungen unter den Bedingungen der Eheauflösung oder der Lebensform Alleinerziehender weit genug vorangeschritten um folgende drei Zusammenhänge hier festhalten zu können:

1) die Beziehungen, die zwischen den Ex-Partnern auf der einen und diesem oder jenem sorgerechtlich zugewiesenen Kind fortbestehen, verdeutlichen nachdrücklich, daß die Atmosphäre und die konkreten Bedingungen, unter denen es zum Abbruch der Ehebeziehung kam, von ausschlaggebendem Einfluß auf erstere sind (vgl. Le Gall/Martin 1988; Théry, 1987);

2) die Art und Weise, in der die finanziellen und materiellen Streitigkeiten zwischen den Ex-Partnern mehr oder minder friedlich bereinigt werden – ein Prozeß, der von einigen Forschern sehr treffend als »Schuld-Aushandeln« bezeichnet wurde – illustriert in diesem speziellen Kontext das Thema der Reziprozität von Tauschbeziehungen im Schoße der Familie (Bloch/Buisson/Mermet, 1991c);

3) die erzieherischen Beziehungen zwischen Eltern und Kindern im Falle familialer Krisen, von Ehescheidung bzw. Eineiternschaft wurden über lange Zeit hinweg – und oft ist es sogar noch heute so – als Ursachen notwendiger pathologischer Folgeerscheinungen bei den betroffenen Kindern (Delinquenz, Depressionen, Drogenabhängigkeit, schulischer Mißerfolg etc.) erachtet (vgl. Lefaucheur, 1988). Heute hinterfragen Soziologen diese ausgeprägt negativen gesellschaftlichen Repräsentationen von vermuteten Konsequenzen von solchen ansonsten schon längst banal gewordenen Ereignissen der Familienauflösung (Claes, 1990; Dandurand, 1990).

Festzuhalten ist hier, daß der relativ neuartige Charakter bestimmter Situationen familialen Lebens (z. B. die neu zusammengesetzten Familien) und ihre wandelbaren Formen uns weiterhin vor schwierige Fragen stellen werden.

Was den Einfluß von Familienauflösungen auf den erweiterten Familienverband betrifft, so ist zum einen festzuhalten, daß die Zahl der hiervon potentiell betroffenen Mitglieder des Netzwerkes einerseits zunimmt, wenn man die Komplexität der durch Neugründungen von Familien entstehenden Beziehungsgefüge in Rechnung stellt, andererseits aber auch dazu tendiert, drastisch zu schrumpfen, wenn die aus familialen Krisen hervorgehenden

Eineltern-Haushalte eine Tendenz zur Isolation aufweisen. Verschiedene Studien haben jüngst aufgezeigt, daß von ehelichen Problemen betroffene Erwachsene (alleinerziehende Eltern)»in drei von vier Fällen mit der bedingungslosen Unterstützung durch ihre Familien rechnen können« (Neyran/Guillot, 1988) und daß die Kontakte des Alleinerziehenden mit dem früheren Beziehungssystem auch betreffs der Familienangehörigen des Ex-Partners aufrechterhalten bleiben (vgl. Le Gall/Martin, 1988; Dandurand, 1991).

Trotzdem muß bedacht werden, daß solche Beziehungen oft eingeengter und weniger ungezwungen werden und oft komplexere Netzwerke implizieren, in welchen Abstammungsbeziehungen nicht mehr unbedingt die gegebenen Beziehungen zwischen den Generationen kennzeichnen, ein Umstand, welcher die Transmissionsstrategie und sogar die alltäglichen Hilfe- und Unterstützungsleistungen nachhaltig beeinflussen könnte. Trotz der Existenz rechtlicher Regulative und im Gefolge einer wachsenden Gewöhnung an die Praxis der Schenkung zwischen Lebenden, von der bereits die Rede war, könnte es dazu kommen, daß sich die Zirkulation der Güter zwischen den Generationen selbst immer mehr außerhalb der traditionellen Schiene der Abstammungslinie abspielt.

Dieses breite Feld an Fragestellungen, welche sich wie es scheint weniger um das Problem des Fortbestehens von Generationenbeziehungen im Falle neuer familialer Konfigurationen als solchem drehen – denn dieses scheint außer Frage zu stehen – als sich vielmehr am Problem der je nach Situation und Umständen entwickelten Formen der Gestaltung dieser Beziehungen zu orientieren. Es geht also darum, welche Bedeutung letzterem für Erwachsene und für Kinder im Sinne einer Alternative zu institutionellen Unterstützungssystemen zukommen kann und welche Konsequenzen für eine aufrechterhaltene oder erschütterte soziale Kohäsion des familialen Netzwerkes mit ihnen einhergehen.

Noch offener scheint die Frage nach dem – zurecht oder ungerechtfertigterweise so genannten –»Individualismus« der neuen Generationen zu sein (Sullerot, 1984). Die moralische Konnotation dieses Konzeptes läuft Gefahr, an einer genaueren Analyse der angesprochenen Sachverhalte vorbeizuzielen. Hierbei geht es konkret um die Frage, ob die seit kurzem beobachtbaren Entwicklungen – längere Fortsetzung der Kohabitation von jungen Menschen mit ihren Eltern, Instabilität der Paare, Lebensstile, die ein breiter gefächertes Angebot an Dienstleistungen erfordern, Herausschiebung der Lebenszeit bis in ein oft den Verlust der Autonomie herbeiführendes Alter etc. – die Praktiken und Repräsentationen der wechselseitigen Abhängigkeit im Binnenraum familialer Netzwerke verändern. Zu fragen gilt, ob jede Generation vorab danach strebt, die eigene Selbstverwirklichung – sei sie individueller oder familialer Natur – zu sichern und hierbei auf erweiterte familiale Stützsysteme nur noch unter utilitaristischen Prämissen rekurriert, und es hier vielleicht sogar normaler erscheinen mag, sich an kollektive Einrichtungen zu wenden, möglicherweise weil unter diesen Umständen die Formen der Reziprozität diffuser und weniger persönlicher Natur sind.

Natürlich ist die Einbeziehung intra-familialer Tauschbeziehungen in persönliche oder familiale Strategien von vielfältigen sozio-kulturellen Faktoren abhängig. Sie variiert gemäß der Zugehörigkeit zu sozialen Gruppen und deren mehr oder minder ausgeprägtem Zugang zu Mitteln und Möglichkeiten der Wahl zwischen verschiedenen Alternativen, etwa die

Entwicklung von Modellen, die zu einer größeren Akzeptanz nicht-traditionaler Formen von Partnerschaft führen. Der Individualismus bzw. der mögliche Rückzug von solidarischen Austauschbeziehungen scheint zum jetzigen Zeitpunkt viel eher die extra-familialen Sozialbeziehungen zu bedrohen als die familialen Binnenbeziehungen als solche, welche ihre Spitzenpositionen auf der Rangliste bewahrungswürdiger Werte nicht nur zu sichern, sondern sogar noch zu konsolidieren scheinen. Hier stoßen wir auf das Problem einer möglichen Konkurrenz oder Komplementarität zwischen kollektiven und familialen Solidaritäten, auf welches wir unter Punkt 5. nochmals zurückkommen werden.

4. Die Frauen im Schnittpunkt der Generationenbeziehungen

Die These von der zentralen Position der Frauen im Schoße des Familiennetzes ist alles andere als neu: schon 1971 unterstrich E. Bott ihre Bedeutung im Hinblick auf die Intensität und Kontinuität familialen Austausches und hob hierbei die Komplizenschaft von Mutter und Tochter hervor, eine seitdem häufig auch seitens feministischer Forscherinnen aufgegriffene Überlegung (vgl. Daune-Richard, 1983). Eine Art implizite soziale Norm verweist den Frauen die Aufrechterhaltung der Familientraditionen und die Mehrheit der geleisteten Unterstützungen und Dienste zu. Dies manifestiert sich sowohl im Bereich der Kindererziehung (90 % der Einelternfamilien haben eine Frau zum Haushaltsvorstand) und der Kleinkindbetreuung, aber zeigt sich auch im Bereich der alltäglichen Pflegeleistungen für abhängige Eltern im fortgeschrittenen Alter (85 % der »Helfenden« sind nach einer in Quebec durchgeführten Studie weiblichen Geschlechts (vgl. Lesemann/Chaume, 1989)).

Im Rahmen jeder Kategorie von Adressaten familialer Tauschbeziehungen »ist es für eine weibliche Person die Beziehung zu einer anderen Frau, welche am häufigsten manifest wird und als vorrangige Schiene des Austausches dient.« (Roberge, 1985). Wir brauchen hier nicht weiter auf diesen wohlbekannten und im übrigen auch von verschiedenen anderen Beiträgen dieses Bandes bestätigten Sachverhalt einzugehen, sollten uns jedoch kurz mit einigen empirischen Tatbeständen auseinandersetzen, welche möglicherweise zu einem grundlegenden Wandel der Situation und der Einstellungen von Frauen und damit einhergehend auch eine Veränderung ihrer Position im System der Generationenbeziehungen beitragen könnten.

Frauen erfahren genauso wie Männer das Brüchigwerden und das Risiko eines Zusammenbruchs familialer Beziehungen. Sie ergreifen, daran sei hier erinnert, signifikant häufiger die Initiative zur Beantragung einer Scheidung als Männer und dies aus einer Vielzahl von Gründen heraus. Handelt es sich hier um das »Unglück der verheirateten Frauen« (de Singly, 1990), welche im Rahmen der Vorteile ehelichen Zusammenlebens gegenüber dem Mann zu kurz kommen, oder um die Verweigerung gegenüber einer als zwiespältig und degradierend empfundenen Situation? Handelt es sich um den Konflikt zwischen den von ihnen prioritär übernommenen Verantwortlichkeiten (Haushalt und Kinder) und ihrem Wunsch einer außerhäuslichen Erwerbstätigkeit nachzugehen, oder um die Enttäuschung angesichts der effektiven Beharrungskraft traditioneller männlicher Verhaltensweisen und Mentalitäten? Trotz allem ertragen sie in viel direkterer Weise die Risiken der Trennung, insbesondere im Hinblick auf die finanzielle Lage und die Alleinverantwortlichkeit für die Erziehung der Kinder und tendieren allgemein in geringerem Maße, und wenn dann zögernder als geschiedene Männer, zu einer Wiederheirat (vgl. Bastard/Cardia-Voneche, 1988).

Können sie dann unter den gegebenen Umständen einfach fortfahren, ihre Rolle als Dienstleistende zu spielen? Haben sie noch die Zeit, Kontakte im Rahmen eines Netzwerkes aufrechtzuerhalten oder gar zu beleben, welches ja ohnehin durch den Fortfall des Ehepartners bereits teilweise zusammengebrochen ist? Aufgrund ihrer Lebenssituation scheinen sie vielmehr zu Nachfragenden nach Unterstützung seitens der Mitglieder ihrer Abstammungsfamilie zu werden (und hierbei natürlich zu allererst seitens der Frauen dieses Familienverbandes), sei es, wenn es um Betreuungsmöglichkeiten für die eigenen Kinder geht, sei es, um materielle oder psychologische Unterstützung zu finden. Ihre zentrale Stellung im familialen Netzwerk kann also in doppelter Hinsicht in Frage gestellt werden: Zum einen können die Grundlagen der Reziprozität dauerhaft erschüttert werden und sie sich an einem Rande des Netzwerkes – dem der Abstammungsfamilie – wiederfinden und der »angeheirateten« Hälfte des zuvor von zentraler Stelle überschauten Systems verlustig gehen. Zum anderen riskieren sie es, von diesem oder jenem Familienmitglied geschnitten und dadurch marginalisiert zu werden.

Der Zugang zu beruflichen oder kollektiven Aktivitäten außerhalb des Haushaltes reduziert natürlich direkt die materielle Verfügbarkeit der Frauen: Sie sind nicht weiterhin jederzeit für »kostenlose« Dienste und Kontakte zu haben, sondern bedürfen ganz im Gegenteil selbst einer nachhaltigen Unterstützung, sei es durch den Partner, sei es durch Familienangehörige oder Verwandte (eventuell durch Jugendliche, obwohl die Einstellungen hierzu je nach Familie variieren).

Dieser Prozeß ist allgemein bekannt und da auch andere Beiträge auf diese Thematik zu sprechen kommen, sollen hier nur noch drei wichtig erscheinende Anmerkungen gemacht werden: Es deutet nichts darauf hin, daß die durchschnittliche Frequenz der Interaktionen zwischen erwerbstätigen Frauen und ihren Verwandten viel niedriger wäre, als jene nicht-erwerbstätiger Frauen. Eine Vielzahl weiterer Variablen dürften im Hinblick auf eine Belebung oder Reduzierung intrafamilialer Beziehungen mit im Spiel sein. Möglicherweise verändern sich nur die Inhalte und Formen solcher Interaktionen im Falle weiblicher Erwerbstätigkeit, ohne von einem Verlust an Intensität begleitet zu werden. Auch ist es hier wieder unumgänglich, die Dimension der Zeit in die Analyse miteinzubeziehen. Je nach Periode der Berufskarriere und des Familienzyklus entwickelt und verändert sich auch die materielle und ohne Zweifel wohl auch die psychologische Disponibilität für Beziehungen mit Verwandten. Das Hauptproblem vieler Frauen könnte gerade darin liegen[3], hier eindeutige Prioritäten zu setzen. Gerade in einer Periode, wo sich der den eigenen Qualifikationen gemäße Wiedereinstieg in den Arbeitsmarkt nach einem längeren Pausieren aus familialen Gründen als besonders schwierig ausnimmt, stellen sich hier beachtliche Probleme (vgl. Chaudron, 1991).

Allzu schnell wurde die Ansicht vertreten, daß Frauen ja zwei aufeinanderfolgende Berufsleben, getrennt durch eine oft lange Familienphase, führen und organisieren könnten. Noch ist man nicht so weit gediehen (ja, in manchen Ländern hat man noch nicht einmal damit begonnen), die effektiven Konsequenzen dieser Diskontinuitäten weiblicher Erwerbsbiographien für ihr persönliches Leben und ihre materiellen Lebensbedingungen – und damit indirekt ebenfalls für jene ihrer Angehörigen – auch nur annähernd angemessen zu evaluieren. Zu berücksichtigen sind hier natürlich auch die Folgen für eine allgemeine Abwertung weiblichen Arbeitspotentials gegenüber jenem der Männer (vgl. Kempeneers, 1991).

Zu untersuchen wäre auch, und hierauf werden wir unter Punkt 5. zurückkommen, wer denn eigentlich die Wortführer solcher Diskurse sind und vom Standpunkt welcher Interessenlagen her die These von der »natürlichen« Indisponibilität der Frauen für die Erwerbstätigkeit wie eine nicht weiter begründungsbedürftige Evidenz vertreten wird. Ähnliches gilt für die These von den negativen Konsequenzen mütterlicher Erwerbstätigkeit für die Erziehung der Kinder, welche weder empirisch belegt, noch überhaupt – mangels effektiver experimenteller Überprüfbarkeit – belegbar ist.

Die Veränderung der Fortpflanzungsmodi, ermöglicht vor allem durch neue Techniken der Empfängnisverhütung (die jedoch nur Mittel und nicht Ursache der sich mit den gesellschaftlichen Zuständen wandelnden Reproduktionsstrategien sind), schlägt sich in einer Verringerung der direkten Nachkommenschaft nieder und verändert daher sehr nachhaltig die Struktur des familialen Netzwerks und das jeweilige Verhältnis von potentiellen »Hilfeleistenden« und »Hilfebedürftigen« in einer gegebenen Situation (Le Bras, 1982). Hierfür sind nicht die Frauen allein verantwortlich und sie sind auch nicht die einzigen Akteure demographischer Transformationen, welche uns in Wirklichkeit auf die komplexen Zusammenhänge eines »totalen sozialen Phänomens« verweisen. Jedoch droht den von Generation zu Generation zahlenmäßig schwindenden Frauen, mit stetig wachsenden Ansprüchen an ihre solidarischen Leistungen konfrontiert zu werden.

Anders gesagt kommen wir nicht umhin, die wachsende Ablehnung des traditionellen Frauenmodells der »Aufopferung für die Familie« oder der »Fürsorglichkeit« seitens insbesondere jüngerer Frauen, welche dessen schmerzliche Konsequenzen entweder am eigenen Leibe oder stellvertretend in der Figur ihrer Mutter erlebten, als einen zentralen Faktor zukünftiger Entwicklungen in Rechnung zu stellen.[4] Die neuen Vorstellungen vom gesellschaftlichen Status der Frau, so wie sie sich natürlich vorab in weiblichen Perspektiven widerspiegeln, stützen sich auf die Chance der Gewinnung einer wirklichen Autonomie und einer Aufhebung geschlechtsspezifischer Diskriminierungen. Hier fallen die grundlegenden Differenzen zwischen unserer westlichen und anderen Typen von Zivilisationen in der restlichen Welt auf, welche sich zukünftig sogar noch vertiefen könnten. Deutlich werden dabei die wechselseitigen Abhängigkeiten von soziokulturellem Kontext, ökonomischen Zwängen und den jeweiligen Repräsentationen und Praktiken im Bereich der geschlechtsspezifischen Zuschreibung von Rechten und Pflichten. Oft scheinen Analysen und Voraussagen, geleitet von Illusionen oder der nostalgischen Vorstellung einer Renaissance gesellschaftlicher Zustände, in denen Frauen noch da zu finden waren, »wo sie hingehörten«, die Einsicht, daß die Geschichte nie »Kehrtum« macht, einfach zu verdrängen.

5. Können familiale Solidaritäten noch kollektive Solidaritäten ablösen?

Die heute erneut wachsende Aufmerksamkeit politischer Institutionen gegenüber Fragen der Solidarität zwischen den Generationen ist zum guten Teil interessengeleitet[5]: angesichts der besorgniserregenden Probleme im Gefolge der zunehmenden Überalterung der Bevölkerung und der erwartbaren steigenden Lasten für eine schwindende Anzahl Erwerbstätiger, möchten auch noch so unkaschiert interventionistische Wohlfahrtsstaaten wie z. B. Frankreich sich der potentiellen familialen Solidaritäten vergewissern und sie im Hinblick auf eine mögliche Delegation der wachsenden Belastungen an die Familie prüfen. Zwar sind auch heute noch Unterhaltspflichten und damit Aufgaben der Pflege nicht nur zwischen Eltern und Kindern, sondern auch zwischen Enkeln und Großeltern rechtlich verankert, sie beschränken sich jedoch auf begrenzte Bereiche und scheinen ohnehin schon im Hinblick auf die effektiven Verhaltensmuster und Aspirationen der Adressaten überkommen.

Dieses Thema ist von zentraler Bedeutung für das Anliegen unseres Symposiums, was im übrigen durch seinen spezifischen Stellenwert in einer Vielzahl der Beiträge dieses Bandes dokumentiert wird. Deshalb sei hier auch nur auf einige wesentliche Punkte der sich abzeichnenden neuen Problemstellungen hingewiesen.

Die Überalterung der Bevölkerung ist ein zentraler Faktor der sich für politische Entscheidungsinstanzen und wissenschaftliche Forschung neu stellenden Probleme, denn sie scheint für die kollektive Solidarität und damit für die öffentlichen Haushalte nur schwer absehbare neue Belastungen bereitzuhalten. Eine Vorhersage ist dabei umso heikler, als diese Belastungen ja nicht nur durch die Zahl der potentiellen Rentenempfänger, sondern auch von ihrer jeweiligen Situation, ihren Aspirationen und konkreten Verhaltensweisen wie auch jenen ihrer sozialen Umgebung in zentraler Weise geprägt werden. Dieses Problem wird häufig im Rahmen der allgemeinen Frage nach der Entwicklung der Sozialhaushalte und Staatsraten und ihren Implikationen diskutiert. Hierbei werden nicht nur Fragen der wachsenden Kosten des Gesundheitswesens, sondern insbesondere auch jene der für besonders hilfsbedürftige Bevölkerungsgruppen erforderlichen Dienstleistungen berücksichtigt: es geht um Kinder jüngeren Alters, Kranke, Behinderte aller Art, Bevölkerungsgruppen ohne Einkommen, Randgruppen und schließlich die älteren Menschen. Alle diese Gruppen hängen von solidarischen Interventionen ab, welche auf verschiedenen Ebenen seitens öffentlicher Institutionen, aber auch karitativer Einrichtungen der unterschiedlichsten Provenienz, von informellen privaten Fürsorgeaktivitäten und schließlich auch dem familialen Netzwerk[6] bereitgestellt werden können. Auf der Basis unterschwelliger politischer Philosophien aktueller Staatswesen spricht man heute u. a. vom »Ruin des Wohlfahrtsstaates«, vom Mangelcharakter öffentlicher Solidaritäten oder auch von der Krise des Liberalismus. Auch geht diese öffentliche Debatte auf qualitative Aspekte der als optimal erachteten Gestaltung der für die verschiedenen sozialen Problemgruppen bereitzustellenden materiellen und soziokulturellen Lebensbedingungen ein. Die Vielzahl an wissenschaftlichen Untersuchungen rund um die Frage der häuslichen Versorgung älterer Menschen gibt hiervon ein beredtes Zeugnis.

Anders gesagt, steht die mögliche Reaktivierung familialer Solidaritäten heute im Zentrum der gesellschaftspolitischen Diskussion. Ihre von den hohen Kosten einer öffentlichen Versorgung abstechende scheinbare »Kostenlosigkeit«, die unmittelbare und dynamische Mobilisierbarkeit ihres Einsatzes je nach situationsspezifischen Bedürfnissen und ihre affektive Komponente lassen sie für manche als einfachste und »beste« Lösung für die zukünftig erwartete bzw. befürchtete wachsende Nachfrage erscheinen.

Dennoch muß unterstrichen werden, daß die Argumentationen, die in den von den Administrationen gebildeten Kommissionen entwickelt worden sind und die Einstellungen zu diesem gesellschaftspolitischen Problem, die sich in den Stellungnahmen politischer Entscheidungsträger, ja sogar in jenen der Gerontologen, soweit sie den Kontakt zu den Sozialwissenschaften vermissen lassen, äußern, zwiespältig sind. Auf der einen Seite fährt man fort, den Verlust an Verantwortung für solidarisches Handeln im familialen Binnenraum und das Prinzip des »Jeder für sich« (vgl. hierzu differenzierend Attias-Donfut) als Evidenz anzuerkennen und zu versuchen, der Generation der Erwachsenen Schuldgefühle im Hinblick auf ihre Vernachlässigung der älteren abhängigen Familienmitglieder zu induzieren. Auf der anderen Seite jedoch tut man so, als ob es sich bei den familialen Solidaritäten um eine noch weitgehend unausgeschöpfte und mächtige Ressource mobilisierbarer kollektiver Solidaritäten und damit um ein Lösungspotential für die sich dem Staat stellenden neuen Probleme und Pflichten handle. Dieser Widerspruch scheint trotz der Bemühungen von wissenschaftlicher Seite immer noch nicht offenbar zu werden, was daran liegen könnte, daß die involvierten ideologischen Positionen und Tendenzen hin zum Wunschdenken massiv einer klarsichtigen Analyse der Tatbestände und Faktoren, die die Zukunft dieser Problematik bestimmen werden, entgegenlaufen.

Ein ausschlaggebender Faktor für die zukünftige Entwicklung der Nachfrage nach Versorgungsleistungen wie auch der Reaktionen auf diese dürfte gerade in der weiteren Nachfrageentwicklung selbst liegen. Es handelt sich vor allem um die wachsenden Ansprüche an die Qualität der Pflege und das Sicherheitsgefühl, ein Höchstmaß an Effizienz zu erreichen – diese und andere Ansprüche resultieren selbstverständlich auch aus dem existierenden Angebot selbst, welches sich sowohl umfangsmäßig wie auch im Hinblick auf die Vielfalt an Dienstleistungen und die hier zum Tragen kommenden Technologien grundlegend gewandelt hat. Die Einflußmöglichkeiten haben sich nicht nur immer weiter vergrößert, sondern dabei auch bis zur Atomisierung hin spezialisiert. Die elaborierten Techniken erfordern nicht nur qualifizierte Fachkräfte und eine kostspielige Infrastruktur im Hinblick auf die permanente Bereitschaft für gezielte Einsätze. Die alten Hausmittel – man denke etwa an die heißen Umschläge oder das Gurgeln bei Erkältungen haben längst dem selbst beim leichtesten Fieber sofort herbeigerufenen Kinderarzt das Feld geräumt. Ebenso scheinen die Anforderungen an die materielle und psychische Betreuung älterer abhängiger Menschen die Kompetenzen der Familien und die Ausstattung ihrer Haushalte bei weitem zu überfordern.

Die Kluft zwischen dem »guten Willen« und den traditionellen Praktiken der familialen Betreuung, mögen sie auch noch so sehr affektiv getönt sein, und den potentiellen Möglichkeiten der von Expertenseite auf der Basis aktuellster pädagogischer, medizinischer und psychologischer Forschungsbefunde angebotenen Dienste wird immer größer. Auch die wieder modisch werdenden »sanften« und »natürlichen« Techniken, Produkte und Apparate der Fitness stützen sich auf ein ganzes Netz von Spezialisten bzw. Personen, die sich hierfür halten oder ausgeben. Die Konkurrenz, ja das Zusammenprallen von sich rasch entwickelnden »lukrativen« Angeboten von Expertenseite und den immer mehr im Hinblick auf ihre Legitimität verunsicherten Laienpraktiken der Familien spitzt sich immer weiter zu: »Ich würde ja gerne mein Bestes geben, ich weiß nur nicht wie!« – dies könnte das Leitmotiv der Einstellungen von Familienangehörigen angesichts der Hilfsbedürftigkeit ihrer Nächsten sein.

Tatsächlich wäre zu fragen, ob sich der Vorwurf der angeblichen Demission der Familien von ihren Verantwortungen nicht im Adressaten irrt. Dieser Vorwurf situiert sich im wesentlichen auf der Ebene des Moralischen, wenn er diese oder jene des Mangels an Solidarität gegenüber Angehörigen bezichtigt. Wir haben jedoch feststellen können, in welch hohem Maße gerade diese Normen heute noch bei der Mehrheit unserer Mitmenschen verinnerlicht sind, insbesondere wenn es um die eigenen Eltern oder Kinder geht: Die Familie bleibt der herausragende Ort für die direkte Nachfrage und das Anbieten von Hilfeleistungen. Der Aufruf zu einer verstärkten Übernahme von für die Öffentlichkeit kostspieligen persönlichen Problemlagen der Betroffenen durch die Familien gehen jedoch einfach über die Einsicht in die grundlegenden Veränderungen hinweg, welche seit einigen Jahrzehnten die konkreten Lebensbedingungen und -weisen von Männern und Frauen im für die Übernahme solcher Aufgaben geeigneten Alter prägen. Der Lebensrahmen, der Rhythmus der Tätigkeiten, die vielfältigen Anreize zu einer Verbesserung individueller und kollektiver Existenzbedingungen, die Mutlosigkeit angesichts von Problemen, die vermeintlich nur vor Spezialisten adäquat angegangen werden können, all dies läßt die längerfristige Übernahme der alltäglichen Versorgung von z. B. schweren Pflegefällen und den Verzicht auf angemessene Versorgungsangebote seitens kompetenter Einrichtungen sehr unwahrscheinlich erscheinen.

Die je nach Gesellschaft variierende soziohistorische Aufspaltung zwischen Solidarformen, die den alltäglichen Bedürfnissen gewachsen sind und andere, die sich auf außergewöhnliche Problemlagen beziehen, ist weder zufällig noch grundlegend umkehrbar, denn dieser Prozeß verweist auf eine komplexe und grundlegende Entwicklung. Familiale Solidaritäten zwischen Generationen können durchaus zugleich sehr lebendig und tief in Mentalitäten verwurzelt und dennoch angesichts bestimmter Probleme teilweise oder völlig ohnmächtig sein. Es handelt sich hier um eine Folge des sozialen Wandels. Die Verschiebungen der Verteilungslinien zwischen den Solidarformen repräsentieren jedoch auch selbst wiederum einen Triebfaktor dieses Wandels, denn sie stellen die gegebenen politischen und wirtschaftlichen Strukturen wie auch die kulturellen Gewohnheiten infrage. Eine der sich heute stellenden Fragen betrifft das »wie« möglicher Antworten unserer Gesellschaften auf diese Probleme. Der Generationenkonflikt im Innern der Familie scheint sich heute weitgehend gelegt zu haben, er könnte jedoch in einer eher kollektiven Form aufs neue entflammen, dann nämlich, wenn sich die Konkurrenz zwischen Alt und Jung auf dem Arbeitsmarkt oder bei der Frage der Verteilung von Soziallasten und Machtpositionen weiter zuspitzt.

Anmerkungen:

[1] Die mit der Industrialisierung und der Landflucht einhergehenden demographischen Umbrüche und damit auch der Prozeß der Urbanisierung haben in den gesellschaftlichen Phantasmagorien deutlichere Spuren hinterlassen als im Feld empirischer Sachverhalte selbst.

[2] G. B. Sgritta (1988) sieht in der Existenz starker Bindungen an die erweiterte Familie eine Kompensation der sinkenden Kinderzahl, deren Funktion darin bestehen könnte, »einen ausreichend stabilen sozio-ökonomischen Kern« zu sichern.

[3] Man denke z. B. an den Wunsch des das Rentenalter erreichenden Partners, die Frau solle zur gleichen Zeit diesen »befreienden« Schritt vollziehen, auch wenn diese noch nicht das gesetzlich fixierte Rentenalter und damit das volle Ausmaß eigener Altersversorgungsansprüche erreicht hat. Weiterhin müssen hier die Unterbrechungen und Reduzierungen der weiblichen Erwerbstätigkeit im Hinblick auf die Betreuung von Kindern oder die Pflege hilfebedürftiger älterer Familienangehöriger in Rechnung gestellt werden. In Japan gehen heute z. B. schon Unternehmen daran, Frauen in den vorzeitigen Ruhestand zu entlassen, um ihnen die Übernahme von Pflegeaufgaben für alternde Mitglieder ihrer Familien nahezulegen. Zu fragen ist, wie es um die finanziellen Existenzbedingungen von Frauen bestellt sein könnte, deren Rentenansprüche einerseits von Beginn an durch die Lasten der Kinderaufzucht reduziert und schließlich durch die Betreuungsleistungen für abhängige ältere Verwandte nochmals gekappt werden. Von den hiermit einhergehenden Zwängen für ihre alltägliche Lebensführung einmal ganz zu schweigen!

[4] Yvonne Schütze geht in ihrem Beitrag zu diesem Band von der Überzeugung aus, daß das für die traditionelle Geschlechtsrolle der Frau charakteristische Prinzip des »Daseins für andere« bereits stark erschüttert ist.

[5] Hierdurch erklären sich im übrigen auch die von der öffentlichen Hand bereitgestellten finanziellen Mittel für einschlägige Forschungen auf diesem Gebiet.

[6] Es dürfte klar sein, daß bei dem allgemeinen Hinweis auf das familiale Netzwerk wohl implizit immer zunächst die Frauen anvisiert werden!

[*] Aus dem Französischen übersetzt von Franz Schultheis.

FRANZ-XAVER KAUFMANN

Generationsbeziehungen und Generationenverhältnisse im Wohlfahrtsstaat

1. Problemstellung

Das seit Mitte der 80er Jahre zu beobachtende wachsende sozialwissenschaftliche Interesse an Generationsbeziehungen[1] ist weniger auf wissenschaftsinterne Entwicklungen als auf wissenschaftsexterne Problematisierungen zurückzuführen. Das ist nicht ungewöhnlich, häufig entstehen soziologische Themen in Auseinandersetzung mit sozialen Problemlagen, und die sozialwissenschaftliche Karriere eines Themas beruht auf der Resonanz seiner problemstrukturierenden Leistungen.

Gemäß dem vorherrschenden Verständnis von ›Generationsbeziehungen‹ ist es möglich, mit diesem Begriff verschiedene soziale Probleme in einer gemeinsamen Perspektive zu fassen:

1. Die offenkundigste soziale Problematisierung der Generationsbeziehungen geht von der demographischen Entwicklung aus. Zwischen 1965 und 1975 sank die Geburtenhäufigkeit in den meisten Industrieländern um bis zu 50 % und verharrt seither auf so niedrigen Werten, daß mit einer Bestandserhaltung der Bevölkerung aufgrund der natürlichen Bevölkerungsbewegung nicht mehr gerechnet werden kann. Mit dem absehbaren Bevölkerungsrückgang verschiebt sich auch das quantitative Gewicht der statistischen Altersklassen mehr und mehr zu den älteren Jahrgängen, mit offensichtlichen Folgen für das soziale Sicherungssystem. Es liegt nahe, diese Verschiebungen als Veränderungen von Generationsbeziehungen zu interpretieren.
2. Weniger offenkundig, aber nicht weniger wirksam sind Verschiebungen in der Art und Weise der Wohlfahrtsproduktion. Die zeitintensiven Formen der persönlichen Hilfe und Pflege – insbesondere für Kinder, alte Menschen und Behinderte – finden herkömmlicherweise im Familienverband statt. Es waren und sind vor allem die weiblichen Familienmitglieder, welche die damit verbundenen Pflichten erfüllen. Die zunehmende außerhäusliche Erwerbstätigkeit der Frauen und die damit verbundene Doppelbelastung durch Familien- und Erwerbsarbeit führt dazu, daß die hierfür erforderliche Zeit zu knapp wird. Daher werden Entlastungen durch Auslagerung entsprechender Leistungen gesucht, sei es in der Form unentgeltlicher sozialer Dienste oder in der Form käuflicher Dienstleistungen. Vielfach lösen Frauen das Problem allerdings auch durch einen weitgehenden Verzicht auf Erwerbstätigkeit, mit der Konsequenz einer entsprechenden

Reduktion der Haushalteinkommen. Angesichts der Zeit- bzw. Kostenintensität der Hilfe- und Pflegeleistungen wird der Umstand, wie viele abhängige Personen ein Haushalt zu betreuen hat, zunehmend zu einem zentralen Element sozialer Ungleichheit. Da sich die Verpflichtung zur Hilfe im Notfalle sowohl rechtlich als auch moralisch vor allem auf die Beziehungen in auf- und absteigender Linie konzentriert, liegt es auch hier nahe, die sinkende Leistungsfähigkeit der Familie und die daraus resultierenden wachsenden Belastungen der Öffentlichen Haushalte als ein Problem von Generationsbeziehungen zu interpretieren.

3. Wachsende Beachtung wird auch der Qualität der Eltern-Kind-Beziehungen geschenkt. Nicht nur die seit langem bekannten Zusammenhänge zwischen gestörten Familienver- hältnissen und verschiedenen Formen des abweichenden Verhaltens finden erneut vermehrte Beachtung, sondern auch mit Bezug auf die Identitätsbildung, Lernbereitschaft und Arbeitsmotivation wird die Bedeutung der familialen Verhältnisse heute höher eingeschätzt als in den 70er Jahren. Dabei wird nicht nur auf frühkindliche Entwick- lungen, sondern auf die lebenslange Bedeutung der Familie hingewiesen. Nicht nur die Kinder lernen von den Eltern, sondern die Heranwachsenden und Erwachsenen werden für ihre Eltern selbst zu Mittelspersonen bei der Aneignung neuer Zivilisationstechniken und Wertorientierungen in einer dynamischen Gesellschaft.

Der heuristische Nutzen des Begriffs ›Generationsbeziehungen‹ wird sichtbar, wenn wir die Zusammenhänge zwischen diesen Problemlagen ins Auge fassen: Der Geburtenrückgang läßt sich als eine Folge sinkender Attraktivität und Stabilität familialer Lebensformen interpretieren. Es ist in jüngster Zeit vor allem die Zunahme der permanent kinderlos Bleibenden, von denen die niedrige Geburtenhäufigkeit abhängt, für die Geburtsjahrgänge ab 1955 rechnet man in der alten Bundesrepublik mit ca. 25 % eines Jahrgangs. Selbstverständ- lich werden diese Kinderlosen, sollten sie später pflegebedürftig werden, nicht auf intergenerationelle, sondern höchstens auf partnerschaftliche Hilfen zählen können. Aber da der Eheschluß zunehmend an die Bereitschaft zur Übernahme von Elternverantwortung geknüpft wird, sind hier auch weniger eheliche Unterstützungspotentiale zu vermuten. Heute erfahren noch um 80 % aller Hilfe- und Pflegebedürftigen die wichtigsten Hilfen im familialen Kontext. Dieser Anteil wird sowohl aus demographischen als auch aus Gründen der wachsenden relativen Belastung potentieller familialer Pflegepersonen zurückgehen. Aber auch im gemeinnützigen und im kommerziellen Dienstleistungsbereich wird das Pflegepersonal infolge der demographischen Entwicklung und der vergleichsweise geringen Attraktivität derartiger Arbeitsplätze immer knapper. Möglicherweise gehen auch die für derartige Aufgaben bisher einflußreichen altruistischen Motivationen durch die Veränderung der Werthaltungen und Sozialisationsbedingungen zurück. Der Wert der Generationsbezie- hungen – im moralischen wie im finanziellen Sinne – wird nunmehr als gesellschaftliches Problem sichtbar, weil die damit bisher verbundenen Leistungen ihre Selbstverständlichkeit verlieren.

Gesellschaften, welche die Gewährleistung menschenwürdiger Lebensbedingungen für jedermann zur Staatsaufgabe gemacht haben, werden als Sozial- oder Wohlfahrtsstaaten bezeichnet (Girvetz 1968, Kaufmann 1988a). Die sinkende Leistungsfähigkeit der Generationsbeziehungen führt mit einer gewissen Zwangsläufigkeit zu Belastungen der öffentlichen Sozialhaushalte und zwar auf mehreren Ebenen: Kommunen, Sozialversicherungsträger, Staat – in Deutschland Bund und Länder. Kritiker des Wohlfahrtsstaats, insbesondere die amerikanischen Neokonservativen, machen jedoch gerade den Wohlfahrtsstaat verantwortlich für den Verfall der Generationsbeziehungen (Nisbet 1969, Janowitz 1976, Murray 1984). Durch die zunehmende Verrechtlichung der familialen Beziehungen werde deren Intimität gefährdet, und das Angebot sozialer Dienstleistungen bewirke von sich aus eine Substitution der familialen Leistungen. Ist die in Westeuropa im Vergleich zu den Vereinigten Staaten ja noch weit ausgeprägtere Sozialstaatlichkeit somit ein Irrweg, dessen Vergeblichkeit sich im Zerfall der Generationsbeziehungen manifestiert?

2. Begriffliche Präzisierungen

Im folgenden soll diese einleitende Problemskizze aus der spezifischen Perspektive des Zusammenhangs von Makro- und Mikroentwicklungen geprüft und vertieft werden. Im Zentrum unserer Überlegungen steht somit die Frage, inwieweit ein Zusammenhang zwischen dem demographischen Altern auf der Makroebene und der Veränderung der familialen Beziehungen auf der Mikroebene besteht,und inwiefern die beobachtbaren Veränderungen Folge oder Ursache wohlfahrtsstaatlicher Entwicklungen sind. Da diese Fragen hier im Zusammenhang mit der Generationenproblematik erörtert werden sollen, empfiehlt es sich, zunächst begriffliche Präzisierungen einzuführen.

In Anlehnung an die heuristisch fruchtbaren Unterscheidungen von Leisering (1992: 44ff.) wird im folgenden zwischen Generationsbeziehungen und Generationenverhältnissen unterschieden. Der Begriff *Generationsbeziehungen* wird dabei auf die beobachtbaren Folgen *sozialer Interaktionen* zwischen Angehörigen verschiedener, in der Regel familial definierter Generationen beschränkt.[2] Der Begriff *Generationenverhältnisse* soll dagegen die für die Beteiligten nicht unmittelbar erfahrbaren, im wesentlichen durch *Institutionen des Sozialstaats vermittelten Zusammenhänge* zwischen den Lebenslagen und kollektiven Schicksalen unterschiedlicher Altersklassen oder Kohorten bezeichnen. Wir folgen mit dieser Unterscheidung einer auch alltagssprachlichen Sinndifferenz zwischen anonymen, oft verdinglicht aufgefaßten ›Verhältnissen‹ und an konkreten Personen festgemachten Beziehungen. Generationsbeziehungen sind mikrotheoretisch, Generationenverhältnisse makrotheoretisch zu entwickeln.

Eine weitere Unschärfe der vorherrschenden Diskussion folgt aus der ungenügenden Differenzierung von Längsschnitts- und Querschnittsperspektive. In Anlehnung an Marshall (1984) und Leisering (1992: 47f.) sei auf der Ebene *statistisch-demographischer* Analysen von *Altersklassen* in der Querschnittsperspektive und von *Kohorten* in der Längsschnittsperspektive die Rede. Diese Unterscheidung ist bereits eingeführt, doch fehlt es an

Parallelbegriffen auf der Ebene *soziologischer* Analysen: In der Querschnittsbetrachtung sei hier von *Altersgruppen* (z. B. Alte, Junge) die Rede, während der Begriff der *Generation i.e.S.* der Längsschnittbetrachtung vorbehalten bleibt, also die typisierte ›soziale Lagerung‹ (Mannheim 1928) der Angehörigen bestimmter, nach inhaltlichen (und nicht bloß statistisch-chronologischen) Kriterien abgegrenzter Kohorten auf der Zeitachse bezeichnet.

Die Überlegungen dieses Beitrags konzentrieren sich auf die Wechselwirkungen zwischen wohlfahrtsstaatlicher Entwicklung und Generationenverhältnissen, also auf die makrotheoretische Fragestellung. Dabei wird allerdings die *Mehrebenenproblematik*, d. h. das Verhältnis von unterschiedlichen Ebenen sozialer Emergenz, insofern zu berücksichtigen sein, als auch möglichen Wechselwirkungen zwischen Generationsbeziehungen und Generationenverhältnissen nachgegangen wird. Die Generationenverhältnisse selbst werden sowohl in synchroner (als Altersgruppen) wie in diachoner Perspektive (als Generationen i.e.S.) betrachtet. Empirischer Bezugspunkt sind dabei die Gegebenheiten der ›alten‹ Bundesrepublik; für die übrigen westeuropäischen Länder treffen die Thesen in unterschliedlichem Maße zu.

3. Die Konstituierung von Generationenverhältnissen im Zuge der wohlfahrtsstaatlichem Entwicklung

Die Zugehörigkeit von Menschen zu unterschiedlichen Generationen sei angesichts der biologischen Gegebenheiten und der praktischen Universalität sozialer Zurechnung des Nachwuchses zu seinen biologischen Eltern (Filiationsprinzip) hier als selbstverständlich vorausgesetzt. Was daraus allerdings für die verschiedenen Generationen in einer konkreten Gesellschaft folgt, ist von den Normen und Werten, den institutionellen Gegebenheiten und dem historischen Schicksal dieser Gesellschaft abhängig.

In den meisten vormodernen Gesellschaften prägen die familialen Generationsbeziehungen auch die gesellschaftlichen Generationenverhältnisse – und umgekehrt. Die Generationenverhältnisse sind normativ so definiert, daß die Position im familialen, d. h. hier produktiv-reproduktiven Gefüge auch die gesellschaftliche Position – z. B. als Vollbürger oder Abhängiger – bestimmt. In der Regel kommt nur den Familienoberhäuptern eine den Oikos bzw. die Sippe übergreifende Funktion zu. Alles andere regelt sich innerhalb dieser Verbände.

In der hier gebotenen Kürze läßt sich die Entstehung der neuzeitlichen Gesellschaftstransformation vor allem als Aufbrechen dieser dominant ›segmentären‹ (E. Durkheim) Gesellschaftsstruktur und ihre Ersetzung durch funktionsorientierte Organisationsformen kennzeichnen. An die Stelle einer alle Lebensbereiche und alle Altersgruppen umfassenden einheitlichen Lebensordnung treten soziale Gebilde, an denen Individuen nur noch aspekthaft teilhaben, und zwar in der Regel aufgrund eines auf Zeit verliehenen Mitgliedschaftsstatus. Grundlegend bleibt allerdings ein ›angeborener‹, allen gemeinsamer verfassungsrechtlicher und personenrechtlicher Status, der über die Zugehörigkeit zu einer bestimmten staatlichen Einheit definiert wird. Der familiale Status verliert dadurch seine gesellschaftsstrukturierende Wirkung, der Mensch tritt nun als Individuum und Bürger in ein staatsunmittelbares Verhältnis, ganz unabhängig von seiner Generationszugehörigkeit.

Mit der Verstaatlichung und Positivierung des Rechts im Zuge der Entstehung moderner Staatlichkeit beginnen chronologisches Lebensalter und familiärer Status Anknüpfungspunkte staatlicher Rechtssetzung zu werden. Unterschiedliche Aspekte der Rechtsfähigkeit von Personen werden an ein chronologisches Alter gebunden, z.B. Mündigkeitsschwellen, aktives und passives Wahlrecht, Versorgungsansprüche. So entstehen rechtlich präformierte Muster individueller *Lebensläufe* (Mayer/Müller 1988), aber auch ganz neue kollektiv definierte *Lebensphasen*, insbesondere diejenige der Jugend (Franz 1990) und des Alters (Litke 1989, Göckenjahn 1991).

Hier kann nur ein Ausschnitt dieser Entwicklungen betrachtet werden, nämlich die Entstehung der für die sozialstaatlichen Umverteilungsprozesse konstitutiven drei ›großen Altersgruppen‹ der noch nicht erwerbstätigen Kinder und Jugendlichen, der grundsätzlich erwerbstätigen Erwachsenen und der grundsätzlich nicht mehr erwerbstätigen Alten. Entscheidend für diese Entwicklung ist die zunehmende Ausgrenzung der jungen und alten Personen aus der Teilnahme am Erwerbsleben. Sie erfolgt im wesentlichen durch *sozialstaatliche Interventionen,* nämlich durch das Verbot der Kinder- und später Jugendarbeit und durch die Einführung bzw. Ausdehnung der allgemeinen Schulpflicht auf der einen, sowie durch die Einführung von Altersgrenzen der Beschäftigung und zur Versorgungsberechtigung auf der anderen Seite. Während das absolute Verbot der Kinderarbeit nach dem für den deutschen Sprachraum bahnbrechenden preußischen Regulativ von 1839 nur die unter Neunjährigen betraf, und die Bismarcksche Invalidenversicherung von 1889 einen rentenbegründenden Zustand der Erwerbsunfähigkeit erst im Alter von 70 Jahren annahm, haben sich in der Folge die Altersgrenzen immer mehr zu Lasten des Erwerbstätigenalters verändert. Die Konzentration der Erwerbstätigen auf die produktivsten Lebensalter entsprach dabei sowohl den Interessen der Arbeitgeber an hochproduktiven Arbeitskräften als auch den kollektiven Interessen der Arbeitnehmer an einer Verknappung des Arbeitsangebots. Deshalb stießen die zumeist mit Wohlfahrtszwecken begründeten, aber öfters arbeitsmarktpolitisch motivierten politischen Initiativen zu einer verstärkten Eingrenzung des Erwerbsalters auf wenig Widerstand. Neben die rechtlichen traten öknomische und soziale Veränderungen, z.B. die Zunahme der unselbständigen Erwerbstätigkeit, der Ausbau des weiterführenden Bildungswesens, die zunehmende außerhäusliche Erwerbstätigkeit der Mütter, um die *altersspezifische Polarisierung der Erwerbsbeteiligung* zu vollenden. Beispielhaft sei hier lediglich die alte Bundesrepublik erwähnt: Die Erwerbsstatistik des Jahres 1988 weist keine Erwerbsbeteiligung der unter 15jährigen mehr aus, von den 15 bis 20jährigen sind nur noch 27,8% erwerbstätig. Bei den über 65jährigen ist die Erwerbsbeteiligung auf 1,4% gesunken, bei den 60 bis 65jährigen auf 17,6%. Die Erwerbsbeteiligung hat sich somit auf die Altersklassen der 20 bis 60jährigen konzentriert, wobei die höchste Erwerbsbeteiligung bei den Frauen in der Altersklasse der 20 bis 25jährigen (75%) bei den Männern zwischen 30 und 50 Jahren (95%) liegt. Bereits bei den über 50jährigen sinkt die Erwerbsbeteiligung beider Geschlechter deutlich (Statistisches Bundesamt 1989).

Die Konstituierung der beiden vom Erwerbsleben tendenziell ausgeschlossenen Altersgruppen erfolgte im gleichen Zuge mit dem Aufbau kompensierender *Regeln der Unterhaltsgewährung*. Während die Altersgruppe der Nicht-Mehr-Erwerbstätigen dabei im wesentlichen durch staatliche Alterssicherungssysteme unterhalten wird, blieb der Unterhalt der nachwachsenden Generationen grundsätzlich Aufgabe der Eltern, welche hierbei durch bescheidene Formen des Familienlastenausgleichs unterstützt werden.[3] Anders geregelt blieben bisher die nichtmonetären Formen der Unterstützung, für die grundsätzlich nach wie vor eine wechselseitige Beistandspflicht der in auf- und absteigender Linie direkt Verwandten institutionalisiert ist. Staatlich finanzierte Dienstleistungen stehen hier nur subsidiär und ohne individuelle Rechtsansprüche auf diese Leistungen zur Verfügung. Eine typische Ausnahme bildet jedoch das allgemeinbildenden Schulwesen, dessen Besuch seitens der Kinder ebenso verpflichtend ist wie die Verpflichtung des Staates zur Bereitstellung entsprechender Schulplätze. Ähnliches findet sich weder im Bereich der Jugendhilfe noch der Altenhilfe.

Als *Generationenverhältnis* tritt diese staatliche Konstituierung der Altersgruppen im wesentlichen auf zwei Arten in Erscheinung:

a) in *synchroner* Perspektive als *Umverteilungszusammenhang*: Da die ganze Bevölkerung aus der Produktion der laufenden Periode versorgt werden muß, werden durch staatliche Maßnahmen (Sozialversicherungsbeiträge und Steuern) die Primäreinkommen der Erwerbstätigen reduziert und (im Falle der Steuern nur teilweise) in Form von Geldleistungen (z.B. Renten, Wohngeld, Kindergeld, Sozialhilfe) oder Sachleistungen (z.B. bei Krankheit oder Behinderung) auf die Nichterwerbstätigen umverteilt. Das Ausmaß dieser Umverteilung gibt in etwa die *Sozialleistungsquote*, d.h. der Anteil des jährlichen Sozialbudgets am Bruttosozialprodukt wieder. Sie bewegt sich seit Mitte der 70er Jahre zwischen 30 und 35%. In ihr sind allerdings die Aufwendungen für das Bildungswesen noch nicht enthalten.

b) In diachroner Perspektive als unterschiedliches *Generationenschicksal*, in dem gewisse Kohorten zu entscheidenden Lebenszeitpunkten entweder auf besonders günstige oder besonders ungünstige wirtschaftliche bzw. politische Bedingungen treffen.

Ein das *Kohortenschicksal* besonders einschneidender, weil lebenslang betreffender Umstand ist demographischer Art und bezieht sich auf die relative Stärke bestimmter Kohorten im Vergleich zu jüngeren und älteren Kohorten. Die stark besetzten Geburtskohorten der 50er und 60er Jahre heben sich hier im Falle der alten Bundesrepublik deutlich ab und verändern das relative Gewicht der drei großen Altersklassen beträchtlich: Sie bewirkten zunächst einen Anstieg der Kinderquote mit entsprechend hohen Schülerzahlen, dann einen Anstieg des Anteils der Jugendlichen mit überproportionaler Arbeitslosigkeit, dann – und in dieser Phase befinden wir uns gegenwärtig – einen Anstieg der Erwachsenenquote und damit des Erwerbspersonenpotentials, so daß gegenwärtig die demographisch bedingten Versorgungslasten besonders niedrig sind. Ab ca. 2015 wird dagegen der Anteil der Altersrentner stark ansteigen und gleichzeitig das Erwerbspersonenpotential weiter zurückgehen, so daß mit gravierenden Veränderungen im Verhältnis von Beitragszahlern und Rentenempfängern zu rechnen ist (vgl. Schaubild 1). Unter Vernachlässigung zwischenzeitlicher Wanderungsbewegungen würde das Verhältnis der über 60jährigen zu den 20 bis 60jährigen sich von 38 % (1988) bis auf 81 % (2030) erhöhen.[4]

SCHAUBILD 1:   Demographische Lastquotienten 1950–2030
                – empirische Werte und Projektionen

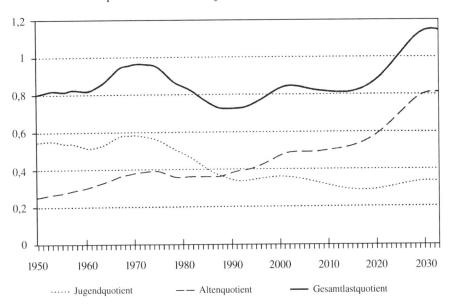

Jugendquotient: Verhältnis Altersgruppe 0–20 J. zu Altersgruppe 20–60 J.; Altersquotient: Altersgruppe 60 J. u.m. zu Altersgruppe 20–60 J.; Gesamtlastquotient: Jugend- plus Altenquotient; Grundgesamtheit: Wohnbevölkerung (bis 1988), danach deutsche Bevölkerung (alte BRD)
Quelle: Leisering 1992: 87

Würden diese demographischen Szenarien tatsächlich eintreffen, und unter dem Gesichtspunkt der Geburten- und Sterblichkeitsentwicklung ist an der Tendenz kaum zu zweifeln, müßte mit erheblichen Verteilungskonflikten gerechnet werden, da entweder die Renten drastisch reduziert oder aber die Beiträge drastisch erhöht werden müßten. Die gelegentlich geäußerte Vorstellung, daß der Anstieg der ›Altersversorgungslasten‹ durch eine entsprechende Einschränkung der ›Kinderversorgungslasten‹ kompensiert werden könnte, ist – wie Schaubild 1 zeigt – völlig illusorisch, denn erstens treten beide Effekte nicht zur gleichen Zeit auf und zum zweiten muß auf dem extrem niedrigen Reproduktionsniveau der deutschen Bevölkerung mit einem dauerhaft überproportionalen Anstieg der Altersversorgungslasten gerechnet werden (Kaufmann 1984). Allerdings ist m.E. mit einer gewissen Entschärfung des Verteilungskonflikts durch die abzusehende kontinuierliche *Zuwanderung* von Erwerbspersonen aus dem Ausland zu erwarten, wodurch die Verschlechterung des Verhältnisses von Beitragszahlern und Rentnern abgemildert wird. Auch wenn die vorherrschende öffentliche Meinung diese Notwendigkeit kontinuierlicher Zuwanderung noch nicht zur Kenntnis nehmen will, so dürfte sie durch die wirtschaftlichen Notwendigkeiten doch bald eines besseren belehrt werden.

Ungeachtet dessen ist festzuhalten, daß die geburtenstarken Kohorten mit Bezug auf ihre Alterssicherungschancen ein besonders ungünstiges Generationenschicksal erwartet, wobei ihre stärkere Belastung durch Arbeitslosigkeit ein zusätzliches Risiko darstellt. Dagegen gelten die Geburtenjahrgänge zwischen ca. 1925 und 1955 als besonders begünstigt, da sie vom Zweiten Weltkrieg kaum mehr und dafür umso stärker von dem langen Nachkriegsboom betroffen wurden.

Im Zusammenhang unserer Fragestellung ist von besonderem Belang, daß die langfristigen Veränderungen der demographischen Altersstruktur, die häufig auch als demographisches Altern bezeichnet werden, mit erheblicher Plausibilität als *Folge der wohlfahrtsstaatlichen Entwicklung* zu begreifen sind (Kaufmann 1990b). Das ist unmittelbar einsichtig für den Sterblichkeitsrückgang, der in hohem Maße als Folge gesundheitspolizeilicher Maßnahmen und des öffentlich finanzierten Ausbaus des Gesundheitswesens erscheint. Der Sterblichkeitsrückgang wirkt sich auf die Altersstruktur der Bevölkerung unterschiedlich aus, je nach dem, ob er unterhalb oder oberhalb des mittleren Fortpflanzungsalters dominiert. Im 18. und 19. Jahrhundert dominierte der Rückgang der Kinder- und Jugendsterblichkeit, so daß von ihm – bei gleichbleibender Fertilität – ein ›verjüngender‹ Einfluß ausging. In der zweiten Hälfte des 20. Jahrhunderts ist auch die Sterblichkeit im reiferen Lebensalter mehr und mehr gesunken, und da das Niveau der Sterblichkeit in den jüngsten Lebensaltern schon sehr niedrig ist, fällt heute vor allem das Sinken der Alterssterblichkeit ins Gewicht, welche das demographische Altern fördert.

Die Hauptursache des demographischen Alterns liegt aber im Geburtenrückgang, und auch die säkulare Tendenz zur Beschränkung der Geburten ist zu einem erheblichen Teil das – wenngleich unbeabsichtigte – Ergebnis sozialpolitischer Maßnahmen: So hat insbesondere das Verbot der Kinderarbeit und die Einführung der allgemeinen Schulpflicht das bis dahin bestehende ökonomische Interesse der Eltern an der Arbeitskraft ihrer Kinder ausgeschaltet, und der Ausbau kollektiver Alterssicherungssysteme hat die frühere Abhängigkeit der Eltern von der Unterstützung durch ihre Kinder im Falle der Erwerbsunfähigkeit überwunden. Die nunmehr abzusehende Einführung einer Pflegekostenversicherung wird die Abhängigkeit auch im Bereich der Netzwerkbeziehungen reduzieren. So können heute nur noch immaterielle Motive das Interesse an Elternschaft begründen, und diese sind zumeist schon mit ein bis zwei Kinder zu befriedigen. Ein wachsender Teil der Bevölkerung scheint zudem angesichts zunehmender alternativer Lebensoptionen mehr oder weniger freiwillig auf Kinder ganz zu verzichten, und dies erweist sich angesichts der dadurch gesteigerten

Erwerbsmöglichkeiten für beide Partner einer Beziehung nicht nur als kostensparend, sondern auch als einkommenssteigernd. In den meisten Sozialstaaten ist – und in der Bundesrepublik in besonders ausgeprägter Weise – die ökonomische Alterssicherung kollektiviert, die Aufbringung der nachwachsenden Generation dagegen überwiegend den Eltern überlassen. So erscheint die zunehmende demographische Schieflage der europäischen Wohlfahrtsstaaten als konsequenter Ausdruck individueller Interessenlagen unter den institutionellen Bedingungen des herrschenden sozialstaatlichen Umverteilungssystems.

In der Vergangenheit kamen diese demographischen Rückwirkungen auf die wohlfahrtsstaatliche Entwicklung noch nicht voll zur Geltung. Denn solange der tendenzielle Geburtenrückgang anhielt, und dies war für die Zeit von 1900 bis ca. 1975 trendmäßig der Fall, blieben die aktuellen Versorgungslasten der erwerbstätigen Bevölkerung tendenziell unterhalb des langfristig erforderlichen Niveaus. Bei dem heute erreichten tiefen Fertilitätsniveau sind jedoch derartige Lastverschiebungen in die Zukunft nicht mehr möglich, und es muß damit gerechnet werden, daß in den kommenden Jahrzehnten die ›demographische Rechnung präsentiert wird‹. Es läßt sich zeigen, daß Bevölkerungen, deren Fertilität dauerhaft deutlich unter dem Reproduktionsniveau bleibt, demographisch ›über ihre Verhältnisse leben‹ (Kaufmann 1960: 318f.; 1984).

These 1: Durch die Orientierung seiner Ordnungsvorgaben am chronologischen Alter hat sich der Sozialstaat selbst von demographischen Entwicklungen abhängig gemacht. Die kumulierte Verteilungswirkung sozialpolitischer Maßnahmen beeinflußt die demographische Entwicklung im Sinne einer starken Zunahme der Rentnergenerationen und einer Abnahme der nachwachsenden Generationen. Daraus resultieren erhebliche Finanzierungsschwierigkeiten des Sozialbudgets, die eine Verschärfung der Verteilungskonflikte erwarten lassen. Die demographisch induzierte ›Krisentendenz‹ des Sozialstaats ist somit zumindest teilweise eine Folge seiner eigenen Wirkungsweise.

4. Generationenverhältnisse und Generationsbeziehungen

Im vorangehenden standen die Chancen unterschiedlicher Generationen im Rahmen der monetären Umverteilungsvorgänge im Zentrum der Betrachtung. Hier sind primär die hinter dem Rücken der Beteiligten sich ändernden Generationenverhältnisse von Belang, nicht die erfahrbaren Generationsbeziehungen. Wie einleitend skizziert, unterscheiden jedoch die gängigen Mutmaßungen über den Einfluß der Generationsvariablen nicht klar zwischen Generationsbeziehungen i.e.S. und Generationenverhältnissen. In diesem Abschnitt soll daher die Frage erörtert werden, inwieweit ein Zusammenhang zwischen den quantitativen Veränderungen der Generationenverhältnisse und der Qualität der Generationsbeziehungen zu vermuten ist. Dabei sei als dritter Faktorkomplex die wohlfahrtsstaatliche Entwicklung mit einbezogen.

Im einzelnen stellen sich dabei folgende Fragen:

a) Inwieweit beruht die Akzeptanz des wohlfahrtsstaatlichen Umverteilungsarrangements auf der Integrität der Generationsbeziehungen?
b) Inwieweit beeinflußt die Veränderung der Generationenverhältnisse die Qualität der Generationsbeziehungen?

Zunächst eine ergänzende Anmerkung zum Begriff der Generationsbeziehungen: Er wurde bisher interaktionstheoretisch interpretiert als die Art und Weise, wie Angehörige unterschiedlicher Generationen einander wahrnehmen, miteinander umgehen usw. Es ist jedoch unwahrscheinlich, daß ein unmittelbarer Zusammenhang zwischen derartigen Erfahrungen im Einzelfall und den gesamtgesellschaftlichen Veränderungen besteht. Vielmehr bilden diese ja sicher vielfältigen und zudem subjektiven Erfahrungen lediglich den Hintergrund und die Plausibilitätsbasis für *kollektive Typisierungen der Generationen und ihrer Beziehungen,* aber auch für Vorstellungen, die in indirekter Weise auf diese Beziehungen einwirken.

In diesem Zusammenhang fällt auf, daß sich Generationslagen bisher in auffallend geringem Maße als sozial oder gar politisch organisationsfähig erwiesen haben. Die ›Grauen Panther‹ und ähnliche Organisationen, aber auch die Seniorenbeiräte der Kommunen oder die Seniorenarbeitskreise in den politischen Parteien haben – zumindest in der Bundesrepublik – bisher wenig Resonanz gefunden. Ähnliches gilt für die nachwachsende Generation: Die Familienverbände repräsentieren nur Minderheiten der Eltern und haben geringen politischen Einfluß, und jugendlichen Protestbewegungen verebben meist nach kurzer Zeit und nicht zuletzt wegen der hohen Erneuerungsgeschwindigkeit der jugendlichen Altersklassen. Auch sind soziale Stereotype der Generationen bisher wenig ausgeprägt, und es scheint beachtlich, wie wenig die Konkurrenz um die knappen Mittel des Sozialbudgets mit generationsbezogenen Argumenten geführt wird.[5] Auch wenn die stärksten Belastungen des sog. ›Generationenvertrags‹ in der Gesetzlichen Rentenversicherung‹ (übrigens eine der wenigen kollektiven Typisierungen von Generationenbeziehungen in der Bundesrepublik!) noch bevorstehen, so fällt im Vergleich z. B. zu den USA, zu Australien oder zu Japan doch auf, wie selbstverständlich in der Bundesrepublik die soziale Sicherung im Alter trotz der ›demographischen Risiken‹ für unantastbar gehalten wird. Es scheint in der Bundesrepublik – und ähnliches gilt für die übrigen europäischen Wohlfahrtsstaaten – bisher in bemerkenswerter Weise gelungen zu sein, die divergierenden Interessen unterschiedlicher Generationen latent zu halten und Generationenkonflikte bereits im Ansatz zu vermeiden.

Wie läßt sich diese hohe Akzeptanz, ja vielleicht sogar kulturelle Legitimität der sozialstaatlichen Umverteilungsinstitutionen in Europa erklären?

Thomson (1989: 34) weist zu Recht darauf hin, daß die Thematisierung der Generationenverhältnisse als Ursache von Verteilungskonflikten vor allem in den Vereinigten Staaten und in Australien erfolgte, also in zwei der am wenigsten entwickelten Wohlfahrtsstaaten, in denen eine gesellschaftsweite Institutionalisierung der Umverteilungsprozesse von den Erwerbstätigen zu den Nicht-Erwerbstätigen gerade nicht gelungen ist.

Thomson zeigt, wie im Falle Neuseelands sich das Schwergewicht der wohlfahrtsstaatlichen Begünstigungen von jungen Familien (in den 1930er Jahren) zu den alten Menschen (nach 1960) verschoben hat. Auch Guillemard (1986) zeigt für Frankreich, wie sehr sich das Schwergewicht der Sozialpolitik von der ursprünglich dominierenden Familienpolitik zur Altenpolitik hin verschoben hat. Für die Bundesrepublik läßt sich eine ähnliche Verschiebung deshalb nicht nachweisen, weil hier die Sozialpolitik nie ein familienpolitisches Schwergewicht gekannt hat. Die nationalsozialistischen Versuche einer die Vermehrung ›arischer‹ Geburten fördernden Politik hat im Gegenteil die Familienpolitik zunächst delegitimiert (Lüscher/Schultheis 1988). Trotz seit 1960 sich verstärkenden familienpolitischen Bemühungen sind jedoch die Leistungen für die ältere Generation nicht nur im Aggregat, sondern auch im Durchschnitt der wichtigsten individuellen Geldleistungen deutlich stärker gestiegen als die Leistungen für Kinder (Kaufmann 1990a: 114). Wahrscheinlich sind die Entwicklungen in den übrigen westeuropäischen Ländern – vielleicht mit Ausnahme Schwedens – nicht wesentlich anders.

Wie kommt es, so läßt sich fragen, daß wichtige Wohlfahrtsstaaten – entgegen ihrem wohlverstandenen langfristigen Interesse – einen verteilungspolitisch so einseitigen Weg zugunsten der älteren Generation eingeschlagen haben, ohne daß dies zu größeren Auseinandersetzungen geführt hat?

Ein Grund wurde bereits erwähnt, nämlich die Komplementarität von Arbeitgeber- und Arbeitnehmerinteressen bei der in den meisten Staaten Europas zu beobachtenden Vorverlegung des Ruhestandes (Guillemard 1989). Hinzuzufügen ist, daß die damit verbundene statistische Reduktion der Arbeitslosigkeit auch im Interesse der jeweiligen Regierung liegt. Ein weiterer plausibler Grund ist das wachsende quantitative Gewicht der älteren Wähler, deren Interessen daher im Rahmen parteistrategischer Kalküle an Gewicht gewinnen können, auch wenn sie sich nicht organisieren. Im Gegensatz dazu haben bekanntlich Kinder und Jugendliche kein Stimmrecht, und Familien werden zunehmend zur Lebensform einer Minderheit (Strohmeier 1988).

Dennoch können derartige, am Modell rationaler Egoisten orientierte Erklärungen nicht ausreichen, denn die Verfolgung egoistischer Interessen vermag keine politische Legitimität zu erzeugen. Die hohe Akzeptanz des die alte Generation begünstigenden Verteilungsmusters beruht grundlegend vielmehr auf dem Umstand, daß alle Menschen Eltern und sonstige ältere Verwandte haben, von denen die meisten das Rentenalter erleben. Diesen wird ein ›sicheres Alter‹ gegönnt bzw. mehr noch: Es entspricht der bereits alttestamentlichen Norm der Elternachtung und Elternliebe, ihnen ein solches Alter zu ermöglichen.[6] Angesichts des Dominierens unselbständiger Erwerbsverhältnisse erscheint die Rentenversicherung als selbstverständliche Form, innerhalb derer dies allein geschehen kann; die direkte finanzielle Unterhaltung der Eltern aus den Lohneinkommen der Kinder liegt bereits jenseits des Vorstellungsvermögens. Als Alternative käme lediglich die individuelle Altersvorsorge (z. B. über Lebensversicherungen) in Betracht, die aber keinen direkten Generationsbezug aufweist.

Die weitgehende Entfamilialisierung des Unterhalts der alten Generation trägt mutmaßlich zu einer Verbesserung der Generationsbeziehungen auf der emotionalen Ebene bei, denn nach allem, was wir wissen, bestanden im Rahmen der vormodernen Produktionsverhältnisse regelmäßig erhebliche Spannungen über Zeitpunkt und Bedingungen der Hof- bzw. Geschäftsübergabe. Die Plausibilität des Modells eines ›Generationenvertrags in der Gesetzlichen Rentenversicherung‹ beruht sowohl auf seiner selbstverständlichen Ubiquität, Praktikabilität und Funktionalität als auch auf seiner ideologischen Rückbindung an die traditionelle Generationensolidarität und deren letztlich religiösen Wurzeln. Dabei ergänzen sich Gewohnheit und Ideologie dank der wohlfahrtsstaatlichen Garantien zu einer stabilen Konfiguration, gegen die rationale Kalküle wenig Durchsetzungschancen besitzen. Selbst wenn – wie vorauszusehen ist – die finanziell bedingten Spannungen in der Alterssicherung zunehmen sollten, so dürfte dies zu verbreiteten Desolidarisierungserscheinungen doch nur dort führen, wo die familialen Solidaritäten fehlen oder brüchig werden. Solange diese nicht in Frage gestellt werden, ist vielmehr mit sozialpolitischen Entwicklungen zu rechnen, die den Verteilungskampf auf einer anderen Ebene als derjenigen der Generationen führen. Wie Leisering (1992: 251ff.) anhand der jüngsten Rentenreform in der Bundesrepublik zeigt, sind zudem institutionelle Reformen möglich, welche den demographisch bedingten Verteilungskonflikt im Sinne einer institutionalisierten Reaktion des Systems auf demographische Veränderungen entschärfen.

Es besteht *somit ein plausibler Zusammenhang zwischen der Entwicklung der Generationsbeziehungen und der politischen Brisanz der Generationenverhältnisse* unter wohlfahrtsstaatlichen Verteilungsbedingungen. Eine Regulierung des intergenerationellen Verteilungskonflikts ohne die Selbstverständlichkeiten familialer Generationsbeziehungen erscheint schwer denkbar. Wir haben daher als eine zentrale gesellschaftliche Funktion der Familie neben der Nachwuchssicherung und der Regeneration von Humanvermögen die Erhaltung der intergenerationellen Solidarität hervorgehoben (Kaufmann 1990a: 55ff.).

In diesem Zusammenhang verdient die Entwicklung familialer und außerfamilialer Solidarpotentiale im Zuge eines Übergangs zu postmodernen Familienformen (Lüscher u. a. 1988) besondere Beachtung. Dabei sind im Laufe der letzten Jahrzehnte gegenläufige Entwicklungen im Bereich von Partnerschaft und Elternschaft zu beobachten. Während die Verbindlichkeit der ehelichen Partnerschaftsform offensichtlich rückläufig ist, scheint ›verantwortete Elternschaft‹ mehr und mehr zu einer strikten Verbindlichkeit zu werden (Kaufmann 1988). In diesem Sinne sind Bemühungen zu verstehen, auch im Falle einer nicht bestehenden oder geschiedenen Ehe das elterliche Sorgerecht für beide Eltern zu ermöglichen.

Unabhängig davon ist jedoch die *objektiv wachsende relative Belastung* derjenigen ins Auge zu fassen, die Elternverantwortung übernehmen oder ihren Kindespflichten bei der Altenhilfe Genüge tun. Wenn in der politischen Diskussion allenfalls familienunterstützende, aber kaum die Familienhilfe ersetzende Dienstleistungen gefordert werden, so ist dies auf die selbstverständliche Verbindlichkeit familialer Normen in Verbindung mit entsprechenden Rechtspflichten zurückzuführen. Nach wie vor sind mit Bezug auf die meisten Dimensionen sozialer Unterstützung Familienangehörige die wichtigste Netzwerkressource (Kaufmann u. a. 1989). Diewald (1990) weist allerdings darauf hin, daß in jüngster Zeit Freundschaftsbeziehungen an Bedeutung gewinnen, die möglicherweise für diejenige

Bevölkerungsgruppen, die nicht über ausreichende familiale Netzwerkressourcen verfügen, ein funktionales Äquivalent werden könnten. Allerdings scheint es im Falle von Freundschaften wesentlich schwieriger, jene Dauerhaftigkeit der Reziprozitätsbeziehungen herzustellen, wie sie im Falle familialer Beziehungen kulturell mit hoher Verbindlichkeit institutionalisiert ist.

Im Zuge einer Enttraditionalisierung familialer Bindungen tritt jedoch wahrscheinlich der *positiv erlebte Wert familialer Bindungen* gegenüber den herkömmlichen Pflichten mehr und mehr in den Vordergrund. Daß familiale Bindungen hoch geschätzt werden, wissen wir aus zahlreichen Meinungsumfragen, aber über die Bedingungen dieser Selbstverständlichkeit bzw. ihres möglichen Schwindens wissen wir nur wenig. Ein gelingendes Familienleben steht hoch im Kurs, aber der Anteil derjenigen, die es nicht erreichen, scheint zuzunehmen. Der von Geburtskohorte zu Geburtskohorte zunehmende Anteil der Kinderlosen und dauerhaft Ehelosen läßt vermuten, daß die Belastungen, die mit derartigen Verantwortlichkeiten verbunden sind, für einen wachsenden Bevölkerungsteil nicht mehr selbstverständlich sind. Man sucht die (eher kurzfristig verstandenen) Vorteile, ohne sich den entsprechenden Verbindlichkeiten zu unterwerfen. Dies scheint eine plausible Konsequenz radikal modernisierter Sozialverhältnisse, wie sie durch den Begriff der Postmoderne angezeigt werden (Kaufmann 1988: 406ff.). Hier stellen sich viele offene Fragen, die von Bengtson/Schütze (1992: 512ff.) als z.T. gegenläufige Hypothesen formuliert werden. Auf einer allgemeineren Ebene formuliert Diewald (1991) das Problem, ob die Modernisierung informeller Netzwerke zu einem Verlust oder zu einer Liberalisierung von Solidarbeziehungen führe.

These 2: Die wohlfahrtsstaatliche Entwicklung mit dem Ziel der Gewährleistung gleicher Freiheit für jedermann ermöglicht heute den Individuen ein Ausmaß an autonomer Lebensführung, das sie von familialen Bindungen weitgehend unabhängig macht – ein im historischen Vergleich völlig neuer Tatbestand. Das Dominantwerden unselbständiger Erwerbsverhältnisse hat zudem die Bedeutung des Familieneigenstums für die Generationenbeziehung stark reduziert. Die materiellen Grundlagen für ein Interesse an der Pflege der Generationsbeziehungen scheinen sich somit zu verflüchtigen. Ob die traditionell stark familienbezogenen Werthaltungen durch diese Entwicklung geschwächt oder – sozusagen im Gegenzug – als von materiellen Interessen entlastete emotionale Bindungen gestärkt werden, ist eine offene Frage von großer Tragweite für die Zukunft des Sozialstaats. Denn ohne die familialen Solidarpotentiale scheint es schwer vorstellbar, daß der sich infolge der demographischen Entwicklung abzeichnende intergenerationelle Verteilungskonflikt weiterhin latent gehalten werden kann.

Anmerkungen

[1] Zur Geschichte des Themas vgl. Garms-Homolová , et al. 1984: 1–10. Dieser Band kann auch als grundlegend für die neuere Diskussion gelten. – Der in seiner Problemstellung dem vorliegenden ähnlichen Beitrag von Bengtson/Schütze (1992) wurde mir erst nach Abschluß des Manuskriptes bekannt.

[2] Der Begriff wird hier somit in einem engeren Sinne als bei K. Lüscher (vgl. S. 17) verwendet.

[3] Die bisher gründlichsten Unterssuchungen über Aufwendungen für die nachwachsende und die ältere Generation stammen von Linder (1982). Sie lassen erkennen, daß in der Bundesrepublik die öffentlich Pro-Kopf-Aufwendungen um 1980 für einen alten Menschen etwa dreimal so hoch waren wie für einen Jugendlichen. Umfangreiche Berechnungen des Wissenschaftlichen Beirats für Familienfragen schätzten die gesamten Ausgaben der Familien für die nachwachsende Generation (1974) auf 21 % des privaten Verbrauchs und 12 % des Volkseinkommens (Wissenschaftlicher Beirat BMJFFG 1979: 100). Dabei ist der unentgeltliche Zeitaufwand der Eltern noch nicht berücksichtigt. Dieser schlägt sich häufig in einem teilweisen Verzicht auf Erwerbsarbeit nieder; Lampert (1989: 102f., 118) schätzt die damit verbundenen Opportunitätskosten eines durchschnittlich verdienenden Paares mit zwei Kindern auf über 700 000 DM. Im Vergleich zu einem kinderlosen Ehepaar müssen Eltern infolge der direkten Kinderkosten und der mit dem Erwerbsverzicht verbundenen Opportunitätskosten beim Aufziehen von zwei Kindern mit einer Wohlstandseinbuße von ca. 50 % rechnen (Kaufmann 1990a: 115).

[4] Unter Zugrundelegung der mittleren Variante der Modellrechnungen des Statistischen Bundesamtes von 1985. Die beiden anderen Varianten ergeben 75 % (bei hoher Geburtenhäufigkeit) bzw. 90 % (bei niedriger Geburtenhäufigkeit). Vgl. Leisering 1992: 94ff.

[5] In der aktuellen Diskussion um die Einführung einer Pflegeversicherung z. B. spielt die Belastung der Erwerbstätigen keine wesentliche Rolle, sondern nur die Belastung der Unternehmen mit Lohnnebenkosten. Es wird auch kaum der Umstand thematisiert, daß Kinderlose ein wesentlich größeres finanzielles Risiko für die Pflegeversicherung darstellen als diejenigen, die eine Familie gegründet haben; denn letztere können im Pflegefall zunächst auf die Unterstützung ihren Familienangehörigen zählen. So bedeutet die Einführung einer ausschließlich einkommensbezogenen Finanzierung der Pflegeversicherung erneut eine relative Begünstigung der Kinderlosen.

[6] Die Sorge für die Alten ist keinesweg ein Universale der Menschengattung, sondern bedarf starker kultureller Stabilisierung und i.d.R. entsprechender sozialer Kontrollen. Vgl. Elwert 1992: 270ff.

III. Realität und soziale Logik der Generationen-
beziehungen in Familie und Verwandtschaft

John Clausen

Kontinuität und Wandel
in familialen Generationenbeziehungen[1]*

1. Einleitung

Mindestens drei wichtige Gründe des sozialen Wandels während der Lebenszeit der letzten zwei bis drei Generationen haben zu Veränderungen der Generationenbeziehungen in der Familie geführt. Zunächst sind grundlegende demographische Veränderungen zu nennen – die Steigerung der Lebenserwartung, des Bildungsgrads, der Beteiligung von Frauen am Arbeitsmarkt und der geographischen Mobilität –, die zur enormen Zunahme des Anteils älterer Menschen, einer Verkürzung des Übergangs ins Erwachsenenalter und zur erhöhten geographischen Streuung der Verwandschaftsgruppe führten. Eltern begannen, weniger Kinder zu haben und emotional mehr in sie zu investieren.

Die immer kleiner werdenden Familien, der enorme Anstieg der Arbeitsmarktbeteiligung bei den Frauen und eine erhöhte Beschäftigung mit individueller »Selbstverwirklichung« im Bereich der Kultur trugen zu einer zweiten grundlegenden Veränderung bei, einer Verschiebung im Verhältnis der relativen Verantwortung gegenüber den eigenen Kindern und den Eltern, und den ihnen entgegengebrachten Gefühlen. Im 19. und frühen 20. Jh. waren die Pflichten der Kinder ihren Eltern gegenüber benannt in dem biblischen Gebot: »Du sollst Vater und Mutter ehren«. Im späten 20. Jh. scheint das Gebot nunmehr zu lauten: »Du sollst dein Möglichstes für deine Kinder tun«, wobei der finanzielle Beitrag betont, die soziale Kontrolle hingegen minimiert wird. Mir ist klar, daß in großen Teilen der Bevölkerung der Vereinigten Staaten Kinder vernachlässigt und sogar mißbraucht werden. Vielleicht war das schon immer so. Ich glaube jedoch, daß die elterlichen Einstellungen und Erwartungen gegenüber ihren Kindern in den letzten Jahrzehnten sich erheblich unterscheiden von denen des vorigen Jahrhunderts. Eltern verwöhnen heute ihre Kinder weitaus häufiger, manchmal um Schuldgefühle zu kompensieren die daher rühren, daß sie für die Kinder nicht genügend verfügbar sind.

Der dritte Einfluß ist, die in allen Industrieländern beobachtete Zunahme von Rentenprogrammen mit Gesundheits- und Wohlfahrtsversorgung für ältere Menschen. Die USA hinken den Ländern Westeuropas in diesem Bereich seit eh und je hinterher, jedoch nicht in dem Maße, wie es von Europa aus scheint. Insbesondere kann man sagen, daß es Amerikanern im Ruhestand im allgemeinen finanziell recht gut geht. Ein großes Problem ergibt sich jedoch aus den verringerten ökonomischen Chancen von Angehörigen solcher Jahrgänge, die in den vergangenen Dekaden auf den Arbeitsmarkt gekommen sind. Diese

Einsicht ist gekoppelt an den mit Hausbesitz verbundenen großen Kostenanstieg. Dies führt bei jungen Erwachsenen dazu, daß sie viel häufiger die Unterstützung ihrer Eltern beanspruchen als dies noch vor ein oder zwei Generationen der Fall gewesen ist.

Alice und Peter Rossis' vor kurzem erschienenes Buch »Of Human Bonding« liefert die meines Wissens bislang gründlichste quantitative Evaluierung familialer Beziehungen zwischen den Generationen. In ihrer Studie zeigen die Rossis den Einfluß von Alter, Kohorte, frühen familialen Beziehungen, räumlicher Trennung, sowie Ehe- und Berufsstatus auf den Austausch von Besuchen, von Gefühlen und von Leistungen anhand eines großen städtischen Samples. Da die Studie jedoch auf einer einmaligen Erhebung beruht, vermag sie nicht, Stabilität und Wandel in Generationenbeziehungen einzuschätzen. Durch den Rückgriff auf die intensiven Langzeitstudien am »Institute of Human Development« (IHD) an der University of California, Berkeley, möchte ich das Ausmaß und die Ursachen des Wandels innerhalb der Generationenbeziehungen in seiner chronologischen Entwicklung aufzeigen und, unter Heranziehung einzelner Fälle, auf wichtige Tendenzen dieses Wandels hinweisen.

Die Betrachtung von Kontinuität und Veränderung in Generationenbeziehungen bedarf der Berücksichtigung kultureller Traditionen und des sozialen Wandels. Traditionellerweise waren die Kernfamilie und die Generationen innerhalb der Verwandtschaft in hohem Maße integriert (Hareven, 1982). Auch heute gibt es ein erhebliches Maß familialer Interaktion zwischen den Generationen, aber von weitaus geringerer Bedeutung, vor allem hinsichtlich der Wohlfahrt älterer Menschen.

Zwischen ethnischen Gruppen und sozialen Schichten klaffen in Amerika die Familienmuster weit auseinander. Familiensolidarität ist eindeutig wesentlich stärker unter lateinamerikanischen und asiatischen Familien ausgeprägt als in der weißen, sogenannten angelsächsischen Bevölkerung. Zudem ist die Interaktion und die persönliche Wärme zwischen Generationen in Arbeiterfamilien ausgeprägter als in Familien der gehobenen Mittelschicht, trotz der größeren Mobilität in Arbeiterfamilien. Jedoch erlaubt selbst die Studie der Rossis nur wenig an definitiven Aussagen über solche Unterschiede.

2. Die Berkeley-Studien

Die ursprüngliche Langzeitstudie von Berkeley befaßte sich mit zwei Kohorten von insgesamt ca. 500 Personen, wovon eine Gruppe in den frühen, die andere in den späten 20er Jahren geboren war. Ungefähr 280 dieser Personen waren anfangs der 80er Jahre im Alter zwischen 53 und 62 noch in der Studie verblieben. Über ein Jahrzehnt zuvor hatten wir nicht nur sie und ihre Männer und Frauen (G2) befragt, sondern auch eine Auswahl ihrer Kinder (G3) im Alter von 14 bis 18 sowie der noch lebenden Eltern (G1) der jüngeren Kohorte zu Interviews herangezogen. Für 1970 haben wir somit Daten von drei Generationen. 1982 befragten wir unsere ursprünglichen Interviewpartner von 1970 wieder über ihre vergangenen und gegenwärtigen Beziehungen zu ihren Eltern und zu einzelnen Kindern, fragten nach ihrer jeweiligen Zufriedenheit mit diesen Beziehungen und nach dem Austausch von Dienstleistungen.

1983 verschickte ich Umfragen an all jene Angehörigen der Kindergeneration (G3), die 1970 befragt worden waren, und erhielt von ca. drei Viertel der Befragten Antwort; sie waren im Alter von 28 bis 33 Jahren. In jüngster Zeit (1991) habe ich eine Folgeumfrage aller erwachsenen Nachkommen (G3) abgeschlossen, deren aktuelle Adresse zu ermitteln war. Hier wird nun nach ihrem Arbeits- und Familienstatus, sowie nach ihren Beziehungen zu ihren Eltern gefragt. (Etwa drei Viertel der über 500 Befragten haben bislang geantwortet.) Zur Orientierung im Muster der Erhebungsdaten werden in Schema 1 die Generationen G1, G2 und G3 dargestellt und die wichtigsten Zeitpunkte der Datensammlung bezüglich ihrer Generationenbeziehungen angegeben.

SCHAUBILD 1:   Die Untersuchung der Generationsbeziehungen

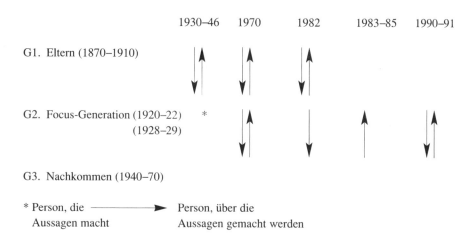

Die Qualität von Generationenbeziehungen in der Untersuchungsgruppe reicht von eng und herzlich bis hin zu distanziert und ablehnend. Die Bindungen sind vor allem aus der Sicht der Kinder weniger eng als ich erwartet hatte, wenn es auch eine breite Streuung gibt, die mit der geographischen Distanz zu den Eltern und mit früheren Familienbeziehungen zusammenhängt.

Auf Grund der Daten der Langzeitstudie über die drei Generationen (unter Heranziehung unterstützender Information aus anderen Studien) lassen sich einige Thesen zu den Beziehungen zwischen Eltern und Kindern im Lebenslauf formulieren.

These 1: Die Generationenbeziehungen zwischen Kohorten wie zwischen individuellen Familienmitgliedern verändern sich ständig.

113

Historische Ereignisse wirken sich unterschiedlich auf Leben und Laufbahn der Eltern, Kinder und Enkelkinder aus, wobei bestimmte Inhalte für eine Generation weit maßgeblicher sind als für eine andere. Zugleich bewirken veränderte Sozialisations- und Autoritätsmuster von Eltern und Kindern Verschiebungen der Einstellungen und Orientierungen. Diese Orientierungen reflektieren einerseits die frühfamiliale, uneingeschränkte gegenseitige Liebe, und später, bei den Jugendlichen, die Anerkennung der elterlichen Anstrengungen, aber auch andererseits die Ablehnung elterlicher Kontrolle oder wahrgenommener Vernachlässigung, wobei die eine oder die andere Haltung zu verschiedenen Zeitpunkten dominiert.

Die Eltern (G1) der Untersuchungsgruppe haben die »Große Depression« der 30er Jahre zu einer Zeit erlebt, als ihre Kinder klein waren. Obwohl viele Familien in diesen Jahren benachteiligt waren, scheint es keine größeren Spannungen zwischen den Generationen gegeben zu haben. Ausnahmen bildeten solche Familien, in denen die Partner ein gespanntes Verhältnis zueinander hatten, was sich im »Ausagieren« der Jugendlichen niederschlug. Harmonie im Eheverhältnis, Aufmerksamkeit gegenüber den Bedürfnissen der Kinder sowie feste und konsequente elterliche Disziplinierung ließen hier generell Jugendliche heranwachsen, die ihre Eltern respektierten und als fähiger eingestuft wurden als jene, die solche familialen Bedingungen nicht erleben konnten (Clausen 1991). Andererseits führten Ehekonflikte, Ablehnung der Eltern oder deren extreme Permissivität und inkonsequente Disziplinierung eher dazu, daß sich bei den Kindern nur geringes Interesse und niedrige Leistung an der Schule entwickelten, und es zu unheilvollen Gruppenbeziehungen sowie zu frühen sexuellen Kontakten kam (oft als Ausdruck der Suche nach der zuhause fehlenden liebevollen Zuneigung).

Die Interviewpartner selbst (G2) sind während des Zweiten Weltkrieges und des Koreakriegs aufgewachsen. Die meisten Männer haben Militärdienst geleistet, und sich im Programm der Veteranenförderung zusätzlich ausbilden können. Demzufolge entwickeln sich die Berufskarrieren dieser Kohorte insgesamt in einer langen Phase ökonomischer Prosperität.

Nach dem Verlassen ihres Elternhauses haben fast alle der Befragten geheiratet, und über 90 % haben ein oder mehrere Kinder bekommen (G3). Die Befragten der G2 Kohorte übertreffen ihre Eltern sowohl in Hinblick auf Bildung und berufliche Karriere als auch auf die Kinderzahl. Die 60er und 70er Jahre – die Zeit, in der viele ihrer Kinder (G3) Teenager sind – stellen ganz andere Anforderungen an sie als es die 30er und 40er Jahre an ihre Eltern getan haben. Es gibt eine Explosion des jugendlichen Mißbrauchs von Drogen, von freierer Sexualität und von allgemeiner Rebellion der Jugend gegen die scheinbare Verlogenheit und Konformität ihrer Eltern sowie gegen den als rassistisch und sinnlos wahrgenommenen Krieg in Vietnam.

In manchen Familien sind Eltern (G2) und Kinder (G3) in dieser Zeit über den Krieg und über Werte im allgemeinen einer Meinung. In anderen Bereichen liegen Eltern und Kinder im Clinch, und in manchen Fällen führen die sexuellen Kontakte und der Drogenmißbrauch der Jugendlichen dazu, daß ihnen das Haus verwehrt wird, oder sie aus eigenem Antrieb ausziehen, um der Kontrolle der Eltern zu entrinnen. In den Familien, mit denen ich mich detaillierter beschäftigt habe, gibt es einige solcher extremen Brüche zwischen Eltern und Kinder, nur manchmal im Zusammenhang mit Ehekonflikten.

These 2: Im gegenwärtigen Amerika – zumindest unter der weißen Bevölkerung – werden die eigenen Kinder tendenziell wichtiger genommen als die eigenen Eltern und erhalten mehr finanzielle und emotionale Unterstützung bis in ihre mittleren Jahre.

Obwohl man gewöhnlich von Reziprozität zwischen den Generationen spricht, scheint es heute wesentlich weniger Reziprozität als vor ein oder zwei Generationen zu geben, ein Umstand, der bis spät in das Leben der Eltern hineinreicht. Ein wesentlich größerer Anteil der Kinder (G3) unserer Bezugsgruppe als der Bezugsgruppe selbst (G2) sind als Erwachsene aus Notsituationen heraus ins Elternhaus zurück gezogen. Nur wenige der Eltern (G1) dieser Gruppe sind nach den Jahren der Depression imstande gewesen, ihren Kindern zu helfen, wohingegen die Befragten der Bezugsgruppe (G2) sich größtenteils in stabilen Arbeitsverhältnissen befinden und über ein ausreichendes Einkommen verfügen, um ihre Kinder bis in deren mittleres Alter hinein zu unterstützen.

Dennoch haben die meisten ihrer Eltern (G1) nach den Jahren der Depression stabile Arbeitsverhältnisse erlangt und können mit Hilfe der amerikanischen Sozialversicherung und der Rentenprogramme bis ins hohe Alter gut abgesichert in ihren eigenen vier Wänden leben. Zum Beispiel zeigt die Folgeuntersuchung von 1982, ein Zeitpunkt, zu dem die Befragten (G2) im Alter zwischen 50 und Ende 60 waren, daß bei ihren Eltern (G1) vier Fünftel der jüngeren (meist unter 85 Jahre) und fast zwei Drittel der älteren Kohorte (meist über 85 Jahre) in ihren eigenen vier Wänden wohnen. Unter den über 85jährigen Frauen wohnen gerade eben 15 % bei einem ihrer Kinder. Bei Eltern im Alter von Ende 70, Anfang 80 lebt ein Elternteil von zehn im Altersheim, und ein Elternteil von 20 im Pflegeheim. Bei den über 85jährigen steigt dann der Anteil der im Pflegeheim wohnenden auf fast ein Viertel.

Sehr wenige dieser alten Eltern bedürfen zu dieser Zeit der finanziellen Unterstützung ihrer Kinder, aber sie brauchen sehr wohl Hilfe im Haushalt und bei ihren alltäglichen Angelegenheiten. Wenn Kinder in der Nähe wohnen, besuchen sie die alten Eltern in der Regel wöchentlich, oder zumindest öfters im Monat, es sei denn, sie haben sich von ihnen entfremdet oder finden die Interaktion aufgrund der elterlichen Gebrechen zu belastend (Field/Minkler 1988: 100–106).[2] Weniger als fünf Prozent der Befragten (G2) geben an, durch die elterlichen Bedürfnisse finanziell belastet zu sein, wohingegen etwa ein Drittel sich emotional unter Druck gesetzt fühlt beim Versuch, den Bedürfnissen der Eltern gerecht zu werden.

Die G2 zwischen Mitte 50 und Anfang 60 befassen sich viel eher mit den eigenen erwachsenen Kindern (G3) und deren Probleme. Diese wohnen viel häufiger bis Ende 20 und 30 bei ihren Eltern als es die alten Eltern (G1) tun. Umfangreiche finanzielle Unterstützung kommt mehr als zwei Fünfteln der erwachsenen Kinder zu. Befragte und ihre Kinder stimmen darin überein, daß der finanzielle Austausch sich fast ausschließlich von G2-Eltern an G3-Kinder richtet, mit Ausnahme der Kinder verwitweter oder geschiedener Mütter. Den Angaben der Kinder zufolge helfen Eltern ihren Söhnen eher beim Erwerb eines Hauses und unterstützen ihre Töchter eher in Krisenzeiten, wie Tabelle 1 (erhoben 1991) zu entnehmen ist.

TABELLE 1: Finanzielle Unterstützung zwischen der Erhebungsgruppe (G2) und deren erwachsene Kinder (G3) nach Angaben der Kinder im Jahre 1991 (in Prozent), getrennt nach Altersklassen der Kinder

	Söhne			Töchter		
	22–30 Jahre	30–39 Jahre	40 Jahre und mehr	22–30 Jahre	30–39 Jahre	40 Jahre und mehr
Eltern halfen beim Kauf eines Hauses	29	34	47	10	35	25
Eltern sprangen in Notfällen ein	21	37	41	52	37	57
Kinder haben den Eltern finanziell geholfen	0	9	7	0	10	3
Absolute Anzahl	14	92	59	21	108	63

Zu jedem Interviewzeitpunkt scheinen die Befragten sich viel mehr mit ihren Kindern als mit ihren Eltern zu beschäftigen und sich für sie verantwortlich zu fühlen. Allerdings steigt das Engagement oder zumindest die Besorgtheit bei denjenigen, deren Eltern über 80 und 90 sind und zunehmend gebrechlich werden.

These 3 (in enger Anlehnung an These 2): Es gibt eine starke Tendenz bei Eltern, ihre Kinder (und ihr Verhältnis zu ihnen) positiver einzuschätzen als dies die Kinder tun.

Eltern geben im allgemeinen größere Übereinstimmung mit Ihren Kindern bezüglich verschiedener Themen und größeres gegenseitiges Verständnis für ihre Kinder an als es die Kinder fortwährend selbst tun, und Eltern sagen auch viel eher, daß sie mit ihren Beziehungen zu ihren erwachsenen Kindern zufrieden sind, als dies ihre Kinder hinsichtlich der Beziehung zu den Eltern tun. Während die Angaben der Eltern (G2) und Kinder (G3) von 1970 zur Qualität ihrer Beziehung einigermaßen korrelieren, neigen die Eltern zu dieser Zeit dazu, das Ausmaß ihres Verständnisses für die Ansichten der Kinder und ihres gegenseitigen Einvernehmens zu überschätzen.

Bezogen auf 1982 und 1983 drücken die Befragten im allgemeinen eine hohe Zufriedenheit mit ihren erwachsenen Kindern und mit ihren Beziehungen zu ihnen aus. Weniger als ein Drittel beschreiben sich als »einigermaßen zufrieden«, und weniger als ein Zehntel behauptet, mit der Beziehung zu einem ihrer Kinder unzufrieden zu sein. Zugleich wünschen sich die Hälfte aller Väter und 35 % der Mütter mehr Kontakt mit einem bestimmten Kind, und ein Viertel bis ein Fünftel der Eltern gibt an, die Beziehung dürfte sehr wohl enger sein. Eltern wünschen sich vor allem bei Kindern, von denen sie enttäuscht sind (oft weil diese zu dieser Zeit noch von ihnen abhängig sind), eine engere Beziehung, wobei der Wunsch nach mehr Kontakt nicht davon abhängt, wie zufrieden sie mit dem jeweiligen Kind sind.

Im Alter von ca. 30 Jahren meinen nur 53% der Söhne (G3), ihre Eltern hätten sie besonders ermutigt und sie bei der Erlangung ihrer Ziele unterstützt. Töchter sind in ihrer Bewertung noch negativer; nur 44% meinen, ihre Eltern hätten sie durchgängig unterstützt. Lediglich ein Drittel der Söhne berichten, die Mutter, und ein Fünftel, der Vater habe sie in der Pubertät »gut« verstanden. Ein Drittel gibt an, »große (emotionale) Nähe« zu ihrem Vater verspürt zu haben, wohingegen die Hälfte angibt, ihrer Mutter sehr nahe gestanden zu haben.

Befragte Töchter im Alter um 30 meinen wesentlich seltener, ihre Eltern hätten sie in der Pubertät verstanden, wobei 37% sich vom Vater, und 39% sich von der Mutter in dieser Zeit »überhaupt nicht« verstanden gefühlt haben. Nur ein Viertel meint, ihrem Vater »(emotional) sehr nahe« gestanden zu haben, aber die Hälfte geben emotionale Nähe zur Mutter an.

Fragen zu Familienbeziehungen und Aktivitäten in der Kindheit werden von etwa zwei Drittel der Kinder (G3) positiv beantwortet, 10 bis 20% geben eindeutig negative Antworten, und der Rest behauptet, wünschenswerte und angenehme Aktivitäten hätten zumindest »ab und zu« überwogen. Absolventen des »College« berichten von mehr positiven Kindheitserfahrungen als dies Personen ohne Studienabschluß tun.

Aus der Einzelfalluntersuchung vieler Befragter aus G2 und G3 geht hervor, daß Kinder dazu neigen, sich bis hinein in die mittleren Jahre an die Frustrationen und die Spannungen zu erinnern, die sie in der Kindheit und besonders während der Pubertät und im frühen Erwachsenenalter erlebt haben. Sie erinnern sich an die Reaktionen ihrer Eltern auf ihre Probleme (oft Ablehnung, wenn sie v.a. unterstützender Ermutigung bedurften), während die Eltern sich gerne bei den späteren Erfolgen ihrer Kinder aufhalten. Eltern freuen sich fast ausnahmslos auf den Besuch der Kinder und Enkelkinder. Zwar haben auch viele Kinder gerne den Besuch ihrer Eltern, aber man hört oft den Kommentar – und zwar von beiden Generationen –, daß alles ein oder zwei Tage lang gut geht, danach aber alte Konflikte aufgewärmt werden oder es zu gegenseitigen Beschuldigungen kommt.

Dies heißt nicht, daß die meisten erwachsenen Kinder ihre Eltern nicht lieben. Es bedeutet auch nicht, daß die Kinder nicht für ihre Eltern da sein werden, wenn diese sie brauchen. Es bedeutet aber sehr wohl, daß die meisten Eltern weiterhin eine größere Verpflichtung gegenüber und Nähe zu ihren Kindern verspüren als es diese ihnen gegenüber tun, zumindest bis die Eltern alt werden.

These 4: Beziehungen zwischen den Generationen können nicht angemessen eingeschätzt werden, ohne Beziehungen innerhalb der Generationen und außerfamiliale Bekanntschaftsnetzwerke miteinzubeziehen.

So lange Männer und Frauen mit gesunden Partnern zusammenleben, werden tendenziell die Bedürfnisse nach gegenseitiger Hilfe und Unterstützung befriedigt. Nach dem Verlust des Partners bzw. der Partnerin infolge von Tod oder Scheidung gewinnen andere Beziehungen an kritischer Bedeutung. Von der Entfernung her erreichbare Kinder werden stärker einbezogen, aber auch Freunde gewähren tendenziell die benötigte Unterstützung, vor allem bei Frauen. Die Daten aus der Berkeley-Studie lassen sich gut vergleichen mit den Daten, die

Claudine Attias-Donfut für französische Verhältnisse erhoben hat (i. d. B.), und die auf die Unterstützung von alten Eltern in ihrer Wohnung Bezug nehmen.

Die befragten Männer aus G2 – inzwischen im Alter von Anfang 60 und Ende 70 – haben einen viel begrenzteren Kreis von Intimbeziehungen als es die Frauen haben. In unserer neuesten Untersuchung (1990) geben vier Fünftel der Männer an, daß ihr primärer Vetrauenspartner ihre Frau ist. Nur 6 % erwähnen ihre Kinder als Vertrauenspartner, während 25 % einen Freund bzw. eine Freundin und 3 % einen anderen Verwandten angeben. Im Gegensatz dazu geben nur 39 % der Frauen ihren Mann als primären Vertauenspartner an, wohingegen 25 % ein Kind (fast immer eine Tochter), 43 % einen Freund oder eine Freundin und 18 % einen anderen Verwandten angeben. Frauen haben somit viel häufiger einen engen Kontakt zu Töchtern, anderen Verwandten und Freunden, während Männer viel eher auf ihre Frauen angewiesen sind. Wenn die Partner sterben, haben Männer viel häufiger keine Vertrauensperson; aber sowohl für Männer als auch für Frauen stehen die Kinder in höherem Maß zur Verfügung, insbesondere wenn die Eltern Hilfe brauchen.

Untersuchungen über Dienstleistungen für alte Menschen verdeutlichen, daß Frauen – ob als Ehefrau, Tochter oder Freundin – ein höheres Maß an allgemeiner Unterstützung leisten als dies Männer tun, und viel eher als diese sich den persönlichen Hygienebedürfnissen der Alten, dem Haushalt und der Zubereitung von Mahlzeiten widmen als dies Männer tun. Männer helfen eher beim Transport, bei Reparaturen an der Wohnung und bei offiziellen Angelegenheiten. Töchter treten viel öfter als primäre, Söhne viel eher als sekundäre Versorger auf.[3] Unter den Befragten werden diese Tendenzen zwar bestätigt, aber eine Anzahl von Männern, die sich stark mit ihren Vätern identifiziert haben, zeichnen sich durch vorbildliche Versorgung und Hingabe für ihre alten gebrechlichen Väter aus. Sowohl Männer als auch Frauen aus G2 fühlen sich stärker verpflichtet, ihre Mütter als ihre Väter im Alter zu besuchen. Dabei geben Frauen doppelt so oft an, daß die Freude am Austausch mit ihren Müttern »sehr wichtig« ist. Männer sagen dagegen öfter, die Freude am Austausch mit ihren Vätern sei ein »sehr wichtiger« Grund für den Besuch, finden aber anscheinend viel seltener Freude am Besuch bei der alten Mutter. Sowohl Männer wie Frauen schätzen den Vater als weniger bedürftig ein als die Mutter, was eventuell das größere Pflichtgefühl ihr gegenüber erklärt.

Hervorzuheben bleibt, daß die Bedürfnisse älterer Männer und Frauen nicht notwendig dieselben sind. Die Frauen in unserer ältesten Generation leiden viel eher an physischen und psychologischen Schwächen vor ihrem Tod als es ihre Ehemänner tun. Die langlebigen Männer sind meistens physisch und psychisch fit und bedürfen der Hilfe weniger als es die überlebenden Frauen tun.

These 5: Frühe Erfahrungen in der elterlichen Familie beeinflussen tendenziell die Entwicklung späterer Eltern-Kind-Beziehungen; noch spezifischer: Harmonie in der Ehe trägt tendenziell zu engen Beziehungen im späteren Leben bei, während Streit in der Ehe oft zur Entfremdung der Kinder von einem oder beiden Elternteilen führt.

Es wird weithin beobachtet, daß Ehescheidung zu einer erheblichen Einschränkung der späteren Beziehungen von Kindern zu ihren Vätern führt. Unsere Langzeitdaten zeigen an, daß Ehestreit zwischen Partnern aus G1 und G2 auch in intakt bleibenden Familien mit wesentlich weniger engen Kontakten und innigen Gefühlen zwischen Eltern und Kindern in allen Beziehungskonstellationen im späteren Leben zusammenhängt (gemäß den Angaben der jüngeren, G2- und G3-Generationen). Frühe familiale Spannungen wirken sich negativ auf die Persönlichkeit der Kinder aus, v.a. beeinträchtigen sie die Entwicklung von Fähigkeiten und beeinflussen so auch den Bildungsgrad der Kinder, wobei frühe familiale Konflikte selbst 40 und 50 Jahre später Nachwirkungen haben. Konflikt und Ehescheidung in den G1 und G2 Familien sind ebenfalls verknüpft mit höheren Scheidungsraten bei ihren G2 und G3 Nachkommen. Beweismaterial der negativen Folgen elterlicher Scheidung findet sich in den frühesten Studien über Erfolg und Mißerfolg in der Ehe und auch in einer großen Anzahl neuerer Studien (Burgess/Cottrell 1939; McLanahan/Bumpass 1988).

Im Anschluß an diese fünf Thesen möchte ich nun noch einige allgemeine Bemerkungen zu Konfliktbeschaffenheit und Kompensationsleistungen in Eltern-Kind-Beziehungen in den zwei aufeinanderfolgenden Gruppen von Eltern und Kindern anfügen, und Ähnlichkeiten und Unterschiede in den Erfahrungen der G2 und G3 Erwachsenen im vergleichbaren Alter aufzeigen.

3. Beeinträchtigungen und Wiedergutmachung in Eltern-Kind-Beziehungen

Eine gewichtige Anzahl von G3 Jugendlichen haben in den späten 1960er und frühen 1970er Jahren gegen die Generation ihrer Eltern rebelliert. Beziehungen zwischen Eltern und Kindern sind in dieser Zeit so stark strapaziert, daß ein Anteil der Jugendlichen freiwillig aus dem Elternhaus auszieht oder ausgewiesen wird. Manche Eltern halten an einer – fragilen – Beziehung zu ihren Kindern fest und können letztendlich wieder enge Beziehungen herstellen. In anderen Fällen hat es seit jener angespannten Zeit so gut wie keine Verbindung gegeben. Auf die im Rahmen einer Umfrage gestellte Frage nach der aktuellen Adresse ihrer Kinder können einige Eltern im Herbst 1990 keine Antwort geben. Die Kinder bleiben der Familie entfremdet und leben oft als Gammler oder überalterte »Hippies« weiter. In Fällen großer Spannungen zwischen Eltern und Kindern vermute ich, daß einige Eltern den Fragebogen nicht eingeschickt haben, um sich nicht erst mit dieser schmerzhaften Thematik beschäftigen zu müssen.

Unter den Befragten aus G2 und G3, welche die Fragebögen tatsächlich zurückgeschickt haben, scheinen viele die Beziehungen wiederhergestellt zu haben – vielleicht auch mehr als dies eine Generation früher in Familien der Fall gewesen ist, bei denen es während der Jugendzeit Konflikte gegeben hat. Eine Anzahl von Frauen aus G2 entstammt einem Elternhaus, in dem es große Differenzen in bezug auf sehr wenig Unterstützung für die geistige und moralische Entwicklung der Töchter gegeben hat. Viele dieser Frauen heiraten gleich nach Abschluß der »High School«, wobei ihre Männer oft wesentlich älter sind als sie.

Manche der Männer sind Alkoholiker, unverantwortlich, sadistisch, oder auch alles zugleich. Das Muster der darauffolgenden Beziehungen der Frauen zu ihren Eltern variiert erheblich; sie kommen aber ihren Müttern in den späteren Jahren fast nie näher. Manchmal kehren sie zwischen den Ehen ins Elternhaus zurück, vor allem, wenn sie eine enge Beziehungen zu ihrem Vater verbindet. Einige überlassen ihre Kinder ihren Müttern und verlangen sie nicht mehr zurück. Andere wiederum haben mit ihren Müttern nichts zu tun, bis diese alt und dem Sterben nahe sind. Diese in der Jugend zerbrochene Beziehung ist anscheinend nicht mehr zu heilen. Besonders signifikant ist dies bei Frauen aus G2, die dreimal oder noch öfters heiraten (ca. jede zwölfte Frau).

In anderen Fällen kann eine Tochter (G2) zerstrittener Eltern dennoch an der Schule interessiert sein, eine Ausbildung erlangen und eine bessere Partnerwahl treffen. Sie mag zwar keine enge Beziehung zu ihrer Mutter haben, aber dennoch ein Selbstwertgefühl und Fähigkeiten entwickeln, welche ihr ermöglichen, beim Erwachsenwerden klügere Entscheidungen zu treffen. Solche Frauen lehnen selten ihre Mütter völlig ab, werden auch von ihnen nicht abgelehnt und scheinen auch mit ihren Kindern bessere Beziehungen zu haben, obwohl wir das einschlägige Material hierzu noch nicht systematisch ausgewertet haben.

Harmonische Familienbeziehungen während der Kindheit und Jugend führen zu einer größeren Anzahl von Fähigkeiten in der Jugend und zu engeren emotionalen Beziehungen zu den Eltern im späteren Leben. Mädchen (G2), die in den 1930er und 1940er Jahren auf der High School als kompetent eingestuft worden sind, sprechen 30 Jahre später von engeren Beziehungen mit ihren Müttern und, in verringertem Grad, zu ihren Vätern. Viele G1 und G2 Eltern, die in der Folge eindeutig mit ihren Kindern unzufrieden gewesen sind, haben ihnen keine bedeutende Unterstützung während ihrer Jugend zukommen lassen. Trotzdem hat ein Anteil der Kinder aus G3, die ihre Eltern in den späten 60er und in den 70er Jahren vollkommen abgelehnt haben, mit ihnen im Alter von über 30 und 40 wieder eine Beziehung aufgebaut. Zugleich gibt es viele Fälle von gleichbleibender Ablehnung seitens der Kinder, sowie eine Tendenz, die Unterstützung der Eltern als ungenügend zu bewerten.

4. Die Ähnlichkeit zwischen Eltern und Kindern im vergleichbaren Alter

Meine Kollegen und ich haben an anderer Stelle das Thema der Wertübertragung und der Ähnlichkeit der Persönlichkeitsstrukturen zwischen den drei Generationen anhand der Folgestudie von 1970 besprochen (vgl. Clausen/Mussen/Kuypers 1981). Unsere neueste Untersuchung der Nachkommen zwischen 30 und Ende 40 bietet eine Basis für weitere direkte Vergleiche zwischen G2 und G3 im vergleichbaren Alter. Das mittlere Bildungsniveau der G3 Söhne ist erheblich höher als das ihrer Väter. Ihr beruflicher Erfolg ist mit 30 und 40 dem ihrer Väter sehr ähnlich, trotz der Erfahrungen von vielen der jüngeren Generation, die sie in der Gegenkultur und mit Drogen während der späten 60er und 70er Jahre gemacht haben. Im Vergleich zu ihren Vätern ist der Anteil an Fachkräften bei den Söhnen höher, aber dies spiegelt eventuell lediglich die Tatsache wieder, daß einige Arbeiter unter den ursprünglich Befragten bei der Folgestudie herausgefallen sind.

Unter den G3 Söhnen zwischen 30 und Ende 40 bezeichnen 40% ihre Karriere als »genau das, was ich eigentlich vorhatte«, das sind 10% mehr als bei ihren Vätern im gleichen Alter. Mit 30 ist ein größerer Anteil ledig als bei den Vätern im gleichen Alter (35%), aber mit 40 ist ein kleinerer Anteil nicht verheiratet (10%). In jedem Alter leben mehr Männer in einer unehelichen Intimbeziehung (36% der Männer zwischen 20 und 30, 12% zwischen 30 und 40, und 5% zwischen 40 und 50.) Von den über 40jährigen ist die Hälfte geschieden.

Bei den G3 Töchtern ist der Kontrast zum Leben ihrer Mütter frappanter. Ihr Bildungsgrad ist zwar niedriger als der der Söhne, aber eine viel größere Anzahl der Töchter hat im Vergleich zu ihren Müttern das College absolviert (55% gegenüber 38%). Von den Töchtern zwischen 20 und 30 bezeichnet sich ein Viertel als »Single« ohne Intimbeziehung, während ein Drittel eine Intimbeziehung mit dem anderen Geschlecht angibt. Ab 30 jedoch sind vier Fünftel eine Ehe eingegangen. Von den über 40jährigen sind 52% geschieden, was im Vergleich zu ihren Eltern einen doppelt so hohen Anteil ausmacht. Scheidungsraten sind, wie schon erwähnt, höher bei Söhnen und Töchtern aus getrennten oder konfliktbelasteten Ehen. Zwischen 30 und 40% der G2 Mütter ist mit Ende 30 angestellt gewesen; bei den G3 Töchtern sind 83% berufstätig, der größte Teil arbeitet ganztags. Fast alle G2 Mütter haben ihr erstes Kind zwischen 20 und 30 bekommen, hingegen sind viele ihrer Töchter noch mit 30 bis 40 (30%) und über 40 (20%) kinderlos.

TABELLE 2:   Prozentuale Anteile der Teilnehmer an der Ausgangsuntersuchung (G2) und deren Kinder (G3), die diversen Aspekten der Heirat entweder die größte oder zweitgrößte Wichtigkeit zumaßen (aus etwa vergleichbaren Altersgruppen, nach Geschlecht getrennt)

Aspekt der Heirat	Teilnehmer an der Ausgangsuntersuchung (G2)		Kinder (G3)	
	männlich	weiblich	männlich	weiblich
Angestrebte Elternschaft	31	38	31	44
Gesellschaft	60	60	64	55
Sexuelle Beziehungen	28	19	16	7
Sicherheit und Bequemlichkeit	26	17	33	30
Gegenseitiges Verstehen	57	68	58	66

Zu verschiedenen Zeitpunkten haben wir die Teilnehmer nach ihrer persönlichen Bewertung der verschiedenen Aspekte der Ehe befragt – Elternschaft, sexuelle Beziehungen, Kindererziehung, Partnerschaft, Geborgenheit, gegenseitiges Verständnis. Tabelle 2 vergleicht die Antworten der G2 Eltern und der G3 Kinder anhand von Angaben, die 20 Jahre auseinander liegen, wobei bei der jeweiligen Befragung die Kinder etwas jünger sind als ihre Eltern. Daraus ist zu ersehen, daß die Prioritäten sich etwas verschoben haben, daß gegenseitiges Verständnis auf Seiten der Frauen und Partnerschaft auf Seiten der Männer jedoch die wichtigsten Aspekte bleiben. Den größten Unterschied stellt die Position von

»sexuellen Beziehungen in der Ehe« bei den Töchtern und Söhnen dar. »Geborgenheit« hat bei Töchtern wesentlich, und bei Söhnen etwas an Boden gewonnen. Offenbar hat die erheblich größere Verbreitung außerehelicher Intimbeziehungen eine Alternative zu einigen Funktionen der Ehe geboten, wobei die Kinder, die sich zur Ehe entschließen, anscheinend den Wunsch nach größerer Stabilität und Sicherheit haben, als es das bloße Zusammenleben bieten kann.

5. Effekte der Generationenbeziehungen auf die Familien der Kinder

Glen Elder und seine Mitarbeiter (1986) haben aufgezeigt, wie frühe Persönlichkeitsattribute, wie etwa Streitbarkeit, negative Grundhaltung und Reizbarkeit in Verbindung mit Familienkonflikten, zur Übertragung von Problemverhalten, darunter Ehestreit und Ablehnung der Kinder, führen können. Ihre Analyse reicht in die Jugendjahre unserer G3 Befragten hinein, derjenigen Gruppe also, die im Alter von 30 bis Ende 40 mir neuerdings Daten geliefert hat. Diese jüngsten Daten illustrieren einen weiteren Aspekt der Übertragung familialer Probleme zwischen den Generationen. Wir haben die G3 Mitglieder über ihre Probleme mit Alkohol und/oder Drogen und auch über die Trinkgewohnheiten und den Drogenmißbrauch ihrer Eltern befragt.

Dabei geben die Kinder eine viel größere Häufigkeit von Alkoholmißbrauch bei ihren Eltern an als es ihre Eltern selbst tun. Wenig erstaunt die Tatsache, daß dort, wo die Eltern stark trinken, auch ihre Kinder viel häufiger eigene Alkohol- oder Drogenprobleme angaben (Tabelle 3). Wie schon erwähnt, führen Eltern-Kind-Konflikte nicht selten zu einem völligen Abbruch persönlicher Beziehungen, wobei dies besonders häufig vorkommt, wenn Alkohol- oder Drogenprobleme im Spiel sind. Meinem Eindruck nach scheinen frühe Ehen oder eine

TABELLE 3: Eingestandene Probleme der G3-Nachkommenschaft mit Alkohol oder Drogen in Abhängigkeit von durch sie berichteten Problemen ihrer Eltern mit Alkohol oder Drogen, in Prozent

	weiblich			männlich		
	Beide Eltern	Ein Elternteil	Kein Elternteil	Beide Eltern	Ein Elternteil	Kein Elternteil
Summe	100	100	100	100	100	100
Überhaupt kein Problem	37	41	82	18	35	64
ein leichtes Problem	19	28	12	55	37	24
ein wichtiges Problem	25	20	4	9	9	9
ein ernstes Problem	19	11	2	18	19	3
Anzahl der Kinder, die hierüber Angaben machten	16	56	119	11	43	117

rasche Folge von Intimpartnern bei Töchtern dieser Familien häufiger vorzukommen als bei anderen jugendlichen Mädchen.

6. Fazit

Ein kurzer Bericht wie dieser kann dem reichhaltigen Datenmaterial aus 60jähriger systematischer Befragung von Personen und Familien kaum gerecht werden. Beim Nachzeichnen von Beziehungen über die Jahre hinweg findet man verschiedene Muster, die vielfältige Ursachen für Kontinuität bzw. Diskontinuität aufweisen. Harmonische Beziehungen innerhalb der Familie, wo Eltern ihre Kinder herzlich unterstützen und ihnen feste Grenzen und hohe Standards setzen, führen tendenziell zu größerer Kontinuität der Persönlichkeit und zu engen reziproken Beziehungen. Zugleich ist die Häufigkeit des Kontakts und das Ausmaß der Unterstützung zwischen den Generationen abhängig sowohl von der räumlichen Nähe als auch von der jeweiligen Bedarfssituation. Studienabgänger aus G2 und G3 leben viel öfter über 300 Meilen von ihren Eltern entfernt als es diejenigen ohne Universitätsabschluß tun. Im allgemeinen sind die Eltern von Studienabgängern wohlhabender und benötigen weniger Hilfe. Die nichtverwandten Unterstützungsnetzwerke von Personen der Mittelschicht sind größer, und Verwandtschaftsnetzwerke mögen daher etwas abgeschwächt sein (s. Fischer 1982). Wenn die Bedürfnisse der Eltern dringend werden, scheinen die meisten Kinder darauf zu reagieren, außer sie sind von ihren Eltern völlig entfremdet.

Im großen und ganzen sind die Generationen durch Liebe und Respekt miteinander verbunden. Frühe elterliche Liebe und Fürsorge hegt und pflegt nicht nur das Kind selbst, sondern auch das Vertrauen und die Liebe des Kindes zu den Eltern. Beziehungen werden auf die Probe gestellt, wenn das Kind das Haus verläßt, vor allem wenn der größere soziale Kontext Werte und Verhaltensweisen beinhaltet, die nicht mit denen der Familie übereinstimmen. Letztendlich führt das Streben nach Autonomie beim Kind bzw. Jugendlichen meist zu Spannungen mit den Eltern, Spannungen, die zeitlich begrenzt oder relativ trivial sein können, oder aber auch eine weitere enge Beziehung beeinträchtigen können.

Bei der überwiegenden Mehrzahl der befragten Generationengruppen stellen die familialen Generationenbeziehungen eine Quelle der Freude und Bestätigung dar. Dennoch gibt es große Variationen im Grad der Beteiligung der Kinder am Leben ihrer Eltern, vor allem in den frühen und mittleren Erwachsenenjahren der Kinder.

Die Veränderungen der Familienmuster spiegeln größere soziokulturelle Trends wider, aber man könnte auch sagen, daß Probleme im Familiensystem solche Trends ermöglicht oder auch beschleunigt haben. Wenn bei den jungen Generationen ein geringerer Respekt gegenüber Eltern und eine geringere Anteilnahme an ihrem Leben zu beobachten war, möchte ich hervorheben, daß dies kaum oder in keinem Zusammenhang steht mit der

Erwerbstätigkeit von Müttern. Relativ wenige Mütter unserer Teilnehmer, oder auch ältere Teilnehmerinnen selber, waren am Arbeitsmarkt beteiligt als ihre Kinder jung waren. Von den Töchtern der Teilnehmer jedoch kehrten die meisten auf den Arbeitsmarkt zurück, als ihre Kinder auf der Grundschule waren. Die Konsequenzen werden sich erst in der nächsten Generation zeigen. Unter unseren relativ privilegierten Befragten scheinen viele Väter mehr am Leben ihrer Kinder teilzunehmen als es ihre Väter bei ihnen taten. Ob diejenigen mit Kindern ein stärkeres Engagement für die Familie aufbringen werden, bleibt noch offen.

Anmerkungen:

[1] Die hier dargestellten Daten wurden dem Archiv des Institut of Human Development an der University of California entnommen. Unterstützung für die Datensammlung leisteten über die Jahre viele Organisationen und Stiftungen. Meine Forschung der vergangenen Jahre wurde vom National Institute on Aging (AG4178) unterstützt, und wird zur Zeit von der William T. Grant Foundation bezuschußt. Dr. Constance Jones assistierte bei einem Großteil der Datenanalyse und trug mit hilfreichen Anregungen zum Manuskript selbst bei.

[2] Die Wahrnehmungen der älteren Eltern decken sich hierbei mit den Angaben der G2 Kinder über die Häufigkeit der Besuche.

[3] Eine breite Literatur in US-amerikanischen Zeitschriften bezieht sich auf die soziale und emotionale Versorgung der Alten. Ein klassischer Beitrag ist der von Shanas: The Family as a Social Support System in Old Age, 1979. Eine ausgezeichnete Übersicht über die Ergebnisse neuerer Forschung findet sich in Stone, Carrerata und Sangl: Caregivers of the Frail Elderly, 1987.

[*] Aus dem Englischen übersetzt von Anne Hodgson, M. A. (Konstanz/Leipzig).

GLEN H. ELDER, JR., ELIZABETH B. ROBERTSON, RAND D. CONGER

Tradierung einer Lebensweise: Vom Großvater zum Vater und Sohn im ländlichen Amerika[1]*

Das agrarische Leben hat in der westlichen Welt im 20. Jh. von Generation zu Generation deutlich an Attraktivität verloren. In den Vereinigten Staaten sind weniger als 30% der derzeitigen Bevölkerung gemäß den Kriterien der Volkszählung als agrarisch zu bezeichnen: weniger als einer unter zwanzig Amerikanern bezieht seinen Lebensunterhalt tatsächlich aus der Landwirtschaft. Die Geschichte dieses dramatischen Wandels ist als Agrarrevolution dargestellt (Friedberger, 1988) und anhand des Schicksals der Menschen, welche das Leben in ländlicher Umgebung gegen Arbeit in den Städten eingetauscht haben, erzählt worden. Welche Faktoren zeichnen die Menschen aus, die die Arbeit auf einer Farm aufgenommen haben und den damit verbundenen Tätigkeiten nachgehen? Wie hat sich die Entscheidung für diesen Beruf und Wohnsitz auf familiale Beziehungen ausgewirkt? Die auf dem Lande Zurückgebliebenen sind Teilnehmer an einem Prozeß von besonderer Bedeutung: Sie tradieren eine im Rückgang befindliche Lebensweise in einer postindustriellen Gesellschaft.

Wir untersuchen diesen Prozeß anhand von drei Generationenfolgen von Männern im Agrarstaat Iowa (im Rahmen des »Iowa Youth and Families Project«, unter der Leitung von Rand Conger). Alle Befragten der ältesten Generation (genannt G1) haben Farmen betrieben oder erstmals während der »Großen Depression« und dem Zweiten Weltkrieg in der Landwirtschaft gearbeitet (N=245). Ihre in dieser Studie berücksichtigten Söhne (G2, N=149) sind meist kurz nach dem 2. Weltkrieg geboren und haben landwirtschaftliche oder nicht-landwirtschaftliche Berufe während der Phase agrarischen Wachstums in den 1960er und 1970er Jahren ergriffen. Diese Periode war die Basis der Agrarkrise der 1980er Jahre, ein Einbruch, der auf dem Land den schlimmsten ökonomischen Rückgang seit der »Großen Depression« der 1930er Jahre verursachte.

Die Söhne (G3) derjenigen wiederum, die Farmer wurden, wurden meist in den späten 70er Jahren geboren und erlebten die Agrarkrise im Vorschul- und Schulkindalter (N=67). Waren nun die familialen Einflüsse, welche die Männer der G2-Generation während der Phase agrarischen Wohlstands der 60er und 70er Jahre zur Aufnahme landwirtschaftlicher Arbeit bewogen jenen ähnlich, die heute junge Männer (G3) dazu bewegen, ein ländliches Leben vorzuziehen? Diese Jungen sind noch zu jung, um genaue Vorstellungen über ihre berufliche Zukunft zu haben, haben jedoch bereits Meinungen darüber, wo und wie sie am liebsten wohnen und leben möchten.

Alle in der Studie benutzten Daten entstammen Fragebögen der zweiten Reihe einer mehrjährigen Untersuchung von Familien mit zwei Elternteilen im »North-Central«-Gebiet von Iowa. Die Familien reichen von Vollzeitfarmern bis hin zu solchen, deren Eltern bereits

125

seit zwei oder mehr Generationen nicht mehr in der Landwirtschaft tätig sind. Das durchschnittliche Einkommen der untersuchten Haushalte lag etwa beim nationalen Durchschnitt. Daten zur G1-Generation wurden von den G2-Söhnen eingeholt. Die in unseren Auswertungen herangezogene Untergruppe von Befragten besteht aus Männern (G2), die immer landwirtschaftlich tätig waren, und deren Väter und Söhne.

Der Einstieg dieser Männer in agrarische Berufe liefert Anzeichen des Transfers von Werten, welche ein ländliches Leben begünstigen, von einer Generation zur anderen. In der G3-Generation liefert die Bevorzugung ländlicher Wohn- und Lebensstile dafür Anzeichen. Die Jungen waren erst in der achten Klasse als die Umfrage durchgeführt wurde, und somit zu jung, um genaue Vorstellungen über ihre zukünftige Beschäftigung zu haben. Dennoch konnten sie aussagekräftige Antworten geben darüber, wo sie gerne leben und arbeiten wollten. Angaben zu den Jungen wurden sowohl von ihnen selbst als auch von ihren Vätern eingeholt.

Über die Generationen hinweg sind junge Männer einem Pfad zur Landwirtschaft gefolgt, der von vielen Faktoren gesäumt ist, von der Gelegenheit bis hin zur Motivation.

- Als erste These behaupten wir, daß junge Männer am ehesten landwirtschaftliche Arbeit aufnehmen oder das Leben in ländlichen Gegenden bevorzugen, wenn sie auf einer ausgesprochen produktiven Farm aufgewachsen sind und keine Brüder haben.
- Unsere zweite These bezieht sich auf die Vater-Sohn-Beziehung und auf familiale Beziehungen insgesamt. Bei gleichbleibenden anderen Bedingungen bevorzugen junge Männer die Landwirtschaft oder das ländliche Leben am ehesten, wenn sie sich mit ihrem Vater identifiziert haben und durch eine herzliche, unterstützende Beziehung mit ihm im Rahmen einer Familie mit wenig Konflikten verbunden sind. Die Qualität der Beziehung zur Mutter spielt unserer Ansicht nach bei dieser den Lebenslauf betreffenden Entscheidung keine Rolle.
- Die dritte These betrifft die historische Verortung. In Zeiten des Wohlstands, etwa in den 1960er und frühen 1970er Jahren, hatten die Werte der väterlichen Farm größeren Einfluß auf die Entscheidung für ein ländliches Leben als die positiven zwischen-menschlichen Eigenschaften des Vaters und der Familie. Persönliche Eigenschaften, die wenig zu tun haben mit der Rentabilität der Option Landwirtschaft, haben wohl in schlechten Zeiten mehr Gewicht.

Ländliche Entscheidungen und Bindungen zwischen den Generationen

Die Jugendlichen einer jeden ländlichen Generation müssen entscheiden, ob sie ein ländliches Leben führen möchten, welches möglicherweise landwirtschaftliche Arbeit einschließt. Die Entscheidung für die Landwirtschaft betrifft vor allem junge Männer, da die Gleichstellung der Geschlechter auf dem Land kaum Stimme oder Realität besitzt. Wie

Deborah Fink (1986: 232) für den Staat Iowa feststellt, »werden nur Männer als Farmer akzeptiert und unterstützt.« Der Eintritt des Farmersohns in die Landwirtschaft hängt – wie erwähnt – von vielen Faktoren ab, die von der Motivation bis hin zur Gelegenheit reichen, wobei die Gelegenheit am ehesten gegeben ist, wenn der Vater ein Vollzeit-Besitzer oder Betreiber einer erfolgreichen Farm ist (Lyson, 1984; Molnar und Dunkelberger, 1981). Eine Zeit agrarischer Prosperität bietet ebenfalls Gelegenheiten, die den Wert der Familienfarm steigert und die Generationenfolge als attraktive Option definiert.

Unsere erste These besagt also, daß die Prosperität des Farmbetriebs bei der Bevorzugung der Landwirtschaft durch Befragte der G2-Generation eine bedeutende Rolle gespielt hat, daß jedoch solche Faktoren weniger bedeutend für die Entscheidungen ihrer jungen Söhne der G3-Generation sind, wobei diese sich nicht auf den Eintritt in die Landwirtschaft beschränken. Jugendliche sind vielleicht zu jung, um mit Sicherheit zu sagen, wie sie sich zukünftig ernähren werden, aber sie sind nicht zu jung, um zu wissen, wo sie gerne leben möchten. Eine ländliche Orientierung in der G3-Generation deutet auf diese Präferenz hin.

Die zweite These betrifft die Beziehung zwischen Vater und Sohn. Je enger die Beziehung, desto größer die Wahrscheinlichkeit, daß Söhne in die Fußstapfen der Väter treten, sei es hin zur Landwirtschaft oder zum ländlichen Leben überhaupt. Viel im Kontext des landwirtschaftlichen Lebens bleibt beim Generationenwechsel und Altern unverändert, und je enger die Bindung zwischen Vater und Sohn, desto stärker favorisiert die Interaktion in der Familie die Generationenfolge im Betrieb. Die Theorie der Interaktion behauptet, daß jede in einer bestimmten Umgebung gelernte zwischenmenschliche Beziehung mit großer Wahrscheinlichkeit in Situationen mit ähnlichen Strukturen und Inhalten evoziert wird, wie etwa im Fall der ländlichen Umgebung und der dort stattfindenden Interaktion zwischen Elternteil und Kind (Cottrell, 1969: 564). Somit wird das Kind, wenn es die Rolle des hegenden, pflegenden, unterstützenden Vaters übernimmt, vorraussichtlich Lebensstile bevorzugen, die im Einklang mit denen des Vaters sind. Gestützt auf diese Überlegungen erwarten wir eine stärkere emotionale Bindung zwischen Vater und Sohn bei den G2-Männern, welche sich für die Landwirtschaft entschieden haben, als bei denen, die nicht-agrarische Berufe wählten; dasselbe gilt für G3-Jungen, die das ländliche dem nicht-ländlichen Leben vorziehen.

Unsere dritte, die historische Verortung betreffende These besagt, daß die Prosperität der eigenen Farm von relativ größerer Bedeutung für die Entscheidung der Männer der G2-Generation sein dürfte als es enge Vater-Sohn-Beziehungen sind. Im Vergleich müßten Vater-Sohn-Beziehungen besonders wichtig sein im Leben der Farmersöhne (G3), die ein Leben im ländlichen Amerika vorziehen. Eine ökonomisch solide Farm hat den Jugendlichen weniger zu bieten, solange die Bedingungen eher den Rückgang als das Wachstum der Landwirtschaft begünstigen. Während der 80er Jahre verlor nur ein Staat durch Abwanderung mehr Einwohner als Iowa. Aber selbst in solch schwierigen Zeiten kann die Bindung an das Land durch die starke Beziehung zum Vater und zu Tätigkeiten auf der Farm zu einem wichtigeren Motiv für die Entscheidung werden, sich auf dem Land niederzulassen.

Zusammengefaßt zeigen diese drei Argumentationslinien, daß das Vorhandensein von Möglichkeiten und die Qualität von Familienbeziehungen auf die Entscheidung für oder gegen ein agrarisches Leben einwirken, sowohl hinsichtlich der Berufs-, als auch der

Wohnortswahl. Die Entscheidungen betreffen gerade den Farm-Beruf einerseits und die Ansiedlung auf dem Land andererseits, zwei Optionen, die im 20. Jh. an Verfügbarkeit und ökonomischer Rentabilität abgenommen haben. Doch wer sind eigentlich die jungen Männer, die den Lebensentwurf ihrer Väter in der Landwirtschaft und ihre agrarische Lebensweise übernommen haben und noch übernehmen? Bevor wir mit der Auswertung fortfahren, wenden wir uns zunächst einer kurzen Beschreibung des Samples und der Messungen zu.

Das Sample und die Generationen

Daten für diese Studie wurden dem »Iowa Youth and Families Project« entnommen, einer Studie über ländliche Familien aus acht vorwiegend agrarischen Bezirken im Norden des Landes. In sieben der Grafschaften war die Armutsrate für den Bundesstaat überdurchschnittlich, 1989 waren es 10,7 %. Die erste »Welle« der Datensammlung begann 1989 und ergab eine Gesamtzahl von 451 Haushalten mit je zwei Elternteilen, einem Sohn in der siebten Klasse und einem wenig älteren oder jüngeren Bruder. Diese Zahl entspricht etwa 78 % der Familien in der Region, welche diese Charakteristika vorweisen. Die zweite Erhebungsreihe fand im Winter und Frühjahr 1990 statt und erfaßte 94 % der ursprünglichen Familien. Mindestens zwei weitere »Wellen« der Datensammlung sind vorgesehen. Die Daten der jeweils vier untersuchten Familienmitglieder sind jährlich gesammelt worden; zu den Primärquellen gehören Fragebögen, Interviews, und Videoaufnahmen der familialen Interaktion.

Eine Untergruppe dieser Studie besteht aus Männern, die an der zweiten Untersuchungs-»welle« beteiligt waren und angaben, daß sie auf Farmen aufgewachsen waren, insgesamt 246 Männer mit ihren Vätern und jugendlichen Söhnen. Drei von fünf dieser Männer nahmen im Laufe der Zeit Farmarbeit auf, hingegen nicht einmal 1 % der Söhne, deren Väter nicht Farmer waren. Das Resultat entspricht der Beobachtung von Carlson und Dillman (1983), daß kein anderer Beruf der Landwirtschaft in Bezug auf die berufliche Kontinuität zwischen Vater und Sohn annähernd gleichkommt.

Diese Männer aus Iowa wurden, unabhängig davon, ob sie in der Landwirtschaft tätig wurden oder nicht, meist kurz nach dem Ende des zweiten Weltkriegs geboren und heirateten erstmals 1970 (Tabelle 1). Im Schnitt hatten sie drei Kinder. Etwas weniger als die Hälfte leistete Militärdienst, meist im Vietnamkrieg. Die meisten Farmer fanden ihren Berufseinstieg in den späten 60er und frühen 70er Jahren; dies gilt auch für die Nicht-Farmer. Etwa ein Drittel dieser Männer arbeiten heute als Freiberufliche, Manager bzw. Dienstleistende, während der Rest als gelernte und ungelernte Arbeiter beschäftigt sind. Knapp mehr als ein Viertel haben einen Hochschulabschluß (im Schnitt 13 Jahre Unterricht), während nur 3 % der Väter einen College-Abschluß haben (im Schnitt 10,4 Jahre Unterricht).

Die Väter dieser Männer nahmen ihre Arbeit als Farmer meist in den 1940er und 1950er Jahren auf, zu einer Zeit, als die Bodenpreise niedrig und die Preise für landwirtschaftliche

128

TABELLE 1: Historische und soziale Angaben über zwei Generationen von Männern aus Iowa

	Vater (G1) (n=245)	Erwachsener Sohn (G2) (n=247)
Geburtsjahr		
Median	1918	1949
Spannbreite der Verteilung	1887–1936	1931–1957
Zahl der als Landwirt verbrachten Jahre, Median	30	–
Heute als Landwirt tätig (%)	50.4	32.0
Familiengröße		
Median	6	5
Spannbreite der Verteilung	3–15	4–9
Bildungsstand		
% High-School-Abschluß	49.0	72.5
% College-Abschluß	2.8	25.9
Ehefrauen		
% berufstätig	17.9	88.7
% Vater ebenfalls Landwirt	–	49.8

Produkte hoch und stabil waren (Friedberger, 1988; Rhodes, 1989). Die Agrarkrise der 1980er Jahre wirkte sich kaum auf die Männer der älteren Generation aus, denn ihr Land war abbezahlt, ihre Schulden niedrig und ihr verfügbares Kapital hoch. Die jüngere Generation hingegen sah sich einer sehr veränderten Welt ausgesetzt. Viele dieser jüngeren Männer hatten Hochschuldiplome in den Agrarwissenschaften erworben, sowie betriebswirtschaftliche und agrartechnische Fortbildungskurse besucht, aber sie waren dadurch nicht immun gegen den weitverbreiteten Wertverfall des Agrarlandes und den Rückgang der landwirtschaftlichen Einkommen während der 1980er Jahre. Einige verschuldeten sich hoch und verloren in der Folge ihre Betriebe. Letztendlich mußte einer von drei Farmern im Iowa-Sample im Laufe der 1980er Jahre seinen Beruf aufgeben.

Schaubild 1 zeigt die drei Generationen: Väter (G1), ihre erwachsenen Söhne (G2), und ihre Enkelsöhne (G3). Alle Väter waren Farmer, und vier von fünf Söhnen wurden es ebenfalls (wobei ein Drittel von ihnen in diesem Beruf scheiterte). In der späten Jugendzeit trennt sich die G2 Generation in zwei Zweige, wobei der eine in die Landwirtschaft geht, der andere nicht. In der G3-Generation werden nur die Söhne untersucht, deren Väter Farmer wurden. Im Zentrum steht nun die Erörterung der über drei Generationen hinweg verlaufenden Kontinuität der Entscheidung für das ländliche Leben, wobei v.a. der Rolle des Familieneinflusses nachgegangen wird. Bei den Befragten aus G2 wird diese Entscheidung durch die Berufswahl als Farmer angezeigt. Bei ihren Söhnen (G3) hingegen, haben wir deren Ansichten über die Attraktivität des Lebens auf dem Land als Zeichen kultureller Kontinuität registriert.

SCHAUBILD 1: Drei Generationen von Männern im ländlichen Amerika

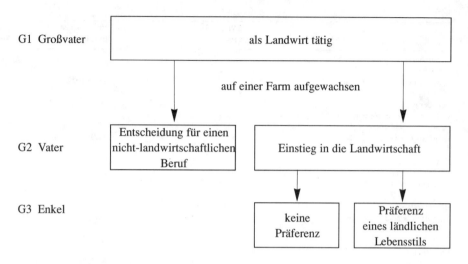

Messungen

Die diesen Analysen zugrunde liegenden Daten wurden den Berichten der erwachsenen (G2) sowie der jugendlichen Söhne (G3) entnommen. Die meisten Messungen betrafen erinnerte oder berichtete Informationen, wie etwa Ereignisse, Daten oder Beschreibungen. Beispiele sind etwa Familientypisierung oder -klassifizierung, ökonomischer Status, Persönlichkeitsmerkmale des Vaters und seine Beziehung zu den Söhnen während deren Kindheit; ferner derzeitige Persönlichkeitsmerkmale und die Art der Beziehung zwischen erwachsenen Söhnen und deren Söhnen, sowie die ländliche Orientierung der Söhne.

Erwachsene Söhne (G2) berichteten über das ökonomische Wohlergehen ihres Elternhauses durch die Beantwortung der folgenden Frage: »Wie würden Sie den Lebensstandard Ihrer Familie in Ihrer Kindheit im Vergleich zu anderen damaligen Familien in Ihrer Gegend bezeichnen? [...]« (1 = »weit unter« bis 5 = »weit über dem Durchschnitt«). Hinsichtlich ihres eigenen Status' gingen wir vom Pro-Kopfeinkommen aus: ihr Gesamteinkommen für 1989 (Einkünfte beider Ehegatten, Nettoeinkünfte aus der Farm, sowie alle übrigen Bezüge, etwa Dividenden und Zinsen, Sozialversicherung, Arbeitslosengeld, Verkauf von Besitz oder Gütern usw.), geteilt durch die Zahl der im Haushalt wohnenden Personen.

Zwei Messungen evaluierten Persönlichkeitsmerkmale des Vaters zur Zeit, als der heute erwachsene Sohn am Heranwachsen war. Eine Erregbarkeit des Vaters wurde mithilfe von vier Indikatoren gemessen, die dem »NEO Personality Inventory« (Costa und McCrae, 1985) entnommen wurden: wie häufig wurde der Vater wütend über die Art, wie Leute mit ihm umgingen? Inwieweit wurde er jähzornig und körperlich gewalttätig, wie häufig suchte er Streit, und wie häufig verlor er die Beherrschung? Eine etwaige durch den Sohn wahrgenommene Depression des Vaters wurde gemessen durch drei Indikatoren, nämlich ob der Vater oft traurig oder deprimiert war, sich anderen unterlegen fühlte, bzw. fröhlich und heiter war. Bezüglich Erregbarkeit und Depression wurden die Indikatoren nach der Skala 1 = »trifft stark zu« bis 5 = »trifft überhaupt nicht zu« bewertet. Hohe Werte zeigten einen höheren Grad an Erregbarkeit und Depression an. Alphakoeffizienten waren .83 für Erregbarkeit und .64 für Depression.

Drei Skalen messen aus der Sicht des erwachsenen Sohnes die Qualität von Familienbeziehungen während seiner Kindheit. Der Grad von Spannungen in der Ehe der Eltern wird anhand von Angaben über Zuneigung, Streit, und Freude in der elterlichen Ehe (Antwortkategorien reichen von 1 = »viel« bis 5 = »kaum«) gemessen. Hohe Werte bedeuten mehr Spannungen. Der Alphakoeffizient ist .77. Eine zweite Bewertung betrifft die vom Vater erinnerte Ablehnung durch die Eltern als er »etwa so alt« war »wie der Sohn in der 7. Klasse«. Dabei bewerten fünf Indikatoren das Ausmaß an Vertrauen, Fürsorge, Tadel, Unzufriedenheit und Anschuldigung, welche die G2-Männer seitens ihrer Eltern verspürten. Antwortkategorien reichen von 1 = »viel« bis 5 = »kein/e«, wobei ein hoher Wert größere Ablehnung anzeigt. Der Alphakoefizient ist .71. Strenge Elternschaft wird gemessen anhand von vier Indikatoren (Straus et al., 1980), welche die Art der väterlichen Disziplin näher zu definieren suchen zu der Zeit, als der nunmehr erwachsene Sohn »etwa im Alter des Sohns in der 7. Klasse« war. Indikatoren schlüsselten auf, inwieweit der Vater die Beherrschung verlor, den Sohn verprügelte oder ohrfeigte, ihn mit einem Gegenstand wie z.B. einem Gürtel schlug oder aus dem Haus verwies. Antwortkategorien reichen von 1 = »nie« bis 5 = »dauernd«. Hohe Werte zeigen eine extensivere Anwendung disziplinarischer Maßnahmen an. Der Alphakoeffizient liegt bei .67.

Bei der G3-Generation maßen wir die ländliche Orientierung der jugendlichen Söhne (G3) mithilfe von fünf Indikatoren, die anzeigen, wie wichtig es dem Befragten ist, (1) in der Nähe der Eltern zu wohnen, (2) in der Nähe der Verwandten zu leben, (3) auf einem Bauernhof zu leben, (4) in der heimatlichen Ortschaft zu bleiben und (5) eine Arbeit zu finden, die es erlaubt, in der heimatlichen Ortschaft bleiben zu können. Alle Indikatoren wurden nach einer Fünf-Punkte Skala bewertet. Indikatoren wurden berechnet und am Median in zwei Gruppen eingeteilt, mit dem Ergebnis einer positiven und einer weitgehend negativ eingestellten Gruppe.

Die jugendlichen Söhne machten Aussagen zu vier Merkmalen ihrer Beziehung zu ihren Vätern und Müttern: Erregbarkeit, Ablehnung, Wärme und Identifikation. Söhne wurden über Erregbarkeit und Herzlichkeit zwischen ihnen und ihren Vätern im Verlauf des vergangenen Monats befragt, wobei eine 7-Punkte-Skala angewandt wurde (1 = »nie«; 7 = »dauernd«). Erregbarkeit wurde mithilfe von zwölf Indikatoren zur Häufigkeit von wütendem, kritischen und bedrohlichen Verhalten des Vaters gegenüber dem Sohn gemessen (z.B., »Wie häufig hat dein Vater im vergangenen Monat mit Dir gestritten?«). Der Alphakoeffizient liegt bei Vätern bei .85. Die Bestimmung väterlicher Herzlichkeit und Unterstützung wird durch acht Indikatoren erfaßt. Eine typische Frage über die Herzlichkeit war z. B.: »Wie oft hat Dein Vater Dich im vergangenen Monat wissen lassen, daß er Dich, Deine Ideen und das, was Du tust, schätzt?« Der Alphakoeffizient für die Väter liegt bei .90.

Um eine vom Sohn wahrgenommene Ablehnung durch seinen Vater zu erfassen, wurden die Jungen vor fünf Fragen gestellt, etwa: »Mein Vater hat auch dann etwas an mir auszusetzen, wenn ich es nicht verdiene.« Angaben wurden nach einer Fünf-Punkte-Skala gemacht, von 1 = stimmt genau bis 5 = stimmt gar nicht. Der Alphakoeffizient für den Vater war .80. Inwieweit sich der Sohn jeweils mit dem Vater und der Mutter identifizierte wurde mithilfe von vier Aussagen erfaßt, zu denen nach der gleichen Antwortskala Stellung genommen wurde wie bei der Frage über Ablehnung. Typische Aussagen sind: »Wenn ich groß bin, möchte ich sein wie meine Mutter.« und »Ich verbringe wirklich gerne Zeit mit meinem Vater.« Der Alphakoeffizient für den Vater ist .82.

Ergebnisse

Jede der Generationen aus Iowa bietet einen Rahmen für das Verständnis der nachfolgenden Generation. Zunächst beziehen wir die Männer der G2-Generation auf ihre Väter in der ersten Generation, und wenden uns dann der Generation ihrer Söhne und deren Verhältnis zu ihren Vätern aus G2 zu. Diese historische Sequenz verläuft von den Nachkriegsjahren durch die Agrarkrise hin zur Gegenwart.

SÖHNE VON FARMERN, DIE SELBST FARMER WERDEN

Zwei Drittel der auf einer Farm aufgewachsenen Männer (G2) stiegen selbst in landwirtschaftliche Berufe ein. Welche Faktoren ihres Lebenslaufs unterscheiden diese Männer von denen, die aufbrachen, um außerhalb der Landwirtschaft zu arbeiten? Der von uns gesichteten Literatur und den vorliegenden Daten nach zu urteilen, ist der Wohlstand der Familienfarm in der G1-Generation für die berufliche Kontinuität in der Generationenfolge wichtig. Die Männer der G2-Generation, die in die Landwirtschaft einstiegen, unabhängig davon, ob sie den Beruf beibehalten konnten oder nicht, hatten viel eher Väter, denen die Farm gehörte und die heute noch in der Landwirtschaft arbeiten.

Diese Männer bewerten den Lebensstandard ihrer Kindheit heute positiver als es die Männer tun, die in nicht-landwirtschaftliche Bereiche gingen. Wie Tabelle 2 aufzeigt, beschreiben Farmer-Söhne, die selbst zu Farmern wurden, ihre Väter als besser ausgebildet, stärker beruflich eingebunden und auch länger als Farmer tätig als es bei Vätern in den Beschreibungen von Männern, die nicht Farmer wurden, der Fall ist. Die G1-Männer, die Farmen besaßen und betrieben und sie nicht pachteten oder als Fremdarbeiter tätig waren, dürften größere finanzielle Ressourcen und bessere verwaltungstechnische Fähigkeiten

TABELLE 2: Vergleich der erwachsenen Söhne, die jemals und niemals als Landwirt tätig waren anhand ihres familiären Hintergrundes

Soziale Faktoren	Landwirt (n=149)	kein Landwirt (n=96)	t
Familienstruktur			
Zahl der Brüder	1.5	2.0	2.5**
Geburtenfolge	2.4	2.5	.6
Lebensstandard	3.0	2.7	−4.2***
Altersunterschied zwischen Vater und Sohn	31.4	30.5	−1.0
Vater: Bildungsstand und Beruf			
Bildung	10.6	9.9	−2.3*
Arbeitslosigkeit	1.1	1.3	2.9**
Art des Beschäftigungsverhältnisses auf der Farm (Eigner etc.)	3.7	3.2	−4.8***
Zahl der in der Landwirtschaft verbrachten Jahre, Durchschnitt	33.5	23.6	−5.6***
Frühe psycholsoziale Erfahrungen des Vaters			
Ehekonflikt	1.8	2.3	3.2**
Feindseligkeit	2.0	2.1	.5
Depression	2.3	2.4	1.0
Ablehnung durch d. Eltern	1.9	1.8	− .3
strenge Elternschaft	2.0	2.1	1.3

* p < .05
** p < .01
*** p < .0001

besessen haben. Sie dürften ebenfalls persönlich mehr in ihre Farmunternehmungen investiert haben, die berufliche Kontinuität förderten.

Allen Anzeichen nach ist die Generationenfolge in der Landwirtschaft mit dem ökonomischen Erfolg des jeweiligen Betriebes verknüpft. Die Wahrscheinlichkeit dieser Berufswahl ist des weiteren von der Anzahl der Söhne in der Familie beeinflußt. Wie uns die Daten vermuten lassen, ist die Chance der Übernahme der Familienfarm umso geringer, je mehr Söhne in der Familie vorhanden sind. Dabei wurden jedoch weder die Erst- noch die Nachgeborenen bevorzugt. Wir haben keine Informationen über die Erbschaft oder die Schenkung von Farmland oder etwa über finanzielle Hilfen seitens der Eltern beim landwirtschaftlichen Berufseinstieg der Kinder, aber die beobachteten Unterschiede legen den Verdacht nahe, daß Männer, die erfolgreich landwirtschaftliche Berufe ergriffen haben, in der Tat Beistand von ihren Familien erhalten; und dies, obwohl die Iowa-Daten nahelegen, daß die eigentliche Besitzübertragung tendenziell im relativ späten Lebensalter (Friedberger, 1988), nämlich gewöhnlich im sechsten Lebensjahrzehnt, erfolgt.

Familienfarmen beziehen typischerweise die Arbeitskraft vieler Familienmitglieder mit ein, wenn es, besonders in der Pflanz- und Ernteperiode, darum geht, die Effizienz der Maßnahmen sicherzustellen. Junge Männer, die auf Farmen aufwachsen, welche von den Eigentümern selbst betrieben werden, haben mit größerer Wahrscheinlichkeit Erfahrungen aus erster Hand mit landwirtschaftlicher Arbeit als diejenigen, deren Väter auf den Farmen anderer arbeiteten oder Leitungsfunktionen innehatten. Frühe Sozialisationserfahrungen aus landwirtschaftlicher Arbeit, die elterliche Bestärkung der Rolle des Sohnes bei der Arbeit und seiner Bestrebungen, Farmer zu werden, sowie dessen eigener Wunsch, hart zu arbeiten, stehen alle im Zusammenhang mit dem Willen, diesen Beruf zu ergreifen (Kaldor et. al., 1962; Straus, 1956, 1964). Insgesamt lassen diese Ergebnisse einen Zusammenhang zwischen der Übernahme der Rolle an sich und dem elterlichen Vorbild einerseits, sowie den Zielen und deren Erreichen im Bereich der Landwirtschaft andererseits, vermuten.

Die Nachahmung des Vaters durch den Sohn wird typischerweise durch die Güte, wohlwollende Art und emotionale Unterstützung des ersteren gefördert, aber wir finden wenig Beweise für den Schluß, daß diese Eigenschaften für die Väter der Farmer besonders charakteristisch sind. Diese Männer haben ihre Väter nicht als weniger ablehnend, streng, feindselig oder deprimiert als andere in Erinnerung, hingegen erinnern sie sich an eine größere Harmonie in der Ehe ihrer Eltern. Das Fehlen der zu erwartenden Unterschiede könnte etwas damit zu tun haben, daß Erinnerungen im emotionalen Bereich begrenzt sind. Die emotionale Färbung und Bewertung früher Erlebnisse kann sich im Lauf des Lebens ändern und zunehmend von aktuellen Ereignissen und Situationen beeeinflußt werden. Konkret könnte das gegenwärtige Verhältnis zum Vater die Erinnerung an die frühere Beziehung bestimmen. Trotz all dieser Punkte ist es immer noch wahrscheinlich, daß diejenigen Männer, die ihren Vätern als Farmer nachfolgten, in harmonischeren Familien aufwuchsen, als jene, die sich für eine nicht-landwirtschaftliche Tätigkeit entschieden.

Um die Faktoren, die zur Differenzierung in die zwei Berufswege in und außerhalb der Landwirtschaft führen, quantitativ zu bestimmen, führten wir eine »diskriminierende Funktionsanalyse« mit acht Vorhersagevariablen durch (bereits dargestellt in Elder, Robertson und Conger 1991). Fünf Faktoren veranschaulichen einen erfolgreichen Farmer, die Art der Arbeit im Betrieb (Besitzer oder Verwalter einer Farm im Gegensatz zum Pächter oder Landarbeiter), die Länge der Berufstätigkeit, der Lebensstandard und das Ausbleiben von Phasen der Arbeitslosigkeit. Spannungen in der Ehe und strenge Erziehungsmaßnahmen bestimmen das frühe familiale Umfeld in der Kindheit.

Wie auch in einer früheren Analyse festgestellt wurde, sind sozioökonomische Faktoren die Hauptquelle von Unterschieden zwischen Männern, die sich für und gegen die Landwirtschaft entschieden haben. Wenn man die Korrelationen der Vorhersagevariablen mit der Funktion der Diskriminante ermittelt, ergibt sich, daß die Art der Beschäftigung auf der Farm sowie deren Dauer an der Spitze der Liste stehen (.71 bzw. .66), gefolgt vom damaligen Lebensstandard (.51), Arbeitslosigkeit (−.40), Spannungen in der Ehe (−.35) und der Anzahl der Brüder (−.34). Strenge Erziehungsmaßnahmen sind der einzige Faktor ohne Signifikanz. Das Modell erklärt 22 % der Varianz bei der nicht-landwirtschaftlichen bzw. landwirtschaftlichen Berufswahl, obwohl nur die Charakteristika der Herkunftsfamilie untersucht wurden und die Eigenschaften der Männer selbst, wie etwa ihr Bildungsstand, keine Berücksichtigung fanden. Betrachtet man nur die Fälle, von denen die Funktion der Diskriminante abgeleitet wurde, erhält man eine zu 74 % richtige Klassifikation.

Wie steht es um die Söhne der G2-Väter, die ihren Vätern insofern ähneln, als sie ein ländliches Leben, wenn nicht gar eine landwirtschaftliche Tätigkeit bevorzugen? Stehen diejenigen jungen Männer, die ein Leben auf dem Land vorziehen, ihren Vätern prinzipiell näher als andere? Kann man einen Unterschied in Bezug auf den ökonomischen Wohlstand der Väter ausmachen, wobei Jungen, die dieses Leben bevorzugen tendenziell aus begüteterem Hause und erfolgreicheren Landwirtschaftsbetrieben kommen?

SÖHNE UND DAS LEBEN AUF DEM LAND

Die Pläne von kleinen Jungen, Farmer zu werden, haben, wie man sich denken kann, meist wenig mit der zukünftigen Realität zu tun (Lyson 1982), aber es gibt gute Gründe zu der Annahme, daß die Beziehung zum Land, zur engen Arbeitsgemeinschaft auf der Familienfarm und zur Unabhängigkeit des Farmerberufs in der frühen Jugend herausgebildet wird. Aber auch außerhalb des Farmerberufs bietet das ländliche Leben viele dieser Werte in Bezug auf mögliche Lebensstile. Um diese Annahmen zu überprüfen, haben wir einen Index für ländliche Orientierung entwickelt und die Jungen an der Mediane in jeweils eine ländliche und eine nicht-ländliche Gruppe geteilt. All diese männlichen Achtklässler sind Söhne von Männern, die auf einer Farm aufwuchsen und sich ebenfalls für den Farmerberuf entschieden.

Die Gruppe von Jungen (n=35), die ein ländliches Leben vorzogen, favorisierten einen Lebensstil, der ein Leben nahe den Eltern und Verwandten, das Leben auf einer Farm und einen Arbeitsplatz, der ihnen den Verbleib in der Heimatgemeinde erlaubt, mit sich bringt. Die nicht-ländliche Gruppe (n=32) maß diesen Faktoren beim Nachdenken über ihre Zukunft einen geringeren oder keinen Wert zu. Diese Jungen wurden Ende der 70er Jahre geboren und wuchsen folglich während der Krise in der Landwirtschaft in den 80er Jahren auf. Als wir sie am Ende des Jahrzehnts befragten, hatte der Staat Iowa eine sehr schwierige Zeit durchgemacht. Über 40% der Väter der Jungen aus beiden Gruppen gaben an, daß sie mit dem Farmerberuf als Lebensweise sehr zufrieden seien; hingegen waren weniger als 14% der Meinung, daß der Farmerberuf eine gute Erwerbsquelle sei. Dieser Prozentsatz unterscheidet sich zwischen der ländlich-orientierten Gruppe und ihrer Gegengruppe nicht.

Ökonomische Zwänge beeinflußten die Präferenzen der Jungen in ihrer Entscheidung für einen ländlichen Lebensstil kaum (Schaubild 3). Das durchschnittliche Einkommen ist für beide Gruppen in etwa dasselbe. Obgleich man Erfahrungen mit dem Leben auf einer Farm für einen herausragenden Faktor für den Wunsch nach einem Leben auf dem Lande halten könnte, hatten die ländlich-orientierten Jungen im Vergleich zur nicht-ländlichen Gruppe mit geringerer Wahrscheinlichkeit einen Vater im Farmerberuf. Jedoch waren die Betriebe ihrer Väter, die die Krise überstanden hatten, etwas größer und produktiver. Entsprechend dieser Ergebnisse sind die Sorgen der als Farmer tätigen Väter und ihr Wunsch, die Landwirtschaft aufzugeben, unter den Jungen der nicht-ländlichen Gruppe besonders verbreitet (Tabelle 3).

Es liegt auf der Hand, anzunehmen, daß die Sozialisation zu einer ländlichen Orientierung hin teilweise durch die Mitarbeit von Jugend an auf der Farm oder in anderen ländlichen Umfeldern stattfindet. Dies konnte jedoch mittels der Daten nicht erwiesen werden. Wir fragten die Jungs, ob sie viel Arbeit auf der Familienfarm oder im Geschäft zu verrichten

135

TABELLE 3: Ländliche Orientierung von heranwachsenden Jungen in Abhängigkeit vom familiären Hintergrund und Erfahrungen mit der Landwirtschaft

Landwirtschaftl. »Gegebenheiten«	Ländliche Orientierung		
	ja N=35	nein N=32	Signifikanzniveau
Landwirtsch. Betrieb			
Pro-Kopf-Einkommen, Durchschnitt	$ 10,017	$ 10,346	NS
Gegenwärtig in Betrieb, Durchschnitt	66%	84%	
Gesamte bewirtschaftete Fläche	350	293	NS
(Eigentum und Pacht), Durchschnitt in acres			
Wert des Betriebes, Durchschnitt	$ 317,457	$ 295,370	NS
Anteil der landw. Tätigkeit am Familieneinkommen,			
Durchschnitt, in Prozent	56%	48%	NS
Einstellungen des Vaters (1989)			
Besorgt über die finanzielle Situation der eigenen Farm			
(Prozent, sehr besorgt)	17%	38%	NS
Betrachtet den Landwirtsberuf als guten Lebensstil			
(Prozent, sehr zufrieden)	43%	44%	NS
Betrachtet den Landwirtsberuf als gute Erwerbsquelle			
(Prozent, sehr, einigermaßen zufrieden)	13%	11%	NS
Würden den Landwirtsburf bei gegebener Gelegenheit			
verlassen (Prozent, wahrscheinlich, sehr wahrscheinlich)	17%	38%	NS

hätten. Eine große Anzahl sagte, daß sie oft zur Mitarbeit herangezogen würden, aber diese Pflichten waren für beide Gruppen annähernd gleich. Die Mehrzahl der Jungs in beiden Gruppen berichtete von eigenem Einkommen im vorangegangenen Jahr (91%), und etwas mehr als 30% in beiden Gruppen arbeiteten zur Zeit der Umfrage während der kalten Wintermonate und zu Beginn des Frühlings. Diese Erfahrungen, die Gesamteinnahmen sowie die Anzahl der Aufgaben im Haushalt, waren in beiden Gruppen annähernd gleich verteilt. Auf die Frage, ob ihre Eltern mit ihrer Mithilfe rechneten, berichteten die Jungen, die das Landleben vorzogen, mit größerer Wahrscheinlichkeit über derlei Erwartungen, aber diese Differenz ist zu klein, um verläßlich zu sein. Der Grund für die unterschiedlichen Lebenswege der beiden Gruppen liegt also nicht in Gestalt und Ausmaß der zu verrichtenden Arbeit.

Von den sozioökonomischen Bedingungen und der wirtschatlichen Situation des Haushalts wenden wir uns nun der Eltern-Sohn-Beziehung unter besonderer Berücksichtigung der Beziehung zum Vater zu. Wir nehmen an, daß Jungen, die ein Landleben bevorzugen, sich mehr mit dem Vater identifizieren, von ihm größere Unterstützung erfahren und stärker von seinem Lebensplan beeinflußt werden, als dies bei Jungen der Fall ist, die nur von geringem Interesse an einer Zukunft auf dem Lande berichteten.

Tatsächlich stellen wir fest, daß die G2-Väter von Jungen, die einen ländlichen Lebensstil favorisieren, von ihren Söhnen weitaus positiver beschrieben werden als die Väter der nicht ländlich orientierten Jungen. Sie werden einerseits als weniger ablehnend und feindselig, und andererseits als herzlicher und vorbildlicher erlebt (siehe auch den Abschnitt über Messungen). Väter sind deutlich erkennbar eine wichtige elterliche Einflußgröße im Leben der ländlich-orientierten Jungen. Alle t-Ratios sind jenseits der .05 Marke statistisch signifikant.

Was sagt die Präferenz für ein Leben im ländlichen Iowa unter den Rahmenbedingungen ungünstiger sozialer und ökonomischer Entwicklungen im ländlichen mittleren Westen über die schulischen Leistungen und Ziele dieser jungen Leute aus? Zuallererst stellen wir fest, daß sich die beiden Gruppen von Jungen im Schulerfolg praktisch gleichen. Ihre Zensuren unterscheiden sich nicht (im Schnitt ein knappes »B«), und sie geben die gleiche Zahl von Stunden für Hausaufgaben an, im Schnitt zweieinhalb pro Wochenende. Jedoch zeigt eine fünfgliedrige Skala des schulischen Leistungswillens im Vergleich einen höheren Wert für die ländliche Gruppe (F=6.46, p=.01). Diese Jungen meinen eher von sich, daß sie sich in der Schule sehr anstrengen. Schuleschwänzen und Raufereien waren in dieser Untersuchung sehr selten und ließen sich nicht nach den Gruppen unterscheiden.

Trotz ähnlicher schulischen Leistungen zeigen die ländlich orientierten Jungen Vorlieben für Berufe mit niedrigerem Status, hauptsächlich durch ihre Wahl des Farmerberufs und ihr relatives Desinteresse an Aufstiegsberufen. Diese Jungen haben niedrigere Ziele bezüglich ihrer Ausbildung und maßen der Gelegenheit, in ein Familienunternehmen einzutreten und ihre Arbeitserfahrungen einzubringen, im Vergleich zur nicht-ländlichen Gruppe größere Priorität bei. Dies bedeutet jedoch nicht gleichzeitig ein Desinteresse an Jobs, die Aufstieg und höheres Einkommen bieten. Im Gegenteil, ländlich-orientierte Jungen bewerten diese jobabhängigen Merkmale höher als ihre Kameraden, die eine mehr städtische Zukunft im Auge haben. (Tabelle 4)

Zumindest in den Plänen für die fernere Zukunft betonen die ländlich orientierten Jungen die Wichtigkeit von Arbeitsmöglichkeiten bei ihrer Entscheidung, wobei sie vermutlich übersehen, daß der Arbeitsmarkt in einer stagnierenden Wirtschaft sie zwingen könnte, sich woanders eine Beschäftigung zu suchen. Nur ein Drittel berichtete davon, über die Notwendigkeit nachgedacht zu haben, einmal oder gar mehrfach woanders hinzugehen, verglichen mit 80% der anderen Jungen aus der anderen Gruppe (X2 = 11.4, p=.01). Diese Unterschiede in den Perspektiven stimmt mit den Aussagen ihrer Freunde über ihre Pläne nach dem High-school-Abschluß überein. Wie zu erwarten war, wußten die meisten Jungen nicht, was ihre Freunde planten, oder sie behaupteten, diese hätten keine Pläne. Die Jungen in der ländlichen Gruppe behaupteten fast übereinstimmend, daß ihre Freunde beabsichtigten, zu Hause oder zumindest im Staate Iowa zu bleiben. Annähernd ein Drittel der ländlichen Gruppe stellte diese Behauptung auf, im Gegensatz zu den nur 6% der nicht-ländlichen Jungen.

Über den historischen Zeitraum hinweg, der durch unsere 3 Generationen aus Iowa illustriert wird, ist der Anteil junger Männer, die sich für ein bäuerliches Leben auf dem Lande entschieden, plötzlich zurückgegangen. Nur die Hälfte der G2-Väter, die auf einer Farm aufgewachsen waren, wurden selber Farmer, und viele haben die ökonomischen Schwierigkeiten landwirtschaftlicher Familienbetriebe nicht überstanden. In der jüngsten Generation gaben nur 16 Jungen die Landwirtschaft als ihren gewählten Beruf an. Diese Wahl ist bei den Jungen, die von Ansiedlungsplänen in ihrem Heimatort oder in einer anderen ländlichen Gegend berichteten, sogar noch seltener anzutreffen. Die Art der zwischenmenschlichen Beziehungen

Tabelle 4: Ländliche Orientierung von Söhnen, deren Väter jemals als Landwirt tätig waren, in Abhängigkeit von ihrer Zukunftsplanung

Indikatoren für die Zukunftsplanung	Ländl. Orientierung		Signifikanzniveau	
	ja N=35	nein N=32	F	P
Berufliche Präferenzen, Prozent				
Führungskraft	28	53		
nicht handwerklicher Angestellter	31	16	$x^2=13.9$	.00
Arbeiter	12	28		
Landwirt	29	3		
Angestrebtes Bildungsniveau, Durchschnitt (1=niedrig, 7=hoch)	4.7	5.5	6.1	.02
Merkmale des angestrebten Berufes[a]				
Arbeitsmöglichkeiten in Nähe des Wohnortes, Druchschnitt	4.7	4.4	4.0	.05
meine Tätigkeit sollte:				
eine Chance zum Vorwärtskommen bieten, Durchschnitt	4.2	3.8	6.1	.02
gut dotiert sein, Durchschnitt	4.2	3.9	4.2	.05
die Möglichkeit zur Einbindung der Familie bieten, Durchschnitt	3.5	2.4	14.1	.00
auf beruflichen Erfahrungen aufbauen, Durchschnitt	3.5	3.0	5.8	.02

a) Um die Werte unter »Merkmale des angestrebten Berufs« zu erhalten, wurden alle Mittelwerte von einem Wert (= 6) subtrahiert.

in der Familie hat bei der Entscheidung für die Landwirtschaft in jeder Generation eine Rolle gespielt, aber ihre Bedeutung ist für die Jungen der G3-Generation größer.

Diese Ergebnisse über die herausragende Bedeutung der Vater-Sohn-Beziehung decken sich mit den Erwartungen, die am Anfang dieser Studie standen; aber was dies bedeutet, ist noch unklar. Warum sind familiäre Einflüsse stärkere Einflußfaktoren auf die ländliche Orientierung von Jungen als bei Männern, die es ihren Vätern gleichtaten und Farmer wurden? Wenn wir dieser Frage in ihrer Entwicklung nachgehen, liegt es auf der Hand, daß familiäre Einflüsse für berufliche Präferenzen und die Entscheidung für einen ländlichen bzw. nicht-ländlichen Lebensstil prägender sind, als etwa die Möglichkeiten, die ein erfolgreicher landwirtschaftlicher Betrieb oder die Arbeit an sich ihnen bietet. Diese Möglichkeiten bestimmen, ob ihre Präferenzen realisiert werden können. Nicht alle ländlich-orientierten Jungen werden ihr Erwachsenenleben tatsächlich auf dem Land beginnen, und die Gründe dafür könnten etwas mit dem Spektrum der Möglichkeiten zu tun haben.

Wir diskutieren diese Hypothese im nächsten Kapitel und betrachten einige familiäre Konsequenzen der Berufswahl – Landwirtschaft oder nicht – im Leben der G2-Männer.

Diese Art von Konsequenzen im Leben der G3-Generation werden noch für Jahre unbekannt bleiben, aber wir können einiges darüber aus dem Leben der Väter entnehmen.

Interdependenzen zwischen Familie und beruflichem Werdegang

Die Geschichte des familiären Wandels während der letzten hundert Jahre läßt Schlüsse über die familiären Einflüsse auf die Berufswahl und andererseits die Auswirkungen von Arbeit und Arbeitsstätten auf familiäre Bindungen und Familienmuster zu (Hareven, 1982). Wir konzipierten diese Studie mit der Frage nach familiären Einflüssen auf die Entscheidung für die Landwirtschaft als Beruf oder für das Wohnen auf dem Land über drei Generationen von Männern aus Iowa hinweg. Waren die Umstände des Familienlebens, und hier besonders die Beziehung zum Vater, für den zukünftigen Lebensweg der jungen Männer, die sich für den Farmerberuf oder das Landleben entschieden, wichtig? In diesem abschließenden Kapitel betrachten wir diese Frage im Zusammenhang von historischen Rahmenbedingungen und realisierbaren Möglichkeiten erneut, und wenden uns dann den familiären Auswirkungen dieser Entscheidung und der Rolle der Arbeit bei der Gestaltung der Vater-Sohn-Beziehung zu.

Die drei Generationen in Iowa erreichten das Erwachsenenalter in völlig verschiedenen historischen Situationen. Die G2-Väter in der mittleren Generation wurden Farmer, als weitblickende Menschen sich um die Bevölkerungsexplosion und die Fähigkeit der Weltbevölkerung, sich selbst zu ernähren, sorgten. Viele betrachteten Hungersnöte in der dritten Welt als sehr reale Bedrohung. Sie wurden angesichts dieser Herausforderung Farmer, und einige durchlebten dabei ebenso schlechte wie gute Zeiten.

Ihre Söhne wurden am Ende des landwirtschaftlichen Booms geboren und erlebten früh die Anzeichen und Auswirkungen der Agrarkrise. Die Bodenpreise sanken auf wenig mehr als ein Drittel ihres früheren Wertes, und die Verschuldung der Höfe erreichte einen neuen Höhepunkt. Zehn bis fünfzehn Prozent der in diesen Bezirken lebenden Menschen zogen in andere Teile von Iowa und der USA. Einige der befragten Jungen kannten Männer, die ihre Farm in Iowa Mitte der 80er Jahre verloren hatten, und konnten zweifelsohne den Schmerz und die Wut dieser Väter nachempfinden.

>>Es ist schwer, etwas zu verlieren, das seit Generation zur Familie gehört hatte, und mitanzusehen, wie sich andere dessen bemächtigen. Dinge, für deren Erhalt Du hart gearbeitet hast, einfach kaputt und weg.<<

Wie würden sich solche Erfahrungen auf die Zukunftsvorstellungen auswirken? Wir hatten behauptet, daß sie den Jungen den Farmerberuf, und sogar die Ansiedlung auf dem Lande, verleiden würden. Einige empirische Befunde sprechen in der Tat für diese Erwartung. Beispielsweise steht die Ablehnung des Landlebens bei den Jungen, die momentan in Bauernfamilien leben, im Zusammenhang mit der Ansicht der Väter, daß die Landwirtschaft keine Zukunft habe. Darüberhinaus haben wir vermutet, daß die Familienbindung zwischen Vater und Sohn größeren Einfluß auf die Vorliebe des Sohnes für das Landleben in ökonomisch schwierigen Zeiten hat, als die Größe oder der Ertrag der Farm.

Man kann die Wichtigkeit von Familienbindungen und sozio-ökonomischen Faktoren bei der Aufeinanderfolge von Generationen auf dem Land auch auf eine andere Weise, nämlich entwicklungsorientiert betrachten. Diese mißt den familiären Bindungen bei der Herausbildung der ländlichen oder nicht-ländlichen Orientierung während der späten Kindheit oder frühen Jugend das größte Gewicht bei. Die Realität spielt beim Prozeß der Entscheidungsfindung und beim Eingehen von Verpflichtungen erst später eine Rolle, wenn sich die Möglichkeit eines landwirtschaftlichen Berufs oder einer anderen Beschäftigung in diesem Umfeld ergibt. Wird der Farmerberuf gewählt, hängt die Durchführbarkeit von der ökonomischen Existenzfähigkeit des Betriebes ab, und auch von sich verändernden Präferenzen und Wahlmöglichkeiten, wie sie teilweise von den wirtschaftlichen Rahmenbedingungen vorgegeben werden. Emotionale Verpflichtungen, die Farm in der Familie zu erhalten, können in dieser Lebensphase zusammen mit anderen Faktoren Zwang auf die Lebensgestaltung ausüben.

Betrachtet man die Wahl des Farmerberufs selbst, so steigert Harmonie in der Familie und eine Identifikation mit dem Vater die Attraktivität dieses Berufs während der frühen Jugendjahre. Unter diesen potentiellen Farmern spielt der Zugriff auf eine rentable Farm in günstigen Zeiten eine zentrale Rolle und reduziert ihre Zahl noch während der Ausbildung auf einige wenige ausgewählte. Eine derartige Entwicklung scheint zu unseren Daten über die Männer aus der G2-Generation zu passen, obwohl noch mehr Details aus den Lebensgeschichten benötigt werden, um ein Modell des Lebensverlaufs zu entwerfen. Sie sollten uns ebenfalls in die Lage versetzen, zufriedenstellender zu erklären, warum die Pläne, Farmer zu werden, keinen Schluß darüber zulassen, wer am Ende tatsächlich Farmer wird.

Von der Rolle der Familie bei der Berufswahl oder der Entscheidung für oder gegen den ländlichen Lebensraum wenden wir uns nun den Folgen der Berufswahl für die familiären Bindungen zu, im besonderen hierbei den Beziehungen zwischen Vater und Sohn. Jungen der nicht-ländlichen Gruppe aus der G3-Generation, entschieden sich implizit für ein Leben, in dem sie die familiären Bindungen unterschiedlich von denen der ländlich orientierten Jungen erleben. Sie werden sich höchstwahrscheinlich weiter entfernt vom Elternhaus ansiedeln, und ihre Arbeit wird weniger mit der des Vaters gemeinsam haben, als dies bei den Jungen der anderen Gruppe der Fall sein wird. Was genau die Folgen dieser Entscheidung sein werden, werden die folgenden Jahre zeigen, aber wir können durch das Zurückgehen auf die Vätergeneration, die auf Farmen aufwuchs, einige Einsichten gewinnen. Einige dieser Männer stiegen in den Farmerberuf ein, und andere suchten ihr Glück in einer nicht-landwirtschaftlichen Beschäftigung. Was bringen diese Entscheidungen für die Familien mit sich?

Wie verstehen sich Väter aus der G2-Generation mit ihren eigenen Vätern? Wir haben über dieses Thema 1990 einen Fragenkatalog erarbeitet, in einer Zeit, in der die meisten Väter im mittleren Lebensalter waren und deren Väter wiederum von Mitte 60 bis Mitte 80 (Elder, Robertson and Conger, 1991). Praktisch alle Söhne (G2) in der Landwirtschaft lebten zur Zeit des Interviews im Umkreis von 25 Meilen ihrer Väter. Nur ein Viertel der nicht landwirtschaftlich Tätigen lebte so nahe bei ihren alten Vätern (Sweetser, 1966). Aber selbst unter Berücksichtigung der Nähe der Wohnorte und des gegenwärtigen Einkommensniveaus berichten Farmer über eine intensivere und konfliktbeladenere Interaktion mit dem Vater und höhere Ansprüche seinerseits, als dies Männer der anderen Gruppe tun. In Übereinstimmung mit dieser häufigen und oftmals von Abneigung geprägten Interaktion berichten die Farmer über weniger positive Beziehungen zum Vater, als dies die anderen Männer tun. Einige dieser schwachen Bindungen zum Vater lassen sich auf Aversionen und Strafen in der Kindheit zurückführen, aber signifikante Unterscheide bleiben selbst dann bestehen, wenn wir die Erinnerung an sich berücksichtigen.

Hatte der ökonomische Erfolg der Männer, egal ob inner- oder außerhalb des Farmerberufs, irgendeine Auswirkung auf ihre Beziehung zum Vater? Die Antwort ist erstaunlich banal. Die Wahl des Berufs fällt bei weitem mehr ins Gewicht als der am Einkommen gemessene Erfolg. Besonders gilt dies auch für die Häufigkeit des Austausches mit dem Vater und dessen Anspruchshaltung. Einige Unterschiede treten bei den positiven Beziehungen zum Vater auf, und dies besonders auf den drei Skalen »wenig negative Einstellung«, »Zufriedenheit« und »Bereitschaft zur Unterstützung«. Die ermittelten Werte für die jeweilige Einstellung variieren stärker bei der Höhe des Einkommens als beim Kriterium »in oder außerhalb der Landwirtschaft«. Zufriedenstellende Beziehungen zum Vater und der Glaube an seine Unterstützung sind ebenso wie Kritik an der Beziehung und eine negative Einschätzung derselben positiv mit der Einkommenshöhe korreliert.

Obwohl die Farmer keine engeren emotionalen Bindungen zum Vater als die Personen der anderen Gruppe haben, sind sie ihm räumlich näher, was vermuten läßt, daß sie auch im Alter höchstwahrscheinlich für ihn sorgen werden. Wir konzentrierten uns auf vier Arten der Unterstützung des Vaters: Hilfe im Haushalt, persönliche Unterstützungsleistungen, Übernahme von Fahrten und Beistand im Krankheitsfall. Nur die beiden letztgenannten Tätigkeiten haben einen ausgeprägten Bezug zum Leben als Farmer, und dies aus gutem Grund. Da die infrastrukturelle Dichte auf dem Land gering und die Entfernungen zu den Dienstleistungszentren und ärztlichen Versorgungseinrichtungen groß sind, sind Söhne und Töchter von Farmern in hohem Maße in Fahrdienste eingebunden. Ebenso hat man bei häuslicher Krankenpflege selten die Möglichkeit, eine Krankenschwester einzustellen: Familienmitglieder müssen hier folglich einspringen. Wie auch immer ihre Gefühle dabei aussehen mögen, so stellen wir trotzdem fest, daß erwachsene Söhne im Farmerberuf wichtige Hilfen für ihre alten Väter darstellen, und dies wird bei erwachsenen Töchtern sogar noch in höherem Maße zutreffen.

Diese Verwandtschaftsmuster, die durch die Berufswahl in der G2-Generation vorgegeben wurden, haben offenkundige Auswirkungen auf die Großvater-Enkel-Beziehung. Wie wird diese Beziehung, wenn überhaupt, von der Großvater-Vater-Beziehung, deren Kontakthäufigkeit und Art beeinflußt? Da die Zahl der Farmerfamilien abnimmt, wird die beobachtete Dynamik in den Beziehungen der G1- und der G2-Generation höchstwahrscheinlich für die kollektive Lebensgestaltung der G3-Generation keine Bedeutung haben. Trotz allem haben wir uns nur auf einen Aspekt des Zurückdrängens der Landwirtschaft und der Landflucht beschränkt. Welches sind die familiären Konsequenzen für junge Frauen, deren Berufswahl oder Ehe sie in das landwirtschaftliche Umfeld oder aus ihm heraus führt? Und wie verändern sich Beziehungen zwischen Geschwistern, wenn sie die Farm oder ihre Familien auf dem Land zugunsten anderer Berufswege verlassen? Demnach eröffnet die empirische Untersuchung der Zusammenhänge von Arbeit und Familie Möglichkeiten, strategisch vorzugehen, um die Komplexität des Wandels von Generationenbeziehungen zu erkunden.

Anmerkung:

[1] Diese Arbeit beruht auf der wissenschaftlichen Zusammenarbeit des »Iowa Youth and Families Project« an der Iowa State University-Ames und dem »Social Change Project« an der University of North Carolina – Chapel Hill. Die gemeinsame Forschungsarbeit wird derzeit vom »National Institute of Mental Health« (MH43270), dem »National Institute on Drug Abuse« (DA05347), dem »MacArthur Network on Successful Adolescence in High-Risk Settings«, dem »Bureau of Maternal and Child Health« (MCJ-109572) sowie einem »Research Scientist Award« (MH00567) finanziert.

[*] Aus dem Englischen übersetzt von Anne Hodgson, M. A. (Konstanz/Leipzig) und Arnd Stoppe, stud. (Konstanz).

Lillian E. Troll[1]

Strukturen und Funktionen des erweiterten Familienverbandes in Amerika*

Die Organisation des veränderten, erweiterten Familienverbandes (Litwak, 1960 a, b), d. h. miteinander verwandter Einheiten von Kernfamilien, die nicht notwendigerweise unter einem Dach leben, hat bislang wenig Aufmerksamkeit gefunden. Teilweise liegt dies darin begründet, daß viele Leute immer noch glauben, daß die Großfamilie – oder sogar die Familie an sich – in westlichen Gesellschaften dem Untergang geweiht sei. Wenn solche Kernfamilienhaushalte aber miteinander verbunden sind, welcher Art sind dann diese Verbindungen? Wie würden ihre Grenzen aussehen? Wie steht es um ihre Rollen und ihre Funktionen? Der vorliegende Artikel gibt zur Annäherung an dieses Thema einen Einblick in einige erste empirische Daten.

Hinsichtlich der Struktur dieser Familien geht es dabei vorrangig um folgende Fragen: Erstens: Wie eng miteinander verbunden sind die Mitglieder dieser Familien? Inwieweit sind sie integriert, und wo liegen die Grenzen der Integration? Zweitens: Welches sind die wichtigsten Verbindungen zwischen den Mitgliedern? Werden diese durch geschwisterliche Bindung, räumliche Nähe, durch Geschlecht oder Alter oder durch Interessen und Werte aufrechterhalten? Nachrangige Fragen beziehen sich auf die Art der verschiedenen dyadischen Beziehungen, wie etwa der Beziehung zwischen den Ehepartnern, zwischen Eltern und Kindern, zwischen Geschwistern und zwischen Großeltern und Enkeln, sowie auf andere soziale Gruppierungen, wie zum Beispiel Haushalte. Als Fragen tauchen hier auf: Wer lebt mit wem zusammen und – im Hinblick auf räumliche Zusammenhänge – wer lebt in der Nähe von wem?

Ein anderes Fragenbündel bezieht sich auf die Funktionen in der Familie. Gibt es klar definierte Familienrollen, etwa eine familiäre Integrationsfigur, den Ratgeber, das Familienoberhaupt, ein Vorbild oder schwarzes Schaf, oder gar einen Heiligen und einen Märtyrer? Wie steht es um die familiäre Dynamik, die Kommunikationsmuster und Gefühle? Was ist mit der gemeinsamen Vergangenheit und Familienkultur einschließlich der Werte, Gesprächsthemen, des Eigentums sowie der Familiengeschichte, den Anekdoten und Ritualen?

Unter denjenigen, die sich mit Fragen der Großfamilie beschäftigt haben, befinden sich Rosenthal (1985), der den Blick auf Rollen, z.B. die Rolle der familiären Integrationsfigur (»kinkeeper«), gerichtet hat; ferner Boss (1980), der ihre Grenzen in Betracht gezogen hat. Die meisten anderen Forschungsprojekte im Bereich familialer Generationenbeziehungen haben dyadische Beziehungen unter die Lupe genommen. Es ist viel einfacher, Eltern und Kinder, Ehepartner oder Geschwister zu untersuchen, als die voraussehbar komplexen

Beziehungen zwischen Verwandten mehrerer Generationen einschließlich der Nebenlinien. Die Systemtheorie der Familie liefert einen geeigneten Ansatz, aber auch hier ist es viel leichter, sich einer relativ kleinen Kernfamilie zu widmen.

Vielleicht hat der komplexe Charakter der Längsschnittdaten aus drei Generationen bei Bengtson und seinen Kollegen (vgl. Bengtson & Schrader 1982; McChesney & Bengtson 1988; Roberts, Richards & Bengtson 1991) dazu geführt, sich intensiv mit der Organisation der Familie zu beschäftigen, wobei sie ihren Schwerpunkt vor allem auf das Konstrukt der Solidarität legten (vgl. Durkheim 1933). Ihre operationalen Definitionen von Familiensolidarität fassen die Liste der sechs Dimensionen der Familienintegration von Nye und Rushing (1969) zu dreien zusammen (dies sind Integration durch Konsens, Zusammenhalt oder Zuneigung). Die meisten ihrer bislang vorliegenden Analysen waren jedoch ebenfalls auf Dyaden bezogen.

Olsen (1983) stellte ein umfassendes Modell von Familiensystemen auf, das acht Elemente enthielt, darunter emotionale Bindungen, Grenzen von Familiensystemen und interne Koalitionen. 1988 konzentrierte er sich auf drei Dimensionen: Familienzusammenhalt, familiäre Anpassungsfähigkeit und Kommunikation. Dieses Modell wurde von Sanborn und Bould (1991) benützt, um die familiäre Fürsorge für die Senioren zu untersuchen; dies geschah mittels eines prinzipiell dyadischen Ansatzes und umfaßte zwei Generationen.

Cicirelli (1983;1991) bediente sich eines familiensystemischen Ansatzes, um Eltern-Kind- und Geschwisterbeziehungen im späteren Lebensalter zu analysieren. Er ist ebenfalls der Meinung, daß familiäre Bindungen nicht isoliert betrachtet werden können, sondern daß beispielsweise Geschwister- oder Eltern-Kind-Beziehungen als Subsysteme größerer Familiennetzwerke gesehen werden müssen. Auch Sprey (1991) betont die Notwendigkeit des umfassenderen systemischen Ansatzes, um jedes Element der Netzwerke einigermaßen angemessen zu anderen in Bezug zu setzen. Er kommt zu dem Schluß, daß Systeme erweiterter Familienverbände in modernen städtischen Milieus über mehrere Generationen hinweg in hohem Maße in Netzwerke sozialer Beziehungen und gegenseitiger Hilfestellungen integriert sind. Wie Sanborn und Bould haben er und Mathews (Mathews & Sprey 1984) die Funktion von Geschwisterbeziehungen bei der Fürsorge für die Eltern im Alter untersucht.

Als erste begannen Hill und seine Kollegen die Struktur und Funktion von veränderten Großfamilien in Nordamerika zu analysieren (vgl. Hill, Foote, Aldous, Carlson and Macdonald 1970). Sie führten in Minnesota eine drei Generationen umfassende Erhebung durch, wobei der Fokus vorrangig auf ökonomischen Fragestellungen lag. Ihnen folgten zwei andere Studien über drei Generationen: das Forschungsprojekt von Bengtson und seinen Kollegen an der University of Southern California (vgl. Bengtson, Olander und Haddad 1976; Roberts, Richards und Bengtson 1991), sowie eine kanadische Studie von Marshall und Rosenthal (vgl. Rosenthal 1985). Die Längsschnittstudien an der University of California in Berkeley (vgl. Clausen) brachten ebenfalls bedeutsame Ergebnisse hervor.

Die vorliegenden Daten über zehn Systeme erweiterter Familienverbände stammen aus der Forschung an der University of Southern California (Projektleitung: Vern Bengtson). Die Menschen aus diesen Familien, von denen die ältesten um die Jahrhundertwende geboren wurden, haben eine Reihe von bedeutsamen Ereignissen durchlebt: vier Kriege, die »Große Depression«, die »Bewegungen« der 60er und 70er Jahre, darunter die Studentenbewegung, die Drogenkultur, Hippies, die sexuelle Revolution, die Frauenbewegung und die der evangelikalen Christen. Die Probanden, die die Grundlage der Erhebung bildeten, haben den Tod der Großeltern, und damit das Sterben der ursprünglich ältesten Generation erlebt, ganz zu schweigen von Hochzeiten, Geburten, Scheidungen und anderen Familienereignissen. Welche Zusammenhänge bestehen zwischen den oft ähnlichen Persönlichkeiten und Werten der Familienmitglieder und diesen familiären und geschichtlichen Ereignissen? Haben diese einen Einfluß auf die Organisation ihrer Familien? Dieser Artikel ist ein erster Versuch der Annäherung an diese Fragen.

Die Daten der vorliegenden Analyse schließen sowohl die an das USC-Team zurückgesandten Fragebögen, sowie persönliche Interviews mit den noch lebenden Kindern und Enkeln ein, die von der Autorin und zwei weiteren Forschungsassistenten geführt wurden. Zusammenfassend liegen Informationen über mehr als 100 Personen vor. Das Alter der erreichten Befragten liegt zwischen knapp 20 und 70 bis 80 Jahren.

Beschreibung des Samples

Der ursprüngliche Befragtenkreis der USC-Untersuchung bestand aus etwa 515 Drei-Generationen-Familien, aus denen 2044 Personen während der ersten Erhebung in den Jahren 1970/71 den Fragebogen zurücksandten. Danach kamen noch andere Familienmitglieder hinzu, während einige der ersten Befragten die darauf folgenden Fragebögen nicht mehr zurückschickten. Die Familien lebten im südlichen Kalifornien und nahmen am Kaiser-Gesundheitsprogramm teil. Sie kamen zum großen Teil aus der Arbeiterklasse, und während einige der jüngeren Generationen in die Mittelklasse aufstiegen, verblieben doch viele in der Herkunftsschicht. Ebenso blieben die meisten von ihnen im südlichen Kalifornien in der Nähe von Los Angeles. Da junge Leute und auch Rentner eine hohe Mobilität aufwiesen und zunächst wegzogen, später aber wieder in die Nähe ihrer Eltern oder Kinder zurückkehrten, waren häufig Umzüge in beide Richtungen zu beobachten.

Eine Kernfamilie unter mehr als 30, welche die zehn erweiterten Familienverbände umfassen, und zwar die von Olivia, einer G2-Tochter in einer Familie, die ich im folgenden als »Hispanics« bezeichne, zog in den mittleren Westen. Nora, eine andere G2-Tochter aus der »Armee«-Familie folgte ihrer geschiedenen Mutter an die Ostküste. Arthur schließlich, ein G2-Sohn aus der »Auswanderer«-Familie ließ sich in Europa nieder. So sind am Ende nur drei Mitglieder aus der zweiten Generation wirklich weit weg gezogen; obwohl dies bedeutete, daß ihre Kinder der dritten Generation weit entfernt von ihren Großeltern aufwuchsen. Die Tochter aus dem mittleren Westen hat ihre Bindungen zum Vater und den Schwestern in Kalifornien aufrechterhalten, aber ihre Kinder haben dies nicht getan. In einer folgenden Generation könnte sich diese Linie vollständig loslösen.

Tatsächlich stehen selbst heute diese G3-Personen ihren eigenen Eltern oder auch sich selbst untereinander nicht sehr nahe. Der nach Europa Ausgewanderte und dessen Kinder haben hingegen eine feste Bindung zu ihren kalifornischen Verwandten, Besuche und andere Arten der Kommunikation finden zwischen allen Generationen statt. Die amerikanischen G2-Personen verbringen jedes Jahr mehrere Wochen in Europa und die europäischen G3-Personen kehren an den Herkunftsort zurück, um das College zu besuchen.

Die Tochter an der Ostküste aus der dritten Familie hat nur die Verbindungen zu ihren Eltern aufrechterhalten; zu ihrer Schwester und deren Kindern ist dies nicht der Fall. Aber selbst hier besteht bei den verschiedenen Familienmitgliedern ein Wissen übereinander, und Nachrichten werden ausgetauscht.

Alle diese Familien sind weißer Hautfarbe (es gibt lediglich eine farbige und eine japanische Schwiegertochter in der G3-Generation), und die meisten Großeltern, die einst nach Kalifornien zogen, kamen ursprünglich aus dem mittleren Westen. Wir haben es folglich mit einer fast normierten mittelamerikanischen Bevölkerung zu tun.

Die Fragebögen waren sehr lang und lieferten eine weitläufige Dokumentation von Werten, Zielen, Gefühlen und Beziehungen. Der Freiraum für die Antworten auf offene Fragen erwies sich als besonders fruchtbar, da die Befragten offen und frei ihre Gefühle niederschrieben. Es gab vier Befragungsreihen: die erste im Jahre 1970/71, die zweite 1972/73, die dritte 14 Jahre später im Jahre 1985 und die vierte schließlich 1988.

Die zehn Familienfallstudien sind umfassend, aber im wesentlichen nicht quantitativ. Jede Familienanalyse beginnt mit der Erfassung der persönlichen Charakteristika jedes Familienmitgliedes, über das es ausreichend Informationen gibt – manchmal gibt es 20 solcher Mitglieder in einer Familie. Dann werden die Protokolle in Hinblick auf Informationen über verschiedene Dyaden einer erneuten Betrachtung unterzogen. Auf diese Weise wird durch wiederholte Durchsicht der Protokolle jede der bereits erwähnten Dimensionen in die Überlegungen einbezogen. Schließlich wird die Dynamik innerhalb der Familie beurteilt.

Die Anregung zur Untersuchung von erweiterten Familienverbänden auf diese Weise entspringt der Publikation »Familiy Worlds« von Robert Hess und Gerald Handel (1959). In dieser Studie wurden die Lebenswelten von vier Kernfamilen mit dem Schwerpunkt der Kindererziehung beschrieben. Nach diesem Muster erfolgte hier die Beschreibung von zehn Systemen erweiterter Familienverbände. Es wurden dabei weder Olsens noch Bengtsons Dimensionen verwendet, sondern eigene entwickelt, die jedoch mit ersteren Gemeinsamkeiten aufweisen.

Integration

Es gibt bemerkenswert viele Varianten, wie sich eine Familie organisieren kann (Clausen idB). Einigen Familien gelang es, außergewöhnlich enge Beziehungen über weite

Entfernungen und große Zeiträume zu erhalten, indem sie ständig miteinander in Kommunikation standen. Hierbei wurden Integrationsfiguren bestimmt und Rituale etabliert. Auf der anderen Seite finden wir fast aufgelöste Beziehungen, in denen kaum noch Kommunikation stattfindet. (Es reicht gerade aus, um zu wissen, wer noch am Leben ist und wer wo lebt.) Hier werden keine Rollen bestimmt und Rituale sind sehr selten. Aber dennoch ist es merkwürdig, daß es selbst in den fast gänzlich zersplitterten Familien scheinbar zumindest ein oder zwei Personen gibt, die versuchen, die Familie zusammenzuhalten oder gar aus den Trümmern ein neues Familiengerüst zu errichten. Wir müssen uns natürlich der Tatsache erinnern, daß diese Familien ursprünglich zumindest teilweise lockere Bindungen unterhielten, da sie sich sonst nur schwerlich zu einer Teilnahme an einer Studie von drei Generationen gemeldet hätten.

An dieser Stelle möchte ich über einige dieser Familien berichten, um die Extremfälle dieser Typen zu veranschaulichen. Die Familie mit dem stärksten Zusammenhalt unter den zehn untersuchten, die ich die »Bergers« nennen möchte, hat weniger Familienmitglieder als die meisten anderen, obwohl fast alle Mitglieder wiederum selbst über Beziehungen zu anderen erweiterten Familienverbänden, d. h. Schwager, Tanten, Onkel und Cousins, verfügen. Es ist wahrscheinlich einfacher, eine kleinere Anzahl von Personen zusammenzuhalten als eine größere. Die Bergers haben darüberhinaus mehr Frauen als Männer in der Familie; dies stimmt mit den geschlechtsspezifischen Unterschieden beim familiären Engagement überein, die Caroline Rosenthal (1985) entdeckt hat. Rosenthal und Marshall fanden heraus, daß die meisten Funktionen, die den Zusammenhalt von Familien betreffen, von Frauen wahrgenommen werden (»kinkeeper«), wohingegen die »Familienoberhäupter« im allgemeinen Männer sind. (»Kinkeeper« sind diejenigen Personen, die die Familienmitglieder über einander informieren und die Familienzusammenkünfte arrangieren.) In acht der zehn untersuchten Familien wurden diese Funktionen von Frauen wahrgenommen, nur in zwei von Männern. Familienoberhäupter – meist Männer – beschäftigen sich vorrangig mit finanziellen Angelegenheiten. Jedoch gab es nur bei wenigen der untersuchten Familien eine solche Funktion. Ein prinzipiell stärkerer Drang der Frauen nach familiärer Zugehörigkeit und ihre stärkere Familienorientierung ist in der gesamten wissenschaftlichen Familienliteratur nachzulesen (vgl. Troll 1986).

Eine der Familien, die »Hispanics« in der es einen männlichen »kinkeeper« gab, war mittel-amerikanischer Herkunft, was die Möglichkeit von kulturell bedingten Unterschieden nahelegt. Die Großeltern und ihre vier Töchter wurden in Costa Rica geboren und kamen erst 1946 nach Kalifornien, als die Töchter groß waren. Vielleicht wäre die Funktion der familiären Integrationsfigur nach dem Tod des Großvaters auf einen Sohn übergegangen, aber da keine Söhne vorhanden waren, fiel diese Rolle notgedrungen derjenigen Tochter zu, die in San Diego und damit am nächsten beim Vater gewohnt hatte.

In der anderen Familie, in der ursprünglich ein Mann die Integrationsfigur war, nämlich der »Armee-Familie«, waren die Großmutter und eine ihrer Töchter (Nora) psychisch krank und abwechselnd im Krankenhaus, so daß es dem Großvater Adam zufiel, in allen seinen Ferien kreuz und quer durch das Land zu fliegen, um seine Tochter und sechs Enkel zu besuchen. Als Adam starb – er hatte ebenfalls nur Töchter – war es sein Enkel

Stuart, der die Aufgabe übernahm, seine Mutter und Geschwister zusammenzubringen. Seine andere Tochter Carrie scheint bislang nicht daran interessiert zu sein, ihre Kinder zu vereinen.

In den übrigen acht Familien, in denen die Großmütter die Integrationsfiguren gewesen waren, wurde diese Rolle von der Mutter an eine oder mehrere Töchter weitergegeben. In den späten Lebensjahren der Mütter begannen die Töchter, sie bei dieser Aufgabe zu unterstützen – man könnte hier von einer Art Lehrzeit sprechen. Als die Töchter der zweiten Generation diese dann übernahmen (manchmal teilten sich Schwestern diese Funktion), wurden ihre Töchter wiederum mit dieser Rolle vertraut gemacht.

Es mag für die Gemeinschaft der Berger-Familie von Bedeutung sein, daß die Großeltern Stan und Ada beide amerikanische Juden der ersten Generation waren, deren Eltern um die Jahrhundertwende aus Osteuropa gekommen waren und die traditionelle jüdische Bildung genossen hatten. Aber der Großvater Stan war kein Traditionalist. Er war ein glühender politischer und religiöser Radikaler, der sich in seiner Jugend im Land herumgetrieben hatte und nach seiner Heirat und dem Umzug nach Los Angeles Taxifahrer geworden war. Ihre beiden Kinder waren ebenfalls keine Traditionalisten. Ihr Sohn Boris war in den 60er Jahren Menschenrechtler, promovierte und wurde Soziologieprofessor. Er war in seiner Jugend für kurze Zeit verheiratet, ging nach seiner Scheidung aber keine Ehe mehr ein. Bonnie, die Tochter von Stan und Ada, wurde Künstlerin und besaß schließlich zusammen mit ihren Töchtern eine Galerie. (Sie hatte keine Söhne.) Trotz der rebellischen Attitüden in ihrer Jugend, wurden sowohl die Töchter der zweiten wie auch der dritten Generation »seßhaft«, nachdem sie Eltern geworden waren; sie zogen schließlich sogar von einem Teil des Staates in einen anderen, um der »Familie« näher zu sein. Die Großmutter Ada besuchte ihre Kinder wo auch immer sie waren, blieb für längere Zeit und entwickelte so ein enges Verhältnis zu ihren Enkeln. Im hohen Alter nach dem Tod ihres Mannes lebte Ada während eines Teils des Jahres bei Bonnie in San Francisco und während des anderen bei Boris in Los Angeles. Hester, eine G3-Enkelin, die dem Vorbild ihrer Mutter folgte und die Schule früh verließ, um zu heiraten, ein Kind zu bekommen, sich scheiden zu lassen, erneut zu heiraten und schließlich Künstlerin zu werden, lebte zunächst in der Nähe ihrer Großeltern und ihres Onkels in L.A. Später zog sie in die Nähe ihrer Mutter, ihrer mittlerweile verwitweten Großmutter und ihrer Schwestern in San Francisco.

Ein gegensätzliches Muster der fast völligen Auflösung kann in einer Familie beobachtet werden, in der der Großvater Berufssoldat gewesen war, der »Armee-Familie«. Adam, der Großvater, und seine erste Frau, die Mutter seiner zwei Töchter, waren jeweils mehrfach verheiratet. Adam – er kam ursprünglich aus Alabama – wurde im Laufe seiner Armeekarriere von einem Teil des Landes in einen anderen versetzt, aber als er der Armee den Rücken kehrte, um Techniker zu werden, ließ er sich mit seiner damaligen Frau und deren Kindern (seinen Stiefkindern) nicht weit entfernt vom Wohnsitz seiner Tochter Carrie nieder, die mit ihrem zweiten Ehemann und dessen Kindern zusammenlebte. Carrie und ihre Schwester Nora hatten während ihres Erwachsenenlebens nur minimalen Kontakt. Carrie lebte in der Gegend um Monterey in Kalifornien und Nora in Virginia an der Ostküste. Ihr Vater Adam, die bereits erwähnte zweite männliche Integrationsfigur, flog mindestens einmal pro Jahr nach Osten, um Nora und ihre Kinder zu besuchen; dies geschah besonders nach dem Tod seiner ersten Frau Hilda. Er telefonierte mit Nora und ihren Kindern mindestens einmal monatlich, etwa so häufig, wie er mit Carrie in Kontakt blieb. Die »Armee-Familie« trennte sich früh, etwa zum Zeitpunkt der ersten Befragungsreihe, wenn nicht früher, in zwei isolierte Familienzweige. Die ältere Tochter Carrie, wie ihre Eltern mehr als einmal verheiratet, hat zu ihren Kindern fast eine ebensolche Distanz wie zu ihrer Schwester. Ihre Tochter zog nach Hawaii, ihr Sohn nach Südafrika. Es wird interessant sein, mitanzusehen, ob sie in der Zukunft zurückkehren und sich wieder näher kommen werden. Wie es mit Noras Familienzweig weiterging, ist noch weitaus interessanter: diese Schwester hat die meiste Zeit ihres Erwachsenseins verschiedene Ehen und Aufenthalte in psychiatrischen Kliniken hinter sich gebracht. Von zwei ihrer drei Ehemänner bekam sie sechs Kinder. Ihr ältester Sohn Stuart, der den größten Teil seiner Jugend als Drogenabhängiger in der Nähe seines Dealers auf der Straße verbrachte, ging schließlich in eine Rehabilitationsklinik, wo er heute arbeitet. Im Rahmen der Regeln der meisten derartigen »Zwölf-Stufen-Programme« hat er sich mit glühendem Eifer um einen Wiederaufbau der Familie bemüht, indem er seine Mutter und Halbgeschwister zu bestimmten Anlässen wie Weihnachten und Geburtstagen zusammenbrachte und versuchte, sie alle in diejenige Therapieform einzubinden, der er seine Genesung zuschrieb. In seinem Telefoninterview aus dem Jahre 1990 bezog sich Stuart wiederholt auf die Besuche seines Großvaters und das letzte gemeinsame Frühstück kurz vor dessen Tod. Man könnte hieran ebenfalls die Übertragung der Integrationsrolle erörtern: Stuart, und nicht seine Mutter oder Schwester, hat die Rolle seines Großvaters übernommen.

Eine dritte Familie, die »Zwist-Familie« ist auf gewisse Weise sogar noch verwunderlicher, da sie zwar eine Bindung aufrechterhalten hat, diese jedoch eher aus Vorbehalten und Feindschaft denn aus Liebe genährt wird. Die Großeltern, die ursprünglich Farmer im mittleren Westen gewesen waren, zogen mit ihren vier Kindern während der Depression der 30er Jahre nach Kalifornien. Hier wurden sie Landwirte im landwirtschaftlichen Zentrum von Kalifornien. Keines ihrer Kinder ergriff jedoch denselben Beruf. Die beiden G2-Söhne William und Vincent haben beide im zweiten Weltkrieg gedient. (Die Erfahrungen ihres Vaters im ersten Weltkrieg waren eine der wenigen positiven Familiengeschichten.) Nach dem Krieg heiratete der Älteste, William, eine Katholikin, was in den Augen seiner streng baptistischen Familie ein Fluch war. Er lebte danach in Nordkalifornien und galt für seine Eltern und Geschwister fortan als schwarzes Schaf. Sein Familienzweig wurde von Unglücken verfolgt. Er erkrankte an Kinderlähmung, während seine Frau mit dem ersten Kind Martha schwanger war, und ist seitdem schwerbehindert und für alle Zeiten unfähig, einen ausreichenden Lebensunterhalt zu verdienen. Seine Frau erwies sich als Epileptikerin und ihre Medikamente führten zum Tod der zweitgeborenen Zwillingstöchter. Ihr drittes Kind ist vermutlich aus demselben Grund stark zurückgeblieben. Ihre erste Tochter Martha heiratete mit 15 einen Lkw-Fahrer, der fast ein Analphabet war, und gebar bis zum Alter von 22 vier Kinder. Sie war für Jahre von ihren Eltern finanziell abhängig, da ihr Mann sie wiederholt verließ und sich dann bei der Arbeit als Schulhausmeister den Rücken verletzte, woraufhin er nie mehr arbeiten konnte. Ebenso wie ihr Vater gegen den Willen der Familie

Katholik geworden war, trat sie in Abgrenzung zum Katholizismus den Zeugen Jehovas bei und weigerte sich fortan, irgendwelche Feiertage zu begehen oder an Familienfesten teilzunehmen. Dies betraf selbst die Beerdigung ihrer Mutter, welche ein Jahr vor dem Zeitpunkt stattfand, an dem ich sie und ihren Vater befragte. Sie ging nach dem Begräbnis mit ins Haus, aber weigerte sich, auch nur einen Fuß in die Kirche zu setzen, mit der sie aufgewachsen war.

Die Anschuldigungen gingen in dieser Familie heftig hin und her. Martha sagte, daß ihre Mutter sie in ihrer Kindheit schwer mißhandelt habe und daß ihre eigenen Kinder undankbar seien. Wie Martha selber (und auch ihr Vater William) hatten auch ihre Kinder alle das Zuhause in den frühen Jugendjahren verlassen; drei lebten danach für eine Weile bei ihren Großeltern und ein Kind wohnt mit seinen 24 Jahren noch immer dort. William warf seiner Frau Ungeschicklichkeit und Faulheit vor und beschuldigte seine Schwestern, ihn um die Mutterliebe betrogen zu haben. Eine seiner Schwestern, Laura, warf ihrer Mutter – der Großmutter – vor, ihre Augenverletzung im Alter von zwei Jahren vernachlässigt zu haben, was zu heutiger teilweiser Blindheit führte. Laura beschuldigte ebenso ihre Onkel und Tanten diverser Sünden, ihre Brüder der fehlenden Unterstützung bei der Pflege der Eltern in späteren Jahren, sowie der Heirat mit falschen Frauen und der Verantwortung für das Auseinanderbrechen der Familie. Sie klagte selbst ihre Schwester, der sie am nächsten stand, mit der Behauptung an, sie würde sich nicht um sie kümmern. Diese Schwester, Maisie, überschüttete in ähnlicher Weise ihre Tante, ihren Onkel und ihre Schwäger mit Vorwürfen. Trotz ihrer Feindschaft und ihren Beteuerungen, nichts miteinander zu tun haben zu wollen, ist es interessant zu sehen, daß sie alle dieselben Geschichten und Anschuldigungen kennen und sich gegenseitig endlos wiederholen, ihren Kindern gegenüber genauso wie dem Interviewer. Die beiden befragten Enkel, Martha und ihr Cousin Bill, Maisies Sohn, erzählen ebenfalls dieselben Anekdoten, obwohl sie wenig Kontakt miteinander gehabt hatten. Nach dem Tod seiner Frau trat William, wie auch Stuart in der »Armee-Familie«, einer Therapiegruppe bei und versucht momentan, seine Geschwister zusammenzubringen. Aus den Bemerkungen von Maisie und Laura über seinen Versuch läßt sich vermuten, daß er dabei noch einen harten Kampf vor sich hat.

Geschichtliche Ereignisse

Wie andere Untersuchungen zur individuellen Entwicklung zu belegen scheinen, haben geschichtliche Ereignisse außerhalb der Familie keinen direkten Einfluß auf die Organisation der Familie. Viele der G1- und G2-Männer in diesen Familien haben in einem der beiden Weltkriege gedient, aber welchen Einfluß diese Kriegsteilnahme auf die Familie hatte, hängt eher mit der Frage zusammen, wen sie nach der Heimkehr heirateten, als mit kriegsbedingten Veränderungen in der Großfamilie. So wurde Arthur, der junge G2-Mann aus der »Auswanderer-Familie« nach dem Einsatz im Zweiten Weltkrieg noch vor den 60er Jahren ein früher Hippie, der als junger rasender Rebell mit seinem Motorrad in den Straßen von Los Angeles herumkurvte, um danach eine Schauspielerin aus Hollywood zu heiraten und schließlich nach Europa auszuwandern, um Künstler zu werden. In seiner Rückantwort gab er an, die Kriegserfahrung – er war zu dieser Zeit noch keine 20 – hätte sein Leben und folglich das der Familie verändert. Da aber seine Eltern immer schon ebenfalls tolerante Geister gewesen waren, blieben die familiären Bindungen zwischen dem europäischen und dem kalifornischen Familienzweig selbst nach seinem Umzug nach Europa eng.

In der »Beach-Boy«-Familie starb der zweite Ehemann von Linda, der G2-Tochter, im Zweiten Weltkrieg, aber sie heiratete fast sofort anschließend einen dritten Mann, der ebenfalls früh starb. Zusammengerechnet brachte Linda mit ihren ersten zwei Männern sechs Kinder auf die Welt und zog sie größtenteils alleine auf. Aber selbst hier können wir diese Veränderungen nicht direkt auf den Krieg zurückführen. Sie hatte sich von ihrem ersten Mann bereits vor dem Krieg scheiden lassen, und ihr Lebensweg mag zu diesem Zeitpunkt bereits festgestanden haben. Diese dramatische und etwas desorganisierte Familie wurde nach den »Beach Boys« benannt, weil vier von Lindas fünf Söhnen Surfer wurden.

Die bereits erwähnten vier Töchter der »Hispanics«-Familie kamen in San Diego im Jahre 1946 an, gerade rechtzeitig, um vier aus dem Krieg heimkehrende Seeleute zu heiraten, die sich dann nach ihrer Entlassung (aus der Armee) mitsamt ihrer Frauen im ganzen Land ansiedelten. Diese Spätfolge des Krieges – die zeitweise Ansammlung heiratsfähiger Männer in einem Teil des Landes – hat definitiv einen Einfluß auf die Familienbildung gehabt, wenn auch nur einen indirekten.

Die sozialen Bewegungen der 60er und 70er Jahre könnten einen größeren Einfluß als Kriege und Wirtschaftskrisen gehabt haben. Mitglieder von vier Familien wurden zumindest zeitweilig »Hippies«. Mitglieder von ebenfalls vier Familien nahmen auch Drogen. Sechs Familien konnten Mitglieder vorweisen, die fundamentalistische Christen wurden. Mindestens drei ließen sich von der sexuellen Revolution beeinflussen, und eine Frau in starkem Maße von der Frauenbewegung. Es überrascht angesichts der Tatsache, daß die untersuchten Familien aus der Arbeiterklasse stammten, nicht, daß sie der politisch rechten Bewegung des evangelikalen Christentums näher standen als der Linken. Der überall spürbare Effekt der Zuwendung zum religiösen Fundamentalismus war, was die familiäre Organisation betrifft, ein Rückbesinnen der zweiten und dritten Generation auf familiäre Werte, obwohl sich zumindest zeitweise die »christliche« Jugend für »heiliger« als ihre Eltern hielt und abfällig über diese redete. Als Tom, der Enkel in einer jüdischen Familie, zum evangelikalen Christentum konvertierte und nach Arizona umzog, trieb er einen Keil zwischen sich und seine Eltern und Geschwister (nicht aber zur Familie seiner Frau). Zur selben Zeit verstärkte er die Bindungen innerhalb seiner eigenen Kernfamilie, die aus seiner Frau und vier Kindern bestand. Aber immer noch besucht er seine Eltern mehrmals im Jahr und telefoniert mit ihnen einige Male im Monat, und er kam zu den Hochzeiten seines Bruders und seiner Schwester.

Familienereignisse

Was die Organisation der Famlie betrifft, waren Kohorteneffekte und historische Einflüsse im allgemeinen zweitrangig, da Persönlichkeitscharakteristika, Werte und Entwicklungen in der Familie ebenfalls darauf einwirkten. Familiäre Ereignisse, besonders Hochzeiten, hatten hier direktere Auswirkungen. Maisie, eine der G2-Frauen aus der »Zwist-Familie« besprach mit ihren beiden Söhnen offen, wie wichtig es ist, eine Frau zu wählen, die die Familie zusammenhalten würde. Sie bezog sich dabei auf die Katastrophe, die durch die Heirat eines ihrer Brüder mit einer Katholikin und des anderen mit einer reichen Südamerikanerin, die ihre Schwägerin verachtet, ausgelöst wurde. Ihre Söhne verstanden diese Lektion, wie sich im Interview mit einem von ihnen zeigte: der bereits erwähnte Bill sagte, er sei mit seiner Mutter völlig einer Meinung; er hatte die Beziehung zu seiner letzten Freundin abgebrochen, weil sie sein Kriterium der familiären Orientierung nicht erfüllte.

George, ein G2-Mann aus der »Beach-Boy«-Familie, entfernte sich de-facto ebenfalls von seiner Familie, als er eine Japanerin ehelichte. Dies lag nicht daran, daß seine Verwandtschaft engstirnig gewesen wäre, sondern an der Tatsache, daß die kulturellen Unterschiede unüberbrückbar waren. George war jedoch immer ein Abweichler, und seine Familie bereits zuvor nicht besonders eng verbunden gewesen, so daß die Heirat nur eine bereits bestehende Trennung verstärkte, wie es die meisten der genannten Ereignisse taten.

Die Ausgangshypothese, daß der Tod der ältesten Generation einen wichtigen Einfluß auf die familiäre Organisationen haben würde, hat sich bei diesen Familien nicht bestätigt. Es ist zwar wahr, daß der Tod der Großeltern fast alle ihre Kinder und Enkel auf irgendeine Weise betraf – sie trauerten und fühlten eine neue Nähe zu ihrer eigenen Sterblichkeit –, aber diese Todeesfälle betrafen eher Individuen als Familienstrukturen. Sie führten nicht einmal zu einer systematischen Übertragung der Rollen der familiären Integrationsfigur oder des Familienoberhauptes. Wo die Integrationsrolle übertragen wurde, waren die neuen Träger der Rolle schon lange darauf vorbereitet gewesen, und einige hatten die Rolle bereits übernommen, als ihre Eltern, die vorherigen »kinkeeper«, altersschwach wurden.

So gab es aufgrund des Todes der Großeltern kein Auseinanderbrechen von Familien. Wo sich G2-Geschwister danach in verschiedene Zweige trennten, hatten sich die Brüder und Schwestern bereits vorher nicht besonders nahe gestanden. Mein Eindruck ist, daß der Tod der Großeltern ebenso viele Geschwister einander näher brachte wie entzweite. In einigen Familien gab es Streitigkeiten über die Ansprüche und die Aufteilung des Besitzes – besonders bei der »Zwist-Familie« –, aber diese scheinen nur in einer Familie zu einem dauerhaften Bruch geführt zu haben; dort waren sie der Tropfen, der das Faß zum Überlaufen brachte. In den anderen Familien hat man sich mit der Zeit an die Streitigkeiten etwas gewöhnt.

Verbindungen

In der Theorie variieren Familien sowohl in der Intensität ihrer internen Bindungen, wie auch in ihrer Abgrenzung nach außen. Keine der bislang untersuchten Familien hat so begrenzte Strukturen, daß Nicht-Familienmitglieder von familiären Interaktionen ausgeschlossen würden. Tatsächlich scheinen enggezogene Grenzen für Familien in Nordamerika nicht charakteristisch zu sein. Es kann starke Dyaden ebenso geben, wie die Möglichkeit schwacher Familien besteht. Normalerweise werden Großfamilien durch Bindungen zwischen Geschwistern, aufgrund des Geschlechts, Alters oder geographischer Faktoren, durch gemeinsame Interessen und Werte, sowie durch Eltern-Kind-Beziehungen zusammengehalten. Zwei Drittel der untersuchten Familien sind durch Geschwisterbindungen verbunden. Die Bindungen zwischen Brüdern und Schwestern scheinen diejenigen zu sein, die fast immer den erweiterten Familienverband zusammenhalten, zumindest nach dem Tod der Großeltern. Mit der Forschung über Geschwister im Erwachsenenleben wurde gerade erst begonnen (vgl. Bedford und Gold, 1989), aber jeder, der sich für die Organisation von Großfamilien interessiert, sollte sich den Geschwisterbeziehungen aufmerksam zuwenden. In der »Beach-Boy«-Familie hält beispielsweise die Bindung zwischen Linda und ihrem Bruder Robert in der G2-Generation und die ihrer G3-Söhne die Familie zusammen. In der »Armee-Familie« ist es Stuarts enger werdende Beziehung zu seinem Halbbruder Mark, mit dem zusammen er versucht, die Familie wiederaufzubauen.

Die eher dürftigen Bindungen zwischen den vier G2-Schwestern aus der »Hispanics-Familie« sind ein weiteres Beispiel.

Die Geschwisterbindungen bei den Carrs[2] sind deutlich. Die Großmutter Hope stand ihrer Schwester Zeit ihres Lebens nahe, und ihre Kinder und Enkel stehen mit dieser Tante bzw. Großtante immer noch in Kontakt. Die drei G2-Geschwister Joe, Jill und Jed bleiben eng verbunden. Sie rufen sich gegenseitig oft an, helfen einander, geben sich gegenseitig Ratschläge und arrangieren häufige Zusammenkünfte. Jills vier G3-Kinder folgen dem Vorbild ihrer Mutter und sind einander noch enger verbunden, als sie es mit ihren Geschwistern ist.

Die »Auswanderer-Familie«, in der der G2-Bruder Arthur den größten Teil seines Erwachsenenlebens in Europa verbracht hat, wäre vielleicht nie zusammengeblieben, wenn es nicht die enge und herzliche Beziehung zwischen ihm und seiner kalifornischen Schwester Janet gegeben hätte. Und Arthurs Kinder folgen diesem Modell. Seine Tochter Kate gab an, ihren Brüdern »das Leben gerettet zu haben«, und sie versucht, sie auf dem richtigen Weg zu halten.

Das verbindende Element bei der »Zwist-Familie« ist das Familienthema des allumfassenden Streites. Die Großmutter Lydia hatte ihrer Schwester nahegestanden, und die vier G2-Geschwister sind sich gegenseitig sehr wohl bewußt, wenn auch auf eine negative Art und Weise. Martha, die Enkelin bei den Zeugen Jehovas, die ihre Familie offenkundig meidet, schloß in einem Fragebogen in ihre Wünsche ein Gebet ein, daß ihre Schwester wieder lebendig werden möge – jene Schwester, die im Alter von zehn Jahren starb, als Martha im Jugendalter war.

Nicht alle Familien sind jedoch durch Geschwister verbunden. In der »R-Familie« mögen sich die beiden G2-Schwestern nicht und sind neidisch aufeinander. Sie mußten durch den ausdrücklichen Wunsch ihrer sterbenden Mutter verpflichtet werden, friedlich miteinander umzugehen. Die Bindungen in dieser Familie sind jedoch stark und haben dabei die Form einer vorherrschend geschlechtsspezifischen Bindung. Alle Frauen, selbst die neidischen Schwestern, fühlen sich in allen drei Generationen mit allen anderen Frauen als eine Einheit. Die Männer befinden sich deutlich außerhalb dieser Gruppe. Die Familie ist deswegen interessant, weil sie nicht in Zweige geteilt ist. Alle Mitglieder hatten eine große geographische Mobilität in Form häufiger Umzüge, und wo immer sie sich gerade zufällig im Staate Washington oder in Los Angeles befinden, stehen sie in enger Verbindung mit denjenigen Familienmitgliedern, die zufällig gerade auch dort leben. Man könnte sogar sagen, daß gerade ihre häufigen Umzüge ein Indiz für ihre familiäre Anhänglichkeit sind. Niemand ist weit von den Familienstützpunkten weg gezogen, nicht einmal nach Utah oder Arizona. Cousins können sich so nahe stehen wie Brüder, und Nichten können zu Tanten dieselbe intensive Beziehung wie zu ihren Müttern haben. Die Männer ziehen ebenfalls oft um und kehren häufig an den Ausgangspunkt zurück, aber ihre Bindungen sind zweitrangig und leiten sich aus denen der Mütter, Schwestern und Tanten ab.

Es gibt in der »Beach-Boy-Familie« ebenfalls eine gewisse Mutter-Tochter-Verbindung über 3 Generationen, sowie eine Mutter-Kinder-Verbindung in drei anderen Familien, jedoch ist die Bindung über Geschwister die häufigste.

Schlußfolgerungen

Die zwei hier gestellten Hauptfragen richteten sich auf die Enge der Bindung und die Funktionsweise des Zusammenhalts in diesen Familien. Wir haben gesehen, daß es bezüglich der Verbundenheit viele verschiedene Varianten gibt. Auf der einen Seite sind dies Familien, die nahe beieinander leben, sich oft sehen und Sympathie füreinander zum Ausdruck bringen, und auf der anderen Seite Familien, in denen die Familienstrukturen zusammengebrochen sind, wo Mitglieder weit auseinander wohnen, sich selten sehen und kein Interesse füreinander zeigen. Aber sogar in der fast gänzlich aufgelösten Familie in der Untersuchungsgruppe, der »Armee-Familie«, gibt es den Versuch eines jungen Mannes der dritten Generation, eine Art Familiengebäude wiederzuerrichten. Es ist wahr, daß dies ein Teil eines unfreiwilligen Programms einer Rehabilitationseinrichtung sein mag, aber er führt diese Anweisungen mit Begeisterung aus. Es mag ebenso sein, daß diese Erhebungsgruppe durch die Art ihrer Auswahl keine absolut verläßlichen Ergebnisse über die familiäre Orientierung liefert. Was die zweite Frage betrifft, so läßt sich festhalten, daß innerhalb dieser Familie der erweiterte Familienverband am häufigsten durch Geschwister zusammengehalten wird.

Ereignisse außerhalb der familiären Welt scheinen einen nicht so großen Einfluß auf die familiäre Organisation zu haben wie Ereignisse innerhalb der Familie. Und selbst Familienereignisse wie der Tod der Großeltern erzeugen keine Veränderungen, die nicht bereits im Gange waren. Schließlich läßt sich die zentrale Rolle von familiären Integrationsfiguren (»kinkeepers«), die hauptsächlich von Frauen wahrgenommen werden, klar bestätigen. Es scheint wohl so, als müsse es in erweiterten Familienverbänden, oder gar vielleicht in allen Familien, zumindest eine bestimmte Person geben, die für den Zusammenhalt veranwortlich zeichnet.

Thesen:

1. Während es viele verschiedene Varianten bezüglich des Grades der Integration von erweiterten Familienverbänden in Nordamerika gibt, gibt es in einigen Aspekten bezüglich der Struktur und Funktionsweise Ähnlichkeiten:

a) Familiäre Integrationsfiguren (»kinkeeper«) erhalten die Funktionen der Familie aufrecht.
b) »Kinkeeper« sind vorrangig Frauen.
c) Die Rolle des »Kinkeepers« wird von einer Generation an die nächste übertragen, oft mit einem allmählichen Eingewöhnen in die Rolle.
d) Bindungen in derselben Generation – Geschwister oder Cousins – dienen dazu, verschiedene Familienzweige zusammenzuhalten.

2. Familiäre Beziehungen erdulden erhebliche Belastungen und werden nicht leicht abgebrochen:

a) Wichtige gesellschaftliche Ereignisse haben nur indirekte Auswirkungen.
b) Der Tod der ältesten Generation, räumliche Trennung oder Streit über testamentarische Ansprüche führen normalerweise nicht zum Bruch der Beziehungen, es sei denn, daß sie vorher schon sehr labil waren.
c) Die Heirat der Söhne ist in Bezug auf die Aufrechterhaltung der Bindungen das entscheidendste Ereignis.

Anmerkungen:

[1] Zum Teil wurde diese Arbeit unterstützt durch die BRSG-Zuwendung H6032-03374-02, University of California San Francisco, sowie durch die Unversity of Southern California Longitudinal Study of Generations.

[2] Die Großeltern (G1), Gus und Hope, entstammten Familien aus dem mittleren Westen. Beide kamen im Kindesalter mit ihren Eltern ins südliche Kalifornien, wo sie im öffentlichen Dienst arbeiteten und drei Kinder zur Welt brachten. Trotz großer räumlicher Entfernungen bestehen enge Bindungen vor allem unter den Geschwistern der jeweiligen Generation; auch die Rolle der »Kinkeeper« wird in der G2-Generation von der Tochter ausdrücklich auch für ihre Brüder mit wahrgenommen.

[*] Aus dem Englischen übersetzt von Arnd Stoppe, stud. (Konstanz) und Amanda Frenz, M. A. (Konstanz).

MARTINE SEGALEN

Die Tradierung des Familiengedächtnisses in den heutigen französischen Mittelschichten*

In den 60er Jahren reduzierte die Soziologie die Familie auf die triadische Konfiguration »Ehemann, Ehefrau und Kind(er)«. Ihr Platz innerhalb des gesellschaftlichen Lebens wurde als bestenfalls von sekundärer Bedeutung erachtet, und man dachte, daß die einst wichtigen Funktionen von Wohlfahrtsstaat, Arbeits- und Wohnungsmarkt, Schulsystem und Gesundheitswesen bereits substituiert worden waren. Nach der Theorie des amerikanischen Soziologen Talcott Parsons stellte die Familie nur noch ein zweitrangiges Rädchen, ein »Untersystem« des gesellschaftlichen Systems dar. Dann, während der 70er und 80er Jahre, erschien die Familie noch »ungewisser« (Roussel 1990) als zuvor, insbesondere im Hinblick auf die Ursachen, Formen und Folgen der Entwicklung neuer familialer Lebensmuster. Eine »Soziologie der Scheidung« und des »nichtehelichen Zusammenlebens« schob sich in den Vordergrund der wissenschaftlichen Analyse. Dies hatte zur Folge, daß man die anderen Mitglieder der Familie, ihre Bindungen an das – auch im Falle der Trennung – im Zentrum stehende Paar und ihre jeweilige Rolle im Alltag der Betroffenen einfach vergaß.

Ihre Wiederentdeckung in jüngster Zeit beruht auf der wachsenden Einsicht in die offensichtlich nicht zu unterschätzende Bedeutung des ökonomischen Austauschs zwischen Verwandten, insbesondere zwischen den Generationen und den Vertretern der Seitenlinien. In einer frühen, jedoch immer noch als exemplarisch geltenden Untersuchung haben Roussel/Bourguignon (1976) als erste die große Bedeutung familialer Unterstützung – sowohl in materieller als auch in emotionaler Hinsicht – herausgearbeitet. Er zeigte auf, daß die grundlegenden Prinzipien dieser Austauschprozesse auf der Unabhängigkeit und Freiheit der Generationen beruhen, d.h. die familialen Bande werden nicht mehr als Fessel empfunden, sondern freiwillig getragen. Jedoch wurde diese Studie damals in einem ideologischen Kontext publiziert, in welchem die Familie noch als ein Halseisen bzw. ein archaischer und anachronistischer Wert, dessen man sich so schnell wie möglich entledigen sollte, wahrgenommen wurde. Selbst wenn die Zeichen der Hinfälligkeit der Ehebeziehung auch gegenwärtig offen zutage liegen, läßt sich dennoch heute eine Tendenzwende beobachten: Plötzlich ist die Familie wieder beachtenswert und achtbar geworden.

Wo wir gegenwärtig den Niedergang der großen politischen Mythen und das Ende der Ära der Ideologien und politischen Streitbarkeiten erleben, überrascht es vielleicht auch nicht weiter, daß die Familie in ihrem ganzen Ausmaße wieder auf der Vorderbühne des Gesellschaftlichen auftritt. Nicht nur wird anerkannt, daß sie ein Ort darstellt, an dem zum Teil beachtliche Leistungen wechselseitiger Hilfe erbracht werden, sondern man gesteht ihr auch zu, über diese konkreten Formen des Austausches hinaus einen zentralen Stellenwert im

Bereich der symbolischen Ordnung einzunehmen. Wie es Olivier Mongin (1991: 77) formulierte, handelt es sich um »ein Paradoxon: während manche über den Wertverlust der Familie lamentieren, herrscht und agiert diese unbeschadet im Rahmen der Vorstellungswelten einer ganzen Vielzahl gesellschaftlicher Bereiche fort.« Demnach hätte die Familie also nicht nur zweckorientierte Funktionen zu erfüllen wie z.B. die Betreuung der Kinder während der Ferien, die Beherbergung erwachsener Kinder im Falle der Arbeitslosigkeit, die finanzielle Unterstützung beim Erwerb von Wohneigentum oder die Übernahme der Betreuung älterer pflegebedürftiger Familienmitglieder. Wie in allen Gesellschaften dieser Erde stellt die Familie auch in der unsrigen immer noch eine zentrale Denkstruktur dar, innerhalb derer jedes einzelne Mitglied der Verwandtschaft eine spezifische Position einnimmt, eine Struktur, welche Einstellungen prägt, ein Denksystem, welches Erwartungen imaginärer Ordnung hervorbringt und prägt.

Dieses Repräsentationssystem dreht sich um die Achse symbolischen Austausches zwischen den Lebenden und den Toten. Keine Gesellschaft kommt ohne Vorfahren aus, von denen man empfängt und von denen her man zu überliefern hat. Unter Berufung auf die Vorfahren kann man eben selber hoffen, einmal ein Vorfahre zu werden, Zeichen zu setzen, sein Siegel einzudrücken und Dauer zu erlangen. In unseren zeitgenössischen Gesellschaften hat man so getan, als ob diese Dimensionen abgeschafft worden seien; unsere Welt verschleiert den Tod. Wir hatten vergessen bzw. verdrängt, daß die Familie vor allem ein sich in die Langfrist-Dimension der Zeit einschreibender Prozeß darstellt.

Das Familienband in archaischen und in agrarischen Gesellschaften

Jede Gesellschaft muß ihre Probleme mit der Welt der Vergangenheit auf ihre Art lösen. In exotischen Gesellschaften werden diese grundlegenden Fragen kollektiv in Form großer Riten und großer Mythen thematisiert. Unilineare Verwandtschaftssysteme schreiben das Individuum in die Zeitstruktur seiner Abstammungslinie ein, von der es einen Status, einen Ort in der Gesellschaft und ein Ensemble an Rechten zugeschrieben bekommt. Durch den Umstand der Zugehörigkeit zu einem bestimmten Clan und einer spezifischen Lineage hat man bestimmte Boden-, Fisch- und Jagdrechte, erwirbt man politische und religiöse Rechte. Diese Zugehörigkeit erst macht aus dem Individuum ein Glied seiner Gemeinschaft. In den europäischen Agrargesellschaften finden wir eine Weitergabe von Besitz im Schoße der Familie und keinen reinen individuellen Erwerb von Rechten der Landbestellung, ob diese nun auf Pacht oder auf Eigentum beruht. Somit bilden die Generationenbeziehungen hier das Rückgrat der Gesellschaft: innerhalb der Familie werden der Erwachsenenstatus, der bestellbare Boden und das know-how eines Handwerks weitergegeben.

Auf solche Art ist die Transmission, selbst wenn sie sich im Kontext familialer Privatheit praktisch realisiert, hier immer auch immanenter Teil der kollektiven Ordnung: die Geschichte der Dorfgemeinschaft ist immer auch jene der Allianzen und Gräben zwischen

Familiengruppen, eine Geschichte, die in Familienerinnerungen so gehegt und gepflegt wird, daß Ressentiments über Generationen hinweg warmgehalten werden können. Im Rahmen dieser Gesellschaften der Tradierung und Transmission schreibt sich die gesamte Familiengeschichte in die Scholle ein: das von diesem oder jenem Vorfahr erworbene Feld, der Weiler, den er hat verlassen müssen, die Böschungen, an denen sich die Jugendlichen bekriegten etc. (vgl. Zonabend 1980). Diese Erinnerung hat zugleich auch einen individuellen und privaten Charakter, verkörpert in alltäglichen Gebrauchsgegenständen, die von Generation zu Generation weitergegeben werden (zumindest was die oberen Schichten der agrarischen Gesellschaften betrifft).

Der Kulturschock läßt diese Formen kollektiven Gedächtnisses zerbersten und mit einem Schlag, wie Victor Segalen in »Les Immémoriaux« äußerst klar gezeigt hat, auch die individuellen Erinnerungen verlöschen. Die Gesellschaft bricht zusammen, wie man es etwa im Falle der durch den Kontakt mit der westlichen Zivilisation verwüsteten außereuropäischen Kulturen beobachten kann. Im geringeren Maße hat sich dieser Vorgang auch in den Übergangszeiten unserer komplexen europäischen Gesellschaften abgespielt. Es handelt sich hier um die auf verschiedenste Art gekennzeichneten Phasen des Umbruchs – Landflucht, Industrialisierung, Urbanisierung etc., welche sich je nach europäischer Region bereits ab dem späten 18. Jahrhundert oder auch erst hundert Jahre später einstellten. In dieser Zeit strömen die früheren Landbewohner, vor allem die bedürftigsten, in die Städte um einen Erwerb zu suchen und sich zu ›proletarisieren‹ – um den Preis des Kontaktverlustes mit ihren Wurzeln und ihrer Kultur. Hier kommt es dann auch zum Aufwerfen gesellschaftlicher Gräben zwischen der Bourgeoisie und dem Rest der städtischen Gesellschaften, welche natürlich zuvorderst ökonomischer Natur, jedoch auch kultureller und symbolischer Art sind. Den einen bleibt Kontinuität und Erinnern, den anderen nur die Erfahrung des Bruchs und der sozialen Amnesie.

Letztere – das »einfache Volk« – haben sich dann eine Identität auf der Basis lokaler Zugehörigkeit und politischer Organisation zurückerobert. Politische und gesellschaftliche Kämpfe, von den 30er bis zu den 50er Jahren dieses Jahrhunderts, wurden zum Zement des kollektiven Gedächtnisses der Arbeiterfamilien. Aber auch diese Epoche gehört bereits der Vergangenheit an. Das Aufkommen der uns heute wohlvertrauten Mittelschichten ging mit einer neuen Webart des sozialen Geflechts einher. Die Familie wurde wieder zu einem Ort der Überlieferung und Übermittlung.

Unsere Gesellschaft verfügt weder über Ideologien noch über Missionen, zu denen man sich hinwenden könnte, um sich gegenüber Vergangenheit und Zukunft zu verorten. Diese Fragen sind aus dem Bereich des Kollektiven verdrängt worden. Es gibt keine Vorfahren mehr, mit denen man sich identifizieren könnte. Die Vorstellungswelten sprießen dementsprechend auf individueller Basis und finden gerade in der Nische der Familie einen geeigneten Nährboden, der den Individuen wirkmächtige Identifikationsmöglichkeiten bietet, welche jene ersetzen, die man einst noch bei politischen Parteien hätten suchen und finden können.

Wenn die Tradition – im durchaus wörtlich zu nehmenden Sinne von »Transmission« – wieder das Sagen hat, so geschieht dies auf zweifache Weise: einerseits befinden sich die jüngeren nicht mehr in Opposition zu den Älteren, andererseits wünschen die Älteren, eine

Spur ihrer selbst zu hinterlassen. Dies war nicht immer der Fall. Es gab Perioden, die durch eine radikale Ablehnung all dessen gekennzeichnet waren, was die Älteren behaftete, und schließlich sind uns auch Gesellschaften bekannt, die sich durch eine Bevorzugung transversaler Wege der Güterverteilung auszeichnen.

Welche Konzepte bieten sich an?

Wir verfügen über verschiedene konzeptuelle Werkzeuge, um die genannten Phänomene zu analysieren, und darüber hinaus natürlich über den gesamten Apparat methodologischer Zugangsweisen, die von den einzelnen wissenschaftlichen Disziplinen gehütet und bereitgestellt werden. Die Dimension sogenannter »Generationenbeziehungen« wird heute von der Mehrheit soziologischer Analysen familialer und gesellschaftlicher Reproduktionsmodi in Rechnung gestellt. Im Sinne von »neuer Wein in alte Schläuche« wird hier ein von Gesellschaftshistorikern im allgemeinen, insbesondere aber von jenen, die sich mit Familie beschäftigen, schon längst untersuchter Sachverhalt thematisiert. Zunächst hat man das konzeptuelle Instrument des »family life cycle« verwendet, um dann zu jenem des »family life course« überzugehen (Elder 1978, Hareven 1987). Letzteres Konzept bezieht sich gerade auf die Analyse der wechselseitigen Verknüpfung von individuellem und familialem Lebenszyklus. Dadurch ist es möglich, die Interaktion zwischen Individualität einerseits und den sie »bindenden« kollektiven Modellen von »Familie« andererseits zu deuten. In den Texten der Ethnologen und Historiker, die sich mit komplexen Gesellschaften auseinandersetzen, fällt der Begriff »Generationenbeziehungen« nur selten.

Der Begriff der Generation ist schon seit jeher von Historikern und Soziologen mißtrauisch beäugt worden, nicht zuletzt wegen der von ihm nahegelegten Vorstellung des besonderen Gewichts familialer Determinismen sozialer Schicksale. Charakteristischerweise lehnt Durkheim dieses Konzept unumwunden ab (Le Wita 1991: 211). Das familiale Band zwischen Großeltern, Eltern und Enkeln muß jedoch insofern von Generationenbeziehungen abgehoben werden, als sich die Tradierung von einer Altersklasse zur anderen eben nicht rein mechanistisch vollzieht. Der Begriff ist durch eine derart kontrovers besetzte Geschichte charakterisiert, daß es sich empfiehlt, ihn nicht als eine angemessene analytische Kategorie zu betrachten. Hingegen scheint der Begriff der »Transmission« besser operationalisierbar. Weniger durch spezifische Konnotationen belastet als das Konzept der »Vererbung«, welches immer zuvorderst an materielles Kapital denken läßt, impliziert dieser Begriff immer auch Vorstellungen von Austausch- und Kommunikationsprozessen. Transmission bzw. Übergabe rückt nicht nur den Aspekt des passiven »Erhaltens«, sondern auch das aktive Element des »Gebens« ins Blickfeld, weshalb wir diesen Begriff im Sinne eines Rahmenkonzepts vorziehen.

Im Zusammenhang mit zwei neueren Forschungsprojekten haben wir den Versuch unternommen, Tatbestände der »Transmission« im Rahmen der Beobachtung zeitgenössischen familialen Verhaltens herauszufiltern. Das erste dieser beiden Projekte basiert auf dem schon klassischen Verfahren der Sammlung von Biographien. Im Unterschied zur gängigen Vorgehensweise wurde hier jedoch nicht so verfahren, daß man Individuen oder Paare über ihren familialen Hintergrund und ihren Lebensweg berichten ließ. Vielmehr sollten diese über die Umwelt der Befragten und die sie umgebenden alltäglichen Gegenstände erschlossen werden. Im zweiten Projekt ging es unmittelbar um die Frage des seit geraumer Zeit beobachtbaren wachsenden Interesses an genealogischer Forschung sowie am Erstellen von Stammbäumen, welches als Ausdruck des Suchens nach Transmissionsketten angesehen werden kann. Beide Untersuchungen zielten darauf ab, Familienbande, so wie sie sich im gesellschaftlichen Universum direkt sichtbar, aber auch im Bereich der jüngst wiederentdeckten gesellschaftlichen Dimension der »Vorstellungswelten« symbolisch vermittelt äußern, zu erfassen.

Diese familiale Vorstellungswelt darf nicht mit dem Aspekt der Erinnerung verwechselt werden, auch wenn es zwischen beiden vielfältige Berührungspunkte gibt. Während die Erinnerung die Funktion hat, die Wirklichkeit zu konservieren, gehört die sich auf die Erinnerung stützende Vorstellungswelt bzw. das »Imaginäre« zum Bereich mythischer Konstruktion, welche gleichermaßen in Vergangenheit, Gegenwart und Zukunft fußt. Ebenso wie die Erinnerung hat auch das Imaginäre einen Doppelcharakter und integriert sowohl Intimes und Persönliches wie auch Aspekte der kollektiven Ordnung der Familie als gesellschaftliche Institution (vgl. Muxel 1991). Dies macht es auch besonders schwierig, sich vom Standpunkt der Soziologie her an diese Dimension anzunähern, jedoch scheint es möglich, ihr vermittelt über konkrete Objektivierungen, die diesem Imaginären als materielle Träger dienen, auf die Spur zu kommen.

Es mag heute plausibel erscheinen, familiale Vorstellungswelten über Gegenstände, Häuser oder auch rekonstruierte Stammbäume zu erschließen, bis vor kurzem wirkte es jedoch sehr suspekt, überhaupt von »familialer Transmission« zu sprechen, schien doch der Faktor der Vererbung obsolet geworden und durch Generalisierung des Erwerbstätigkeitsstatus ausgetilgt zu sein. Anders gesagt: die hier präsentierte Analyse hat ihre Legitimität erst seit kurzem zurückerobert. Seit den wichtigen Arbeiten, die Maurice Halbwachs in der Zwischenkriegszeit der Frage des Gedächtnisses widmete, wurde lange Zeit nichts mehr über dieses Thema geschrieben, bis es dann in den 80er Jahren, beeinflußt durch ethnologische Forschungen, wieder Einzug in das Feld familiensoziologischer Fragestellungen hielt.

Erkennt man die Bedeutung des Prinzips der Generationenabfolge an, dann ist es erlaubt, unsere modernen Gesellschaften wieder in der Kontinuität der conditio humana zu sehen und zu verorten. In seinem Vorwort zu A. Gotmanns Untersuchung über Erbschaft (1988) unterstrich Marc Augé, daß sich hinter den sich ebenso in der Gegenwartsgesellschaft wie in den von Ethnologen erforschten traditionellen Kulturen stellenden Problemen der Vererbung »immer auch die zweifache Frage nach der Identität erhebt«. Zum einen jene nach der individuellen Identität des Toten, wie sie sich etwa in Dokumenten seines »letzten Willens« manifestiert, zum anderen die Frage nach der Identität der Gruppe, die sich aus allen »Erbberechtigten«, die mit dem Toten durch zugleich als gesellschaftlich und als natürlich repräsentierte Bande verknüpft wahrgenommen werden, zusammensetzt. Ethnographische

Untersuchungen über Mobiliar oder Stammbäume zielen somit geradewegs auf Kernfragen der Gesellschaftswissenschaften.

Dies soll im folgenden anhand einiger Befunde der erwähnten Forschungsarbeiten illustriert werden. Die Untersuchung über das Mobiliar stützt sich auf Befragungen von Familien der neuen Mittelschichten Frankreichs, zu denen einerseits Familien in bescheidenen Verhältnissen (Arbeiterschaft, kleinere Beamte etc.) aus Pariser Vororten zählen, zum anderer Lehrerfamilien aus der Region um Evreux (1). Diese Untersuchung zeigte, daß Möbel oder Nippsachen nicht, wie man gemeinhin annimmt, einfach nur alltägliche Gebrauchsgegenstände oder »Konsumgüter« darstellen. Auch wenn sie serienmä-ßig hergestellt waren, wurden sie dennoch »erworben« und zum Ausdrucksmittel eines bestimmten Lebensstils erhoben und bringen die kulturelle Dimension des Gesellschaftli-chen, vom Gefühlsmäßigen bis hin zu verschiedenen Formen der Repräsentation von Identität zur Geltung. Sie haben die Funktion, Kontinuität herzustellen und zu bewahren.

Die zweite Untersuchung, bei der Hobby-Genealogen befragt wurden, bringt des weiteren die Bedeutung der familialen Kontinuität als Quelle individueller und kollektiver Identifikation für die Glieder der rekonstruierten Abstammungskette ans Licht. Den Stellenwert und die Geschichte der Möbel und Gegenstände »zum Reden bringen« oder über die eigenen Stammbaumforschungen erzählen heißt immer auch, sich selbst in der Langzeit der Familie und damit in einer zugleich objektiven wie auch mythischen Zeitdimension zu verorten.

FALLBEISPIEL I: INNIG GELIEBTE MÖBEL
ALS TRÄGER DES FAMILIENGEDÄCHTNISSES

Herr und Frau A.G. im Alter von 55 respektive 56 Jahren bewohnen seit 1968 eine Dreizimmerwohnung in einem Hochhaus einer sozialen Wohnbaugenossenschaft in Nanterre. Herr A.G., zuvor Arbeiter im Renault-Werk, ist vorzeitig in Rente gegangen. Ihre Kinder leben auch in Nanterre.

Alle dekorativen Gegenstände der Wohnung sind entweder auf dem Fernsehgerät oder an bestimmten Orten des modernen Wohnzimmer-Buffets plaziert. Mme. A.G. zählt diese Gegenstände auf und erläutert sie näher: ein in Belgien erworbener Bierkrug – ein Reisesouvenir –, ein Steingutteller, ein Teeservice, Gläser, ein orangefarbenes Likörservice aus Steingut, welches man während eines Familienurlaubs in Vallauris erstanden hat, Gläser – ein Hochzeitsgeschenk –, eine Vase, die während der Familienferien in der Camargue gekauft wurde, zwei kleine Statuen – Reisesouvenirs aus Capri –, eine Tischdecke, die von einer Schwester während einer Griechenlandreise als Geschenk mitgebracht wurde, drei Aschenbecher – Geschenke eines Onkels –, das von einer anderen Schwester von einer Rumänienreise als Präsent mitgebrachte Teeservice, eine mit Werkstoffen der Renault-Fabrik gefertigte kleine Statue, die Kollegen von Herrn A.G. diesem anläßlich seines Ausscheidens aus dem Arbeitsleben schenkten.

Die Kommentare der Eigentümer machen aus diesen Gegenständen Bezugspunkte ihrer alltäglichen Umgebung. Sie erlauben es ihnen, verbrachte Familienferien oder Etappen des

Familien- und Berufslebens wieder in Erinnerung zu rufen, und verweisen ständig auf das soziale Netz und die Freundeskreise, denen Herr und Frau A.G. angehören. Solche Gegenstände existieren in tausendfacher maschineller Ausfertigung, in ihrer Kombination jedoch sind sie einzigartig. Durch sie drücken sich die Persönlichkeit, die soziale Identität und auch die Vielzahl der Wechselfälle des Familien- und Berufslebens aus.

Herr und Frau E.B., beide achtzigjährig, sind italienische Immigranten, deren Kinder als französische Staatsangehörige im gesellschaftlichen Alltag Nanterres voll integriert sind.

Im großen Buffet ihres Wohnzimmers stehen Fotos und Gegenstände dicht auf dicht. Ein mit einem Landschaftsbild – eine Talansicht aus Pesaro, woher beide stammen – verziertes Tablett, das Foto einer verstorbenen Schwester und jenes eines alten kommunistischen Genossen aus Zeiten gemeinsamer Arbeitskämpfe sowie Hochzeitsbilder ihrer Kinder und Fotos der Enkelkinder.

Die Beziehungen Herrn und Frau B.s zu ihrer Heimat sind nur noch sehr locker. Dort findet sich kein Elternhaus mehr, dennoch gibt das Dekor ihrer Wohnung ihrem Leben einen Sinn, indem es sie an ihre Wurzeln erinnert und sie nicht vergessen läßt, woher sie stammen, auch wenn die Kinder eine vom Standpunkt des Franzosen, welcher oft dazu tendiert, Unterschiede zu leugnen, als voll gelungen einzuschätzende Integration in die Alltagswelt der neuen Wahlheimat durchlaufen haben.

Die Möbel solcher unter recht bescheidenen Verhältnissen lebenden Familien im fortgeschrittenen Alter wurden von diesen käuflich erworben. Die Generation ihrer Eltern war selbst zu arm um sich ein später auf die Kinder übergehendes Kapital an Mobiliar anschaffen zu können. In ihren Lebensberichten kommt zum Ausdruck, daß man zum Zeitpunkt der Heirat in der Regel fast mittellos war. Man richtete seinen Haushalt vor oder nach dem Zweiten Weltkrieg unter Bedingungen großer Knappheit an Wohnraum ein und mußte oft mit möbilierten Zimmern vorlieb nehmen. Erst mit der großen Bauwelle der 60er Jahre und den rasch aus dem Boden gestampften Wohnsiedlungen kam man in den Genuß sauberer und mit sanitären Anlagen ausgestatteter Wohnungen. Erst ab diesem Zeitpunkt konnte man sich ein Mobiliar zulegen und Wohn- und Schlafzimmereinrichtungen – in der Regel aus massivem Holz – kaufen.

Ausgeprägter als andere Konsumgüter wie Autos, Kleidung oder elektrische Haushaltsgegenstände stehen Möbel in einem aufs engste mit der Familiengeschichte verknüpften Bedeutungszusammenhang. So kommt es auch, daß unsere befragten Mittelschichtfamilien aus Evreux im Unterschied zu jenen aus den Arbeiterfamilien Nanterres dank ihrer länger zurückreichenden familialen Zugehörigkeit zur Mittelschicht über von den eigenen Eltern ererbte Möbel verfügen. Diese wurden ihnen von den Eltern nach und nach, und dies nicht etwa nur anläßlich spezifischer biographischer Schlüsselmomente wie Heirat oder Tod, geschenkt. Die Existenz eines solchen familialen Kapitals an Möbeln ist auch dann von Relevanz für die Einrichtungsstrategien, wenn der eigene Haushalt selbständig neu eingerichtet wird.

»Meine Mutter ist eine große Liebhaberin alter Möbel. Sie hat zum Teil wunderschöne Familienmöbel in ihrer Wohnung, aber sie lebt ja noch und hängt an ihnen. Sie hat uns schon mehrfach einige wunderbare antike, aber sehr große Schränke angeboten, aber das ist nicht ganz unser Stil und entspricht nicht unseren Wohnbedürfnissen. Wir haben lieber viel Platz als viele Möbel, vielleicht werden wir aber eines Tages, wenn wir älter werden, froh sein, einige dieser schönen Möbel aus dem Speicher der Mutter oder aber jene, die sie uns vererbt, wiederzufinden.«

Oft überspringt eine solche Erbschaft auch eine Generation und kommt Enkelkindern zugute, deren Eltern selbst schon ausreichend mit eigenen Möbeln versorgt sind.

Mehr als in Nanterre findet man in Evreux ein bedeutendes Familienkapital an Möbeln vor, welches hier einen Bezugspunkt intensiver familialer und sozialer Beziehungen darstellt. Es erlaubt ein Hin-und-Her des Transfers familialer Besitztümer und symbolisiert hierdurch auch die Kontinuität der Familienbande. Ein solches Möbel wird nie verkauft, man behält es, auch wenn einem der Stil nicht besonders gefällt. Das Erbe ist demnach nicht einfach nur ein materielles Gut, sondern auch Träger affektiven Kapitals.

Die Anwesenheit ererbter Möbel oder das Wissen darum, daß man sie eines Tages erben wird, ermöglicht eine gewisse Gelassenheit und eine eher spielerische Einstellung den Gegenständen gegenüber. Man sagt von einem Sofa, es sei »sympathisch«, und behandelt es rücksichtsvoll. Mittels ihres dynamischen Charakters stellen ererbte Möbel Verbindungen zwischen den Generationen her und sind Zeichen der Familientradition. Aber gleichgültig, ob die Möbel unserer Familien aus Nanterre oder Evreux auch neu gekauft, getauscht oder ererbt wurden, und auch wenn es sogenannte »Altertümer« waren, handelte es sich doch fast immer um serienmäßig gefertigte Gebrauchsgegenstände. Deren Besitzer aber bemühen sich, ihnen eine persönliche Note zu geben und ihnen einen individuellen Stempel aufzudrücken: In materieller Hinsicht durch ihre Auswahl beim Kauf oder die Kombination mit anderen Gegenständen, in symbolischem Sinne mittels ihrer Assoziation mit biographischen Elementen. Gestützt auf die Verbindung dieser Gegestände mit Schlüsselmomenten des Lebenslaufs, geht ihre Aneignung mit einer ganzen Vielfalt an verstärkenden Praktiken wie dem Umplazieren von Möbeln oder Objekten, ihrem ritualisierten Gebrauch oder auch der Umkehrung ihrer Funktion einher.

Möbel, seien sie ererbt oder gekauft, bedürfen auch der Pflege, eine Tätigkeit, die vom prüfenden Blick bis zu alltäglichen Gesten wie Entstauben oder Zurechtrücken reicht. Das Imaginäre lebt von solchen visuellen oder taktilen Reizen und baut auf ihnen auf.

Die Diskurse über Möbel bringen dementsprechend sehr mächtige gefühlsmäßige und phantasiegeleitete Beziehungen zum Ausdruck. Seien sie serienmäßig produziert und im Großhandel erworben, in einem Keller aufgestöbert und liebevoll »aufgemöbelt« oder aber von der Großmutter ererbt, Möbel sind immer kulturell besetzt und werden mittels kulturvermittelter Praktiken gebraucht und angeeignet. Sie spiegeln das Wesen jener Menschen wider, die sie einst umgaben oder noch umgeben. Diese These wird a contrario von jenen Befragten bestätigt, die wissen, daß sie nichts weiterzugeben haben. Unsere Alten aus Nanterre wissen wohl, daß ihre Möbel, obgleich aus sogenannt »massivem Holz« und, wie der Begriff suggeriert, für lange Haltbarkeit prädestiniert, sich nicht als Träger der Familientradition eignen und wahrscheinlich in der Garage der Zweitwohnung ihrer Kinder enden werden, wo der Tisch als Werkbank und das Buffet als Abstellager zweckentfremdet werden.

Eine Untersuchung über die Vererbung von Familienhäusern verweist auf einen identischen Prozeß. Soll man sie verkaufen oder behalten? Ob die Entscheidung leicht oder schwer fällt, immer führt die Konfrontation mit dieser Frage zu einer Belebung und Intensivierung der Generationenbeziehungen. Wie Anne Gotmann (1991) bemerkt, zeigen sich manche Verwandte ganz fasziniert davon, in solchen Momenten die Generationenkette zurückverfolgen zu können und in Erinnerungen aus der Kindheit einzutauchen. In anderen Fällen und unter anderen Umständen symbolisiert das Haus eher ein Übermaß elterlicher Autorität, und man ist versucht, es so schnell wie möglich, wenn auch nicht ganz ohne Gewissensbisse, loszuwerden. In allen Fällen begegnet man aber den von Louis Roussel bereits vor mehr als einem Jahrzehnt im Rahmen seiner Befragungen erhobenen Mustern und Logiken der familialen Tradierung: »Die Trauung mit der Herkunftsfamilie, deren Haus man als Erbe übernimmt, geht im Namen des persönlichen Glücks vonstatten und nicht in Form der Unterwerfung unter die Tradition.«

FALLBEISPIEL II: AUF DER SUCHE NACH DER VERLORENEN ZEIT,
ODER: DIE VORFAHREN ENTDECKEN

Die Rekonstruktion von Stammbäumen stellt sozusagen den Königsweg des Spielens mit der familialen Vorstellungswelt in all ihren Schattierungen dar. Im Rahmen der Ahnenforschung wird die Beziehung zu den Vorfahren ohne jedwede Belastung durch Schuldgefühle gepflegt: der Genealoge sieht sich voll und ganz als Herr der Lage und entscheidet frei darüber, mit welchen seiner ausgewählten Vorfahren er gerne den Dialog aufnehmen möchte.

Seit den 70er Jahren hat die Stammbaumforschung immer breitere Kreise in Frankreich in ihren Bann gezogen. Heute zählt sie mehr als 40 000 meist in den verschiedensten Vereinen assoziierte Anhänger. Einst waren es nur der Adel und das Großbürgertum, welche sich Stammbäume erstellten bzw. erstellen ließen, heute hingegen stürzen sich gerade Vertreter der unteren Schichten begeistert auf die Ahnenforschung. Die objektivierbaren Gründe für dieses Phänomen dürften in der Suche nach Identität, dem Forschen nach Wurzeln angesichts der gerade auf diesen Bevölkerungsgruppen lastenden Beschneidung der Erinnerung zu finden sein. Eine Befragung von Amateur-Genealogen deckt auf, daß die Ergebnisse dieser Tätigkeit wie auch das Nachforschen selbst bei diesen mit einer buchstäblichen Befreiung des Imaginären einhergehen (vgl. Segalen u. Michelat 1991). Auch wenn er es nicht unumwunden gestehen will, erhofft und erträumt sich der Hobby-Genealoge doch immer auch, irgendwo auf einen berühmten Vorfahren zu stoßen, und sei es auch nur aus irgendeiner Seitenlinie. So weiß z.B. Herr C., daß der berühmte Träger des gleichen Namens – ein Mitglied des Wohlfahrtskomitees zur Zeit der französischen Revolution und exponierter Vertreter der Schreckensherrschaft – ohne direkte Nachfahren verstarb, aber er treibt dennoch seine genealogischen Nachforschungen bis hin zu frühen Vorfahren zurück, die zumindest Rückschlüsse auf eine Vetternschaft nahelegen könnten.

Berühmt oder nicht, das Aufspüren von Vorfahren schlägt sich immer in einem Prozeß nieder, bei welchem Phantasmagorien der »Vererbung« Form annehmen. Hieraus resultiert wohl auch der von vielen der befragten Hobby-Genealogen geäußerte Wunsch, die gefundenen Hinweise einer Überprüfung unterziehen zu lassen. Sie halten es für notwendig, sich des vermuteten Seitenastes ihres Stammbaumes noch genauer zu vergewissern und jedwede mündliche Quelle ihrer Informationslage durch das Konsultieren schriftlicher Dokumente abzusichern.

Beschäftigt man sich erst einmal geraume Zeit damit, seinen Vorfahren zu begegnen und sie sozusagen »ins Leben zurückzurufen«, so beginnt man irgendwann auch, sich mit ihnen zu identifizieren. So kommt es auch, daß Frau A. von sich sagen kann:»Ich habe einen Tropfen Blut von ihnen allen in mir, jeder von ihnen hat einen kleinen Teil dazu beigetragen, uns zu dem zu machen was wir sind.« Die Vererbung spiegelt sich auch im Charakter wider. So hat sich etwa Herr R. während einer schwerwiegenden Depression auf das Studium der Vergangenheit seiner Vorfahren gestürzt und im Vorbild eines bestimmten Großvaters Hoffnung und Heilung gesucht, welcher trotz fehlender Ausbildung und trotz aller möglichen Schwierigkeiten sehr erfolgreich war. Andere Befragte verweisen auf Ähnlichkeiten des Ausdrucks oder der Gesichtszüge, ja sogar auf jene der Hände.

Diejenigen, die in ihrer Genealogie leben und aufgehen, identifizieren sich mit allen ihren wiederentdeckten Vorfahren:»Ich stelle sie mir vor [...], stelle mir vor, wie sie sich kleideten [...] ich spinne einen kleinen Roman rund um das Leben der aufgespürten Personen [...] man könnte meinen, ich setzte mich in ihnen fort. Es ist schon zwei Jahrhunderte her, daß dies geschehen ist, es ist einfach lächerlich [...] Ich lebe mit ihnen«, so drückt es Herr G. aus. Man wird »zum Freund seiner Vorfahren« und »hängt leidenschaftlich an ihnen«, wie manche es ausdrücken. Man ist auf Du und Du mit den Familien-Gespenstern.

Die Erkundungsreise ins Reich des Imaginären stützt sich auch auf die Konfrontation mit konkreten Orten. Der Hobby-Genealoge verläßt seine Archive um jene Dörfer, Weiler, Schmieden oder Mühlen aufzusuchen, wo seine Vorfahren einst lebten, und begibt sich auf eine Entdeckungsreise mit Initiationscharakter. Er wird zu einem aktiven Element der Geschichte seines Landes oder seiner Region; er entdeckt, auf welche Weise seine Vorfahren dereinst an jenen großen Bewegungen Anteil hatten, welche die kollektive Geschichte seiner Nation markierten. Individuelle Wurzeln verknüpfen sich hier mit großen Fixpunkten eines ganzen Volkes.

Die Ausübung der Stammbaum-Forschung bietet dem Einzelnen im übrigen auch eine Orientierungsschiene, mit deren Hilfe er sich sozusagen auch durch noch so ferne Zeiten im familialen Raum orientieren und zurechtfinden kann. Die Grenzen zwischen Leben und Tod fallen, und das Individuum entschlüpft seinem Schicksal.

Natürlich gibt es auch objektive, mit soziologischen Mitteln identifizierbare Motive, sich für die Genealogie zu begeistern. Unsere Befragten gehören vor allem den unteren Schichten und sind oft bäuerlicher Herkunft. Aufgrund ihres beruflichen Schicksals mußten sie oft notgedrungen eine geographische Mobilität an den Tag legen, und dies oft über mehrere Generationen hinweg, mit der dann ein einschneidender Bruch in Gedächtnis und Erinnerungsvermögen einherging. Unseren befragten Stammbaum-Forschern ist dieser Hintergrund ihrer Passion wohl bewußt, und viele von ihnen führen ihr Hobby auf das

Bedürfnis zurück, ihre Identität und ihre Ursprünge wiederzufinden und mit konkreten Orten, Häusern oder Namen Beziehungen zu knüpfen.

»Die Hintergrundsmusik des Familiengedächtnisses belauschen«, wie es Herr B. hübsch ausdrückt, bleibt jedoch zunächst ein der Ausbildung von Phantasmata zuzuordnendes individuelles Unterfangen, wenn auch die hierbei benutzten Informationen einer strengen Kontrolle unterliegen. Das imaginäre Handeln, welches von der Rekonstruktion von Zeit und Raum der Vorfahren induziert wird, spielt zweifellos eine beachtliche Rolle bei der Strukturierung des Selbst, sei es in jungem oder fortgeschrittenem Alter. Dies läßt sich anhand der Bedeutung messen, die der Entwicklung einer persönlichen Legende für den Schutz der Integrität der persönlichen Identität unter den heute oft so belastenden gesellschaftlichen Bedingungen zukommt (Sayers, 1987). Im Hinblick auf die Heilung bestimmter Neurosen gehen heute spezifische Formen der Psychotherapie nicht von ungefähr dazu über, den Stammbaum der Patienten ins Zentrum des therapeutischen Verfahrens zu rücken.

Erzeugt nun aber die genealogische Praxis eigentlich Phantasmen oder Mythen? Psychoanalytiker bestehen auf dieser Unterscheidung: Phantasmen sind individuellen, Mythen jedoch kollektiven Ursprungs und werden von sozialen Gruppen oder Systemen hervorgebracht (Lemaire, 1984: 6f.). Nun bringen familiale Mythen gerade Freude, »die Freude am Funktionieren der familialen Gruppe« (Ruffiot, 1988: 104), zum Ausdruck, und so stellt sich die Frage, ob genealogische Konstruktionen eben diesen Status der Mythenbildung beanspruchen können? Anders gefragt: läßt sich die Lust des Stammbaum-Forschers überhaupt (mit-)teilen bzw. vermitteln?

Um zu einem eher soziologischen Sprachspiel zurückzukehren, lautet also die uns interessierende Frage, ob die Gewinnung von Erkenntnissen über Abstammungslinien sozusagen alleiniges Jagdrevier des individuellen Amateurs bleibt, oder aber eine Verbreitung finden kann, und die neuen Mittelschichten, die seit kurzem nach dem erlebten Bruch in ihrem familialen Gedächtnis infolge der sozialen Mobilität wieder einen gefestigten Ort im Gesellschaftsgefüge einnehmen, sich wieder in der Lage finden, die imaginären Ketten mit ihren Vorfahren zu erneuern und zu schließen. Hier empfiehlt sich ein Vergleich mit den Familien der Aristokratie oder des Großbürgertums. Bei diesen erlaubten vielfältige Familienzusammenkünfte und die in der alltäglichen Lebenswelt von den Altvorderen hinterlassenen sowohl schriftlichen, mündlichen wie auch in Gegenständen geronnenen Spuren, denen man schon von frühester Kindheit an auf Schritt und Tritt begegnete, einen umfassenden Prozeß der Einschärfung dieser genealogischen Dimension. Hierdurch geht die familiale Transmission problem- und schmerzlos vonstatten und sichert wie von selbst die gesellschaftliche Reproduktion.

Die familiale Umgebung unserer Hobby-Genealogen hingegen begünstigt nicht immer eine derartige Vermittlung von solchem in mühseliger Arbeit zusammengetragenen Wissen über die Vorfahren. Wie unsere Untersuchung ergab, interessiert sich die Umwelt unserer Stammbaum-Forscher nur selten für deren Tun. Die familiale Transmission kann sich hier nicht in Gestalt einer Ahnengalerie auf langen Hausgängen oder aber im Wissen um vielfältige verwandtschaftliche Haupt- und Nebenlinien, welches immer noch ein Distinktionsmerkmal des Großbürgertums bleibt, niederschlagen. Der Amateur-Genealoge muß hingegen den Jungen – vorausgesetzt, diese lassen sich überhaupt darauf ein – erst einmal die Grundstruktur seines Wissens auf oft lehrbuchmäßige Weise verständlich machen.

Die kulturelle Diversität der Einstellungen zur familialen Transmission

Sogar in der Welt der Moderne träumen Menschen noch, und ihre Träume stützen sich auf konkrete Gegenstände. Die Familie – dies ist mittlerweile bekannt und akzeptiert – liefert Güter und Dienste, aber sie liefert dem Träumenden zugleich auch eine für seine Träumereien in besonderer Weise geeignete Bühne. Vermittelt durch die erhaltenen Möbel oder durch Genealogien die man erstellt, erschließt sich uns das Affektive und Imaginäre, dessen wir so sehr bedürfen, um unseren Alltag in der Langzeitdimension der Dauer einzubetten. Wie Karl Mannheim in »Das Problem der Generationen« (1990: 49) aus dem Jahre 1928 feststellt, »Hierbei muß man sich aber vergegenwärtigen, in welcher Gestalt im Sozialen Erinnerung vorhanden ist und wie in der menschlichen Gesellschaft Kulturakkumulation sich vollzieht« (S. 532).

AUSBLICK

Das Mobiliar oder die Stammbaum-Forschung stellen zwei Formen der im Jahre 1990 von französischen Mittelschichtsfamilien an den Tag gelegten Antworten auf diese Frage dar.

Handelt es sich hierbei um eine nationale Besonderheit? Eine noch im explorativen Stadium befindliche vergleichende Studie, bei der Familien aus Manchester, Lisabon, Barcelona und Nanterre berücksichtigt werden, geht gerade der Frage nach den kulturellen Spezifika und Gemeinsamkeiten der Einstellungen zur familialen Transmission nach (2). Alle diese Familien haben die Erfahrungen sozialer und geographischer Mobilität hinter sich, die meisten von ihnen haben ihre heimatlichen Wurzeln eingebüßt, und oft handelt es sich um Familien mit Wohneigentum. Die englischen Familien des Samples haben in der Regel keinerlei finanzielle Unterstützung beim Kauf des Hauses oder der Wohnung seitens ihrer Familienangehörigen genossen und denken auch nicht daran, dieses Eigentum als Erbe ihrer Kinder anzusehen und zu bewahren. Dieser Wert soll vielmehr später die erwartbaren Kosten ihrer medizinischen Betreuung im fortgeschrittenen Alter abdecken. Familiale Transmission berührt nun einmal eine bestimmte Identität und Zugehörigkeit zu einer gesellschaftlichen Klasse. So kommt es, daß die französischen, spanischen oder portugiesischen Familien dieser vergleichenden Untersuchung nicht nur in den Genuß familialer Hilfen – oft in Form von Krediten – kamen, um sich ein Haus leisten zu können, sondern sich auch dadurch auszeichnen, daß sie Strategien der Rekonstruktion eines Familiengedächtnisses auf der Basis einer spezifischen örtlichen Verankerung an den Tag legen. Eine solche örtliche

Verankerung kommt zum Beispiel darin zur Geltung, daß es in Lisabon möglich ist, eine bestimmte Mietwohnung dank spezifischer Mietverträge über Generationen hinweg in die Hand ein und derselben Familie zu geben. In Barcelona wie in Nanterre kann man feststellen, daß der Kauf neuer Familienheime oft einer spezifischen Strategie der Transmission von Immobilien gehorcht. Hier wie dort finden wir Familien, die über Zweitwohnsitze verfügen, welche zwar oft erst in jüngerer Zeit erworben wurden und auch auf keine langfristige regionale Verwurzelung verweisen, dennoch aber geeignet sind, als neues Zentrum für die Reorganisation des Familiengedächtnisses in einem zu den genealogischen Rekonstruktionen analogen Sinne zu dienen. Anders gesagt: diese Neu-Eigentümer versuchen, sich selbst als »Vorfahren« zu inthronisieren. In diesem Fall schreibt sich die Weitergabe einer familialen Identität direkt in ein »faßbares« Familieneigentum ein, und hier gewinnt dann der Ausdruck des »Fußfassens« die volle Wirkkraft seiner semantischen Konnotationen.

Unsere Analysen haben, wie leicht festzustellen sein dürfte, eine nur begrenzte Tragweite. Sie haben rein qualitativen Charakter und schließen bestenfalls einige Dutzend von Fällen ein. Jedoch können sie dazu beitragen, einige wichtige Fragen zum Wesen und zur Bedeutung familialer Bande in zeitgenössischen gesellschaftlichen Kontexten präziser zu stellen. Schließlich erinnern sie uns auch an die von Marcel Mauss schon vor langer Zeit aus soziologischer Forschung gewonnene Einsicht, daß Empfangen und Geben untrennbar miteinander verknüpft sind.

(1): Dieser Beitrag stützt sich u.a. auf einen Forschungsbericht, der im Jahre 1990 unter dem Titel: »Etre bien dans ses meubles« Une enquête sur les normes et les pratiques de »consommation du meuble« vorgelegt wurde. Dieser entstand unter Leitung von Martine Segalen und der Mitarbeit von Béatrix Le Wita, Sophie Chevalier, Anne Monjaret und Arlette Schweitz.

(2): Es handelt sich um ein vom französischen Forschungs- und Technologieministerium gefördertes Forschungsprojekt, an dem folgende Partner beteiligt sind: Anthony Cohen, Edinburg; Marilyn Strathern, Manchester; Joao Pina Cabral, Lisabon; Jesus Contreras und Joan Bestard, Barcelona; Marianne Gullestad, Trondheim (Juni 1990 – Juni 1991).

* Aus dem Französischen übersetzt von Franz Schultheis.

FRANÇOIS DE SINGLY

Die egalitäre oder inegalitäre Konzeption der elterlichen Zuneigung*

Dieser Text rechnet sich einer soziologischen Betrachtungsweise zu, welche, im Unterschied zu objektivistischen Konzeptionen der sozialen Wirklichkeit, dem Handeln keinen Vorrang gegenüber Aussagen einräumt. Gesellschaftliche Wirklichkeit ist eine sowohl auf Werten, Diskursen wie auch Verhalten basierende Konstruktion: Diese wissenschaftliche Haltung erscheint gerade im Bereich familialer Fragen umso legitimer als die dort in Erscheinung tretende »Liebe« eine symbolische Geschichte bzw., um ein Konzept Niklas Luhmanns (1990) aufzugreifen, »ein Kommunikationsmedium« darstellt. Die Erfindung der modernen, oder – was auf das gleiche hinausläuft – »okzidentalen« Welt (vgl. Ariès 1960; de Rougemont 1938) ist vor allem durch das Primat des Imaginären gekennzeichnet (vgl. Raffin 1987; Hurtebise 1989, 1991). Ist der Ausdruck »romantische Liebe« nicht gerade dessen idealtypische Manifestation? Die Liebe ist ein Glaube, welcher nach Zeichen der Aufmerksamkeit, nach Worten der Liebe ruft, um magisch wirksam sein und seine Kräfte entfalten zu können. Der Sinn einer Handlung läßt sich nicht abgelöst von den Argumenten begreifen, mit welchen der Handelnde sein Tun legitimiert. Da sich die familialen Angelegenheiten, insbesondere seit dem 17. Jahrhundert und heute mehr denn je, im Zeichen einer Logik des Liebens entfalten, ist es notwendig, die Liebe in die soziologische Analyse des häuslichen Lebens mit einzubeziehen, denn sonst würde man unterschlagen, daß die Analyse von Reproduktionsstrategien, unter den Bedingungen des modernen Ehemodells ebenso wie jene unter den Verhältnissen den Ancien Régime, ja nur provisorisch von diesem Faktor abstrahiert.

Die Norm der egalitären Liebe

Wenn Soziologen die Analyse der Gefühle so oft vernachlässigt haben und immer noch vernachlässigen, so liegt dies vielleicht daran, daß sie meinen, es gäbe wohl wichtigeres – etwa die Weitergabe materiellen und kulturellen Erbes – zu untersuchen, oder aber denken, die Psychologen sollten sich dieses Gegenstandes annehmen. Soziologen glauben nur zu oft, daß sich die elterliche Liebe mit einer derartigen Macht zum Ausdruck bringt, daß eine Messung ihrer Praxis überflüssig wird. Sie glauben an die Ideologie der elterlichen Liebe und werden daher Opfer dieser Ideologie, die besagt: Kinder werden, sieht man einmal von psychologisch zu begründenden Ausnahmen ab, von ihren Eltern geliebt.

Dieser Glaube an die uneingeschränkte elterliche Liebe, dieser Zwang, mit dem inegalitären, nach Geburtsrang und Geschlecht des Kindes differenzierenden Umgang zu brechen, stellt für Ariès (1960) ein Beleg und ein maßgeblicher Anhaltspunkt für die Existenz eines neuen Gefühls gegenüber der Kindheit dar. Dieser Autor hat Erziehungsschriften als historische Quellen herangezogen und sich mit ihnen auseinandergesetzt, um der Emergenz dieses Diskurses auf die Spur zu kommen. Er fand diese vor allem in einem Kapitel der Schrift »Über die Erziehung der Kinder« von Varet, in welchem es um die »Gleichheit, die man zwischen den Kindern walten lassen muß« geht:

»Noch eine weitere Verwirrung hat sich unter den Gläubigen breitgemacht und verletzt nicht minder das Gebot der Gleichheit, welche Eltern ihren Kindern schulden. Nach diesem Gebot darf man nicht nur an den Erfolg jener Nachkommen denken, welche aufgrund ihres Geburtenranges oder bestimmter persönlicher Vorzüge am meisten gefallen«. Die affektive Gleichheit wird zum legitimierenden Argument für elterliches Handeln.

Diese Form von Gefühl hat die Eltern dazu gebracht, über ihre etwaigen Vorlieben und Neigungen zu schweigen. Sie dürfen nicht, dem mikro-ökonomischen Modell folgend, ihre möglichen hierarchischen Differenzierungen öffentlich kundtun. Sie tendieren sogar dazu, diese vor sich selbst zu verbergen. Die eheliche und die elterliche Liebe im modernen Sinne haben sich in expliziter Opposition zur Logik des Interesses herausgebildet. Männer und Frauen, Väter und Mütter, dürfen sich zumindest offiziell nicht durch ihr Gewinnstreben leiten lassen, wenn es um Herzensangelegenheiten geht. Die wahre Liebe (im normativen Sinne) muß der Welt ständig ihren spezifischen Charakter kundtun und vermeiden, beim Fischen in anderen Gewässern – ökonomischen oder kulturellen – (vgl. de Singly 1990) überrascht zu werden.

Um Mißverständnisse zu vermeiden, sei hier nochmals betont, daß Faktoren wie etwa die Reproduktion von Klassenverhältnissen oder Geschlechterbeziehungen mit dem Triumph der ehelichen und elterlichen Liebe keineswegs verschwunden sind. Jedoch haben sich die Spielregeln geändert: zwar geht es immer noch um das Gewinnen, dies jedoch unter Verdrängung der diesbezüglich eingesetzten Strategien und Mittel. Die Liebe muß blind sein, damit »Ich« und »Du« an sie glauben können. Dies ist nun einmal der Preis dieser »Ideologie«, dieses »Wertesystems«. Auf einem solchen Niveau angelangt, schlägt sich die Moderne in einem Unsichtbarwerden der »Einsätze« (enjeux) nieder, denn dies ist eine Voraussetzung dafür, daß letztere trotz der Konflikte mit den offiziellen Regeln der Gefühle fortfahren können, die Welt zu regieren.

Nach und nach wurde die Norm der egalitären Behandlung der Kinder von allen gesellschaftlichen Gruppen übernommen und hat bis heute ihren Einfluß bewahrt. In einer von Louis Roussel (1976) im Auftrag des »Nationalen Demographischen Instituts« Frankreichs durchgeführen Befragung von Eltern mit verheirateten Kindern wurde u. a. die folgende Frage gestellt: »Auch wenn Sie ihre Kinder, eines wie das andere, gleichermaßen lieben, würden Sie sagen, daß Ihnen eines von ihnen gefühlsmäßig nähersteht als die anderen?« Die große Mehrheit der Befragten verneint dies. Sie meint, ihre Kinder gleichermaßen lieben zu müssen und keine Unterschiede machen zu dürfen. Diese egalitäre Einstellung ist sogar ein immanenter Bestandteil der Definition der Rolle »guter Eltern«.

Das Ende der egalitären Liebe?

Man könnte jedoch meinen, daß Männer und Frauen während der letzten Jahrzehnte angesichts neuer Zwänge im Bereich der Ausübung ihrer elterlichen Pflichten in geringerem Maße als zuvor gezwungen waren, sich diesem Wert zu beugen. Der Umstand, daß Eltern der Entwicklung jedes einzelnen Kindes große Aufmerksamkeit entgegenbringen müssen, die Tatsache, daß sie nicht mehr versuchen, die gleichen Regeln mechanisch auf alle Kinder anzuwenden, und ihr Kinder als Individuen anerkennen müssen, bewegt Väter und insbesondere Mütter dazu, eine differenzierte, der Persönlichkeit jedes einzelnen Kindes Rechnung tragende »Erziehungspolitik« an den Tag zu legen[1].

Die »Psychologisierung« der Gesellschaft hätte demnach eine Destabilisierung der Norm der egalitären Behandlung der Kinder zur Folge, welche in Widerspruch zu dem Bemühen gerät, jedes Kind als Wesen für sich wahrzunehmen. Die Norm der affektiven Undifferenziertheit würde sich dementsprechend zumindest teilweise vor dem Siegeszug des erzieherischen Individualismus zurückziehen.

Aus diesem Blickwinkel betrachtet wäre zu vermuten, daß die gegenüber der Psychologie als Modus der Regulation von Beziehungen empfänglichsten Eltern auch am ehesten ihre gefühlsmäßigen Präferenzen zum Ausdruck bringen, denn die Differenzierung im Umgang mit der Nachkommenschaft stellte hier ja viel eher eine explizite Verhaltensregel dar. Demnach müßten die empirisch erhebbaren Bekenntnisse zu einer affektiven Differenzierung gerade in den mittleren und oberen Gesellschaftsschichten am ausgeprägtesten sein, da diese – wie vielfach belegt – dem Wert der persönlichen Selbstverwirklichung am positivsten gegenüberstehen.

Die Umfrage über »Elternliebe«

Bei der nachfolgenden Untersuchung ging es um die Frage der Elternliebe, die ihr eigenen Zwänge und ihre Veränderungen. Sie stützt sich auf die Ergebnisse einer in der Bretagne durchgeführten Befragung von 202 Vätern und 284 Müttern. Diese Väter und Mütter mußten:

- erstens: ihre Reproduktionsphase bereits hinter sich haben, d.h. – so das Kriterium – mindestens zwei ihrer Kinder mußten ihre schulische Ausbildung schon abgeschlossen haben.

– zweitens: nur Kinder aus einer einzigen Ehe haben.
– drittens: noch mit ihrem Ehepartner zusammenleben.

Entsprechend dieser Vorgaben waren die meisten der befragten Männer und Frauen im Alter zwischen 50 und 70 Jahren. Drei soziale Profile dominierten unter den Probanden: 24% gehörten der Gruppe qualifizierter Angestellter im Dienstleistungssektor an (lohnabhängige Mittelschicht), 20% waren Bauern (selbständige Mittelschicht) und 24% Angestellte.

Diese Eltern wurden über die Ausbildung, die Partnerwahl und den ausgeübten Beruf jedes ihrer Kinder befragt. Sie mußten des weiteren auf eine ganze Reihe werturteilsgetönter Fragen antworten, die alle nach dem Modell »Ähnelt Ihnen eines Ihrer Kinder äußerlich mehr als die anderen? Und wenn ja, welches von ihnen?« konstruiert waren. Diese Fragen drehten sich um physische oder charakterliche Ähnlichkeit, um die persönlichen Qualitäten der einzelnen Kinder und die empfundene Nähe zu ihnen, um Aspekte der Bewunderung, der Bevorzugung, des persönlichen Erfolgs, um Störendes, um das Wissen darum, daß dieses oder jenes der Kinder persönliche Schwierigkeiten oder Krisen durchleben mußte, und darum, welchem Kind man sich am ehesten anvertrauen und von welchem man im Notfall Hilfe erbitten würde. Einige dieser Fragen wurden darüber hinaus auf einen Vergleich mit dem Ehepartner hin angelegt (z.B.: »Ähnelt eines Ihrer Kinder Ihrem Partner mehr als die anderen?«). Dies sollte einerseits Einblicke in die eheliche Arbeitsteilung beim Urteilen eröffnen, andererseits aber auch Eingeständnisse erleichtern.

SCHWACHE EINGESTÄNDNISSE AFFEKTIVER PRÄFERENZEN

Eine Auszählung der »Ja«-Antworten auf den verschiedenen Ebenen elterlicher Urteile belegt sehr eindeutig die Macht der Norm des Nicht-Unterscheidens im Affekthaushalt der Befragten. Zwar zögern die Eltern nicht, festzustellen, daß ihnen dieses oder jenes ihrer Kinder ähnlicher ist, mehr Erfolg hat als die anderen, und daß dieses oder jenes sie enttäuscht oder aufregt. Sobald aber affektive Sachverhalte explizit angesprochen werden, tritt hier Schweigen ein: nur 10% der Männer und Frauen gestehen ein, Präferenzen zu verspüren und kaum mehr sagen, sie empfänden eine differentielle Bewunderung für ihre Kinder (im Rahmen der angesprochenen Untersuchung wurde »Bewundern« zum Bereich der Gefühle gezählt). Der neutralere Begriff der empfundenen »Nähe« hingegen erleichterte den Eltern dennoch eine mehr oder minder ausgeprägte affektive Distanz zu demonstrieren, wovon hier immerhin ein Drittel der Befragten Gebrauch machte.

Drehten sich die Fragen jedoch um die jeweiligen Ehepartner, so schienen sie das Eingeständnis zu erleichtern, daß auch in der eigenen Familie Differenzierungen »in der Luft« lagen. Insbesondere das Gefühl der Bewunderung wurde hier zum Bezugspunkt (vgl. Tab. 1.1). Der Umweg über den Partner diente wohl dem Zweck, eine differenzierende Wertschätzung weniger illegitim erscheinen zu lassen.

Auf dieser Ebene findet sich im übrigen kein Hinweis auf eine Diskrepanz der affektiven Urteile der Partner. Lautet die Aussage, daß der eigene Partner sich diesem oder jenem Kind verbundener fühlt, so wurde meistens auch eine übereinstimmende Aussage für sich selbst getroffen (hier ist zunächst noch nicht wichtig, ob beide das gleiche Kind meinten!) (vgl. Tab. 1.2). Somit läßt sich zwischen Paaren unterscheiden, bei denen der Widerstand gegen gefühlsmäßige Urteile groß ist, und solchen, bei denen die Norm der Egalität wankt.

TABELLE 1:   Eheliche Variabilität affektiver Urteile

1.1 Urteile über Nähe, Bewunderung und Bevorzugung eines Kindes seitens beider Eltern, differenziert nach dem Geschlecht der befragten Person.

| | Urteile über | | |
	Nähe	Bewunderung	Bevorzugung
Seitens der Väter			
für sich selbst	25 %	15 %	11 % ja
für ihre Ehefrau	39 %	23 %	15 % ja
seitens der Mütter			
für sich selbst	36 %	16 %	9 % ja
für ihren Ehemann	35 %	28 %	14 % ja

1.2 Urteile über Nähe, Bewunderung und Bevorzugung eines Kindes seitens der befragten Person, differenziert danach, ob sie Aussagen über differenzierende Beurteilungen des Partners/der Partnerin macht oder nicht

| Urteile des Partners | Urteile der befragten Person | | |
	Nähe	Bewunderung	Bevorzugung
Nähe			
ja	48 %	24 %	16 % ja
nein	22 %	11 %	7 % ja
Bewunderung			
ja	47 %	36 %	19 % ja
nein	27 %	8 %	7 % ja
Bevorzugung			
ja	52 %	42 %	30 % ja
nein	28 %	11 %	7 % ja

DAS VORHANDENSEIN EINER AFFEKTIVEN DIMENSION IN ELTERLICHEN URTEILEN

Eine solche Kumulation affektiver Urteile bei beiden Eltern – natürlich stets vermittelt durch die Aussagen eines von beiden – tritt auch im Hinblick auf die Beziehungen zwischen den einzelnen Typen von Urteilen zutage. Wenn ein Befragter erst einmal ein affektiv besetztes Urteil über seine Kinder abgibt, so besteht auch eine größere Wahrscheinlichkeit, dies ein zweites oder drittes Mal zu tun. So steigt etwa die Frequenz von Eingeständnissen der »Bevorzugung« von 2 % auf 54 % je nach den gemachten Stellungnahmen über die Gefühle differentieller Nähe und Bewunderung:

175

Wenn Eingeständnis von Bewunderung	% an Eingeständnissen von Bevorzugung	Nähe
ja	ja	54%
ja	nein	16%
nein	ja	6%
nein	nein	2%

Zwei andere Urteile – jene über Ärgernisse und Enttäuschungen – scheinen dem gleichen Bereich anzugehören. Wenn Eltern feststellen, ihre Kinder regten sie weder auf, noch seien sie von ihnen enttäuscht, so gestehen sie in 5% der Fälle eine Bevorzugung und in 18% der Fälle eine größere Nähe für eines ihrer Kinder ein. Wenn sie hingegen angeben, enttäuscht oder verärgert worden zu sein, so bejahen immerhin 15% die Frage nach der Bevorzugung und gar 39% jene nach der größeren Nähe zu einem der Kinder.

Hingegen führt das Urteil, daß eines der Kinder als »ähnlicher« empfunden wird nicht zu einer Verstärkung der positiven Einschätzungen auf den affektiv besetzten Ebenen der Beurteilung und umgekehrt.

Wenn Eingeständnis von größerer Nähe	Eingeständnis von Bewunderung	äußerlicher Ähnlichkeit	charakterlicher Ähnlichkeit
ja	ja	77%	83%
ja	nein	78%	90%
nein	ja	67%	76%
nein	nein	76%	83%

Die Aussagen der Eltern über ihre Kinder verweisen nicht auf eine einzige Quelle der Kompetenz und der Legitimität des Urteilens. Ein Vater oder eine Mutter können durchaus selbst dann eine größere Ähnlichkeit empfinden und diese öffentlich thematisieren, wenn diese eigentlich im Widerspruch zu etwaigen affektiven Neigungen steht. Wäre dann möglicherweise die Macht der Norm affektiver Egalität eine Ursache für die besondere Bedeutung des Urteils über Ähnlichkeiten? In dieser Perspektive wäre »Ähnlichkeit« einer der möglichen gangbaren Umwege, zu denken und zu sagen, daß man von einer effektiven Nähe ausgeht. Die »Natur« – in charakterlicher wie physiognomischer Hinsicht – diente dann dem Zweck, Differenzen und unterschiedliche Distanzen zu legitimieren, ohne befürchten zu müssen, als »schlechter Vater« oder »schlechte Mutter« abgestempelt zu werden.

ZWEI KINDER SIND ÄHNLICH, EINES WIRD VORGEZOGEN

Ein anderer Weg, die Existenz dieser zwei Modi des Urteils bzw. dieser zwei Typen intergenerationeller Annäherung aufzuzeigen, besteht darin, zu untersuchen, ob die von einem Elternteil auserwählten Kinder mit jenen des anderen Elternteils übereinstimmen. Wenn eines der Kinder von Vater oder Mutter im Zusammenhang mit der Frage nach der Ähnlichkeit den Vorrang erhält, so ist dies beim jeweiligen Ehepartner gerade nicht der Fall:

	Eingeständnis einer charakterlichen Ähnlichkeit eines Kindes mit einem Elternteil	Eingeständnis einer charakterlichen Ähnlichkeit desselben Kindes mit dem anderen Elternteil	
	ja	nein	
ja	11	89	100
nein	46	54	100

	Eingeständnis einer physischen Ähnlichkeit eines Kindes mit einem Elternteil	Eingeständnis einer physischen Ähnlichkeit desselben Kindes mit dem anderen Elternteil	
	ja	nein	
ja	7	93	100
nein	45	55	100

Es scheint ganz so, als ob ein bestimmtes Kind nicht zugleich die ›Inkarnation‹ von Vater und Mutter sein kann. Vielmehr wird es auf eine Art und Weise repräsentiert und rekonstruiert, die der »Empfindlichkeit« – wenn schon nicht der Kinder, so doch zumindest der Eltern – Rechnung trägt. Beide Eltern haben die Möglichkeit, über eine Art »Doppelgänger« zu verfügen, welcher möglicherweise auch eine Karikatur darstellen kann, indem er sozusagen die negativen Züge des Selbst noch überzeichnet verkörpert.

Was nun die affektive Seite betrifft, verhält es sich ganz anders: der Effekt der Komplementarität verschwindet hier. Die Eltern teilen sich die Kinder nicht mehr einfach auf. Eher sind es hier je dieselben Kinder, auf die die Wahl der Eltern fällt.

	Eingeständnis einer größeren Nähe zu einem der Kinder seitens eines Elternteils	Eingeständnis einer größeren Nähe zum gleichen Kind seitens des anderen Elternteils	
	ja	nein	
ja	18	82	100
nein	12	88	100

	Eingeständnis einer Bewunderung für eines der Kinder seitens eines Elternteils	Eingeständnis einer Bewunderung des gleichen Kindes seitens des anderen Elternteils	
	ja	nein	
ja	36	64	100
nein	9	91	100

	Eingeständnis der Bevorzugung eines Kindes durch einen Elternteil	Eingeständnis der Bevorzugung eines Kindes durch den anderen Elternteil	
	ja	nein	
ja	22	78	100
nein	5	95	100

Anders gesagt: die am häufigsten geäußerten Urteile – jene die sich auf Nähe und Ferne betreffs »Ähnlichkeit« beziehen – folgen einer Logik der Komplementarität, die am seltensten gefällten Urteile hingegen, bei denen es explizit um das Gefühlsmäßige geht, einer Logik der Konzentration. Ist es demnach möglich, im Bereich elterlicher Vorstellungen zwei Bewegkräfte unterschiedlicher Stärke in Aktion zu sehen?

- die erste dieser Kräfte äußerte sich dabei in der Konstruktion verschiedener Analogien zwischen einem der Kinder und einem Elternteil;
- die zweite entspräche eher der Bevorzugung eines der Kinder seitens beider Ehepartner[2].

Zu fragen ist hier, ob sich denn die Eltern bzw. Ehepartner durch eine Explizierung der Bildung einer intergenerationellen Gruppe auf der Basis affektiver Bevorzugungen bedroht sehen könnte? Vielleicht resultieren die Schranken für das Eingestehen einer solchen Präferenz – und damit im Sinne der »Abpufferung« sogar im Denken derselben – eben nicht nur ausschließlich aus der Stärke der Norm der egalitären Behandlung, sondern eben auch aus der negativ getönten Erfahrung der Konkurrenz zwischen diesen beiden Ordnungen der Liebe.

Auf theoretischer Ebene tut man immer so, als ob die Spiele der familialen Liebe kein Nullsummenspiel darstellten und die Liebe zwischen den Partnern und zwischen Eltern und Kind voll und ganz kompatibel wären. Dem ist entgegenzuhalten, daß die Vorliebe für ein Kind, insbesondere die eines Vaters für eine Tochter bzw. jene der Mutter für eines der Kinder im allgemeinen und einen Sohn im besonderen, durchaus vom jeweiligen Partner als eine Bedrohung der obligaten Reziprozität der affektiven Priorität innerhalb der Partnerschaft empfunden werden kann.

Zunächst ist festzuhalten: die Hypothese, es bestehe ein Zusammenhang zwischen der Empfänglichkeit für die Psychologisierung der Eltern-Kind-Beziehung auf der einen und der Tendenz zum Eingeständnis von Bevorzugungen – dort wo dieses explizit und in differenzierender Weise eingefordert wird – auf der anderen Seite, wurde bei unserer Vorgehensweise falsifiziert:

Soziales Milieu	Eingeständnis der Nähe	Bewunderung	Bevorzugung
Qualifizierte Berufe des			
Dienstleistungssektors	33 %	18 %	8 %
Angestellte	33 %	16 %	10 %
Arbeiter	28 %	15 %	9 %
Landwirte	24 %	11 %	8 %
Kaufleute	39 %	15 %	21 %

Eine Korrelation zwischen Positionen der Berufshierarchie und den erhobenen Einstellungen bzw. Aussagen war nicht festzustellen. Jene der qualifizierten Dienstleistungsträger ähneln denen der Arbeiter. Es sind Eltern aus dem Sektor des Kleinhandwerks bzw. Kleinhandels, die am ehesten gefühlsmäßige Bevorzugungen zum Ausdruck bringen. Es stellt sich somit die Frage, ob die traditionelle Inegalität im Umgang mit den Kindern nach der Logik der Vererbung des Familienbesitzes möglicherweise förderlich für die Äußerung inegalitärer Elternliebe sein könnte? Jedoch zeigt sich, daß die zweite Gruppe selbständig erwerbstätiger Probanden – die Landwirte – gerade die geringsten Ausprägungen differenzierender affektiver Urteile über ihre Kinder aufweisen. Somit stellt das soziale Milieu der Familie keine entscheidende Variable betreffs der Äußerungen über differenzierende Beurteilungen der Kinder dar.

Auch geschlechtsspezifische Differenzen spielen hier kaum eine Rolle – auch nicht bezüglich der Feststellung von äußerlichen oder charakterlichen Ähnlichkeiten.

Geschlecht des Elternteils	Eingeständnis der Nähe	Bewunderung	Bevorzugung
männlich	25 %	15 %	11 %
weiblich	36 %	16 %	9 %

Das Fehlen geschlechtsspezifischer Differenzen – sieht man einmal von der Beurteilung von Ähnlichkeiten ab – muß erstaunen. Die vorab mit der Aufgabe der Sicherung des Familienzusammenhalts betrauten Mütter laufen jedoch Gefahr, die häusliche Integrität in

Frage zu stellen, wenn sie Bevorzugungen offen kundtun. Dennoch geben sie häufiger als Väter an, sich einem der Kinder enger verbunden zu fühlen und auch von einem der Kinder häufiger als von den anderen ins Vertrauen gezogen zu werden (72 % der Mütter, aber nur 33 % der Väter denken dies!). Wäre dann die stärkere Nähe der Mutter zu einem der Kinder nur die Kehrseite der stärkeren Bindung des jeweiligen Kindes an sie selbst? Die Bedeutung dieses mütterlichen Gefühls bleibt erklärungsbedürftig.

Liebe und Kapital

Nichts untersagt es uns, die elterlichen Geständnisse im Hinblick auf die Einsicht in die Wahlpräferenzen von Vätern und Müttern zu objektivieren. Funktionieren letztere auf der Basis – sei es explizit oder nicht –[3] einer Logik der Kompensation oder aber einer Logik der Akkumulation? Bevorzugen sie das Kind, welches im Verhältnis zu seinen Brüdern und Schwestern nach den für außerfamiliale »Märkte« gültigen Gesetzen am wenigsten erfolgreich war, oder aber gerade das diesbezüglich erfolgreichste Kind? Wird die Liebe von schulischen oder kulturellen Reichtümern angezogen oder etwa abgestoßen? Ähnelt die Ideologie der Eltern jener der Akteure anderer Märkte?

Um diese Frage zu klären, sind wir folgendermaßen vorgegangen. Innerhalb des Teil-Samples der Familien, bei denen sich die elterlichen Urteile ausschließlich auf die beiden erstgeborenen Kinder bezogen, haben wir deren jeweiligen Schulabschluß festgehalten und dies nur in den Fällen, wo sich dementsprechende Abweichungen ergaben. Somit konnten wir Geschwisterpaare ermitteln, bei denen einer oder eine mindestens über das Abitur verfügten und der bzw. die andere nicht. Dann haben wir diese Variable mit den erhobenen elterlichen Urteilen über beide Kinder gekreuzt, um zu prüfen, ob diese sich durch eine Neigung zu dem bildungsmäßig privilegierten oder gerade dem unterprivilegierten Kind kennzeichnen. Die gleiche Operation wurde auch im Hinblick auf die elterlichen Aussagen über den persönlichen bzw. den beruflichen Erfolg der Kinder vollzogen.

Wenn ein Vater oder eine Mutter angibt, gegenüber einem der Kinder eine größere Nähe zu verspüren als gegenüber seinem Bruder oder seiner Schwester, so handelt es sich in der Mehrheit der Fälle um das Kind mit höherem schulischen Kapital (Tab. 2.1). Es scheint ganz so, als ob dieses Kapital seine Macht nicht nur in der Welt des Geschäfts, sondern auch im Bereich des Häuslichen auszuspielen vermag, und die Regulation der noch so intimen Gefühle mit den Regeln des Arbeitsmarktes konform geht.

Im Hinblick auf den Versuch einer Objektivierung der anvisierten Sachverhalte ist festzustellen, daß die Ebene der Gefühle sich hier wieder von jener der jeweils angesprochenen mehr oder weniger ausgeprägten Nähe unterscheidet.

Das am besten mit schulischem Kapital ausgestattete Kind ist gerade nicht dasjenige, welches vom jeweiligen Elternteil als das charakterlich ähnlichste klassifiziert wird.

Hingegen waren »gesundheitliche und andere Schwierigkeiten« nach den Aussagen der Eltern vorwiegend das Los der bildungsmäßig benachteiligten Kinder. Eltern finden somit Entschuldigungen dafür, daß ein Junge oder ein Mädchen ihre Bildungskarriere nicht so weit vorantreiben konnten, wie es der bzw. die jeweils »andere« vermochte. Jedoch schienen sie trotz dieser Tendenz nicht zu glauben, nach einem kompensatorischen Prinzip zu handeln.

Die Differenzierung der Kinder nach dem Grad ihres jeweiligen (wahrgenommenen) persönlichen und beruflichen Erfolges bestätigt diese elterliche Sicht- bzw. Handlungsweise. Das Niveau des jeweiligen Erfolges und der zusammengefaßte Indikator der empfundenen bzw. deklarierten affektiven Nähe kovariieren, wenn auch nur im schwächeren Maße. Das auf den relativ größten Erfolg zurückblickende erwachsene Kind kann mit höherer Wahrscheinlichkeit auf die affektiven Gratifikationen der Eltern zählen, als seine diesbezüglich weniger privilegierten Brüder und Schwestern.

Diese Ergebnisse bieten sich geradezu an, vor dem Hintergrund der These von der »Schutzinsel-Familie« bzw. von der »Wärme des Heims« (J.-C. Kaufmann 1988) diskutiert zu werden. Nach dieser These zeichnet sich die durch Konkurrenz auf dem Arbeitsmarkt und einem ausgeprägten Individualismus, wie er westlichen Industriegesellschaften eigen ist, charakterisierte Familie mehr und mehr durch die Entwicklung von gegenläufigen, weniger interessegeleiteten Formen der Regulierung aus. Tatsächlich weigert sich die Mehrheit der Eltern, sich auf das Spiel expliziter Vergleiche der Stärke ihrer affektiven Bindungen an ihre Kinder einzulassen. Dennoch ist festzuhalten, daß dort, wo Eltern sich doch zu differenzierenden Urteilen über ihren Nachwuchs einlassen, eine sich nicht von den Regulierungsformen anderer »Märkte« unterscheidende Logik zur Geltung kommt. Das unterscheidende Kriterium findet sich weniger im Grad der Explizität der differenzierenden Urteile, als vielmehr in den Prinzipien dieser Urteile selbst. Die Familie fordert das Implizite ein (de Singly 1990). Wenn die soziale Wahrheit elterlicher Urteile selbst dann nicht offen zutage tritt, wenn diese geäußert werden, so liegt das an einem spezifischen Mechanismus, welcher den Zusammenhang von Bevorzugung und Kapital verschleiert.

Elterliche Liebe, eheliche Liebe

Untersuchen wir nun die vergleichbaren Befunde über die Urteile der jeweiligen Partner der Befragten, so wie letztere sie jenen unterstellen (Tab. 2.2). Auch hier korreliert wieder die gefühlsmäßige Nähe mit dem schulischen Kapital der Kinder, dies jedoch mit verdoppelter Intensität. Nach den Angaben der befragten Ehemänner und Ehefrauen können es sich ihre Partner wesentlich leichter erlauben, die Ströme ihrer Gefühle nach den von ihren Kindern jeweils akkumulierten Reichtümern auszurichten[4].

Die Urteile beider Eltern unterscheiden sich jedoch auf der Ebene der charakterlichen Ähnlichkeiten. Während der oder die Befragte meint, das mit dem geringsten schulischen Kapital ausgestattete Kind sei ihm bzw. ihr am ähnlichsten, wird angegeben, das am besten

TABELLE 2:   Heterogeneität kindlicher Leistungen und Urteile der Eltern

2.1 Urteile eines Elternteils über seine Beziehung zu den beiden ältesten Kindern.

| Schulabschluß der Kinder | | Eingeständnis einer charakterlichen Ähnlichkeit | |
Hauptschule	Höhere Schule	Hauptschule	Höhere Schule
–	+	55	45
+	–	45	55

| Schulabschluß der Kinder | | Eingeständnis einer empfundenen Bewunderung, Bevorzugung | |
Hauptschule	Höhere Schule	Hauptschule	Höhere Schule
–	+	52	48
+	–	64	36

2.2 Urteil eines Befragten über die Beziehung des Ehepartners zu den beiden ältesten Kindern

| Schulabschluß der Kinder | | Eingeständnis einer charakterlichen Ähnlichkeit | |
Hauptschule	Höhere Schule	Hauptschule	Höhere Schule
–	+	38	62
+	–	59	41

| Schulabschluß der Kinder | | Eingeständnis einer empfundenen Bewunderung, Bevorzugung | |
Hauptschule	Höhere Schule	Hauptschule	Höhere Schule
–	+	24	76
+	–	60	40

Anmerkung: Die Aussagen eines Elternteils werden dann als »Eingeständnis der Bewunderung, der Nähe und der Bevorzugung« eingestuft, wenn der bzw. die Befragte mindestens eine dieser drei Fragen bejaht hat.

ausgestattete Kind ähnele am meisten dem jeweiligen Ehepartner. Somit ist die magnetische Wirkung dieses Kapitals nicht stabil: es zieht die Gefühle an, stößt jedoch die Ähnlichkeit ab.

Diese Inversion im Rahmen des Spiels intergenerationeller Distanzen erlaubt es, nochmals auf das komplexe Problem des Zusammenhanges zwischen den beiden Formen der Liebe – der ehelichen und der elterlichen – einzugehen. Der Umstand, daß das am besten mit schulischem Kapital ausgestattete Kind auch als das dem Ehepartner ähnlichste wahrgenommen wird, ermöglicht eine Verkehrung beider Ebenen von Urteilen. Tatsächlich scheint es möglich, daß der oder die Befragte gerade deshalb überzeugt ist, zu einem bestimmten Kind besonders hingezogen zu sein, weil dieses dem eigenen Partner am ähnlichsten ist. Somit stünde die elterliche Liebe in der Kontinuität der ehelichen und löste also mit einem Taschenspielertrick die Frage von Liebe und Interesse.

Das bevorzugte Kind wird nicht deshalb vorgezogen, weil es privilegiert ist, sondern weil es die eheliche Liebe inkarniert.

Man kann somit theoretisch einen Umkehrschluß konstruieren. Der entsprechend seiner Urteile als »interessegeleitet« angesehene Elternteil kann sich also dank einer solchen Kehrtwende gegen einen solchen Vorwurf verteidigen und sich darauf berufen, vom Standpunkt des besten Wissens und Gewissens elterlicher Liebe her zu urteilen. D.h. auch,

182

daß die von der Norm der egalitären Behandlung aller Kinder abweichenden Urteile keineswegs besonders destabilisierend gegenüber der mit dem neuen Modell des Ehe- und Familienlebens gegebenen häuslichen Moral wirken. Eltern, die zugeben, dieses oder jenes Kind zu bevorzugen, glauben eben, dies stehe im Einklang mit der ehelichen Liebe. Sie übertreten also nicht das Gesetz, denn ihre selektive Sichtweise ist denkbar und sagbar, weil sie nun einmal gute Ehepartner sind.

Anmerkungen

[1] Die Begeisterung für die »anti-autoritäre Erziehung« während der 70er Jahre war auch ein Destabilisierungsfaktor für die Norm der egalitären Behandlung der Kinder (de Singly, 1988).

[2] Der Umstand, daß ein Kind eines der beiden Elternteile zur besonderen Vertrauensperson wählt, entspricht der Logik der Komplementarität und gehört nicht, wie sich hätte vermuten lassen, zum Bereich der Affekte.

[3] Die Fragen nach den Schulabschlüssen und nach dem persönlichen und beruflichen Erfolg der Kinder wurden nach den Fragen plaziert, welche sich auf die emotionalen Beziehungen und die Ähnlichkeiten bezogen, damit die Befragten nicht den von Soziologen anvisierten Zusammenhang erahnen konnten. Die Befragten waren sich somit der Tragweite ihrer Aussage nur teilweise bewußt.

[4] Diese Lesart schließt nicht aus, daß es zu späteren Zeitpunkten zu einer Umkehrung solcher Effekte kommt. In der Sicht aktueller Forschungsarbeiten über »Voraussagen« (de Singly, 1990) läßt sich mutmaßen, daß Eltern mittels ihrer positiven Einstellung zu bestimmten Kindern diese gerade auch hinsichtlich ihres schulischen Erfolges fördern.

[*] Aus dem Französischen übersetzt von Franz Schultheis.

Laszlo A. Vaskovics

Elterliche Solidarleistungen für junge Erwachsene

Problemstellung

Ich müßte diesen Beitrag mit einigen Überlegungen und Erörterungen zum Bedeutungsinhalt des Begriffs »Solidarleistungen« beginnen. Eine Sichtung der philosophischen, gesellschaftstheoretischen, sozialpolitischen und soziologischen Forschungsliteratur würde allerdings zum Ergebnis führen, daß der Begriff »Solidarität« sehr unterschiedlich gedeutet und verwendet wird. »Solidarleistungen« werden in diesem Beitrag in Anlehnung an die sozialpolitische Deutung des Solidaritätsbegriffes als Handlungen verstanden, die in Form von Hilfeleistungen für Schwächere, für Menschen, die darauf angewiesen sind, gewährt werden. Hilfeleistungen, die meist ohne Nützlichkeitserwägungen freiwillig oder aus Gründen moralischer oder sozialer Verpflichtung erbracht werden und eine gewisse Hilfsbereitschaft voraussetzen. Sie gelten als gesellschaftlich (noch) nicht wertschöpfend anerkannte Arbeit, insbesondere soweit die Familienmitglieder sie für ihre Angehörigen erbringen. Solche Solidarleistungen zwischen den Generationen sind vielschichtig.

Die wichtigsten Formen sind:

a) materiell-finanzielle Hilfeleistungen;
b) persönliche Dienstleistungen in Form von unbezahlter privater Arbeit;
c) psycho-soziale Hilfen in Form von Beistand, Rat;
d) kulturelle und im weitestem Sinne auch Solidarleistungen in Form der Weitergabe von Wissen, Motiven, Fertigkeiten und Fähigkeiten.

Ein Teil dieser intergenerativen Solidarleistungen wird über die Verwandtschaftsbeziehungen erbracht, andere anonym über den gesellschaftlichen Solidaritätsvertrag zwischen den Generationen. Uns interessieren in diesem Beitrag nur jene Solidarleistungen, die intergenerativ innerhalb der Zeugungsfamilie bzw. zwischen Herkunfts- und Zeugungsfamilie erbracht werden.

Solidarbeziehungen zwischen den Generationen innerhalb der Familie werden in der Forschungsliteratur meist einseitig als Leistungen der Eltern für ihre Kinder thematisiert, die Leistungen zwischen der Herkunfts- und Zeugungsfamilie meist als wechselseitige Solidarbeziehungen. Man geht dabei von der Annahme aus, daß Eltern, soweit ihre Kinder noch nicht volljährig sind, der gebende Teil sind und die Kinder der nehmende Teil. Weiter wird angenommen, daß nach Erreichen der Volljährigkeit der Kinder die Transferleistungen zwar wechselseitig, aber nur auf relativ niedrigem Niveau erbracht werden. Mit zunehmendem Alter der Eltern zeichnet sich ein Rollentausch in den Transferbeziehungen ab: Die Eltern sind auf ihre Kinder angewiesen und insbesondere im Falle der Hilfe- und Pflegebedürftigkeit übernehmen die erwachsenen Kinder die Geberrolle.

Dieser Beitrag ist auf die Familienphase mit jungen Erwachsenen (Kinder, die zwar volljährig sind, aber ihre wirtschaftliche Selbständigkeit noch nicht oder nicht vollständig erreicht haben) fokussiert. Kinder in diesem Alter leben oft nicht mehr mit den Eltern zusammen. Nach dem Ausscheiden dieser Kinder wird in der Forschungsliteratur die Familienphase innerhalb der Lebensbiographie der Eltern als beendet angesehen. Meine These ist, daß die Eltern auch für ihre erwachsenen Kinder (junge Erwachsene) Solidarleistungen in den verschiedensten Formen in erheblichem Ausmaß erbringen.

In diesem Beitrag wird der Begriff »Solidarleistungen« operational als Hilfeleistungen bzw. Unterstützungsleistungen der Eltern für ihre Kinder in Form von

- regelmäßigen monetären Leistungen
- gelegentlichen oder einmaligen größeren finanziellen oder
- sonstigen Sachleistungen
- haushalts- oder wohnungsmäßiger Versorgung der Kinder
- Arbeits- oder Dienstleistungen

verwendet.

Man muß davon ausgehen, daß solche intergenerative sozio-ökonomische Solidarleistungen nicht in allen Familien gleichmäßig erbracht werden. Sie sind abhängig von verschiedenen familieninternen und familienexternen Bedingungsfaktoren. Dazu zählen insbesondere:

- sozio-ökonomische Lage der Eltern (Partizipation und Position im gesellschaftlichen Erwerbs- und Einkommenssystem), aber auch ihre Position in der familialen Entwicklungsphase (Stellung im Familienzyklus) sowie Ehe- und Familienverhältnisse (Erst-Ehe, Nachscheidungsfamilie, vollständige oder unvollständige Familie usw.)
- Position des Kindes im Bildungs- und Erwerbssystem, von der Einkommens- bzw. Wohnsituation und Partnerschaftsform des Kindes sowie
- der Beziehungsqualität zwischen Eltern und Kindern.

Elterliche Solidarleistungen können nicht isoliert betrachtet werden, denn sie sind ein Bestandteil der Austauschprozesse, insbesondere in der Phase »Post-Adoleszenz«. Als solche sind sie (gerade wenn man empirische Egebnisse auch in theoretische Bezüge eingliedern will, also nicht nur im Deskriptiven verbleibt) nicht trennbar von den Sozialbeziehungen zwischen den Eltern und Kindern und den Korrelaten des Erwachsenenseins (Wohnform, Berufs- und Ausbildungsstand der jungen Erwachsenen, Partnerbeziehung und Familiengründung). Elterliche Transferleistungen sind also nicht isoliert, sondern nur im

186

Rahmen der Analyse von Austauschbeziehungen zwischen Eltern und ihren Kindern verständlich und theoretisch interpretierbar.

Zudem ist davon auszugehen, daß solche familialen Kontextbedingungen je nach extrafamilialen Bedingungszusammenhängen im Hinblick auf intergenerative sozio-ökonomische Solidarhandlungen unterschiedlich wirksam werden. Wichtig ist, ob und in welcher Form und welchem Ausmaß die Familien auf Ressourcen ihres gesellschaftlichen Umfeldes zurückgreifen und diese für sich erschließen können (z.B. in Form von Einkommen, Wohnung, staatlichen Transferleistungen). Wichtig ist außerdem, welche Chancen und Rechte die Gesellschaft für die Familie und ihre Mitglieder hinsichtlich Teilhabe und Integration im Bildungs- und Erwerbssystem gewährt.

Die folgende graphische Darstellung soll diese Zusammenhänge verdeutlichen:

GRAFIK 1:

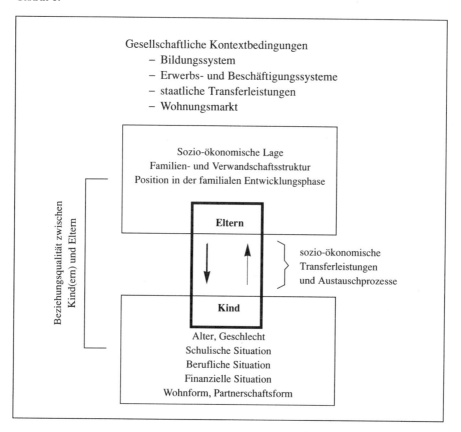

Forschungsergebnisse

SOLIDARLEISTUNGEN DER ELTERN FÜR IHRE KINDER
IN DER POST-ADOLESZENZPHASE

Zunächst soll die Frage beantwortet werden, in welcher Form und in welchem Umfang Eltern ihre Kinder in der Post-Adoleszenz-Phase unterstützen.

Ich greife dabei auf die Ergebnisse einer (Pilot)-Studie zurück, die wir bei 300 Familien durchgeführt haben. Befragt wurden junge Erwachsene im Alter von 18 bis 28 Jahren und ihre Eltern (Vater und Mutter).[1]

Wir haben bei der finanziellen Unterstützung zwei Arten unterschieden: eine regelmäßige monatliche Unterstützung und unregelmäßige, gelegentliche Unterstützungen in Form von bestimmten Geld- oder Sachleistungen. Außerdem wird jungen Erwachsenen häufig auch noch dadurch geholfen, daß die Eltern gewisse Arbeiten für sie erledigen, wie z.B. Wäsche und Kleidung in Ordnung bringen, Aufräumen des Zimmers etc.

Regelmäßige monatliche finanzielle Unterstützungen

54% der Eltern, die ein oder mehrere Kinder im Alter von 18 bis 28 Jahren haben, unterstützen diese regelmäßig (monatlich). Ob und in welchem Umfang sie diese Leistungen für ihre erwachsenen Kinder erbringen können, hängt natürlich von der Höhe des Haushaltseinkommens der Familie, aber auch von der Zahl der erwachsenen Kinder ab. Von den Eltern, die über weniger als DM 2000,– monatlich verfügen, unterstützen nur 12% ihre erwachsenen Kinder; bei den Eltern mit einem Einkommen von mehr als DM 5000,– sind es bereits 72%.

Wie hoch die monatliche finanzielle Unterstützung für die erwachsenen Kinder ist (sein kann), ist ebenfalls von der Höhe des Haushaltseinkommens abhängig. Gehen wir von einem monatlichen Gesamtbetrag von mehr als DM 500,– aus, mit dem Eltern ihr(en) erwachsenen(s) Kind(er) unter die Arme greifen, dann können nur 2% der Eltern mit einem Netto-Haushaltseinkommen unter DM 2000,– dies leisten; in der Gruppe der Eltern, die über ein Netto-Haushaltseinkommen von mehr als DM 4000,– verfügen, sind dies 37%. Für den Gesamtbetrag, den Eltern ihren erwachsenen Kindern gewähren, ist primär nicht die Kinderzahl ausschlaggebend, auch nicht die Anzahl der Kinder über 18 bis 28 Jahre, sondern die Zahl der insgesamt unterstützten jungen Erwachsenen.

Gelegentliche finanzielle Leistungen und Sachleistungen

Neben der regelmäßigen, d.h. monatlichen finanziellen Leistung an die erwachsenen Kinder, erbringen Eltern – wie schon erwähnt – auch Unterstützungen in Form einmaliger oder gelegentlicher Geldbeträge und/oder verschiedene Sachleistungen, die die Eltern finanziell zusätzlich belasten. 23 % der Eltern erbrachten innerhalb der vergangenen 12 Monate vor unserer Befragung solche Leistungen für ihre 18 bis 28jährigen Kinder.

Ähnlich wie bei den monatlichen regelmäßigen monetären Unterstützungen besteht folgender Zusammenhang zwischen Haushaltseinkommen und regelmäßigen finanziellen Leistungen der Eltern: Eltern mit höherem Nettoeinkommen erbringen durchschnittlich höhere einmalige, bzw. gelegentliche finanzielle Leistungen für ihre Kinder als Eltern, die weniger verdienen: Der Anteil der Eltern mit hohen Leistungen dieser Art beträgt bei Netto-Haushaltseinkommen unter DM 2000,– 7 %, über DM 5000,– jedoch 35 %.

Die Höhe der Kosten, die die Eltern regelmäßig oder unregelmäßig in Form von einmaligen oder gelegentlichen Geld- und/oder Sachleistungen für ihre Kinder aufbringen, streut sehr stark (weniger als DM 200/mehr als DM 1000). Jede dritte Familie erbringt Leistungen in dieser Form im Wert von durchschnittlich DM 700,– monatlich.

Durchschnittliche finanzielle monatliche Gesamtleistungen der Eltern

Addiert man die regelmäßigen und unregelmäßigen monatlichen monetären Leistungen, so stellt sich heraus, daß nur 21 % der Eltern keine finanziellen Aufwendungen in dieser Form für ihre erwachsenen Kinder von 18 bis 28 Jahren haben. Etwas mehr als jede vierte Familie (28 %) unterstützt ihre Kinder monatlich mit einem Geldbetrag bis zu DM 500,–. Der Anteil jener, die mehr als DM 750,– monatlich in Form direkter oder indirekter Zahlungen ihren Kindern zukommen lassen, beträgt 40 %.

Dabei ergeben sich erhebliche Unterschiede, je nachdem, wie viele Kinder im Alter von 18 bis 28 Jahren durch die Eltern unterstützt werden. Von den Eltern, die nur einem jungen Erwachsenen helfen, zahlen 54 % mehr als DM 750,– pro Monat. Dieser Anteil beträgt bei jenen, die zwei Kinder in diesem Alter unterstützen, 79 %.

Ein deutlicher Zusammenhang besteht auch zwischen sozio-ökonomischer Lage der Eltern und der Höhe der monatlichen Gesamtaufwendungen für die erwachsenen Kinder. Die höchsten Ausgaben erbringen jene Eltern, die den höheren sozialen Schichten zugerechnet werden können. Hier beträgt der Anteil jener Eltern, deren monatliche Gesamtaufwendungen über DM 750,– liegen, 64 %. (Im Vergleich dazu »nur« 18 % bei den Familien der niedrigeren sozialen Schichten.)

Haushaltsmäßige Versorgung der jungen Erwachsenen durch ihre Eltern (Arbeitsleistung)

Neben den regelmäßigen monatlichen Zahlungen und Übernahme der Kosten für verschiedene Sachleistungen, erbringen die Eltern für ihre jungen Erwachsenen weitere Unterstützungen in Form von Arbeitsleistungen, wie z.B. Kochen, Wäschepflege, Behördengänge etc. Auf Grund der Einzeldaten zu diesen Arbeitsleistungen wurde ein Gesamtindex der haushaltsmäßigen Versorgung erstellt. Dieser Index weist aus, daß nur 8 %

der Eltern keine Leistungen dieser Art für ihre Kinder erbringen, alle anderen helfen ihren Kindern auf diese Weise regelmäßig oder zumindest gelegentlich. Etwa in jeder dritten Familie werden relativ umfangreiche Leistungen dieser Art erbracht.

Der Umfang solcher Leistungen, die die Eltern kontinuierlich erbringen, hängt ebenfalls von der Zahl der Kinder im Alter von 18 bis 28 Jahren ab. Der Anteil der Familien mit hohen Leistungen beträgt bei Familien mit zwei Kindern 19%, haben sie drei und mehr Kinder, bereits 47%.

Wohnungsmäßige Versorgung der jungen Erwachsenen durch ihre Eltern

Auf Eltern, deren Kinder noch zuhause wohnen, kommen außer den bisher beschriebenen Unterstützungsformen oft andere Aufgaben zu, deren monetärer Wert nicht abgeschätzt werden kann. Für zuhause wohnende Kinder gilt im Regelfall, daß sie durch die Eltern auch haushaltsmäßig versorgt werden, sie werden z. B. verköstigt. Das Zuhausewohnen bedeutet für die Eltern auch Mehrausgaben, wie Telefon, Kosten für Energieverbrauch etc., die im einzelnen nicht ausgewiesen werden können. Wenn man das Zuhausewohnen und die damit verknüpften Leistungen der Eltern im Zusammenhang mit der Kinderzahl sieht, so kommt man zu dem Ergebnis, daß etwa 20% der Eltern keine und 25% sehr hohe Leistungen dieser Art erbringen.

Diese Art von Leistungen hängt hauptsächlich von der Anzahl der Kinder ab, insbesondere von der Anzahl der im elterlichen Haushalt lebenden jungen Erwachsenen zwischen 18 und 28 Jahren.

Die unterstützten jungen Erwachsenen

Welche jungen Erwachsenen werden durch ihre Eltern unterstützt? – Der Anteil derjenigen, die sich von ihrem eigenen Verdienst erhalten können, die somit auf eine Unterstützung der Eltern bzw. des Staates oder andere Unterstützungen nicht angewiesen sind, beträgt bei den 18 bis 21jährigen 41% und steigt in der Altersgruppe 25 bis 28 Jahre auf 59%. Dies bedeutet aber, daß vier von zehn jungen Erwachsenen über 25 Jahre wirtschaftlich gesehen noch nicht als finanziell selbständig angesehen werden können. Hier kann man erkennen, was die Post-Adoleszenzthese meint, nämlich, daß relativ viele junge Menschen relativ lange wirtschaftlich nicht auf eigenen Beinen stehen (können).

80% der finanziell Unselbständigen stehen noch nicht im Erwerbsleben. Die restlichen 20% verfügen zwar über ein eigenes Einkommen durch Jobben, Teilzeitarbeit etc., aber die Höhe des monatlichen Einkommens liegt unter dem Existenzminimum. Mehrheitlich haben wir es hier mit jungen Menschen zu tun, die sich noch in schulischer, beruflicher oder universitärer Ausbildung befinden, einige sind arbeitslos, im Wehr- oder Zivildienst. – Ein weiteres Kennzeichen der Post-Adoleszenz ist, daß diese jungen Erwachsenen nicht verheiratet sind, denn Eheschließung wird meist an die wirtschaftliche Selbständigkeit geknüpft. Geheiratet wird erst dann, wenn »das Nest gemacht ist«.

190

In der Forschungsliteratur wird die Vorstellung vermittelt, daß Jugendliche und junge Erwachsene in immer früherem Lebensalter den Haushalt verlassen. Von den Mitgliedern unserer Stichprobe wohnen 51 % der jungen Erwachsenen dauernd bei den Eltern und 14 % zeitweise; nur 35 % wohnen getrennt von den Eltern. Diese Ergebnisse deuten darauf hin, daß der Anteil der »Nesthocker« relativ hoch ist und möglicherweise zunimmt.

Die wirtschaftliche Unselbständigkeit spielt hier eine Rolle, denn von den wirtschaftlich Unselbständigen wohnen sogar 67 % noch bei den Eltern.

Die wirtschaftlich unselbständigen jungen Erwachsenen stammen aus Familien, die im Vergleich finanziell relativ gut dastehen. D.h., wenn die Eltern knapp bei Kasse sind, müssen die Kinder wohl oder Übel selbst für ihren Lebensunterhalt sorgen, was zur Konsequenz hat, daß sie früher aus dem schulischen und beruflichen Ausbildungssystem aus- und ins Berufsleben einsteigen. Ähnliche Zusammenhänge kann man zwischen Kinderzahl der Herkunftsfamilie und finanzieller Verselbständigung von jungen Erwachsenen feststellen. Junge Erwachsene, die Geschwister oder mehrere Geschwister haben, gehören tendenziell zu jenen, die sich finanziell früher verselbständigen. Offensichtlich sind viele Eltern nicht in der Lage, die schulische und berufliche Ausbildung sehr lange zu unterstützen, wenn mehrere Kinder dieses Alters vorhanden sind.

Konsequenzen der finanziellen Unterstützung der jungen Erwachsenen für deren Eltern

Wenn man unterstellt, daß die Familien in eine finanzielle Notsituation (latente Armut) geraten, wenn nach Abzug der monatlichen finanziellen Gesamtaufwendungen der Eltern für die erwachsenen Kinder für die übrigen Familienmitglieder (Eltern und noch nicht volljährige Kinder) durchschnittlich nur mehr ein monatliches Pro-Kopf-Einkommen unter DM 750,– übrigbleibt, so trifft dies für 23 % der Familien zu, d.h., fast jede vierte der von uns erfaßten Familien wird infolge der finanziellen Unterstützung ihrer erwachsenen Kinder an den Rand des Existenzminimums gedrängt. Dies bedeutet, daß in diesen Familien die übrigen Mitglieder (Eltern und minderjährige Kinder) ein Auskommen finden müssen, das sich nahe dem Sozialhilfesatz bewegt, manchmal sogar darunter liegt. Dies ist dann der Fall, wenn durchschnittlich nicht mehr als DM 500,– Pro-Kopf-Einkommen für die meisten Familienmitglieder übrigbleiben. Dies haben wir bei 12 % der Familien festgestellt.

Diese Fälle beschränken sich nicht nur auf Familien mit niedrigem Haushaltseinkommen, sondern es betrifft auch Familien mit mittlerem Einkommen bzw. Familien, die zu den mittleren sozialen Schichten zu zählen sind (etwa untere Mittelschicht), vor allem dann, wenn mehr als ein junger Erwachsener zu unterstützen ist.

Bei Familien mit mehr als drei Kindern beträgt der Anteil jener Familien, die abzüglich der finanziellen Leistungen für junge Erwachsene für die übrigen Famiienmitglieder nicht mehr als DM 750,– durchschnittlich zur Verfügung haben, fast die Hälfte. Weniger als DM 500,– Pro-Kopf-Einkommen haben 22 % zur Verfügung. Bei den Familien mit mehr als DM 4000,– Netto-Einkommen, sind es noch immer etwa 8 %.

Was die finanzielle Belastung betrifft, bezeichnen 10 % der befragten Eltern sie als »sehr hoch« und »kaum noch tragbar«. 63 % empfinden diese Leistungen als »sehr belastend«, aber »noch einigermaßen tragbar«. 27 % bezeichnen die Leistungen als »nicht belastend« und durchaus »tragbar«.

Die subjektive Beurteilung der finanziellen Leistungen hängt nur wenig mit der absoluten Höhe der monatlich gezahlten Unterstützungen zusammen, weil die Belastbarkeit mit der Höhe des monatlichen Netto-Einkommens variiert. Eltern, die über ein höheres Einkommen verfügen, können einen größeren Betrag für ihre Kinder bereitstellen, ohne daß sich daraus erhebliche Belastungen ergeben.

Nachdem die Höhe der erbrachten Gesamtleistungen sehr stark mit der Zahl der familienabhängigen jungen Erwachsenen korreliert, fühlen sich dementsprechend Eltern, die mehrere Kinder in diesem Alter noch zu unterstützen haben, eher belastet als diejenigen, die nur ein Kind unterstützen.

Wie bereits dargestellt, erbringen viele Eltern für ihre erwachsenen Kinder auch hohe arbeitsmäßige Leistungen. Diese Art der Leistungen empfinden wenige Eltern als belastend.

Die meisten Eltern sind wegen der finanziellen Abhängigkeit ihres Kindes (ihrer Kinder) und der daraus resultierenden Probleme besorgt. Nur 41 % der Eltern haben geantwortet, daß sie aus diesem Grunde nicht besorgt sind. Die Mehrzahl empfindet die Situation als problematisch; 8 % bezeichnen die Lage als »sehr schwierig« und »kaum tragbar«.

Die für die Kinder erbrachten Leistungen können als »Selbstverständlichkeit«, als »Pflicht« oder als »etwas, was die Eltern eigentlich freiwillig tun«, betrachtet werden. Die Mehrzahl der befragten Eltern sehen sie als »Selbstverständlichkeit« (82 %). Aber diese Leistungen werden von den meisten Eltern »als nicht freiwillig« eingestuft, sondern »als Pflicht, der man als Eltern zu entsprechen habe«.

SOLIDARLEISTUNGEN DER ELTERN FÜR JUNGE ERWACHSENE
IN NICHT-EHELICHEN LEBENSGEMEINSCHAFTEN UND VERHEIRATETE KINDER

Zur Ergänzung dieser Daten möchte ich auf Zwischenergebnisse von zwei noch nicht abgeschlossenen, repräsentativen Längsschnittstudien eingehen, die wir bei jungen Paaren, die in einer nicht-ehelichen Lebensgemeinschaft leben[2] und bei jungen Ehepaaren[3] durchgeführt haben. Es handelt sich hier um Befragungsergebnisse, die wir bei 900 Paaren in nichtehelichen Lebensgemeinschaften in Bayern und 1500 jungen Ehepaaren in den alten Bundesländern erhoben haben. Bei beiden Studien geht es um die Frage der Optionen der Lebensgestaltung. In diesem Zusammenhang haben wir einige Daten erhoben, die auch für die hier thematisierte Fragestellung einschlägig sind.

»Starthilfe« für junge unverheiratete Paare

An junge Männer und Frauen (19 bis 35 Jahre), die in nichtehelichen Lebensgemeinschaften leben, haben wir folgende Frage gerichtet: »Haben Sie von Ihren Eltern (Großeltern und Verwandten) größere Geschenke oder Unterstützungen im Hinblick auf das Zusammenleben mit Ihrem Partner erhalten?« (Die Frage an junge Ehepaare wurde leicht verändert: » [...], die Ihnen den Start ins gemeinsame Leben sehr erleichtert haben?«)

TABELLE 1: Elterliche Unterstützung für junge Paare in nichtehelicher Lebensgemeinschaft (in Prozent)

Elterliche Unterstützung		Paare in nichtehelicher Lebensgemeinschaft	junge Ehepaare
nein		53	39
ja		47	61
davon*:	ein Auto	9	10
	größere Geldbeträge	43	64
	größere Haushalts- und Einrichtungsgegenstände	66	55
	Wohnung und Haus	5	7
	Sonstiges	6	7
insgesamt		n=1723	n=2907

* Mehrfachnennungen

Quelle: Sozialwissenschaftliche Forschungsstelle der Universität Bamberg

47 % der jungen Männer und Frauen, die in nichtehelichen Lebensgemeinschaften leben und 61 % der jungverheirateten Paare haben diese Frage bejaht. Es handelt sich hier meist um größere Geldbeträge, größere Haushalts- und Einrichtungsgegenstände, aber auch Auto, Wohnung, Haus etc.

Antizipierte elterliche Unterstützung

Uns hat die Frage interessiert, mit welchen Hilfen diese jungen Menschen von ihren Eltern im Falle der Geburt eines Kindes, also im Falle der Elternschaft rechnen. Ich gehe kurz auf die Ergebnisse ein, die diese antizipierte elterliche Unterstützung im Falle der Elternschaft in Form von finanziellen Hilfen und Sachleistungen, Hilfe bei alltäglichen Arbeiten und Hilfe bei der Kinderbetreuung betreffen.

Aus diesen Ergebnisse können wir folgendes entnehmen: Weitgehend unabhängig davon, ob diese jungen Menschen in nichtehelichen Lebensgemeinschaften leben oder bereits

TABELLE 2: Antizipierte elterliche Unterstützung im Falle der Elternschaft (in Prozent)

Antizipierte elterliche Unterstützung	junge Paare in nichtehelicher Lebensgemeinschaft	junge Ehepaare
finanzielle Hilfen und Sachleistungen		
nein	11	12
ja, in geringem Umfang	39	42
ja, in großem Umfang	42	39
weiß nicht	8	7
bei alltäglichen Arbeiten		
nein	39	31
ja, in geringem Umfang	34	35
ja, in großem Umfang	24	29
weiß nicht	3	5
bei der Kinderbetreuung		
nein	20	18
ja, in geringem Umfang	41	49
ja, in großem Umfang	33	38
weiß nicht	6	4
insgesamt	n=1723	n=2907

Quelle: Sozialwissenschaftliche Forschungsstelle der Universität Bamberg

verheiratet sind, erwarten sie Hilfe, insbesondere finanzielle Hilfe und Hilfe bei der Kinderbetreuung von ihren Eltern. Beispielsweise beträgt der Anteil der Verheirateten, die im Falle der Geburt eines Kindes mit finanzieller Hilfe oder Sachleistungen rechnen, 81 % (39 % erwarten solche Hilfen in großem Umfang). 77 % rechnen damit, daß ihre Eltern bei der Kinderbetreuung mithelfen, 64 %, daß die Eltern auch bei den alltäglichen Arbeiten mithelfen werden.

Man muß insbesondere bei der erwarteten elterlichen Hilfe bei der Kinderbetreuung natürlich berücksichtigen, daß hier realistischerweise die räumliche Entfernung zu den Eltern mitbedacht wird. Beispielsweise erwarten neun von zehn verheirateten jungen Frauen (und fast so viele junge Frauen in nichtehelichen Lebensgemeinschaften), die im gleichen Haus oder in räumlicher Nähe ihrer Eltern wohnen, daß sie von diesen Hilfe im Haushalt und bei der Kinderbetreuung erhalten. Von den Frauen (unabhängig davon ob verheiratet oder nicht), deren Eltern weiter weg wohnen, erwarten nur vier von zehn Hilfe bei der Hausarbeit und sechs von zehn bei der Kinderbetreuung.

Wohlgemerkt, hier handelt es sich noch um eine Antizipation künftiger elterlicher Hilfen und Unterstützung. Aber auch diese zeigt deutlich, daß elterliche Solidarleistungen dieser Art als Option in die Lebensgestaltung junger Paare, die in nichtehelichen Lebensgemeinschaften leben, und bei jungen Ehepaaren eingehen.

Bei der zweiten Datenerhebungswelle der Ehestudie interessierte uns, ob junge Ehepaare, die zwischenzeitlich Eltern geworden sind, nun von ihren Eltern tatsächlich die erwarteten Hilfen erhalten. Rund 59 % der jungen Mütter haben darüber berichtet, daß sie seit der Geburt des Kindes von ihren Eltern finanzielle Hilfe erhalten und 67 % bei der Kinderbetreuung. Sowohl bei der finanziellen Unterstützung als auch bei der Kinderbetreuung gibt es junge Paare, die Hilfen nicht oder nicht in dem Ausmaß von ihren Eltern erhalten, wie sie dies erwartet hatten, wobei aus unseren Daten nicht hervorgeht, ob sie diese Hilfe überhaupt in Anspruch nehmen wollten. Hier spielt auf jeden Fall die räumliche Entfernung eine Rolle: Fast alle jungen Eltern, die im gleichen Haus oder in der Nähe ihrer Eltern (Schwiegereltern) wohnen, erhalten Hilfe bei der Kinderbetreuung. Etwa vier Fünftel, wenn die Eltern nicht weiter als eine halbe Stunde Autofahrt entfernt wohnen; aber nur 30 %, wenn die Eltern weiter entfernt wohnen.

Insgesamt gilt jedoch, daß die Eltern auch für ihre verheirateten Kinder erhebliche Solidarleistungen erbringen.

Etwa ein Drittel der befragten jungen Väter und Mütter bewertet diese elterlichen Hilfen als groß und sehr bedeutend. Einige sagen, es wäre für sie sehr schwierig, ohne diese Hilfe über die Runden zu kommen. (Nur 10 % sagen, es handele sich hier um keine nennenswerte Hilfe.)

Fassen wir nun die wichtigsten Ergebnisse dieser Untersuchungen zusammen:

– Alle drei Untersuchungen bestätigen, daß Eltern für ihre erwachsenen Kinder (auch dann wenn sie schon verheiratet sind) in verschiedener Form Solidarleistungen erbringen. Meist handelt es sich um regelmäßige finanzielle Hilfen, gelegentliche finanzielle Hilfen oder Sachleistungen, haushalts- oder wohnungsmäßige Versorgung oder um verschiedene Arbeitsleistungen, die für die Kinder erbracht werden.

– Die Ergebnisse unserer Pilotstudie zeigen, daß etwa die Hälfte der jungen Erwachsenen im Alter von 18 bis 28 Jahren auf die finanzielle, materielle Unterstützung der Eltern angewiesen ist und viele davon relativ lange. Auch bei den 25 bis 28jährigen ist der Anteil der finanziell unselbständigen noch relativ hoch.

– Die Eltern erbringen diese Leistungen mehr oder minder freiwillig. Sie empfinden dies als ihre Pflicht, auch dann, wenn daraus für sie zum Teil erhebliche finanzielle oder sonstige Einschränkungen resultieren.

– Die jungen Erwachsenen rechnen mehrheitlich mit diesen Hilfen. Diese gelten als eine Option ihrer Lebensgestaltung. Dies gilt natürlich für die Jüngeren insgesamt, aber auch für einen großen Teil der Älteren, wie wir zuletzt gesehen haben auch für die Verheirateten jungen Erwachsenen.

Diskussion und Interpretation

In der neueren familiensoziologischen Forschungsliteratur werden die emotionalen Beziehungen der Familienmitglieder als die wichtigste Dimension des familialen Zusammenhalts und der Stabilität herausgestellt. In dieser Diskussion wird u.E. übersehen, daß die Familie zugleich eine Solidargemeinschaft voneinander abhängiger, aufeinander angewiesener Menschen darstellt. Die Familienmitglieder erbringen füreinander in erheblichem Ausmaß sozio-ökonomische Solidarleistungen.

Unsere Ergebnisse sollen diese für die Familie konstitutive Dimension in den Mittelpunkt der theoretischen Diskussion rücken. Unsere Ergebnisse sind als wichtige Belege dafür anzusehen, daß in der Familie auch unter den Bedingungen moderner Gesellschaften, unter Rückgriff auf gesellschaftliche Ressourcen oder auch ohne diese, Solidarleistungen gegenseitig erbracht werden. Diese sind ein sehr wichtiger Bestandteil für die Struktur und den dynamischen Verlauf der Familienentwicklung.

Die sich aus stabilen Solidarhandlungen ergebenden sozio-ökonomischen Solidarbeziehungen bilden – so unsere These – eine wichtige Dimension der Familienintegration und Familienstruktur.

Die Familienmitglieder verfügen über »selbstproduzierte« Ressourcen (Liebe, Arbeitskraft) und ihre erworbenen (erschlossenen) familienexternen Ressourcen (wie Einkommen, staatliche Transferleistungen, Wohnumfeld). Aus solchen Ressourcen entstehen dauerhafte und stabile Solidarbeziehungen zwischen den einzelnen Familienmitgliedern.

Diese theoretische Perspektive knüpft an die Austausch- und Ressourcentheorie familialer Beziehungen (Nye 1979, 1982) an, die in letzter Zeit aus der verhaltenstheoretischen Tradition und dem »Rational-Choice«-Ansatz zur Erklärung von Familienbeziehungen entwickelt wurde. Dieser Theorie-Ansatz wurde bisher in der einschlägigen familiensoziologischen Forschungsliteratur hauptsächlich zur Erklärung ehelicher Machtstrukturen angewandt (u.a. Blood und Wolfe 1960; Safilios-Rothschild 1967, 1970; Rodman 1970, 1976; Lupri 1969; Huston 1983; im deutschsprachigen Raum u.a. durch Nave-Herz/Nauck 1978; Nauck 1985, 1987).

Wir gehen dabei davon aus, daß die einzelnen Familienmitglieder unterschiedliche, im Laufe des Familienzyklus veränderliche Ressourcen haben. So verfügen die Eltern über Geld und Besitz, Arbeitskraft, Kenntnisse zur Erschließung außerfamilialer Ressourcen, affektive und expressive Ressourcen (wie Liebe, emotionale Unterstützung); die Jugendlichen und jungen Erwachsenen (eher) über affektive Ressourcen, Arbeitskraft (zur Unterstützung der Eltern), über Spezialkenntnisse, z.B. beim Umgang mit neuen Techniken.

Die Frage, warum solche Ressourcen in der Familie intergenerativ ausgetauscht werden, kann mit situativen und prospektiven Nutzenerwartungen erklärt werden.

Solche aus der sog. »Wert-Erwartungs-Theorie« abgeleiteten Hypothesen wurden in der familiensoziologischen Forschung bisher hauptsächlich zur Erklärung von generativem Verhalten (»values of children«), Qualität und Stabilität familialer Beziehungen und Scheidung geprüft (Rallings/Nye 1979; Hoffmann/Manis 1982; Nauck 1987). Dieser Ansatz soll zur Erklärung intergenerativer sozio-ökonomischer Solidarhandlungen herangezogen werden. Die Untersuchung erstreckt sich auf finanziell-materielle Leistungen, arbeitsmäßige »Dienstleistungen«, soziale Kontakte und Austausch auf der emotionalen Ebene. Wir nehmen an, daß in diesem Austauschprozeß Eltern und Kinder innerhalb einer »Leistungsbilanz« eine für sie akzeptable Balance anstreben. Dieses Ausbalancieren ist prozeßhaft: Sich ändernde Rahmenbedingungen stehen mit neuen Austauschbeziehungen bei den Solidarleistungen und einer Neudefinition des »Balancepunktes« in Zusammenhang. Dabei werden nicht nur die aktuelle Situation, sondern auch der bisherige Verlauf und die zukü_nftige Entwicklung mit in Rechnung gestellt. In unserer Pilot-Studie haben wir solche »Balance-Konstellationen« zwischen Eltern und jungen Érwachsenen typisierend beschrieben.

Bei der Erklärung intergenerativer, sozio-ökonomischer Solidarbeziehungen muß theoretisch davon ausgegangen werden, daß in diese Tauschbeziehungen auch Ressourcen eingehen, die vom familialen System als solche selbst nicht erzeugt werden können, sondern von externen Systemen für Familien bereitgestellt werden (z. B. ökonomische Ressourcen). In diesem Zusammenhang verstehen wir intergenerative Solidarbeziehungen in der Familie als umweltvermittelnd an. Umweltabhängigkeit intergenerativer familialer Solidarbeziehungen bedeutet, daß Art und Ausmaß der Verfügbarkeit von Ressourcen bestimmt werden durch ihre Bereitstellung, die soziale Umwelt sowie Erschließung dieser Ressourcen durch die Familie (vgl. F.-X. Kaufmann et al. 1980).

Vor der Interpretation der hier beschriebenen Daten muß man sich vergegenwärtigen, daß diese nur die Leistungen der Eltern für ihre Kinder abbilden, nicht jedoch umgekehrt die Leistungen junger Erwachsener für die Eltern. Dieses Thema wurde hier bewußt ausgeklammert. Zu berücksichtigen wäre auch, daß hier nur ein spezieller Lebensabschnitt thematisiert wird.

Die vorgelegten Ergebnisse können aus unterschiedlichen theoretischen Perspektiven interpretiert werden: unter dem Aspekt der Bedeutung solcher Solidarleistungen bei der Gewichtung und Bemessung staatlicher Transferleistungen oder aus der Perspektive der Funktionen der Familien- und Verwandtschaftssysteme unter Berücksichtigung des Generationenvertrages. Man könnte diese Ergebnisse unter Bezugnahme auf die Diskussion über die angeblichen Auflösungstendenzen bzw. den gesellschaftlichen Bedeutungsverlust der Familie diskutieren.

Ich möchte aus diesen Ergebnissen eine familiensoziologische Schlußfolgerung ziehen und diese zur Diskussion stellen. Bei der Thematisierung familialer Entwicklungsverläufe wird die Lebensphase ab 50 bis 55 Jahre als »empty-Nest-Phase« charakterisiert. Man argumentiert damit, daß zu diesem Zeitpunkt die meisten Kinder den elterlichen Haushalt verlassen haben und auf die alleingebliebenen Eltern nun das Problem der Zweisamkeit, die Neudefinierung der Elternrolle als neue Aufgaben zukommen. Abgesehen davon, daß in letzter Zeit einige Anzeichen dafür sprechen, daß relativ viele junge Erwachsene länger im elterlichen Haushalt verweilen als noch vor zehn Jahren (Nesthocker) gilt – und dies zeigen unsere Ergebnisse mit aller Deutlichkeit – daß die Eltern auch dann, wenn ihre Kinder den elterlichen Haushalt schon (längst) verlassen haben, sie je nach der Zahl und schulischen, beruflichen und Einkommenssituation ihrer erwachsenen Kinder noch relativ lange zu ihren elterlichen Pflichten stehen (müssen). Das Ausscheiden der Kinder aus dem elterlichen Haushalt bewirkt – was die Elternrolle betrifft – eigentlich diesbezüglich relativ wenig. Die Pflichten, die auf viele Eltern in dieser Lebensphase noch zukommen, die ihren elterlichen Alltag überformen,sind so gravierend, daß es realitätsfremd wäre hier anzunehmen, daß in dieser Phase das Hauptproblem die Zweisamkeit, das Problem der »nachelterlichen Gefährtenschaft« dominierend ist.

In der Diskussion wird völlig übersehen, daß die wirtschaftliche Unselbständigkeit junger Erwachsener in den meisten Fällen eine finanzielle Abhängigkeit von den Eltern bedeutet. Unsere Untersuchungen zeigen: immer mehr junge Erwachsene bleiben von ihren Eltern immer länger finanziell abhängig.[4]

Mit der immer länger anhaltenden finanziellen Unselbständigkeit ihrer erwachsenen Kinder müssen hauptsächlich die Eltern fertig werden – trotz einiger direkter staatlicher Zuwendungen (wie Ausbildungsförderung, Kindergeld) oder indirekter Entlastungen (wie steuerliche Erleichterungen). Die aus dieser Entwicklung resultierenden finanziellen Verpflichtungen der Eltern können nicht nur Familien der Unterschicht, sondern wegen der höheren Bildungsansprüche, der geringeren Inanspruchnahme staatlicher Hilfen usw., immer mehr auch Eltern der Mittelschicht oft an die Grenze ihrer finanziellen Möglichkeiten bringen, vor allem dann, wenn sie mehrere Kinder zu versorgen haben.

Viele Eltern haben ihre Lebenspläne hinsichtlich der Gestaltung der Familienphase auf die traditionellen Verlaufsformen der Jugendbiographien hin ausgelegt (Schul- und Ausbildungsabschluß – Berufstätigkeit – Auszug – Heirat). Jetzt müssen sie erfahren, daß diese bisher sozial normierte Abfolge bei ihren Kindern in »Unordnung«gerät. Sie müssen erfahren, daß ihre Kinder schon vor Erreichen des ohnehin herabgesetzten Volljährigkeitsalters volle Freiheiten hinsichtlich Sexual-, Freizeit- und Konsumverhalten sowie haushaltsmäßiger Selbständigkeit beanspruchen, daß ihre Kinder aber oft auch nach Erreichen des Volljährigkeitsalters – sei es als Schüler oder Studenten – finanziell von ihnen vollständig oder als Auszubildende teilweise abhängig bleiben. Und in vielen Fällen kommt die wohl schockierende Erkenntnis hinzu, daß ihre erwachsenen Kinder auch nach Abschluß der Schul- und Berufsausbildung ohne Arbeit, ohne Einkommen, d. h. von ihnen ganz oder teilweise finanziell abhängig bleiben. Erschwerend kommt hinzu, daß immer mehr Jugendliche noch während der Ausbildungsphase das Elternhaus verlassen (müssen).

Kann unter diesen Bedingungen das Ausscheiden aus dem elterlichen Haushalt als eine Zäsur für die Bestimmung und Ausgrenzung familialer Phasen innerhalb familialer Entwicklungsverläufe genommen werden oder wäre es nicht angemessener vom elterlichen Verhalten, hier z. B. vom elterlichen Unterstützungs- und Solidarverhalten auszugehen?

Solange die Eltern für ihre Kinder in bedeutendem Ausmaß solche Solidarleistungen erbringen, müssen wir eine neue eigenständige Phase im familialen Lebensablauf konstatieren, die ich als »nachelterliche Familienphase« bezeichnen möchte. »Nachelterlich« in dem Sinn, daß diese erwachsenen Kinder nach Kriterien der Familienpolitik keine Kinder mehr sind (so muß man bei der Inanspruchnahme von staatlichen Transferleistungen eine Flut von Belegen erbringen, um nachzuweisen, daß es sich noch um ein »Kind« handelt);

Familienphase in dem Sinn, daß die Eltern trotz räumlicher Trennung von ihren Kindern elterliche Solidarleistungen für sie erbringen. Diese Phase, projiziert auf den elterlichen Lebenslauf, kann kurz oder sehr lange sein, je nach Zahl der Kinder und Ausmaß und Dauer der finanziellen Abhängigkeit ihrer erwachsenen Kinder.

Aus dieser Perspektive gesehen fragt man: Wo und bei wievielen Familien ist eigentlich in der Realität das auszumachen, was in der Forschungslitertur als »empty-Nest-Phase« thematisiert wird? Und wenn es diese gibt, sollte diese nicht ganz anders definiert werden, als dies unter Berücksichtigung von theoretischen Überlegungen bisher geschieht?

Meine These lautet: Die finanzielle Unselbständigkeit junger Erwachsener verändert den familienzyklischen Lebenslauf der durchschnittlichen Familien (führt zur Verlängerung und zur weiteren Ausdifferenzierung der sogenannten »Familienphase«).

Ähnlich wie für die jungen Erwachsenen durch die Verlängerung der Ablösungsphase eine neue biographische Lebensphase, »Post-Adoleszenz«, entsteht, bedingt diese Entwicklung für die Eltern bzw. für die Herkunftsfamilie die Entstehung einer neuen familienzyklischen Phase.

Diese Phase, die abhängig von der Zahl und der individuellen Lebensläufe der Kinder unterschiedlich lang dauern kann, ist durch die finanziellen Verpflichtungen gegenüber erwachsenen Kindern geprägt. Für die Stabilität der Familie und den familialen Zusammenhalt werden allgemein die emotionalen Beziehungen der Familienmitglieder als die wichtigste Dimension angesehen. Dabei wird allerdings vergessen, daß die Familie weiterhin zugleich eine Solidargemeinschaft voneinander abhängiger, aufeinander angewiesener Menschen darstellt. Dies wird ganz deutlich bei den Beziehungen zwischen Eltern und ihren erwachsenen, finanziell jedoch noch unselbständigen Kindern. In dieser Beziehung wird Elternschaft vielfach als eine wirtschaftliche Verpflichtung gegenüber den Kindern angesehen. Die erbrachten Leistungen werden durch die Eltern als mehr oder minder selbstverständliche »Elternpflicht« angesehen, die sie meist ohne Erwartung einer Gegenleistung erbringen – auch wenn diese für sie erhebliche Einschränkungen und Belastungen bedeuten.

Dies ändert nichts an der Tatsache, daß diese Eltern in einer Phase der Familienentwicklung, die die Familienpolitik kaum mehr beachtet, eine Benachteiligung gegenüber Gleichaltrigen ohne Kinder und gegenüber Familien, die sich in einer anderen Phase der Familienentwicklung befinden, erfahren müssen. Für die Familienpolitik gelten diese Familien als nicht mehr existent, als bereits »aufgelöst«, denn die Kinder haben in vielen Fällen den elterlichen Haushalt bereits verlassen. Die Familienpolitik ist schwerpunktmäßig auf die erste Phase der Familienentwicklung (auf junge Familien in Erwartung höherer Kinderzahl und Versorgung der Kleinkinder) gerichtet.

Übrigens: die Eltern werden in dieser Lebensphase doppelt zur Kasse gebeten, denn sie sind durch den Generationenvertrag in der Rolle als Steuerzahler auf der einen Seite zu anonymen Leistungen gegenüber der jüngeren und älteren Generation verpflichtet. Dazu kommen in der Rolle als Eltern und Kinder die direkten persönlichen Verpflichtungen gegenüber den eigenen Kindern und eigenen Eltern, z.B. im Falle der Pflegebedürftigkeit. Zur Bezeichnung der Lebenslage der Eltern von jungen Erwachsenen wurde der Begriff

»Sandwich-Generation« eingeführt. Dieser trägt jedoch nur dem aus den Verpflichtungen gegenüber den Kindern und den eigenen Eltern resultierenden unmittelbaren Druck im Alltagsleben der Eltern Rechnung.

Wenn man dem sich aus dem Generationenvertrag ergebenden Druck mit einer treffenden Bemerkung Rechnung tragen möchte, müßte man wohl bildlich von einer ausgepreßten »Zitronen-Generation« sprechen.

Die folgende graphische Darstellung soll diese Zusammenhänge verdeutlichen:

GRAFIK 2:

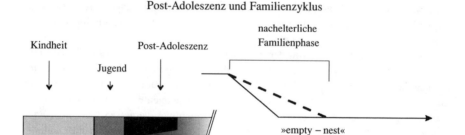

Zusammenhänge zwischen
Post-Adoleszenz und Familienzyklus

Hier sehe ich einen direkten Zusammenhang zwischen Entstehung einer Post-Adoleszenz-Phase und deren Auswirkungen auf den elterlichen Lebenslauf und der Entstehung einer (neuen) Phase, die ich – wie gesagt – als die nachelterliche Familienphase bezeichnen möchte. Diese Phase wird dann – wenn auch durch andere charakteristische Merkmale – in eine neue Phase überführt, wenn die Eltern mit ihrer Großelternrolle konfrontiert werden.

Anmerkungen

[1] »Familienabhängigkeit junger Erwachsener und ihre Folgen« (Pilotprojekt). Bisher liegen folgende Forschungsberichte vor: Laszlo A. Vaskovics unter Mitarbeit von Hanspeter Buba, Bernd Eggen u. Matthias Junge: Familienabhängigkeit junger Erwachsener und ihre Folgen. Zwischenbericht und Ergebnisse der Reanalyse. Forschungsbericht der Sozialwissenschaftlichen Forschungsstelle der

Universität Bamberg, 1988; Laszlo A. Vaskovics unter Mitarbeit von Hanspeter Buba, Bernd Eggen u. Matthias Junge: Familienabhängigkeit junger Erwachsener und ihre Folgen. Endbericht-Kurzfassssung. Forschungsbericht der Sozialwissenschaftlichen Forschungsstelle der Universität Bamberg, 1990; Laszlo A. Vaskovics: Familienabhängigkeit junger Erwachsener und Familienzyklus, in: H. Bertram et al. (Hg.), Blickpunkt Jugend und Familie. Internationale Beiträge zum Wandel der Generationen. München 1989: 373–390.

2   Projekt»Optionen der Elternschaft und der Lebensgestaltung in nichtehelichen Lebensgemeinschaften« (Längsschnittstudie). Bisher liegen folgende Forschungsberichte vor: Laszlo A. Vaskovics, Hanspeter Buba u. Marina Rupp unter Mitarbeit von Peter Franz: Optionen der Elternschaft und der Lebensgestaltung in nichtehelichen Lebensgemeinschaften. Forschungsbericht der Sozialwissenschaftlichen Forschungsstelle der Universität Bamberg, 1990; Laszlo A. Vaskovics/Marina Rupp: Optionen der Lebensgestaltung junger Paare in nichtehelichen Lebensgemeinschaften (Ergebnisse der 1. und 2. Datenerhebungswelle). Forschungsbericht der Sozialwissenschaftlichen Forschungsstelle der Universität Bamberg, 1992.

3   Projekt»Optionen der Lebensgestaltung junger Ehen und Kinderwunsch« (Längsschnittstudie). Bisher liegen folgende Forschungsberichte vor: Klaus A. Schneewind/Laszlo A. Vaskovics und Mitarbeiter: Optionen der Lebensgestaltung junger Ehen und Kinderwunsch (Verbundstudie). Forschungsbericht, Bamberg/München 1989; Klaus A. Schneewind/Laszlo A. Vaskovics u. Mitarbeiter: Optionen der Lebensgestaltung junger Ehen und Kinderwunsch (Ergebnisse der 1. und 2. Datenerhebungswelle). Schriftenreihe des Bundesministeriums für Familie und Senioren, Bonn 1992.

4   Die Ergebnisse sozialwissenschaftlicher Studien signalisieren seit Beginn der 80er Jahre eine, die Lebenslage von Jugendlichen betreffende, widersprüchliche Entwicklung in modernen Gesellschaften: Auf der einen Seite werden Verhaltensweisen, die bisher als Korrelate des Erwachsenenstatus galten (z.B. eigenverantwortliche Verfügung über Geld, selbständige berufliche Entscheidung, eigene Haushaltsgründung, sexuelle Partnerbeziehung usw.), in immer frühere Lebensjahre vorverlegt; auf der anderen Seite erfolgt eine kontinuierliche zeitliche Verschiebung der wirtschaftlichen Selbständigkeit auf spätere Lebensjahre (Fuchs 1983; Baethge 1985; Lüscher 1988). Auch die Volljährigkeit und die uneingeschränkte Wahrnehmung des Erwachsenenstatus klaffen infolge der Ausdehnung der Verweildauer von jungen Menschen im Schul- und Bildungsbereich und den erschwerten Bedingungen für den Einstieg in das Berufsleben immer mehr auseinander.
Die Folgen finanzieller Unselbständigkeit junger Erwachsener werden in der sozialwissenschaftlichen Literatur hauptsächlich unter dem Aspekt der internen Um- bzw. (Neu-)Strukturierung der Jugendphase thematisiert (vgl. Lauber et al. 1980; Blancpain et al. 1983; Hurrelmann et al. 1985; Jugendwerk der Deutschen Shell 1985; Baethge et al. 1988; Bertram et al. 1989). Die Diskussion wird hauptsächlich durch die These mitbestimmt, daß die Folge interner Strukturwandlungen der Jugendphase eine neue Phase des Lebenszyklus, nämlich die sogenannte »Phase der Nach-Jugend« (oder Post-Adoleszenz) entsteht. Diese Phase, die sich hauptsächlich durch Übernahme der den Erwachsenen zugestandenen Rechte und Pflichten bei ökonomischer Unselbständigkeit kennzeichnet, schiebt sich nach Erreichen der Volljährigkeit als eine eigenständige Lebensphase zwischen die Jugend- und Erwachsenenphase.
Diese These ist allerdings in der Forschungsliteratur nicht unumstritten. Manche Autoren sehen in dieser Entwicklungsphase eine Auflösung der Jugend als eine gesellschaftlich mitbestimmte, einigermaßen homogene Lebensphase, andere sehen darin nur eine zunehmende Schwierigkeit der Grenzziehung zwischen Kindheit und Erwachsenenleben; andere betrachten diese Entwicklung nur

201

als Anzeichen einer (noch stärkeren) inneren Ausdifferenzierung und eines Wandels bei Wahrung der sozialen Identität der Jugendphase (vgl. zusammenfassend bei Baethge 1989).

LISELOTTE WILK

Großeltern und Enkelkinder

1. Ausgangspunkt

Die Beziehung zwischen Enkelkindern und Großeltern stellte lange Zeit in der Familiensoziologie ein wenig beachtetes Thema dar. Wie weit dieses Desinteresse darauf zurückzuführen ist, daß die Enkel-Großelternbeziehung von Soziologen als wenig bedeutsam angesehen wurde, oder die Ursachen für die Ausgrenzung dieses Themas unter anderem darin wurzeln, daß der Begriff »Familie« bei aller Vielfältigkeit der Definitionen (Beham 1990; Lüscher et al. 1989) meist in einem relativ engen Sinn auf die im gemeinsamen Haushalt Lebenden angewandt wurde, bzw. Generationenbeziehungen vorwiegend als beschränkt auf zwei aufeinanderfolgenden Generationen gesehen wurde, ist schwer feststellbar. Erst in den letzten Jahren weisen mehrere Publikationen, insbesondere in den USA, auf zunehmendes soziologisches Interesse an diesem sozialen Phänomen hin (Bengtson/Robertson 1985; Brubaker 1990; Cherlin/Furstenberg 1986; Kivnick 1982). All diese Studien stellen fest, daß die Großeltern-Enkel-Beziehung in den letzten Jahrzehnten einem grundlegenden Wandel unterworfen war. Sie bringen aber sehr unterschiedliche Auffassungen darüber zum Ausdruck, worin die Charakteristika dieser Beziehung und ihre Bedeutung in unserer »postmodernen« Gesellschaft zu sehen sind.

So gehen Cherlin und Furstenberg (1986: 46ff.) davon aus, daß sich Großelternschaft in den letzten Dekaden in den USA grundsätzlich verändert hat. Intensive Zusammenarbeit zwischen den Generationen und Unterstützung hat abgenommen, das Gefühl gegenseitiger Verpflichtungen hat sich verkleinert. Es kam zu einer Veränderung der Balance von Zuneigung und Respekt. Liebe, Zuneigung und Kameradschaft erlangen in der Großeltern-Enkel-Beziehung zunehmend mehr Bedeutung. Als Charakteristika heutiger Großelternschaft sehen sie: emotional befriedigende Freizeitaktivitäten, das Fehlen direkter Verantwortung für das Aufwachsen der Enkelkinder und unregelmäßige direkte Hilfe. Die Gewinne der neuen Großelternschaft können in besserem Verständnis füreinander und in größerer emotionaler Wärme und Nähe zueinander gesehen werden.

Kornhaber and Woodward (1981) hingegen vertreten die Meinung, daß im Zuge der ökonomischen Veränderungen die lebenswichtigen Verbindungen (»vital connections«) zwischen Großeltern und Enkelkindern verlorengegangen sind, da die Grundvoraussetzungen einer guten Beziehung, nämlich Zeit und Nähe, vielfach nicht mehr gegeben sind. Dies aber bedeutet den Verlust von Bindungen über die Generationen hinweg, Großeltern verlieren ihre Rolle als Mentor, Modell und »Caretaker«, ihre Rolle wird problematisch und leer.

Diese unterschiedlichen Betrachtungsweisen bilden den Anstoß zu einigen Überlegungen darüber, welche gesellschaftlichen Entwicklungstrends der letzten Jahrzehnte Einfluß auf die Gestaltung und Bedeutung dieser Beziehung genommen haben.

2. Gesellschaftliche Entwicklungstendenzen der letzten Jahrzehnte, die die Gestaltung und Bedeutung der Großeltern-Enkel-Beziehung in der »Postmoderne« mitbestimmen

2.1 DEMOGRAPHISCHE ENTWICKLUNGEN

Steigende Lebenserwartung, Geburtenrückgang, aber auch verändertes Heirats-, Scheidungs- und Wiederverheiratungsverhalten schufen neue strukturelle Bedingungen für diese Beziehung.

Die Zeitdauer, über die hinweg eine Großeltern-Enkel-Beziehung besteht, hat aufgrund der höheren Lebenserwartung stark zugenommen und währt im Durchschnitt ein bis drei Jahrzehnte. Sie umfaßt also häufig die gesamte Entwicklungsspanne des Enkelkindes vom Säugling bis zum Erwachsenen und die der Großeltern vom aktiven erwerbsfähigen Erwachsenen zum hilfsbedürftigen alten Menschen. Dies aber bedeutet, daß dieser Beziehung eine ganz besondere Dynamik innewohnt, die gekennzeichnet ist durch die gegensätzliche Lebenslinie der beiden Beziehungspartner. Ist die des Enkelkindes gekennzeichnet durch zunehmende Selbständigkeit, Mobilität, Kompetenz, Teilnahme an und Integration in zunehmend mehr gesellschaftliche(n) Teilbereiche(n), so sind die Charakteristika der Großeltern abnehmende Selbständigkeit, zunehmende Angewiesenheit auf Hilfe durch andere und Ausgliederung aus zentralen gesellschaftlichen Bereichen, wie z. B. jenem des Erwerbslebens. Die Charakteristika dieser sich daraus ergebenden Dynamik, die ihr innewohnenden Chancen aber auch Probleme, sowohl für Enkel als auch für Großeltern, wurden bisher kaum thematisiert.

Darüber hinaus ermöglicht es die Lebensdauer von sieben bis acht Jahrzehnten relativ vielen Menschen, die Geburt und zumindest die ersten Lebensjahre ihrer Urenkel mitzuerleben. Somit ist es, wohl vermutlich erstmals in der Geschichte der Fall, daß Interaktionsbeziehungen zwischen erster und vierter Generation für zunehmend mehr Menschen »normal« werden. Darüber, welche Bedeutung diesen Beziehungen zukommt, weiß man heute noch kaum etwas.

Der, zwar etwas zeitverschobene, aber in seiner Tendenz in ganz Europa stattgefundene Geburtenrückgang der letzten Jahrzehnte wird dazu führen, daß die Zahl der engsten und engen Verwandten der eigenen Generation, die der Geschwister, aber auch die der Cousins und Cousinen, abnimmt. In Verbindung mit dem vorher dargestellten Trend ist daher zu erwarten, daß die Zahl der direkten intragenerationellen Verwandtenbeziehungen der jungen Generation ab-, die Zahl der intergenerationellen und insbesondere deren Dauer, dagegen zunimmt. Man spricht daher, wie dies Schütze (idB) ausführt, bereits von der »bean-pole-family«, also der Familie, die einer Bohnenstange gleicht, d. h. lang (mehrere Generationen) und dünn (wenige Mitglieder derselben Generation) ist.

Das veränderte Heirats-, Scheidungs- und Wiederverheiratungsverhalten, das sich in der Vielzahl der heute anzutreffenden Familienformen wiederspiegelt, hat die ehemals vorherrschende Eindeutigkeit von Verwandtschaftsbeziehungen infrage gestellt. Pitrou (idB) verweist ausdrücklich auf diesen Prozeß, wenn sie davon spricht, daß sich die Entwicklung von Generationenbeziehungen in einem Kontext der Ungewißheit situiert, sodaß sich z. B. die Frage stellt, welche Nachkommenschaft im Hinblick auf das Familienerbe berücksichtigt werden soll. Diese Ungewißheit zeigt sich einmal darin, daß es keine eindeutigen allgemein akzeptierten Bezeichnungen für die neu entstehenden Beziehungen gibt. Zum anderen drückt sie sich in der Unsicherheit darüber aus, ob diese Beziehungen überhaupt Verwandtschafts-beziehungen darstellen. So besteht kaum Klarheit darüber, ob die Eltern einer Stiefmutter Großeltern sind, (wobei die Stiefmutter selbst nicht nur eine leibliche Mutter und einen ebensolchen Vater, sondern zusätzlich auch eine Stiefmutter und einen Stiefvater haben kann). Manche Autoren sprechen in diesem Zusammenhang von einer Konfusion der Definition von Großelternschaft. Verbunden mit dieser uneindeutigen Definition von Großelternschaft ist deren mögliche Erweiterung auf mehr als zwei Großelternpaare bei Scheidung und Wiederverheiratung.Diese Veränderungen bewirken, daß zu Großeltern-Enkel-Beziehungen, die biologisch begründet sind, immer häufiger solche treten, die auf sozialer Elternschaft basieren.

2.2 DIE ABNAHME DER VERBINDLICHKEIT KULTURELL INSTITUTIONALISIERTER ROLLENKONZEPTE, INSBESONDERE IN DER FAMILIE

Tradierte Normen und Muster der Gestaltung familialer Beziehungen verlieren zunehmend an Verbindlichkeit, werden infrage gestellt und (versuchsweise) durch andere ersetzt (Hoffmann-Nowotny 1988). Die traditionellen, geschlechtsspezifischen Rollenerwartungen von Mann und Frau in der Familie haben begonnen sich aufzulösen (Nave-Herz 1988: 82). Die Eltern-Kind-Beziehung wurde weitgehend freigesetzt von externen Rollenzwängen für subjektiv definierte und interaktiv erarbeitete Strukturierungen. Vater oder Mutter, aber auch Sohn oder Tochter zu sein, ist nicht mehr mit einer klar und umfassend definierten Rolle verbunden, sondern ist zu verstehen als eine psychosozial ausdifferenzierte Aktivität, die durch einen aufwendigen, subjektiven Aneignungsprozeß erworben wird (Schülein 1987: 432).

Die Abnahme der Verbindlichkeit institutionalisierter Rollenkonzepte brachte es mit sich, daß nicht nur die Eltern-Kind, sondern auch die Enkel-Großeltern-Beziehung zu einer von den beiden Partnern weitgehend frei gestaltbaren Beziehung wurde. Diese wird nicht durch vorgeschriebene Rollen bestimmt, beide Partner können oder müssen ihre Rollen weitgehend selbst definieren und sind darauf angewiesen, sie miteinander auszuhandeln. Es gibt heute kein klares Set von Rollenerwartungen mehr für Enkelkinder und Großeltern (Brubaker 1985: 72). Dies machen jene Studien deutlich, die sowohl Großeltern fanden, die berichteten, daß sie in ihrer Rolle emotional aufgingen, als auch solche, deren Beziehung zu ihren Enkeln vorwiegend instrumentellen Charakter hatte (Fisher 1983). Vieles weist auf eine heute bestehende Ambiguität der großelterlichen Rolle hin. Der neu geschaffene Freiraum stellt zweifelsohne eine Chance dar, die Beziehung so zu gestalten, daß sie den Wünschen und Bedürfnissen beider Partner entspricht und in hohem Maß als befriedigend erlebt wird. Er beinhaltet aber auch die Möglichkeit, daß sich einer der Partner dem anderen als Beziehungspartner weitgehend verweigert und den Kontakt auf ein Minimum reduziert. Dies wird insbesondere dadurch möglich, daß, im Gegensatz zur Eltern-Kind-Beziehung, die Großeltern-Enkel-Beziehung kaum durch rechtliche und auch nur im geringen Maß durch sozial eindeutig definierte gegenseitige Rechte und Pflichten abgesichert ist.

2.3 DAS MODERNE SYSTEM DER STAATLICHEN ALTERS- UND KRANKENVORSORGE VERBUNDEN MIT EINER VERBESSERUNG DER ÖKONOMISCHEN ABER AUCH DER GESUNDHEITLICHEN SITUATION BREITER SCHICHTEN ÄLTERER MENSCHEN

Die öffentliche Übernahme der Verpflichtung zur ökonomischen Sicherung des Lebensunterhalts durch die staatliche Altersvorsorge begründete eine weitgehende finanzielle Unabhängigkeit der älteren Generation von der jüngeren innerhalb der Familie und schuf damit neue Freiräume der Beziehungsgestaltung, nicht nur zwischen Eltern und ihren erwachsenen Kindern, sondern damit verknüpft auch zwischen Großeltern und Enkeln.

Finanzielle Transfers, die von Großeltern zu Enkelkindern stattfinden (häufig vermittelt über die Eltern), haben den Charakter von großelterlichen Ressourcen, die freiwillig in diese Beziehung eingebracht werden.

Das Zurverfügungstellen öffentlicher Dienste zur Alltagsbewältigung älterer Menschen machte diese zwar nicht unabhängig von familiärer Hilfe, reduzierte diese Abhängigkeit aber. Damit können die alltäglichen Hilfeleistungen der Enkelkinder, die diese ihren Großeltern geben, ähnlich wie die finanziellen Zuwendungen der Großeltern, vorwiegend betrachtet werden als deren freiwillig eingebrachte instrumentelle Ressourcen. Die Bedeutung, die diesen Solidarleistungen, also materiell-finanzieller Unterstützung, persönlichen Dienstleistungen in Form unbezahlter Arbeit oder psychosozialer Hilfe in Form von Beistand (vgl. Vaskovics idB), zukommt, ändert sich stark mit dem Lebenslauf beider Beziehungspartner.

In welchem Umfang beide Beziehungspartner ihre je spezifischen Ressourcen zum Wohl des anderen einbringen, dies wird vorwiegend von der Qualität der Beziehung und der Bedeutung, die sie für beide Partner besitzt, abhängen; Auf die Bedeutung dieser affektiven Komponente für wechselseitige Austauschprozesse macht Pitrou in ihrem Beitrag ausdrücklich aufmerksam. Meist werden diese Hilfeleistungen den Charakter der Freiwilligkeit haben, es gibt keine Normen, die dazu verpflichten würden. Auch wenn man davon ausgeht, wie dies Schütze in ihrem Beitrag tut, daß familiale Solidarität ein nicht hintergehbares Prinzip ist und Kinder sich innerlich verpflichtet fühlen, Eltern, wenn diese Hilfe brauchen, zu helfen, schafft die öffentliche Übernahme der Verpflichtung der materiellen Absicherung eine neue Basis für die Beziehung zwischen den Generationen.

2.4 DIE VERÄNDERTE BEDEUTUNG, DIE EINEM KIND FÜR SEINE FAMILIE ZUKOMMT

Vieles deutet darauf hin, daß Kinder bis zur Etablierung der staatlichen Altersvorsorge für ihre Eltern und Großeltern einerseits und Gesellschaft, Staat und Politik andererseits ähnliche Bedeutung hatten: Sie sicherten den Weiterbestand der Gesellschaft und die ökonomische Erhaltung der nächsten Generation, sei es durch Übernahme des Besitzes oder ihrer eigenen Hände Arbeit. Heute hingegen scheint die Bedeutung, die Kinder auf der Mikroebene der Familie für ihre Eltern und Großeltern haben und die sie auf der Makroebene für Staat und Politik besitzen, weit auseinandergedriftet zu sein. Die Ängste und Sorgen der Politiker, die der Geburtenrückgang der letzten Jahrzehnte auslöste, wurden mit der fehlenden Sicherung der ökonomischen Erhaltung der älteren Generation begründet. Kinder werden also aus der Sicht der Politik als ökonomischer Garant der Zukunft angesehen. Die Bedeutung von Kindern auf der Mikroebene der Familie hat sich nach Ansicht Schützes (Schütze 1988: 101ff.) selbst in den letzten Jahrzehnten noch wesentlich verändert. Hatte das Kind im Nachkriegsdeutschland die Funktion, die sozialen Aufstiegs- und Wiederaufstiegsaspirationen der Eltern zu verwirklichen, so wird seine Bedeutung heute darin gesehen, daß es zur Quelle des Glücks wird, dem Leben Sinn gibt und es zu einem »erfüllten« macht, aber auch darin, daß es die eigene Existenz symbolisch verlängert (Münz 1983: 241). Zahlreiche empirische Studien untermauern dies (Schulz et al. 1980: 35; Wilk/Goldberg 1990: 322). Das Kind ist häufig das einzige Familienmitglied, das nicht unmittelbar von den Strukturen einer Gesellschaft, die auf Berechenbarkeit aller Beziehungen gerichtet ist, betroffen ist. Offensichtlich können die Bedürfnisse nach wechselseitiger Zärtlichkeit, Wärme und Spontaneität in den Beziehungen zu Kindern am ehesten verwirklicht werden (Schütze 1988: 103). Kinder vermitteln Eltern das Gefühl, gebraucht zu werden, und eröffnen diesen Regressionsmöglichkeiten, sie ermöglichen Dimensionen der Selbstverwirklichung, die in den anderen gesellschaftlichen Bereichen verwehrt werden.

Zweifelsohne haben auch heute noch Enkel für ihre Großeltern eine Bedeutung als Erben des Namens, als Personen, durch die familiäre Werte und Traditionen weitergegeben werden (Troll 1983). In erster Linie aber scheint der Wert, den Enkel heute für ihre Großeltern haben, ähnlich wie jener, den Kinder für ihre Eltern besitzen, auf der emotional-psychischen und nicht mehr auf einer instrumentell-materiellen Ebene zu liegen. Dies hat mit dazu beigetragen, daß die Beziehung zwischen Enkeln und Großeltern von einer distanziert-respektvoll-hierarchisch strukturierten zu einer der Freundschaft wurde, getragen von Wärme, Nähe und Zuneigung.

2.5 DIE TECHNISCHE, ÖKONOMISCHE UND WISSENSCHAFTLICHE ENTWICKLUNG DER LETZTEN JAHRZEHNTE

Die schnelle und umfassende technische, ökonomische und wissenschaftliche Entwicklung der letzten Jahrzehnte hat zu einer grundlegenden Veränderung des alltäglichen Lebens geführt. Als Beispiele seien nur angeführt: die Ernährungsgewohnheiten, bargeldloser Geldverkehr oder die Kurzlebigkeit von Konsumgütern. Information stellt zum ersten Mal in der Geschichte kein knappes Gut mehr dar, sondern steht im Überfluß zur Verfügung (vgl. Lüscher idB). Dies bewirkt, daß der Wert, den Erfahrung, vorwiegend ein Gut älterer Menschen, für die Lebensbewältigung besitzt, geringer wird. Althergebrachte Lebensgewohnheiten erscheinen und sind auch teilweise disfunktional, neue Lebensstile werfen mitunter auch die wertvollen Anteile traditioneller Lebensformen über Bord.

Damit aber klaffen Vergangenheit (als gelebte Welt der Großeltern) und Gegenwart (als zu gestaltende Welt der Enkel) immer mehr auseinander. Es droht der Bruch von Vergangenheit und Gegenwart. Auch die Enkel-Großelternbeziehung wird mit von dieser Spannung getragen sein. Gerade aber auf der Basis einer von gegenseitiger Zuneigung geprägten emotionalen Beziehung, wie dies die Großeltern-Enkel-Beziehung häufig ist, ergibt sich die besondere Chance zum Verständnis der Lebenswelt des anderen, zur Vermittlung von Vergangenheit, Gegenwart und Zukunft. Solidarleistungen in Form der Weitergabe von Wissen, Motiven, Fertigkeiten und Fähigkeiten (vgl. Vaskovics idB) können von beiden Partnern erbracht werden. Dadurch erhöht sich die Chance beider Partner, ihre Lebenssituation besser zu bewältigen, durch das Wissen um die Vergangenheit einerseits und das bessere Verstehen der Gegenwart andererseits.

2.6 DER TECHNISCHE FORTSCHRITT, INSBESONDERE IM BEREICH DER INFORMATION UND KOMMUNIKATION SOWIE IM BEREICH DES VERKEHRS

Die neuen Möglichkeiten der Kommunikation, wie sie insbesondere durch das Telefon gegeben sind, und die Möglichkeit, durch moderne Verkehrsmittel auch größere Distanzen in einem kurzen Zeitraum relativ mühelos zu überwinden, haben die Pflege und Aufrechterhaltung von Kontakten in einem nie gekannten Ausmaß erleichtert. Auch wenn nach wie vor die räumliche Entfernung zweier Personen deren Kontakthäufigkeit im hohen Ausmaß beeinflußt, »schrumpfen« durch die modernen Verkehrsmittel diese Entfernungen und werden leichter überwindbar (Höllinger 1987; Höllinger o.J.).

Eine umfassende Konzeption der Auswirkungen der aufgezeigten gesellschaftlichen Veränderungen auf die Großeltern-Enkel-Beziehung steht derzeit noch aus und kann auch hier nicht geleistet werden. Es scheint aber berechtigt, einige allgemeine Aussagen zur Charakteristik heutiger Großeltern-Enkel-Beziehung aus den aufgezeigten gesellschaftlichen Wandlungsprozessen abzuleiten:

– die Großeltern-Enkel-Beziehung stellt ein wichtiges Element familialen Lebens in »postmodernen« Gesellschaften dar. Der Vielzahl von Familienformen entspricht eine Vielfalt unterschiedlicher Formen der Großeltern-Enkel-Beziehung, der Dynamik der Familienverläufe eine ausgeprägte Dynamik der Großeltern-Enkel-Beziehung.

– Die Bedeutung der Großeltern-Enkel-Beziehung, die diese für beide Beziehungspartner besitzt, hat in den letzten Jahrzehnten nicht abgenommen, aber sie ist eine andere geworden.

Empirische Studien, in den letzten zehn Jahren, insbesondere in den USA durchgeführt, untermauern diese Aussagen, indem sie die Vielfalt anzutreffender Beziehungsformen und die der Beziehung innewohnende Dynamik aufzeigen und auf die Bedeutung hinweisen, die dieser Beziehung für beide Partner zukommt.

3. Einige empirische Hinweise zur Vielzahl, Dynamik und Bedeutung der Großeltern-Enkel-Beziehung

3.1 FORMEN DER GROSSELTERN-ENKEL-BEZIEHUNG

Bereits Mitte der 70er Jahre berichtet Robertson (1977) von vier unterschiedlichen Typen der Großeltern-Enkel-Beziehung, die er in seiner Studie an 125 Großmüttern vorfand. Eine Gruppe von Großmüttern war vorwiegend an der moralischen Entwicklung ihrer Enkelkinder interessiert und glaubte, auch nachsichtig sein zu können (»apportioned«, ausgeglichener Typus). Eine zweite Gruppe hatte mit der erstgenannten das Interesse an der moralischen Entwicklung gemeinsam, wollte aber vor allem für ihre Enkel Modell und Vorbild für richtiges Handeln sein (»symbolic«, symbolischer Typus). Für eine dritte Gruppe von Großmüttern stand nicht die moralische Entwicklung im Mittelpunkt des Interesses, sondern ihre persönliche Beziehung zu ihrem Enkelkind und das Beisammensein mit diesem (»individualised«, individueller Typus). Eine vierte Gruppe schließlich unterhielt zu ihren Enkelkindern eine distanzierte, ritualistische und unpersönliche Beziehung (»remote«, entfernter Typus).

Offenbar stand der Beziehungstypus im Zusammenhang mit einigen Charakteristika der Großmütter und ihrer Lebenssituationen. So gehörten der zuletzt angeführten Gruppe vorwiegend Frauen an, die mit ihrer Lebenssituation generell unzufrieden waren. Großmütter mit symbolischer Beziehung waren eher jünger und stark in außerfamiliale Aktivitäten involviert, solche mit individueller Beziehung eher älter und familienorientiert.

Cherlin und Furstenberg (1986) berichten in ihrer 1986 publizierten Studie, in der sie über 500 Großeltern telefonisch befragten, von drei typischen Beziehungsformen. Auch sie fanden, so wie Robertson, eine Gruppe von Großeltern, die zu ihren Enkelkindern eine nur entfernte (»remote«) Beziehung unterhielt. Der Großteil der befragten Großeltern konnte dem kameradschaftlichen (»companionate«) Beziehungstypus zugeordnet werden. Diese Beziehung war gekennzeichnet durch Zuneigung und Zufriedenheit mit der Beziehung, aber gekoppelt mit der Norm der Nichteinmischung in das Leben der Enkelkinder und das Akzeptieren der Grenzen dieser Beziehung.

Die dritte Gruppe hatte eine umfassende (»involved«) Beziehung zu ihren Enkelkindern. Diese Großeltern erfüllten zum Teil elterliche Pflichten, und es bestand ein intensiver Austausch von Diensten zwischen den Generationen.

Das Nebeneinander unterschiedlicher Beziehungsformen zeigt sich nochmals deutlich darin, daß ein und derselbe Großelternteil mit seinen einzelnen Enkelkindern in unterschiedlichen Beziehungsformen steht und andererseits Kinder die Beziehung zu ihren verschiedenen Großelternteilen unterschiedlich erleben, was seinen Ausdruck darin findet, daß sie sich oft mit einem Großelternteil besonders eng verbunden fühlen.

Sieht man Kontakthäufigkeit als einen, wenn auch sicherlich nicht einzigen Indikator für die Beschaffenheit der Großeltern-Enkel-Beziehung an, so wird die Vielfältigkeit nochmals deutlich. So hatten von den in der Studie von Cherlin and Furstenberg (1986) erfaßten Großeltern 12 % beinahe täglich, 11 % zwei- oder dreimal pro Woche, 15 % einmal pro Woche, 20 % ein- bis zweimal im Monat, 13 % alle zwei bis drei Monate, 20 % weniger und 9 % überhaupt nie Kontakt mit einem bestimmten Enkelkind. Ausschlaggebend für die Unterschiede war vor allem die Wohnentfernung. Von geringerer Bedeutung war die Qualität der Beziehung der Großeltern zur Mutter, die Familienorientierung, finanzielle Unterstützung der Eltern durch die Großeltern und ob es sich um städtische oder ländliche Bevölkerung handelte. Keinen Einfluß auf die Häufigkeit des Kontakts hatte die Schichtzugehörigkeit, Alter, Gesundheitszustand, Familienstand der Großeltern und ob es sich um die mütterlichen oder väterlichen Großeltern handelte.

Auch die »neuen«, immer häufiger auftretenden Formen der Großelternschaft vergrößern die Vielfalt. Mit steigenden Scheidungs- und Wiederverheiratungszahlen nahm auch die Zahl der Stiefgroßeltern zu. Geht man davon aus, daß heute die Rolle der Großeltern eine kulturell nur sehr unzulänglich definierte ist, so gilt dies in noch weit höherem Maß für jene der Stiefgroßeltern. Die wenigen zu diesem Thema durchgeführten Studien (Cherlin and Furstenberg 1986; Sanders and Trygstadt 1989) kennzeichnen diese Beziehung als weniger wichtig und intensiv, verbunden mit weniger Kontakt und weniger Erwartungen an die Beziehung. Je älter die Kinder zum Zeitpunkt der Wiederheirat eines Elternteils waren, umso mehr unterschied sich deren Stiefgroßelternbeziehung von ihrer Großelternbeziehung.

Aufgrund der zunehmenden Lebenserwartung wird Urgroßelternschaft zu einem immer häufiger auftretenden Phänomen. Auch zur Gestaltung der Urgroßeltern-Enkel-Beziehung gibt es jedoch kaum empirische Hinweise. Zwei neuere Studien weisen auf Ähnlichkeiten zwischen Großeltern- und Urgroßelternrolle hin. Urgroßmütter betonten allerdings mehr die emotionalen und symbolischen Aspekte ihrer Rolle, während instrumentellen und sozialen Aspekten weniger Bedeutung zukam. (Doka and Mertz 1988; Wentowski 1985).

Großeltern-Enkel-Beziehungen dauern heute, wie bereits erwähnt, vielfach ein bis drei Jahrzehnte. Sie sind gekennzeichnet durch Kontinuität und Wandel, wobei ihre Dynamik einerseits durch die entgegengesetzte Lebenslauftendenz beider Partner bedingt ist, andererseits durch sich verändernde situative Bedingungen hervorgerufen wird.

Langzeitstudien, die diese Dynamik wiedergeben könnten, sind heute noch kaum anzutreffen. Daher ist man darauf angewiesen, Hinweise auf diese Dynamik Studien zu entnehmen, die den Einfluß des Alters beider Partner auf die Beziehungsgestaltung untersucht haben.

So zeigte die Studie von Kahana and Kahana (1970, cit. nach Brubaker 1985: 75), in der Kinder unterschiedlicher Altersgruppen befragt wurden, daß diese Kinder, entsprechend ihren jeweils im Vordergrund stehenden Bedürfnissen und Interessen, unterschiedliche Anforderungen an diese Beziehung stellten. Beinahe alle Kinder beurteilten die Beziehung als wichtig und wertvoll, die Gründe für diese Bewertung waren jedoch in den einzelnen Altersgruppen sehr unterschiedlich. So schätzten die Vier- bis Fünfjährigen an ihren Großeltern, daß sie sie verwöhnten und die Acht- bis Neunjährigen, daß sie mit ihnen etwas unternahmen und Spaß mit ihnen hatten. Die Elf- bis Zwölfjährigen hatten zu ihren Großeltern ein eher distanziertes Verhältnis, aber dies entsprach ihren Wünschen, sie waren damit zufrieden.

Auch zur Bedeutung des Alters der Großeltern gibt es nur wenige Hinweise. So war der bereits erwähnte Typus der »individualistischen« Beziehung eher bei älteren Großmüttern, der der symbolischen eher bei jüngeren zu finden. Ältere Großmütter betonten mehr die emotionale Bedeutsamkeit der Beziehung, jüngere die instrumentelle.

Bezüglich der situativen Ereignisse, die die Großeltern-Enkel-Beziehung beeinflussen, weisen die Untersuchungen darauf hin, daß situativer Streß in der Elterngeneration die Großeltern-Enkel-Beziehung im allgemeinen intensiviert. (Aldous 1985: 131; Cherlin and Furstenberg 1986: 163). Bisher wurde vor allem die Auswirkung der elterlichen Scheidung auf die Großeltern-Enkel-Beziehung untersucht. Scheidung führte beinahe immer zu einer Intensivierung der Beziehung zu den mütterlichen Großeltern. Großeltern, deren Tochter sorgeberechtigt war, vermehrten den Kontakt zu ihren Enkelkindern, leisteten für diese häufiger Unterstützung, tauschten vermehrt soziale Dienste aus und übernahmen zum Teil Elternfunktionen (Matthews and Sprey 1984). Die väterlichen Großeltern (bei sorgeberechtigter Mutter) hingegen reduzierten meist den Kontakt zu ihren Enkelkindern nach der Scheidung und hatten nach einiger Zeit nur mehr »rituelle« Kontakte, d.h. nicht nur die Quantität der Kontakte, sondern auch die Qualität der Beziehung hatte sich verändert. (Bray and Berger 1990; Cherlin and Furstenberg 1986). Scheidung scheint also ein Ereignis zu sein, das dazu führen kann, daß die Bindung zwischen Großeltern und Enkelkindern zerrissen wird (Spanier and Furstenberg 1987: 428). Darauf, wie sich andere Ereignisse wie Tod oder langdauernde Erkrankung eines Familienmitglieds oder gravierende ökonomische Veränderungen auswirken, gibt es kaum empirische Hinweise.

3.3 DIE BEDEUTUNG, DIE DER BEZIEHUNG ZUKOMMT

Die meisten empirischen Studien konnten feststellen, daß die Großeltern-Enkel-Beziehung im allgemeinen von beiden Beziehungspartnern als positiv erlebt wird und daß die Partner einander als wichtige Bezugspersonen betrachten (Kivnick 1983). So zeigen mehrere Studien, die mit jungen Erwachsenen durchgeführt wurden, daß für diese ihre Großeltern wichtige Personen darstellten, daß sie die Beziehung zu ihnen als positiv und zufriedenstellend beurteilten. Keine Großeltern zu haben, bedeutete in den Augen der Befragten, etwas entbehren zu müssen (Hartshorne and Manaster 1982; Robertson 1976). Ca. drei Viertel der Befragten in der Studie von Robertson waren davon überzeugt, daß Großeltern große Bedeutung für das Leben von Enkelkindern haben. Eine am Institut für Soziologie der Johannes Kepler Universität Linz 1991 durchgeführte Studie an ca. 3000 zehnjährigen Kindern wies ebenfalls auf die Bedeutung der Großeltern, die diese für ihre Enkel besitzen, hin. Ca. die Hälfte der Kinder sagte aus, daß sie ihre Großeltern, wenn sie sie einmal längere Zeit nicht gesehen hätten, sehr vermissen würden.

Bedeutend schwieriger als die Erfassung der subjektiven Bedeutsamkeit dieser Beziehung für beide Partner scheint die der objektiv meßbaren Einflüsse der beiden Beziehungspartner aufeinander zu sein, so daß heute eine Diskrepanz zwischen subjektiver Wahrnehmung der Bedeutsamkeit und objektiv meßbaren Daten über Art und Ausmaß gegenseitiger Einflußnahme besteht (Hagestad 1985). So fanden Cherlin and Furstenberg (1986) in ihrer bereits erwähnten Studie kaum Hinweise auf einen Transfer von Werten direkt von den Großeltern auf die Enkel, ebenso wie sie keine objektiven Hinweise für einen positiven Effekt großelterlicher Bemühungen und Engagements auf das Verhalten der Enkel feststellen konnten. Dies führte sie zur Interpretation, daß Großeltern wichtige Figuren im Hintergrund (»important backstage figures« S. 183) sind. Denham and Smith (1989) erklären dies in ihrem Übersichtsartikel zu diesem Thema zum Teil damit, daß die Einflüsse, die Großeltern auf ihre Enkelkinder ausüben, vorwiegend indirekter und symbolischer Art sind. Symbolische Einflüsse aber sind nur schwer erfaßbar. Ein Versuch, diese Einflüsse darzustellen, kann darin gesehen werden, für die Bedeutung der Großeltern Metaphern zu verwenden. Als solche Metaphern wurden angegeben »Streßpuffer« (»streß buffer«) (Bengtson 1985; Johnson 1985), »Wachhund« (»national guard« or »watchdog«) (Hagestad 1985; Troll 1983), »Schlichter« (»arbitrator«) (Bengtson 1985; Hagestad 1985) und »Wurzeln« (»roots«) (Conroy and Fahey 1985; Hagestad 1985).

Ein wesentlicher Teil großelterlicher Einflüsse ist indirekter Art, wobei die Eltern die vermittelnde Instanz darstellen. So können Großeltern durch ihr Verhalten sowohl die Qualität des Familienlebens ihrer Kinder und Enkelkinder erhöhen (z.B. durch materielle oder emotionale Unterstützung) als es auch belasten (z.B. durch Einmischung oder ausgeprägte emotionale, instrumentelle oder materielle Ansprüche).

Zweifelsohne üben Großeltern in allen face-to-face-Interaktionen direkten Einfluß auf ihre Enkelkinder aus. Sie können ihnen kognitive und soziale Anregungen geben, direkte Hilfe und Unterstützung leisten und für die Enkel als Modell fungieren.

212

Auf die Vielfältigkeit gemeinsamen Tuns weist wiederum deutlich die Studie von Cherlin and Furstenberg (1986) hin. Demnach machten Großeltern mit ihren Enkeln vorwiegend folgendes: spielen und Spaß haben (91 %), Fernsehen (79 %), über die Kindheit der Großeltern erzählen (77 %), dem Kind Ratschläge geben (68 %), die Probleme des Kindes diskutieren (48 %), zur Kirche gehen (43 %), das Kind disziplinieren (39 %), Spazierengehen oder Fortfahren (38 %), dem Kind ein Spiel oder eine Fähigkeit lehren, Hilfe bei der Beilegung einer Unstimmigkeit zwischen Eltern und Kind leisten (14 %), aber auch Geld geben (82 %). Handelt es sich in der Cherlin and Furstenberg-Studie um Teenager-Enkel, so konnten in der bereits erwähnten Studie mit zehnjährigen Kindern an der Kepler-Universität in Linz bezüglich der gemeinsamen Aktivitäten von Großeltern und Enkelkindern ähnliche Ergebnisse gefunden werden.

Diese Vielfältigkeit der gemeinsamen Aktivitäten kann als Indikator der vielfältigen, unterschiedlichen Bedeutungen, die Großeltern für ihre Enkelkinder haben können, aufgefaßt werden. Großeltern können Spielgefährten, Vorbilder, vertraute Freunde, mit denen man seine Probleme besprechen kann und von denen man Hilfestellungen bekommt, ebenso sein wie Vermittler der Vergangenheit.

Frägt man nach den Einflüssen, die Enkel auf ihre Großeltern haben, bekommt man von empirischen Studien kaum mehr als einige sehr allgemeine Hinweise. Während sich im letzten Jahrzehnt zahlreiche Studien mit der Bedeutung der Beziehung zwischen erwachsenen Kindern und älteren Menschen, die diese für letztere hat, beschäftigten, wurden Enkelkinder kaum jemals in diese Betrachtungen einbezogen.

Die Bedeutung der Enkelkinder wird vorwiegend auf der symbolischen Ebene gesehen als Träger familiärer Werte und Traditionen und als Fortsetzung des eigenen Selbst. So antworteten 80 % der Teilnehmer der Studie von Timberlake (1980 cit. nach Brubaker 1985: 71), in die 90 Großmütter einbezogen waren, daß sie den Wert dieser Beziehung darin sehen, daß sie ein Weiterleben in der nächsten Generation bedeute, und für drei Fünftel war es bedeutsam, daß sie durch ihre Enkel ihre Bedürfnisse nach Kreativität, Kompetenz und Bestärkung der eigenen Identität erfüllt bekamen.

Im allgemeinen wird die Beziehung zu den Enkeln von Großeltern als eine für sie wichtige Beziehung betrachtet, über deren Einflüsse auf das psycho-soziale Wohlbefinden man aber wahrscheinlich auch heute nicht viel mehr aussagen kann, als dies Kivnick (1982: 65) bereits getan hat, indem sie meint, daß Großelternschaft sowohl das Potential in sich trägt, daß sie das tägliche Leben bereichert und freudvoller macht, als auch jenes, daß sie (unbewußt) zu fortdauerndem Unglücklichsein und Verbitterung beitragen kann.

4. Schlußfolgerungen und Ausblick

Zweifelsohne hat sich durch die Studien der letzten Jahre unser Wissen um die Beziehung zwischen Großeltern und Enkelkindern etwas verbessert. Dennoch muß man feststellen, daß wir uns erst am Beginn der Analyse dieses sozialen Phänomens befinden. Um zu umfassenderen Erkenntnissen zu gelangen, bedarf es sowohl des Entwurfs theoretischer Konzeptionen zur Analyse des Phänomens in postmodernen Gesellschaften als auch umfassender empirischer Analysen.

Welche theoretischen Zugangsweisen dem Phänomen am angemessensten sind, ist wohl kaum vorab zu klären. Versteht man die Enkel-Großeltern-Beziehung als eine dynamische Beziehung, die jeweils von den beiden Beziehungspartnern ausgehandelt und auf der Basis ihrer Bedürfnisse und Ressourcen in bestimmten soziokulturellen Umwelten gestaltet wird, so stellt der symbolische Interaktionismus, unter Einbeziehung lebenslaufperspektivischer und familienhistorischer Aspekte einen möglichen theoretischen Zugang dar. Aber auch Austauschtheorien, wie die Wert-Erwartungs-Theorie scheinen dem Problem angemessen (Nauck 1989).

Der Schwerpunkt bisheriger empirischer Forschung lag auf der Analyse der Rolle der Großeltern, insbesondere der Großmutter, und der Bedeutung des Dreigenerationen-Familiennetzwerks. Eine empirische Auseinandersetzung mit der Rolle des Großvaters, sowie der Stiefgroßelternschaft und Urgroßelternschaft steht bisher weitgehend aus.

Insbesondere aber erscheint es notwendig, die Untersuchungsdesigns zur Analyse dieser Beziehung zu erweitern. Letztlich wird es nur mit Hilfe von Langzeitstudien, die beide Beziehungspartner einbeziehen, möglich sein, die Dynamik dieser Beziehung und die ihr für beide Beziehungspartner innewohnende Bedeutung zu erfassen.

Das Wissen um diese Zusammenhänge aber ist die Voraussetzung dafür, daß die Soziologie Hinweise darauf geben kann, wie die dieser Beziehung innewohnenden Chancen für beide Beziehungspartner in Zukunft genutzt werden können.

Matthias Moch

Subjektive Repräsentationen von »Familie« nach einer Scheidung im mittleren Lebensalter[1]

1. Einleitung

Folgende Episode ereignete sich während eines Interviews in unserem Projekt über Generationenbeziehungen mit einer 57jährigen geschiedenen Frau, alleinlebende Mutter von drei erwachsenen Kindern:

> Zum verabredeten Termin kommt die Interviewerin in die Wohnung der Probandin. Bald ist eine intensive Gesprächsatmosphäre hergestellt, in der die Frau ausführlich und tief beteiligt über ihre Scheidungsgeschichte und die heutigen Familienbeziehungen berichtet. Nach ca. einer Stunde läutet es unvermittelt an der Tür und ihre beiden Töchter betreten das Zimmer. Die Mutter verstummt augenblicklich, wird sehr verlegen und bemüht sich nach Überwindung ihrer Hemmung, den fragend blickenden Töchtern die Situation zu erklären, ihnen gewissermaßen ein Geständnis abzulegen. Diese reagieren mit Unverständnis und teilweise mit Vorwürfen gegenüber der Mutter. Aber nachdem sich die Gemüter etwas beruhigt haben und die Interviewerin den Zweck der Untersuchung erläutert hat, entspinnt sich eine lebhafte Diskussion zwischen Mutter und Töchtern über Höhen und Tiefen des längst vergangenen gemeinsamen Familienlebens.

Hier zeigt sich deutlich, in welch einer prekären Situation sich Menschen befinden, wenn sie anderen ihre Familiengeschichte erzählen. Das Besondere liegt drin, daß sie sich sorgfältig überlegen, was sie wem anvertrauen. Die Berichte, die sie uns geben, sind nicht für jedermanns Ohren bestimmt. Die Befragten gehen mit ihrem Wissen über bestimmte Aspekte ganz gezielt um in Abhängigkeit von der Rolle des Zuhörers. Sie sind sich durchaus bewußt, daß sie in einer anderen Situation – wie auch andere Beteiligte ihrerseits – die Geschichte vielleicht ganz anders erzählen würden.

Diese subjektive Perspektivik ist ein hervorragendes Indiz für Strategien, die der einzelne entsprechend seiner aktuellen Rolle sowie dem Ort der Handlung in der Gestaltung der Familienbeziehungen anwendet (vgl. Goffman, 1969). So muß sich in unserem Beispiel die überraschte Mutter davor bewahren, vor ihren Töchtern als »Verräterin« einer gemeinsamen Sache zu erscheinen, die Außenstehende nichts angeht. Seitens der Töchter gibt es jedoch auch ein lebhaftes Interesse an Informationen, die ihnen die Mutter bisher vielleicht vorenthalten hatte, die sie selbst als »Vermittlerinnen« im Kontakt mit dem Vater hervorragend brauchen könnten, ohne jedoch vor der Mutter wiederum als »Kontrolleure« oder »Denunzianten« zu erscheinen.

Der folgende Beitrag thematisiert die familienbezogene Identitätsdarstellung nach einer Scheidung einer langjährigen Ehe als Bestandteil einer umfassenden Reorganisation der Familienbeziehungen.

2. Identität als familiale Leistung

Vieles spricht für die Annahme, daß in der Gestaltung der Beziehungen zwischen Generationen die Bewältigung alltäglicher Aufgaben im Vordergrund steht (Lüscher 1989). Diese pragmatische Aufgabenbewältigung macht in ihrer Gesamtheit die Konstruktion familialer Identität der Individuen sowie die Struktur familialer Solidarität aus. Die folgenden Ausführungen konzentrieren sich auf den erstgenannten Aspekt. Handeln setzt Wissen um die Organisation der Beziehungen voraus, wenn für den einzelnen wie für die Gesamtheit die spezifischen Leistungen des familialen Kontextes zum Tragen kommen sollen. Lebensereignisse, welche die Stuktur der Familie verändern, aber auch gesellschaftliche Entwicklungen erfordern eine Anpassung dieser Organisationsformen und ihrer subjektiven Repräsentationen. In der prozesshaften Überschneidung zwischen individuellem Lebenslauf, sich ablösenden Familienphasen und historisch-gesellschaftlicher Entwicklung werden Familienbeziehungen ständig reorganisiert.

In der sozialwissenschaftlichen Diskussion über Identität können zwei parallele Konzepte unterschieden werden: Auf der einen Seite stehen entwicklungspsychologisch orientierte Theorien der Identität, die primär individuumszentriert sind und auf den Teildimensionen »Selbstkonzept«, »Selbstwertgefühl« und »Kontrollüberzeugung« aufbauen (etwa Hauser, 1983), wobei sich Identität aus der Entwicklung und Überschneidung dieser Teildimensionen herausbildet. Auf der anderen Seite werden in namentlich soziologischen Theorien die Prozesse der Zuschreibung von Identität durch Dritte sowie die sozialen Vergleichsprozesse in relevanten Bezugsgruppen betont.

Eine Vermittlung zwischen diesen beiden Ansätzen bahnt sich an, indem beide Disziplinen ihre Perspektive erweitern und Schritte aufeinander zugehen: In einem Zugang wird die aktive Rolle des Individuums selbst hervorgehoben, die darin besteht, eine Balance zwischen personaler und sozialer Identität herzustellen (vgl. Krappmann 1976). In einem anderen Zugang werden die unterschiedlichen Kontexte explizit thematisiert, in denen der einzelne Selbstkonzepte entwickelt, die in ihrer Bedeutung über jene hinausgehen und quasi kontextübergreifend zur Darstellung kommen (vgl. dazu Bronfenbrenner idB). Bezogen auf die Familie bedeutet dies den Erwerb und die Reflexion der gesellschaftlich relevanten Definition des Ich über Zuschreibungen von Positionen und Aufgaben im Familienkontext (Lüscher & Wehrspaun 1985, Lüscher 1988). Dabei muß in Rechnung gestellt werden, daß den Beziehungen im familialen Kontext aufgrund ihrer Bedeutung in der Primärsozialisation ein hervorragender Stellenwert im Vergleich zu späteren sozialen Kontexten zukommt. Letztendlich werden hier elementare Muster des Bindungsverhaltens internalisiert, die das ganze Leben über wirksam sind (vgl. Trommsdorff idB).

In ihrer evaluativen Bedeutung definiert sich »Familie« im wesentlichen als Solidaritätsgemeinschaft: *Familienzugehörigkeit* in Abgrenzung nach außen und solidarische Interaktionen innerhalb der Familie stehen in direktem Zusammenhang. Die normativ erlebte Pflicht zur Unterstützung macht es notwendig, zwischen Mitgliedern und Nicht-Mitgliedern nicht nur zu unterscheiden, sondern auch deutliche Grenzen zu ziehen (Homans, 1969; Hornstein, 1976). Mit der Pluralisierung von Lebensformen wird diese Unterscheidung schwieriger. Veränderte Familienformen bringen es notwendigerweise mit sich, daß Familienbeziehungen auch hinsichtlich solidarischen Handelns ständig neu bestimmt werden müssen. Dabei können in den Handlungsorientierungen von Familienmitgliedern Widersprüche auftreten zwischen Verpflichtungen und Erwartungen aufgrund kollektiv gültiger Normen einerseits und situativer Eigenentscheidung auf der Grundlage individueller Freiwilligkeit andererseits.

Familiale Identität kommt in der Darstellung zum Ausdruck, was und wie »Familie« sein soll. Als Grundlage der Interaktionsfähigkeit ist im engeren Familienkontext wie auch nach außen ein Minimum an Kontingenz und Widerspruchsfreiheit gefordert, welche durch vorgegebene Normen garantiert werden sollen. Auf der anderen Seite fordern Übergänge in neue Familienphasen sowie Umbrüche in der Familienkonstellation neue Muster von Erwartungen und Normen. Individualisierung von Lebensentscheidungen und die Vielfältigkeit von sozialen Bezugsfeldern stellen an die Fähigkeit zum flexiblen Umgang mit solchen Mustern besondere Anforderungen. Trotz der Orientierung am gemeinschaftlich Vorgegebenen ist der einzelne auch im familialen Kontext verstärkt dazu genötigt, Identität als subjektiv zu erbringende Leistung zu begreifen, weil er ihn sich immer wieder neu rekonstruieren muß.

In welcher Weise und unter welchen Bedingungen bewältigen Familienmitglieder diese Flexibilität der identifikatorischen Prozesse, wenn man in Rechnung stellt, daß der Familienkontext einerseits normativ/traditionell, andererseits strukturell mehr oder weniger festgelegte Zuschreibungen beinhaltet? Angesichts neuer Familienformen ist es zur Ich-Bestimmung manchmal notwendig, sich gegenüber dem traditionellen Muster der Ehegattenfamilie abzugrenzen und andere oder modifizierte Bezugskontexte für sich aktiv auszuwählen und zu gewichten.

Bei der Wahrung der Identität kommt dem Aspekt der personalen Kontrolle in kritischen Übergangsphasen ein zentraler Stellenwert zu (Hauser 1983; Braukmann & Filipp 1990): Je mehr es dem Individuum gelingt, davon überzeugt zu sein, daß Beziehungen und ihre Entwicklung vorhersehbar und aktiv beeinflußbar sind, desto größer sind seine Chancen, einen kritischen Statusübergang positiv zu bewältigen. Mit der Veränderung der Rollen verändern sich auch die Randbedingungen, unter denen die Beziehungen aktiv gestaltet und beeinflußt werden können. Nach einer Scheidung im mittleren Lebensalter gestaltet sich diese Aufgabe angesichts einer doppelten Loslösung (vom Partner und den Kindern) besonders prekär.

3. Reorganisation von Generationenbeziehungen nach einer Scheidung

Die hier auszugsweise referierte Untersuchung nimmt Generationenbeziehungen in Familien in den Blick, in denen sich die Eltern nach langer Ehedauer scheiden ließen, als ihre Kinder bereits erwachsen waren oder sich in der Ablösungsphase befanden. Die wachsende Bedeutung dieser Untersuchungsgruppe zeigt sich an der neueren Entwicklung der Scheidungsraten in der zweiten Lebenshälfte. Die altersspezifische Scheidungsrate der 40 bis 50jährigen hat zwischen 1970 und 1988 stärker zugenommen als die aller anderen Altersgruppen (von 37 auf 87 im Vergleich zu (durchschnittlich) 51 auf 86 Scheidungen auf 10 000 bestehende Ehen).

Unser Interesse richtet sich auf Bedingungen, Strategien und Konsequenzen von Arrangements und Verhaltensweisen, die mit der *Reorganisation von Beziehungen über mehrere Generationen* nach einer Scheidung verbunden sind.

Die paradigmatische Bedeutung der Untersuchung von Scheidungsfamilien hat Théry (1988: 84) herausgestellt, indem sie betont, daß »die Analyse von Scheidungsmodellen auf die Entwicklung von Verhaltensweisen und Vorstellungen in Familienangelegenheiten (verweist), die keineswegs spezifisch für Scheidungsfamilien sind.«

Für eine Scheidung stehen im Gegensatz zu anderen familialen Statuspassagen keine allgemein anerkannten Normen (etwa über Alterszeitpunkt, Status in der Berufslaufbahn, anschließende Lebensform) zur Verfügung. Um so mehr ist der einzelne Betroffene aufgefordert, seine Beziehungen aktiv zu reorganisieren. Denn zum einen ist der Verlust eines gewohnten Beziehungsrahmens mit einer Identitätsbedrohung verbunden. Unter dem Wegfall eines gewohnten Kontextes leidet die Selbst-Definition. Die Reorganisation von Familienbeziehungen dient daher in erster Linie dem Schutz vor Identitätsverlust mit dem Ziel, die Balance zwischen Selbst- und Fremderwartungen, zwischen kollektiver Vergleichbarkeit und individueller Einzigartigkeit wieder herzustellen. Zum anderen muß der Geschiedene jedoch auch darauf bedacht sein, sich die alltäglichen Leistungen, die er in der Solidaritätsstruktur der Familie bisher erfahren hat, weiterhin zu garantieren. Reorganisation von Beziehungen hat daher auch zum Ziel, der eigenen sozialen Desintegration entgegenzuwirken und Hilfestellungen in Form von alltagspraktischen Handlungen in verschiedensten Lebensbereichen zu gewährleisten.

Familiale Identität und Solidarität stehen in einem wechselseitigen, ggf. auch widersprüchlichen Verhältnis. Anforderungen an die individuelle Identitätsbalance und kollektive Solidaritätsansprüche können gegeneinander gerichtet sein. Wir können davon ausgehen, daß insbesondere in kritischen Lebensphasen und Statusübergängen kollektiv-normative Solidaritätsorientierungen und individualistisch-voluntaristische Identifikationsmuster unterschiedliche Anforderungen an das Handeln stellen (vgl. Krappmann, 1978).

In der Folge einer Scheidung scheinen die Generationenbeziehungen auf solche widersprüchlichen Aufgabenstellungen zu stoßen. Einerseits läßt sich die Scheidung als Schritt der Individualisierung verstehen, indem sich die Partner aus bestehenden Bindungen lösen. Andererseits aber fordern die mit einer Scheidung verbundenen äußeren Belastungen

218

und inneren Zerwürfnisse die Familienmitglieder zu gegenseitigen Solidaritätsleistungen auf. Wir können mit guten Gründen annehmen, daß Familienbeziehungen im ohnehin bestehenden Spannungsfeld zwischen Individualisierung und Solidarität in der Folge einer Scheidung in besonderem Maße thematisiert, umdefiniert und neu gestaltet werden müssen.

4. Subjektive Rekonstruktion von »Familie«

Als einen spezifischen Aspekt der Reorganisation von Familienbeziehungen nach einer Scheidung kann die subjektive Rekonstruktion dessen gelten, was der Betroffene zukünfig unter »meine Familie« versteht. In Hinsicht auf identitäts- und solidaritätsrelevante Beziehungen spielt die subjektiv-evaluative Bedeutung von »Familie« für ihre Mitglieder eine große Rolle. Denn über die »Familienzugehörigkeit« einzelner definiert sich die Struktur solidarischer und identifikatorischer Beziehungen und umgekehrt. »Familie« kann in diesem Sinne als »Wissenssystem« (vgl. Bronfenbrenner idB) der sich entwickelnden Familienmitglieder gelten.

In Abhängigkeit von Perspektive und Position im Familiengefüge kennzeichnen unterschiedliche Strategien den Umgang mit Familienbeziehungen in allen Lebensphasen. Aufgrund struktureller Veränderungen in einer Scheidungssituation sehen sich alle Familienmitglieder dazu veranlaßt, über eine neue Positionsbestimmung ihre familiale Identität zu rekonstruieren. Um den Untersuchungsgegenstand zu verdeutlichen, werden drei Analyseebenen unterschieden:

- die *subjektiv-phänomenologische Repräsentation von »Familie«* enthält die evaluativen Bedeutungen der Familienbeziehungen und reflektiert den Hintergrund individueller Erfahrungen und deren Verarbeitung,
- die *empirische Familienstruktur* umfaßt die faktischen Beziehungen und ihre Bedeutungen (Existenz lebender verwandter bzw. verschwägerter Personen)
- die *theoretisch mögliche Familienstruktur* bildet auf einer abstrakteren Ebene ein System, in dem einzelne Personen bestimmten Subsystemen (etwa Herkunftsfamilie, Zeugungsfamilie und Schwiegerfamilie) zugeordnet werden können.

Die hier thematisierte (dem Forscher zugänglich gemachte) Mitgliederperspektive der Betroffenen bildet subjektive Evaluationen vor dem Hintergrund ihrer empirischen Familienstruktur ab (vgl. das Beispiel unter 1.). Gewissermaßen wird hier das Konzept der »Familien-Rhetorik« (Lüscher et al. 1989) auf die Familienmitglieder selbst angewandt.

Mit der Scheidung ist »Familie« als Plausibilitätsstruktur zerstört worden. Damit unterliegen die Beteiligten in Hinsicht auf »Familie« einer »Sprachzerstörung« (Lorenzer 1970): Wer oder was konstituiert für mich überhaupt noch »Familie«? Wo stehe ich? Als was erkläre ich mich? Wie stelle ich mich anderen gegenüber dar?

Die (jeweils vorläufigen) Ergebnisse solcher Überlegungen beruhen letztendlich auf der Reflexion aktueller Lebenspraxis mit Familienmitgliedern nach der Scheidung. In diesem Prozeß modifizieren die Betroffenen nicht nur den objektiven Familienbegriff im Sinne der Verwandschaftsstruktur nach biologischer Abstammung ganz erheblich. Sie geraten darüberhinaus auch mit dem offiziellen Sprachgebrauch sowie mit Definitionen von »Familie« in Konflikt, die in vieler Hinsicht nicht nur plausibel, sondern mit einem hohen Maß an Legitimität ausgestattet sind, wie etwa der Familienbegriff im bürgerlichen Recht, in amtlichen Stellungnahmen (etwa in der Familienstatistik oder den Familienberichten) oder im familienwissenschaftlichen Diskurs.

Durch die veränderte Konstellation ergeben sich Spannungen zwischen diesen Konstruktionen. Gewissermaßen in Opposition zum offiziellen Sprachgebrauch rekonstruieren Geschiedene ihre »Familie« entsprechend der veränderten Beziehungen z.T. völlig neu. Wie und unter welchen Bedingungen dies geschieht, ist Gegenstand der folgenden Darstellung.

5. Untersuchung und Fragestellungen

In unserer Untersuchung befragten wir 30 geschiedene Eltern (G2), die meisten davon im Alter zwischen 50 und 60 Jahren, sowie deren erwachsene Kinder (G3) im Alter zwischen 25 und 37 Jahren. Eltern und Kinder wohnen in getrennten Haushalten. Die Ehen der Eltern haben im Durchschnitt 25 Jahre lang bestanden, die Scheidung lag zum Untersuchungszeitpunkt ca. sechs Jahre zurück. Die Untersuchungsgruppe der Elterngeneration, auf deren Daten hier Bezug genommen wird, umfaßt 26 Frauen und vier Männer.

Wie stellt sich »Familie« für 50 bis 60jährige nach der Scheidung dar? Um darüber Aufschluß zu bekommen, stellten wir den Geschiedenen in einem offenen Interview spezielle Fragen:

- nach den Personen, die sie heute zu ihrer Familie zählen,
- nach ihren spontanen Assoziationen zum Begriff »Familie«,
- danach, was nach ihrer Meinung eine Familie auch bei Schwierigkeiten und Konflikten zusammenhält.

Die entsprechenden Antworten beleuchten die subjektiven Bedingungen der Reorganisation von Beziehungen, die die Familie vor der Scheidung konstituiert haben. Wie beim Versuch, einen vertrauten Gegenstand zu beschreiben, der plötzlich abhanden gekommen ist, stellen Betroffene auf diese Fragen einerseits quasi »ex negativo« Darstellungen von Merkmalen heraus, die ihre ideale Repräsentation von Familienbeziehungen kennzeichnen, Merkmale, die im familialen Kontext als zentral und unverzichtbar erlebt werden und damit der subjektiven Überzeugung von »Familie« gleichkommen. Andererseits erhalten wir jedoch auch eine Reflexion der faktisch bestehenden Familienbeziehungen und der darin gemachten Erfahrungen.

Insofern hier erste Ergebnisse der laufenden Auswertungen der Untersuchung referiert werden, handelt es sich im folgenden um den Versuch, sich einer Systematisierung subjektiver Familienkonstruktionen nach einer Scheidung anzunähern. Zwei Fragestellungen sollen in diesem hier dargestellten ersten Schritt beantwortet werden:

1. Welche Beziehungsmuster in einer empirisch-faktischen Familienstruktur bilden sich in den evaluativ-subjektiven Familienrekonstruktionen von Geschiedenen im sechsten Lebensjahrzehnt ab?
2. Welche sozialen Erfahrungselemente stellen Geschiedene im sechsten Lebensjahrzehnt als bedeutsam für ihre subjektiven Repräsentationen von »Familie« heraus?

6. Unterscheidung von Teilstrukturen und Mitgliederperspektiven

Die Vielschichtigkeit des subjektiven Familienbegriffs zeigt sich in den Reaktionen auf unsere explizite Frage, ob sich nach Ansicht der Betroffenen ihre Familie durch die Scheidung aufgelöst hat oder ob sie weiterbesteht. Die Antworten spiegeln die Unterscheidung nach Beziehungsebenen wider. Zunächst ist interessant, daß die Begründungen der positiven wie der negativen Antworten fast alle demselben hierarchischen Muster folgen:

Die Beziehung zu den Kindern gilt als primäres Merkmal der Familienrepräsentation. Sie ist sozusagen eine notwendige Bedingung der »Familien«-Erfahrung. In zweiter Linie – aber eng mit der ersten verknüpft – wird die Ehebeziehung thematisiert. Manche Befragten bringen in ihrer Antwort auch die Herkunftsfamilie ins Spiel.

Darüberhinaus bringen die Eltern zum Ausdruck, daß sich »Familie« nach der Scheidung aus den verschiedenen Mitgliederperspektiven (etwa die ihrer selbst oder ihrer Kinder) jeweils unterschiedlich darstellt. Beziehungen entwickeln sich je nach Position und Perspektive des Betroffenen innerhalb der drei Beziehungsebenen unterschiedlich, obwohl sie derselben Familie angehören oder angehört haben.

Zur genaueren Untersuchung der Familienrepräsentation konzentrieren wir uns auf einzelne dyadische Beziehungen nach einer Scheidung: An erster Stelle in der Familiendefinition einer geschiedenen Person steht die Beziehung zu den eigenen *Kindern* (1). Sie fehlt in keiner Familiendefinition. Es folgt – mit positivem oder negativem Vorzeichen – die Beziehung zum *Ex-Partner* (2). Er kann explizit von der »Familie« abgegrenzt oder (wieder) integriert sein, auch in Abhängigkeit davon, ob eine neue Partnerschaft besteht. Dritter zentraler Gesichtspunkt in der Definition der Nach-Scheidungs-Familie sind die bestehenden Beziehungen zwischen *Ex-Partner und Kindern* (3). Die *eigenen Eltern* (4) nehmen insbesondere für Geschiedene ohne neue Partnerschaft einen wichtigen Stellenwert ein.

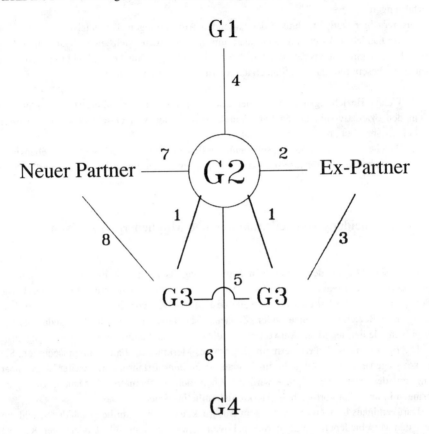

In einem erweiterten Kontext sind für die Familienrekonstruktion bedeutsam: Die *Geschwisterbeziehungen* (5) zwischen den eigenen Kindern (G3), gegebenenfalls die Beziehungen zu *Enkeln* (6), eine *eigene neue Partnerschaft* (7), sowie Beziehungen zwischen diesem *neuen Partner und den eigenen Kindern* (8).

Im folgenden sollen die unterschiedlichen Beiträge dieser acht dyadischen Familienbeziehungen zur subjektiven Familienrekonstruktion nach der Scheidung im mittleren Lebensalter untersucht werden.

7. Typologie subjektiver Familien-Repräsentationenen

Geschiedene erleben ihre »Familien« nach der Scheidung in Abhängigkeit von der gelebten Praxis in der Beziehung zu einzelnen Familienmitgliedern. Dabei können sie den Eindruck haben, daß trotz der Scheidung »die Familie« weiterbesteht, daß sie sich aufgelöst und/oder sich eine neue Familie gebildet hat. Die folgende Typologie baut auf der Konstellation dyadischer Beziehungen (gemäß Abb. 1) auf, die in den Familiendefinitionen nach der Scheidung im 6. Lebensjahrzehnt als zentrale oder als stützende Elemente genannt bzw. explizit ausgeschlossen werden.

Daneben werden in die Typologie auch Beziehungen aufgenommen, deren Existenz oder Auflösung aus dem Kontext des Interviews als bedeutsam für die Familiendefinition hervorgeht. Im Sinne einer Darstellung erster Ergebnisse hat sie weniger endgültigen als vielmehr heuristischen Charakter zugunsten weiterer Differenzierung und Präzisierung einzelner Typen. Die Analyse der Neudefinitionen von Familie nach einer Scheidung führte uns zu vier unterschiedlichen Konstellationen von »Familien«-Beziehungen:

TABELLE 1: Beiträge dyadischer Beziehungen zur subjektiven Familienrekonstruktion Geschiedener

Familientyp		Beziehungen Geschieder (in G2) ...							
		1 zu G3	2 zum Ex-Part-ner	3 zwi-schen Ex u. G3	4 zu G1	5 zwi-schen G3-Ge-schwis-tern	6 zu G4	7 zu neuem Part-ner	8 zwi-schen neuem Part-ner u. G3
I	Matrilineare Ein-Eltern-Familie	+	–	–	+	+	+		
II	Nacheheliche Fürsorge-gemeinschaft	+	+	+					
III	Konkurrierende Sukzessiv-Familie	+	–	+/–		–		+	+/–
IV	Aufgelöster Familien-verband	–	–	–	–		–		

+   = bestehende und/oder gewünschte Beziehungen
–   = aufgelöste bzw. abgelehnte Beziehungen
+/– = personenspezifisch unterschiedlich bewertete Beziehungen
G2   ≙ geschiedene Probanden (50–60 Jahre)
G1   ≙ Eltern der Geschiedenen
G3   ≙ Kinder der Geschiedenen
G4   ≙ Enkel der Geschiedenen

223

Auch wenn sich die Eltern getrennt haben, besteht die Familie weiter, wenn ein Elternteil (meist die Mutter) ihre – über die vergangenen Jahrzehnte aufgebaute – gute Beziehung zu den Kindern hervorhebt und den Verlust des Ehepartners nicht mit dem Scheitern der Familie gleichsetzt. Kern der Familie (manchmal auch als »Restfamilie« bezeichnet) ist dann allein die Beziehung zwischen dem befragten Elternteil und den Kindern, unabhängig vom Ex-Partner.

Der Weggang des Partners wird als (oft schmerzliches) Phänomen hingenommen, – vergleichbar mit einem Partnerverlust aus anderen Gründen (»Unfall«), betrifft aber nicht den Weiterbestand der Familie als solche. Bedrohung des Weiterbestehens geht in diesem Fall viel stärker von der Vorstellung aus, die Kinder könnten sich von der Mutter abwenden, sei es, indem die emotionalen Belastungen oder Ambivalenzen infolge des Trennungsprozesses zu groß waren, sei es, daß die räumliche Entfernung den Kontakt schmälert. In diesem Zusammenhang heben Mütter besonders ihre engen freundschaftlichen Beziehungen zu ihren erwachsenen Töchtern hervor, die durch die Scheidung eher noch stabilisiert wurden. Der Kontakt der Kinder zum Vater spielt – wenn überhaupt – im Familienbild dieser Mütter eine untergeordnete Rolle. Der Ex-Ehepartner wird sozusagen als »überflüssig« betrachtet.

Dieser Typ der Ein-Elternteil-Familie zeichnet sich neben der konstanten und engen Bindung zwischen Mutter und erwachsenen Kindern auch durch die Betonung der Geschwistersolidarität aus. Diese Beziehungen werden so wahrgenommen, daß sie durch die Trennung vom Partner nicht berührt bzw. ggf. noch verstärkt wurden. Den Kindern auch im Erwachsenenalter das Elternhaus (konkret oder ideell) zu erhalten, ist für die Geschiedenen von größter Bedeutung. Der Kern dieser Rekonstruktion beruht darauf, Kinder durch aktive Unterstützung zu binden.

Zur Illustration: Eine 58jährige Mutter von vier Kindern beklagt die Verantwortungslosigkeit ihres untreuen Ehemanns, der sie verlassen hat, und fährt dann fort:

»Was hält eine Familie zusammen? Das sind nicht die Kinder offensichtlich, die es zusammenhalten. Aber die Familie, daß die weiterexistieren kann, auch wenn der Vater eine Niete ist, ja, und ausfällt, das hoffe ich, daß ich das bewiesen habe in unserem Fall. Denn der Begriff ›Familie‹ ist da, auch wenn es heißt: Vater, Mutter, Kind und das erste in Klammern gesetzt. Dann ist die Familie trotzdem noch komplett.«

Stützend in Form von praktischer und ideeller Hilfe wirkt in diesem Muster die Herkunftsfamilie der Mutter: Die Solidargemeinschaft mit den Kindern wird als Fortführung der Herkunftsfamilie mütterlicherseits und ihrer Traditionen verstanden. Eine neue Partnerschaft bekommt in dieser Konstellation nicht mehr den Stellenwert, den die Ehe in der Familie hatte. Vielmehr wird Wert darauf gelegt, zentrale Aspekte der Partnerbeziehung durch innerfamiliale Beziehungen zu ersetzen.

In einem anderen Modell wird von einem Weiterbestehen der Familie dann gesprochen, wenn beide Eltern weiterhin für die Kinder verfügbar und Ansprechpartner sind, sich um ihre Belange kümmern. Besonders wird betont, daß diese Beziehungen auf Gegenseitigkeit beruhen, d. h. auch die Kinder den Kontakt zu beiden Eltern pflegen.

Auch wenn durchaus eingestanden wird, daß die Eltern selbst untereinander keinen direkten oder einen nur sehr eingeschränkten Kontakt haben, scheint ein minimaler – wenn auch indirekter – Kontakt zwischen den Eltern für dieses Modell unabdingbar. »Familie« besteht dann im wesentlichen aus den Beziehungen der Kinder zu den einzelnen Elternteilen und aus einem thematisch auf die Belange der Kinder beschränkten Austausch der Eltern untereinander. Die Einschränkung des Familienbegriffs betrifft in diesem Fall nicht Personen, sondern Inhalte der Kommunikation: Eltern verständigen sich nur noch über Belange der Kinder, welche letzten Endes das Bindeglied der Familie ausmachen.

Eine 53jährige Mutter zweier Töchter auf die Frage nach der Auflösung der Familie:

»Nein, (die Familie) besteht weiter, sie ist erweitert. Also genaugenommen würde ich sagen, daß (sich) im Laufe der Jahre das Verhältnis zu meinem früheren Mann, also zwischen ihm und mir verbessert hat. Zwischen uns zweien gibt es ja nichts zu diskutieren, aber was die Kinder anbelangt.«

Voraussetzung einer »nachehelichen Fürsorgegemeinschaft« ist oft eine langsame Annäherung nach längerer Trennungszeit unter der Bedingung, daß Erfahrungen in der Ehe zumindest teilweise aufgearbeitet werden konnten. Eltern erklären, daß sie über ihre gemeinsame sorgende Anteilnahme am Leben der Kinder wieder näher zusammenfinden und den Kontakt im gemeinsamen Einvernehmen intensivieren bzw. sich gegenseitig »Hilfe in der Not« gewähren. Um die gemeinsamen Kinder herum bildet sich eine Beziehungs-Konstellation zu deren Unterstützung. Anlaß für eine solche Entwicklung kann die Geburt eines Enkels von Geschiedenen (G4) sein.

Auch wenn die Ex-Partner wieder neue PartnerInnen haben, dominiert im Erleben in diesem Muster die Eltern-Kind-Beziehung als Wesenselement der Ursprungs-»Familie«. Im Gegensatz zur »matrilinearen-Ein-Elternteil-Familie« sind hier neue Partnerschaften kein Abgrenzungsgrund, aber auch Beziehungen zu Eltern (G1) sowie die Geschwisterkonstellation sind für die Familiendefinition kaum relevant. Allerdings können gemeinsame geschäftliche Interessen oder ein größerer Familienbesitz Hintergrund dieser Konstellation sein.

DIE KONKURRIERENDE SUKZESSIV-FAMILIE (III)

Für den Betroffenen, der nach der Scheidung eine neue Partnerschaft eingegangen ist, deren Status mit der früheren Ehe vergleichbar ist, ist es naheliegend, daß er diese Partnerschaft in Verbindung mit der Beziehung zu seinen Kindern als neue Familie definiert. Gewohnte

Lebensformen werden mit einem anderen Partner fortgeführt, alte Familienrollen werden neu besetzt.

Eine derartige Neugründung einer Familie ist am ehesten typisch für Männer, die wieder geheiratet haben bzw. eine neue eheähnliche Partnerschaft eingegangen sind. So sagt ein 52jähriger geschiedener Mann, der mit seiner Freundin und deren Kindern zusammenlebt:

»Ja, das ist (jetzt), sagen wir mal, meine Familie, das sind meine Kinder und die Familie hier. Die Großfamilie, von vierköpfig auf sechsköpfig. (Bisher hatte ich) zwei, (jetzt) habe ich halt sechs Kinder.«

Entsprechend dem (deutschen) Titel der Arbeit von Wallerstein & Blakeslee (1988) stellen sich Vertreter dieses Typs als »Gewinner« dar, während die Scheidung für den »zurückgebliebenen« Partner die Auflösung der Familie bedeutet (vgl. Typ IV). In Bezug auf die Kinder kann eine ambivalente Situation entstehen: Die neue Partnerschaft konkurriert mit der alten um die Gunst der Kinder, diese sind ihrerseits durch die »Spaltung« ihrer Herkunftsfamilie belastet.

In dieser Rekonstruktion, in der durch neue Partnerschaften eine Zwei-Teilung der Ursprungsfamilie erlebt wird, zeigt sich die Unterschiedlichkeit der Mitgliederperspektiven am deutlichsten. Auf Dauer gelingt es den Kindern meist nicht, zu beiden Elternteilen gleich engen Kontakt halten. Indem die neue Partnerschaft des einen Elternteils im Erleben des anderen die Spaltung bewirkt, leiden Kinder verstäkt unter Loyalitätskonflikten beiden Elternteilen gegenüber. Dieser Konflikt veranlaßt die Kinder, zu der einen oder anderen Seite größeren Abstand herzustellen. In diesem Zusammenhang können sich auch die Geschwister entzweien.

DER AUFGELÖSTE FAMILIENVERBAND (IV)

Eine Auflösung der Familie erfahren Geschiedene in erster Linie dann, wenn sie unter dem Verlust der Kinder leiden oder weniger Kontakt haben, als sie sich wünschen würden. Indem die Beziehung zu den Kindern weitgehend unterbrochen ist, kann über sie die Partnerbeziehung nicht substituiert werden. Wenn man nichts mehr voneinander weiß, man sich nicht für das Leben des anderen interessiert und keine vermittelnden Personen verfügbar sind, dann hat sich die Familie aufgelöst.

Die Begründung für die Auflösung basiert hier auf der Interpretation, daß durch den Partnerverlust die Beziehung zu den Kindern verloren gegangen ist. Auf einen Punkt gebracht: Die Familie hat sich aufgelöst, weil mit der Trennung der Ehepartner den Kindern die Grundlage für das Familienleben entzogen ist. Eine 57jährige Mutter von drei Kindern:

»Ja, (die Familie hat sich aufgelöst), weil mein Mann halt so ein Einzelgänger ist und – eigentlich, wenn das Elternpaar nicht mehr zusammenhängt, dann würde ich sagen, lösen sich doch auch die Kinder auf.«

Aus dem Blickwinkel eines erweiterten Familienkontextes geht die soziale Desintegration in diesem Typ mit der Erfahrung einher, daß weder in der Herkunftsfamilie noch in der eigenen Zeugungsfamilie auf stabile Beziehungen zurückgegriffen werden kann. Mangel an Identifikationspunkten (Haus, gemeinsame Arbeit, Feste) und emotionale Barrieren führen zur Vereinzelung der Familienmitglieder. Auf der anderen Seite sind auch die Beziehungen zu den Kindern reduziert, insbesondere dann, wenn es diesen nicht gelingt, eigene Familien zu gründen. Verstärkt gilt dies für Geschiedene, die nur ein Kind haben.

In Tabelle 1 sind die vier Typen unterschiedlicher Familienrekonstruktionen dargestellt, charakterisiert durch die positiven und negativen Beiträge verschiedener Beziehungsdyaden im Familienkontext.

8. Erfahrungselemente in der Repräsentation von »Familie«

Über die in den Arbeiten von Bengtson (vgl. Roberts et al. 1990) thematisierten, strukturell vorgegebenen Beziehungsmerkmale wie Kontaktformen, gegenseitige Hilfe, emotionale Bindung hinaus erhalten wir durch unseren Zugang sowie durch unsere Interviewtechnik einige übergreifendere Elemente in der Überzeugung dessen, was Familie ist oder sein soll. Vertiefen wir uns etwas mehr in die Vorstellungen von ihren Familienbeziehungen, die uns die Befragten zugänglich machen, dann werden in ihren subjektiven Familienrepräsentationen übergreifende Strategien erkennbar. Vier Strategieelemente will ich kurz andeuten:

RINGEN UM GESCHLOSSENHEIT (1)

Viele Befragte machen deutlich, wie sehr für sie »Familie« mit der Vorstellung einer geschlossenen Struktur, einer runden Ganzheit verbunden ist. In den Beschreibungen können wir Merkmale finden, die für eine »gute Gestalt« im Sinne der Gestalt-Schule Max Wertheimers (1922/23) kennzeichnend sind. Dabei sind insbesondere der Gestaltschließungszwang und die Figur-Grund-Unterscheidung zu nennen. In diesen Bildern dominiert als Gestalt der Einheit und Geschlossenheit der Kreis als Form der Familie, eventuell in einer Abstufung mehrerer konzentrischer Ringe, innerhalb derer die Familienmitglieder – in Abhängigkeit von Generationsstufe, Verwandschaftsgrad und Familienstand – zentrale oder periphere Positionen einnehmen. Die Art, wie Geschiedene mit diesem Gestaltmuster umgehen, wirft ein Licht auf diskrepante und konsistente Familienrepräsentationen. (Vgl. dazu Textbeispiele A in Tabelle 2).

In beiden Darstellungen sind die Bemühungen um die Geschlossenheit der Familie deutlich. Während jedoch im ersten Beispiel die Lücke schmerzlich zurückbleibt, wird im zweiten Beispiel die Geschlossenheit durch eine Differenzierung bzw. Umdefinition wieder hergestellt (vgl. auch das erste Zitat unter D, S. 228).

TABELLE 2:   A: Ringen um Geschlossenheit

A: Ringen um Geschlossenheit

»... wenn ich das (die heutige Familie) malen müßte, würde ich da irgendeinen toten Punkt hinmalen. Ich meine, der gehört ja dazu, der Vater, gell. (...) Und da würde bestimmt der Stuhl stehen, wo der Vater ist. Aber ich würde ihn nicht hinsetzen, auch keinen anderen. Da würde ich irgend – ich weiß es nicht, da ist noch ein Luftschloß da.« (Typ IV)

»Also eine geschiedene Familie würde ich so als einen aufgebogenen Ring ansehen, (...) daß die Kontakte nicht rund sind. Also das heißt, daß zwar Kontakte vom Vater über den Sohn zu mir kommen und von der Tochter auch, bloß rund wäre es, wenn ich auch mit dem Vater Kontakt hätte. Und so ist ein Bruch drin. Also der Ring hat einen Bruch, – aber da läuft noch was.« (Typ III)

B: Voneinander wissen

»Meine Kontakte sind Null, keinerlei. Er lehnt in jedem Telefongespräch jeden Kontakt ab. Er knallt sofort den Hörer auf.... Guten Kontakt zu den Kindern, ja, aber zu meinem Mann überhaupt keinen. Der würde auch das Telefon aufhängen, wenn ich anrufe.« (Typ I)

»... man spricht zusammen (...) es ist wirklich das Gespräch, damit fängt es an, daß man ein Vertrauen aufbaut. Das ist wie ein unsichtbares Band, das hält sie alle zusammen, das ist die Unterhaltung, natürlich gehört auch Aufrichtigkeit dazu, ist völlig klar.« (Typ III)

C: Umgang mit Konflikten

»Unter dem Wort »Familie« stelle ich mir was sehr Harmonisches vor, aber unter dem Wort »Ehe«, wenn man jetzt Familie umwandelt in das Wort Ehe, dann stelle ich mir nicht immer was Harmonisches vor ...« (Typ IV)

»... eine Familie, die auch anders ganz gut zusammenleben kann, d.h. jetzt nicht nur so heile Welt, sondern eben auch mal mit Streit und allem. Und ich denke, man darf eben nicht das so tragisch nehmen und dieses Harmoniebedürfnis haben, es muß alles immer o.k. sein.« (Typ II)

D: Entwicklungen für möglich halten

»Ich meine, ich war ja auch – 30 Jahre war ich, oder sagen wir, ja, im Grunde 30 Jahre war ich Mutter, ich habe für sie gesorgt, man hat schön den Tisch gedeckt, man hat – ja, doch, man saß zusammen. Es war ja alles rund, und das ist weg.« (Typ IV)

»Also die Kinder (gehören zur Familie) und jetzt seit neuestem eigentlich mein Mann auch wieder, wenn ich daran denke, was vor einem Jahr noch nicht so der Fall war. Da habe ich ihn eigentlich ausgeklammert.« (Typ II)

Stabilisierung

Differenzierung

Legende:
Die jeweils ersten Beispiele stehen für eine Strategie der Stabilisierung der Familienstruktur: Aktuelle Beziehungen werden vor dem Hintergrund eines vor der Scheidung gelebten Modells interpretiert. Die jeweils zweiten Begründungsversuche kennzeichnen eine Strategie der Differenzierung und Dynamisierung: Das gelebte Beziehungsmuster bildet sich in einem neuen Verständnis von »Familie« ab.

228

Die Familie als geschlossene »sozioemotionale Einheit« (Rauh, 1990) ist gewiß eine typische Vorstellung der von uns befragten Vertreter einer Generation, deren Familiengründung um das Jahr 1960 datiert. »Familie« wurde in dieser Heiratsgeneration in besonderem Maße als eine auf die Ehepartner und ihre Beziehungen zu den eigenen Kindern konzentrierte Solidargemeinschaft gewertet. Daher bringt ein Bruch im Familienkreis durch eine Scheidung die ursprüngliche Familienvorstellung dieser Heiratsgeneration besonders deutlich zum Ausdruck.

VON-EINANDER-WISSEN (2)

Familie löst sich auf, wenn Familienmitglieder nichts mehr voneinander erfahren. Die räumliche Entfernung spielt aufgrund hoher Mobilität und Telefon nur eine sekundäre Rolle. Selbst in unmittelbarer Nähe wohnende Familienmitglieder werden – und zwar unabhängig vom Verwandschaftsgrad – nicht mehr als zugehörig empfunden, wenn man sie nur zufällig auf der Straße trifft und kaum etwas über deren Lebensbedingungen weiß. Ob Familienmitglieder miteinander sprechen, ob und bei welchen Anlässen sie sich anrufen, inwieweit sie einander persönliche Fragen stellen, entscheidet über die subjektive Familienmitgliedschaft. Offensichtlich erleben die Befragten in dieser Lebensphase das Wissen über den anderen als wesentliches Bindeglied zwischen Familienmitgliedern.

Von-Einander-Wissen setzt zum einen voraus, daß man miteinander spricht, sich austauscht, sich gegenseitig persönliche Informationen mitteilt. Das Sprechen wird als zentrales Merkmal der Familienbeziehung besonders hervorgehoben. Eine Beziehung besteht dann nicht mehr, wenn die Kommunikation abbricht, oder aber, wenn über eher belanglose Dinge hinaus kein »ehrlicher« und »aufrichtiger« Austausch mehr stattfindet. (Vgl. Textbeispiele B in Tabelle 2).

Alle Familienrollen sind offenbar mit unterschiedlichen Funktionen der Wissens-Trägerschaft und der Wissens-Übermittlung verbunden. Mütter übernehmen hierbei häufig die Rolle der Vermittlerin zwischen getrennten Familienmitgliedern, in erster Linie zwischen ihren Ex-Partnern und den Kindern und Enkeln einerseits, zwischen Kindern und deren Großeltern andererseits. Die Vermittlerin muß mit widersprüchlichen Informationen aus verschiedenen Richtungen umgehen, Wissen gezielt weitergeben bzw. zurückhalten, bestehende Spannungen zwischen gegenseitig isolierten Familienmitgliedern aushalten sowie Ambivalenzen etwa im Kontakt mit Schwiegereltern überbrücken.

UMGANG MIT KONFLIKTEN (3)

Familie gilt als Raum, in dem die individuellen Eigenarten und Bedürfnisse geschützt sind. Diese Vorstellung wird durch Scheidungs-Auseinandersetzungen fast immer in Frage gestellt. Die Geschiedenen sind sich des Widerspruchs zwischen individueller Eigenheit und kollektivem Familienanspruch bewußt. Dieser Widerspruch muß zu Konflikten führen und findet dementsprechend in der Familienrepräsentation Ausdruck: Familie gilt als der Ort, an dem man miteinander auch streiten kann, wo man Ärger und Enttäuschung zeigt, ohne daß die Bindung in Frage gestellt ist. Geschiedene im sechsten Lebensjahrzehnt scheinen eine rein harmonische Familienvorstellung hinter sich gelassen zu haben. Gerade in der Konfliktfähigkeit sehen sie eines der wesentlichen Merkmale von Familienbeziehungen. Inwieweit eine Überwindung des Harmoniestrebens zur Aufrechterhaltung von Beziehungen beiträgt, schlägt sich in den Familienrepräsentationen nieder. (Vgl. Textbeispiele C)

ENTWICKLUNGEN FÜR MÖGLICH HALTEN (4)

Die Unsicherheit, Familie zu definieren, resultiert aus (mehr oder weniger bewußt verarbeiteten) Erfahrungen von den permanenten Veränderungen in den Beziehungen im Verlauf der Familienentwicklung: Alte Vorstellungen müssen revidiert werden, andere Bilder, die lange nicht mehr galten, gewinnen im Verlauf der Jahre wieder an Prägnanz. Oft bringt die Entwicklung nach einer Scheidung die Erfahrung mit sich, daß Beziehungen dynamisch verlaufen: Vorübergehend werden sie als gefährdet erlebt, Zerwürfnisse können ggf. nach einem Prozeß der Beruhigung wieder gekittet werden, Kinder nähern sich nach Phasen der Auseinandersetzung wieder an die/den Eltern(teil) an, verloren geglaubte Formen leben wieder neu auf, frühere Beziehungsfäden werden wieder aufgenommen, bestimmte Familienpositionen werden vorübergehend oder auf Dauer von anderen Personen besetzt.

Geschiedene erleben eine Diskrepanz zwischen ihrer Definition von »Familie« und den gelebten Beziehungen in dem Maße als schmerzlich, in dem sie sich einer solchen Erfahrung verschließen. Ein Festhalten am Gewohnten macht unflexibel, erhöht einerseits die Störbarkeit durch eintretende Veränderungen, verstellt andererseits den Blick für offene Möglichkeiten. Eine stabil geglaubte Struktur läßt sich bei diskrepanten Erfahrungen nicht mehr so leicht fassen und verhindert ggf. eine Umstrukturierung. (Vgl. Textbeispiele D)

9. Diskussion

Die Rekonstruktion von »Familie« nach einer Scheidung läßt sich darstellen als unterschiedliche subjektive Gewichtung zentraler Beziehungen, die für das »Familien«leben nach der Scheidung bestimmend sind. Eine deutliche Verbindung besteht zu den Ehemodellen nach Roussel (1980): Einer abnehmenden Gewichtung der (Ehe-)Partnerbeziehung (Typen III und VI) steht eine zunehmende Gewichtung der Eltern-Kind-Beziehung (Typen I und II) gegenüber.

Auch zur Typologie, die Krappmann (1988) von Beziehungskonstellationen alleinerziehender Eltern von Grundschülern erstellt hat, zeigen sich deutliche Parallelen. Insbesondere ist die Überlegung spannend, inwieweit sich in den von Krappmann dargestellten Typen bereits Konstellationen abzeichnen, die wir für ca. 15 Jahre »ältere« Familien gefunden haben, in denen es im rein strukturellen Sinne den Status des/der »Alleinerziehenden« nie gegeben hat, da die Kinder zum Trennungszeitpunkt bereits erwachsen waren. Offensichtlich gibt es grundlegende Gemeinsamkeiten in der Familienstruktur getrennt lebender Elternteile, die zum Tragen kommen, wenn die (Ehe-)Partner-Beziehung nicht (mehr) das Zentrum der Familie bildet.

Die dargestellten Rekonstruktions-Typen von Nach-Scheidungs-Familien können zu den oben erarbeiteten Thesen über familiale Identität in Beziehung gesetzt werden. Jeder Typ zeichnet sich durch ein besonderes Muster aus, in dem ein Familienmitglied seine Beziehungen hinsichtlich Geschlossenheit, Dynamik und Kontrollüberzeugung deutet, einordnet und darstellt.

Familienmitgliedschaft als Verpflichtung aufgrund kollektiv akzeptierter Normen kennzeichnet das Familienbild der Typen I und IV. Diese Geschiedenen betonen besonders den normativen Stellenwert verwandtschaftlicher Solidarität. Die Trennung des Partners wird als Verstoß gegen dieses familiale Gebot interpretiert. Indem sich der Geschiedene aufgrund dieser Deutung deutlich vom Ex-Partner distanziert und diesen als Schuldigen branntmarkt, kann von einer »Sanktions-Scheidung« (Théry 1988) gesprochen werden. Während die Rekonstruktion des Typs I darauf abzielt, auf Solidaritätsbeziehungen in der eigenen Verwandschaft (vorwiegend mütterlicherseits) zurückzugreifen sowie durch Verstoßen des »schuldigen« Partners eine Stabilisierung des Familienzusammenhangs zu erreichen, scheitert sie im Typ IV am Ideal einer solidarischen Partnerschaft in der Ehe als Voraussetzung von »Familie«. Auf den Zusammenhang von sozialer Desorganisation und familialer Reorganisation nach einer Scheidung verweist Théry, indem sie zeigt, daß der Bruch des familialen Kontinuums durch eine neue Struktur zu ersetzen versucht wird. Unter der Prämisse verpflichtender Solidarität kommen für die Substitution der Partner-Beziehung in erster Linie Verwandte im näheren oder weiteren Familienkreis in Betracht.

In Hinsicht auf Typ I hat auch Furstenberg (1988) darauf aufmerksam gemacht, daß vorwiegend geschiedene Frauen, die nicht wieder heiraten, auf solidarische Unterstützung ihrer Herkunftsfamilien mütterlicherseits zurückgreifen. »Familie« wird hier in erster Linie von der verwandschaftlichen Pflicht zur gegenseitigen Unterstützung getragen, während zum Ex-Partner nur sehr lose Kontakte bestehen und dieser (und seine Familie) nicht der »Verwandschaft« im genannten Sinne zugeordnet wird. Auch wenn diese Konstellation in der mütterlichen Linie für Frauen typischer ist, so gibt es durchaus auch Männer, die dem Typ I zuzuordnen sind. Dies gilt dann, wenn der Lebensmittelpunkt der Kinder – nachdem die Familie von der Mutter verlassen wurde – der Haushalt des Vaters ist, der von seiner Mutter unterstützt wird oder der mit der Familie der Ex-Ehefrau (Eltern, Geschwister) hinsichtlich Kontakte und Hilfeleistungen eng verbunden bleibt.

Eine solche strenge Trennung ehemaliger Schwieger-Familien mag jedoch über die Jahrzehnte nicht aufrechtzuerhalten sein. Unsere Daten zeigen, daß im Verlauf der Scheidungsbewältigung ggf. nach Jahren wieder Kontakte zwischen dem ehemals engeren (matrilinearen) Kern und der Familie des Ex-Partners (etwa zwischen Geschiedener und

Ex-Schwiegermutter oder zwischen Vater, Kindern und Enkeln) aufgenommen werden. So kann es im Verlauf der Jahre zu Übergängen in andere Konstellationen kommen.

Die Typen II und III verleihen dem Aspekt der *Zusammengehörigkeit aufgrund individueller Freiwilligkeit* größeres Gewicht. »Verlassene« Partner, die sich mit ihrem Ex-Partner weiterhin über wichtige Themen austauschen und insbesondere ihre gemeinsame Verantwortlichkeit den Kindern gegenüber (auch in deren Erwachsenenalter) aufrechterhalten, können dies nur in dem Maße, in dem sie den Schritt der Trennung als individuelle Entscheidung des Ex-Partners akzeptiert haben. Dies ist oft erst nach mehreren Jahren der Fall und hängt nicht zuletzt vom Verlauf der Beziehung zwischen Kindern und dem Ex-Partner ab. Im Gegensatz zur »matrilinearen Ein-Elternteil-Familie« wird hier die hilfreiche Ehe-Beziehung hinsichtlich der Kinder nicht durch andere verwandtschaftliche Strukturen ersetzt. Vielmehr interpretieren die Angehörigen der (ehemaligen) Kernfamilie ihre Beziehungen untereinander weiterhin als primäre Solidaritätsbeziehungen, und zwar auf der Basis individueller Entscheidungsfreiheit. In diesem Rekonstruktionstyp kommt eine Tendenz zum Ausdruck, in welcher der (ehemaligen) Partnerbeziehung und der Eltern-Kind-Beziehung ähnliche Gewichtungen zukommen in deutlicher Abgrenzung zur Herkunftsfamilie, in der verpflichtende Beziehungen ohnehin am Schwinden und damit ebenfalls unsicher geworden sind.

Diese Charakterisierung kann auch für die Rekonstruktion als »konkurrierende Sukzessiv-Familie« gelten, die für geschiedene Männer weit typischer ist als für geschiedene Frauen. Geschiedene, die ihre Familie in dieser Weise rekonstruieren, nehmen für sich in Anspruch, ihre »Familien«-Beziehungen in einer neuen Lebensphase neu zu definieren, auch wenn dies mit einem Verlust anderer enger Beziehungen – nicht nur zum Expartner, sondern ggf. auch zu Kindern und/oder Eltern – verbunden ist. Auch hier tritt der Verpflichtungscharakter hinter das Primat der individuellen Entscheidungsfreiheit zurück. »Familien«-Beziehungen auf der Basis der Freiwilligkeit ersetzen in diesem Typ am deutlichsten die Beziehungen in der Abstammungs-Familie, zu denen sie in gewisser Weise – insbesondere in der Perspektive der leiblichen Kinder – in Konkurrenz treten.

Es wurden zwei grundlegende Muster des Verständnisses von Familiendefinitionen in den dargestellten Typen unterschieden. Während es im Muster »Beziehungen mit Verpflichtungscharakter« nach der Scheidung nur die Möglichkeit gibt, »Familie« dadurch zu stabilisieren, daß die Partner-Beziehung durch andere Verwandschaftsbeziehungen (vorwiegend in der Herkunftsfamilie) ersetzt wird, eröffnen sich im Muster »Beziehungen auf freiwilliger Basis« mehrere Alternativen: Neben individuell unterstützenden Verwandten kommen auch neue Partner (und deren Familienmitglieder) wie auch der Ex-Partner in den Kreis der Personen, denen aufgrund ihrer Leistungen der Charakter von »Familienmitgliedern« zugesprochen wird.

Unter dem Gesichtspunkt der Individualisierung von Beziehungen geht die »Nacheheliche-Fürsorgegemeinschaft« am weitesten, da hier die Struktur der Solidaritätsbeziehungen »aufgabenspezifisch« ist: Die Verständigung der Ex-Ehepartner beschränkt sich im wesentlichen auf Belange der Kinder, während eigene Bedürftigkeiten der Ex-Partner sowie andere familiale Aufgaben in anderen Beziehungen zum Tragen kommen.

Unter 2. wurde festgestellt, daß dem familialen Kontext auch im Erwachsenenalter ein zentraler Stellenwert im Rahmen der Identitätsbildung zukommt, da familiale Zuschreibungen über die Lebensspanne hinweg wie auch in weiten Bereichen des öffentlichen Lebens das Selbstbild prägen. Individuelle Identität einer Person zeichnet sich weiterhin dadurch aus, inwieweit sie davon überzeugt ist, soziale Ereignisse und Beziehungen in ihrer Umwelt vorhersehen, erklären und aktiv beeinflussen zu können.

Wenn subjektive Familienbilder nach der Scheidung als wesentlicher Teil der Identitätsdarstellung der Betroffenen angesehen werden können, dann kommt darin der Frage Bedeutung zu, inwieweit sie die Entwicklung ihrer »Familienbeziehungen« als vorhersehbar, erklärbar und beeinflußbar darstellen.

Während Amato (1988) zeigen konnte, daß erwachsene Kinder geschiedener Eltern sich besonders durch mangelnde Kontrollüberzeugung hinsichtlich ihrer Sozialbeziehungen auszeichnen, scheint der Aspekt des Kontrollverlusts auch für Geschiedene selbst von Bedeutung zu sein, was sich an ihrem Bemühen zeigt, aus ihren familialen Bezügen nach der Scheidung neue »Familien«-Netze zu knüpfen (vgl. Hagestad & Smyer 1982).

In den Typen I und IV konzentriert sich das Bemühen der Betroffenen um personale Kontrolle auf Beziehungen innerhalb der »alten« Familienstruktur. Mit dem Ziel, die Familie zu erhalten, stellen die Geschiedenen ihre Beziehung zu den Kindern (I) bzw. zum Ex-Partner (IV) in den Vordergrund ihres Strebens nach Familienzusammenhalt. Beide können in diesem Sinne als (versuchte) »Stabilisierungsscheidungen« (Théry 1988) verstanden werden.

Im Ergebnis (nicht aber in der Art und Weise des Versuchs) hebt sich Typ IV deutlich von den anderen Typen ab: Im »aufgelösten Familienverband« machen Betroffene deutlich, daß sie den Verlust ihrer Primärbeziehungen weder vorhersehen noch diese in ihrer Entwicklung nachträglich beeinflussen bzw. substituieren konnten. Mit dem Verlust des Ehepartners ging der Kontext familialer Identitätszuschreibung weitgehend verloren. Eine wesentliche Bedingung des »aufgelösten Familienverbandes« liegt in Defiziten der erweiterten Familienstruktur: Eltern sind bereits gestorben, hatten ihrerseits keine Geschwister und sie selbst haben auch nur ein und nicht mehrere Kinder. Indem diese Menschen weder auf eigene Eltern, noch auf Kinder und Enkel, noch auf eine neue Partnerschaft als »Familie« verweisen können, erleben sie das Defizit personaler Kontrolle in den allernächsten Beziehungen als deutlicheren Identitätsverlust als die Geschiedenen, die »Familie« in Form etwa des Typ I zu rekonstruieren versuchen. Bemühungen Geschiedener, ihre Identität zu wahren, müssen in diesem Fall ohne den familialen Kontext im Sinne der Abstammungsfamilie auskommen, auf den andere Geschiedene in vielen wesentlichen Bereichen noch (oder wieder) zurückgreifen können.

Betrachten wir personale Kontrolle als Definitionselement von Familie, so liegt in ihrem Verlust der wesentliche Unterschied zwischen den Typen I und IV im Sinne einer »gelungenen« bzw. »mißlungenen« Familien-Rekonstruktion, während beide auf der Grundlage verpflichtender Solidaritätsbeziehungen beruhen.

Die Bemühungen um personale Kontrolle stellt sich in den Typen II und III grundsätzlich anders dar: Hier wird versucht, die inhaltlichen Bereiche personaler Kontrolle zu differenzieren bzw. zu substituieren. Indem sich in Typ II die Kommunikation mit dem

Ex-Partner explizit auf die Belange der Kinder (bzw. andere vereinbarte Bereiche) beschränkt, werden alte Rollen aufgebrochen und inhaltsspezifisch neu definiert. Andere familiale Aufgaben, für deren Bewältigung vor der Scheidung der Ehepartner zuständig war, werden nun anderen Personen oder sozialen Kontexten auferlegt. Der Anspruch auf umfassende Verfügbarkeit und gegenseitige Beeinflussung in der Partnerschaft wird an die veränderten Lebensbedingungen angepaßt. Wenn auch in Typ III die geschiedene Ehe durch eine neue Beziehung substituiert wird, so sind damit dennoch Differenzierungen anderer Kontrollbereiche verbunden, wenn man etwa an die Beziehungen denkt, die nach der Wiederverheiratung zwischen neuem Partner und Kindern bzw. zwischen Kindern und Ex-Partner neu definiert und inhaltlich gestaltet werden. Durch Erweiterung der »Familienbeziehungen« einerseits, durch Unterscheidung von Teilbereichen von Zuständigkeit andererseits werden Handlungsmöglichkeiten gesehen, die zuvor nicht vorhanden waren. In der Darstellung der Geschiedenen wird der Erhalt personaler Kontrolle dadurch erreicht, daß Inhalte von Beziehungen sowie Distanzierungsmöglichkeiten spezifisch neu definiert werden: etwa Bereiche der persönlichen Fürsorge, Finanzhilfe, intime Gespräche. Insofern Kontexte personaler Kontrolle neu umgrenzt werden, könnte man hier von »Differenzierungsscheidungen« sprechen.

Die Modelle subjektiver Familienrekonstruktionen, die wir aus den uns zugänglich gemachten Darstellungen in den Interviews herausgearbeitet haben, lassen sich als Muster familialer Identitätsdarstellung interpretieren. Sie weisen auf unterschiedliche Gewichtungen hin, die Geschiedene im sechsten Lebensjahrzehnt den Beziehungen im mehrgenerationalen Verwandschaftssystem in ihrem Familienbild beimessen. Dabei weisen die Darstellungen von Solidaritätsstrukturen und identitätsrelevanter Beziehungsmuster typenspezifische Merkmale auf. Eine Strategie greift nach dem Muster familialer Verpflichtungen auf die nächsten Verwandten zurück und versucht, die bestehende Mehr-Generationen-Struktur im traditionellen Sinne zu *stabilisieren*. Einem anderen Muster entsprechend werden nach individueller Entscheidung Beziehungen der »alten« durch Beziehungen in einer »neuen« Familienstruktur *ersetzt*, und zwar relativ unabhängig vom weiteren Verwandschaftssystem. Schließlich läßt sich – wenn in unserer Stichprobe auch selten – eine Rekonstruktion finden, die sich dadurch auszeichnet, daß familiale Aufgaben und Kontexte entsprechend den neuen Beziehungen *differenziert* werden. Bestehende Beziehungen zu Eltern, Kindern und Ex-Partnern sowie Beziehungen zu neuen Partnern werden für Familienmitglieder individuell unterschiedlich definiert und nach Inhalten, Aufgabenstellungen und persönlicher Bedeutung abgestuft. Eine Vervielfältigung der Beziehungs-Optionen, die damit nicht nur für die Ex-Partner selbst, sondern auch für ihre Kinder und Enkel einhergeht, kann vor dem Hintergrund der dargestellen Familien-Rekonstruktionen einerseits als attraktive Erweiterung, andererseits aber auch als reine Notwendigkeit interpretiert werden, wenn es darum geht, die Bewältigung alltäglicher familialer Aufgaben auch nach einer Scheidung im fortgeschrittenen Lebensalter zu garantieren.

JABER F. GUBRIUM

Organisatorische Verankerung und Schwierigkeiten in Generationenbeziehungen*

Schwierigkeiten in Generationenbeziehungen treten in vielen Formen und Größenordnungen auf, angefangen von Kindsmißhandlungen durch einen Vater bis hin zu der Belastung einer erwachsenen Tochter, die zwischen den Pflegebedürfnissen der jüngeren und älteren Generation aufgerieben wird. Wenn die Schwierigkeiten schmerzlich und schwierig zu handhaben sind und das Familienleben wesentlich davon betroffen ist, liegt das Gebilde ›Familie‹, das erfahrungsgemäß sowohl Schwierigkeiten erzeugt, als auch von ihnen betroffen ist, häufig im Dunkeln. Wenn z. B. eine ältere demente Mutter für ihre für sie verantwortliche Tochter zu einer allgegenwärtigen, erbarmungslosen täglichen Last wird, entsteht die Frage, wieviel Verantwortung die Tochter tragen muß, um den familialen Wesenszug der Beziehung aufrecht zu erhalten. Erweckt zu wenig sichtbare Pflege nicht den Anschein, daß die Tochter sich nicht »wie Familie« benimmt? Deutet die unablässige Sorge der Tochter daraufhin, daß sie die angemessenen Grenzen der Verantwortlichkeit innerhalb von Generationenbeziehungen mißachtet und dabei ihre eigene Familie zerstört?

Solche Fragen spielen eine Rolle bei den Alltagsdefinitionen dessen, was Familie ist und wie Familie mit Schwierigkeiten in Beziehung zu setzen ist. Wie werden solche Fragen beanwortet? Woher kommen die Antworten? In diesem Aufsatz wird argumentiert, daß Antworten durch Organisationen gegeben werden. In dem Maße, wie Organisationen sich nach den ihnen zugeschriebenen Angeboten unterscheiden, kann das »gleiche« Problem der Beziehungen zwischen Generationen unter Umständen aus einer Kategorie von Familienwirklichkeit in eine andere überwechseln.

Verantwortung und Verpflichtung innerhalb von Generationenbeziehungen

Nehmen wir zur Veranschaulichung etwa, was Verantwortung innerhalb von Generationenbeziehungen im Alltag der häuslichen Pflegepraxis der Alzheimerschen Krankheit bedeutet. Von der Alzheimersche Krankheit, auch bekannt als »senile Demenz« und »Senilität«, sagt man, daß sie »den Verstand raubt«, indem sie das Gedächtnis zerstört und kognitive Funktionen stark einschränkt. (Reisberg 1981, 1983). Sie befällt hauptsächlich ältere Menschen, wobei die Kranken in erstaunlich guter körperlicher Verfassung sein können, und die körperliche Fähigkeit, sich mit den Tätigkeiten des täglichen Lebens zu beschäftigen,

235

durchaus vorweisen, nicht aber jene, sich selbst zu organisieren. Dieser Umstand kann ein »Umherirren« zur Folge haben, bei dem die Kranken nicht mehr wissen, wo sie sich aufhalten. Die früher vorhandenen Charaktereigenschaften einiger Betroffener werden in übersteigertem Maße deutlich, während andere quasi zu fremden Personen werden. Wenn die Krankheit fortschreitet, kann es sein, daß der Kranke seine Familienmitglieder nicht mehr erkennt, und sogar selbst nicht mehr weiß, wer er oder sie ist.

Der pflegeleistende Ehepartner ist meist die Frau und selbst nicht mehr jung. Das erwachsene Kind kann auch schon älter sein, je nachdem, zu welchem Zeitpunkt die Krankheit ausbricht. Die erforderliche Überwachung kann dem Pflegeleistenden einen sogenannten »Sechsunddreißigstundentag« auferlegen. Der Pflegeleistende ist nicht nur damit belastet, daß er aufpassen muß, ob der Kranke möglicherweise herumirrt, sondern er muß je nachdem, wieviel andere ihn unterstützen, sich auch um die täglichen Bedürfnisse des Kranken kümmern, angefangen bei den Mahlzeiten, bis zum Anziehen und Waschen (Mace und Rabins 1981). Pflegeleistungen zu erbringen kann Verpflichtungen anderen Familienmitgliedern gegenüber in die Quere kommen und dem Pflegenden selbst die verfügbare Zeit rauben, die er oder sie für persönliche Belange braucht.

Die Bewegung ›Alzheimersche Krankheit‹ und ihre Hauptorganisation in den Vereinigten Staaten, die ›Alzheimer's Disease und Related Disorders Association‹ oder ADRDA, fing 1979 sowohl auf lokaler als auch auf nationaler Ebene an, die Aufmerksamkeit auf die Krankheit und die Lage der Pflegenden zu lenken (Gubrium 1986). Während das langfristige Ziel gewesen ist, die Krankheit zu besiegen, und bestehende Programme die diesbezügliche Forschung unterstützen, konzentriert sich nun ein Großteil der Bemühung darauf, den Pflegeleistenden zu helfen, mit dem täglichen Umgang mit dem Kranken zuhause fertig zu werden. In vieler Hinsicht ist die ADRDA eine Selbsthilfe-Bewegung, die von erfahrenen Pflegeleistenden zum Nutzen von Pflegenden und ihren Familien angeführt wird. Selbsthilfegruppen für Pflegeleistende und Familienmitglieder haben sich in vielen Gemeinden formiert, einige von ihnen sind eng an ADRDA-Gruppen angegliedert. Manche Gruppen begrenzen die Mitgliedschaft auf bestimmte Pflegeleistende, wie Ehepartner oder erwachsene Kinder. Andere werden von professionellen sozialen Pflegediensten gefördert. Die Gangart und Färbung wiederum anderer Gruppen wird von erfahrenen Pflegeleistenden bestimmt. Einige ermutigen dazu, Gefühle und konkrete Pflegeerfahrungen auszutauschen, während andere mehr auf Lernen ausgerichtet sind, und darauf abzielen, Familienmitglieder über die Krankheit, den Stand der Forschung, die Handhabung von Pflegeleistungen zuhause und alternative Pflegemöglichkeiten zu informieren. Viele Gruppen verbinden Aspekte von jeder dieser Möglichkeiten.

Im Rahmen dieser Selbsthilfegruppen und lokaler ADRDA-Gruppen wurde nun die organisatorische Übermittlung von Familienverantwortlichkeit vor Ort während 3 Jahren in zwei nordamerikanischen Städten untersucht (Gubrium 1988). Dieser Rahmen brachte Fragen und Antworten über die Bedeutung von Verantwortung innerhalb von Generationenbeziehungen zusammen. In der Regel kamen die Teilnehmer mit einer Vielfalt von Sorgen, wegen konkreter Krankheitsangelegenheiten und hatten eigene Ansätze im Hinblick auf Pflegeleistungen. Was passiert mit dem Kranken im Laufe der Zeit? Welche Ergebnisse hat die Forschung in Bezug auf Heilung erzielt? Wie wird dies meine Familie betreffen? Was soll ich denken? Was soll ich fühlen? Was kann ich noch mehr tun? Wann wird es zu Ende sein? Viele Fragen drehten sich um das Problem, was Familienmitglieder einander schuldig sind, vor allem, was es bedeutete eine Familie zu sein, in einer Lage, die eine beträchtliche Belastung für das Familienleben darstellt. Pflegeleistende grübelten laufend darüber nach, welche Stellung sie als Familienmitglied innehatten, ob sie unter den gegebenen Umständen Ehefrauen, Ehemänner oder Kinder für den Kranken waren, oder ob sie sich wie gleichgültige Fremde verhielten.

Heim und Familie waren nicht per se eine bevorrechtete Quelle der Antworten (Gubrium und Holstein 1990, Kap. 6). Es wurde allgemein vermerkt, daß Pflegeleistende Selbsthilfegruppen besuchten, um »Antworten zu erhalten«, wie es eine erwachsene Tochter eindrücklich erläuterte:

> »Wissen Sie, ich weiß wirklich nicht, was ich fühle. Ich weiß, ich gehe da durch, ich weiß, was ich größtenteils tun muß, seitdem ich darüber (die Krankheit) gelesen und gehört habe und was sie bei Mutter bewirkt. Aber ich frage mich immer, ob ich die Tochter bin, die sie wäre, wenn sie an meiner Stelle wäre. Und du denkst auch, ›was schulde ich Michael (ihr Ehemann) und den Kindern?‹ Ich gehöre doch auch ihnen, oder nicht? Wo ist die Grenze?«

Je nach dem, wie die Antworten in den Gruppen ausfielen, wurden die einzelnen Pflegenden zu sorgenden oder nicht-sorgenden Familienmitgliedern, zu verantwortungsvollen, verantwortungslosen oder übertrieben verantwortungsvollen Ehegatten oder Kindern. Schwierigkeiten in Generationenbeziehungen nahmen ebenfalls hier Bedeutung an, wobei in einigen Gruppen die Pflegeerfahrungen als »schreckliche Belastungen« und in anderen als »wenig oder überhaupt nicht« belastend interpretiert wurden.

Selbsthilfgruppen unterschieden sich darin, wo sie »Grenzen« zogen, vor allem die Grenzen der Verantwortlichkeit innerhalb von Generationenbeziehungen. In einigen, besonders jenen, die eng an die ADRDA angegliedert waren, wurden die Umrisse der Familienpflege und der Zeitplan der Hilfe durch die Kinder mit Begriffen wie »Zweites Opfer« und »Zwei-Familien-Verantwortlichkeit« beschrieben. Teil der Selbsthilfephilosophie der ADRDA war, daß die Gesundheit und das Wohlergehen der Pflegenden ebenso wichtig wie die Pflege des Kranken war. Es wurde gesagt, daß, während die Krankheit »den klaren Verstand« bei den Pflegebedürftigen zerstöre, sie auch Pflegende selbst quäle. Wenn andere Familienmitglieder einbezogen wurden, machte die Krankheit auch sie und andere im Unterstützungsnetzwerk zu ihren Opfern. Diese in zweiter Linie von der Krankheit Betroffenen wurden durch den Prozeß des Pflegens erschöpfte Gefangene, »eine Geisel« durch die Notwendigkeit, den Kranken ständig zu überwachen. Die Pflegende selbst riskierte, krank und außer Gefecht gesetzt zu werden.

Ähnlich verhielt es sich bezüglich der »Zwei-Familien-Verantwortlichkeit«. In den Fällen, in denen der Pflegende der Ehegatte, etwa die Ehefrau des Kranken war, war sie mit der Ausweglosigkeit konfrontiert, einerseits für ihren Ehemann verantwortlich zu sein, und andererseits konkurrierte damit die Verantwortung gegenüber ihren Kindern und anderen Verwandten. In Fällen, wo der Pflegende ein erwachsenes Kind war, etwa eine verheiratete Tochter, konzentrierte sich das Thema der »Zwei-Familien-Verantwortlichkeit« auf die sprichwörtliche Frau »in der Mitte«, die zwischen einer Verpflichtung den Eltern gegenüber und Verpflichtungen gegenüber Ehemann und Kindern gefangen war (Brody 1990). Es gab noch andere Variationen, wie in Cynthia Burnleys (1987) Beschreibung der gemischten Gefühle, die dadurch ausgelöst werden, daß der alleinstehende Pflegende zugleich eine (mit der Familie konkurrierende) Loyalität gegenüber einem familienähnlichen Netzwerk von Freunden hat, aber das Zwei-Familien-Thema konzentrierte sich typischerweise auf pflegende Ehepartner oder verheiratete erwachsene Kinder.

Im allgemeinen wurde die Hauspflege-Erfahrung in diesen Selbsthilfegruppen und bei solchen Fällen als Entwicklung in drei oder vier Stadien verstanden, von der anfänglichen vollen Aufmerksamkeitszuwendung des Pflegenden auf das Wohlergehen des Erkrankten, wobei er sich und andere Familienmitglieder außer acht ließ, bis letztlich zu der Einsicht, daß andauernde Pflege und Sorge fruchtlos waren, vor allem dann, wenn der Kranke seinen klaren Verstand und seine funktionale Kontrollfähigkeit verlor. Der sich normalerweise anpassende Pflegende merkte dann, daß es irrational war, sich auf den zu Pflegenden auf Kosten der anderen Familienmitglieder und des eigenen Wohlbefindens zu konzentrieren. Dieser Pfleger wußte, wann »es Zeit ist«, nun anzufangen, sich Alternativen zu überlegen, etwa im Hinblick auf einen Heimpflegeplatz und der Möglichkeit »wieder zu leben«, indem er die persönlichen und familiären Beziehungen wiederbelebte, die während der Zeit der Pflege abgebrochen waren.

Im Kontext mit diesen Gruppen erntete derjenige Pflegende, der darauf bestand »da alleine durch zu müssen«, nicht nur einen »Sechsunddreißigstundentag«, sondern er mußte sich auch sagen lassen, daß er die Entfremdung von den Familienmitgliedern riskiere, die den gleichen Anspruch auf Aufmerksamkeit hätten. Ein Betreuer einer dieser Gruppen drückte es einmal so aus, indem er eine »unrealistisch« Pflegende freundlich warnte, daß sie »alles verlieren« könnte, wenn sie weiterhin nur noch an ihre Mutter, die von der Krankheit Betroffene, denke:

»Ich möchte nicht hart klingen, Ruth (die Pflegende), aber du mußt endlich das Ganze in anderer Perspektive sehen. Wir alle kennen das, aber die meisten von uns erkennen irgendwann, daß es ein Leben nach Alzheimer gibt. Du hast es ja selbst gesagt, wie Jim (Ruths Ehemann) darunter leidet, daß du nie für ihn und die Kinder Zeit hast [...]. Gott behüte, daß sie dich um irgendetwas bitten sollten. Du sagst selbst, daß dich Mutter (Ruths Mutter) kaum noch erkennt. Das hast du selbst gesagt. Und trotzdem bist du auch an diesem Punkt angelangt. Du weißt, daß du alles verlieren könntest, nicht? (Führt es aus). Ich habe gesehen, wie es geschehen kann. Was glaubst du, wieviel mehr kann Jim noch aushalten? Du hast deine eigene Familie, an die du denken mußt – deinen Mann, deine Kinder. Frage dich doch, was du ihnen schuldest? Dann frage dich, ›merkt Mutter überhaupt noch, was du meinst, daß du für sie tun mußt?‹ Es wird doch wohl jedem vernünftig Denkenden klar sein, daß du jetzt alles für sie getan hast, was du nur konntest, und daß es Zeit ist, wieder ans Leben zu denken.«

Das Modell der Anpassung beinhaltete auch die Möglichkeit, daß ein Pflegender die Stufen zu schnell durchlief. In solchen Fällen gingen die Schwierigkeiten zwischen den Generationen darauf zurück, daß jemand, der »mehr verdient hätte«, von einer »geliebten Person« zu schnell aufgegeben wurde. Die pflegende Tochter, die schon viel früher als nötig über einen Pflegeheimplatz nachdachte, wurde für gefühllos, gar für ichbezogen gehalten. Sie konnte daran erinnert werden, daß ein Ehemann, Kinder und andere Familienangehörige sicherlich die Wichtigkeit des Pflegens und die konkrete Aufmerksamkeit, die dies erforderte, verstehen würden, weil der Kranke schließlich ein Elternteil und nicht ein Fremder war. Auf einen solchen Pflegenden bezogen sagte ein Betreuer:

»*Dann gibt es die Pflegende, die sich nicht die Zeit nimmt, die Dinge in Ordnung zu bringen. Sie will es hinter sich bringen, möglichst schnell. Als ob man nicht wüßte, daß ihre Mutter (die Kranke) sie (die Pflegende) aufgezogen hat [...]. Du weißt schon, daß sie eine Menge kostbarer Zeit für ihre Tochter aufgebracht hat. Ich will nicht sagen, daß diese Tochter der Mutter ihr Leben verdankt [...] das ist das andere Extrem und wir wissen, wie verheerend sich das auswirken kann.*«

Andere Selbsthilfegruppen, vor allem jene, die weiter von der ADRDA oder anderen Organisationen mit ähnlich stark festgelegten Pflege-Philosophien entfernt sind, vermittelten Pflegeerfahrungen unterschiedlich. Obwohl alle Gruppen, ungeachtet ihrer größeren organisatorischen Einbindung, Foren für die Diskussion von Pflegeerfahrungen vorsahen und viel lehrreiches Material verbreiteten, machte das Fehlen eines maßgeblichen Modells oder der Vorstellung, was es bedeutete, ein Pflegender zu sein, die Grenzen der Verantwortung innerhalb von Generationenbeziehungen zu einer eher untergeordneten Angelegenheit. In solchen Gruppen waren die Umrisse der familiären Pflege und die zeitliche Absprache der Pflege der Kinder direkter durch die interpersonalen Vergleiche der Pflegenden bestimmt. Gerade so wie die Teilnehmer kamen und gingen, wurde jeder von ihnen in Abhängigkeit von den Erfahrungen, die zu diesem Zeitpunkt in der Gruppe typisch waren, entweder in starkem Maße als Kind verantwortlich oder unverantwortlich angesehen. Diejenigen, die zu einer Gruppe kamen, deren Mitglieder daran festhielten, daß eine lang andauernde Aufopferung die Pflegeregel sei, hatten bei der Deutung individueller Erfahrung eine andere Grundhaltung als solche, die zu einer Gruppe stießen, in der ausdrückliche Grenzen gesetzt waren, etwa bei bestimmten Arten der Pflege wie z.B. dem Säubern des Dementen nach einer Reihe von Stuhlinkontingenzen. Abhängig von der jeweiligen Grundhaltung konnte man für jemanden gehalten werden, der sich nicht kümmert, während man in Bezug auf eine andere Grundhaltung als realistisch angesehen wurde, sogar wenn man das Unvermeidbare »leugnete«.

Alles in allem sahen bestimmte Gruppen vielschichtige Deutungsmuster vor, um die Erfahrungen einzelner Teilnehmer einzuordnen, angefangen vom allgemeinen Rahmen, den die Betroffenenorganisationen boten, bis hin zu den bevorzugten Orientierungen einzelner professioneller Berater und den oft wiederholten Erfahrungen von zur »Legende« gewordenen Pflegenden. Die Deutungsmuster anderer Gruppen waren im Vergleich dazu relativ mager. Ungeachtet dessen, fügten einzelne Teilnehmer jeder Gruppe im Laufe der Übermittlung und Benennung ihrer Erfahrungen nichtsdestoweniger unablässig hinzu, schmückten aus oder wichen von den Deutungsvorschlägen der Gruppe ab. Individuelle Erfahrungen wurden dadurch zu Spiegeln des Kollektivs, worin die eigene Abweichung oder Ähnlichkeit sichtbar wurde.

Die familiale Struktur von Schwierigkeiten

Im Rückblick vom späteren Leben auf eine schwierige Jugend, wird der Anspruch erhoben, daß das »zerrüttete Zuhause« eine lange Tradition hat, um Delinquenz und Drogen- und Alkoholmißbrauch zu erklären. Einige behaupten, daß schlecht strukturiertes Familienleben die Wurzel von Mißbrauchsverhalten sei. Andere glauben, daß unausgesprochene familiäre Gefühle eine Unfähigkeit zu teilen und zu verstehen zur Folge haben, was einen destruktiven Egozentrismus hervorbringe. Der Brennpunkt ist das Zuhause, dessen Struktur und Farbgebung saniert werden müssen, um angeblich außer Kontrolle geratene Lebenswege wieder einzureihen. Es ist eine sehr einfache Sichtweise: Heile das Zuhause und kuriere damit den Menschen.

Jedoch durchleuchtet diese Sichtweise einen ziemlich undurchsichtigen Gegenstand – familiales Durcheinander. Man kann sich ohne weiteres einen Haufen ungeordneter Murmeln vorstellen, die verstreut, ohne erkennbares Muster herumliegen. Aber wie ist diese Vorstellung auf den Haushalt anzuwenden? Was ist das soziale Gegenstück zu Murmeln? Vorstellungen? Verhaltensweisen? Gefühle? Autorität? Rollen? Emotionale Bindungen? Und was entspricht dem Durcheinander? Eine Weigerung, Regeln zu befolgen, die von dem Haushaltsvorstand festgelegt wurden? Wer wird als Vorstand angesehen? Oder ist die Parallele in der Unfähigkeit zu finden, Emotionen vernünftig zu zeigen? Wie wird vernünftiges Zeigen definiert? Diese Sichtweise versäumt es auch, auf die praktischen Umstände, innerhalb deren Stärkungsmaßnahmen unternommen werden, Wert zu legen. Es ist eine Sache, das Zuhause und das Familienleben miteinzubeziehen, es ist aber eine ganz andere, sich den vielen Fragen, die sich im Laufe der Zeit stellen, wirklich zuzuwenden.

Betrachten wir einen öffentlichen Schauplatz der Familienhilfe: die Therapieeinrichtung. Feldforschung wurde in zwei familienbezogenen Einrichtungen durchgeführt, die Klienten bei Problemen wie Alkoholismus, Drogenmißbrauch, grobem Fehlverhalten und Schuleschwänzen halfen. Die Einrichtungen unterschieden sich in ihren Vorstellungen über das Zuhause wie Tag und Nacht (Gubrium 1991a). Eine Einrichtung, »Westside House«, war eine ambulante Familienberatungsstelle, die von bundes- und staatlichen Sozialhilfe-Fonds, gemeinnützigen Organisationen und der Bezahlung für die einzelnen Dienstleistungen getragen wurde. Durch die Eingliederung in ein Netzwerk von lokalen Organisationen wurde »Westside House« vor Ort vor allem als Hilfsressource für in Schwierigkeiten geratene

Familien mit geringem Einkommen wahrgenommen; die allgemeine Zielsetzung der Einrichtung im Hinblick auf die häuslichen Anforderungen durch Drogen- und Alkoholmißbrauch aber war auf Familien mit verschiedenen Hintergründen ausgerichtet. Die andere Einrichtung, »Fairview Hospital«, war eine private, stationäre psychiatrische Anstalt, die von der Bezahlung für die Dienstleistungen lebt, von der ein großer Teil von den Versicherungsgesellschaften übernommen wird. Neben individuellen psychiatrischen, erzieherischen, sozialen und der Erholung dienenden Angeboten gab es weitergehende Beratungsangebote und Selbsthilfegruppen für Klienten, frühere Patienten und ihre Familien. Beide Einrichtungen verlangten die Mitwirkung der Familienmitglieder bei der Behandlung, hauptsächlich bei der Beratung und der Selbsthilfegruppentherapie.

Im Laufe der teilnehmenden Beobachtung wurde offensichtlich, daß die in der Organisation entwickelten Vorstellungen über das Familienleben gerade das familiäre Durcheinander widerspiegelten, welches als integraler Bestandteil der Familienschwierigkeiten angesehen wurde. Den Schwierigkeiten wurde ihre Bedeutung zugeschrieben, abhängig davon, wie die Organisation familiäres Durcheinander interpretierte. Das war nicht so abstrakt, wie es zunächst scheint. In der Praxis wurde das abstrakte Gebilde des aus den Fugen geratenen Zuhauses mit konkreten, festgelegten Zeichen erklärt, die die Begrifflichkeit mit der Welt zusammenfügten (Pollner 1987).

Wie bei der Definition der Verantwortlichkeit zwischen den Generationen in den Selbsthilfegruppen der Pflegenden für Alzheimerkranke, waren die familialen Vorstellungen, die bei der Beschreibung von Schwierigkeiten benutzt wurden, durch Organisationen vermittelt. »Westside House« definierte die soziale Ordnung des Haushalts mit Autoritätsbegriffen. Ein großer Teil der Arbeit von Therapeuten und Ratgebern mit Klienten und Familien konzentrierte sich auf Fragen wie: Wer hatte die Machtposition im Haus? Gab es eine klare und deutliche Autoritätslinie? Gab es Zeichen von übertriebener Herrschsucht, die zu Handgreiflichkeiten gegenüber der Ehefrau oder sexuellem Mißbrauch führten? Eine unklare oder verworrene Herrschaftsstruktur zwischen den Erwachsenen eines Haushalts wurde als eine wichtige Quelle für Kinderdelinquenz angesehen und rechtfertigte Handlungen, eine klare Hierarchie der Entscheidungsfindung wiederherzustellen.

Leben im Haushalt schloß Rollen und Verwandtschaftsbeziehungen mit ein, die in ein hierarchisches Herrschaftssystem zusammengefügt waren. Rollen waren aus Rechten, Pflichten und Verbindlichkeiten zusammengesetzt. Während Gefühle für einen wichtigen Bestandteil des täglichen Lebens zuhause gehalten wurden, waren die Westsiders der Meinung, daß Gefühle hinter der Autorität in dem funktionierenden Familiensystem den zweiten Platz einnahmen. Den Beratern zufolge hatten dysfunktionale Familien ihre Systemprioritäten durcheinandergebracht, wo Emotionen neben anderen Arten von Familienpathologien, funktionierende Autoritätsstrukturen außer Kraft setzten, was die Schwierigkeiten, die sich in der Therapie präsentierten, weitgehend erklärte.

Die funktionale Familienstruktur hatte einen entschieden traditionellen Beigeschmack. Das funktionale Familiensystem hatte nicht nur keine querverlaufenden Herrschaftslinien, die Kontrollhierarchie teilte zudem die Mitglieder in einer bestimmten Art und Weise ein. In vollständigen Haushalten mit Eltern und Kindern, übernahm der Vater vorzugsweise die

Verantwortung und wurde von der Mutter dabei voll unterstützt. Wenn es eine Teilung der Autorität zwischen den Eltern gab, wurde die Teilung dann am funktionalsten angesehen, wenn sie sich einvernehmlich in bezug auf die Kinder auswirkte. Ein Vater, der seine Frau anschwärzte, untergrub den Beitrag, der ihre Loyalität an seinem Vermögen »die Familie am Laufen zu halten«, ausmachte. Eine Frau, die ihren Ehemann vor allem vor den Kindern »herunterputzte«, riskierte damit, das vertikale Gleichgewicht eines gut-laufenden Zuhauses zu zerstören. In Haushalten mit unterschiedlicher Zusammensetzung war Autorität immer noch die bevorzugte Ordnungsgrundlage, die Erwachsenen gegenüber den Kindern, dem Alter gegenüber der Jugend und der Entschlossenheit gegenüber der Bedachtsamkeit den Vorrang einräumte.

Kinder hatten in dem Entwurf der Dinge ihren eigenen Platz, wobei das Sprichwort, daß die Jugend nur zu sehen, aber nicht zu hören sein sollte, widergespiegelt wurde. In der Praxis bedeutete dies nicht notwendigerweise, daß die Kinder leise, sondern, daß sie nicht die hauptsächlichen Autoritätspersonen im Hause sein sollten. Eine funktionale Familie war diejenige, in der Eltern oder ihre Vertreter, und nicht die Kinder, die wichtigen Entscheidungen trafen und Kinder ihre zugedachten Verantwortlichkeiten gewissenhaft erfüllten, jeder für das Wohl der Familie als Ganzes. Der dysfunktionalen Familie mangelte es an diesen Vorgaben.

Wie andere Abstraktionen war Familienautorität nicht selbstverständlich, sondern mußte bei der Behandlung aus den konkreten Details im Verhalten der Familienmitglieder herausgefunden werden. Die häufigsten Signale von Autorität, und damit von Ordnung oder Durcheinander, die bei der Therapie beobachtet wurden, umfaßten Sitzordnungen der Familienmitglieder, die individuellen Körperhaltungen der Mitglieder sowie die Verteilung ihrer Beiträge im Gespräch. Häufige Signale konnten mit eher ungewöhnlichen Indikatoren kombiniert sein, etwa beim Erkennen von übermäßigem Dominieren anhand der Körperhaltung und der Körpergröße eines Mitglieds, oder von Autorität anhand der Altersunterschiede derjenigen, die besondere Sitzgelegenheiten für sich in Anspruch nahmen, sprich, zentral plazierte »power« Stühle, im Gegensatz zu Sitzgelegenheiten, die sich mehr am Rande befanden. Ein Zeichen konnte in einem bestimmten Fall für außergewöhnlich gehalten werden, was auf das ihm entgegenstehende »normale« Autoritäts-, Ordnungs- oder Unordnungszeichen verwies.

Alltägliche Zeichen von Störungen kamen in den Therapiesitzungen häufig zusammen, wodurch für die Therapeuten offen zur Schau gestellt wurde, was sie sonst als die »untergründige«, oder im Familiensystem angelegte Quelle der Problemdarstellung nannten. Während der regelmäßigen Besprechung einer auf Video aufgenommen Therapiesitzung der Mitarbeiter mit einem beratenden Familientherapeuten konnten, wie im folgenden Auszug aus der Besprechung deutlich wird, der Berater und der Therapeut im Grunde genommen Störungen von drei sehr allgemeinen Anzeichen »ablesen«. Der Berater empfahl letztendlich eine Intervention, die Mutter »aufzuwerten«, womit er einen Ausdruck gebrauchte, der Teil der Therapeutensprache zur Kennzeichnung der häuslichen Ordnung war.

Berater (Zeigt auf den Bildschirm): »Sehen sie doch die Mama dort drüben bei der Tür. Sie hat sich außerhalb des Blickfeldes hingesetzt. Sehen Sie, wie sie sich bückt und dauernd wegschaut, so als wollte sie möglichst bald fort. Was sagt Ihnen das?«

Therapeut: »Es sagt mir eine Menge! Ich würde sagen, sie wird von der Quasseltante da, von ihrer Tochter, ganz schön rangenommen.« (Führt es aus).

Berater: »Wo, sagten Sie, war der Vater?«

Therapeut: »Sie sind getrennt und sie (die Frau) weiß nicht, wo er ist. Das letzte, was sie von ihm wußte, war, daß er irgendwo in Ohio mit einem anderen Weibstück hauste. Die Mama kriegt es einfach nicht auf die Reihe, und das ist der Grund, weshalb Frau Quasseltante (die Tochter) die ganze Zeit in Nöten ist. Sie ist außer Kontrolle und die Mutter hat nur sie [...] und den alten Mann [...] denen sie die Schuld geben kann. Dieses Mädchen braucht gerade jetzt eine starke Hand.«

Berater: »Ich kann genau sehen, was Sie meinen. Hören Sie doch, wie oft die Tochter unterbricht. Die Mama kann kaum ein Wort einbringen (auf den Bildschirm zeigend). Schauen sie nur die Dynamik an! Die Mama sitzt dort lammfromm im seitlichen Abseits, und die Tochter nimmt den ganzen Raum ein. (Führt es aus). Wenn man das anschaut, könnte man denken, ihre Rollen wären völlig umgekehrt.«

Therapeut: »Was glauben Sie, wie ich mich fühlte? Ich benötigte alle meine Kraft, um gerade noch über den Dingen zu stehen. Am Ende der Sitzung war ich geschafft.« (Führt es aus).

Berater: »Ich denke, wir müssen wirklich daran arbeiten, die Mama hier aufzurichten, sie zurück unter Kontrolle zu bringen, oder dieses Mädchen wird wirklich Schwierigkeiten bekommen.«

Therapeut: »Sie hat große Bauchschmerzen, weil die Mama sie nicht versteht.«

Berater: »Das ist großer Quatsch. Nehmen Sie davon Abstand. Das ist ein Schachzug. Das ist ein Versuch der Tochter, Sie in das System zu ziehen, aus dem sie sich speist.«

Die Vorstellung der familialen Struktur der Schwierigkeiten in »Fairview Hospital« kontrastierten damit. Ordnung in der Familie wurde mit Begriffen der Gefühlssprache definiert. Es war nicht Autorität, die die Familienmitglieder miteinander verband, sondern emotionale Bande. Dies bedeutete aber nicht, daß Autorität und Macht nicht auch Bestandteile des Bildes waren. Die grundlegende Wirklichkeit des Familienlebens war häufig – einige würden sagen, in der heutigen Welt immer – gestört von äußeren Einflüssen und inneren unabdingbaren Interessen. Im Grunde jedoch wurde geglaubt, daß Gefühle aus dem Zuhause das machten, was es war, insbesondere Gefühle des Vertrauens und des Geliebtwerdens als individuelles Mitglied des Ganzen.

Es wurde vorausgesetzt, daß es Frieden im Haushalt gab, wenn die prägenden Gefühle des Zuhauses anerkannt und geachtet wurden. Wenn Gefühle nicht ausgedrückt oder ignoriert wurden, ergaben sich wahrscheinlich Schwierigkeiten. An sich war Kommunikation ein wichtiger Bestandteil der Familienordnung und der persönlichen Kontrolle. Ein sich unverstanden fühlender Jugendlicher mochte emotionale Befreiung in Form des Kitzels eines erfolgreichen Ladendiebstahls suchen und der damit einhergehenden Anerkennung durch die

»Peers«. Ein junger Ehemann, der seine Verletzlichkeiten nicht eingestehen konnte, verprellte seine besorgten Familienmitglieder und antwortete auf deren anscheinend mangelnde Sympathie, indem er seine Schwierigkeiten in Marihuana, Kokain oder Alkohol ertränkte. Eine junge Frau, von der es hieß, daß sie »zu sehr lieben würde«, und die nicht wahrnahm, daß sie wiedergeliebt wurde oder selbst unerfüllte emotionale Bedürfnisse hatte, verließ Heim und Familie, ohne zu wissen, daß darauf Einsamkeit, Depression und Selbstmitleid folgten. Es wurde behauptet, daß die daraus resultierenden persönlichen und häuslichen Schwierigkeiten »die Dinge schlimmer machten«, weil Familienmitglieder und wichtige andere gegenüber der grundlegenden Wahrheit zu Hause blind waren.

Von dem Zuhause wurde angenommen, daß es aus zwei Hauptbestandteilen besteht, die es als ein Gebilde kennzeichnen. Der erste war sein wesentlicher Bestandteil: die Gefühle der einzelnen Mitglieder. Während Vernunft und Haushaltsregeln Gefühle positiv oder negativ beeinflussen oder ausdrücken konnten, waren Gefühle an sich grundlegend. Der zweite Bestandteil war der soziale »Kitt«, der diese zusammenhielt: die gegenseitige Liebe der Familienmitglieder und wichtiger anderer im Hause. Obgleich Liebe ein Mechanismus der sozialen Integration war, hatte sie in »Fairview« nicht den gleichen phänomenologischen Status wie sie ihn in dem System von »Westside« hatte. In »Westside« wurde das System als ein Gebilde mit einer Eigendynamik angesehen, losgelöst und unterschieden von individuellen Mitgliedern des Haushalts. Es war das System als Ganzes, nicht individuelle Mitglieder, das letztendlich die Aufmerksamkeit der Westsider erregte. Im Gegensatz dazu wurde das, was Fairview Therapeuten »Liebe« und manchmal »Vertrauen« nannten, als ein freiwilliges persönliches Angebot verstanden, das eine offene Orientierung hin zum anderen darstellte, nicht eine Voraussetzung der Erfahrung, die über den Individuen steht. Liebe hatte kein eigenes System. Sie war eher ein wahrnehmbarer Ausdruck in den empathischen Handlungen einer Person. Dadurch, daß man diesem sozialen »Kitt« eine freiwillige Qualität zuspricht, wurde ein Problem, das für einzelne bestand, als ein Problem für alle angesehen. Persönliche Schwierigkeiten werden regelmäßig zu häuslichen Streitpunkten. Nach den Angaben eines Direktors des Fairviewprogramms, erforderte dies eine Familienorientierung, die sich auf Individuen konzentrierte für das Wohl von aller:

»Wir könnten eigentlich jeden einzelnen von ihnen (den Patienten) hier drin alleine haben [...] Wissen Sie, man sollte sie aus jenen ungesunden Situationen (das Zuhause) heraus- und wegbringen und jeden von ihnen in eine Vollzeitbehandlung stecken. Das Problem ist, daß man ihn oder sie verändern kann, und wenn sie nach Hause zurückkommen, fängt alles wieder von vorne an, die Anschuldigungen, das Geschrei, die Ausbrüche, die übertriebene Abhängigkeit, das Mißtrauen, und das führt zu allem möglichen.
Man muß dort ein Gefühl des Gebens und Nehmens haben, das geteilt wird [...] grundlegendes Vertrauen zwischen ihnen allen. Ein verfaulter Apfel wird alle anderen verderben. Es wird nicht funktionieren, wenn man jemandem beigebracht hat, Gefühle auszudrücken und offen und anteilnehmend für andere zu sein und der bekommt dafür nur Ärger. Deshalb müssen wir die ganze Familie hierher bekommen. Sie alle müssen lernen, was es bedeutet, einander zu lieben [...], daß jeder Bedürfnisse und Gefühle hat, nicht nur

dieser oder jener Sohn, diese oder jene Tochter oder dieser oder jener Ehemann, der
gerade hier zur Behandlung ist.«

»Fairview« Familientherapeuten ordneten die fundamentale Wirklichkeit des Familienlebens gerne in eine quasihistorische Perspektive ein. Die Familie, bestehend aus gleichen und unabhängigen Mitgliedern, die einander uneingeschränkt liebten und vertrauten, wurde für die funktionierende Familie von heute gehalten. Die funktionierende Familie von gestern war anders. Sie gründete sich nicht in erster Linie auf Liebe, sondern auf Autorität, wobei der Grundsatz von Tradition und Hierarchie im Vordergrund stand. Der Unterschied mußte regelmäßig für die Definition dessen herhalten, wie die funktionierende Familie von heute auszusehen habe, und was das Krankenhaus sich in der Behandlung als Ziel setzte, und was nicht. Es wurde behauptet, daß in der Welt von heute die traditionelle Familie anachronistisch, wenn nicht sogar problematisch wäre. Die funktionale Familie von heute wäre »demokratisch«, die funktionale Familie von gestern »autokratisch«. Die Begriffe nahmen jeweils auf Modelle Bezug, die augenblicklich bevorzugt werden bzw. gegenwärtig nicht erwünscht sind.

»Fairviews« Zusammenstellung von Kennzeichen, um die familiale Struktur darzustellen, entsprach derjenigen von »Westside«, aber hinter der Parallele lagen unterschiedliche familiäre Realitäten. In »Fairview« drückten diejenigen Familienmitglieder, die im richtigen Ton miteinander sprachen, und ein angemessenes besorgtes und egalitäres Verhalten aufwiesen, ihre Gefühle aus und zeigten dadurch ihre Liebe und ihr Vertrauen, die Kennzeichen der häuslichen Ordnung. Diejenigen, die die Notwendigkeit nicht beachteten, »sich hinzusetzen«, »sich zurückzulehnen«, und ihre Emotionen ohne Scheu ausdrücken, verhielten sich dysfunktional. Im »Westside« schlossen Sitzanordnung, Körperhaltung und verbaler Ausdruck die Hauptkennzeichen von Autorität ein, wobei traditionelle Autorität als funktional für das häusliche Zusammenleben ausgelegt wurde. Ein Vater, der sich während einer Therapiesitzung mitten in den Raum setzte, sich selbstsicher darstellte und in einer autoritären Art sprach, wurde als der Mächtige im Hause angesehen, und es wurde (auch) angenommen, daß er es sein sollte. Im großen und ganzen stellten sich die Väter, die sich in »Westside« einer Therapie unterzogen, nicht in dieser Art und Weise dar, bzw. es wurde gegebenenfalls als übertrieben bewertet. In »Fairview« signalisierten die gleichen Anzeichen Dysfunktionalität. Ein Vater, der sich in den Mittelpunkt setzte und eindrucksvoll sprach, verstieß gegen die Regel des wechselseitigen Anerkennens und Teilhabens an Gefühlen. Da »Fairviews« Idee von häuslicher Integration an ein liberales, demokratisches Modell der Familie geknüpft war, wurde Herrschaft negativ und Grundsätze der Gefühlsäußerung positiv bewertet.

Organisatorische Verankerung und grundlegende Vielfalt

Diese durch Beobachtung gewonnenen Daten von Selbsthilfegruppen für Pflegeleistende und zwei auf Familien ausgerichtete Therapieeinrichtungen erwecken den Eindruck, daß die

Bedeutung und die konkret erfahrene Realität von Schwierigkeiten in Generationenbeziehungen Dinge seien, die ebenso sehr erdacht wie allgemein angenommen sind, denen man begegnet, oder die im Familienleben die Oberhand haben. Allgemeiner wird Durkheims Begriff der sozialen Tatsache als die eigentliche Kategorie, die in seinen methodologischen Schriften vorgestellt wurde (Durkheim, 1964), von Durkheims anderer Vorliebe abgelöst, Tatsachen phänomenologisch als »kollektive Repräsentationen« zu deuten (Durkheim, 1961). Die Vorstellung von Familie und von Generationenbeziehungen als soziale Gebilde eigener Art scheint von der grundlegenden Vielfalt der Gebilde nicht zu trennen zu sein.

Wenn man dies in den Kontext von Sprache und Alltagsleben stellt, evoziert der Gedanke der kollektiven Repräsentation ein Verständnis von Tatsachen als »diskursive Formationen«, um einen Ausdruck von Foucault zu benutzen (vgl. Dreyfus u. Rabinow, 1982, Kap. 3). Foucault richtete seine Erläuterung von sozialen Gebilden an historischen Belegen aus, um zu argumentieren, daß Dinge, die er vielleicht »Schwierigkeiten« genannt hätte, Merkmale bestimmter Episteme oder Wissensgebilde sind, und nicht Merkmale einer sich entwickelnden Erfahrung per se. So verflochten soziale Gebilde in der postmodernen Welt auch mit verschiedenen Organisationen sind, ist es zweckmäßig, zu bedenken, daß die konkreten Realitäten, die das familiale und persönliche Leben heimsuchen, diskursiv in den berichteten Vorstellungen und dem Verständnis von Organisationen verankert sind.

Das Ergebnis muß kein nostalgisches Klagen nach einer Rückkehr zu familiärer Unabhängigkeit von den vielen organisatorischen Verstrickungen sein, die Familienwirklichkeiten, die den Haushalten weit entfernt sind in Unternehmungen verwickeln (vgl. Lasch, 1977). Stattdessen verweist das Verhältnis zwischen organisatorischer Verankerung und Schwierigkeiten in den Beziehungen zwischen Generationen auf die vielen Wege, Schwierigkeiten und häusliches Leben zu deuten oder zu erfinden (vgl. Lüscher idB). Eine Analyse der Beziehung verdeutlicht konzeptuelle Optionen, die für die Lösung des Problems, was Schwierigkeiten in den Beziehungen zwischen Generationen sind und wie ihre Veränderung verstanden werden kann, zur Verfügung stehen. So schreibt Featherstone (1988: 198) unter Bezug auf Lyotards (1988) Würdigung der Vielfalt und der Postmoderne:

»Der Verlust von wesentlicher Sinnhaftigkeit in der Postmoderne sollte nicht beklagt werden, da er darauf hinweist, daß narratives Wissen durch eine Pluralität von Sprachspielen und Universalismus durch Provinzialismus ersetzt wird.«

Auf Organisationen angewendet finden wir, daß die lokalen Strukturen diverser Schauplätze mögliche Realitäten für Schwierigkeiten in Generationenbeziehungen bieten, die so unterschiedlich von einander sein können wie Tag und Nacht und so real wie beides (Gubrium 1989, 1991b).

* Aus dem Englischen übersetzt von Brigitte Pajung-Bilger, M. A. (Konstanz) und Anne Hodgson, M. A. (Konstanz/Leipzig).

IV. Die besondere Rolle der Frauen in Theorie und Empirie

PHYLLIS MOEN

Generationenbeziehungen in der Sichtweise einer Soziologie des Lebenslaufes – Das Verhältnis von Müttern zu ihren erwachsenen Töchtern als Beispiel*

In diesem Beitrag analysiere ich Beziehungen zwischen Müttern und ihren erwachsenen Töchtern unter Bezug auf eine Soziologie des Lebenslaufes. Ich entwerfe dazu einen Ansatz, der es gestattet, die sich verändernden Muster von Erfahrungen und persönlichen Dispositionen von Frauen im Lauf ihres Lebens und über Generationen hinweg zu erfassen. Welches sind die Mechanismen, anhand derer Mütter und ihre Töchter vor dem Hintergrund der Veränderungen der Geschlechtsrollenideologien und der verbesserten Chancen von Frauen in der gesellschaftlichen Opportunitätsstruktur ihre Anspruchsniveaus und Verhaltensweisen verändert haben? Wie werden Werte und Verhaltensweisen unter den sich neu eröffnenden gesellschaftlichen Vorgaben zwischen den Generationen vermittelt? Unter welchen Bedingungen entwerfen Töchter eigene Lebenspläne und Vorstellungen ihrer Identität angesichts der Tatsache, daß Mutter und Tochter in jedem Alter die engsten Generationenbeziehungen haben (Troll 1987, Rossi und Rossi 1989)?

Ein eindringliches Fall-Beispiel für die Analyse individueller Dispositionen, welche einerseits den allgemeinen sozialen Wandel antreiben und andererseits zugleich aus ihm hervorgehen, bieten Mütter und ihre Töchter in den USA der zweiten Hälfte des 20. Jahrhunderts. Wir sind heute in der amerikanischen Gesellschaft Zeugen einer tiefgreifenden Revolution der Frauenrolle, von Lebensstilen und Werthaltungen. Wie diese Revolution der aufstrebenden und häufig ambivalenten Aspirationen und Erwartungshaltungen das Leben von einzelnen Müttern und deren Töchtern beeinflußt, ist eine noch ungeschriebene Geschichte.

Ziel unseres eigenen Projektes, betitelt »Women's Roles and Well-Being«, ist es, die emotionalen Bindungen zwischen Müttern und Töchtern zu untersuchen, sowie die Mechanismen, durch die soziale Rollen und Orientierungen von Müttern zu Töchtern, möglicherweise auch umgekehrt, übermittelt bzw. nicht übermittelt werden. Es handelt sich um eine zweistufige Längsschnitt-Studie mit Frauen aus einer mittelgroßen Stadt im Staat New York, die im Jahr 1956 erstmals und nach 30 Jahren (1986) nochmals befragt worden sind (Moen et al. 1989, 1992). Zum Zeitpunkt der zweiten Erhebung sind auch Interviews mit den erwachsenen Töchtern durchgeführt worden; auf diese Weise ergibt sich eine Strichprobe von 276 Mutter-Tochter-Dyaden.

1. Geläufige theoretische Ansätze: Sozialisation und Status-Ähnlichkeit

Ein wesentlicher Anteil der Forschungen zur Frage der Übermittlungen zwischen den Generationen orientiert sich entweder an Theorien der Kindheitssozialisation, an Thesen der Status-Ähnlichkeit oder an einer Kombination aus beiden (Acock 1984; Acock und Bengtson 1980; Glass, Bengtson und Dunham 1986; Kohn et al. 1987; Smith 1983).

1.1 SOZIALISATION

Aus der Sicht der Sozialisationsforschung stellen Mütter Rollenmodelle für ihre Töchter dar und/ oder verwenden verschiedene Formen der verbalen Überzeugung. Beispielsweise berichtet Hochschild (1989) von Müttern, die ihren Töchtern im Kindesalter sogenannte »frühe Warnerzählungen« (»early cautionary tales«) erzählten, welche später die Geschlechtsrollenorientierungen der erwachsenen Töchter entweder verstärkten oder veränderten.

Sozialisationstheorien betonen den hohen Stellenwert früher Kindheitserfahrungen und des frühen sozialen Lernens bei der Übermittlung von Ideologien, Orientierungen und Verhaltensweisen zwischen den Generationen, sei es im Sinne eines Vorbildes oder verbaler Beeinflussungen. Es ist aber nicht bekannt, wann Töchter während ihres Heranwachsens am sensibelsten auf die Einflüsse ihrer Mütter (und Väter) reagieren. Darüber hinaus werfen Sozialisationskonzepte nicht die Frage auf, ob Töchter mehr darauf reagieren, was ihre Mütter tun, oder mehr darauf, was sie sagen. Eine traditionelle Hausfrau beispielsweise kann in ihrer Rolle sehr frustriert sein und aus diesem Grund ihre Tochter dazu ermutigen, einen typisch »männlichen« Karriereweg einzuschlagen. Wie Haller (1982) darlegt, können signifikante Andere als »Definitoren« wirken, indem sie dem betreffenden Individuum ihre Erwartungen kommunizieren, oder aber als »Modelle«, welche den eigenen Status und die entsprechenden Rollen illustrieren. Dabei müssen die entscheidenden »signifikanten Anderen« nicht unbedingt Mütter sein, sondern es kann sich um Väter, Lehrer, Großeltern, Nachbarn, Tanten handeln.

Darüber hinaus können sich Sozialisationswirkungen gemäß dem Grad an emotionaler Nähe unterscheiden (Mortimer und Kumka 1982; Mortimer, Lorence and Kumka 1986). Töchter, die ihren Müttern sehr nahe stehen, sind vielleicht stärker durch sie beeinflußt als solche, die entweder Distanz ihnen gegenüber haben oder aber konflikthaft an sie gebunden sind. Demgegenüber können Töchter, die sich stark mit ihren Vätern identifizieren, weitgehend unberührt vom Einfluß ihrer Mütter bleiben.

1.2 STATUS-ÄHNLICHKEIT

Sozialisation kann auch weniger direkt, als eine Funktion des Rollenlernens oder des expliziten Überredens, als vielmehr indirekt wirksam sein, indem bestimmte Ressourcen und

250

Chancen im Laufe der Kindheit (und danach) zur Verfügung gestellt werden. Das Statusmodell des bildungs- und berufsbezogenen Erfolgs unterstreicht die Bedeutung sowohl des elterlichen sozioökonomischen Hintergrunds als auch der elterlichen Ermutigungen im Hinblick auf bildungs- und berufsspezifischen sowie ökonomischen Erfolg (Blau und Duncan 1967; Featherman and Hauser 1978; Sewell and Hauser 1975). Coleman (1988) beispielsweise verweist auf die Bedeutung des »sozialen Kapitals« in Form von kulturellen Vorteilen und zwischenmenschlichen Ressourcen, das als Schlüssel für die Bildung des »sozialen Kapitals« der nächsten Generation fungiert.

Daher kann es der Fall sein, daß Mütter nicht so sehr spezifische Orientierungen und Verhaltensweisen, sondern eher Zugang zu sozialen, kulturellen und ökonomischen Ressourcen und Positionen in einer umfassenderen Sozialstruktur übermitteln. Mütter und Töchter können typischerweise der gleichen Herkunft (Bronfenbrenner, 1979 spricht von »social address«) zugeordnet werden, d. h. sie gehören denselben sozialen Klassen an und haben, denselben ethnischen und religiösen Hintergrund, und sie erreichen wahrscheinlich auch ein ähnliches Niveau in der formalen Erziehung und Ausbildung. Die Kongruenz der Einstellungen und Verhaltensweisen zwischen den Generationen spiegelt möglicherweise einfach ähnliche Positionen in der Opportunitätsstruktur der Gesellschaft wider und nicht einen direkten Einfluß der Mütter.

Die Literatur zu diesem Ansatz (z. B. Suitor 1987, 1988; Fischer 1981, 1986; Glass, Bengtson und Dunham 1986) basiert auf diesen Annahmen und nimmt an, daß Mütter und Töchter, die gleiche Rollen und Positionen innerhalb einer Gesellschaft einnehmen, auch ähnlicher in ihren Einstellungen und Werthaltungen sind und sich emotional näher stehen als solche, die einen unterschiedlichen soziostrukturellen Hintergrund aufweisen. Und dafür sprechen auch einige empirische Belege. Beispielsweise wurde bestätigt, daß Ähnlichkeiten im Bildungsniveau im allgemeinen kongruent sind mit Einstellungen (Dyer 1972; Suitor 1988). Suitor (1987) fand heraus, daß Mütter mit Collegebildung der Rückkehr ihrer erwachsenen Töchter in die Schule positiver gegenüberstanden als Mütter, die ihrerseits weniger gebildet waren. Ein weiteres Beispiel von Status-Ähnlichkeit bezieht sich auf Mutterschaft. Fischer (1981) belegte, daß dann, wenn Töchter selber Mütter waren, die Mutter-Tochter-Dyaden enger gewesen sind als in den Fällen, in denen die Töchter kinderlos waren. In unserem eigenen Projekt fanden wir heraus, daß Mütter ihren erwachsenen Töchtern dann näher standen, wenn diese verheiratet und selber Mütter waren, und daß Töchter über eine engere Beziehung zu ihren Müttern berichteten, wenn sie selbst Kinder hatten. Ferner zeigte sich, daß Ähnlichkeiten in der wahrgenommenen finanziellen Situation im Hinblick auf die emotionale Nähe eine Rolle spielten. Die Mütter empfanden die Beziehung als enger, wenn Mütter und Töchter über eine günstige finanzielle Lage berichteten, jedoch fühlten sich Töchter ihren Müttern im Falle einer beiderseitigen ungünstigen finanziellen Situation weniger nahe.

2. Der Ansatz einer Soziologie des Lebenslaufes

Im Rahmen eines Ansatzes im Sinne einer Soziologie des Lebenslaufes (Clausen 1986; Elder 1985, 1991) werden die Beziehungen zwischen Müttern und Töchtern nicht nur zu einem beliebigen Zeitpunkt betrachtet, vielmehr geraten »Ebbe und Flut« der Generationenbeziehungen, der Interaktionen und der Vertrautheit zwischen Müttern und Töchtern über einen langen Zeitraum hinweg in das Blickfeld der Untersuchungen. Demgemäß ist es möglich, eine »Beziehungs-Karriere« zu konzeptualisieren, die sich mit dem Alter in Verbindung mit sich wandelnden Rollen, Verantwortlichkeiten und Erfolgen verändert, aber immer noch die Saat der frühkindlichen Sozialisation in sich trägt. Die Vorstellung einer Beziehungskarriere betont die potentielle Wichtigkeit von Verlaufsmustern, Übergängen und zeitlichen Verortungen im Leben von Müttern und Töchtern (vgl. Schema 1). Beispielsweise kann der zeitliche Bereich der elterlichen Identifikationen wichtig sein. Es mag sein, daß die Töchter sich nicht mit ihren Müttern identifizieren bis zu dem Zeitpunkt, wo auch sie verheiratet und Mütter kleiner Kinder sind, wie dies auch das Konzept der Status-Ähnlichkeit annimmt.

In der Lebenslauf-Perspektive werden Mütter-Töchter-Dyaden auch innerhalb eines breiteren historischen Rückblicks auf die revolutionären gesellschaftlichen Veränderungen in den Geschlechtsrollen bezogen. Konventionell orientierte Mütter können Töchter haben, die Vorreiter in der Frauenbewegung sind, oder sie können sogar ihre Töchter darin bestärken, etwas zu erreichen, was ihnen selbst nicht möglich gewesen ist. Die Tatsache, daß Mütter und Töchter historische Ereignisse und sozialen Wandel vom Standpunkt verschiedener Altersgruppen aus erleben, bedeutet, daß sie in verschiedener Weise davon betroffen sind und ihre Perspektiven differieren können.

Außerdem wird im Bezugsrahmen der Lebenslauf-Perspektive die Bedeutung des Kontextes, speziell in Form von Chancen, Ressourcen und ihrer Wahrnehmung (cf. Gecas 1979, 1981) unterstrichen. Beispielsweise können Mütter und Töchter aus dem Arbeitermilieu eine gute Beziehung haben, im Gegensatz zu Angehörigen der Mittelschicht (Young und Wilmott 1957). Wo es zwischen den Generationen Mobilität nach oben oder nach unten gegeben hat, können Unterschiede zwischen Müttern und Töchtern sogar deutlicher ausgeprägt sein. Auch Wahrnehmungsweisen sind ein wesentlicher Umweltfaktor, welcher die intergenerationellen Bindungen beeinflußt. Die Art und Weise wie Mütter ihr Leben sehen wird zwangsläufig die Anspruchsniveaus ihrer Töchter beeinflussen. Und umgekehrt muß die Art und Weise wie Töchter ihre Mütter erfahren, ihre eigenen Entscheidungen und Ziele präformieren.

2.1 VERLAUFSMUSTER, ÜBERGÄNGE UND VERLÄUFE

Mütter und ihre erwachsenen Töchtern in einer Lebenslauf-Perspektive zu betrachten, stellt für die grundlegend statische Qualität traditioneller Erklärungsweisen der Sozialisations- und Status-Ähnlichkeits-Konzepte eine Herausforderung dar.

2.1.1 Sozialisationstheorie und Lebensverlauf

Obwohl die frühen Jahre der Kindheit sehr wohl folgenreich wirksam werden können, ist es wichtig, die Wege von der Kindheit zum Erwachsensein bei den Töchtern und die Wege vom frühen zum späteren Erwachsenenalter bei den Müttern richtig zu verstehen (vgl. Schema 1). Wie machen sich Einflüsse und Beziehungen zwischen Müttern und Töchtern im Laufe des Lebens bemerkbar? Sind die Rollenkonfigurationen und -haltungen der Mütter während der Kindheit ihrer Töchter der Schlüssel, oder wirken sich auf die Ausformung der Haltungen, Aspirationen und Verhaltensweisen der Töchter v. a. wesentliche Veränderungen im Verhalten und in den Zukunftsplänen der Mütter aus, welche das Resultat bestimmter Familienereignisse (wie Scheidung) oder umfassenderer gesellschaftlicher Transformationen (wie etwa der Frauenbewegung) darstellen? Wie wirkt sich das zeitliche Auftreten solcher Ereignisse entweder im Leben der Mutter oder dem der Tochter aus? Glen Elder (1991; Elder und Caspi 1989) verweist auf die Interdependenz von Lebensverläufen, wobei kritische Lebensereignisse in einer Generation das Leben einer anderen Generation beeinflussen. Er beschreibt auch das Potential für die Akzentuierung bestimmter Grundzüge über die Zeit hinweg. Gibt es den Prozeß einer solchen Akzentuierung, der entweder die Mutter-Tochter-Ähnlichkeiten oder die Mutter-Tochter-Differenzen, welche sich früh im Leben der Tochter etablierten, verstärkt? Wie sind Ereignisse im Erwachsenenleben, eingeschlossen Rollenveränderungen, Auslöser von möglicherweise latenten Bewältigungsmustern für die Bewahrung oder Einschränkung der Bedeutung von Werten und Verhaltensweisen, wie sie in der Kindheit erlernt wurden?

2.1.2 Status-Ähnlichkeit und Lebensverlauf

Eine Soziologie des Lebenslaufes erweitert den Ansatz der Status-Ähnlichkeit dahingehend, daß die Dynamik der Rollen- bzw. Status-Übergänge miteinbezogen wird. Wie beeinflussen solche Übergänge bei Müttern und ihren Töchtern die Art ihrer Beziehung? Suitor (1987, 1988) nimmt an, daß Interaktionen häufiger werden, wenn Individuen einen ähnlichen Status innehaben, was auf eine intensivere, engere Beziehung hinausläuft. Hat die zeitliche Verortung des Übergangs oder die Dauer allein einen bestimmten Status, oder hat eine bestimmte Rolle irgendeine Bedeutung? Beispielsweise könnte eine ältere Mutter zwar im Moment nicht erwerbstätig, aber doch bis dahin ihr ganzes Leben hindurch einer Berufstätigkeit nachgegangen sein. Beeinflußt ihr gegenwärtiger Status, jener während der frühen Kindheit der Tochter, oder ihre lange andauernde berufliche Erfahrung am stärksten die berufsbezogenen Entscheidungen und Werthaltungen der Tochter? Gilt Status-Konsistenz für manche Rollen und Status und für andere nicht? Hinsichtlich des Zusammenhangs zwischen Heirat und Versorgung zeigte sich, daß verheiratete Töchter sich mit einer geringeren Wahrscheinlichkeit bei der Pflege ihrer Mütter engagieren als nichtverheiratete Töchter (Brody 1990; Stroller 1983; Walker 1987). Aber Status-Konsistenz würde nahelegen, daß sich verheiratete Töchter stärker als nicht-verheiratete Töchter mit

SCHEMA 1: Hypothetische Beziehungs-»Karriere« von Mutter und Tochter

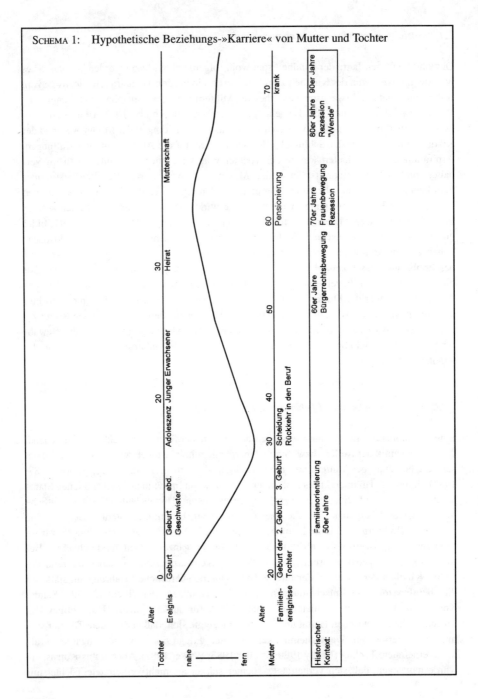

254

ihren Müttern identifizieren. Dies ist jedoch nicht unbedingt eine Vorbedingung für Hilfeleistungen und den Kontakt zwischen den Generationen, wogegen die Ähnlichkeit mit Status und Rollen größere zwischenmenschliche Identifikation impliziert.

2.1.3 Auf dem Weg zur theoretischen Integration

Status-Ähnlichkeits-Theorien liefern, wie erwähnt, eine hilfreiche Sichtweise, unter der man die Mutter-Tochter-Dyaden betrachten kann, und zwar durch die Annahme, daß Ähnlichkeiten zwischen den Generationen weniger eine Konsequenz der expliziten Sozialisation darstellen könnten als der sozialen Herkunft, nämlich der sozialen Verortung in der umfassenderen Sozialstruktur. Und dies würde wiederum die Annahme nahelegen, daß »Übermittlungen« von Werten und Verhaltensweisen zwischen den Generationen eine Funktion der Erfordernisse, Rechte und Verantwortlichkeiten gemeinsam übernommener Rollen und des Status (z. B. Kohn 1969) sein könnten.

Sozialistionstheorien nehmen demgegenüber jedoch an, daß die Erfahrungen in der Kindheit bedeutsam beim Erlernen von Einstellungen und Werthaltungen sind (z. B. Bandura 1982; Chodorow 1978). Aber es ist notwendig, im Hinblick auf Sozialisations- und Statuskonsistenz-Ansätze eine dynamischere Perspektive einzubringen. Wie wird das, was Bronfenbrenner »social address« nennt, in Form von sozialen Rollen und Status zwischen den Generationen übermittelt? Werden Töchter von ihren Müttern sozialisiert, um bestimmte Positionen und Rollen im Erwachsenenalter einzunehmen? Welches sind die Mechanismen, durch die Sozialisation (und/oder Ähnlichkeiten der Positionen in der Gesellschaft) die Nähe und Kongruenz der Werthaltungen und Verhaltensweisen zwischen Generationen verändert?

2.2 VERÄNDERUNGEN UND SOZIALER WANDEL: DAS PROBLEM DER GENERATIONEN

Bengtson (1989, 1990) beschreibt im Anschluß an Mannheim (1952) das Problem der Generationen als fortwährende Spannung zwischen Kontinuität und Wandel sowohl in den einzelnen Familien als auch in der umfassenderen sozialen Struktur. Die Angehörigen der älteren Generationen wollen ihren Kindern gerne das Beste aus ihrem Leben bzw. das vermitteln, was sie für die nächste Generation als am nützlichsten ansehen. Aber in Zeiten raschen sozialen Wandels und größerer Unsicherheit wird die Frage, was weitergegeben werden soll, die den Kern des Problems der Generationen ausmacht, besonders akut. Die sich verändernden Rollen von Frauen im Erwerbsbereich und im Familienleben zeigen dies besonders deutlich.

Generationenbeziehungen zwischen Müttern und ihren erwachsenen Töchtern können nicht losgelöst von den jeweiligen historischen Bedingungen, unter denen sie beide geboren wurden, aufwuchsen und leben, verstanden werden. Im Amerika dieses Jahrhunderts, insbesondere seit den 40er Jahren, wurden Mütter und ihre Töchter von einer Woge sich verändernder Chancen und Erwartungen im Hinblick auf Arbeit, Familie und Geschlechtsrollen getragen. Zu dieser gravierenden sozialen Revolution haben nicht zuletzt die individuellen Entscheidungen und Lebensstile von Müttern und Töchtern beigetragen.

Wie können Mütter ihre Töchter in einer Welt sozialisieren, die ihnen selbst nicht bekannt und vertraut war? Wann bewirken sie selbst eher eine Status-Verschiedenheit als eine Status-Ähnlichkeit bei ihren Töchtern? Die dramatischen sozialen Veränderungen, welche die Frauenbewegung flankierten, der langfristige Entwicklungsprozeß hin zu einer Dienstleistungsgesellschaft und die daraus entstandenen erweiterten Optionen für Frauen können dazu führen, daß bestenfalls noch schwache Bindungen zwischen Generationen bestehen bleiben. Zum Beispiel untersuchte Dyer (1972) die Einflüsse der beruflichen, bildungsmäßigen und der einkommensbezogenen Mobilität zwischen den Generationen auf deren Zusammenhalt und stellte dann eingeschränkte Beziehungen zwischen Eltern und Töchtern fest, wenn die Töchter einen höheren sozioökonomischen Status als denjenigen ihrer Herkunftsfamilien erreicht hatten. Mütter übergeben ihren Töchtern vermutlich eher »einen leeren Koffer« als einen »traditionsbepackten«, den diese gegebenenfalls selbst mit eigenen Aspirationen und Lebensstilen »füllen«.

2.3 KONTEXTE UND KONTINGENZEN

Im Ansatz einer Soziologie des Lebenslaufes wird angenommen, daß frühe Kindheitserfahrungen nicht notwendigerweise im Sinne einer Vererbung von Werthaltungen, Einstellungen, Verhaltensweisen und Chancen wirksam werden. Eher könnte es der Fall sein, daß sich verändernde soziale, kulturelle und ökonomische Kontexte neue Chancen ermöglichen oder bestehende Zwänge/Einschränkungen im Leben von Frauen sogar verstärken (z.B. Brown und Harris 1978; Quinton und Rutter 1988).

2.3.1 Situationale Imperative

Wesentlich für ein Verständnis von Sozialisationsprozessen scheinen situationale Imperative (Elder 1991) zu sein, welche diesen Prozeß beeinflussen. Elder (1974) fand heraus, daß ein ökonomischer Niedergang eine Veränderung in der Ökonomie der Haushalte bewirkte, indem sich die häuslichen und ökonomischen Rollen der Familienmitglieder, wie auch die familialen Beziehungen und Spannungen veränderten. Die Töchter dieser Familien übernahmen typischerweise mehr häusliche Verantwortung und dementsprechend eine traditionelle Geschlechtsideologie sowie traditionelle Optionen und Verhaltensweisen.

Elders Untersuchung hat gezeigt, daß adaptive familiale Strategien die Weitergabe von Orientierungsweisen und Verhaltensformen zwischen den Generationen beeinflussen, indem dabei den Söhnen und Töchtern i. d. R. unbeabsichtigte Lektionen über positive wie negative Formen des Umgangs mit den Erfordernissen des Lebens gelehrt werden. Diese Weitergabe von Lebensmustern kann langfristige Auswirkungen haben. Nachfolgende Ereignisse können früher grundgelegte Verletzbarkeiten oder Stärken reaktivieren (Brown und Harris 1978; Forest, Moen und Dempster-McClain 1991).

Situationale Imperative umschließen auch Erfahrungen aus dem Jugend- und Erwachsenenalter, die die Werthaltungen, Aspirationen und Verhaltensweisen der Töchter unabhängig von dem, was während der Sozialisation in der frühen Kindheit erlernt worden sein mag, mitformen können. Diese implizieren Chancen und Zwänge in ihrem unmittelbaren sozialen Umfeld (z. B. Jacobs 1989). Die eigenen pragmatischen Erfahrungen erwachsener Töchter können ebenfalls deren Selbstkonzepte und Aspirationen modifizieren (Bandura 1982).

Eine weitere wichtige Studie widmet sich einer Gruppe von Frauen aus Detroit. Sie wurden 1962 als junge Mütter befragt und sind 1977 und 1980 nochmals interviewt worden, wobei zuletzt auch ihre Kinder mit in die Untersuchung einbezogen worden sind (Thornton und Freedman 1979; Thornton, Alwin und Camburn 1983). Frauen, die im Erwachsenenalter nochmals in eine Schule gingen oder mehrere Jahre lang erwerbstätig waren, wie auch jene, die einen gebildeteren Ehemann hatten, waren eher dazu bereit und in der Lage, ihre Sicht der Frauenrolle zu verändern. Darüber hinaus waren deren 18jährige Töchter im Jahr 1980 durchgängig weniger traditionell orientiert als ihre Mütter es 1962 gewesen waren. Wie dem auch sei, tendenziell hatten traditionell orientierte Mütter eher traditionell orientierte Söhne und Töchter, was der Annahme eines Transfers von Geschlechtsrollenhaltungen über die Generationen hinweg entgegenkommt.

2.3.2 Soziale Schicht

Einen wesentlichen Bezugspunkt im Hinblick auf die Beziehungen zwischen den Generationen stellt die Frage der sozialen Schichtzugehörigkeit dar, wobei eine Reihe von Untersuchungen belegen konnte, daß Familien der Arbeiterklasse verwandtschaftsorientierter sind als Mittelschichtsfamilien (Adams 1968; Young und Wilmott 1957). Ein niedriger sozioökonomischer Status beschränkt die Möglichkeiten und Ressourcen in der Kindheit (Brown und Harris 1978). In unserem eigenen Forschungsprojekt fanden wir heraus, daß das erreichte Bildungsniveau der Töchter in Mittelschichtsfamilien in Beziehung zum Bildungsniveau ihrer Mütter stand. Jedoch korrelierte der erreichte Bildungsstand von Töchtern, die aus der Arbeiterklasse stammten, weder mit der Schichtzugehörigkeit ihrer Herkunftsfamilie noch mit dem Bildungsniveau ihrer Mütter (Forest, Moen und Dempster-McClain 1991). Eine solche Aufwärtsmobilität kann offensichtlich sehr wirksam die Übermittlung von Werten und Verhaltensweisen zwischen den Generationen begrenzen.

2.3.3 Geographische Nähe

Eng verknüpft mit der sozialen Schichtzugehörigkeit ist das Phänomen der geographischen Nähe. Töchter aus der Arbeiterschicht wohnen der Wahrscheinlichkeit nach eher in der Nähe ihrer Mütter als Töchter aus der Mittelschicht (Adams 1968; Fischer 1986; Young und Wilmott 1952). Manche Untersuchungen gehen von der Annahme aus, daß Intimität und Identifikation ziemlich groß sind, wenn Mütter und Töchter nahe beieinanderwohnen (Aldous, Klaus und Klein 1985); in den Studien von Rossi und Rossi (1990) sowie von Walker und Thompson (1983) wurde jedoch keine Relation zwischen subjektiven Empfindungen und geographischer Nähe festgestellt.

2.3.4 Alter

Das Alter stellt ebenfalls einen wichtigen kontextuellen Faktor dar. Heuvel (1988) konnte nachweisen, daß späte erste Mütter sich ihren Kindern im allgemeinen näher fühlen. Jedoch gehen Rossi und Rossi (1990) davon aus, daß bei früher Elternschaft der geringere Altersunterschied zwischen den Generationen zu stärkerer Ähnlichkeit und größerer Nähe führt. Ebenfalls von Bedeutung kann sein, wo jemand in der vertikalen Familienstruktur angesiedelt ist (Bengtson 1990). Beispielsweise zeigen einige Arbeiten, daß sich die Nähe zwischen Müttern und ihren eigenen Kindern erhöht, wenn noch ein Elternteil lebt (Rossi und Rossi 1990; Hagestad und Neugarten 1985). Wenn die Mutter krank gewesen ist oder gepflegt werden muß, kann dies den Zusammenhalt zwischen Müttern und Töchtern sehr wohl einschränken. Brody (1990) berichtet, daß auch die Notwendigkeit von Pflegeleistungen sich negativ auf die Beziehungen zwischen den Generationen auswirken kann (Brody, Hoffman, Heben und Schoonover 1989).

3. Mütter und ihre Töchter: drei Schwerpunkte der Forschung

Obgleich es eine ganze Reihe von Themen gibt, die unter der Rubrik Mutter-Tochter-Beziehung betrachtet werden, konzentriere ich mich hier auf drei: (1) Zusammenhalt und Identität, (2) Übermittlung von Selbstbildern, Lebensmustern, Einstellungen und Werten (3) Austausch, Verpflichtungen und Leistungen zwischen den Generationen.

3.1 ZUSAMMENHALT UND IDENTITÄT

Noch wenig erforscht ist das Ausmaß der emotionalen Intimität zwischen Müttern und ihren erwachsenen Töchtern, namentlich in Bezug auf zwei Aspekte: wie sie sich im Laufe des Lebens ändert und wie Vorstellungen der Nähe zwischen Müttern und Töchtern variieren. Ebenfalls wichtig ist der Grad der Identifikation zwischen den Generationen: wollen Töchter (und ihre Mütter), daß ihr Leben ähnlich oder anders ist als das ihrer Mütter? Fischer (1986) fand heraus, daß die meisten Töchter sich ein ganz anderes Leben wünschten als das ihrer

Mütter. Sie erklärte diesen Umstand damit, daß Mütter möglicherweise als negative Rollen-Modelle wirken. In unserem eigenen Forschungsprojekt zeigte sich ebenfalls, daß die meisten Töchter (70 %) anders als ihre Mütter leben wollen. Ebenso wünschen die meisten Mütter (62 %), daß das Leben ihrer Töchter anders sei als ihr eigenes. Nur in den seltenen Fällen, in denen das Bildungsniveau der Mutter das der Tochter übersteigt, wollen die Mütter nicht, daß das Leben ihrer Töchter anders sei; aber so gut wie alle Töchter, die in einer solchen Lage sind, möchten ein Leben führen, das sich von dem ihrer Mutter unterscheidet. Am ehesten wünschen sich jene Mütter ein anderes Leben für die Generation der Töchter, die selbst über eine ungünstige finanzielle Situation berichten, deren Töchter sich jedoch in einer günstigen finanziellen Lage befinden (83,8 %). Mütter, die relativ spät ihr erstes Kind bekommen (im Alter von 29 Jahren und später) wünschen sich durchschnittlich seltener ein anderes Leben für ihre Töchter (44,8 %). Und Töchter von Müttern, die relativ früh ihr erstes Kind hatten (im Alter von 21 Jahren oder jünger), wünschen sich mit höherer Wahrscheinlichkeit ein anderes Leben (81,6 %).

Jessie Bernard (1972) hat auf die Unterscheidung »ihrer« und »seiner« Ehe hingewiesen. Das gleiche könnte man im Hinblick auf Bindungen zwischen den Generationen sagen (vgl. auch Brody et al. 1989; Acock und Bengtson 1980; Troll 1987). Sehen Mütter und Töchter ihre Beziehung auf die gleiche Weise? Unter welchen Bedingungen variieren ihre Wahrnehmungen? Rossi und Rossi (1990) stellten fest, daß die affektive Solidarität (das Ausmaß an emotionaler Intimität zwischen den Generationen) zwischen Eltern und ihren erwachsenen Kindern nur eine geringe Korrelation aufweist, und, darüber hinaus, daß die Eltern über ein höheres Maß an Intimität in ihrer Beziehung zu den Kindern berichten als dies die Kinder tun (S. 259).

Dies entspricht auch den Ergebnissen aus unserem eigenen Projekt: es besteht eine relativ niedrige Korrelation (.342) zwischen den von den Müttern und den von den Töchtern zum Ausdruck gebrachten Empfindungen der Nähe. Wenn man das Alter einmal außer Betracht läßt, beschreiben erwachsene Töchter mit geringerer Wahrscheinlichkeit als ihre Mütter ihre Beziehung als eng (durchschnittlich 4.3 bis 4.9 auf einer Skala von 1 bis 6, wobei der letztgenannte Skalenwert für eine sehr nahe Beziehung steht). Überdies haben Töchter mit etwas höherer Wahrscheinlichkeit als ihre Mütter darüber berichtet, daß ihre Beziehung sich über die Jahre hinweg verschlechtert hätte (durchschnittlich 3.8 bis 3.6, bezogen auf eine Skala, in der 1 bedeutende Verbesserung und 5 bedeutende Verschlechterung ausdrückt).

Die Veränderung im Ausmaß an emotionaler Intimität, welche sich mit dem zunehmenden Alter von Müttern und Töchtern abzeichnet, legt es nahe anzunehmen, daß sowohl relative als auch absolute Altersunterschiede zwischen Müttern und Töchtern bedeutsam sind. Fischer (1986) fand heraus, daß ältere Töchter (Ende 20) eher als jüngere (Anfang 20) eine symmetrische, gewissermaßen gegenseitig »mütterlich« geprägte Beziehung zu ihren Müttern hatten, was die Annahme eines möglichen Wandels über die Zeit hinweg nahelegt.

Ich kann zwanzig Jahre älter als meine Tochter sein, aber dieser Altersunterschied hat eine jeweils andere Qualität, je nach dem, ob sie 20 ist und ich 40 bin, oder ob sie 40 ist und ich 60 bin (vgl. Rossi und Rossi 1990). Der Unterschied zwischen dem tatsächlichen und dem subjektiv erfahrenen Alter kann ebenfalls eine Rolle spielen. Zum Beispiel fand Rossi (1980) heraus, daß Mütter, die sich als älter empfanden als sie es waren, sich ihren Kindern weniger nahe fühlten.

3.2 KONTINUITÄTEN VON VERÄNDERUNGEN VON GENERATION ZU GENERATION

Auf der Suche nach Kontinuitäten und Veränderungen von Generation zu Generation haben wir in unserem Projekt vorgesehen, drei umfassende Bereiche aus dem Leben von Frauen zu untersuchen: ihre Lebensanschauungen (Geschlechtsrollenorientierungen, Zukunftsvorstellungen, Identität und Religiosität), ihre Lebensführungsmuster (zeitliche Verortungen, Dauerhaftigkeit und Abfolge von Rollen sowie geographische Mobilität) sowie ihre Selbstkonzepte und ihr Wohlbefinden (Kontrollbewußtsein, Selbstwert, Kritikfähigkeit, Erfolglosigkeit, allgemeine Lebenszufriedenheit, physische Gesundheit).

Wie beeinflussen die Rollenmuster und Lebensstile der Mütter die Rollenoptionen der Töchter? Betrachten wir beispielsweise diesbezüglich Berufsrollen und Rollen im Kontext der ehrenamtlichen Tätigkeit: Haben Frauen, die sich lange unbezahlt lokal engagiert haben, Töchter, die ähnliche Verpflichtungen eingehen? Diese Übernahmen von ehrenamtlichen Tätigkeiten sind in Studien über das Leben von Frauen typischerweise ausgeblendet worden, obwohl dies ein spezifischer Belang vieler Frauen ist. Und wie wirken sich die zeitliche Einteilung und das Muster der Erwerbstätigkeit der Mutter auf die beruflichen Entscheidungen ihrer Tochter aus? Was hatte langfristig Auswirkungen auf das Leben der Töchter, die reguläre Einbindung ihrer Mütter in ein Arbeitsverhältnis während des zweiten Weltkriegs und/oder die familienbezogenen 50er Jahre? Wie hat die Frauenbewegung das Leben von Müttern und Töchtern berührt? Auch Familienrollen können zwischen den Generationen weitergegeben werden: Was sind die Auswirkungen früher Heirat, von Scheidung und Witwenschaft auf die zeitliche Verortung und auf die Wahrscheinlichkeit von Heirat, Mutterschaft, Auflösung der Ehe bei der Tochter?

Unsere Aufmerksamkeit richtet sich ferner auf die Weitergabe von weiblichen Geschlechtsrollenorientierungen und anderen Dispositionen von einer Generation zur anderen. Ein besonderes Interesse besteht dabei an den langfristigen Auswirkungen des wahrgenommenen »Verhaftetseins« mit einer Rolle auf seiten der Mütter, aber auch der Töchter (z.B. der Wunsch, nur Hausfrau zu sein, obwohl man erwerbstätig ist, oder umgekehrt), wie es bei unserer Erhebung von 1956 zum Ausdruck kam. Ebenso von Interesse ist der »Matthäus-Effekt« (d.h. die Akkumulation von Vorteilen), der darin besteht, daß Frauen, die sich in den 50er Jahren als gebildet, wohlhabend und in guter Verfassung darstellten, und so gesehen besondere Lebensverläufe aufwiesen, an ihre Töchter psychosoziale Ressourcen und Anpassungsstrategien weitergaben, die sich sehr von denjenigen der weniger gut gestellten Mütter unterschieden. Beispielsweise scheinen gebildetere Mütter über bessere Erziehungsstile zu verfügen (»parenting styles« – Bronfenbrenner 1979).

Was ist das Wesentliche in bezug auf eine Kongruenz der Empfindungen des Selbstwertes und der Bewältigungskapazitäten? Die Literatur zur Entwicklung von Kindern kann relativ wenig Auskünfte darüber geben, welche Faktoren im Leben der Mütter es sind, die eine Beziehung zum Wohlergehen des Kindes über die Zeit hinweg aufweisen. Natürlich ist dabei gerade eine übergreifende Lebenslaufperspektive grundlegend. Caspi, Elder und Bem (1987, 1988) beispielsweise haben sich mit den Verbindungen zwischen frühen antisozialen oder scheuen Verhaltensweisen in der Kindheit und ähnlichen Problemen im Erwachsenenalter befaßt. Und Clausen (1991) hat die Bedeutung der während der Adoleszenz gemachten Erfahrungen mit Konkurrenz und deren Auswirkungen auf den Lebensverlauf des Erwachsenen dokumentiert (siehe auch Clausen idB).

Für die Entwicklung und Festigung des Selbstwertgefühls ist ebenfalls der biographische Standort zentral. Zum Beispiel konnten Rosenberg und Pearlin (1978) feststellen, daß der Faktor der sozialen Schichtzugehörigkeit nicht in Beziehung mit dem Selbstwertempfinden von Kindern steht, aber wesentlich in bezug auf das Selbstwertgefühl Erwachsener ist. Bandura (1982) nimmt an, daß eine Selbsteinschätzung als kompetent sowohl aus persönlichen Erfahrungen, als auch aus dem Sozialisationsprozeß resultiert (vgl. Downey und Moen 1987). Bedeutet dies, daß ältere Töchter, die auf längere persönliche Erfahrungen aufbauen können, in bezug auf die Wahrnehmung ihrer Bewältigungsfähigkeiten ihren Müttern weniger gleichen als jüngere Töchter? Die Leistungen älterer erwachsener Frauen könnten ebenso mehr durch die Gegebenheiten ihres eigenen Lebens (Bildungsniveau, Alter und Anzahl der Kinder, Arbeitserfahrungen usw.) beeinflußt sein, als von den Erfahrungen und Leistungen ihrer Mütter.

Statusähnlichkeiten könnten sich auch auf eine Entsprechung von Werthaltungen und Orientierungen auswirken, wie dies bei Töchtern der Fall ist, die ihre Lebensstile und Rollenmuster denen ihrer Mütter angeglichen haben und vergleichbare Geschlechtsrollen- und Familienorientierungen aufweisen. Glass, Bengtson und Dunhams (1986) Untersuchungsergebnisse sprechen dafür, daß Haltungen von Eltern und ihren erwachsenen Kindern mit zunehmendem Alter konvergieren können. Diese Autoren verweisen auch auf einen Prozeß des gegenseitigen Einflusses. Wie Caplan (1976: 22) es ausdrückt, ist die Familie ein »Kollektor und Verteiler von Informationen über die Welt«. Eine Richtung dieses Informationsflusses verläuft logischerweise »abwärts«, von den Müttern zu ihren Töchtern. Aber er kann auch »aufwärts« fließen, von den Töchtern zu ihren Müttern.

Ein Thema, zu dem wenig bekannt ist, stellt die Frage der Übermittlung von elterlichen Kompetenzen und Orientierungen durch die Mütter an ihre Töchter dar. Rossi und Rossi (1990: 252) machen deutlich, daß »keine andere Beziehung zwischen Menschen eine so langandauernde Geschichte aufweisen kann, wie diejenige zwischen Eltern und Kindern, die nicht nur bis zur Geburt des Kindes zurückreicht, sondern bis hin zu dem, was die Eltern in ihre Ehe mitbrachten, und bis zu den Hoffnungen und Träumen über das noch ungeborene Kind. Und keine anderen Erwachsenen sind so einflußreich in bezug auf die Kompetenzen/ Qualitäten, die ihre Kinder als Erwachsene mitbekommen haben, wie die eigenen Eltern, von der genetischen Ausstattung bis hin zu Persönlichkeitsmerkmalen, Sozialstatus, Grundwerten und elterlichen Verhaltensweisen, welche die Kinder dann ihren eigenen Kindern gegenüber aufweisen«. Unter welchen Bedingungen richten sich Töchter nach dem elterlichen Verhaltensstil und den elterlichen Orientierungen ihrer eigenen Mütter? Unter welchen Umständen kommt es über Gemerationen hinweg zu Veränderungen im Verhalten als Eltern?

3.3 ÜBERMITTLUNGEN UND AUSTAUSCHBEZIEHUNGEN: ZYKLEN DER ABHÄNGIGKEIT

Obwohl viel zum Thema des Austausches zwischen den Generationen geschrieben worden ist (Bengtson 1989; Preston 1984; Stack 1974; Troll und Bengtson 1979), wurde es doch kaum aus einer Lebenslauf-Perspektive heraus betrachtet. Man kann diesbezüglich Zyklen der Abhängigkeit wie der Autonomie vermuten: bei erwachsenen Kindern einen verschlungenen Weg aus Abhängigkeiten heraus, bei alternden Eltern einen ebenso verschlungenen Pfad in Richtung zunehmender Dependenz. Abhängigkeit kann sich dabei auf emotionale, finanzielle oder helfende Unterstützungsleistungen beziehen, wobei jeder dieser Aspekte einen eigenen Entwicklungspfad aufweisen mag.

Darüber hinaus kann Austausch auch reziproker Art sein. Rossi und Rossi (1990) weisen hin auf die Ungleichgewichte von persönlichen ökonomischen Ressourcen über den Lebensverlauf hinweg. Es mag sein, daß das Kind, wenn es 25 Jahre und Vater oder Mutter etwa 53 Jahre alt sind, finanziell wenig unabhängig ist, die Eltern jedoch eine Phase der größtmöglichen finanziellen Absicherung erreicht haben. Diese Verhältnisse sind umgekehrt, wenn das Kind 40 und der Elternteil 68 Jahre alt ist. Auch ein gemeinsamer Wohnsitz mag Veränderungen in dieser Abhängigkeit widerspiegeln. In unserem Projekt fanden wir zu unserer Überraschung heraus, daß ganze 40 % der Frauen, die ihre Kinder bereits ins Leben entlassen hatten, vor die Tatsache gestellt wurden, daß zumindest ein Kind nach Hause zurückkehrte, und zwar normalerweise innerhalb von zwei Jahren, nachdem das letzte Kind das Zuhause verlassen hatte. Überdies teilen einige Eltern ihren Haushalt mit ihren Kindern, wenn sie selbst Pflege oder finanzielle Unterstützung brauchen.

Eine zentrale Forschungsfrage ist nun, wie Veränderungen in den ökonomischen, gesundheitlichen und emotionalen Ressourcen, parallel zur relativen Balance der Ressourcen zwischen den Generationen, die Interaktionen und Austauschmuster, sowie auch Empfindungen von Nähe, Identifikation und Wohlbefinden in beiden Generationen beeinflussen.

Die ansteigende Lebensdauer bedeutet, daß eine wachsende Anzahl erwachsener Kinder die Versorgung ihrer alternden Eltern übernehmen werden. Und unter der Maßgabe traditioneller Geschlechtsrollennormen, wie auch einer Geschlechterdifferenz in der Höhe der Lebenserwartung, läuft dies darauf hinaus, daß Töchter ihre Mütter und Schwiegermütter mittleren und hohen Alters versorgen (Brody 1990). Suitor und Pillemer (1991) machen sich stark für ein Studium von »Familien-Pflegerinnen« (»family caregiver«) als einem sozialen Status bzw. einer sozialen Rolle, mit entsprechenden formellen und informellen Normen. Ihren Ausführungen zufolge sind sowohl die Prozesse der Rollenübernahme als auch deren Konsequenzen wichtige Forschungsfragen. Im Bezugsrahmen einer Soziologie des Lebenslaufes wird im Hinblick auf die Karriere dieser Personen (Brody 1990: 38) angenommen, daß es wesentlich ist, zu untersuchen, wie diese Rollen sich mit anderen Rollen und Pflichten überschneiden und Veränderungen in anderen Rollen bewirken. Ebenso wichtig sind der Zeitpunkt und die Dauer dieser Rolle im Leben von Frauen.

4. Schlußfolgerungen

Ähnlichkeiten zwischen den Generationen im Leben und in den Zukunftsplänen scheinen weniger damit zusammenzuhängen, ob Mütter Rollenmodelle für ihre Töchter sind, als vielmehr mit den verfügbaren Ressourcen und den als Erwachsener gemachten Erfahrungen, und zwar auf seiten sowohl der Mütter als auch der Töchter. Entsprechend können große Unterschiede zwischen den Generationen den sozialen Wandel in einer umfassenderen Opportunitätsstruktur widerspiegeln, welcher die Lebensbedingungen und -verläufe in der frühen Kindheit beeinflußt hat.

Kumulative Vor- oder Nachteile über Lebensverläufe und Generationen hinweg nachzuverfolgen, heißt zu rekonstruieren, wie sich vererbte Anlagen mit Umwelteinflüssen verknüpfen; weiterhin ist die Bedeutung von Selbstkonzepten über den Lebensverlauf hinweg zu erforschen, und zwar ungeachtet der »objektiven« Bedingungen. Beispielsweise hat Campbell (1980: 218) herausgefunden, daß »sogar Menschen mit sehr geringem Einkommen, aber mit einem hohen Kontrollbewußtsein eine positive Lebenseinstellung und Zukunftssicht haben«. Was ist das Vermächtnis früh erlernter Verhaltensmuster und wann brechen Zyklen der Benachteiligung auf (vgl. Quinton und Rutter 1988)? Wie werden Vorteile und Kompetenzen den Generationen übermittelt?

Des weiteren müßte analysiert werden, welches die eigentlichen Wege sind, die in affektive Beziehungen und effektive Funktionserfüllungen zwischen den Generationen jeweils hinein- oder herausführen. Dies erfordert eine Verknüpfung von Sozialisationskonzepten und Statusähnlichkeitsansätzen zu einer umfassenden lebenslaufzentrierten Analyse von Stabilität und Veränderungen in den Lebensverläufen von Müttern und Töchtern sowie deren Wechselwirkungen.

* Aus dem Englischen übersetzt von Charlotte Wehrspaun, Dipl.-Soz. (Konstanz).

GISELA TROMMSDORFF

Geschlechtsdifferenzen von Generationenbeziehungen im interkulturellen Vergleich. Eine sozial- und entwicklungspsychologische Analyse

1. Einführung

Das Studium von Generationenbeziehungen ist darum so interessant, einerseits weil hier für die Entwicklung des einzelnen Prozesse stattfinden, die über die Lebensspanne hinweg von der frühen Kindheit über das Erwachsenenalter bis in das hohe Alter wirksam sind. Andererseits gibt das Studium von Generationenbeziehungen auch Aufschluß über die Besonderheiten und Bedingungen für sozialen Wandel, u.a. weil die soziale Regelung von Beziehungen zwischen den Generationen bestimmte Ressourcen bindet, Arbeitsteilungen institutionalisiert und kulturelle Werte strukturiert. Diese wiederum stellen bestimmte Ausgangsbedingungen für die Entwicklung des einzelnen dar, wie sie sich z.B. in den Chancen und Hemmnissen für Handeln in verschiedenen Lebensaltern manifestieren. Besonders relevant sind generationsspezifische Geschlechtsrollendifferenzierungen und damit verbundene Erwartungen für die Interaktion zwischen älterer und jüngerer Generation.

Aus entwicklungspsychologischer Sicht sind Generationenbeziehungen bisher vor allem unter der Thematik der Eltern-Kind-Beziehung und dabei insbesondere der Rolle der Mutter-Kind-Interaktion diskutiert worden. Die Vernachlässigung des Studiums von Mehrgenerationenfamilien in der Entwicklungspsychologie ist wohl ein Spiegel der Reduzierung der Familiengröße in bestimmten Kulturen, besonders in heutigen Industrienationen bzw. »postmodernen« Gesellschaften. Dies kann aber eine ethnozentrische Sichtweise nahelegen. Eine weitere Kurzsichtigkeit entwicklungspsychologischer Studien zu Generationenbeziehungen besteht darin, sich primär mit dem Studium der Beziehung von Kindern bzw. Jugendlichen und ihren Eltern, kaum jedoch mit der Beziehung von Eltern und deren Eltern im mittleren und hohen Erwachsenenalter zu befassen. Das steht im Widerspruch zu dem erklärten Selbstverständnis der modernen Entwicklungspsychologie, Entwicklung als lebenslangen Prozeß zu verstehen.

Weiter werden häufig mit der einseitigen Fokussierung der Wirkung von Elternverhalten auf Kinder und Jugendliche die Wechselwirkungsprozesse außer acht gelassen. Auch wenn eine Lebensspannen- und Wechselwirkungsperspektive eingenommen wird, ergibt sich ein weiteres Problem durch die Vernachlässigung interindividueller Differenzen in Generationenbeziehungen. Nun sind nicht irgendwelche individuellen Differenzen interessant, sondern speziell solche, denen für die Ontogenese des Individuums sowie für die jeweiligen gesellschaftlichen Systeme eine besondere Bedeutung zukommt. Dies sind vor allem Geschlechtsrollen. Besonderheiten und Funktionen von Frauen und Männern in Interaktionen zwischen den Generationen sind immer auch kulturell vermittelt. Geschlechtsrollen müßten daher im gegebenen soziokulturellen Kontext und gemäß den dort sozialisierten Werten und Handlungsmustern untersucht werden.

Für das Studium von Generationenbeziehungen ist aus entwicklungspsychologischer Sicht also eine Lebensspannenperspektive erforderlich, bei der Wechselwirkungsprozesse und Geschlechtsdifferenzen im Rahmen kulturvergleichender Analysen untersucht werden.

Hier sollen Generationenbeziehungen unter einigen zentralen entwicklungspsychologischen Konzepten diskutiert werden.

2. Generationenbeziehungen: Universelle Grundlagen und sozialer Wandel

2.1 UNIVERSELLE GRUNDLAGEN VON GENERATIONENBEZIEHUNGEN AUS SOZIO-BIOLOGISCHER SICHT

Aus soziobiologischer Sicht sind Generationenbeziehungen zunächst universell verankert in Verwandtschaftsbeziehungen (Wilson, 1975). Auch wenn heute Generationenbeziehungen sehr viel weiter gesehen werden, kann diese Wurzel nicht ignoriert werden und zum Verständnis der Bedeutung von Generationenbeziehungen auch in heutigen Industrienationen beitragen.

Phylogenetisch gesehen dienen Generationenbeziehungen der Arterhaltung, d. h. zunächst der Sicherung und Fürsorge des Neugeborenen und später der Sicherung und Versorgung der Gruppe durch gemeinsames, aufeinander abgestimmtes Handeln. Während zunächst die Versorgung des Neugeborenen von der älteren Generation (Eltern; Großeltern) geleistet wird, erfolgt im Laufe der Entwicklung die Versorgung der Eigengruppe zunehmend mehr unter Einsatz der heranwachsenden Kinder und Jugendlichen. Diese Leistung wird durch Imitation und unter direkter Anleitung der Erwachsenen-Generation gelernt und auf die Gruppenziele und Fähigkeiten des Einzelnen abgestimmt. Somit sichert sich die Familie, bzw. die engere und weitere Verwandtschaft, durch Kooperation zwischen den Generationen das Überleben des Einzelnen sowie aber auch der ganzen Gruppe.

Die lebenslang geforderten gruppenbezogenen Aktivitäten vermitteln einerseits dem einzelnen physische und psychische Sicherheit und Geborgenheit, d. h. sie sind die Voraussetzung für seine Entwicklung, z. B. über die Vermittlung von Handlungskompetenzen etc. Andererseits sind sie Voraussetzungen für den Erhalt und die Stabilisierung der Gruppe, z. B. durch Vermittlung materieller Ressourcen sowie durch soziale und psychische Prozesse wie soziale Regeln, Identität und Abgrenzung gegenüber Außengruppen. Generationenbeziehungen dienen so dem Nutzen des Einzelnen und der gesamten Gruppe.

Für beide sind Kooperation und Hilfeleistung zwischen den Generationen, insbesondere auch gegenüber dem Schwächeren, in einfachen Gesellschaften von hohem Überlebenswert. Sie erfüllen primäre und sekundäre Bedürfnisse und lassen sich somit als Grundlage von Beziehungen zwischen den Generationen im Dienst an der Erhaltung der Gruppe ansehen. In diesem frühen Stadium des menschlichen Zusammenlebens erfolgt eine Geschlechtsrollen-differenzierung im Interaktionsprozeß zwischen den Generationen nach biologischen Bedingungen und gemäß Verfügung über gruppenrelevante Ressourcen. Daß Hilfe und Unterstützung gegenüber Kindern und Alten eher in der Familie und Verwandschaft als gegenüber Freunden üblich ist, wird jedoch auch in komplexen modernen Gesellschaften nachgewiesen (vgl. »kin-directed altruism«, Hamilton, 1964; »reciprocal altruism«, Trivers, 1983).

2.2 SOZIO-ÖKONOMISCHER WANDEL UND GENERATIONENBEZIEHUNGEN

Anforderungen der physischen und sozialen Umwelt, Intragruppenänderungen u. a. können Ausdifferenzierungen innerhalb der Eigengruppe erfordern. Bei den einzelnen Gruppenmitgliedern bilden sich unterschiedliche Fähigkeiten und Bereitschaften heraus. U.a. werden die biologisch gegebenen Unterschiede (z. B. zwischen Älteren und Jüngeren und zwischen Frauen und Männern) mit sozialen Regeln der Ressourcenallokation verknüpft, die den ökonomisch und kulturell verankerten jeweiligen Gruppenzielen dienen.

Dabei kann es zu neuen Interaktionsformen innerhalb und zwischen den Generationen kommen, die durch geschlechtsspezifische Fähigkeiten, Handlungsgewohnheiten und -normen je nach Wirtschafts- und Familienstruktur mitgeprägt sind. Dies sind insbesondere das Fürsorgeverhalten gegenüber den Kindern und gegenüber den alten Eltern. Die Versorgung von Kindern und Eltern umfaßt sowohl die physische wie die psychische Pflege und geschieht normalerweise durch die Frau der mittleren Generation, wobei der Mann die entsprechenden materiellen Grundlagen bereitstellt. Allerdings erfolgen weder in traditionellen noch in komplexeren Übergangsgesellschaften die Generationenbeziehungen als einseitige Dienstleistung von seiten einer Altersgruppe (Erwachsene gegenüber den Älteren und Jüngeren). Vielmehr regeln mehr oder weniger explizite Prinzipien des Austausches von physischen oder psychischen Leistungen diese Beziehungen. »Leistungen« der Alten können z. B. in der Sanktionierung von Regeln kraft Autorität, in der Vermittlung von Erfahrungen (Weisheit) und anderen Beiträgen für die Gruppe bestehen. »Leistungen« der Kinder können u. a. in ihrer Anpassung an Gruppennormen, dem Erwerb von Kompetenzen für die Erfüllung sozialer Aufgaben sowie der späteren Versorgung der Familie bzw. Gruppe gesehen werden.

In diesen Fällen einer relativ stabilen traditionellen Gesellschaft sind jedenfalls die für die verschiedenen Kohorten geltenden Entwicklungsaufgaben Voraussetzung dafür, daß in der Ontogenese Handlungsbereitschaften und Kompetenzen aufgebaut werden, die Generationenbeziehungen auf der Grundlage von selbstverständlichen gleichgewichtigen Austauschprozessen im Dienste an der sozialen Gruppe strukturieren. In Gesellschaften hingegen, die sich im Übergang von traditionellen zu komplex arbeitsteiligen Strukturen befinden, werden diese selbstverständlichen Regeln ständig geprüft, vielleicht in Frage gestellt und verlieren an Stabilität, weil der jeweilige Nutzen für die betroffenen Altersgruppen ausgehandelt wird. In diesem Prozeß der Verhandlung über Qualität und Funktion von Ressourcen im Austausch zwischen den Generationen werden traditionell gültige Werte – insbesondere der Wert des Alters, der Wert von Kindern, der Wert von Geschlechtsrollen – in Frage gestellt, gegebenenfalls neu definiert und individualisiert.

Bedeutet dies nun, daß Generationenbeziehungen nur in traditionellen Gesellschaften eine universelle Grundlage haben oder gelten auch in modernen und sich wandelnden Gesellschaften bestimmte Funktionen von Generationenbeziehungen in gleicher Weise?

2.3 UNIVERSELLE GRUNDLAGEN VON GENERATIONENBEZIEHUNGEN AUS ENTWICKLUNGSPSYCHOLOGISCHER SICHT

Aus entwicklungspsychologischer Sicht sind Generationenbeziehungen universell die grundlegende soziale Interaktionsform in den ersten Lebensjahren. Durch sie werden weitere Entwicklungsprozesse über die Lebensspanne entscheidend beeinflußt. Auch für die Analyse von Generationenbeziehungen im Kulturvergleich und ihrer geschlechtsrollenspezifischen Ausprägung ist zunächst nach den Wirkungen der frühen Beziehungen zwischen Eltern und Kindern für die weitere Entwicklung des Kindes zu fragen, um dann die umgekehrte Frage zu stellen und schließlich Generationenbeziehungen über die Lebensspanne bis ins höhere Alter zu untersuchen.

Die Wirkung früher Eltern-Kind-Beziehungen für die Entwicklung des Kindes ist zumindest in folgenden Bereichen wirksam:

- Erfüllung von grundlegenden Primärbedürfnissen (physiologische Bedürfnisse) für die Sicherung des physischen Überlebens;
- Erfüllung von grundlegenden Sekundärbedürfnissen (soziale Motive) wie dem Bedürfnis nach Sicherheit, Geborgenheit, Bindung;
- in Verbindung mit der Erfüllung dieser primären und sekundären Grundbedürfnisse: Entfaltung weiterer sekundärer Motive wie Neugier-, Macht- und Leistungsmotiv;
- Vermittlung von Voraussetzungen für soziales Lernen (z. B. über Modellernen; Instruktion etc.) und den Aufbau kognitiver, sozialer, emotionaler und motivationaler Dispositionen (z. B. Selbstidentität) und Kompetenzen (z. B. Problemlösen; Integration in soziale Gruppen).

2.4 BINDUNGSVERHALTEN ALS GRUNDLAGE VON GENERATIONENBEZIEHUNGEN: THEORETISCHE ÜBERLEGUNGEN

Diese grundlegenden Entwicklungsbedingungen werden universell durch enge emotionale Beziehungen zwischen Eltern und Nachkommen in den ersten Lebensjahren vermittelt. Eine solche Form der Generationenbeziehung besteht im Bindungsverhalten und dem zwischen Pflegeperson und Kind aufgebauten Bindungserleben und davon abhängigen individuellen Deutungsschemata und Dispositionen des aufwachsenden Kindes (vgl. Bowlby, 1988; Ainsworth, 1989).

Der eigentliche Wirkungsprozeß des Bindungsverhaltens wurde von Ainsworth et al. (1972) ausführlich dargestellt. Danach ist die Sensitivität der Bindungspersonen dem Kind gegenüber primär relevant für die Entwicklung von Sicherheit und Vertrauen des Kindes. Können die Eltern ihre »Theorien« über sich selbst und über das Kind aufgrund des Kindverhaltens angemessen modifizieren, indem sie das Verhalten des Kindes verstehen und darauf eingehen, so besteht eine höhere Wahrscheinlichkeit, daß das Kind seinerseits vertrauensvoll und sensibel auf seine Umwelt reagiert und somit Voraussetzungen für eine reife sozio-emotionale Entwicklung und positive Beziehungen zu seiner Umwelt aufbaut.

Die internen »working models« des Kindes sind um die Erwartungen über die Reaktion einer Bindungsperson organisiert und erlauben ihm, das Verhalten des Anderen abzuschätzen (Bretherton, 1985). Personen mit einem sicheren (im Gegensatz zu einem unsicheren) »working model« glauben eher an die Unterstützung, Zuwendung und die psychologische Nähe von wichtigen anderen Personen. Die einmal entwickelten »Modelle« erfüllen eine heuristische Funktion; sie lenken das Handeln, wenn das Bindungssystem aktiviert ist. Dies ist besonders der Fall in engen Beziehungen. Daher hat das Bindungsverhalten besonders in informellen, familialen Beziehungen zwischen den Generationen eine hohe Bedeutung. Hier werden die sogenannten naiven Theorien, die Handlungsbereitschaften und die interpersonalen Beziehungen insbesondere zwischen der Bindungsperson und der nächstfolgendenden Generation gestaltet. Offenbar erlauben sichere »working models« den emotionalen Austausch so zu regulieren, daß konstruktive Problemlösungen eher möglich sind.

Diese Befunde sind entwicklungspsychologisch für die Ontogenese des einzelnen sowie aber auch sozialpsychologisch für die Interaktion innerhalb der Familie und darüber hinaus soziologisch für Fragen der Stabilität oder des Wandels von Generationenbeziehungen von Bedeutung. Die allgemeine These lautet also, daß das in der Generationenbeziehung aufgebaute Bindungssystem eine wesentliche Grundlage für die sozio-emotionale, die kognitive und emotionale Entwicklung des Kindes und damit auch wirksam für den Aufbau von Intergenerationenbeziehungen über die Lebensspanne ist.

2.5 BINDUNGSVERHALTEN UND GENERATIONENBEZIEHUNGEN: EMPIRISCHE STUDIEN

Aus neuen Studien zur Bindungsforschung (Ainsworth, 1989; Kornadt, 1989; Skolnick, 1986; Thompson & Lamb, 1986) wissen wir, daß das in den ersten Lebensmonaten durch die Interaktion zwischen Kind und Mutter beim Kind aufgebaute »working model« die weitere soziale Entwicklung über die gesamte Lebensspanne beeinflußt. Weiter wirkt das »working model« der Mutter wiederum auf die Mutter-Kind-Interaktion ein und ist seinerseits wiederum durch frühere Generationenbeziehungen, also insbesondere die Interaktion mit der eigenen Mutter und dem dort vermittelten »working model« beeinflußt. Diese Sichtweise erlaubt also, die Wechselwirkungsprozesse von Generationenbeziehungen zu berücksichtigen, und zwar unter einem Lebensspannenansatz.

Wir selbst untersuchen diese Fragen gegenwärtig in einer Reihe von kulturvergleichenden Studien zum Zusammenhang von mütterlichen Werthaltungen und Responsivität einerseits und sozio-emotionaler Entwicklung des Kindes andererseits (Trommsdorff, 1989; 1991b; 1992a; Friedlmeier & Trommsdorff, 1992). Dabei wurden Interviews und Beobachtungen durchgeführt.

Das klassische methodische Vorgehen im Rahmen der Bindungsforschung ist, Eltern und ihre Kinder in bezug auf ihr jeweiliges Bindungsverhalten mit dafür geeigneten Tests zu untersuchen. Bei Kindern wird meist der »Strange-Situation-Test«, ein streng kontrolliertes experimentelles Vorgehen, und bei Eltern werden meist Interviews verwendet. In der Studie von Main et al. (1985) wurden Mütter und Väter (von Kindern, deren Bindungsverhalten bereits erfaßt war) in bezug auf ihre gegenwärtigen Vorstellungen und Gefühle von Bindungserlebnissen in der Kindheit befragt. Weiter wurde ihre Meinung darüber erfaßt, inwieweit die eigene Beziehung zu den Eltern ihre eigene Entwicklung beeinflußt hat (»Adult Attachment Interview« als Teil der Berkeley Social Development Study). Bei der Analyse der Antworten ging es weniger um den Inhalt als vielmehr um die Bewertung und Kohärenz, mit der Probanden damalige Erlebnisse, Ideen und Gefühle in bezug auf Bindungsthemen diskutieren. Die Kategorien für die Auswertung waren: »sicher-autonom«, »Bindungsverzicht«, »Bindungskonflikt«. Die Ergebnisse von Main et al. (1985) zeigten, daß Eltern bindungssicherer Kinder ebenfalls bindungssicher, und daß Eltern unsichergebundener Kinder selbst eher konflikthaft oder ablehnend bindungsmotiviert waren. Diese Untersuchung von Main et al. (1985) hat Kobak und Sceery (1988) veranlaßt, Collegestudenten mit dem »Adult Attachment Interview« zu befragen. Außerdem wurden diese Studenten in bezug auf eine Reihe weiterer Merkmale untersucht. Es zeigte sich, daß als sicher-autonom eingestufte Studenten von ihren Alterskameraden und aufgrund von Tests sehr viel stärker als sozial angepaßt, sozial-integrativ, einsichtsvoll und leistungsmotiviert gesehen wurden.

In einer weiteren Studie von Bretherton (1989) wurden Mütter von etwa 2-jährigen Kindern, die aufgrund des »Strange-Situation-Test« nach »sicherer«, »unsicherer« und »ambivalenter« Bindung eingestuft waren, interviewt, um die Bindung – in diesem Fall nicht nur zu den eigenen Eltern sondern auch zu dem Kind – zu erfassen. Es wurden Fragen u. a. nach Bindung und Autonomie, Trennungsthemen und Beziehungen zwischen den Generationen gestellt, z. B. inwiefern die Beziehung zum eigenen Kind gleich oder anders als die eigene frühere Beziehung als Kind zu den eigenen Eltern ist. Auch in diesen Ergebnissen fanden sich signifikante Zusammenhänge zwischen Bindungsverhalten des Kindes und der Mutter bzw. der Sensitivität bzw. dem »working model« der Mutter. Eine in diesem Zusammenhang zu prüfende Hypothese ist, daß Personen, die eine sichere Bindung in ihrer Kindheit aufgebaut haben, eher eine zufriedene Partnerschaft erleben, und daß diese Personen ihrerseits ihrem eigenen Kind eine sichere Bindung vermitteln. Dies wird tatsächlich durch neuere Studien belegt (Kobak & Hazan, 1991).

Die genannten und weiteren Befunde zur generationenübergreifenden Transmission des Bindungsverhaltens und den damit zusammenhängenden sozialen und emotionalen Bereitschaften lassen sich wie folgt erklären. Aufgrund eigener Erfahrungen mit ihren Eltern entwickeln Eltern ein »working model« über sich und ihr Kind, das ihr Verhalten dem Kind gegenüber bestimmt. Das elterliche »working model« in bezug auf Bindungsbeziehungen beeinflußt also direkt und indirekt das »working model« des Kindes und dessen sozio-emotionale Entwicklung, d. h. auch dessen Beziehung zu eigenen Eltern, zu der Altersgruppe und später zu dem eigenen Partner und den eigenen Kindern. Unsere These ist also, daß das Bindungsverhalten und »working model« die zentrale Grundlage für Wechselwirkungsprozesse von Beziehungen zwischen den Generationen in der Familie bzw. in quasifamilialen Beziehungen darstellen.

Auf dieser Grundlage ist anzunehmen, daß Personen, die in der Kindheit ein positives Verhältnis zu ihren Eltern hatten, dies auch im späteren Alter aufrechterhalten und eher bereit sind, ihren alten Eltern über materielle Hilfe hinaus auch emotionale Unterstützung zu geben. Empirische Belege dazu hat u. a. Cicirelli (1983) vorgelegt.

Weiter läßt sich annehmen, daß in der Kindheit erlebte Eltern-Kind-Konflikte die Einstellung von Kindern gegenüber Autoritäten und gegenüber Konfliktlösungsmöglichkeiten mit beeinflussen. Wenn Eltern-Kind-Konflikte nach Regeln gelöst werden, die dem Kind einerseits Modelle für konflikthafte Auseinandersetzungen und Belohnungen dafür und andererseits die Überzeugung vermitteln, die Eltern meinen es im Grunde gut mit ihnen, so werden diese Kinder eher ein entsprechendes Deutungsschema, d. h. ein grundsätzliches Vertrauen in eine wohlwollende soziale Umwelt aufbauen, in der es sich lohnt, auch einmal eigene Interessen zugunsten gemeinsamen Wohlbefindens zurückzustecken. Die Hypothese, die in diesem Zusammenhang zu prüfen wäre, würde also lauten: Bei geringen oder in beiderseitigem Einvernehmen gelösten Eltern-Kind-Konflikten ist zu erwarten, daß eine relativ enge Beziehung über die Lebensspanne zwischen Eltern und Kind erhalten bleibt.

Die These ist also, daß Kinder aufgrund der Fürsorge durch ihre Bezugsperson (meistens der Mutter) ein Bindungsmotiv entwickeln, das die Grundlage für die weitere sozio-emotionale Entwicklung ist. Je nach Ausprägung des Bindungsmotivs (sicher, unsicher, ambivalent) (vgl. Ainsworth, 1989) gehen diese Kinder als Erwachsene später selbst wiederum Partnerschaften ein und ziehen eigene Kinder auf, die wiederum ihrerseits – durch das ihnen von ihrer Mutter vermittelte Deutungsschema – selbst ein entsprechendes Bindungsmotiv aufbauen. Hier ist also so etwas wie eine die Lebensspanne umfassende Wirkung des Bindungsmotivs und darüberhinaus auch eine generationenübergreifende Vermittlung von Bedingungen für die sozio-emotionale Entwicklung der nächsten Generation anzunehmen.

3. Geschlechtsdifferenzen in lebensübergreifenden Generationenbeziehungen

3.1 GESCHLECHTSSPEZIFISCHE TRANSMISSION VON BINDUNG IM INDIVIDUELLEN LEBENSLAUF UND ÜBER GENERATIONEN

Im allgemeinen ist in »postmodernen« Gesellschaften eine Geschlechtsrollendifferenzierung vorhanden, bei der die Mutter wenigstens in den ersten Lebensmonaten primär als Bindungsperson fungiert. Dies gilt im übrigen auch in modernen Institutionen der Kollektiverziehung wie solche in der ehemaligen DDR oder im israelischen Kibbuzim. Auch hier müßte die Mutter den Aufbau der sozio-emotionalen Entwicklung des Kindes in besonderem Maße beeinflussen. Dies entspricht dem Stereotyp und der Erwartung, daß die Frau für Aufgaben im sozio-emotionalen Bereich verantwortlich und zuständig ist, und diese Aufgaben auch am besten lösen kann.

Wenn die primär bedeutsame Generationenbeziehung in den ersten Lebensjahren die Beziehung zwischen dem Kind und seiner engsten Bezugsperson, d.h. normalerweise der Mutter ist, ist zu fragen, ob die Erfüllung von Primär- und Sekundärbedürfnissen des Kindes durch die Mutter eine geschlechtsspezifische Ausrichtung der Beziehung zwischen den Generationen mit einer entsprechenden Differenzierung von Funktionen zwischen Frau und Mann bedeutet. Die hier gelegten Grundlagen für das Bindungsverhalten des Kindes beeinflussen dessen weitere Entwicklung, insbesondere auch den Aufbau von Sozialverhalten. Theoretisch erwartete und empirisch nachgewiesene Zusammenhänge zwischen sicherem »working model« und positiver sozialer Interaktion (mit dem Kind, mit Gleichaltrigen oder in engen Beziehungen) (vgl. Kobak & Hazan, 1991) werfen die Frage auf, ob diese überhaupt durch Geschlechtsdifferenzen modifiziert werden.

Die Rolle der Frau ist für die Genese des Bindungssystems zunächst darum besonders wichtig, weil der Mutter normalerweise die Fürsorge und Betreuung in den ersten Jahren nach der Geburt des Kindes zukommt. Grundsätzlich jedoch ließen sich theoretisch für männliche Bindungspersonen, also Väter, ähnliche Vorhersagen in bezug auf die Vermittlung von dessen »working model« an das Kind annehmen. Hier besteht allerdings eine erhebliche Forschungslücke. Untersuchungen dazu und zu Vater-Kind-Beziehungen in anderen kulturellen Kontexten liegen bisher nur vereinzelt vor (vgl. Lamb, 1987). Studien zum Bindungsmotiv und zu Konfliktlösungseffekten in Eltern-Kind-Beziehungen machen also keine Aussagen über mögliche kulturelle und geschlechtsspezifische Differenzen. Im Gegenteil, hier wird angenommen, daß diese Prozesse universell für Personen beiden Geschlechts wirksam sind, und daß ein generationenübergreifender Einfluß des Bindungsverhaltens besteht. Zu fragen bleibt, ob eine besondere, nach Geschlecht zu differenzierende soziale Funktion darin bestehen könnte, daß primär die Mutter als weibliche Bindungsperson wirksam ist und das Bindungsverhalten der nächsten Generation und damit auch die sozio-emotionalen Grundlagen der Beziehungen zwischen den Generationen beeinflußt.

Worin können geschlechtsspezifische Grundlagen von Generationenbeziehungen bestehen? Wird die sozio-emotionale Komponente stärker und kompetenter von Frauen
eingebracht, und zwar sowohl zum Wohl der nachwachsenden wie der Eltern-Generation?
Welche Funktion bliebe dann dem Mann im Prozeß der Generationenbeziehungen? Würde
sich der Mann nur auf die Rolle des Beschaffers materieller Ressourcen für die alte und junge
Generation beschränken? Bringen Männer und Frauen unterschiedliche Fähigkeiten und
Kenntnisse mit, die eine unterschiedliche Qualität der Lösung von interpersonalen Problemen
zwischen den Generationen, der Verbesserung von Entwicklungschancen und Erfüllung von
Entwicklungsaufgaben des Kindes bzw. der alten Eltern ermöglichen? Aber nicht nur die
geschlechtsspezifische Funktion von Leistungen für die Qualität von Generationenbeziehungen ist eine offene Frage, auch die Wirkung eines geschlechtsspezifischen Aufbaus von
Bindungsqualität auf weitere entwicklungspsychologische Aspekte von Generationsbeziehungen müßte diskutiert werden. So ist u. a. zu fragen, ob Frauen im Alter eine vergleichsweise
bessere emotionale Qualität in ihrer Beziehung zu ihren Kindern erleben als Männer.
Empirische Befunde dazu diskutiert Schütze (idB).

3.2 GESCHLECHTSSPEZIFISCHE GENERATIONENBEZIEHUNGEN
AUFGRUND ELTERLICHEN ERZIEHUNGSVERHALTENS

Das Kind steht ja u. a. vor der Entwicklungsaufgabe, eine eigene Identität, d. h. auch eine
Geschlechtsrollenidentität zu finden. Dies geschieht einerseits durch Identifikation mit
möglichst ähnlichen Bezugspersonen, d. h. Personen des gleichen Geschlechts, und
andererseits durch Abgrenzung vom gegengeschlechtlichen Elternteil. Hier kommen dem
Vater also wichtige Funktionen für die Entwicklung des Kindes zu. Allerdings beeinflussen
mütterliches und väterliches Erziehungsverhalten den Aufbau der Geschlechtsrollenidentität
beim Kind in unterschiedlicher Weise (Lamb, 1987; Maccoby & Jacklin, 1974).

Ein anderer Aspekt der generationenübergreifenden Einflüsse geschlechtsspezifischer
Sozialisation besteht in der Rolle der Eltern als direkte Modelle. Neuere Untersuchungen zur
generationsübergreifenden Weitergabe von Erziehungsstilen haben gezeigt, daß Frauen (die
Großmutter und Mutter) als direkte Modelle den größten Einfluß aufweisen (Simons,
Whitbeck, Conger & Chyi-In, 1991). Harte Disziplin der Großmutter hängt eng mit
entsprechender Strenge der Mutter sowohl gegenüber ihrem Sohn wie ihrer Tochter (und
Strenge des Vaters gegenüber dem Sohn) zusammen. Im Vergleich dazu hängt väterliche
Strenge gegenüber der Tochter mit der Strenge des Großvaters zusammen, vermutlich, weil
durch den Vater, aber nicht durch die Mutter, Schemata in bezug auf den Umgang mit Frauen
vermittelt werden, die dann später im Umgang mit der jugendlichen Tochter wirksam werden.

In Pfadanalysen lassen sich andere Transmissionswege wie Erziehungsvorstellungen,
Persönlichkeitsmerkmale und Lernen schichtenspezifischer Lebensstile (im Vergleich zur
direkten Beeinflussung) prüfen. Dabei wird deutlich, daß die direkte Beeinflussung
mütterlicherseits von größter Bedeutung für die Transmission von Erziehungsverhalten ist.
Die Beziehung zwischen mütterlicher und großmütterlicher Strenge-Erziehung gegenüber

Töchtern und Söhnen läßt sich am besten aufgrund direkten Einflusses vorhersagen. Dafür ist auch interessant, daß Geschlechtsdifferenzen in bezug auf die Effektstärke deutlich sind: die Zusammenhänge des Erziehungsverhaltens zwischen den beiden Generationen sind für Mütter stärker als für Väter. Dies mag an der primär Müttern überlassenen Erziehungsfunktion und den eher nur sekundär daran beteiligten Vätern in unserer Kultur liegen (Parke, 1988; LaRossa, 1986).

Diese Analyse der Transmission von Erziehungsverhalten führt zu der These, daß auch in modernen, egalitär strukturierten Industrienationen deutliche Geschlechtsdifferenzen in der Weise bestehen, daß der Einfluß der Mutter nicht nur als Bindungs- sondern auch als Erziehungsperson im Vergleich zum Vater von besonderer Bedeutung ist.

Studien zu differentiellen Effekten von mütterlichem und väterlichem Erziehungsverhalten für die Entwicklung der Leistungsmotivation belegen, daß Müttern eine andere Funktion beim Aufbau dieses Motivsystems zukommt als Vätern: während bei Kindern mit einem optimal entwickelten Leistungsmotiv der Vater eher positiv unterstützendes Verhalten zeigt, zeichnet sich mütterliches Erziehungsverhalten durch besondere Anforderungen an Disziplin und Einhaltung von Regeln und Erwartungen aus.

Schließlich wirken sich die geschlechtsspezifisch unterschiedlichen Funktionen der Eltern für die Entwicklung ihrer Kinder auch auf eine geschlechtsspezifisch unterschiedliche Beziehungsqualität zwischen Kindern und ihren Eltern aus. Hier bestehen deutliche Kulturdifferenzen, die im Zusammenhang mit der kulturspezifisch unterschiedlichen Bedeutung der Erziehungsfunktionen von Müttern und Vätern zusammenhängen. So konnten wir in eigenen Studien zum Vergleich von Generationenbeziehungen bei japanischen und deutschen Stichproben nachweisen, daß aus der Sicht von Jugendlichen die emotionale Beziehung und das Vertrauen zum Vater in beiden Kulturen geringer war als zur Mutter; dies war jedoch besonders ausgeprägt für die Beziehung zwischen japanischen Mädchen und ihrem Vater (Trommsdorff & Iwawaki, 1989). Zu erwarten ist, daß eine Reziprozität in der Beziehung zwischen Müttern und ihren Kindern besteht und über die Lebensspanne bestehen bleibt, wobei die männliche ältere Generation stärker sozio-emotional benachteiligt sein müßte. Diese Unterschiede müßten in Gesellschaften mit starker Geschlechtsrollenorientierung besonders ausgeprägt sein.

4. Generationenbeziehungen als Austauschprozesse

4.1 BEDEUTUNG DES KINDES FÜR ELTERN IN TRADITIONELLEN UND MODERNEN GESELLSCHAFTEN

Ein wichtiger Indikator für die Analyse der Qualität von Generationenbeziehungen ist nicht nur die subjektiv von Kindern erlebte Beziehung zwischen den Eltern sondern umgekehrt auch der Wert von Kindern für die Eltern. Zu dieser Frage sind zahlreiche kulturverglei-

274

chende Studien durchgeführt worden (Hoffman & Manis, 1982; Kagitcibasi, 1982, 1990). Dabei ist als genereller Befund die Tendenz erkennbar, daß besonders in den Entwicklungsländern Kinder einen ökonomischen Wert für ihre Eltern haben, da von ihnen erwartet wird, daß sie der späteren Versorgung der Eltern dienen. Nachwuchs als Investition in die Altersversorgung ist erforderlich, da die Gemeinschaft bzw. der Staat u. a. aus ökonomischen Gründen diese Aufgabe nicht übernehmen kann. Dieser ökonomische Wert hat auch gewisse Implikationen für die emotionale Bedeutung von Kindern unter der Perspektive von Geschlechtsdifferenzen (männliche Nachkommen sind ein bevorzugtes Versorgungskapital).

Jedoch ist auch in modernen Industriegesellschaften die Altersversorgung keineswegs immer staatlich geregelt, sondern wird vielfach weitgehend dem Einzelnen bzw. der Familie überlassen. In Japan z. B. übernimmt traditionsgemäß auch heute noch weitgehend der ältere Sohn die Aufgabe der materiellen Unterstützung der Eltern. Die Familie des ältesten Sohnes und die Eltern leben – wenn möglich – zusammen, und die Schwiegertochter versorgt die Eltern im Alltag. Allerdings ist diese Regelung inzwischen aufgrund der geänderten Lebenslage und sozialen Anforderungen (Berufstätigkeit der Frau; Wohnraumkosten) problematisch geworden, und die Beziehungen zwischen den Generationen haben sich zumindest in dieser Hinsicht geändert.

Während in traditionellen agrarischen Kulturen Kinder einen ökonomischen Wert darstellen, da sie von früh an in der Landwirtschaft und im Haushalt mitarbeiten, werden Kinder im Prozeß der Urbanisierung und Modernisierung mit wachsendem sozioökonomischen Status der Eltern zunehmend ein Kostenträger, z.B. weil die Mutter der Kindererziehung wegen ihre Berufstätigkeit aufgeben muß, oder weil die Finanzierung einer Ausbildung der Kinder mit materiellen Einschränkungen der Eltern verbunden ist. Eltern erwerben meist selbst eine Altersversicherung und werden in bezug auf ihre Versorgung im Alter weniger abhängig von ihren Kindern. Korrelate dieses Wandels sind u. a. sinkende Fruchtbarkeitsraten und kleinere Familien; der Zeitpunkt der Mutterschaft verschiebt sich in das mittlere Erwachsenenalter; damit ändern sich die Elternrollen und die Beziehungen zwischen den Eltern und Kindern. Dies wird u. a. aus den Befunden der kulturvergleichenden »Value of Children Study« deutlich (vgl. Kagitcibasi, 1982).

Die materielle Abhängigkeit der Eltern von ihren Kindern sinkt also mit zunehmender Modernisierung. Zu fragen ist, wie sich dies auf die sozio-emotionale Beziehung zwischen den Generationen, insbesondere die Art von Bindung und gegenseitigen Abhängigkeit auswirkt. Es gibt zahlreiche empirische Hinweise dafür, daß die emotionale Bindung von Eltern und Kindern bei wirtschaftlicher Unabhängigkeit der Eltern im Alter kulturübergreifend fortbesteht, ja sogar zunimmt. In der »Value of Children Study« hat sich gezeigt, daß die psychologische Bedeutung des Kindes für türkische Familien zunimmt (Kagitcibasi, 1982). Auch Erelcin (1988) fand beim Vergleich traditioneller und moderner türkischer Familien keine mit materieller Unabhängigkeit einhergehende Abschwächung der sozio-emotionalen Bindung zwischen den Generationen. Ähnlich berichtet Storer (1985), daß asiatische und spanische Familien auch nach ihrer Immigration in den USA weiterhin sehr enge Familienbeziehungen aufrechterhalten. Bei wirtschaftlicher Besserstellung können die emotionalen Bindungen zwischen den Generationen also durchaus enger werden.

Hier sind sicher kulturspezifische Werte von Familienbindung zu berücksichtigen. So besteht z.B. in der Volksrepublik China weiterhin eine enge sozio-emotionale Bindung zwischen den Generationen deutlich fort, auch wenn von Regierungsseite viel getan wird, um die Fertilität und die Bedeutung der Familie zu reduzieren (Yang, 1988). Chinesische Eltern versorgen, so weit möglich, aus der konfuzianischen Tradition der Fürsorge ihre Kinder materiell auch noch im Alter und bis zum eigenen Tode (Yang, 1988: 109).

Jedoch kann eine wirtschaftliche Unabhängigkeit von Eltern im Alter auch andere Werte für die Elternschaft implizieren, die sich auf die Eltern-Kind- und die Generationenbeziehungen negativ auswirken. Elterliche Erziehungsziele und Erwartungen an früher konkret und nunmehr diffus operationalisierbare Merkmale der Persönlichkeitsentwicklung des Kindes sind mit diffusen Vorstellungen über eigenes »adequates« Erziehungsverhalten verbunden. Dies verunsichert Eltern und Kinder und schafft ein Feld von Spannungen; diese können in einem kulturellen Kontext individualisierter Bedürfnisse und deren individualisierter Erfüllung verstärkt werden.

4.2 VERGLEICH GRUPPEN- UND INDIVIDUALORIENTIERTER KULTUREN

In einem Kontext gruppenorientierter Werte dürften solche Unsicherheiten jedoch auch bei ökonomischem Fortschritt aufgrund klarer hierarchischer Struktur der sozial- und insbesondere der altersnormierten Generationenbeziehungen weniger stark auftreten. Weiter sind hier ausgeprägte Gechlechtsrollendifferenzen in Generationenbeziehungen zu erwarten. Es ist zu erwarten, daß in einer gruppenorientierten Industriegesellschaft durch die Hierarchisierung der Sozialbeziehungen klare Abgrenzungen zwischen den Altersgruppen sowie zwischen den Geschlechtern und den damit verbundenen Normen vorgegeben sind. Die sanktionierten Erwartungen müßten pluralistische Beziehungsstrukturen und das Auftreten manifester Konflikte zwischen den Generationen verhindern.

In einer individualorientierten Gesellschaft hingegen dürften insbesondere Frauen, die traditionell Erziehungsaufgaben übernommen haben, solche Unsicherheiten und Spannungen stärker erleben und unter dem Druck stehen, Erwartungen und Verhaltensweisen im Umgang mit der älteren und jüngeren Generation zu ändern.

In individual- (vs. gruppenorientierten) Gesellschaften sind Angehörige der beiden Generationen und beider Geschlechter nicht gleichzeitig Angehörige bestimmter definierbarer Gruppen mit klar definierten Bedürfnissen, Kompetenzen, Ressourcen und festgelegten Beziehungsformen. Vielmehr sind in individualorientierten Gesellschaften Angehörige dieser nach Alter und Geschlecht definierten Personengruppe weniger durch gemeinsame soziale Merkmale gekennzeichnet als vielmehr durch individuelle Bedürfnisse, Überzeugungen und Verhaltenstendenzen, die im Umgang miteinander verhandelt werden.

In modernen Industriegesellschaften müßte also je nach Kontext einer individual- vs. gruppenorientierten Kultur eine unterschiedliche geschlechtsspezifische Qualität von Generationenbeziehungen bestehen.

In individualistischen und gruppenorientierten Gesellschaften übernehmen Frauen entsprechend verschiedene Rollen in den Generationenbeziehungen. Diese kommen zum Tragen einmal in der Erziehung und Persönlichkeitsentwicklung der Kinder und der damit verbundenen Vermittlung von Handlungstendenzen; diese sind lebenslang sowie über Generationen hinweg aufgrund der Entwicklung bestimmter »working models« in der frühen Kindheit wirksam. Zum anderen haben sie Einfluß auf die Art der Versorgung der Alten und der damit verbundenen Funktion der älteren Generation in der Familie und in anderen sozialen Institutionen.

4.3 STRUKTUR VON BEZIEHUNGEN ZWISCHEN DEN GENERATIONEN IN INDIVIDUAL- UND GRUPPENORIENTIERTEN KULTUREN: VERGLEICH MIT JAPAN ALS BEISPIEL

Während in individualorientierten Gesellschaften interpersonale Beziehungen eher individuell ausgehandelt werden, bestehen in gruppenorientierten Gesellschaften festgelegte Strukturen, die den einzelnen in ein Gefüge von gegenseitigen Verpflichtungen einbinden (vgl. Trommsdorff, 1989). Damit hängen unterschiedliche Arten von Beziehungen zwischen Angehörigen verschiedener Altersgruppen, zwischen Frauen und Männern, zwischen Kindern und ihren Eltern zusammen.

In individualistischen Gesellschaften gelten eher Kriterien des »gerechten« Austausches gemäß eingebrachter Ressourcen, während in gruppenorientierten Gesellschaften eher Kriterien der sozialen Verpflichtung und Verteilung nach Geschlecht oder zugeschriebenem Status (wie Alter und Geschlecht) üblich sind (Triandis et al., 1988; Trommsdorff, 1991a). Ähnlich wird in der Literatur zu den motivationalen Grundlagen von generationenüberfassender Unterstützung und Hilfe unterschieden zwischen Gerechtigkeitsprinzipien (equity theory) und Verpflichtungsprinzipien (obligation theory). Die Bedeutung von Verpflichtungsprinzipien sei hier kurz am Beispiel einer sozialorientierten Gesellschaft wie Japan dargestellt.

In Japan wird heute Autorität nach Alter und Geschlecht definiert. Der Vater hat das letzte Wort in der Familie; und er soll streng sein. Ergebnisse repräsentativer Umfragen zeigen weiterhin, daß japanische im Vergleich zu deutschen Jugendlichen einen strengen Vater bevorzugen (31 % vs. 3 %) (vgl. Tabelle 1).

Weiter gilt noch das Senioritätsprinzip als selbstverständliche Grundlage der Strukturierung von Sozialbeziehungen im privaten und öffentlichen Bereich (vgl. Trommsdorff, 1992b). Die besondere Bedeutung des Lebensalters wird in der Familie gelernt, in der Schule durch altershomogene Gruppenbildung verstärkt und im Beruf schließlich durch altersabhängige Beförderungsregeln sanktioniert. Japanische Jugendliche meinen deutlich stärker als deutsche Jugendliche, daß Seniorität die primäre Grundlage für eine berufliche Beförderung ist (39 % vs. 14 %) (vgl. Tabelle 1).

Ähnlich selbstverständlich werden Sozialbeziehungen durch Geschlechtszugehörigkeit geregelt (Trommsdorff, 1986; Trommsdorff & Iwawaki, 1989). Japanische sind im Vergleich zu deutschen Jugendlichen stärker der Meinung, daß der Vater in wichtigen Angelegenheiten das letzte Wort haben soll (60% vs. 47%) (vgl. Tabelle 1). Damit sind unterschiedliche Ausgangsbedingungen für die Art der Beziehungen zwischen den Generationen sowie auch speziell für die Versorgung von Kindern und Alten (und der damit zusammenhängenden Frage von Unterstützungssystemen durch die Familie vs. unpersönliche Institutionen) gegeben.

TABELLE 1:   Generationsbeziehungen bei japanischen und deutschen Jugendlichen

	Japan		Bundesrepublik Deutschland	
	1978	1988	1978	1988
Geschlechtsrolleneinstellungen				
Vater entscheidet in wichtigen Angelegenheiten	55.6	60.2	47.4	46.8
Idealer Vater ist streng	37.3	31.3	6.1	3.3
Generationenbeziehungen in der Familie				
Innerfamiliale Spannungen	24.2	25.3	69.4	54.1
Bereitschaft, Eltern später zu versorgen	34.5	25.4	33.9	32.0
Generationenbeziehungen im Beruf				
Lebensalter (Seniorität) als primäre Grundlage für Beförderung	36.0	39.2	14.3	13.8
Bedeutung sozialen Kontaktes mit Vorgesetzen	73.4	58.1	48.2	45.7

Quelle: Youth Affairs Administration, 1989
Anm.:   % der Zustimmung; Stichprobe: jeweils ca. 1000 Jugendliche zwischen 18–24 Jahren.

Harmonische Beziehungen zwischen den Generationen sind ein hoher Wert in dieser Kultur. So pflegen japanische im Vergleich zu deutschen Jugendlichen eher sozialen Kontakt mit dem Vorgesetzten (58% vs. 46%). Auch die innerfamilialen Beziehungen sind aus der Sicht japanischer im Vergleich zu deutschen Jugendlichen deutlich weniger spannungsreich (25% vs. 54%) (vgl. Tabelle 1). Erstaunlicherweise steht demgegenüber eine zunehmend geringere Bereitschaft von japanischen im Vergleich zu deutschen Jugendlichen, die eigenen Eltern später zu versorgen (25% vs. 32%). Vor 10 Jahren unterschieden sich die Jugendlichen beider Gesellschaften in dieser Hinsicht noch nicht (jeweils 34%) (vgl. Tabelle 1). Hier mag die Antizipation der zunehmenden Belastung durch eine physische und psychische Versorgung der Eltern wirksam sein.

Zu bedenken ist hier auch die ökonomisch bedingte zunehmende Lebenserwartung: Einer von acht Japanern ist älter als 65 Jahre; davon sind 2/3 Frauen. Im Jahre 2020 wird Japan mit 25.2% der Gesamtpopulation von über 65jährigen führend in der Welt sein. (Gegenwärtig beträgt der Anteil der über 65jährigen in Japan 12.5%; 17.8% in Schweden, 15.6% in Großbritannien, etwa 20% in Rußland).

Einerseits scheinen japanische Jugendliche zunehmend weniger bereit zu sein, die Versorgung der älteren Generation in der bisher üblichen Weise zu übernehmen; umgekehrt ist auch zu erwarten, daß die auf die Eltern zukommenden weiteren Kostensteigerungen für die Erziehung ihrer Kinder nicht ohne Auswirkung auf die Bereitschaft bleiben, sich für Nachwuchs zu entscheiden (Zuwachs der Kosten für die Ausbildung in Primar- und

278

Sekundarschulen pro Jahr von 59.6% bis 71.1% von 1979 bis 1991. Im Vergleich: 28% Preissteigerung für Konsumgüter in derselben Zeit) (The Japan Times, 1991).

Wenn man die Änderung von Einstellungen japanischer Jugendlicher über die letzte Dekade betrachtet, so fällt auf, daß – bei weiter bestehenden großen Unterschieden zu den individualistischen Einstellungen deutscher Jugendlicher – japanische Jugendliche einerseits verstärkt traditionelle Werte in bezug auf Geschlechtsrollendifferenzierung in der Familie und das Senioritätsprinzip befürworten sowie andererseits verstärkt eine Reduzierung von Strenge und patriarchalischen Interaktionen zwischen den Generationen bevorzugen (idealer Vater ist streng: 37% vs. 31%; sozialer Kontakt mit Vorgesetzten: 73% vs. 58%) (vgl. Tabelle 1). Es bleibt abzuwarten, ob dieser partielle Wertewandel die bisherige Struktur von Generationenbeziehungen ändern kann.

4.4 AUSTAUSCHBEZIEHUNGEN ZWISCHEN DEN GENERATIONEN

Im Fall von akzeptierten Interaktionsregeln wird die Versorgungsinvestition für Kinder und Alte durch angemessene Leistung kompensiert bzw. als Reziprozität oder Erfüllung einer Verpflichtung erlebt. Generationenbeziehungen, die auf der Grundlage sozialer Verpflichtungen oder Gegenseitigkeitsregeln bestehen, werden so geregelt, daß die jüngere Generation selbstverständlich für die Elterngeneration sorgt, ebenso wie die Elterngeneration ihrerseits lebenslang für die jüngere Generation sorgt.

Generationenbeziehungen beinhalten somit Anforderungen an beide Seiten – die jüngere und ältere Generation. Damit müßten wechselseitige Einflüsse verbunden sein, die – wie oben dargelegt – sowohl in kurzfristigen Alltagsinteraktionen sowie längerfristig in der Entwicklung der Interaktionspartner über die Lebensspanne wirksam werden.

Wenn Generationenbeziehungen unter der Frage analysiert werden, wer die Versorgung der jeweils schwächsten – der jüngsten und/oder ältesten – Generation, die sich nicht selbst versorgen kann, übernimmt, so stellt sich im einen Fall die Frage nach der Kindererziehung und im anderen Fall die Frage nach der Altenversorgung. Dabei kommen Männern und Frauen unterschiedliche Aufgaben zu: dem Mann eher die Aufgabe, materielle Unterstützung zu leisten, sowie in bestimmten Kulturen (traditionell z.B. in Japan) auch die Aufgabe, als ältester Sohn die eigenen Eltern aufzunehmen; der Frau kommt neben der Kindererziehung die Aufgabe zu, die alten Eltern (bzw. Schwiegereltern) physisch zu versorgen und zu pflegen. Typischerweise übernimmt die Großmutter z.B. in Rußland einen erheblichen Teil der Kindererziehung und der Haushaltsaufgaben und leistet damit bedeutende informelle soziale Unterstützungsfunktionen in den Generationenbeziehungen.

Ob ein »gerechter« Austausch in der Generationenbeziehung besteht, bei dem Kosten und Nutzen subjektiv gleichgewichtig sind, ist in individual- im Vergleich zu sozialorientierten Kulturen vermutlich eher ein Thema, das die Qualität von Generationenbeziehungen bestimmt. Kosten-Nutzen-Kalkulationen sind jedoch nicht nur individuell definiert; sie hängen auch von den sozialen Erwartungen und damit den kulturellen Werten und dort definierten Geschlechts- und Altersnormen ab. Weiter sind sie eingebettet in eine sozial verankerte Zeitperspektive, die sowohl die vergangenen wie die zukünftigen Beziehungen (einschließlich ihrer Kosten und Erträge) umfaßt. Dabei wird eine Lebensspannenperspektive des Wandels in der Verfügung über Ressourcen und Machtbeziehungen relevant. Diese kann wiederum in – individual- und gurppenorientierten Kulturen – unterschiedlich wirksam sein. Die subjektive Bedeutung von Kosten und Nutzen kann also in den jeweiligen Generationen zum einen kultur- und geschlechtsspezifisch und zum anderen über die Zeit unterschiedlich sein.

Wenn solche Bilanzen auf seiten der jüngeren und älteren Interaktionspartner tatsächlich über die Zeit und situationsübergreifend gemäß den kulturellen und individuellen Deutungsmustern ungleich sind, sind Konflikte zwischen den Generationen oder gar eine Tendenz der Aufkündigung solcher Beziehungen zu erwarten.

Allgemein wird sich die jüngere Generation nicht automatisch von der älteren Generation abkoppeln, wenn diese primär Kosten verursacht; dies gilt auch umgekehrt. Die Akzeptanz von ungleichen Kosten kann durch die individuelle Verantwortung für den Schwächeren aufgrund des in der Vergangenheit empfangenen Nutzens und sozial vermittelte moralische Verpflichtungen der Sorge für die jeweils »schwächere« (jüngere und ältere) Generation sowie auch durch emotionale Bindungen ermöglicht werden. Über Verpflichtungsprinzipien zur Unterstützung der Alten hinaus (vgl. Jarrett, 1985), bedarf es jedoch (überindividuell) sozial verankerter Vereinbarungen, die die Beziehungen zwischen den Generationen unter Einbeziehung der jeweils ressourcenärmsten Generation regeln. Diese werden in individual- im Vergleich zu gruppenorientierten Gesellschaften weniger festgelegt sein und Aushandlungsprozesse erfordern, die zu Verunsicherungen und dem Ruf nach einer vermittelnden Instanz (Staat) zur Dauerregulation potentieller Konflikte führen.

Einerseits läßt sich also ein gerechtigkeitsmotivierter Austausch von Ressourcen und andererseits eine verpflichtungsmotivierte Investition als Grundlage für Hilfe und Unterstützung in Generationenbeziehungen annehmen. Dies ist für beide Seiten (trotz investierter Kosten) längerfristig gewinnbringend. Weiter läßt sich eine Entkoppelung von Verwandtschaft und Unterstützung in Generationenbeziehungen annehmen. Hier werden institutionalisierte und einklagbare Unterstützungssysteme notwendig. Formal müßte dies eine Entlastung der Frauen bzw. eine relative Gleichstellung von Männern und Frauen in bezug auf ihre sozial definierten Verpflichtungen für Versorgungsleistungen im Intergenerationengefüge für Kinder oder Alte bedeuten.

5. Generationenbeziehungen als prosoziales Handeln

5.1 SOZIO-EMOTIONALE GRUNDLAGEN VON GENERATIONENBEZIEHUNGEN

Generationenbeziehungen können in individualorientierten Kulturen sowohl auf individuellen Aushandlungsprozessen als auch auf institutionalisierten Beziehungen beruhen. In gruppenorientierten Gesellschaften sind sie hingegen eher durch Verflichtungsregeln in partikularistische Beziehungen eingebettet. Es stellt sich jedoch die Frage, ob es ausreicht, solche Austausch-, Verpflichtungs- und Gerechtigkeitserwägungen als Grundlage von Beziehungen und insbesondere Unterstützungsleistungen zwischen Generationen anzunehmen. Im folgenden fragen wir daher, ob auch »uneigennützige« und emotional verankerte intergenerationale Hilfeleistungen bestehen können, bei der die ressourcenreichere mittlere Generation die schwächere Generation von Kindern und Alten altruistisch motiviert unterstützt.

Wie oben dargelegt, kann in individualorientierten Gesellschaften ein Aushandeln und in gruppenorientierten Gesellschaften eine den einzelnen in seinem Handeln festlegende hierarchische Struktur von Generationenbeziehungen aufgrund sozialer Verpflichtung eher üblich sein. Um eine ausreichende Versorgung der »schwächeren« Generation zu sichern, sind in individualisierten Gesellschaften Versorgungsinstitutionen erforderlich, die nicht auf persönliche, partikularistische Beziehungen gegründet sind. Daher müßten dort emotionale Bindung und materielle Versorgung entkoppelt und Generationenbeziehungen durch anonyme Beziehungen und Austausch von abstrakten und materiellen Ressourcen gekennzeichnet sein. Ein Austausch von Ressourcen wie Zuneigung etc. (vgl. Foa und Foa, 1974; Trommsdorff, 1991a) dürfte unter diesen Bedingungen nicht selbstverständlich eine Grundlage für Generationenbeziehungen sein. Jarrett (1985) nimmt weitergehend an, daß sich emotionale Bindungen zwischen Kindern und Eltern auflösen, wenn die erwachsenen Kinder belastende Unterstützungsleistungen für ihre alten Eltern erbringen. Die empirischen Befunde sind jedoch unterschiedlich (vgl. Überblick von Cicirelli, 1991). Auch hier wären neben differenzierenden inter-individuellen Vergleichen Kulturvergleiche sinnvoll.

Generationenbeziehungen in bestimmten individuellen und gruppenorientierten Gesellschaften können sich hinsichtlich der sozio-emotionalen Integration unterscheiden. So besteht in Japan eine besonders ausgeprägte Einbindung des einzelnen in ein emotionales System gegenseitiger Abhängigkeit und zuwendungsorientierter Bindung (»amae«) (Doi, 1973). Auf »amae« beruhende emotionale Beziehungen sind besonders ausgeprägt in persönlichen Beziehungen zwischen Angehörigen verschiedener Lebensaltersstufen oder Generationen innerhalb und außerhalb der Familie. Dies hängt z.T. mit dem konfuzianischen Wert der gegenseitigen Verpflichtung zwischen den Generationen zusammen: Loyalität des Jüngeren gegenüber dem Älteren wird erwidert durch dessen paternalistische Rolle und seine Verpflichtung zum Schutz des Jüngeren. Ein Wandel in dieser sozio-emotional fundierten Grundlage von Generationenbeziehungen in einer gruppenorientierten Gesellschaft wie Japan dürfte erhebliche Folgen für die Entwicklung des Individuums sowie für die gesellschaftliche Entwicklung haben.

Eine von persönlichen Beziehungen und emotionaler Bindung abgekoppelte Institutionalisierung der Kinderversorgung ist auch aus bindungstheoretischer Sicht für die Entwicklung der Persönlichkeit des Kindes problematisch (vgl. 2.4 und 2.5). Für Alte kann eine solche unpersönliche Institutionalisierung einen Verlust an Identität, an emotionaler Geborgenheit und persönlicher Kontrolle bedeuten.

Daß – unabhängig vom kulturellen Kontext – eine emotionale Beziehung zwischen den Generationen funktional bedeutsam für gegenseitige Unterstützung und Hilfehandeln ist, läßt sich aufgrund der oben skizzierten Bindungsforschung annehmen und soll im Folgenden weiter diskutiert werden.

Bei einer durch persönliche emotionale Beziehungen getragenen Versorgung ist eine altruistische Motivation sowie prosoziale Kompetenz auf seiten der Versorger vorauszusetzen, die keine Kompensation durch den hilfsbedürftigen Empfänger erwarten. Die Frage ist zunächst, ob und welche Hilfe überhaupt für die Versorgung der »schwächeren« Generation von Kindern und Alten angemessen ist, unabhängig davon, ob sie institutionalisiert und in entsprechende gesellschaftliche Sanktionssysteme eingebunden ist, oder ob sie informell funktioniert.

Die »Helfer« dürfen die Versorgung der »schwachen« Generation (Kinder oder Alte) nicht so weit führen, daß diese abhängig werden (oder bleiben) und die Kontrolle über ihre Situation verlieren (Nadler, 1991). Ein solcher Kontrollverlust hätte schwerwiegende Konsequenzen für die Entwicklung des Hilfsbedürftigen – u.a. dessen individueller Leistungbereitschaft – und weiter für die Generationenbeziehung. Hilfeverhalten muß daher wohldosiert und den tatsächlichen Bedürfnissen des Hilfebedürftigen angepaßt sein. Dies erfordert bestimmte emotionale und soziale Fähigkeiten und Bereitschaften des Helfenden (u.a. Empathie und Responsivität) sowie bestimmte kognitive Kompetenzen (Rollenübernahme; Problemlösung) (vgl. Trommsdorff, 1992a). Die Frage ist, ob diese kultur- und geschlechtsspezifisch unterschiedlich sind. Bestimmte kulturelle Bedingungen fördern die Bereitschaft für Hilfeverhalten und sind durch geschlechtsspezifische Rollenverteilung vermittelt.

Die »Six-Cultures-Study« von Whiting und Whiting (1975) zeigt zunächst in diesem Sinne, daß die Komplexität der Gesellschaft und die vorherrschende Familienstruktur (und dort verankerte Geschlechtsrollendifferenzierung) zentrale Voraussetzungen für die Entwicklung von Hilfeleistung sind. Aufgrund der Dimensionalisierung verschiedener kulturspezifischer Verhaltensmuster bei Kindern und ihren Eltern lassen sich verschiedene Grunddimensionen von Handlungstendenzen, wie z.B. die Dimension der Hilfe und Dominanz herausarbeiten (vgl. Whiting & Whiting, 1975). Diese Dimensionen bestimmen die Qualität kulturspezifischer Interaktionen (Trommsdorff, 1992c) und lassen Vorhersagen über den prosozialen Umgang von Personen und gesellschaftlichen Gruppen miteinander zu.

Hilfeleistung kann danach eher in hochkomplexen Gesellschaften mit hoher Arbeitsteilung und partnerschaftlichen Familienformen erwartet werden, während in wenig komplexen Gesellschaften mit polygamer Familienform eher aggressive, nicht kooperative Interaktionsstile vorherrschen. Daß sich diese u.a. auch auf die Interaktion zwischen den Generationen, hier Eltern und Kinder, auswirken, läßt sich aufgrund von umfangreichen kulturvergleichenden Studien zum Erziehungsverhalten von Eltern nachweisen (vgl. Whiting & Whiting, 1975; Rohner, 1975). In bezug auf Interaktionen mit der älteren Generation liegen jedoch kaum Befunde vor. Geschlechtsrollendifferenzierungen in der Familie (u.a. Polygamie)

282

haben nach diesen kulturvergleichenden Studien eine bedeutsame Funktion für die Herausbildung von prosozialen Tendenzen, jedenfalls wenn man sie eingebettet in gegebene Gesellschaftssysteme unterschiedlicher Komplexität studiert.

Für unsere Frage nach Geschlechtsrollendifferenzen in Generationenbeziehungen in modernen Industrienationen ist weiter festzustellen, daß Geschlechtsrollenstereotype in bezug auf höhere Hilfsbereitschaft von Frauen bestehen. Sowohl die individuelle Kinder- wie die Altenversorgung wird in unserer Gesellschaft relativ selbstverständlich der Frau zugeordnet, weil vorausgesetzt wird, daß sie zum einen biologische Vorteile für die Kinderaufzucht mitbringt, d. h. daß dies ihrer »natürlichen Rolle« entspricht, und zum anderen, weil sie über mehr »natürliche« Kompetenzen für Hilfe und Versorgungsverhalten generell verfügt. Relativ einheitlich wird ein eher prosoziales Verhalten von Frauen als von Männern angenommen. Dies gilt sowohl für Selbst- wie Fremdstereotype; d. h. auch weibliche Probanden schätzen sich selbst in der Regel als hilfsbereiter ein als Männer.

Diese Geschlechtsrollenstereotype sind jedoch nur z. T. durch tatsächliches Verhalten validiert (vgl. Bierhoff, 1990). Dies läßt sich auf der Grundlage von kulturvergleichenden Forschungen zur geschlechtsspezifischen Hilfeleistung und zum moralischen Verhalten verdeutlichen. Daß die Befunde empirischer Untersuchungen zu Geschlechtsdifferenzen im Hilfeverhalten sehr uneinheitlich sind, liegt z. T. an den verschiedenen theoretischen Ansätzen zum Hilfeverhalten, den unterschiedlichen Meßverfahren, situativen Kontexten und Stichproben. Verbales Helfen (wie Trösten) und anderes reales Helfen (wie Schenken) messen verschiedene Konstrukte. Reales Helfen kann subjektiv unerwünschte Konsequenzen haben (z. B. sich vor anderen »blamieren«); die Antizipation solcher Fragen kann die Hilfsbereitschaft hemmen. So helfen Frauen weniger als Männer, wenn sie glauben, ihre Kompetenzen seien überfordert oder wenn sie sich in Gefahr sehen.

Helfen ist jedoch nicht identisch mit Altruismus. Die helfende Person kann aus egoistischen Motiven helfen, z. B. weil sie eine Belohnung oder Kompensation in der Zukunft erwartet oder weil sie meint, den sozialen Normen gemäß handeln zu müssen; sie kann aber auch altruistisch motiviert sein, z. B. weil sie dem anderen Wohlsein verschaffen will. Diese Unterscheidung von Motiven bzw. Handlungszielen beim Helfen ist wichtig, um unserer Frage nachzugehen, ob Frauen eher bereit sind als Männer, der hilfsbedürftigen (jüngeren oder älteren) Generation zu helfen.

Wenn die Motivation von Hilfe darin besteht, sozialen Normen entsprechend zu handeln, so ist zu erwarten, daß Frauen in solchen Kulturen, in denen dem Hilfehandeln ein hoher sozialer Wert zukommt, aufgrund ihrer höheren Konformitätsbereitschaft eher als Männer Hilfe leisten. Darüber hinaus nimmt Gilligan (1982; 1986) geschlechtsspezifische Unterschiede aufgrund von unterschiedlichen Werthaltungen im moralischen Denken an. Die empirischen Befunde nach der Auswertungsmethode von Kohlberg weisen für Frauen zwar eine relativ niedrigere Stufe der Entwicklung im moralischen Denken nach; nach Gilligan kann hier jedoch nicht die Rede von einer niedrigeren Stufe sein; vielmehr ginge es um andere Prioritäten moralischen Denkens. Danach handeln Männer eher gemäß rationalen Prinzipien der Gerechtigkeit unabhängig von sozialen Beziehungen, während Frauen eher der sozialen Verantwortung im Rahmen sozialer Beziehungen Priorität einräumen.

Allerdings ist Gilligan's Theorie zur Geschlechtsspezifität von moralischem Handeln aus unterschiedlichen Gründen zu Recht umstritten (Luria, 1986; Gilligan & Attanucci, 1988), aber die von ihr postulierten Bedingungen moralischen Handelns ließen sich als Anregungen für eine differenziertere motivationstheoretische Analyse von Hilfehandlung verwenden.

Wenn die Motivation von Hilfehandeln darin besteht, der hilfsbedürftigen Person Wohlbefinden zu verschaffen (altruistische Motivation), so sind kaum Geschlechtsunterschiede zu erwarten. Allerdings ist die Ausführung von Hilfehandeln auch von der Wahrnehmung eigener Kompetenz mitbestimmt. Erst wenn das Handlungsziel mit dem eigenen Selbstkonzept übereinstimmt, sind gute Voraussetzungen für altruistisch motiviertes Hilfeverhalten gegeben (Trommsdorff, 1992a). Das Selbstkonzept eigener Kompetenz für Hilfehandeln kann jedoch wieder geschlechtsspezifisch variieren.

In gruppenorientierten Gesellschaften mit hoher Geschlechtsrollendifferenzierung und Betonung der Fürsorgerolle der Frau, entwickeln Frauen eher ein entsprechendes Selbstkonzept. Die Erwartungen, daß primär Frauen gegenüber Kindern und Älteren zentrale Hilfe- und Unterstützungsfunktionen übernehmen, wird eine Internalisierung entsprechenden Verhaltens fördern. Bei dieser Art intrinsisch motivierten altruistischen Hilfehandelns sind soziale Sanktionen relativ überflüssig. In individualorientierten Kulturen hingegen ist diese traditionelle Geschlechtsrollendifferenzierung nicht selbstverständlich, sondern sie wird ausgehandelt und ggfs. durch materielle Belohnungen kompensiert und sozial sanktioniert.

Eine intrinsische Motivation für Hilfeleistung und Unterstützung ist wohl auch abhängig von den über die Lebensspanne hinweg wirksamen »working models«, die die affektive Beziehung zu den eigenen Kindern und zu den eigenen Eltern mitbestimmen. Tatsächlich weist Cicirelli (1983) nach, daß Bindungsemotionen sowohl direkte wie indirekte Hilfe gegenüber den älteren Eltern fördern. Dies – so nehmen wir an – gilt kulturübergreifend in individual- und gruppenorientierten Kulturen. Wenn diese intrinsische Motivation nicht mehr ausreicht, z.B. weil andere Ziele wichtiger als solche Hilfe- und Unterstützungsziele werden, muß auf Reziprozitäts- oder Verpflichtungsregeln zurückgegriffen oder es müssen materielle Belohnungen als extrinsische Sanktionen eingesetzt werden.

Ähnlich sind Unterstützungs- und Hilfefunktionen selbst grob zu unterscheiden in psychologische und materielle Leistungen. Kulturübergreifend sind wohl beide Arten von Leistungen erforderlich, wenn Generationenbeziehungen selbst als Quelle von individueller und gesellschaftlicher Entwicklung wirken.

6. Schlußüberlegungen

Aus entwicklungspsychologischer und soziologischer Sicht stellt sich die Frage, welche Voraussetzungen für Generationenbeziehungen bestehen müßten, um eine Integration verschiedener Generationen und einen interpersonalen Austausch zwischen Angehörigen verschiedener Generationen, der als Gewinn für beide Seiten erlebt wird, zu sichern. Dabei werden in verschiedenen kulturellen Kontexten, wie in individual- und gruppenorientierten Kulturen, teilweise gleiche und teilweise unterschiedliche Lösungen bevorzugt. Diese sind u. a. ein Ergebnis und eine Bedingung von Geschlechtsrollen. Auswirkungen von Generationenbeziehungen sind in der Entwicklung des einzelnen über die gesamte Lebensspanne wirksam. Sie manifestieren sich in sozialen Institutionen und Formen sozialen Wandels, von denen sie andererseits auch wiederum beeinflußt werden. So ist gegenwärtig in einer hochindustrialisierten gruppenorientierten Gesellschaft wie Japan ein Wandel in bezug auf Generationenbeziehungen in der Familie und im Beruf zu beobachten, dessen Bedeutung bisher schwer einzuschätzen ist.

Generationsbeziehungen können problematisch werden, wenn die junge und die alte Generation nicht mehr selbstverständlich in das persönliche Beziehungsnetz zwischen den Generationen eingebunden sind und zu Marginalgenerationen werden. Dann müssen vermittelnde soziale Dienstleistungseinrichtungen aufgebaut werden. Diese Form der universalistischen Unterstützungssysteme dient als Substitution individueller, auf Verwandtschaftsbeziehungen beruhender Gegenseitigkeits-, Verpflichtungs- oder bindungsmotivierter Hilfeleistungssysteme.

Ob sich Generationenbeziehungen aufgrund geänderter sozio-demographischer Verhältnisse ändern und nicht mehr primär durch familiale Solidarität geregelt werden, bei der die Frau den größten Anteil an emotional begründeter Unterstützung und Hilfe übernommen hat, wird zu prüfen sein. Eine sich wandelnde Rolle der Frau wird wohl auch einen Wandel von Generationenbeziehungen bewirken. Worin dieser besteht und welche Bedeutung dies für die Entwicklungsbedingungen des einzelnen und für die Gesellschaft hat, ist heute nicht zu klären; Antworten dazu bedürfen kulturvergleichender Studien.

YVONNE SCHÜTZE

Generationenbeziehungen im Lebensverlauf – eine Sache der Frauen?

Vorbemerkung

Familiensoziologische Diagnosen über das »Schicksal« der Familie beziehen sich mehrheitlich auf bestimmte Aspekte des familialen Lebenslaufs. Entweder geht es um die Frage, ob Familien überhaupt noch zustandekommen, also die Familiengründungsphase, oder um das Ende des Familienverlaufs, wobei der Schwerpunkt auf der Frage liegt, ob Kinder, vor allem Töchter, auch in Zukunft bereit sein werden, Betreuungsaufgaben zu übernehmen. Im folgenden Beitrag wird der Versuch gemacht, beide Aspekte miteinander zu verbinden. Im ersten Teil wird die These vertreten, daß der gegenwärtig sich abzeichnende Strukturwandel der Familie nicht mit dem Begriff der Deinstitutionalisierung faßbar ist. Stattdessen deutet sich als Folge der Pluralisierung familialer Lebensformen eine Tendenz an, dergemäß sich das Schwergewicht familialer Solidarität von der Ehebeziehung auf die Eltern-Kind-Beziehung verlagert. Im zweiten Teil geht es um die spezifische Rolle, die den Frauen innerhalb der Generationenbeziehungen über den Lebensverlauf zukommt. Unbestreitbar ist – wie aus zahlreichen Untersuchungen hervorgeht – daß die Frauen nach wie vor die meisten Pflege- und Versorgungsfunktionen für die nachwachsende und die vorhergehende Generation übernehmen. Dabei bleibt allerdings in der allgemeinen Diskussion über die Belastung der Frauen der Gesichtspunkt unberücksichtigt, daß sich das »investment« in Generationenbeziehungen am Ende des Lebensverlaufs auch auszahlt. Da die Frauen im Alter mehrheitlich verwitwet sind, eine höhere Lebenserwartung haben als Männer und von daher auch hilfsbedürftiger sind, sind sie es auch, die von der Solidarität ihrer Kinder profitieren.

Deinstitutionalisierung – Pluralisierung

In der Diskussion über den gegenwärtigen und zukünftigen Zustand der Familie dominieren zur Zeit zwei Thesen:

1. die Deinstitutionalisierungsthese,
2. die Pluralisierungsthese.

Die Deinstitutionalisierungsthese steht in einer altehrwürdigen Tradition. Bereits Mitte des 19. Jahrhunderts hatte Heinrich Riehl (1922), der erste Familiensoziologe, der gleichzeitig auch der erste Deinstitutionalisierungstheoretiker war, anläßlich des Strukturwandels vom »ganzen Haus« zur bürgerlichen Familie den Zerfall des Familienverbandes prognostiziert. In der Einleitung zu ihrem berühmten Reader »A Modern Introduction to the Family« skizzieren Bell und Vogel die Befürchtungen, die man Anfang des 20. Jahrhunderts hegte:

Divorce and separation were increasing, the birth rate was declining, women were spending more time outside the home, and the »individualization« of family members was proceeding to a point where the continued existence of the family as a group was seriously in doubt. (Bell/Vogel 1968: 5)

Genau die von Bell und Vogel genannten Indikatoren wurden in den 40er Jahren von Burgess (1945[1]/1963) und werden heute z.B. von Kohli (1985) und Beck (1986) herangezogen, um die Deinstitutionalisierung der Familie zu belegen. Auf dem Soziologentag in Frankfurt/M. im Oktober 1990 war aus der Sicht Becks die Familie nur noch ein Mythos, der sich einzig der Familiensoziologie verdankt.

Es drängt sich die Frage auf, ob die Familiensoziologie in Deutschland mit der Kleinfamilie verheiratet ist. Was muß denn noch geschehen, damit die empirische Soziologie überhaupt die Möglichkeit einer Begriffsreform ihres Forschungsfeldes auch nur in Erwägung zieht? Ich bin sicher, daß auch dann, wenn 70% der Haushalte in Großstädten Einpersonenhaushalte sind (und das ist nicht mehr lange hin), unsere tapfere Familiensoziologie mit Millionen Daten beweisen wird, daß diese 70% nur deshalb allein leben, weil sie vorher und nachher in Kleinfamilien leben. Und wenn Sie mich jetzt noch einmal fragen (ich weiß, Sie tun es nicht, deshalb muß ich es für Sie tun), warum die Kleinfamilie in Deutschland so stabil ist, dann gebe ich Ihnen meine Geheimantwort: weil die Familiensoziologie so treu nach ihr fragt! (Beck 1990: 5)

Da der seit dem 19. Jahrhundert prognostizierte Zerfall der Familie sich nicht bestätigt hat, sind offensichtlich weder Geburten-, Heirats- und Scheidungszahlen, noch die Anzahl erwerbstätiger Frauen geeignete Indikatoren, Sein oder Nichtsein der Familie zu beurteilen. Daher möchte ich auf die Deinstitutionalisierungsthese nicht weiter eingehen.

Die Pluralisierungsthese behauptet dagegen, nicht der Zerfall der Familie ist zu beobachten, sondern ein neuerlicher Strukturwandel. Es dominiert nicht mehr die Kernfamilie, bestehend aus Vater, Mutter und ihren unmündigen Kindern, sondern es hat eine Pluralisierung der Familienformen stattgefunden, z.B. Ein-Eltern-Familien, zusammengesetzte Familien, bestehend aus geschiedenen Paaren mit ihren jeweiligen Kindern, denen sich u.U. noch neue hinzugesellen, nicht-verheiratete Paare, die gemeinsam das Kind des einen Partners großziehen usw. (Kaufmann 1990).

Als ein weiteres Kennzeichen dieses Strukturwandels gilt die zunehmende Erwerbstätigkeit verheirateter Frauen, die ihr »Dasein für andere« (Beck-Gernsheim 1983) durch eigene Lebensentwürfe zu ersetzen trachten und somit die geschlechtsspezifische Arbeitsteilung innerhalb der Familie wenn nicht aufheben, so doch ins Wanken bringen.

Und schließlich deutet sich eine Tendenz an, der gemäß die Ehe als Institution an Eigenwert zu verlieren scheint. Da die Ehe nicht mehr unbedingte Voraussetzung für Familie ist, weder ist sie der einzige Ort legitimer Sexualbeziehungen, noch hat sie die Funktion, die ökonomische Versorgung der Frauen zu gewährleisten, bildet nicht mehr das Gattenpaar, die »conjugal unit«, die »zentrale und einzig permanente Zone in der Familie« (König 1972: 216), sondern die Eltern-Kind-Beziehung.

Von der Gattenfamilie zur Elternfamilie

Die wachsende Bedeutung der Eltern-Kind-Beziehung gegenüber der Ehebeziehung scheint in scharfem Kontrast zum Konzept der isolierten Kernfamilie (Parsons 1959) oder, wie Durkheim formulierte, der Gattenfamilie, zu stehen. Gleichwohl ist theoretisch der Vorrang der Eltern-Kind-Beziehung vor der Ehebeziehung bereits bei Durkheim angelegt, wobei allerdings keiner der Autoren, die Durkheim gleichsam als geistigen Vater der Gattenfamilie apostrophieren, auf diesen Gedankengang aufmerksam gemacht haben (vgl. z. B. König 1972, Tyrell 1976).

Nach Durkheim war es in Familienformen, die der Gattenfamilie vorausgingen, jederzeit möglich, die Familienbande zu zerreißen. Die Gattenfamilie dagegen, die über Gesetze institutionalisiert wird, ist nahezu unauflöslich.

> *»Avec la famille conjugale les liens de parenté sont devenus tout a fait indissolubles. L'Etat en les prenant sous sa garantie a retiré aux particuliers le droit de les briser« (Durkheim 1921: 4).*

Die ursprünglich kommunistische Verfassung des Familienverbandes verschwindet und an ihre Stelle tritt zum ersten Mal in der Geschichte der gemeinschaftliche Besitz des Ehepaares. Durkheim leitet hieraus die Frage ab, ob die eheliche Liebe (l'amour conjugal) in der Lage wäre, die gleichen Effekte wie die familiale Liebe (l'amour de la famille) zu produzieren. Seine Antwort ist eindeutig:»nullement«. Hierzu ist die Ehebeziehung viel zu ephemer, aus ihr gewinnt das Individuum keine weiterreichenden Perspektiven:

> *»[...] il faut que nous ayons conscience qu'il nous survivra, qu'il en restera quelque chose après nous, qu'il servira, alors même que nous ne serons plus là, à des êtres que nous aimons. Ce sentiment nous l'avons tout naturellement quand nous travaillons pour notre famille, puisqu'elle continue à exister après nous; tout au contraire, la société conjugale se dissout par la mort à chaque génération« (Durkheim 1921: 12/13).*

In Anbetracht dessen, daß die Eheauflösung, die zu Durkheims Zeiten auf Grund der Gesetzgebung noch nahezu unmöglich war, heute nicht mehr auf diese Hindernisse trifft, scheint die Durkheimsche Denkfigur mehr und mehr an Plausibilität zu gewinnen.

Wie aus empirischen Untersuchungen hervorgeht, ist der Anlaß zur Eheschließung heute primär der Wunsch nach Kindern (Nave-Herz 1988, Kaufmann 1990). Kinder sind es, von denen man sich Sinngebung, Glück und emotionale Bereicherung verspricht (Münz 1983, Rosenstiel 1980). In einer Survey-Untersuchung des DJI waren von den über 10.000 Befragten 94% der Meinung, Kinder würden das Leben intensiver und erfüllter machen und einem das Gefühl geben, gebraucht zu werden (Dannenbeck 1990). Man trennt sich zwar von seinem Ehepartner, aber nicht von seinen Kindern. Dies gilt zunehmend auch für den geschiedenen Elternteil, der nicht mit den Kindern zusammenlebt. Ein Tatbestand, den schließlich auch der Gesetzgeber zur Kenntnis nehmen mußte, nachdem zahlreiche geschiedene Elternpaare gerichtliche Verfahren angestrengt hatten, um das gemeinsame Sorgerecht zu bekommen (vgl. hierzu auch Moch idB).

Die relative Dominanz der Eltern-Kind-Beziehung über die Ehebeziehung berührt aber ein weiteres Strukturprinzip der Kernfamilie. Im Modell der isolierten Kernfamilie ist die räumliche und ökonomische Trennung von Herkunfts- und Zeugungsfamilie vorgesehen. Nur die von Verpflichtungen im Hinblick auf Generationenbeziehungen befreite Kernfamilie kann den in einer modernen Leistungsgesellschaft gestellten Anforderungen nach Mobilität entsprechen (Parsons 1959). Im Modell der Kernfamilie »steht nach Abschluß des Familienzyklus das Ehepaar wieder allein« (König 1972: 216). Dieses Prinzip wird im Begriff des »empty nest« angesprochen und kommt in gängigen Familiendefinitionen zum Ausdruck:

Im Unterschied zu einem Sprachgebrauch, der zur Familie alle näheren Verwandten zählt, gleich wo sie wohnen, rechnen wir zur Familie – zur Kernfamilie – nur diejenigen, die in einem Haushalt vereinigt sind. Der dauerhaft außerhalb des Hauses lebende verheiratete Sohn (z. B.) wäre dementsprechend nicht mehr Mitglied der elterlichen Kernfamilie. Er hat die sogenannte Abstammungs- oder Herkunftsfamilie verlassen und eine eigene, eine sogenannte Zeugungsfamilie gegründet. (Neidhardt 1975: 19).

Die im Modell der »isolierten Kernfamilie« vorgesehene ökonomische Unabhängigkeit und getrennte Haushaltsführung von Eltern und erwachsenen Kindern ist zwar auf der normativen Ebene nach wie vor gültig, empirisch aber wächst auf Grund verlängerter Ausbildungs- und Berufsfindungszeiten, Arbeitslosigkeit, gestiegenem Heiratsalter und teuren Mieten die Anzahl der zu Hause lebenden jungen Erwachsenen, die entweder völlig oder teilweise von ihren Eltern alimentiert werden. Diese Tendenz beginnt mit den Geburtsjahrgängen 1953–57 und setzt sich stetig weiter fort, wobei die jungen Männer der Jahrgänge 1963–65 erst im Alter zwischen 24 und 25 Jahren, die jungen Frauen zwischen 21 und 22 Jahren das Elternhaus verlassen (Wagner/Huinink 1991). In den USA ist der Trend zur »coresidence« von Eltern im mittleren Erwachsenenalter und postadoleszenten Kindern bereits weiter fortgeschritten. Nach den Census-Daten von 1980 lebten 45% der Eltern im Alter zwischen 45 und 54 Jahren mit einem bereits erwachsenen Kind im gemeinsamen Haushalt. Und nahezu 75% der jungen Erwachsenen hatten im Alter zwischen 19 und 25 Jahren zu irgendeinem Zeitpunkt im Elternhaus gelebt (Aquilino/Supple 1991). Die häufig nach einer Scheidung des Sohnes oder der Tochter erfolgende Rückkehr ins Elternhaus bedeutet dann meistens, daß auch Enkelkinder mit einziehen (Hagestad 1987). Wenn erwachsene Kinder mit ihren Eltern weiterhin zusammenleben, schiebt sich die Phase des »empty nest« hinaus. Dies kann bedeuten, daß die häufig ersehnte Phase der »nachelterlichen Gefährtenschaft«, während der das Ehepaar sich wieder stärker auf die eigene Beziehung konzentrieren könnte, zunächst einmal ausfällt. Dies kann aber auch bedeuten, daß vor allem nicht-erwerbstätige Frauen, die beim Auszug der Kinder häufig in eine Krise geraten, weiterhin Versorgungsleistungen für ihre Kinder erbringen und somit den Schrecken des »empty nest« entgehen. Die Befunde darüber, wie sich die Anwesenheit der »Nesthocker« auf die Eltern auswirkt, sind nicht eindeutig. Einerseits heißt es, daß die Eltern mit einer solchen Situation unzufrieden sind, weil sie sich um die Phase der nachelterlichen Gefährtenschaft betrogen sehen (Clemens/Axelson 1985), andererseits wird berichtet, daß die Mehrzahl der Eltern hoch zufrieden ist, und dies umso mehr, je häufiger man etwas gemeinsam unternimmt oder längere Gespräche miteinander führt. Allerdings sinkt die Zufriedenheit, wenn das betreffende Kind arbeitslos ist, was wohl eher damit zusammenhängt, daß man sich in seinen elterlichen Erwartungen getäuscht sieht, als daß man sich finanziell belastet fühlt (Aquilino/Supple 1991).

Es ist aber nicht nur die Zahl der noch zu Hause lebenden Kinder gestiegen, sondern ebenso die Zahl derer, die zwar ausgezogen sind, aber gleichwohl noch von ihren Eltern ökonomisch abhängig sind (Vascovics et al. 1990). Die finanziellen Leistungen, die die Eltern für ihre erwachsenen Kinder erbringen, werden nicht als freiwillig, sondern als »Pflicht« empfunden, »der man als Eltern zu entsprechen habe« (Vascovics et al. 1990:21, vgl. auch Vascovics idB).

Auch die in der Neidhardtschen Familiendefinition implizierte Feststellung, daß der Auszug aus dem Elternhaus mit der Gründung einer eigenen Familie zusammenfällt, entspricht nicht mehr der Realität. Der zeitliche Abstand zwischen Auszug aus dem Elternhaus und Heirat hat sich vergrößert (Wagner/Huinink 1991), was strukturell ebenfalls dazu beitragen mag, den Ablösungsprozeß zwischen Eltern und Kindern zu verzögern.

Generationenbeziehungen am Ende des Lebensverlaufs

Es ist aber nicht nur der Zeitpunkt zumindest der ökonomischen Unabhängigkeit der Zeugungs- von der Herkunftsfamilie schwerer bestimmbar, sondern ebenso entstehen am Ende des Lebensverlaufs neue Abhängigkeiten zwischen den Generationen. Dieser Wandel ist dem historisch völlig neuartigen Altersaufbau der Gesellschaft geschuldet. Auf Grund gestiegener Lebenserwartung und gesunkener Geburtenzahlen ist die Familie bezüglich der Kinderzahl kleiner geworden, hat sich aber im Hinblick auf die Präsenz von Generationen im Umfang erweitert. In den USA spricht man daher von der sogenannten »beanpole family«, d.h. die Familienstruktur gleicht einer Bohnenstange – lang und dünn (Bengtson/Schütze 1990). Allerdings ist in der Bundesrepublik der Anteil von vier oder gar fünf Generationen umfassenden Familien wesentlich geringer als in den USA.

Die gestiegene Anzahl hochbetagter Menschen, die zu einer selbständigen Haushaltsführung nicht mehr in der Lage sind, ist für den Wohlfahrtsstaat mit hohen finanziellen und organisatorischen Kosten verbunden. Daher ist es aus der Sicht des Staats nichts weniger als logisch, wenn er die Familien zur Übernahme von Betreuungsleistungen drängt. D. h. unter diesem Gesichtspunkt erweist sich die im Modell der isolierten Kernfamilie als funktional ausgewiesene Trennung von Herkunfts- und Zeugungsfamilie als dysfunktional. Zumindest ist fraglich, ob auf der Ebene der Gesellschaft die Vorteile einer durch Trennung von Herkunfts- und Zeugungsfamilie garantierten Mobilität nicht die Nachteile eines ständig steigenden Bedarfs an institutionalisierter Betreuung für alte Menschen aufwiegen.

Aus der Binnenperspektive der Familie stellt sich die Situation folgendermaßen dar. Generell ist familiale Solidarität ein nicht hintergehbares Prinzip, aber die jeweils historisch variierenden sozio-kulturellen Bedingungen geben an, anläßlich welcher Situationen und in welcher Hinsicht Solidarität gefordert ist (vgl. hierzu auch Pitrou idB).

Da neben der Sozialisation der nachwachsenden Generation eine der zentralen Funktionen der modernen Familie in der emotionalen Stabilisierung ihrer Mitglieder zu sehen ist, folgt, daß familiale Solidarität sich nicht in finanzieller Hilfe bei Notlagen erschöpft (König 1978, Wurzbacher 1987). Dieser Gesichtspunkt ist insofern bedeutsam als im Hinblick auf Beziehungen zwischen alten Eltern und ihren erwachsenen Kindern häufig argumentiert wird, daß auf Grund der ökonomischen Absicherung alter Menschen durch das Rentensystem die Verpflichtung zur Solidarität entfalle und einzig der »Entscheidungsfreiheit« der Kinder unterliege (z.B. Montada 1981, Hess/Waring 1978).

Wie aber zahlreiche Untersuchungen belegen, fühlen sich Kinder innerlich verpflichtet, Verantwortung für ihre alten Eltern zu übernehmen, wenn diese in körperlicher oder psychischer Hinsicht auf Hilfe angewiesen sind (Klusmann/Bruder/Lauter/Lüders 1981, Tobin/Kulys 1981, Horowitz 1983, 1985).

Aus einer Dreigenerationenstudie von Rossi und Rossi (1990) geht hervor, daß das Verantwortlichkeitsgefühl für die eigenen Kinder und Eltern am höchsten rangiert. Den letzten Rangplatz nimmt das Verantwortungsgefühl für den geschiedenen Ehepartner ein. Inwiefern man sich dem Ehepartner verpflichtet fühlt, haben die Autoren nicht erhoben. Sie stellen aber die These auf, daß z.B. im Falle einer gravierenden Normabweichung die Solidarität zwischen den Generationen höher sein wird als die mit dem Ehepartner. Die Übernahme von Verantwortung für alte Eltern ist heutzutage – im Gegensatz zu früher – ein Lebensereignis, mit dem beinahe jede Tochter und jeder Sohn konfrontiert werden kann (Brody 1985). Dieser Zuwachs an Verantwortung ist aber vermutlich nicht allein der demographischen Entwicklung geschuldet, sondern resultiert auch aus Veränderungen in der emotionalen Binnenstruktur der Familie. Die historische Familienforschung hat erbracht, daß im Laufe der Geschichte die innere Bindung und das emotionale Engagement für Kinder sich stetig gesteigert haben (Shorter 1977, Stone 1977).

Gleichzeitig geht die Sozialisationsforschung davon aus, daß die frühkindlichen Bindungen an die Elternpersonen zwar modifiziert werden, gleichwohl aber eine lebenslange Gültigkeit haben. Unter dieser Voraussetzung scheint es nur plausibel zu sein, daß Eltern und Kinder sich innerlich verpflichtet fühlen, einander in Krisen jedweder Art beizustehen. Diese

Verpflichtung wird durch die sogenannte Individualisierung in gewisser Weise sogar verstärkt. Gerade weil man darauf besteht, von seiner Umwelt in seiner Individualität anerkannt zu werden, werden ja Altersheime, die der Individualität des einzelnen nicht Rechnung tragen, sowohl von den Kindern als auch von ihren alten Eltern abgelehnt. Dabei muß freilich betont werden, daß seitens der Kinder die Verpflichtung zur Solidarität mit alten Eltern in Konkurrenz mit anderen Verpflichtungen und den eigenen Lebensentwürfen geraten kann.

Aber auch aus der Perspektive der Eltern ist die Unterstützung durch die Kinder ambivalent. Einerseits ziehen sie familiale Hilfe jedweder Art professioneller Hilfe vor, andererseits aber wird in unserer Gesellschaft der Eigenverantwortlichkeit ein hoher Wert zugemessen, und Abhängigkeit von anderen mindert das Selbstgefühl (Dowd 1975). Dies mag auch der Grund dafür sein, daß alte Eltern, wenn sie zu selbständiger Lebensführung nicht mehr in der Lage sind, häufig nicht mit ihren Kindern im gemeinsamen Haushalt leben wollen. Aus einer australischen Untersuchung geht hervor, daß noch nicht einmal hilfsbedürftige Elternpersonen, deren Kinder ein Zusammenleben entschieden befürworteten, mit diesen im gemeinsamen Haushalt wohnen wollten (Day 1985).

Von 1240 älteren Befragten einer amerikanischen Untersuchung wollten zwei Drittel auch im Falle von Pflegebedürftigkeit nicht in ein Heim einziehen, sondern lieber in ihrer Wohnung verbleiben. Vor die Alternative gestellt »Heim oder gemeinsamer Haushalt mit Familienangehörigen« votierte eine Mehrheit für das Heim (McAuley/Blieszner 1985).

Verantwortung für alte Eltern zu übernehmen bedeutet nicht notwendigerweise, daß man im sogenannten traditionellen Dreigenerationenhaushalt lebt, den es, nebenbei gesagt, auch in der Vergangenheit nie in dem behaupteten Ausmaß gegeben hat (Mitterauer 1976, 1989, Ehmer 1982). Verantwortung für alte Eltern zu übernehmen bedeutet auch nicht, daß man in jedem Fall die Betreuung übernimmt, wenn die Mutter oder der Vater pflegebedürftig wird. Neben dieser oft mit unerträglichen Belastungen verbundenen Form der Verantwortungsübernahme werden zahlreiche Arrangements praktiziert, teils, daß man professionelle Helfer hinzuzieht, teils, daß man zwar in getrennten Haushalten lebt, aber die Elternperson sowohl in praktischer als auch emotionaler Hinsicht unterstützt. Immerhin leben nur etwa 4 % der über 65jährigen in Anstaltshaushalten (Bäcker 1991), wobei allerdings nicht bekannt ist, wieviele dieser alten Menschen kinderlos sind. Aus vorläufigen Ergebnissen der noch nicht abgeschlossenen Berliner Altersstudie[1] geht hervor, daß von den bisher 178 Befragten im Alter zwischen 70 und 103 Jahren 16 % mit einem Kind im gemeinsamen Haushalt oder in einem Haus wohnen.

In Anbetracht der hier skizzierten Tendenz zur Ausweitung familialer Funktionen für die nachwachsende und die vorhergehende Generation wäre es verfehlt, den Familienbegriff weiterhin auf das in einem Haushalt lebende Ehepaar mit seinen unmündigen Kindern zu beschränken und somit alle die Funktionen auszuklammern, die Menschen aus einem einzigen Grund füreinander wahrnehmen, nämlich, weil es sich um ein Mitglied der Familie handelt.

Bereits in den vierziger Jahren konstatierte René König, daß sich ein Typus der »haushaltlosen Familie« herausgebildet hätte, »dem etwa in hochmobilen Ländern in

Zukunft weiteste Verbreitung prophezeit werden kann« (König 19451, 1974, S. 67). Und genau diesen Familientypus hat offenbar auch die amerikanische Gerontologin Shanas im Auge, wenn sie Familie als die Gruppe von Menschen definiert, die durch Blutsbande oder Heirat miteinander verbunden sind, und sie fährt fort:

»Nothing in this definition of the family as a kin network implies that a family must live under the same roof. Those living together under the same roof may or may not be a family as here defined« (Shanas 1979: 4).

Einen ähnlichen Gedanken verfolgt Litwak (1965) mit seinem Modell der »modified extended family«, das davon ausgeht, daß der Begriff der »isolierten Kernfamilie« nicht alle Funktionen erfaßt, die normalerweise nur Familienmitglieder, aber z. B. weder Freunde noch Institutionen füreinander wahrnehmen. Litwak geht allerdings nicht auf die Frage ein, wie es sich innerhalb des Modells der »modified extended family« mit jenem anderen Strukturprinzip der Kernfamilie verhält, demgemäß die Frauen nicht nur für das emotionale Binnenklima zuständig sind, sondern ebenso für die Ausübung der nährenden und pflegenden Funktionen.

Generationenbeziehungen – eine Sache der Frauen?

Betrachten wir zunächst einmal die »traditionelle« Funktion der Kernfamilie, die Sozialisation der Kinder. Hierzu ist festzuhalten, daß die Sozialisation der Kinder – und zwar mit steigender Tendenz – offenbar nach wie vor die Domäne der Kernfamilie ist. Während 1981 82 % der Kinder mit Vater und Mutter zusammenlebten (Kaufmann 1990), waren es nach dem Mikrozensus 1988 88 % (Pöschl 1989). Was die Betreuung und Versorgung der Kinder angeht, so deutet sich ein Wandel – wenn freilich auch nur ein schwacher – an. Wie vergleichende Zeitbudget-Studien über eine Zeitspanne von 60 Jahren demonstrieren, beteiligen sich Väter häufiger und intensiver an der Kinderbetreuung, wenn auch die Frauen nach wie vor den weitaus größeren Teil ihrer Zeit für die Beschäftigung mit den Kindern aufwenden (Nave-Herz 1988, Hegner/Lakemann 1989, Bertram/Borrmann-Müller 1988, Griebel 1991). Dies trifft nach den Ergebnissen von Künzler (1990) selbst für Studenten und Studentinnen mit Kleinkindern zu, eine Population, von der noch am ehesten die Aufhebung geschlechtsspezifischer Arbeitsteilung zu erwarten wäre. Allerdings wird auch von einer starken Minderheit (25 %) von Vätern berichtet, die entweder gleichviel oder mehr Engagement für die Kinderbetreuung aufwenden als die Mütter.

In theoretischen Reflexionen und empirischen Untersuchungen zur geschlechtsspezifischen Arbeitsteilung wird die intensivere Beschäftigung der Mütter mit ihren Kindern stets unter dem Aspekt der Mehrbelastung von Frauen thematisiert (Bracker et al. 1988, Beck-Gernsheim 1991, Kaufmann 1990). Diese Einschätzung ist zweifellos berechtigt, gleichwohl ist auch ein anderer Aspekt bedenkenswert.

Wenn Kinder eine so zentrale Rolle im Leben ihrer Eltern einnehmen und wenn sie eher als der Ehepartner der Garant für eine lebenslange Beziehung sind, dann sind Mütter nicht nur benachteiligt, sondern es kommt ihnen auch ein emotionaler Gewinn aus dieser Konstellation zu, während die Väter in dieser Hinsicht eher ins Hintertreffen geraten.

Die emotional dichtere Beziehung zur Mutter ist genuiner Bestandteil der bürgerlichen Familie des 19. Jahrhunderts und ihrer Nachfolgerin der »isolierten Kernfamilie«. Aus den Autobiographien vor allem des späten 19. Jahrhunderts geht deutlich hervor, daß der Vater innerhalb der emotionalen Binnenstruktur der Familie nur eine randständige Position hatte. Er wurde gefürchtet und respektiert, aber kaum geliebt (Hardach-Pinke 1981, Schütze 1988, vgl. hierzu auch Fach idB).

Dank einer allgemeinen Liberalisierung des Erziehungsklimas seit dem zweiten Weltkrieg (Schelsky 1960, Baumert 1954, Wurzbacher 1958) beschränkt sich die Position des Vaters zwar nicht mehr in erster Linie auf die einer Autoritätsperson, gleichwohl spiegelt sich die ungleiche Teilhabe an Zuneigung seitens der Kinder in zahlreichen Untersuchungen zur Eltern-Kind-Beziehung im Jugendalter.

Fünfzehn- bis sechzehnjährige betrachten ihre Mütter zunehmend als Freundinnen und nicht als Repräsentantinnen der Elternrolle. Dies gilt aber nicht für Väter. Besonders von der Vater-Tochter-Beziehung heißt es, daß sie flach (flat) und arm an Interaktionen sei (Youniss/Smollar 1985, Steinberg 1987). Mütter sind eher Ansprechpartner für ihre Kinder und werden mehr geliebt als Väter (Jugendwerk der Deutschen Shell 1985, Allerbeck/Hoag 1985, Oswald 1989, vgl. hierzu auch Clausen idB). Was das Zusammenleben mit jungen, erwachsenen Kindern betrifft, so sind die Mütter eindeutig mit diesem Arrangement zufriedener als die Väter, vor allem dann, wenn es sich um eine Tochter handelt (Aquilino/Supple 1991).

Wie sieht nun am Ende des Lebensverlaufs die Bilanz aus? Können Frauen damit rechnen, daß ihr lebenslanges »investment« in Generationenbeziehungen sich auch im Alter auszahlt? Aus der bereits erwähnten Dreigenerationenstudie (Rossi/Rossi 1990) wird berichtet, daß es stets die Frauen sind, gleichgültig welcher Generation sie angehören, als Töchter, Mütter oder Großmütter, die mehr Hilfe für die Mitglieder der jeweils anderen Generation leisten, aber auch mehr Hilfe bekommen. Allerdings sind Frauen auch wesentlich häufiger als Männer, die zumeist noch eine Ehefrau haben, auf die Hilfe von Kindern angewiesen.

Von den bisher 178 Befragten aus der Berliner Altersstudie sind 57 % der Männer verheiratet und 34 % verwitwet. Von den Frauen sind 4 % verheiratet und 64 % verwitwet. Von den verheirateten Männern geben 72 % an, daß sie im Falle der Pflegebedürftigkeit von ihrer Frau betreut würden. Von den 3 verheirateten Frauen ist sich nur eine sicher, daß der Ehemann sie betreuen wird. Wie verteilt sich nun die Hilfe der Kinder auf verwitwete Mütter und Väter? Es zeigt sich sowohl bei instrumenteller als auch bei emotionaler Hilfe nur ein geringer, aber nicht signifikanter Unterschied zugunsten der Mütter.

Töchter und Söhne unterscheiden sich kaum im Hinblick darauf, wie oft sie von ihren Eltern als instrumentelle Helfer genannt werden. Bei emotionaler Hilfe haben Töchter einen leichten Vorsprung vor den Söhnen. Wie nicht anders zu erwarten, wird der Abstand zwischen Söhnen und Töchtern merklich größer bei der Frage: Wer würde Sie pflegen und versorgen, falls Sie einmal dauerhaft bettlägerig wären? 21 % erwarten, daß eine Tochter sie pflegen wird, aber nur 4 % erwarten dies von einem Sohn. Dieses Ergebnis entspricht offenbar der Realität. Nach einer Untersuchung des Berliner Senats leben 20 % pflegebedürftiger alter Menschen, die in Privathaushalten wohnen, mit einer Tochter zusammen (Senator für Gesundheit und Soziales 1988). Während Töchter ihre Hilfe unabhängig vom Geschlecht der Eltern leisten, unterstützen Söhne ihre Mütter signifikant öfter als ihre Väter, nämlich 27 % der Söhne unterstützen ihre Mütter, aber nur 9 % ihre Väter.

Aus diesem Ergebnis läßt sich allerdings nicht auf ein besseres Verhältnis der Söhne zu den Müttern schließen, vielmehr erklärt sich das höhere Engagement der Söhne für die Mütter aus der Tatsache, daß diese alleinstehend sind, während die Väter sich ja mehrheitlich auf eine Ehefrau oder auch eine Lebensgefährtin stützen können.

Diese vorläufigen Ergebnisse stimmen in etwa überein mit einer amerikanischen Untersuchung, die unter dem Titel »Gender Differences in Family Support: Is There a Payoff?« die Frage, ob sich das höhere Engagement der Frauen in Generationenbeziehungen am Ende auszahlt, explizit zum Untersuchungsgegenstand gemacht hat. Die Autoren kommen zu folgendem Schluß: Alleinstehende alte Männer und Frauen leben in etwa gleich häufig mit einem ihrer Kinder im gleichen Haushalt. Alte Frauen leben aber signifikant häufiger in geographischer Nähe zu einem ihrer Kinder, haben etwas mehr Kontakt und bekommen mehr Hilfe. Sie bekommen aber offenbar deshalb mehr Hilfe, weil sie auch hilfsbedürftiger sind. Männer und Frauen, die sich im Grad der Hilfsbedürftigkeit nicht unterscheiden, unterscheiden sich auch nicht im Hinblick auf erhaltene Unterstützung. Insofern, folgern die Autoren, zahlt sich das lebenslange Engagement der Frauen als »kin-keeper« nicht aus. Aber in Anbetracht der Tatsache, daß Frauen – im Gegensatz zu Männern – damit rechnen müssen, im Alter alleinstehend und dann auf mehr Unterstützung angewiesen zu sein, macht »women's investment in care giving and kinkeeping good sense« (Spitze/Logan 1989: 113). Die funktionale Differenzierung innerhalb der Ehebeziehung dagegen scheint nicht von Nutzen zu sein. Auf Grund ihrer geringen und diskontinuierlichen Erwerbsbeteiligung sind alte Frauen – auch wenn sie eine Witwenrente beziehen – gegenüber alten Männern in der Regel ökonomisch benachteiligt (Allmendinger, Brückner, Brückner 1991). Was die eheliche Fürsorge im Alter anbelangt, so bleibt sie – strukturell bedingt – beinahe ausschließlich eine Sache der Frauen. Wenn aber Frauen im hohen Alter noch verheiratet sind, so sind sie im Durchschnitt mit ihrer Ehebeziehung weniger zufrieden als Männer (Weishaus/Field 1988, Troll et al. 1979). Es ist nicht ohne Ironie, daß Frauen, denen doch immer nachgesagt wird, daß sie emotional stärker in die eheliche Bindung involviert sind, am Ende des Lebensverlaufs mehr Abstand zu ihren Männern haben als umgekehrt.

Während alte Männer z. B. ihre persönlichen Probleme primär mit ihren Frauen besprechen, rekurrieren alte Frauen eher auf Kinder und Freunde (Antonucci/Akiyama 1987).

Was nun die »geschlechtsspezifische« Arbeitsteilung zwischen Töchtern und Söhnen betrifft, so unterscheiden sie sich – wie aus den oben erwähnten Ergebnissen der Berliner Altersstudie hervorgeht – weniger im Hinblick auf Hilfeleistungen im allgemeinen, als in der Bereitschaft zur Übernahme von Pflegefunktionen im besonderen. Nun könnte man freilich einwenden, daß diese Töchter, die ja in der Mehrzahl älter als 45 sind, noch einem überlieferten Rollenmodell folgen. Wie aber werden sich die Frauen jüngerer Jahrgänge verhalten, wenn sie die eigenen Lebensentwürfe dem »Dasein für andere« vorziehen?

Hierzu ist anzumerken, daß die Behauptung, Kinder demonstrierten keine Verantwortung mehr für alte Eltern und schöben sie in Heime ab, seit den 60er Jahren kursiert, als man sich in der Öffentlichkeit und der Wissenschaft erstmals ernsthaft mit den Folgen des demographischen Wandels auseinanderzusetzen begann. Die amerikanische Soziologin Ethel Shanas (1979) hat das Klischee von den verlassenen Alten als hydraköpfigen Mythos charakterisiert. Sobald man ein Argument entkräftet hat, sprießt ein neues ebenso falsches und verbreitet sich in der Öffentlichkeit. Das gegenwärtig in beinahe jeder Publikation, die sich mit dem Alter beschäftigt, auftauchende Argument besagt, weibliche Erwerbstätigkeit führt unweigerlich zum Ende der Fürsorge und Pflege alter Eltern (Bäcker 1990, Schubert 1990). Dabei wird aber verschwiegen, daß trotz der bereits seit den 60er Jahren gestiegenen Erwerbstätigkeit der Frauen die Verantwortungsbereitschaft für alte Eltern nicht nachgelassen hat. Genau das gleiche trifft auch für die USA zu (Hagestad 1987).

Gleichwohl könnte sich die veränderte Stellung der Frau innerhalb und außerhalb der Familie in der Weise auf Generationenbeziehungen auswirken, daß die Hege- und Pflege-funktionen nicht mehr, wie bisher, beinahe ausschließlich in den Zuständigkeitsbereich der Frauen fallen. Zu vermuten ist, daß sich das bereits heute abzeichnende gesteigerte Engagement der Männer für ihre Kinder verstärken wird, ablesbar auch an der Zahl alleinstehender Väter. 1988 lebten von den 10,9 Millionen minderjährigen Kindern in der alten BRD 10 % nur mit ihrer Mutter, aber immerhin 2 % nur mit ihrem Vater zusammen (Pöschl 1989). Was die Beziehungen zwischen erwachsenen Kindern und ihren alten Eltern angeht, so könnte man spekulieren, daß eine intensivere Beziehung zwischen Vätern und ihren kleinen Kindern – ähnlich wie bei den Frauen – sich dahingehend auswirken wird, daß am Ende des Lebensverlaufs Söhne nicht, wie bereits heute, auch Hilfe leisten, sondern daß sie auch häufiger als bisher Betreuungsfunktionen übernehmen. Aus den wenigen Untersuchungen, die sich auch mit pflegenden Söhnen beschäftigen, geht z.B. hervor, daß diese sich subjektiv weniger belastet fühlen als pflegende Töchter (Horowitz 1985, Barber 1988). Dies mag damit zusammenhängen, daß Töchter im Zusammenhang mit den an sie gerichteten geschlechtsspezifischen Verhaltenserwartungen, selbst wenn sie eine alte Elternperson betreuen, häufig unter Schuldgefühlen leiden. Sie glauben nicht genug oder nicht das beste für ihre Eltern zu tun (Klusmann et al. 1981, Bracker 1988). Pflegende Söhne dagegen, die ja mehr tun, als ihre Umwelt von ihnen erwartet, können – ähnlich wie alleinerziehende Väter – a priori mit sich selbst zufrieden sein. Die tendenzielle Minderung des Eigenwerts der Ehe dürfte dergestalt zu einer »Individualisierung« der Beziehungen führen, daß künftig die Kinder sich jeweils nur für die eigenen Eltern zuständig fühlen. Wenn sich der Schwerpunkt familialer Solidarität tatsächlich von der Ehebeziehung auf die Eltern-Kind-Beziehung verlagern sollte, dann ist kaum vorstellbar, daß Schwiegertöchter künftig noch – wie bisher häufig – stellvertretend für ihre Männer Pflegefunktionen übernehmen werden. Dies deutet sich bereits heute an. In der Berliner Altersstudie geben nur

2,7% der Befragten an, daß im Falle von Pflegebedürftigkeit eine Schwiegertochter die Betreuung übernehmen wird.

Falls sich die prognostizierten Tendenzen zur Ehelosigkeit, höheren Scheidungs- und geringeren Wiederverheiratungszahlen fortsetzen sollten, ist mit einer Stärkung der Generationenbeziehungen zu rechnen. Einmal ist zu vermuten, daß sich die traditionell intensive Beziehung zwischen Müttern und Töchtern noch verstärken wird. Aus einer amerikanischen Untersuchung geht z.B. hervor, daß insbesondere kürzlich geschiedene Mütter über 60 häufig mit einer Tochter zusammen ziehen (Cooney 1989). Es scheint aber auch Tendenzen zu geben, wonach ledige Söhne häufig mit einer alleinstehenden Mutter zusammenwohnen (Chappell 1991, Cooney 1989). Ledige Söhne pflegen intensivere Beziehungen zu ihren alten Eltern als verheiratete und übernehmen auch häufiger Betreuungsfunktionen (Arber/Gilbert 1989).

Zusammenfassung

Zusammenfassend läßt sich im Hinblick auf Generationenbeziehungen in der Familie folgendes feststellen: Der im Vergleich zur isolierten Kernfamilie im Sinne Parsons nachlassende Verpflichtungscharakter der Ehe geht nicht mit einer nachlassenden Verantwortungsbereitschaft für die vorhergehende und die nachfolgende Generation einher, sondern es spricht vieles dafür, daß sich sowohl die innere Verpflichtung als auch die emotionale Bindung primär gegenüber den Kindern, aber auch den Eltern verstärkt. Diese Tendenz dürfte sowohl für Männer als auch für Frauen zutreffen, wobei allerdings die Frauen auch weiterhin den größten Anteil der Hege- und Pflegefunktionen für die eigenen Kinder und Eltern, nicht aber für die Schwiegereltern übernehmen dürften. Diese größere Belastung der Frauen ist aus der Lebenslaufperspektive insofern nicht nur in Kategorien der Benachteiligung zu sehen, als angesichts ihrer höheren Lebenserwartung und der geringeren Wahrscheinlichkeit der Wiederverheiratung nach Verwitwung oder Scheidung Frauen im hohen Alter auch mit Unterstützung seitens ihrer Kinder rechnen können.

Anmerkung

[1] Die Berliner Altersstudie (BASE) wird von der Arbeitsgruppe »Altern und gesellschaftliche Entwicklung« (AGE) der Akademie der Wissenschaften zu Berlin in Zusammenarbeit mit der Freien Universität Berlin und dem Max-Planck-Institut für Bildungsforschung durchgeführt und vom Bundesministerium für Forschung und Technologie finanziell gefördert (13 TA 001).

FRANÇOIS HÖPFLINGER

Weibliche Erwerbsbiographien und Abhängigkeiten zwischen den Generationen

1. Ausgangspunkt und Fragestellung

Alle Gesellschaften, unabhängig ihrer sozialen Struktur und technologischen Entwicklung, stehen vor der grundlegenden Aufgabe, die noch nicht-erwerbsfähige, nachwachsende Generation (Säuglinge, Kinder) zu betreuen und für die arbeitsunfähig gewordene ältere Generation (Betagte) zu sorgen. Wie diese gesellschaftlichen Aufgaben gelöst werden, variiert gesellschaftlich und historisch in starkem Maße. Die Tatsache bleibt jedoch bestehen, daß sowohl die nachwachsende Generation als auch hilfsbedürftige Betagte in irgendeiner Form von der Unterstützung und Betreuung durch die mittlere Erwachsenengeneration abhängig sind. Generationenbeziehungen sind deshalb in vielen Bereichen keineswegs symmetrisch. Teilweise bestehen explizite rechtliche Zwangsverpflichtungen, etwa zur Unterstützung von Verwandten. Selbst wenn soziale Austauschnormen verankert sind, bleiben die Generationenbeziehungen vielfach asymmetrisch. Deshalb erscheint es im Grunde genommen ehrlicher zu sein, von Abhängigkeiten und nicht neutral von Beziehungen zwischen den Generationen zu sprechen. Auf diese Weise wird zudem explizit auf das beträchtliche, wenn teilweise auch latente Konfliktpotential von Generationenbeziehungen hingewiesen.

In heutigen Gesellschaften werden Abhängigkeiten zwischen den Generationen in wesentlichem Maße durch geschlechtsspezifische Asymmetrien überlagert und verstärkt. Es sind jedenfalls auch heute noch fast ausschließlich Frauen, die Säuglingsbetreuung und Kindererziehung übernehmen, und es sind in der großen Mehrheit weibliche Familienangehörige, die betagte Eltern oder behinderte Familienangehörige pflegen. Insofern die Frauen die Hauptträgerinnen der Generationenbeziehungen sind, steht zu erwarten, daß Verschiebungen der weiblichen Erwerbstätigkeit und damit auch der weiblichen Erwerbsbiographien direkt oder indirekt für die zukünftige Gestaltung intergenerationeller Beziehungen resp. Abhängigkeiten von zentraler Bedeutung sind.

Im folgenden Beitrag geht es um die (vermuteten) Effekte von Veränderungen weiblicher Erwerbsbiographien auf intergenerationelle Abhängigkeiten, und zwar namentlich in bezug auf Kleinkinderbetreuung und Pflege von hilfsbedürftigen Betagten. In unserer Gesellschaft ist die Säuglings- und Kleinkinderbetreuung bekanntlich primär der privaten Kleinfamilie übertragen. Die monetären und nicht-monetären Kosten der Kinderbetreuung und -erziehung werden daher weitgehend von den (biologischen) Eltern getragen. Trotz familienpolitischen Regelungen reicht die Gesamtheit der staatlichen Transferleistungen und Steuervergünstigungen in den meisten europäischen Ländern nicht einmal aus, »um den Einkommensverlust auszugleichen, der aus der erforderlich werdenden Reduktion der Erwerbsbeteiligung der Eltern resultiert.« (Kaufmann, 1990: 112). Die wirtschaftliche Versorgung der nicht-erwerbstätigen älteren Generation hingegen wird weitgehend von staatlichen Rentensystemen übernommen, wodurch zumindest die materielle Versorgung von Betagten kollektiv geregelt wird. In bezug auf die immaterielle Versorgung und Pflege von hilfsbedürftigen Betagten ist ein Nebeneinander von privaten und öffentlichen Formen der Altershilfe die Norm, wobei die familiale Pflege weiterhin von substantieller Bedeutung ist.

Beim Versuch, die Auswirkungen der Veränderungen weiblicher Erwerbsbiographien auf Generationenbeziehungen zu erfassen, sind allerdings zwei Einschränkungen angebracht:

a) Die Verschiebungen der weiblichen Erwerbstätigkeit (und in der Folge möglicherweise auch der männlichen Familienarbeit) sind keineswegs abgeschlossen. Wir befinden uns mitten in gesellschaftlichen Prozessen, deren Ergebnisse wir bestenfalls erahnen können. Zudem ist es in den wenigsten Fällen angebracht, von einfachen Kausalrelationen auszugehen, und dies gilt für einen so zentralen sozialen Bereich wie die Generationenbeziehungen in besonderem Maße. Wenn hier ein Faktor – nämlich die weibliche Erwerbstätigkeit – hervorgehoben wird, soll nicht suggeriert werden, daß dieser Faktor in eindeutiger kausaler Weise auf generationelle Abhängigkeiten einwirkt. Die Betonung eines Einzelfaktors dient vielmehr dazu, gewisse Argumente hervorzuheben.

b) Es ist keineswegs ausgeschlossen, daß die direkten und indirekten Effekte der Veränderungen weiblicher Erwerbsbiographien nicht allzu dramatisch sind. Zumindest als Nullhypothese kann formuliert werden, daß die Veränderungen der weiblichen Erwerbsbiographien die intergenerationellen Beziehungen längerfristig nur marginal beeinflussen. Die festgestellte Konstanz und Stabilität familial-verwandtschaftlicher Beziehungen unter wechselnden sozialen und ökonomischen Bedingungen rät zur Vorsicht (vgl. Lüschen, 1988). Manche der aktuell heftig diskutierten Tendenzen können sich langfristig als relativ unbedeutende Zeiterscheinungen erweisen. So erscheint uns beispielsweise die in den 1950er und 1960er Jahren heftig geführte Diskussion um die schädlichen Auswirkungen der mütterlichen Erwerbstätigkeit auf das psychologische Wohl von Kindern als fehlgeleitet (vgl. Sommerkorn, 1988).

Aus diesen Gründen sind alle nachfolgenden Thesen und Behauptungen entsprechend skeptisch und kritisch zu diskutieren, wie es der wissenschaftlichen Norm des organisierten Skeptizismus entspricht.

2. Entwicklungen der weiblichen Erwerbstätigkeit

Bekanntlich erlebten alle westeuropäischen Länder in den letzten Jahrzehnten einen bedeutsamen Anstieg der weiblichen Erwerbsquoten, wobei die Geschwindigkeit und Stärke des Anstiegs allerdings je nach Region deutlich variierte (vgl. OECD, 1988a). In Regionen mit vergleichsweise geringer weiblicher Erwerbsbeteiligung – wie etwa der Schweiz und den alten Bundesländern der Bundesrepublik Deutschland – ist auch in nächster Zukunft mit steigenden Erwerbsquoten von Frauen zu rechnen. Besonders deutlich angestiegen sind in den letzten Jahrzehnten namentlich die Erwerbsquoten von verheirateten Frauen bzw. von Müttern mit Kleinkindern und Schulkindern. Eine kontinuierliche (vollberufliche) Hausfrauentätigkeit wurde seltener, und die Dauer eines Berufsunterbruches nach der Geburt eines (ersten) Kindes verringerte sich in signifikanter Weise. Da zunehmend mehr Frauen ihre Erwerbstätigkeit nach der Geburt eines Kindes nur kurz unterbrechen, wurden kontinuierliche Erwerbsbiographien häufiger (vgl. Jallinoja, 1989). Aggregierte Erwerbsquoten geben allerdings ein verzerrtes Bild, da sie die Vielfalt von weiblichen Erwerbsbiographien nicht wiedergeben. Die zunehmende Erwerbsbeteiligung von Frauen und Müttern ist gleichzeitig mit einer Pluralisierung von Erwerbsbiographien begleitet (vgl. Borkowsky/Streckeisen, 1989). Dies ist umso mehr der Fall, als in vielen modernen Dienstleistungsberufen ein Berufs- und Betriebswechsel häufig ist.

Die zunehmende Frauenerwerbsquoten widerspiegeln nur zum Teil eine Angleichung der weiblichen Erwerbsbiographien an diejenigen der Männer. Zur Einschätzung der bisherigen Entwicklungen der weiblichen Erwerbstätigkeit sind namentlich folgende Punkte zu berücksichtigen (vgl. Höpflinger/Charles/Debrunner, 1991):

a) Frauen übernehmen sehr viel häufiger als Männer eine Teilzeitarbeit. In der Schweiz und in der Bundesrepublik Deutschland waren 1986/87 über 30% der erwerbstätigen Frauen als Teilzeitbeschäftigte tätig, und in den skandinavischen Ländern – als Länder mit allgemein hohen Frauenerwerbsquoten – lag der Anteil der Teilzeitbeschäftigten sogar bei über 40% (vgl. OECD, 1988a). Teilzeitarbeit ist besonders bei Frauen mit Klein- und Schulkindern sehr häufig. Faktisch ist der Anstieg der Frauenerwerbsquote in manchen Ländern Westeuropas deshalb zu einem wesentlichen Teil auf eine zunehmende Teilzeitbeschäftigung von Müttern zurückzuführen. Dagegen ist der Anteil von vollerwerbstätigen Frauen mit Kleinkindern in verschiedenen Ländern bisher nur geringfügig angestiegen (vgl. Haavio-Mannila, 1989, Michel, 1989).

b) Überdurchschnittlich viele Frauen arbeiten in sogenannt familiennahen bzw. quasi-familialen Tätigkeiten (Pflege, Erziehung, Betreuung, Kochen, Servieren, Putzen usw.). Mit Recht kann von einer ausgeprägten Familialisierung der weiblichen Erwerbsarbeit gesprochen werden (vgl. Kickbusch, 1984). Diese Entwicklung verwischt die Grenzen zwischen unbezahlten, familialen Dienstleistungen und bezahlten, erwerbsmäßigen Dienstleistungen. Dadurch wird das Prinzip der unhonorierten weiblichen Schattenarbeit langfristig generell in Frage gestellt (eine Entwicklung, die – wie nachfolgend diskutiert wird – auch die Abhängigkeiten zwischen den Generationen in starkem Maße berühren kann).

c) Die geschlechtsspezifische Arbeitsmarktsegregation ist weiterhin ausgeprägt, und dies gilt selbst für Länder mit hohen Frauenerwerbsquoten. Männer und Frauen arbeiten weiterhin vielfach in unterschiedlichen Tätigkeitsbereichen und Funktionen. Zumindest bis zu Beginn der 1990er Jahre war zunehmende weibliche Erwerbstätigkeit kaum mit einer klaren Reduktion der geschlechtsspezifischen Arbeitsmarktsegregation verbunden (vgl. Charles, 1990).

d) Während die berufliche Teilnahme von Ehefrauen und Müttern deutlich anstieg, kam es bisher nicht zu einer parallelen Zunahme der Teilnahme von Ehemännern und Vätern in familiale Arbeitsbereiche. Zwar gibt es Hinweise darauf, daß sich junge Ehemänner und junge Väter verstärkt an familiale Pflege-, Betreuungs-, Erziehungs- und Haushaltstätigkeiten beteiligen, aber die geschlechtsspezifischen Ungleichheiten in der Mitwirkung an familialen Erziehungs-, Betreuungs- und Pflegearbeiten sind bis heute sehr ausgeprägt (vgl. Bielby/Bielby, 1988, Höpflinger/Charles, 1990, Lüscher/Stein, 1985, Thiessen/ Rohlinger, 1988).

Die erwerbsmäßige Teilnahme von Frauen hat klar zugenommen, aber diese Entwicklung verlief bisher immer noch unter Bedingungen einer deutlichen geschlechtsspezifischen Arbeitsteilung und einer ausgeprägten beruflichen Arbeitsmarktsegregation. Damit wird einerseits die soziale Bedeutung der zunehmenden Frauenerwerbsquoten etwas relativiert. Andererseits berühren die geschlechtsspezifischen Asymmetrien zentrale Fragen der Abhängigkeiten zwischen den Generationen. Die geschlechtsspezifische Arbeitsteilung innerhalb von Familie und Gesellschaft wirkt auf die Generationenbeziehungen zurück.[1]

3. Sozio-demographische Effekte veränderter weiblicher Erwerbstätigkeit

Die Zunahme der weiblichen Erwerbstätigkeit wird oft als wichtige Determinante einer abnehmenden Geburtenhäufigkeit betrachtet, z.B. aufgrund von mikro-ökonomischen Überlegungen (vgl. Becker, 1980, Oppenheimer, 1982). Sollte dies der Fall sein, haben Verschiebungen der weiblichen Erwerbsbiographie direkte und langfristige Auswirkungen auf die gesamten Strukturen von Generationenbeziehungen, da eine reduzierte Zahl von Nachkommen das Verwandschaftssystem sachgemäß ausdünnt. Tatsächlich ergeben verschiedene mikro-ökonomische Zeitreihenanalysen einige Hinweise auf eine negative Auswirkung zunehmender Frauenerwerbsquoten auf die Geburtenhäufigkeit (vgl. De Cooman/Ermisch/Joshi, 1987, Ermisch, 1980, Menthonnex, 1981). In anderen Studien erwies sich der Zusammenhang zwischen zunehmenden Frauenerwerbsquoten und soziodemographischen Verschiebungen hingegen als sehr locker (vgl. Véron, 1988), und im intereuropäischen Vergleich lassen sich unterschiedliche Entwicklungsverläufe beobachten (vgl. Höpflinger, 1987). Zudem läßt sich im Vergleich verschiedener Länder kein eindeutiger Zusammenhang zwischen ansteigender Frauenerwerbstätigkeit und zunehmender Kinderlosigkeit feststellen. Skandinavische Länder – mit hohen weiblichen Erwerbsquoten – sind beispielsweise durch einen geringeren Anteil von kinderlosen Frauen gekennzeichnet als etwa die Bundesrepublik Deutschland (deren hohe Zahl an kinderlosen Ehepaaren im intereuropäischen Vergleich etwas aus dem Rahmen fällt) (vgl. Höpflinger, 1991).

Auf mikro-soziologischer Ebene sind die Forschungsergebnisse zum Kausaleffekt weiblicher Erwerbsbiographien auf die nachfolgende Kinderzahl ebenfalls widersprüchlich. Von Hoffmann-Nowotny (1988) analysierte deutsche und schweizerische Daten deuten an, daß,»wenn eine Frau nach der Eheschließung erwerbstätig bleibt, dies zu einer Reduktion der Kinderzahl führt, und zwar offenbar umso eher, je später die Eheschließung stattfindet und je länger deshalb die Erwerbstätigkeit war. Unsere Daten zeigen weiter, daß bei einer Fortsetzung der Erwerbstätigkeit nach der Eheschließung die anfänglich geringen und nicht signifikanten Unterschiede im Kinderwunsch zwischen Hausfrauen und erwerbstätigen Frauen zunehmen. Damit läßt sich aber nicht mehr vertreten, daß es von Anfang an geringere Kinderwünsche seien, die berufsorientierte Frauen generell dazu brächten, sehr wenige oder keine Kinder zu haben, bzw. sie seien eben deshalb berufstätig, weil sie eher zu Kinderlosigkeit bzw. einer kleineren Zahl von Kindern tendierten.« (Hoffmann-Nowotny, 1988: 234-236). Nach Ansicht von Hoffmann-Nowotny erscheint »eine Entkoppelung der negativen Beziehung zwischen weiblicher Erwerbstätigkeit und Fruchtbarkeit kurz- und mittelfristig gesehen als wenig wahrscheinlich. Eher dürfte das Gegenteil der Fall sein.« (S. 244). Zu einer gegenteiligen Folgerung gelangen hingegen holländische Forscher aufgrund einer Untersuchung der Erwerbs- und Familienbiographien niederländischer Frauen. Sie fanden zwar signifikante Effekte der Kinderzahl auf die Erwerbstätigkeit, jedoch nur schwache, kaum signifikante Effekte in der Gegenrichtung. Da in niederländischen Studien aus den 1970er Jahren starke wechselseitige Einflüsse beobachtet worden waren, schließen sie, daß sich seit den frühen 1980er Jahren eine Entkoppelung von Erwerbstätigkeit und Kinderzahl vollzogen habe (vgl. Klijzing/Siegers, et al., 1988). Schwedische Studien deuten ebenfalls in die Richtung, daß sich bei jüngeren Geburtsjahrgängen die Fertilitätsunterschiede von Frauen mit unterschiedlichen Erwerbsbiographien reduziert haben. Besonders deutlich ist dies für die Wahrscheinlichkeit eines dritten Kindes. Bei den 1936–40 geborenen schwedischen Frauen war die Wahrscheinlichkeit eines dritten Kindes bei Hausfrauen noch doppelt so hoch wie bei erwerbstätigen Frauen. Bei den 1946–50 geborenen Frauen betrug der entsprechende Unterschied nur noch 10% (Hoem/Hoem, 1989: 62). In den jüngeren Geburtsjahrgängen erwiesen sich Zeitpunkt und Ablauf der Familienbildung (z. B. Alter bei der Erstgeburt, Ausbildungsstand) für das nachfolgende generative Verhalten als wichtiger als Faktoren der Erwerbsbiographie. Möglicherweise hat dies damit zu tun, daß in Schweden sozialstaatliche Regelungen eine gute Vereinbarkeit von (teilzeitlicher) Erwerbstätigkeit und Kinderbetreuung erlauben (vgl. Bernhardt, 1988, Popenoe, 1987).

Es ist allgemein zu vermuten, daß sozio-ökonomische und kulturelle Faktoren, welche die Vereinbarkeit beruflicher und familialer Rollen erleichtern, die negative Korrelation zwischen weiblicher Erwerbstätigkeit und Kinderzahl abschwächen. Bedeutsame Kontextfaktoren sind etwa eine allgemein hohe Frauenerwerbstätigkeit, die Verbreitung von Teilzeitstellen und flexible Arbeitszeiten sowie gute Möglichkeiten der familienexternen Kinderbetreuung. Umgekehrt erleichtert auch ein allgemein geringes Geburtenniveau die Kombination familialer und beruflicher Tätigkeiten. Eine negative Korrelation zwischen Kinderzahl und weiblicher Erwerbstätigkeit widerspiegelt möglicherweise nur den Übergang von bürgerlichen zu postmodernen Familienformen. Der Einfluß veränderter weiblicher Erwerbsbiographien auf das Generationengefüge wäre damit langfristig nur relativ gering.

4. Weibliche Erwerbsbiographien und Kleinkinderbetreuung

Die verstärkte Erwerbstätigkeit von Müttern sowie Veränderungen der Familienformen (z. B. mehr Alleinerziehende) stellen herkömmliche Vorstellungen zur Kinderbetreuung in Frage. Da Säuglinge und Kleinkinder von Erwachsenen abhängig sind, hat eine Verschiebung von familialer zu familienexterner Betreuung – wie sie sich in vielen europäischen Ländern und den USA abzeichnet – enorme gesellschaftspolitische Bedeutung. Die sozialpolitischen Auseinandersetzungen zur Kleinkinderbetreuung sind allerdings durch tief verankerte entwicklungspsychologische Grundannahmen vorbelastet:

Es seien die ersten Lebensjahre, die im wesentlichen und in irreversibler Weise den Charakter prägen bzw. spätere seelische Störungen eines Menschen verursachen. Das von Sigmund Freud mitgeprägte entwicklungspsychologische Modell von der Schicksalshaftigkeit der Frühkindheit hat einerseits zu einer historisch einmaligen sozialen Disziplinierung der Eltern bzw. der Mütter geführt. Andererseits wurde die soziale Abhängigkeit der Kinder von ihren Eltern zusätzlich betont. Die These von der schicksalhaften Bedeutung der ersten Lebensjahre wird heute verstärkt hinterfragt. Zum einen wurde festgestellt, daß Säuglinge und Kleinkinder in den allerersten Lebensjahren für bleibende Nachwirkungen von Umwelteinflüssen nicht besonders anfällig erscheinen (vgl. Ernst/Luckner, 1984). Zum anderen hat sich gezeigt, daß auch spätere Lebensphasen (mittleres Erwachsenenalter, Alter) bedeutsame entwicklungspsychologische Prägungen und Entwicklungen erlauben bzw. voraussetzen (vgl. Baltes/Baltes, 1990).

Im Rahmen der »Pädagogisierung der Kindheit« (Ariès, 1977) und der »Entdeckung der Mutterliebe« (Shorter, 1975) wurde die Mutter-Kind-Beziehung in einem historisch einmaligen Maße ins Zentrum der Kleinkindererziehung gerückt. Die Rolle der Mutter erhielt eine enorme psychologische Aufwertung. Dagegen wurde die Vaterrolle immer schattenhafter, vor allem nachdem die ursprüngliche Autoritätsfunktion des Vaters eine Entwertung erfuhr. Selbst der sogenannte »neue Vater« bleibt zumeist eine sekundäre Betreuungsperson in einem familialen Beziehungsnetz, das sehr oft um die Mutterrolle zentriert ist (vgl. Ryffel-Gericke, 1983). Obwohl die Lehre von der frühkindlichen Mutter-Deprivation – d.h. die These von den schädlichen Folgen einer Trennung des Säuglings und Kleinkindes von seiner leiblichen Mutter – empirisch nur auf schwachen

Füßen steht, ist sie in der Öffentlichkeit stark verbreitet. Damit wird weiterhin davon ausgegangen, daß eine familieninterne Pflege und Erziehung für die Kinder die beste Betreuungssituation darstelle, insbesondere für Säuglinge und Vorschulkinder. Auch die in den späten 1960er Jahren entwickelte Vorstellung, daß eine familienexterne Kinderbetreuung primär kompensatorische Funktionen – zur Bewältigung vermeintlicher familialer Defizite – erfüllt, ist in der Schweiz und in der Bundesrepublik Deutschland noch weit verbreitet (vgl. Nauck, 1989). Sie zementiert zusätzlich die wechselseitige emotionale Abhängigkeit von Mutter und Kind.

Erst seit den 1980er Jahren wird vermehrt anerkannt, daß eine enge Mutter-Kind-Beziehung und eine zeitweise Abwesenheit der Mutter – etwa aufgrund ihrer Erwerbstätigkeit – keineswegs unvereinbar sind. Entsprechende empirische Studien zeigen, daß eine außerhäusliche Erwerbsarbeit der Mutter an sich keine negativen Effekte auf die Entwicklung des Kindes in emotionaler, sozialer oder intellektueller Hinsicht zeitigt (vgl. Krombholz, 1989, Spitze, 1988). In diesem Rahmen erhält die familienexterne Kleinkinderbetreuung eine Neubewertung, vor allem nachdem empirische Studien aufgezeigt haben, daß eine qualifizierte außerfamiliale Betreuung keine negativen Auswirkungen aufweist (vgl. Belsky/Steinberg, 1978, Fthenakis, 1989). Allerdings beeinflussen sich familiale Interaktionen und außerfamiliale Betreuung wechselseitig.»Mütter, die eine hohe Sensibilität gegenüber dem Kind aufweisen, ihre Kinder als erwünscht ansehen, zufrieden mit ihrer außerberuflichen Zeit sind und eine für sie befriedigende Ehepartnerbeziehung erleben, haben auch mit großer Wahrscheinlichkeit Kinder, die eine sichere Bindung aufweisen, und dies unabhängig von der Art der außerfamilialen Betreuung des Kindes.« (Fthenakis, 1989: 6).

Die staatlichen Maßnahmen im Bereich der vorschulischen Kinderbetreuung sind allerdings je nach Land sehr unterschiedlich. Schweden beispielsweise versucht, Kinderkrippen für alle Kinder über 18 Monate anzubieten, und in Dänemark findet etwa die Hälfte der unter dreijährigen Kinder einen Platz in einer öffentlichen Krippe. Ein ausgebautes Netz von öffentlichen Kinderkrippen kennt auch Frankreich, und gut ein Viertel der unter dreijährigen Kinder findet in teilweise oder gänzlich von der öffentlichen Hand finanzierten Tagesstätten einen Platz (vgl. ILO, 1988). Weniger ausgebaut ist die außerfamiliale Kleinkinderbetreuung dagegen in Ländern wie Großbritannien, der Schweiz und den alten Ländern der Bundesrepublik Deutschland. So standen 1982 in Westdeutschland nur für 1.6% aller unter dreijährigen Kinder ein Krippenplatz zur Verfügung (ILO, 1988: 233), und auch Mitte der 1980er Jahre war weiterhin eine krasse Unterversorgung gegeben (vgl. Blümi/Schneider, 1988).

Eine qualifizierte außerfamiliale Kleinkinderbetreuung erleichtert sachgemäß die Kombination von Erwerbs- und Familienrollen, ohne daß die soziale und emotionale Entwicklung der Kinder signifikant beeinträchtigt wird. Die hohen qualitativen Anforderungen an die außerfamiliale Kinderbetreuung werfen jedoch einige zentrale sozialpolitische Probleme auf: Unter den aktuellen gesellschaftlichen Bedingungen sind es bekanntlich vor allem junge Frauen, die Kinder anderer Frauen betreuen. Eine Zunahme der außerfamilialen Kinderbetreuung unter heutigen Bedingungen verstärkt daher die geschlechtsspezifische Arbeitsmarkt-Segregation. Eine erhöhte Nachfrage nach familienexterner Kinderbetreuung impliziert eine weitere Familialisierung der Berufsarbeit, zumindest für einige Gruppen von Frauen. Gleichzeitig wirkt eine verstärkte Professionalisierung der Kleinkinderbetreuung auf die Bewertung der Mutterrolle zurück, dies umso mehr, als die Eltern- bzw. Mutterrolle zu den wenigen sozialen Rollen gehört, die eine hohe Verantwortung mit geringer Professionalisierung verknüpfen. Eine verstärkte Professionalisierung der Kleinkinderbetreuung kann langfristig die Idee der unbezahlten Eltern- bzw. Mutterschaft generell in Frage stellen.

Die Regelung des Lohnniveaus für solche familiennahe Dienstleistungen steht ebenfalls im Spannungsfeld konfliktiver Interessen: Werden Betreuungsarbeiten schlecht bezahlt, wird zwar die Finanzierung der außerfamilialen Kinderbetreuung erleichtert. Andererseits wird damit das weibliche Lohnniveau gedrückt und das Risiko unqualifizerter Betreuung steigt an. Werden die Betreuungsarbeiten entsprechend der verlangten hohen Verantwortung bezahlt, ergeben sich hohe Kosten, die sozial verteilt werden müssen. Zudem nimmt die Attraktivität einer beruflichen, bezahlten Kinderbetreuung gegenüber einer unbezahlten, familialen Betreuung zu, was die Nachfrage nach außerfamilialer Betreuung weiter stimulieren kann. In allen Fällen sind Ungleichgewichte zwischen Angebot und Nachfrage vorgezeichnet, zumindest solange die (bezahlte und/oder unbezahlte) Kinderbetreuung weitgehend jungen Frauen überlassen bleibt.

Unabhängig von der Form der Kleinkinderbetreuung (familienintern oder familienextern) handelt es sich unzweifelhaft um eine relativ arbeitsintensive und anspruchsvolle Tätigkeit. Die traditionelle Mutterarbeit – da unbezahlt – blieb volkswirtschaftlich unsichtbar. Die neuen, außerfamilialen Betreuungsformen machen die Kosten der Kleinkinderbetreuung – als eine wichtige Form intergenerationeller Abhängigkeiten – zum ersten Mal sozialpolitisch in größerem Umfange sichtbar. Eine Folge ist ein verstärkter Druck auf eine gesellschaftliche Umverteilung der Erziehungs- und Betreuungskosten, sei es, daß Männer vermehrt für familiale und außerfamiliale Betreuungsarbeiten herangezogen werden; sei es, daß die Betreuungskosten – via öffentlicher Finanzierung – zwischen den Generationen breiter gestreut werden. Die Wandlungen der weiblichen Erwerbsbiographien verschärfen die familienpolitischen Verteilungsprobleme sowohl zwischen den Geschlechtern als auch zwischen den Generationen (vgl. Kaufmann, 1990: 157).

5. Weibliche Erwerbsbiographien und die Pflege hilfsbedürftiger Betagten

Die von den nicht-erwerbstätigen Rentner/innen konsumierten Produkte und Dienstleistungen müssen von der erwerbsfähigen Bevölkerung erschaffen werden. Bei steigenden Alterslastquotienten aufgrund zunehmender demographischer Alterung der Bevölkerung kann dies für die Bevölkerung im erwerbstätigen Alter signifikante Wohlstandseinbußen implizieren (vgl. OECD, 1988b). Im Gegensatz zur Kleinkinderbetreuung, die weitgehend privat, durch nicht-professionelle Personen (Eltern) erfüllt wird, kennt die Versorgung und

Pflege abhängiger Betagter allerdings eine längere sozialstaatliche Tradition. Erstens ist die wirtschaftliche Versorgung der älteren Generation (via staatlichen Rentensystemen) schon seit längerem kollektiv geregelt (vgl. Ehmer, 1990: 108ff.). Zweitens ist auch die sozio-medizinische Pflege von Betagten zu einem wesentlichen Teil professionalisiert. Gesamthaft gesehen erscheint somit die Altersversorgung und -pflege stärker von familial-verwandtschaftlichen Bezügen herausgehoben als die Kinderbetreuung, sei es, daß die wirtschaftliche Vorsorge sozialstaatlich geregelt wird, sei es, daß Pflege und Betreuung im Alter vielfach spezialisierten Institutionen (Alters- und Pflegeheimen, geriatrischen Kliniken, ambulante Haushilfe usw.) übertragen sind.

Trotzdem sind familial-verwandtschaftliche Beziehungen für die Betreuung und Pflege vieler hilfsbedürftiger Betagter weiterhin von enormer Bedeutung[2]. Hilfe- und Pflegeleistungen an kranken oder behinderten Angehörigen werden – ähnlich wie die Pflege von Kleinkindern – allerdings ebenfalls mehrheitlich von weiblichen Familienmitgliedern übernommen. Vor allem Töchter und Schwiegertöchter beteiligen sich an der Pflege chronisch-kranker Angehöriger, wobei eine nicht unbeträchtliche Zahl von Frauen durch ihre (unbezahlte) Pflegetätigkeit mehrfach belastet ist (vgl. Bracker/Dallinger u. a., 1988, Schubert, 1990, Stähelin, u. a., 1985). Angesichts der zunehmenden Zahl von pflegebedürftigen Betagten ist es sozialpolitisch fragwürdig, »daß der tatsächlich geleistete Beitrag der Familien an die Versorgung pflegebedürftiger alter Menschen so wenig anerkannt, untersucht und (durch sozialpolitische Maßnahmen) gestützt wird. Obwohl die grundsätzliche Tragfähigkeit der modernen Familie in bezug auf die Bewältigung von chronischer Pflegebedürftigkeit ausgewiesen ist, braucht es heute Anstrengungen, um diesen gesellschaftlich wünschenswerten Zustand auch für die Zukunft zu erhalten.« (Christen, 1989: 108–109). Insbesondere die zunehmende weibliche Erwerbstätigkeit – die beispielsweise notwendig ist, um die demographischen Alterslastquotienten zu reduzieren – kann familiale Pflegebeziehungen vermehrt in Frage stellen.

Ähnlich wie die familienexterne Kleinkinderbetreuung ist auch die professionelle Pflege von betagten Personen eine familiennahe Berufsarbeit, die zum überwiegenden Teil von (jungen) Frauen übernommen wird. Im Gegensatz zur Zahl von Kleinkindern wird die Zahl von pflegebedürftigen, chronischkranken Betagten in den nächsten Jahrzehnten deutlich ansteigen. In den 18 größeren Ländern Westeuropas dürfte sich allein die Zahl von pflegebedürftigen Demenzkranken von 2.2 Mio. (1980) bis zum Jahre 2000 auf 2.7–2.8 Mio. erhöhen, um bis zum Jahre 2050 sogar auf 5.2 Mio. anzusteigen. In dieser Zeitspanne dürfte der Personalbedarf zur Betreuung von geriatrischen Langzeitpatienten um nahezu 300% ansteigen (vgl. Wettstein, Gall, 1991). In Ländern mit ausgeprägter demographischer Alterung – wie der Schweiz und der Bundesrepublik Deutschland – kann der Pflegebedarf im einzelnen noch dramatischer ansteigen. In der Schweiz z. B. dürfte der Personalbedarf für Langzeitpatienten von heute rund 0.8 % aller erwerbsfähigen Personen auf voraussichtlich 1.8 % im Jahre 2020 ansteigen. Inwiefern eine derart massive Steigerung des Pflegepersonals möglich ist, ist angesichts des relativ geringen Stellenwertes von Pflegeberufen bei heutigen Schulabgänger/innen fraglich. Anstrengungen, die Pflegeberufe attraktiver zu gestalten, sind hingegen kaum kostenneutral.

Ob es andererseits gelingt, die freiwillige Pflege und Betreuung durch Angehörige, Bekannte und Nachbarn zu erhöhen, ist offen. Es ist eher zu erwarten, daß sich die verstärkte Erwerbstätigkeit von Frauen langfristig negativ auf freiwillige Pflegeleistungen auswirkt. Sozialpolitisch ergibt sich insofern ein Dilemma, als man auf der einen Seite gezwungen ist, die professionellen Pflegeberufe aufzuwerten, dies auf der anderen Seite jedoch implizit eine Abwertung der freiwilligen, unbezahlten Pflegearbeiten zur Folge hat. Jedenfalls ist es kaum realistisch, auf der einen Seite die professionellen Pflegeberufe aufzuwerten und gleichzeitig auch die unbezahlte Pflegearbeit durch Familienangehörige zu stärken.

In ähnlicher Weise wie beim Ausbau der familienexternen Kleinkinderbetreuung werden beim Ausbau der Alterspflege zwar einerseits mehr familiennahe Erwerbsarbeiten geschaffen, aber andererseits entstehen implizite Wertkonflikte mit traditionellen, unbezahlten familialen Pflegeformen. In beiden Bereichen bedeutet die Aufwertung professioneller Betreuungs- und Pflegearbeiten kurzfristig eine Verstärkung der geschlechtsspezifischen Arbeitsmarktsegregation, langfristig jedoch eine grundsätzliche Infragestellung der bisherigen geschlechtsspezifischen Arbeitsteilung. Bei beiden Formen der Abhängigkeit zwischen den Generationen werden zudem die Grenzen zwischen unbezahlter Familienarbeit und bezahlter Erwerbsarbeit durch die gesellschaftlichen Entwicklungen zusehends verwischt, was sozialpolitisch enorme Konsequenzen in bezug auf die Bezahlung und Verteilung familiennaher Arbeiten haben kann.

Schlußbemerkungen

Die beiden wichtigsten Abhängigkeitsformen zwischen den Generationen – die Abhängigkeit der Kleinkinder und diejenige betagter Hilfebedürftiger – sind raschen Wandlungen unterworfen, die vielfältige sozialpolitische Wertkonflikte aufwerfen. Langfristig werden durch die diskutierten Entwicklungen vor allem zwei tief verankerte Prinzipien ausgehöhlt:

a) Erstens wird die weiterhin stark verankerte Trennung von Berufs- und Familienarbeiten mehr und mehr in Frage gestellt. Gerade in einer postmodernen, diversifizierten Dienstleistungsgesellschaft ist es immer weniger erkennbar, wieso sozial ähnliche Arbeitsformen im einen Fall bezahlt und volkswirtschaftlich ausgewiesen werden, während sie im anderen Fall unbezahlt und unsichtbar bleiben. Je mehr Frauen eine kontinuierliche Erwerbsbiographie erfahren, desto weniger legitim erscheint die Trennung von familial und beruflichen Arbeiten. Dies gilt insbesondere für jene Frauen, die im Verlaufe ihrer Biographie familiennahe Tätigkeiten (Kinderbetreuung, Pflege) sowohl bezahlt als auch unbezahlt übernehmen.

b) Zweitens wird die bisher gültige geschlechtsspezifische Verteilung familiennaher Aufgaben (Betreuung, Pflege) immer mehr in Frage gestellt. Zwar verstärkt der Ausbau der familienexternen Kleinkinderbetreuung und Alterspflege kurzfristig die geschlechts-

308

spezifische Arbeitsmarktsegregation, aber langfristig lassen sich die heute bestehenden geschlechtsspezifischen Asymmetrien in der Erfüllung von Aufgaben im Bereich der Beziehungen zwischen den Generationen kaum mehr aufrechterhalten.

Anmerkungen

[1] Dieser Punkt wird auch in anderen Beiträgen klar angesprochen, vgl. etwa Beiträge von Lüscher (Proposition 2) und Schütze.

[2] Vgl. dazu auch den Beitrag von Attias-Donfut.

Tamara K. Hareven, Kathleen Adams

Die mittlere Generation – Ein Kohortenvergleich der Unterstützung alternder Eltern in einer amerikanischen Gemeinde*

Einleitung: Lebenslauf, Generationen und Kohorten

Die Generationenbeziehungen sind in jüngster Zeit ein wichtiges Thema sozialwissenschaftlicher Forschung geworden; diese Entwicklung wurde vor allem durch das steigende Interesse an Problemen des Älterwerdens sowie durch das anhaltende Interesse an der Sozialisation des Kindes ausgelöst. Vom epistomologischen Standpunkt aus erscheint dieses gewachsene Interesse an Generationen darüberhinaus als Ergebnis der persönlichen Betroffenheit einer speziellen Kohorte: eine beträchtliche Anzahl von Sozialwissenschaftlern befinden sich schließlich selbst im mittleren und höheren Lebensalter.[1] Sie haben ein direktes persönliches Interesse an Generationenbeziehungen während der späteren Lebensphasen, sind mit der Untersuchung dieser Themen mittlerweile länger und intensiv beschäftigt, und haben darüberhinaus die Aufmerksamkeit der Medien auf Probleme, die mit den Generationen und dem Älterwerden zu tun haben, gelenkt.

Das Interesse an Generationen ist während der letzten zwei Jahrzehnte auch durch einen ausgeprägten Wissensdurst von Sozialwissenschaft und Öffentlichkeit an der Familie gestiegen. Da die Familie die Bühne ist, auf der die Beziehungen konkret ausgetragen werden, müssen die diversen Aspekte der Beziehungen sowohl in einem familiären, wie auch in einem sozio-strukturellen Kontext untersucht werden. Die Analyse von Generationenbeziehungen erfordert daher einen mehrdimensionalen Ansatz: nach außen geht es um das Verhältnis zu Institutionen und historischen Entwicklungen, im innern um die Interaktion im Rahmen der Familie und des erweiterten Familienverbandes.

In diesem Artikel werden wir uns zunächst einer allgemeinen Diskussion der zentralen Merkmale des Lebenslauf-Ansatzes zuwenden, welche in Beziehung zu meinem Beitrag (und denen der anderen Autoren) in diesem Band steht. Dann wird eine Fallstudie vorangestellt, die Erfahrungen verschiedener Kohorten im Hinblick auf ihre Generationenbeziehungen innerhalb einer amerikanischen Gemeinde vergleicht.

Die jüngste Forschung über den Lebensverlauf hat phänomenologische ebenso soziostrukturelle verhaltensbezogene Aspekte der Generationenbeziehungen sowie weitergefaßte, mit der subjektiven Rekonstruktion der Lebensgeschichte verbundenen Themen in das Licht des Interesses gerückt. Die lebensverlaufbezogene Perspektive stellt eine signifikante Dimension und einen integrierenden Rahmen für das Studium der Generationenbeziehungen zur Verfügung, da dieser Ansatz sich auf die Entwicklung der Person und die Geschichte bezieht (Elder 1978; Hareven und Masaoka 1988). Zuallererst stellt der Lebenslaufs-Ansatz ein Verständnis für den historischen Kontext der historischen Verortung verschiedener Generationen her. Er versetzt uns in besonderem Maße in die Lage, die geschichtlichen Umstände in ihren Auswirkungen auf das Leben der Angehörigen verschiedener Generationen zu untersuchen; eben jene Umstände, die zur Erklärung der Unterschiede der historischen Erfahrungen mehrerer Kohorten, die die jeweilige Lebensgeschichte gestaltet haben, beitragen. Dieser Ansatz trägt dazu bei, die Konstitution der Generationenbeziehungen in früheren Lebensphasen zu verstehen und die Faktoren zu erkennen, die diese Herausbildung auch in qualitativer Hinsicht beeinflußten.

Der Lebenslauf-Ansatz hat sein Hauptaugenmerk auf die Bedeutung von »Generation« und »Kohorte«, und dabei auf den Unterschied zwischen diesen beiden, gelegt. Deren Wechselwirkung, und damit ein Thema, dem Sozialwissenschaftler bei der Untersuchung von Generation bislang kein besonderes Interesse geschenkt haben, wurde gleichberechtigt ebenfalls unter die Lupe genommen. »Generation« bezeichnet Verwandtschaftsbeziehungen und schließt einen großen Zeitraum von oftmals 30 Jahren ein, während eine »Kohorte« eine speziellere Altersgruppe definiert. Von herausragender Wichtigkeit ist dabei die Tatsache, daß der Kohortenbegriff durch die Interaktion einer Altersgruppe mit historischen Ereignissen definiert ist, welche ihrerseits wiederum den Lebensverlauf dieser Gruppe beeinflussen. Eine Generation kann aus mehreren Kohorten bestehen, von denen jede unterschiedlichen historischen Erfahrungen begegnet ist, die wiederum die jeweiligen Lebensverläufe geprägt haben. Bei der Analyse von Generationenbeziehungen ist es daher wichtig, besonders zwischen »Generation« und »Kohorte« zu differenzieren und die Interaktion der beiden zu untersuchen, wie u. a. auch die Beiträge von Elder, Moen zeigen.

Im Lebensverlaufs-Ansatz sind drei zentrale Dimensionen von Relevanz, die sich alle um Zeitaspekte drehen: zuerst sind dies die zeitlichen Eckdaten verschiedener Phasenübergänge in ihrer Beziehung zu äußeren historischen Ereignissen, und zweitens die Synchronisation von individuellen Phasenübergängen mit kollektiv-familiären, sofern sie die Generationenbeziehungen beeinflussen. Schließlich erscheint hier als dritter Punkt noch der starke Einfluß früherer Lebensereignisse, die von den damaligen historischen Umständen bestimmt worden sind, von Wichtigkeit (Hareven 1978).

Die zeitliche Verortung der Phasenübergänge in einem individuellen Leben schließt die Berücksichtigung des jeweiligen Eintritts in die Rollen, in die Arbeitswelt und die Familie ein. Im individuellen Lebenslauf ist die entscheidende Frage, wie die Menschen ihren Ein- und Austritt in bzw. aus zahlreichen Rollen (Bildung, Familie, Arbeit und Gemeinschaft) im Zeitverlauf bewerkstelligen, beispielsweise wie sie Zeitpunkt und Aufeinanderfolge ihres Arbeitslebens und ihrer Bildungsabschnitte vor dem Hintergrund sich verändernder historischer Bedingungen festlegen (Elder 1978; Hareven 1978). In jedem dieser Zusammenhänge hängen das Tempo und die Zeitpunkte vom sozialen und kulturellen Kontext ab, in dem sich die Phasenübergänge ereignen.

Der zweite Aspekt unseres Rahmens dreht sich um die Synchronisation von individuellen Phasenübergängen mit kollektiv-familiären und um das lebenslange Jonglieren mit einer Vielzahl von familien- und arbeitsweltbezogenen Rollen. Individuen handeln in einer

Vielzahl von familiären Konstellationen, die sich im Laufe des Lebens ändern und unter veränderten historischen Bedingungen variieren. Obwohl das Lebensalter ein wichtiger und bestimmender Faktor für den Übergang zwischen Lebensphasen ist, ist es nicht die einzige signifikante Variable. Veränderungen im innerfamiliären Status und den damit einhergehenden Rollen sind oft ebenso wichtig wie das Alter, wenn nicht sogar noch bedeutsamer (Elder 1978).

Die Gleichschaltung individueller mit familiären Phasenübergängen ist ein zentraler Aspekt des Lebenslaufes, besonders dort, wo individuelle Ziele mit Bedürfnissen und Vorgaben der Familie als kollektiver Einheit kollidieren (Hareven 1978; 1982). Wie man in der folgenden Fallstudie erkennen wird, standen die individuellen Lebensabschnitte oft im Konflikt mit den Ansprüchen und Bedürfnissen älterwerdender Eltern. Töchtern, die in die Pflege ihrer Eltern eingebunden waren, wurde der Auszug und die Heirat verwehrt, damit sie zu Hause bleiben und ihre Eltern weiterhin unterstützen konnten (Hareven 1982).

Der dritte Hauptpunkt in Bezug auf den Lebensverlauf ist der sich über das ganze Leben hinweg summierende Einfluß früherer Lebensereignisse auf nachfolgende. Der »zu frühe« oder »verspätete« Abschluß bestimmter Lebensphasen bestimmt das Tempo derjenigen danach. Frühere Erfahrungen können den Lebensweg von einzelnen oder ganzen Familien in verschiedener Form lebenslang beeinflussen. Elder (1974) hat beispielsweise den negativen Ein fluß festgehalten, den die »Große Depression« auf diejenige Kohorte hatte, die ihr an der Schwelle zum Erwachsenenleben begegnete. Verspäteter Abschluß der Bildungsphase oder vorzeitiger Eintritt ins Erwerbsleben hatten ebenso Auswirkungen auf nachfolgende Verzögerungen und Nachlässigkeit im Berufsleben junger Männer. Die Fortpflanzung von Verzögerungen am Anfang des Lebens über das gesamte Leben hinweg geschieht jedoch nicht automatisch. Die Menschen stellen die Balance oft wieder her und korrigieren unter sich verändernden Umständen und als Antwort auf andere Ereignisse ihren Lebensverlauf. Beispielsweise eröffnete der Zweiten Weltkrieg, wie Elder und Hareven (1993) herausgefunden haben, jungen Männern, die in der »Großen Depression« unter die Räder gekommen waren, neue Möglichkeiten und befähigte sie, den damals im Berufsleben erlittenen Schaden wieder wettzumachen.

Historische Zwänge spielen daher in diesem komplexen, summierenden Faktoren unterworfenen Muster eine entscheidende Rolle. Sie haben zum Zeitpunkt des Aufeinandertreffens einen direkten und starken Einfluß auf die individuellen Lebensverläufe. Frühere historische Bedingungen haben weiterhin indirekte Auswirkungen. Dies bedeutet, daß die sozialen Erfahrungen jeder Kohorte nicht nur von den jeweils augenblicklichen geschichtlichen Ereignissen und Bedingungen geformt werden, sondern ebenso von den historischen Prozessen, die ihre früheren Lebensabschnitte bestimmt und geprägt haben (Hareven 1978; 1982).

Der Einfluß historischer Größen auf den Lebensverlauf beschränkt sich nicht auf eine Generation. Nicht nur trifft jede Generation auf historische Umstände, die ihre nachfolgende Lebensgeschichte formen; die Auswirkungen, die historische Ereignisse auf das Leben der Familienmitglieder hatten, werden von einer Generation an die nächste weitergegeben. Verzögerungen oder Unregelmäßigkeiten bei den beruflichen und familiären Wegen der Eltern, die aus der »Großen Depression« resultierten, beeinflußten beispielsweise die zeitlichen Abläufe bei den Kindern. In diesem Fall hatten die historischen Ereignisse in zweierlei Hinsicht eine Auswirkung auf das Leben der Kinder: auf direktem Wege durch das Durchleben dieser Ereignisse und indirekt durch deren Nachwehen über die Generationen hinweg.

Die Umschreibung, was der zeitlich vorherige Abschluß von Lebensphasen ist, hängt von kulturell bedingten Mustern in verschiedenen Gesellschaften ab; in besonderem Maße ist dies bei der Frage der Fall, ob der Übergang in die nächste Phase als »früh«, »spät« oder »rechtzeitig« wahrgenommen wird. Ab welchem Zeitpunkt hält man eine Frau beispielsweise für eine »alte Jungfer«, wenn sie bis dato nicht verheiratet ist? Solche Definitionen von »Rechtzeitigkeit« leiten sich aus den inneren Erwartungen der Menschen und denen ihres familiären und sozialen Umfeldes ab. Kulturelle Normen, die die Rechtzeitigkeit festlegen, sowie Normen, die die familiären Verpflichtungen festschreiben, gestalten die individuelle und kollektiv-familiäre Wahl der Zeitpunkte.

Eine historische Perspektive hilft uns beim Lokalisieren derjenigen Punkte, wo sozio-ökonomische und kulturelle Zwänge, die für besondere Zeitperioden typisch sind und die Lebensphasen sowie deren Wahrnehmung direkt beeinflussen, zusammenkommen und gemeinsam wirken. Rechtzeitigkeit wird von der eigenen Kultur, und auch von den Werten, die in verschiedenen kulturellen Kontexten das »Timing« bestimmen, definiert (Hareven 1978b; Le Vine 1978).

Eine lebensverlauforientierte Perspektive stellt einen Rahmen für das Verstehen der Streubreite der Unterstützungsmuster im höheren Lebensalter zur Verfügung; dies gilt ebenso für Veränderungen in der Erwartungshaltung von Empfängern und Spendern der Hilfen, welche dabei beide von ihrem jeweiligen sozialen und kulturellen Milieu beeinflußt werden. Die Verhaltensmuster und die Erwartungen beim Annehmen und Leisten der Altersunterstützung sind Teil eines fortwährenden Interaktionsprozesses zwischen Eltern, Kindern und der übrigen Verwandtschaft, der sich lebenslang durch alle historischen Etappen zieht. Ein Lebensverlaufs-Ansatz schafft ein Verständnis für die Herausbildung einer Beziehung gegenseitiger Unterstützung im Zeitverlauf menschlichen Lebens sowie deren fortwährende Neukonstitution aufgrund historischer Umstände, wie zum Beispiel Wanderbewegungen, Kriege oder Aufstieg und Niedergang regionaler Wirtschaftsstrukturen. Die früheren Lebenserfahrungen jeder Kohorte, wie sie von historischen Ereignissen bestimmt werden, haben für deren Zugehörige darüberhinaus einen Einfluß auf die Verfügbarkeit von Ressourcen, die Gestalt gegenseitigen Beistandes und Bewältigungsstrategien im Alter.

Die Einstellungen über Altershilfen seitens der Verwandtschaft werden von den Werten und Erfahrungen bestimmt, die sich einmal fest herausbilden oder auch im Verlauf des gesamten Lebens mehrfach verändert werden. Ethische Grundsätze zum Beispiel, die in einer früheren Kultur geringer Mobilität verankert wurden, haben eine ausschließlichere Abhängigkeit von Hilfsleistungen durch die Kinder und die Verwandtschaft zur Folge als die zeitgenössischeren Ansichten, die ein Sich-Verlassenkönnen auf Unterstützung durch Regierungsprogramme und kommunale Körperschaften fordern. Solche Wertunterschiede kommen in Theorie und Praxis der Fürsorge in aufeinanderfolgenden Kohorten zum Ausdruck.

Eine Fallstudie in einer amerikanischen Gemeinde

ÜBERSICHT

Unsere Studie beruht auf umfassenden lebensgeschichtlichen Interviews mit Textilarbeitern in Manchester, New Hampshire, sowie ihren erwachsenen Kindern und deren Ehepartnern. Die Elterngeneration, auf der das Buch »Family Time and Industrial Time« (Hareven 1982) basiert, ist zwischen der Jahrhundertwende und dem Ersten Weltkrieg nach Manchester eingewandert, um in den Amoskeag-Textilwerken zu arbeiten. Die meisten von ihnen kamen aus Quebec, Polen und Griechenland, in kleinerer Zahl auch aus Schottland, Irland und Schweden. In der Zeit ihrer Ankunft war Amoskeag – die größte Textilfabrik der Welt – auf dem Höhepunkt ihrer Produktion. Nach dem Ersten Weltkrieg begann der steile Niedergang der Amoskeag-Werke, der 1936 zu ihrer endgültigen Stillegung führte – ein verheerendes Ereignis, das die Gemeinde ökonomisch für fast ein Jahrzehnt lahmlegte. Da Manchester eine monoindustrielle Stadt war, war die Stillegung der Werke für sie ein besonders schwerer Schlag (Hareven 1982).

Dieser Bericht nutzt den historischen Datensatz, den Hareven für die Eltern-Kohorte konstruierte und auf dem Family Time und Industrial Time basiert (Hareven 1982). Wir haben diese historischen Daten mit einem neuen Datensatz über die Kohorten der Kinder verknüpft, den wir durch intensive lebensgeschichtliche Interviews in der Zeit von 1981–1985 sowie die Erhebung der demographischen Verläufe und der Berufs- und Migrationsverläufe erstellten. Durch das Aufspüren der Kinder, ihrer Ehepartner, der Geschwister der Ehepartner und anderer Familienmitglieder sowohl in Manchester als auch in anderen Teilen der Vereinigten Staaten konnten wir die Familienmitglieder so weit wie möglich entlang der Verwandtschaftslinien verfolgen. Wir stellten diese Gruppe von Interviewpartnern in einem »Schneeball-Verfahren« zusammen und interviewten alle Verwandten, die auf unsere Anfrage geantwortet hatten. Jedes Interview fand in drei zwei- bis dreistündigen Sitzungen statt und wurde mit offenen Fragen durchgeführt. Die Fragen deckten eine breite Palette von Einzelheiten über die Lebensgeschichte der Befragten ab. Viele Fragen gingen ausführlich auf die Bereiche der Unterstützung im Lebenslauf und der Unterstützungsnetzwerke im Alter ein (Hareven 1986). So weit wie möglich erhoben wir die Wahrnehmung der gleichen Sachverhalte durch die Kinder und die Eltern oder mehrere Geschwister.

Zusätzlich zu den Interviews konstruierten wir eine demographische Geschichte, eine Migrationsgeschichte, eine Geschichte der Berufstätigkeit sowie eine Familiengeschichte für jeden einzelnen. Wir verknüpften diese Sequenzinformation zu einer »Zeit-Lebenslinie«, in der wir die Lebensgeschichten der Individuen chronologisch in Bezug auf Alter und historische Zeit rekonstruierten. Dann verbanden wir diese individuellen Zeit-Lebenslinien zu Verwandtschafts-Cluster. Die Zeit-Lebenslinien ermöglichten uns den Vergleich der Lebensverläufe der verschiedenen Individuen der Stichprobe und für jedes Individuum die Untersuchung der Synchronisation von Übergängen im Arbeitsleben mit denen im

Familienleben sowie des Verhältnisses der Verlaufsmuster zu subjektiven Darstellungen des Lebenslaufs im Interview. Insgesamt wurden 200 Lebensgeschichten auf diese Weise rekonstruiert.

Die detaillierte Rekonstruktion der Lebensgeschichten sowie der Migrations- und Arbeitsgeschichten dieser Kohorten ermöglicht uns, frühere lebensgeschichtliche Ereignisse auf spätere zu beziehen und Lebenslaufmuster als wichtige Variablen der verwandtschaftlichen Hilfe im Alter zu identifizieren. Ein Vergleich der beiden Kohorten eröffnet eine Perspektive auf den historischen Wandel und ein Verständnis davon, wie die Unterstützungsmuster jeder Kohorte durch die auf ihr Leben einwirkenden historischen Umstände und kulturellen Werte geformt wurden.

UNTERSTÜTZUNGSMUSTER IM LEBENSLAUF

Für die ethnischen Arbeiterschicht-Familien, die hier untersucht werden, war die Erwartung, daß erwachsene Kinder für ihre alternden Eltern sorgen, in ihre traditionellen Muster verwandtschaftlicher Hilfe und familialer Werte eingebettet, die die Elterngeneration mitgebracht hatte. Immigranten brachten ihre verwandtschaftlichen Verbindungen und Unterstützungsmuster aus ihren Herkunftsorten mit und paßten sie den Bedürfnissen und Anforderungen der urban-industriellen Umgebung in den Vereinigten Staaten an. Die meisten Mitglieder der Elterngeneration kamen als Jugendliche oder als Ehepaare mit kleinen Kindern nach Manchester. Viele von ihnen ließen ihre eigenen Eltern zurück, unterhielten aber stetige verwandtschaftliche Beziehungen zu ihren Herkunftsorten. Vor allem jene, die aus Quebec kamen, erhielten ihre verwandtschaftlichen Netzwerke über die industrielle Landschaft des nördlichen New Englands und Quebecs aufrecht; einige brachten schließlich ihre Eltern nach Manchester.

Unterstützungsmuster zwischen den Generationen erstreckten sich über den Lebenslauf und tendierten unter normalen Umständen wie auch während kritischen Lebenssituationen zu Gegenseitigkeit, Informalität und regelmäßiger Wiederholung. Wenn diese Muster durch die Auswanderung oder den Tod von Familienmitgliedern zerbrochen wurden, entstanden neue Verwandtschaftskonfigurationen.

Unter der vorherrschenden ökonomischen Unsicherheit während des späten 19. Jahrhunderts und der ersten Hälfte dieses Jahrhunderts, in der verwandtschaftliche Hilfe die einzige konstante Quelle von Unterstützung war, diktierte die Familienkultur die Notwendigkeit, individuelle Entscheidungen den familialen Erwägungen und Bedürfnissen unterzuordnen. Gegenseitige Hilfe zwischen Verwandten war, obwohl mit extensivem Austausch verbunden, nicht berechnend. Eher drückte sie ein grundlegendes Prinzip der Reziprozität über den Lebenslauf und zwischen den Generationen aus. Familienmitglieder, die ihre eigenen Karrieren und Bedürfnisse denen der Familie als kollektiver Einheit unterordneten, taten dies eher aus einem Gefühl von Verantwortlichkeit, Zuneigung und familialer Verpflichtung als mit der Erwartung eines späteren Gewinnes. Das Gefühl der Verpflichtung gegenüber Verwandten war eine Manifestation der Familienkultur – einer

Reihe von Werten, die eine Verpflichtung auf Wohlergehen und Selbstbehauptung oder Überleben der Familie beinhalteten und die gegenüber individuellen Bedürfnissen und persönlichem Glück Vorrang hatten. Familiale Autonomie – wesentlich für das Selbstwertgefühl und das Ansehen in Nachbarschaft und Gemeinde – war einer der am tiefsten verwurzelten Werte (Hareven 1982).

Unterstützungsmuster im Alter entwickelten sich aus dem täglichen Austausch zwischen Eltern und Kindern über den Lebenslauf. Kinder, vor allem Töchter, halfen ihren alternden Eltern, indem sie sie zum Einkaufen oder zum Arzt brachten, Haushaltsartikel besorgten und sich regelmäßig gegenseitig besuchten. Solche dauerhaften Unterstützungsmuster bildeten den Rahmen für den Umgang mit späteren Krisen, etwa einer schweren oder chronischen Krankheit einer Elternperson, der Verwitwung und der Abhängigkeit im hohen Alter. Diese Muster der Hilfe drehten sich hauptsächlich um die Generationsachse von Eltern und Kindern. Trotz der langen Tradition verwandtschaftlicher Hilfe zwischen diesen Familien gibt es nur wenige Belege von Fällen, in denen sich andere Verwandte (z. B. Geschwister oder Nichten und Neffen) um ihre alten Verwandten kümmerten. Die anderen Verwandten sorgten für Gesellschaft und gelegentliche Hilfen, doch die Hauptverantwortung für regelmäßige Betreuung lag bei den Kindern.

Muster verwandtschaftlicher Hilfe, die sich früh im Leben bildeten, dauerten gewöhnlich bis ins hohe Alter an. Kinder, die während der Jahre, in denen sie selber Kinder großzogen, eine engere alltägliche Interaktion mit ihren eigenen Eltern erfuhren, übernahmen mit größerer Wahrscheinlichkeit als ihre Geschwister die Verantwortung zur Hilfe in den späteren Lebensjahren der Eltern, es sei denn, die Beziehung wurde durch Migration, Tod, frühe gesundheitliche Beeinträchtigung oder Konflikte gestört. Auch in Fällen, in denen Kinder der jüngeren Kohorte (vor allem Töchter) Manchester verlassen hatten, neigten sie dazu, in das elterliche Heim zurückzukehren, wenn sie ihren Ehegatten verloren. Einige dieser Töchter verließen das Heim wieder, nachdem sie ihr Leben wieder geordnet hatten; andere blieben und übernahmen später die Betreuung ihrer Eltern oder der verwitweten Mütter. In anderen Fällen kehrten Kinder, die die Gemeinde verlassen hatten, zurück, wenn eine Elternperson starb oder Hilfe brauchte oder wenn es keine Geschwister gab, die helfen konnten. Umgekehrt zogen unter bestimmten Umständen verwitwete Mütter zu ihren Töchtern, die Manchester verlassen hatten, weil sie lieber mit ihnen anstatt mit anderen verbliebenen Kindern lebten.

Das ideale Modell des Wohnens für alternde Eltern, die sich selbst versorgen konnten, fand sich in der Familie Duchamp. Hier zog die Mutter von Solange Duchamp in die obere Wohnung im Haus der Eltern ihres Mannes (Guy, geboren 1928) ein.

»Natürlich wohnt meine Muter allein und ich denke, daß mit Mama und Papa C. im Haus, natürlich sind sie sowieso immer gute Freunde gewesen, und seitdem wir verheiratet sind, ist es als ob sie in der Familie sind, und wenn ich von der Arbeit nach Hause komme, so ein-, zweimal wissen Sie [...] manchmal während der Woche, ich schaue vorbei und ich mache einen Besuch oben und ich mache einen Besuch unten. Alle sind zur selben Zeit da, und manchmal komme ich rein und meine Mutter kommt runter, oder sie kommen rauf oder

irgendwas, und reden und es ist beruhigend, daß so in diesem Haushalt jeder die anderen
so sehr mag, daß falls etwas oben passiert, ich weiß, daß ich mir keine Sorgen machen
muß, daß Mama oder Papa C. unten anrufen würden, oder andersherum. Falls unten
etwas passiert, würde meine Mutter anrufen. Insofern ist es eine sorgenfreie Situation
[...].«.

Der übliche Brauch des getrennten Wohnens der Generationen in der amerikanischen Gesellschaft wurde von den hier untersuchten Leuten hauptsächlich in Notfällen oder bei chronischer Erkrankung, Behinderung oder Demenz der alten Eltern verändert. In solchen Fällen wurde normalerweise die Elternperson in den Haushalt des Kindes, meistens einer Tochter aufgenommen. In anderen Fällen fand das umgekehrte statt: Eine Tochter, die verwitwet, geschieden, getrennt oder behindert war, zog zu den Eltern, um verschiedene Hilfeleistungen zu erhalten und vor allem der Kinderbetreuung wegen. Falls sie bei den Eltern blieb, übernahm sie später die Verantwortung für die Versorgung ihrer Eltern.

Während es für Töchter üblich war, einen hilfsbedürftigen Elternteil aufzunehmen, übernahmen häufig auch die Schwiegertöchter die Verantwortung für die Betreuung einer Elternperson des Partners. In einigen Fällen setzte die Ehefrau auch nach dem Tod des Ehemannes die Betreuung der Schwiegereltern fort. Es gab keinen klaren Unterschied zwischen Töchtern und Schwiegertöchtern bezüglich der Aufnahme von alten Eltern. Frauen kümmerten sich gleichermaßen um die Schwiegereltern wie um ihre eigenen Eltern. Das häufigste Muster war jedoch das einer Mutter, die in das Haus der Tochter einzog. In einigen Fällen, wenn eine Schwiegertochter die Schwiegereltern betreute, fand die Betreuung im Heim der Eltern statt. Wenn Paare mit dem Problem der gleichzeitigen Betreuung einer Elternperson von beiden Seiten der Familie konfrontiert waren, setzten sie Prioritäten, um zu entscheiden, welchen Elternteil sie aufnehmen sollten, und arbeiteten alternative Vereinbarungen mit den Geschwistern aus.

Die Aufnahme einer Elternperson in den Haushalt erforderte beträchtliche Umstellungen der Räume wie auch der familialen Gewohnheiten. Aufgrund beschränkten Wohnraums war es in einigen Fällen nötig, daß die Eltern in der Dachstube oder im Wohnzimmer schliefen oder daß die Enkelkinder ihr Zimmer aufgeben mußten. Helena Debski Wojek (geboren 1913) pendelte anfangs, als der zweite Mann ihrer Mutter sich weigerte, die dort im Krankenhaus behandelte Mutter zu betreuen, von Manchester zum Massachusetts General Hospital in Boston. »Ich verließ die Arbeit und eilte sofort nach Boston, weil sie überhaupt kein Englisch sprechen konnte.« Dann wohnte ihre Mutter sechs Monate bei ihr. »Wir haben unser Bett aufgegeben und schliefen in der Dachstube auf dem Sofa. Und mein Sohn gab sein Bett auf.« Bei asthmatischen Anfällen der alten Frau mußte die Familie oft während der Nacht aufstehen, um sie vor dem Ersticken zu bewahren.

Das größte Problem der Umstellung bei der Betreuung einer alten Elternperson lag bei der Tochter oder Schwiegertochter, besonders wenn sie berufstätig war. Frauen trugen den Hauptteil der Bürde der tätlichen Betreuung, während die Männer hauptsächlich finanzielle Hilfe und Gesellschaft leisteten. In Manchester waren die meisten Frauen berufstätig und daher in der Klemme zwischen der Betreung einer alten Elternsperson und ihren eigenen beruflichen und familialen Pflichten. Viele der betreuenden Frauen berichteten von den Konflikten, die aus der Notwendigkeit entstanden, fast den ganzen Tag mit der Betreuung eines zuhause lebenden alten Elternteils verbingen zu müssen, während sie gleichzeitig ihre Berufstätigkeit fortsetzten. Manche mußten tagsüber arbeiten und nachts eine Elternperson betreuen.

Einige der Töchter, die einen alternden Elternteil in ihren Haushalt aufgenommen hatten, mußten ihre Vollzeitbeschäftigung aufgeben oder sie durch eine Teilzeitbeschäftigung und weniger befriedigende Arbeit ersetzen. Solche Veränderungen nahmen der Familie ein zusätzliches Einkommen, das notwendig gewesen wäre, um ein Haus zu erwerben oder den Kindern eine bessere Ausbildung zu ermöglichen. In den Fällen, in denen die Eltern teilweise allein gelassen werden konnten, versuchten die Töchter, Beruf und Betreuung einer Elternperson zu verbinden, und pendelten über erhebliche Entfernungen, um den Bedürfnissen ihrer eigenen Familie und denen der Eltern gerecht zu werden (vgl. Brody 1981).

Manchmal zögerten die Eltern selbst, Unterstützung anzunehmen. Während Erkrankungen halfen ihnen die Kinder durch die Intensivierung ihrer gewöhnlichen Hilfemuster. Solange Duchamp erklärte, wie sie und ihre Schwägerinnen die Pflege der Schwiegermutter handhabten, als sie krank und zugleich mit einer ernsten Krankheit des Vaters konfrontiert war: »Sie läßt niemand ran [...] also mußt du einfach reinkommen und es [Essen, Wäsche oder Haushaltsbedarf] schon fertig haben und es einfach reinbringen und sagen, ›hier ist es‹« (vgl. Scharlach 1987).

DIE BESTIMMUNG EINES »ELTERN-BETREUERS«

Es gab weder ein gängiges Muster, demzufolge das jüngste oder das älteste Kind die Rolle des »Eltern-Betreuers« übernahm, noch gab es verbindliche Regeln, nach denen ein Kind für diese Rolle ausgewählt wurde. Die Hauptfaktoren, die die Auswahl bestimmten, hingen von der Fähigkeit und Bereitwilligkeit des Kindes, eine Elternperson aufzunehmen, von der Zustimmung bzw. Unterstützung des Ehepartners und von der Zustimmung des Elternteils ab. Wenn die anderen Kinder bereits zu alt waren und selbst Hilfe benötigten, war es ihnen nicht möglich, eine alternde Elternperson aufzunehmen. Molly Jones Sloane (geboren 1924) zum Beispiel beklagte bitterlich, daß sie ihre Schwiegermutter 22 Jahre lang in ihrem Haushalt haben mußte. Im Alter von 100 Jahren wurde die Schwiegermutter schließlich in ein Pflegeheim gebracht, da die anderen Geschwister von Molly's Ehemann (das »Baby«) in den 70ern waren. »Also, du kommst an einen Punkt, an dem du zu alt bist, dich um sie zu kümmern.«

Die meisten »Eltern-Betreuer« entwickelten sich über ihren gesamten Lebenslauf in diese Rolle hinein; andere wurden durch Familienkrisen in sie hineingezwungen. Frühere Erfahrungen im Lebenslauf waren ein entscheidender Faktor der Bestimmung eines »Eltern-Betreuers«. Oft führte die emotionale Verbindung zwischen einer Elternperson und einem Kind dazu, daß die Pflege eines alternden Elternteils durch dieses Kind das naheliegendste war. Häufig wurden diese Verbindungen in der letzten Phase einer chronischen Krankheit der Eltern noch verstärkt; einige Kinder berichteten von Einsamkeitsgefühlen nach dem Tode ihrer Eltern; einige pflegende Kinder heirateten noch einmal oder verstärkten die Beziehungen zu ihren eigenen Kindern, um nach dem Tod ihrer Eltern in enge familiale Beziehungen eingebunden zu bleiben.

Der Entschluß einer pflegenden Tochter zur Heirat verursachte erhebliche Spannungen zwischen den Generationen, und viele Paare warteten manchmal Jahrzehnte auf den Tod der Eltern, bis sie heiraten konnten. Marianne Trudeau Wiznewski (geboren 1912), die älteste Tochter, war 47, als sie schließlich heiraten konnte. Bis zu dieser Zeit lebte sie mit ihrer Mutter zusammen. Als junges Mädchen erlebten sie und ihre Schwester einen Dauerkonflikt zwischen ihrer Mutter und ihrem Vater, der durch den Verdacht der Mutter verstärkt wurde, daß ihr Mann ein uneheliches Kind gezeugt habe. Marianne begann sich für ihre Mutter verantwortlich zu fühlen: »Ich hatte Angst, meine Mutter allein zu lassen.« (Sie erklärte nicht, was der Grund ihrer Befürchtungen war). Als sich Marianne im mittleren Alter schließlich zur Heirat entschloß, widersprach ihre Mutter. »Sie mochte ihn [den Verlobten] nicht. Er war ein Witwer, und ich weiß nicht, sie traute ihm nicht.« Mariannes Ehemann pendelte von Massachusetts und zog schließlich zu ihnen. Sechs Monate später starb Mariannes Mutter an Diabetes. »Und Mutter mochte ihn nicht. Und sie starb dann im Dezember. Ich fühlte mich so schlecht [...] ein furchtbares Gefühl.«

Lucille Martineau Grenier (geboren 1915) war 48, als sie einen 62jährigen Witwer heiratete, einen Vater von fünf verheirateten Kindern. Ihre 68jährige Muter war bestürzt über die Heirat, »denn sie verlor ihre rechte Hand [...]. Bis zu meiner Heirat lebte ich bei ihr und versorgte sie. Sie erwartete, mich für den Rest ihres Lebens zu besitzen.« Lucille brachte ihre Mutter in ein Pflegeheim, denn sie war »wirklich krank«. Später, als ihr Mann erkrankte, verlangte Lucille von seinen Kindern, auch ihn in einem Pflegeheim unterzubringen. Beide starben kurz nach ihrem Eintritt ins Heim. Joan Riley (geboren 1914), die von Providence (Rhode Island) nach Boston zurückkehrte, um nach dem Tod ihres Ehemannes bei ihrer Mutter zu leben, erklärt, weshalb sie nicht noch einmal heiratete: »Ich hatte für meine Mutter zu sorgen. Sie kam zuerst, denn sie wurde älter und brauchte jemanden.«

Junge Frauen, die sich der kulturellen Erwartung bewußt waren, daß eine Tochter zu Hause für ihre alternden Eltern zu sorgen habe, verfolgten verschiedene Strategien, um dieser Situation früh zu entfliehen. Schwester Marie Lemay (geboren 1926) wurde in ihrer Jugend gewarnt, daß sie, wenn sie sich nicht die Betreuung alter Eltern aufladen wolle, ihren Wunsch, Nonne zu werden, zeitlich sorgfältig planen müsse. Ihre beiden älteren Schwestern, die kurz vor der Heirat standen, warnten sie:

> »Wenn du nicht jetzt [ins Kloster] eintrittst, wird es, wenn wir beide weg sind, schwierig sein zu gehen. Also erzählten sie mir ihre Pläne, und somit gingen drei von uns im gleichen Jahr weg. Vater sagte immer, ›wir haben diese französische Redensart, daß jemand als Unterstützung der alten Eltern zu Hause bleibt [...]‹. Meist schien dies der jüngste in der Familie zu sein, oder das jüngste Mädchen. Die älteren wuchsen auf und heirateten, und die Eltern wurden alt. Bis die jüngste aufgewachsen war, waren die Eltern alt geworden [...] also erschien es fast natürlich, sich um die Familie zu kümmern, anstatt einen eigenen Haushalt zu gründen.«

320

Anna Douville (geboren 1907), die jüngste ihrer Familie, mußte sich mit ihren eigenen Schwestern auseinandersetzen, um nicht als letzte zu Hause zu bleiben. Als Anna schließlich verkündete, daß sie heiraten werde, drängten ihre Schwestern sie mit der Behauptung, der Verlobte sei ein Trinker, diese Verbindung aufzugeben. Tatsächlich »heckten sie aus, daß ich mich bis zu deren Tod um meine Angehörigen kümmern sollte [...]. Aber meine Mutter sagte mir ›Anna, warte nicht zu lange. Was ist, wenn ich sterbe oder dein Vater stirbt? Dann würdest du darauf bestehen, bei mir zu bleiben, und würdest deinen Freund verlieren.‹ Anna heiratete und lebte zwei Häuser von ihren Eltern entfernt, dennoch war sie nie ganz frei von Schuldgefühlen:

>»Sie [die Eltern] lebten von der städtischen Fürsorge [...] auch in den schweren Phasen meines Lebens habe ich niemals Selbstmitleid gehabt, denn ich kannte das Leben meiner Mutter [...]. Manchmal, wenn ich hier allein sitze, überlege ich mir, was Vati und Mutti machen würden, wenn sie runterkommen könnten und all die komischen Sachen sähen, die ich mir alleine [im Fernsehen] anschaue. Wenn deine Eltern gegangen sind, gehen dir eine Menge Dinge durch den Kopf [...]. Du nimmst das nicht wahr, wenn sie noch leben. Du möchtest dein eigenes Leben leben; aber wenn deine Eltern weg sind und du an all die guten Dinge denkst, die du heute hast, dann möchtest du die gerne mit ihnen teilen.«*
(Hareven/Langenbach 1978).

DER SCHATTEN DES PFLEGEHEIMS

Die unbefriedigende Alternative zur Betreuung der Eltern zu Hause bestand darin, sie in das Pflegeheim zu bringen. Ins Pflegeheim kamen die Eltern meist in Fällen schwerer Krankheit, Paralyse oder Demenz, wenn sie beispielsweise umherirrten, irrational, impulsiv oder unberechenbar wurden oder von den erwachsenen Kindern nicht mehr versorgt werden konnten. In einigen Fällen erlebten auch ältere Paare dieses Dilemma mit ihrem Ehepartner und brachten ihn in ein Pflegeheim.

Die meisten alten Eltern, die in ein Pflegeheim gingen, taten dies in der letzten Phase einer chronischen Krankheit und starben bald darauf. Kinder, die in Manchester lebten, besuchten ihre Eltern regelmäßig, oft täglich im Heim. Töchter erledigten die Wäsche, besorgten den Haarschnitt, brachten Leckereien und machten Ausflüge mit der Elternperson. Wenn die Kinder in entfernteren Gemeinden lebten, waren die Besuche seltener, und die tägliche Betreuung blieb einem lokal ansässigen Geschwister überlassen.

Einen Fall von sich widersprechenden Berichten über den Eintritt einer Elternperson ins Pflegeheim erlebten wir, als wir die 87jährige Mutter von Alice Robert St. Martin (geboren 1925)im Pflegeheim in Anwesenheit von Alice interviewten. Das Interview brach ab, weil die Mutte über ihr Gefühl, ins Heim abgeschoben zu sein, in Tränen ausbrach. In einem früheren Interview hatte Alice behauptet, ihre Mutter sei auf ihren eigenen Wunsch ins Pflegeheim gegangen:

»Meine Mutter wollte in ein Pflegeheim, aber wir wußten nie, sie sagte es uns, als sie am nächsten Tag gehen wollte. Sie traf Verabredungen mit Leuten, die im Krankenhaus arbeiteten. Ich glaube, ich weiß nicht, ob Donald [Sohn] es wußte. Ich weiß, daß ich es nicht wußte. Sie rief mich und sagte, ›ich hoffe es macht dir nichts aus, aber ich gehe du weißt schon‹, sie verkaufte ihre Möbel. Was sollte ich sagen? Es war besser so, Sie wissen schon, denn sie konnte mit heute 87 nicht mehr.«

Obwohl Pflegeheime in den späten 60er Jahren allgemein üblich geworden waren, blieb es dennoch mit einem Stigma verbunden, eine Elternperson im Pflegeheim zu haben. Ausnahmslos fühlten sich die Interviewpartner dazu gezwungen, eine Entschuldigung oder Rechtfertigung dafür geben, daß sie einen Elternteil im Heim hatten. In den retrospektiven Erzählungen der Kinder wiederholte sich das Thema, daß die Eltern auf eigene Initiative ins Heim gegangen seien und hierdurch ihre Kinder mit einem fait accompli konfrontiert hätten.

Die Nutzung des Pflegeheims als letzte Möglichkeit und das Bemühen erwachsener Kinder, die oft selbst ein hohes Alter erreicht hatten, eine Elternperson bei sich zu behalten, verlangte von den pflegenden Kindern einen hohen Preis. Ob der Belastung verschlechterte sich die Gesundheit einiger dieser Kinder, andere hatten Spannungen in ihrer Ehe zu ertragen oder erlebten eine finanzielle Verschlechterung durch den Rückzug der Frau aus dem Erwerbsleben; und andere waren aufgrund der finanziellen Belastung und der zeitlichen Beanspruchung der Ehefrau nicht in der Lage, sich auf ihren eigenen Ruhestand und ihr hohes Alter vorzubereiten. Einige verschoben ihre Heirat oder gaben sie ganz auf.

Es ist daher nicht überraschend, daß alle interviewten Kinder, die alternde Eltern in ihren Haushalten versorgt hatten, den Wunsch ausdrückten, in ihrem hohen Alter niemals von ihren Kindern abhängig zu sein. Sie betrachteten das Zusammenleben mit ihren Kindern als das größte Hindernis. Sarah Butterick (geboren 1918), die in ihrem Haushalt ihren Vater versorgte, nachdem er einen Schlaganfall gehabt hatte, sagte, sie würde nie daran denken, bei ihren Kindern zu leben. »Ich hoffe nicht, ich hoffe, daß ich tot umfalle. (Ich) hoffe, daß ich eines Morgens einfach nicht mehr aufwache.« Helena Debski Wojek (geboren 1913), deren Mutter während einer sechsmonatigen Krankheit bei ihr lebte, erklärte, weshalb sie (nach dem Tod ihres Ehemannes) allein lebte: »Also ich versuche es, weil ich weiß, was es bedeutet, sich um Leute zu kümmern, die wirklich krank sind, und ich möchte nicht, daß meine Kinder das durchmachen müssen [...]. Ich möchte nicht bei einem meiner Kinder leben, weil sie ihr eigenes Leben haben, und ich habe mein eigenes Leben.«

Bei der Bewertung der starken Aussagen der Kinder über ihre zukünfige Unabhängigkeit ist die Lebensphase, in welcher die Interviews stattfanden, zu berücksichtigen. Man kann nicht sagen, ob sich ihre Haltung verändert, wenn sie alt und abhängig werden. Der 52jährige Raymond Champagne faßt es so: »Ich denke, ich würde versuchen, es alleine zu schaffen. Mag sein, daß ich in einigen Jahren anders darüber denke.«

Die durchgängige Übernahme der Versorgung der alten Eltern durch die Kinder war eng mit ihren früheren Lebenslaufmustern und mit ethnischen und kulturellen Traditionen, die ihre familialen Beziehungen bestimmten, verbunden. Ein umfassenderes Verständnis der Unterschiede ihrer Haltungen hängt von unserer Bestimmung des historischen Zusammenhangs ab, der auf das Leben der verschiedenen Kohorten einwirkte.

Die Mitglieder der Kohorte der Eltern waren die hauptsächlichen Unterstützer ihrer alten Eltern gewesen. Sie betrachteten Verwandtschaft als ihre fast ausschließliche Unterstützungsquelle über den Lebenslauf. Genau aus diesem Grund erwarteten sie ihre eigene Unterstützung im Alter zur Hauptsache von ihren Kindern. Sie versuchten, so lange wie möglich alleine zurechtzukommen, und betrachteten die Unterstützung durch ihre Kinder als Teil der Selbstbehauptung der Familiengruppe. Die älteren Mitglieder der Elternkohorte (in ihren 80ern und 90ern) drückten diesen Zusammenhang besonders deutlich aus. Sie hatten den ersten Teil ihres Lebens in einer Ära verbracht, die dem Wohlfahrtsstaat vorausging, und ein Vertrauen auf öffentliche Einrichtungen war ihren Prinzipien und ihrer Erziehung fremd. Ihr Glaube an die Selbstgenügsamkeit der Familie führte sie dazu, öffentliche Unterstützung als erniedrigend zu empfinden. Dies waren die Werte, die sie ihren Kindern beigebracht hatten. In ihrer Abstufung der Quellen von Unterstützung hatte die Kernfamilie die höchste Priorität, gefolgt von der erweiterten und entfernteren Verwandtschaft. Wie zu erwarten war, nannten sie die öffentliche Fürsorge als letzte Zuflucht. Auch während der großen Krise, so gaben die Eltern stolz an, hätten sie öffentliche Fürsorge nicht benötigt. Wer zur Unterstützung auf öffentliche Einrichtungen zurückgriff, tat dies heimlich und stritt später ab, Hilfe erhalten zu haben (Hareven 1982).

Das größere Vertrauen der Eltern auf die Unterstützung durch Verwandte als auf die durch öffentliche Einrichtungen war auch durch ihren ethnischen Hintergrund geformt. Ihre Ideologie der verwandtschaftlichen Unterstützung war Teil ihrer Tradition und bildete eine Überlebensstrategie, die sie aus ihren Herkunftsfamilien mitgebracht hatten. Sie modifizierten diese Ideologie, um sie den Bedürfnissen, Anforderungen und Zwängen anzupassen, welche die Unsicherheiten der industriellen Umwelt ihnen auferlegten. Ihre Einbindung in gegenseitige verwandtschaftliche Hilfe stellte also sowohl die Fortsetzung einer früheren Praxis von Austauschbeziehungen dar als auch eine Ideologie, die ihre Erwartungen aneinander und an die jüngere Generation formte.

Die Kohorten der Kinder wurden mit Erwartungen und Ideologien der verwandtschaftlichen Unterstützung sozialisiert, die denen ihrer Eltern ähnlich waren, doch sie waren mit der Herausforderung konfrontiert, diese Normen unter anderen historischen Umständen umzusetzen. Sie befanden sich in einer problematischen Lage und waren gegenüber der Verpflichtung, fast die einzigen Versorger ihrer alternden Eltern zu sein, ambivalent. Die Bewältigungsstrategien, die sie ausarbeiteten, sollten den Werten verwandtschaftlicher Unterstützung, die von den Eltern weitervermittelt worden waren, entsprechen, doch neue Zwänge, neue Hoffnungen und der Ausbau öffentlicher Einrichtungen brachten sie dazu, diese Ideale zu modifizieren.

Während die Eltern die Unterstützung der Kinder in ihrem hohen Alter erwarteten, erwarteten die jüngeren Kohorten, nicht zur wirtschaftlichen Unterstützung auf ihre Kinder zurückgreifen zu müssen (oder sie wollten dies nicht). Sie bereiteten sich durch Rentenpläne, Ersparnisse und Hauseigentum auf das hohe Alter vor und erwarteten, sich auf die Sozialversicherung und falls notwendig auf weitere Unterstützung durch den Wohlfahrtsstaat verlassen zu können. In Krankheitsfällen oder bei Behinderungen erwarteten sie, in einem Pflegeheim zu sein. Alles, was sie von ihren Kindern erwarteten, war emotionale Unterstützung und Geselligkeit. Diese Haltung war auch ein Resultat ihrer lebenslangen Erfahrung der Vertrautheit mit Unterstützung durch öffentliche Einrichtungen und des Umgangs mit bürokratischen Institutionen.

Beide Kohorten der Kinder teilten ein starkes Engagement in der Pflege alternder Eltern. Wie oben besprochen, wurzelte dieses Engagement im Lebenslauf und wurde durch ihre ethnischen Traditionen und die Familienkultur verstärkt. Es gab jedoch auch deutliche Unterschiede innerhalb dieses gemeinsamen Rahmens. Mitglieder der Kohorte der älteren Kinder hatten sich unter dem Eindruck der großen Krise und der Stillegung der Amoskeag-Werke damit abgefunden, in ihrer Schicht zu bleiben. Die höchste Priorität hatte für sie Genesung von der Krise und das Ziel, sich ökonomisch über Wasser zu halten. Um dies zu erreichen, warfen sie die Ressourcen in der Verwandtschaft zusammen, belegten Wohnungen doppelt und zogen zwischen Verwandten in Manchester und manchmal auch in New Englang und anderen Teilen der Vereinigten Staaten um. Mehr als das Streben nach individuellen Karrieren blieb für sie das Überleben der Familie als kollektiver Einheit das höchste Ziel. In diesem Zusammenhang wurde von den Kindern erwartet, ihre Ressourcen so einzuteilen, daß alternde Eltern in ihrer Familie bleiben und so lange wie möglich unterstützt werden konnten.

Die Kohorte der jüngeren Kinder dagegen wurde während des Zweiten Weltkriegs volljährig. Da sie die große Krise und die folgenschwere Stillegung der Amoskeag-Fabriken weniger direkt erlebt hatten, begegnete ihnen auch der verwandtschaftliche Zusammenhalt, der sich vor allem während der Krise verstärkt hatte, mit geringerer Intensität. Offensichtlich hatte eine Mehrheit der jüngeren Kohorte auch jüngere Eltern. Unterstützung zwischen den Generationen floß weiterhin mehr von den Eltern zu den Kindern als umgekehrt. Eltern halfen Jungverheirateten, ein Haus in ihrer Nähe zu mieten, liehen ihnen Geld für einen Autokauf und versorgten ihre Kinder. Ihre Zeit der Prüfung, in der sie für gebrechliche alte Eltern zu sorgen haben würden, sollte noch kommen.

Indem die jüngere Kohorte vom wirtschaftlichen Aufschwung, den der Krieg brachte, und von der beruflichen Ausbildung und den Bildungsvergünstigungen, welche die jungen Männer während des Militärdienstes erworben hatten, profitierte, widmete sie sich der Suche nach neuen Lebensweisen und der Verbesserung ihrer Wohnsituation. Sie versuchte aus Krise und Arbeitslosigkeit des Arbeitermilieus in den Lebensstil der Mittelschicht aufzusteigen (Elder/Hareven 1993). Da sie sah, wie begrenzt ihre Chancen dabei waren, maß sie auch den Bildungsmöglichkeiten ihrer Kinder einen hohen Stellenwert bei. Ironischerweise war die jüngere Kohorte von ihren eigenen Eltern dazu ermuntert worden, sich beruflich zu verbessern und einen Mittelschichtlebensstil zu entwickeln; aber als sie diese

Hoffnungen realisierten, waren sie für ihre Eltern auch weniger verfügbar, besonders diejenigen, die im hohen Alter Unterstützung benötigten.

Trotz ihrer Bevorzugung der Autonomie der Kernfamilie betrachteten auch Mitglieder der jüngeren Kohorte ihr elterliches Zuhause als Zuflucht, in der sie das Gefühl, geschützt zu sein, wiederfanden. Wie in der Kohorte der älteren Kinder zogen sie in Fällen, in denen ihre Eltern der Hilfe bedurften, zu diesen zurück. Dies war vor allem für Töchter der Fall, die früh Witwen oder geschieden wurden und zur Unterstützung und Hilfe bei der Versorgung ihrer Kinder ins elterliche Heim zurückkehrten. Aber für die jüngere Kohorte war Privatheit zu einem wichtigen Punkt geworden. Sandra Kazantakis Wall (geboren 1921) kehrte nach dem Tod ihres Ehemannes in das elterliche Heim zurück. Nach einer kurzen Zeit dort entschied sie sich, in ein nahegelegenes Viertel zu ziehen, das ihr und ihrem Sohn mehr Privatheit gestattete. »Mir wurde klar, daß dort zu viele Leute waren, die Ricky [ihrem Sohn] sagten, was er tun soll.«

Die Mitglieder der jüngeren Kohorte hatten viel weniger Erfahrung mit der Versorgung alter Eltern in ihrem eigenen Heim als diejenigen der älteren Kohorte. Sie neigten eher als die ältere Kohorte dazu, ihre physisch oder geistig beeinträchtigten Eltern in ein Pflegeheim zu bringen oder andere institutionelle Hilfen zu beanspruchen. Diejenigen, die am ehesten eine Elternperson zu Hause versorgten, waren Einzelkinder, gewöhnlich eine Tochter. In einige Fällen wurde ein Elternteil häufig von einem Kind zum anderen gebracht.

Die Mitglieder der jüngeren Kohorte betrachteten sich als von ihrer Herkunftsfamilie getrennt und hielten ihre eigene Familie als selbstständige Einheit aufrecht. Einige von ihnen verglichen ihren Lebensstil mit dem ihrer Eltern und setzten sich von den Werten der vorangegangenen Generation ab. Marlene Bertram Kaminski (geboren 1925) zum Beispiel sagte, daß sie als Reaktion auf die Ansprüche ihrer Mutter eine stärkere Ablösung von ihren eigenen Kindern praktiziere:

»Ich denke, wenn ich zurückschaue, dann sage ich, ›Mein Gott, ich hatte niemals ein, ein Leben, wirklich, für mich‹. Weil, ich ging von meiner Mutter, die mich kommandierte, zu meinem Mann, der mich kommandierte, und (lacht) ich wußte nie, was es war, wirklich für mich zu sein. Und jetzt ist Marsha [Tochter] nach Merrimack gezogen, das nicht weit von hier liegt. Aber es macht mich nicht verrückt oder wütend, daß sie nicht jeden Tag anruft, weil ich fühle daß – für mich, meine Mutter war so wütend, wenn ich nicht jeden Abend anrief und ihr erzählte, was für einen Tag ich hatte, daß es mir eine Last wurde das zu tun. Also meine – manche Tage, manche Wochen höre ich eine ganze Woche nichts von meiner Tochter. Und ich nehme es ihr überhaupt nicht übel. Das tue ich wirklich nicht. Und ich – ich versuchte nicht meinen Kindern vorzuschreiben, was sie anziehen sollten, oder dies und das [...]«.*

Marlene versuchte jedoch, das Leben ihrer Mutter zu kontrollieren. Als ihre zweifach verwitwete Mutter Marlenes Haushalt verlassen und wieder heiraten wollte, warnte Marlene sie davor. »Du hast so viel durchgemacht – zwei Ehemänner mit Krankheiten und Aufgeregtheiten; jetzt hast du einen anständigen Job, du hast dein eigenes Auskommen, du kannst hier leben [...]. Du hast hier ein Zuhause.« Aber ihre Mutter bestand auf ihrer

Unabhängigkeit: »Du hast deinen Mann, du hast deine Familie, und auch wenn ich im Haus bin, habe ich doch nichts, was wirklich mir gehört.«

Weder die ältere noch die jüngere Kohorte der Kinder war allerdings frei von den Schwierigkeiten, die mit der Unterstützung zwischen den Generationen verbunden sind. Während die ältere Kohorte eine klarer definierte Verpflichtung auf die kollektiven Werte der Familie und die verwandtschaftliche Unterstützung aufwies, verbanden ihre Mitglieder, die tatsächlich die Erfahrung der Pflege alter Eltern zu Hause gemacht oder für die Pflege der Eltern ihre eigene Heirat geopfert hatten, dies mit ambivalenten Gefühlen, Zweifeln, Bitterkeit oder der Befürchtung eines einsamen Alters für sich selbst. Ihre Haltung war oft eher eine Resignation gegenüber familialen Normen und Akzeptanz eines »Schicksals« als eine freie Entscheidung. Andererseits waren die Mitglieder der jüngeren Kohorte, die einen eher individualistischen Weg gingen, nicht frei von Schuldgefühlen über die Art, wie die Betreuung ihrer alten Eltern organisiert worden war.

Beide Kohorten waren bis zu einem gewissen Grade in einer Übergangslage zwischen tiefer Eingebundenheit in intergenerationelle Unterstützung, verstärkt durch starke familiale und ethnische Werte, und den individualistischen Werten und Lebensstilen, die sich in der Zeit nach dem Zweiten Weltkrieg entwickelten. In diesem historischen Prozeß entsprachen die Lebensformen der älteren Kohorte stärker dem Drehbuch ihrer traditionellen familialen und ethnischen Kulturen, während die jüngere Kohorte im Zuge ihrer Amerikanisierung in die Richtung der individualistischen Werte der Mittelschicht gezogen wurde. Der Übergang war keinesfalls abgeschlossen. Mitglieder der jüngeren Kohorte hatten sich nicht vollständig von ihrer traditionellen Erziehung befreit. Beide Kohorten stellten die mittlere Generation dar: Sie drückten noch immer die Werte ihrer Eltern aus, doch die jüngere Kohorte war weniger dazu fähig oder geneigt, sie auch umzusetzen.

Folgerungen

Diese Fallstudie hat die Interaktion zwischen den drei hier untersuchten Kohorten, sowie die historischen Umstände und den kulturellen Hintergrund, welche ihr Leben geformt haben, veranschaulicht. Die Lebensgeschichte der Kindergeneration wurde von der Großen Depression beziehungsweise dem Zweiten Weltkrieg beeinflußt.

Als sie an der Schwelle zum Erwachsenenleben standen, wurde die ältere der Kinderkohorten von der Großen Depression betroffen, und die jüngere vom Zweiten Weltkrieg. Everett Hughes formuliert dies so: »Jeder Mensch wird geboren, lebt und stirbt in einer besonderen historischen Situation. Einige Menschen kommen ins Erwerbsalter, wenn es keine Arbeit gibt, und einige andere, wenn gerade Krieg ist.« Die jeweiligen Auswirkungen der Großen Depression und des Zweiten Weltkrieges auf die beiden Kohorten gingen beträchtlich auseinander. Die Mitglieder jeder Kohorte verhielten sich sowohl im Hinblick auf ihre Fürsorge für ihre alten Eltern, als auch auf ihre Einstellungen anders.

Dieser Vergleich läßt auf Unterschiede in der Art der Fürsorge, als auch in den Meinungen über die bei dieser Frage auftauchenden Verantwortlichkeiten zwischen den jeweils zwei Angehörigen der zwei Kohorten schließen. Es gab ebenfalls Differenzen in der Wahrnehmung von Kontinuitäten und Brüchen im eigenen Lebensverlauf. Ihre Position auf der historischen Zeitachse hatte sowohl auf der Verhaltens- wie auch auf der Wahrnehmungsebene Auswirkungen auf ihr Leben. Beide Kohorten befanden sich in dem Sinne in einer Übergangsphase, als sie immer noch eng den Werten und Erwartungen ihrer Eltern verhaftet waren, nach denen die Hauptverantwortlichkeit für die Fürsorge bei den Kindern liegt. Beide Kohorten bemühten sich unter hohen Opfern im Bereich ihrer Partnerschaften, ihren Möglichkeiten der Hilfe gegenüber ihren eigenen Kindern und im Bereich ihrer eigenen Altersfürsorge, diesem Rollenbild gerecht zu werden. Die ältere der beiden Kohorten tendierte mehr zu einem Leben analog der kulturellen Rollenvorstellungen der Eltern, und dies trotz der Tatsache, daß sie mit zunehmendem Alter selbst hinfälliger wurden. Die zur jüngeren Kohorte Gehörenden standen der Verpflichtung zu einer Langzeitfürsorge für einen gebrechlichen oder chronisch kranken Elternteil eher ambivalent und unentschlossen gegenüber; sie zögerten besonders stark, wenn es darum ging, eine solche Person in ihre Wohnung aufzunehmen.

Der Unterschied zwischen den beiden Kohorten spiegelt folglich einen Prozeß der voranschreitenden Individualisierung innerhalb familiärer Beziehungen und ein zunehmendes Bauen auf öffentliche Einrichtungen und bürokratische Institutionen bei der Übernahme von Fürsorgeverantwortlichkeiten wider. Diese Entwicklung ist zwar gut bekannt, aber die detaillierte Analyse der Interviews der Mitglieder dieser drei Kohorten liefert ein Zeugnis aus erster Hand über die Wahrnehmungen und Erfahrungen, die diese Frauen und Männer selber darin gemacht haben. Diese Menschen, die an der Fürsorge Anteil nahmen, ließen sowohl eine Verpflichtung ihren Eltern gegenüber, als auch eine gewisse Ambivalenz und innere Konflikte im Hinblick auf diese Rolle erkennen. Sie folgten dabei Strategien, die das Ergebnis diverser Kompromisse zwischen ihren Verpflichtungen waren. Sie versuchten darüberhinaus, diese Verpflichtungen vor dem Hintergrund einer sich ausweitenden Unterstützung durch die öffentliche Hand und deren größerer Akzeptanz neu zu definieren. Wenn wir diese Unterschiede zwischen den Kohorten ausfindig machen, dürfen wir dabei die folgenden Tatsachen nicht aus dem Auge verlieren: die erzählten Texte, aus denen unsere Schlußfolgerungen gezogen werden, entstammen prinzipiell Interviews der Eltern und der Kinder, und damit subjektiven Rekonstruktionen ihrer Lebenserfahrungen und der Wahrnehmung ihrer aktuellen Situation. Es ist deshalb notwendig, zwischen einem Kohorteneffekt und der Lebenssituation zum Interviewzeitpunkt zu differenzieren.

Dieselben historischen Umstände, die Einstellung und Verhalten der älteren Kinder im Bereich der Fürsorge geprägt haben, haben ebenso einen gestaltenden Einfluß auf die Art und Weise gehabt, wie diese Muster im Verlauf des Interviews erinnert und übermittelt wurden. Dabei wurde die Art des verbalen Ausdrucks ihrer Probleme bei den beiden Kohorten von ihrer eigenen Erfahrungen in der Vergangenheit bestimmt. Folglich wurden nicht nur die Lebensverläufe der jeweiligen Kohorten durch ihre frühen Erfahrungen vorskizziert, sondern auch die Fixpunkte, die sie selber mit der Intention, ihrem Leben einen Sinn zu verleihen, in ihren Lebensplan eintrugen, waren das Ergebnis der Zeit, in der sie lebten.

Anmerkungen:

[1] Auf diesen Zusammenhang verwies Martin Kohli im Rahmen des Symposiums.

[*] Dieser Text ist erstmals in dem von Martin Kohli redigierten Themenheft »Das Feld der Generationenbeziehungen« der Zeitschrift für Sozialisationsforschung und Erziehungssoziologie (Juventa Verlag, Weinheim) erschienen, übersetzt aus dem Englischen von Benjamin Eberle und Dietmar Rost. Abdruck mit Genehmigung des Verlages. Für diesen Band schrieb Tamara Hareven eine neue Einleitung und genehmigte leichte Kürzungen im Text.

V. Generationenbeziehungen und gesellschaftspolitische Aufgaben

Wolfgang Walter

Unterstützungsnetzwerke und Generationenbeziehungen im Wohlfahrtsstaat[1]

Einleitung: Generationenbeziehungen in der Postmoderne

Generationenbeziehungen[2] stellten lange ein vernachlässigtes Thema soziologischer Analyse dar. Dies beginnt sich zu ändern: mit der Ausweitung der Sozialisationsforschung und Entwicklungspsychologie auf die gesamte Lebensspanne, mit dem Ausbau historisch, psychologisch und soziologisch orientierter Lebenslaufforschung, dem verstärkten Interesse an sozialwissenschaftlicher Gerontologie und nicht zuletzt der Entfaltung eines weitgehend interdisziplinären Forschungsprogramms zu Unterstützungsnetzwerken.

Natürlich ist auch in den Zeiten langer Vernachlässigung empirisches Material zu Generationenbeziehungen erhoben worden; dessen Einfluß auf den Hauptstrang sozialwissenschaftlicher Theoriebildung war jedoch gering. Die Forschungen zeigten dennoch die Bedeutsamkeit familiärer Kontakte für die Geselligkeit, die ökonomische Stellung und die allgemeine Integration des Individuums in die Gesellschaft auf.[3] Daraus läßt sich schließen, daß es eine Kluft gibt zwischen den alltäglichen *Praktiken* familiären Austauschs und den *Repräsentationen* dieser Phänomene in sozialwissenschaftlichen *Theorien*. Diese Kluft ist nicht absolut, wie die Beispiele empirischer Arbeiten zeigen; aber das sozialwissenschaftliche Wissen und die damit verbundenen Leitbilder privater Lebensformen entwickeln sich nach eigenen Kriterien, wobei der wohlfahrtsstaatlichen Entwicklung eine zentrale Bedeutung zukommt.

Für die Nachkriegszeit ließe sich eine solche Korrespondenz sozialpolitischer Trends und sozialwissenschaftlicher Theorieoptionen zeigen. Das zentrale Theorem, dessen Dominanz zu einer Ausblendung von Netzwerkbeziehungen über die Haushaltsgrenze hinweg, und damit auch von Beziehungen familialer Generationen, die nicht (mehr) zusammenwohnen, geführt hat, ist das der »strukturellen Isolation der Kleinfamilie«. Nach seiner Formulierung durch Parsons (1943, 1959 [urspr. 1949]) hat es in hohem Maße stimulierend auf die Familiensoziologie gewirkt, insbesondere beim Studium der Familie als einer Gruppe besonderer Art. Es hat aber zugleich auch den Blickwinkel verengt, indem empirische Gegenevidenzen, die auf eine immer noch hohe Bedeutung von Generationenbeziehungen im Lebenslauf und zwischen getrennten Haushalten verwiesen haben, nicht den Status der Theoriefähigkeit erlangen konnten, da sie mit den Annahmen der Modernisierungstheorie unvereinbar waren.

Diese kognitiven und ideologischen Resistenzen gegen die Realität der Generationenbeziehungen, ihre lange Vernachlässigung in der sozialwissenschaftlichen und öffentlichen Diskussion lassen sich zu einem gewissen Teil auf bestimmte Tendenzen der wohlfahrtsstaatlichen Entwicklung zurückführen, die von einigen Kommentatoren namhaft gemacht wurden. Lüschen (1988: 145) z. B. spricht von dem mit dem Wohlfahrtsstaat zusammenhängenden »Ideologien«, die den »Glauben, daß die Verwandschaft überflüssig sei« gefördert hätten; Segalen (1990: 135) nennt als Grund die ausschließlich auf das Individuum bezogenen Aktivitäten des Staates.

Insbesondere ließe sich die Nachkriegs-Expansion der westlichen Wohlfahrtsstaaten als eine schrittweise Substitution verwandtschaftlicher Solidarbeziehungen durch verrechtlichte, monetarisierte und bürokratisierte Formen von Unterstützung rekonstruieren. Der berühmte »Generationenvertrag«, der in der Bundesrepublik Deutschland zum Etikett für das Umlageverfahren geworden ist, durch das die jeweils aktive Erwerbsgeneration kollektiv die Renten und Pensionen der im Ruhestand befindlichen Altersgruppe erwirtschaftet, ist dafür das augenfälligste Beispiel. Alle anderen Formen von sozialen Sicherungen und Hilfen durch staatliche und parastaatliche Instanzen lassen sich in dieser Weise interpretieren: Sie treten (zumindest partiell) an die Stelle tradierter verwandtschaftlicher Solidaritäten.

Es kann daher nicht verwundern, daß mit dem Ende des Nachkriegskonsenses bezüglich der wohlfahrtsstaatlichen Expansion die Generationenbeziehungen (wieder-) entdeckt werden. Postmoderne bedeutet in diesem Sinne eine gesellschaftliche Situation, in der sich arbeitsgesellschaftliche und sozialstaatliche Utopien erschöpft haben und an ihre Stelle eine »Neue Unübersichtlichkeit« tritt, wie es ein engagierter Vertreter des Projekts der Moderne formuliert hat (Habermas 1985).[4] Private Lebensformen bleiben davon nicht unberührt – im Gegenteil: Zu den Tendenzen des *Wandels der Kernfamilie* im Zeitalter der (Spät-) Moderne (Verringerung der Kinderzahl, wachsende Instabilität der Bindungen und Infragestellung der Geschlechterrollen) tritt eine *Reorganisation von Generationenbeziehungen*, die für die Postmoderne charakteristisch ist.

Judith Stacey (zusammenfassend: 1991a, 1991b) hat solche Prozesse der neuerlichen Wiederbelebung von Solidaritäten an zwei Familienverbänden in dem großen gesellschaftlichen Labor namens Kalifornien, Unterabteilung Silicon Valley, beschrieben. Als wichtige Triebfeder postmodernen Familienwandels identifiziert sie nebst der steigenden weiblichen Erwerbsbeteiligung den Feminismus, der die gesellschaftliche Position und das gesellschaftliche Bewußtsein der Frauen in den letzten zwanzig Jahren entscheidend verändert habe. Während diese Einflüsse bei den Müttern (den Gewährsfrauen ihrer Untersuchung: Pam und Dotty) nahezu ohne Umstände in einen typisch amerikanischen, wenn auch von patriarchalischen Anteilen gereinigten Erweckungsglauben integriert wurden, entwickelten die Töchter (überwiegend) Geschlechtsrollenstrategien, die auf eine stärkere Einbindung der Männer in die Familientätigkeit zielten, *ohne* sich der feministischen Tradition, in der sie stehen, bewußt zu sein. Das *postmoderne* Familienarrangement ist gleichzeitig ein *postfeministisches*.

Die Komplexität dieses Arrangements wird noch dadurch erhöht, daß die z.T. an den feministischen Herausforderungen zerbrochenen Bindungen Verwandschafts- und Netzwerkbeziehungen vervielfältigen: zu den Ex-Ehemännern und deren neuen Frauen (samt möglicher Kinder), zwischen mehreren Großmüttern und deren (Halb-) Enkeln usw. In diesem Mehrgenerationen- und Mehrfamilienfeld entstanden – gefördert durch die restriktive US-Sozialpolitik der achtziger Jahre – soziale Härten und Probleme für die Familien der Töchter (ob ohne oder nach einer Scheidung), gegen die die Mütter eine aktiv organisierte Solidarität setzten. Zu den Widersprüchlichkeiten dieses Prozesses zählt, daß die Beteiligung der Männer (soweit vorhanden) an der Hausarbeit zwar wuchs, die Organisation der verwandschaftlichen Solidarität jedoch weiterhin gänzlich den Frauen oblag; Geschlechts-rollenstereotype wurden also allenfalls modifiziert, nicht aufgehoben.

Nimmt man hinzu, daß all die beschriebenen Veränderungen innerhalb der Arbeiterschaft vonstatten gingen, die im intellektuellen Diskurs nicht als Avantgarde sozialer Entwicklungen notiert wird, so kann man das Ausmaß erkennen, wieweit sich der Postmodernismus in den Familien des Silicon-Valley von den gängigen Modellierungen der soziologischen Evolutionstheorie entfernt hat. Die Darstellung, die Stacey von der Reorganisation von Generationenbeziehungen in der Postmoderne gibt, mag ein außergewöhnliches Beispiel sozialen Wandels beleuchten; insgesamt ist die Studie (und die Aufmerksamkeit, die sich auf sie richtet) ein wichtiges Indiz, das die wachsende Notwendigkeit (und das gewachsene Bewußtsein der Notwendigkeit) familialer Solidarbeziehungen durch aktive Reorganisation von Generationenbeziehungen bezeugt. Hintergrund des gestiegenen Interesses an der Tatsache der Unterstützung zwischen Eltern und Kindern (im Alltag wie in der Theorie) ist ebenso wie in der Phase ihrer Vernachlässigung die wohlfahrtsstaatliche Entwicklung.

Die bisherige wissenssoziologische Überlegung läßt sich dahingehend zusammenfassen, daß sozialwissenschaftliche Theorien, gesellschaftliche Entwicklungen *interpretieren*, d. h. bestimmte Aspekte der sozialen Realität hervorheben und andere ausblenden oder vernachlässigen. Sie enthalten eine Art »Rhetorik« (Edmondson 1984, Lüscher/Wehrspaun/ Lange 1989), die ein bestimmtes Bild von »der« Familie erzeugt. Insbesondere haben die dominanten gesamtgesellschaftlichen Prozesse der Industrialisierung, der Modernisierung und der Bildung von Wohlfahrtsstaaten sozialwissenschaftliche Theoriebildung angeregt und ihre Inhalte geformt (Wagner 1990).

Mir scheint es plausibel zu sein, daß diese rhetorischen Funktionen der Sozialwissenschaften im Wohlfahrtsstaat sich nicht nur auf die grundsätzliche Frage beziehen, *ob* Generationenbeziehungen Gegenstand wissenschaftlicher Interpretationsbemühungen werden, sondern auch *in welcher Weise* dies geschieht. Dies möchte ich an Ergebnissen aus der neueren Literatur zu Generationenbeziehungen als Teil von Unterstützungsnetzwerken zeigen.

Studien über Unterstützungsnetzwerke bieten sich aus zwei Gründen an, etwas über (die Logik von) Generationenbeziehungen zu lernen.[5] Zum einen bezieht sich der Netzwerkbegriff auf *haushaltsübergreifende Sozialbeziehungen von Familien* (vgl. für eine frühe Fassung: Bott 1971 [urspr. 1957]).[6] Die daran anschließende Diskussion verwendete Parsons' modernisierungstheoretische Annahme, die eine zunehmende Abgrenzung (Differenzierung) der häuslichen Intimsphäre der Ehegatten und Kinder, also der Kernfamilie, vom weiteren Kreis der Verwandtschaft einerseits und den zur räumlichen Umwelt gehörenden

Nachbarn andererseits behauptete (Parsons 1943, 1959 [urspr. 1949]). Die Verwendung dieser sogenannten Isolationsthese in der empirischen Forschung hatte zum Ergebnis, daß zwar eine strukturelle und räumliche Isolierung der modernen Kernfamilie unverkennbar war, aber keine umfassende soziale Isolierung und funktionale Spezialisierung auf emotionale Bindung (Strohmeier 1983: 32ff; Diewald 1986: 52f). Eine Reihe von Studien haben Netzwerke von Individuen und Familien empirisch untersucht und damit die Isolationsthese modifiziert bis widerlegt (Bott 1971 [urspr. 1957]; Schneider 1970; Pfeil/Ganzert 1973; Fischer 1982; Fauser 1982). Generationenbeziehungen, die sich im Lebenslauf auch nach dem Auszug der erwachsenen Kinder fortsetzen, sind Teil des persönlichen Netzwerks, das Verwandte, Freunde, Kollegen und Nachbarn umfaßt.

Zum anderen bringt die Frage der sozialen Unterstützung einen Handlungstyp ins Spiel, der besondere Anforderungen und Belastungen an zwischenmenschliche Beziehungen stellt. Unter sozialer Unterstützung versteht man neben alltäglichen Dienstleistungen auch Hilfeleistungen in Notsituationen und Krisen, die von anderen für eine bestimmte Person erbracht werden; diese Form von »Wohlfahrtsproduktion« kann vom gelegentlichen Einkaufen und Putzen bis hin zu Kinderbetreuung und lebenslanger Pflege reichen.[7]

Aus diesen beiden Gründen sind die Ergebnisse der Studien über Unterstützungsnetzwerke hoch relevant für die Einschätzung der Solidarbeziehungen zwischen Generationen, nicht nur, weil empirisch gezeigt werden kann, daß Eltern und Kinder sich in hohem Maße unterstützen. Darüber hinaus bieten die *Theorien* der Unterstützungs- und Netzwerkforschung Antworten auf das zugrundeliegende gesellschaftliche Deutungsproblem, das ich oben umschrieben habe, nämlich die Tatsache, daß sich Generationenbeziehungen in der Postmoderne reorganisieren, ohne daß ein normatives Modell dafür erkennbar wäre.

M.a.W. formulieren diese Studien Antworten auf die Frage nach der Logik von Generationenbeziehungen, d.h. dem Regelsystem, das den Handlungen, Gefühlen und Gedanken, die zwischen familialen Generationen ausgetauscht werden, zugrundeliegt. Die beiden Antworten, die in der sozialwissenschaftlichen Diskussion gegeben werden, sind: Unterstützungs- und damit auch Generationenbeziehungen folgen einem rationalen Kosten-Nutzen-Kalkül in einem Tauschprozeß. Oder: Sie werden durch Normen und Verpflichtungen geleitet, die sich in der Bindungsgeschichte von Eltern und Kindern etablieren. Offensichtlich hängt diese Alternative mit den Ambivalenzen der gegenwärtigen wohlfahrtsstaatlichen Entwicklung zusammen.

Generationenbeziehungen als Tauschprozeß

Interpretiert man Modernisierung sowohl als einen »Verlust von Gemeinschaft«, d.h. ein Schwinden der Selbstverständlichkeit traditioneller Verhaltensweisen, als auch eine sich daraus ergebende stärkere Individualisierung (Diewald 1991: 31f.), so liegt es nahe, individuelle Kosten-Nutzen-Kalküle als Grundlage sozialer Interaktionen anzusehen. Bei der

Rekonstruktion von Unterstützungsbeziehungen arbeitet die individualistische Sozialtheorie mit dem Doppelargument von »rational choice« (zweckmäßiger Entscheidung) und »Reziprozität« (Gleichwertigkeit).[8] In dieser Übertragung eines ökonomischen Modells auf die soziale Realität wird der Austausch von Unterstützungen als eine Angebot-Nachfrage-Situation auf einem Güter- oder Dienstleistungsmarkt angesehen. Ein Individuum fragt in seinem persönlichen Netzwerk bei Bedarf Hilfeleistungen nach. Wen diese Person aus seinen Verwandten, Freunden oder Nachbarn als Helfer wählt, richtet sich nach einer Kalkulation von Nutzen und Kosten. Der Nutzen ist durch den Wert der Hilfe bestimmt, die man zu erhalten erwartet (eine Autoreparatur durch einen Freund, die Urlaubsbetreuung der Wohnung und das Gießen der Zimmerpflanzen durch die Nachbarin, die Pflege im Alter durch die Tochter). Die Kosten ergeben sich aus dem Aufwand, Hilfe zu organisieren und die Beziehung aufrechtzuerhalten. Sie hängen u. a. von den Rahmenbedingungen ab, die durch das Netzwerk gesetzt sind, d. h. von seiner Größe und seiner Zusammensetzung. Dies bezeichnet man als »constrained choice«-Ansatz (Diewald 1991: 86f.; vgl. Franz 1986).

In diesem Modell ist so noch nicht erklärt, aus welchen Gründen sich relativ stabile Netzwerkstrukturen und Unterstützungsbeziehungen eines Individuums über eine gewisse Dauer ausbilden. Theoretisch wäre mit der Orientierung an rein marktmäßigen Opportunitäten eine vollständige soziale Atomisierung der Hilfeinteraktionen möglich; zu jedem Zeitpunkt sucht jede Person sich ihre Helfer neu, sofern nur die Kosten-Nutzen-Rechnung stimmt.

Der Schritt von Unterstützungen, die als einfache Tauschhandlungen angesehen werden, zu Unterstützungs*beziehungen* (und als deren Teilmenge: Generationenbeziehungen) wird von den Vertretern der Austauschtheorie durch die Unterstellung einer Reziprozitätsnorm vollzogen (vgl. Bengtson u. a. 1985: 322ff.; Diewald 1991: 117ff.[9]). Es wird angenommen, daß das Prinzip der hinreichenden Äquivalenz von Leistung und Gegenleistung, Geben und Nehmen als Ideal gesellschaftlich anerkannt ist – und zwar weil der homo oeconomicus auf den Rückfluß seines Einsatzes Wert legen muß. Das fördert die Bildung dauerhafter Interaktionen bzw. macht schon bestehende Bindungen, z. B. verwandschaftlicher Art, interessanter. Um es in der ökonomischen Sprache dieses Ansatzes zu formulieren: Investitionen in Verwandschaftsbeziehungen (Beziehungspflege) sind im Hinblick auf Reziprozitätserwartungen eine rentable Anlage in soziales Kapital (vgl. Bourdieu 1983), deren Rendite in Hilfeleistungen im Alltag und in Krisen besteht (ähnlich: Diewald 1991: 53f.).

Es ist an dieser Stelle wichtig festzuhalten, daß auch bei Generationenbeziehungen die Orientierung an dieser Norm ausschließlich als Ergebnis rationaler Kalkulationen gedacht wird; Familienbeziehungen sind »effektiver« und »kostengünstiger«, wenn sie reziprok organisiert sind, da dadurch Beistand über eine lange Zeitspanne mit hoher Erwartungssicherheit mobilisiert werden kann. In der einschlägigen Literatur werden dabei angesichts der Tatsache, daß es selten eine vollständige und unmittelbare Äquivalenz[10] von Leistung und Gegenleistung gibt, weitergefaßte Reziprozitätsnormen diskutiert. Nye (1979: 8f.) spricht z. B. von »generalisierter Reziprozität«; dies bedeutet jedoch nichts anderes als eine Reformulierung der Idee der Solidarität (»Helfe demjenigen, der Hilfe braucht!«) unter den Prämissen einer individualistischen Sozialtheorie.

Dieses Doppelargument von »constrained choice« und Reziprozität, das zusammen das Zustandekommen von dauerhaften Beziehungen erklären soll, ist dabei jeweils nur ansatzweise empirisch behandelt worden. Im Bereich der individuellen Wahlakte wurden meines Wissens eine Reihe von Fragen nicht geprüft, die für die »rational choice«-Theorie zentral sind:

- Welche Bedarfssituationen und welche Präferenzen haben Menschen bezüglich Netzwerkhilfe tatsächlich? Hier behilft man sich mit »Standardsituationen«, wie z. B. Hilfe bei Haushalts- und Gartenarbeit oder Beistand in Fällen von Niedergeschlagenheit.
- Welchen Nutzen gewinnen die befragten Personen durch die Hilfeleistungen, welche Kosten entstehen ihnen? Dies wird nur über die allgemeine Bilanzierung der erhaltenen und gegebenen Hilfen, über Zufriedenheitsgefühle oder subjektive Lebensqualität erhoben (vgl. Diewald 1991: 215ff.).
- Und schließlich: welche Überlegungen stellen die Individuen tatsächlich an, wenn sie Unterstützung suchen oder geben? Hier erlaubt die wenig tiefgegliederte Fragetechnik bei standardisierten Umfragen (insbesondere Mehrthemenerhebungen) keine wesentlichen Aufschlüsse.

LEBENSLAGEN UND KONTAKTHÄUFIGKEITEN

In der Survey-Forschung werden statt dieser Fragen eine Reihe von Abhängigkeiten diskutiert zwischen soziodemographischen Variablen, welche die jeweilige Lebenslage darstellen, auf der einen Seite und Netzwerkinteraktionen und Kontakthäufigkeiten auf der anderen Seite. Diese Ergebnisse stellen gleichsam den Einfluß der »constraints« auf die alltägliche Solidarpraxis dar:[11]

- Was die Abhängigkeit von Netzwerkinteraktionen von der Stellung im Lebenszyklus anlangt, beziehen sich die Studien auf einen an sich trivialen Sachverhalt: man kann mit Menschen nur Kontakt haben, so sie denn existieren. Damit folgt die Häufigkeit von Verwandschaftsbeziehungen einem trivialen Lebenszyklus-Muster (Diewald 1986: 55f.). Mit steigendem Alter sinkt die Wahrschcinlichkcit, Eltern und Großeltern, aber auch Geschwister oder andere Verwandte zu haben; mit der Verheiratung kommen Schwiegereltern und -verwandte hinzu, und die Familiengründung durch die Geburt eigener Kinder schafft weitere Verwandte, zu denen die Eltern später Netzwerkkontakte unterhalten können.
- Das Geschlecht spielt vermittelt durch die differentielle Beteiligung an Erwerbs- und Familienarbeit eine wichtige Rolle für das Verhältnis von Verwandten- und Freundeskontakten, was sich z. B. daran zeigt, daß Frauen mit Partner und Kind/ern »seltener eine enge Freundin/einen engen Freund haben als Männer in dieser Lebensphase« (Diewald 1986: 62).

336

– Mit der Schichtzugehörigkeit verbinden sich Handlungsressourcen, die für die Nutzung von Beziehungen wesentlich sind. Je höher der soziale Status ist, desto mehr Freunde nennt eine Person und desto höher ist der Anteil der Freundschaften am Gesamtnetzwerk (Diewald 1986: 26f.; Marbach 1989: 96f.). Dies wird mit den Kosten erklärt, welche die Pflege von Freundschaften erfordert, aber auch mit der Attraktivität der »Fokusperson«, die gleichsinnig mit den Prestigemerkmalen steigt.

– Als eine der wesentlichen Variablen bei der Bestimmung der Kontaktdichte gilt in der Netzwerkforschung gemeinhin die geographische bzw. zeitliche Entfernung zwischen Verwandten. Die Kontakthäufigkeiten zu nahen Verwandten variieren innerhalb einer Gesellschaft sehr stark mit der Nähe oder Ferne der Wohnung (Diewald 1989: 26); das erklärt zu einem gewissen Teil auch die Unterschiede zwischen den Gesellschaften in den Verwandtenkontakten, die sich auf die gesellschaftsspezifischen Entfernungsstrukturen zurückführen lassen. Eine Entfernung zwischen Eltern und Kindern bis 15 Minuten – so zeigt eine Untersuchung für die Bundesrepublik Deutschland – kommt in fast allen Lebenslagen und -phasen am häufigsten von allen Entfernungskategorien vor; meist sind es 30 bis 40 % der Befragten, die so nahe bei ihren nächsten Verwandten wohnen. Die Korrelation zwischen Häufigkeit des Besuchs und räumlicher Nähe ist hoch (ebda.: 25), was im Rahmen eines internationalen Vergleichs ebenfalls bestätigt wurde; bei Ausklammerung extrem großer Entfernungen (mehr als fünf Stunden) sind die Unterschiede der Assoziationsmaße zwischen geographischer Distanz und Besuchshäufigkeit in sieben Ländern[12] sehr gering (Höllinger 1989: 518). Angesichts der zeitlichen und materiellen Kosten des direkten Kontakts ist ein solcher Zusammenhang plausibel.

Die referierten Untersuchungsergebnisse behandelten die Bedingungsfaktoren der Netzwerkstruktur; diese setzen sich auch in der Gestaltung von Unterstützungsbeziehungen durch – wenn man zugrundelegt, daß soziale Beziehungen rational kalkuliert werden. Das Individuum sucht nach diesem Modell in einem weiteren Schritt nach *kompetenten* Hilfspersonen und strebt mit der Auswahlentscheidung eine ausgeglichene Reziprozitätsbilanz in der Beziehung an.

ZWEIFEL AN »RATIONAL CHOICE«

An diesem Schritt setzen auch die Zweifel an, die sich gegenüber dem »rational choice«-Ansatz formulieren lassen. Schaut man nämlich nicht auf das Vorhandensein von Verwandten, sondern die Häufigkeit der Interaktion, so wird deutlich, daß Kontakte mit Verwandten und insbesondere verwandschaftliche Hilfen und unter diesen wiederum die Unterstützung zwischen Eltern und Kindern einen großen Umfang einnehmen. Sind diese relativ intensiven verwandschaftlichen Bindungen, die sich (im Einklang mit unserem alltagsweltlichen Vorverständnis) auch in den Umfragedaten zeigen, mit dem ökonomischen Ansatz vereinbar bzw. erklärbar? Eine Reihe von Einzelergebnissen können diese Zweifel illustrieren:

- Im Gegensatz zur Frage des Vorhandenseins von Verwandten schwanken die Ergebnisse auf die Frage nach der Häufigkeit verwandschaftlicher Kontakte zwischen Befragten in unterschiedlichen Lebensphasen und -lagen, also Kombinationen aus den Variablen: Alter, Familienstand und der Existenz von Kindern, nur gering. In der Bundesrepublik Deutschland gaben 1984 ca. 30% an, täglich Kontakt mit einer verwandten Person zu haben. Die geringe Streuung der Häufigkeiten zwischen sozialen Schichten, Altersklassen und Haushaltsformen zeigt sich auch, wenn man einzelne Verwandschaftsverhältnisse betrachtet (Diewald 1986: 58)[13]. Eine »constraint«-orientierte Argumentation würde hier eine größere Variation zwischen den unterschiedlichen Lebensverhältnissen erwarten lassen.
- Was die Unterstützungsleistungen anlangt, so läßt sich bei einigen Typen von Hilfen von einer regelrechten Familienzentrierung sprechen, die nicht ausschließlich mit Kosten-Nutzen-Erwägungen begründet werden kann. So wird z.B. Hilfe bei *persönlichen Problemen* (Gespräche zu wichtigen Lebensentscheidungen und privaten Schwierigkeiten) überwiegend für Freunde und Bekannte geleistet, demgegenüber weniger für Verwandte erbracht. Hingegen leistet man Hilfe bei der *Betreuung Kranker oder Behinderter* überwiegend an Verwandte und weniger an Freunde. Vermutlich liegen hier unterschiedliche Normierungen der spezifischen Intimität zugrunde, die man jeweilig mit Verwandschaft und Freundschaft verbindet. Normierungen dieser Art sind mit großer Wahrscheinlichkeit abhängig vom kulturellen Hintergrund der Befragten; so ergab sich bei einer kanadischen Untersuchung in einer Arbeitersiedlung (mit etwas anderer Fragestellung als der eben zitierten deutschen) ein großes Ausmaß der Unterstützung zwischen Eltern und Kindern sowohl in emotionaler Hinsicht als auch in Form von Dienstleistungen, wobei gemeinsame Aktivitäten in geringerem Umfang stattfinden (Wellman/Wortley 1990: 217).
- Die Vermutung der ›Familienzentrierung‹ im Krankheitsfall wird noch durch ein weiteres Ergebnis gestützt. Gefragt, welche Person sie im Falle der Erkrankung der Person, die überwiegend den Haushalt organisiert, um Hilfe bitten würden, nennen die meisten Befragten als erste Hilfeinstanz Verwandte außerhalb des Haushaltes (40%), »Jemand im Haushalt« (33%), wobei es sich hier meist um Partner oder Verwandte handelt, und mit deutlichem Abstand Freunde (11%) (vgl. Diewald 1986: 76ff.).
- Auch innerhalb des Bereichs der Angehörigen bildet sich eine Hierarchie der Kompetenzzurechnung heraus, die nicht ohne weiteres aus der Logik individueller Nutzenmaximierung abgeleitet werden kann. Hochrangige, d.h. häufig und an erster Stelle genannte Unterstützungspersonen sind die jeweiligen Partner, insbesondere dann, wenn sie im gleichen Haushalt leben, und ältere Kinder. Bei einer praktischen Hilfe (Unterstützung in Haushalt- und Gartenarbeit) z.B. nennen 73.6% der befragten Deutschen, deren Partner im Haushalt lebt und die Kinder ab 16 Jahren haben, den Partner und 15.5% ihre Kinder als erste Hilfeinstanz (Werte für die Nennung als zweite Hilfeinstanz: 8.4% und 48.8%). Fehlt der Partner (durch Verwitwung oder Trennung), füllen die Kinder diese Lücke in annähernder Größenordnung (59.3% wählen dann die Kinder als erste, 23.5% als zweite Hilfsinstanz). Auch umgekehrt

treten die jeweiligen Partner an die Stelle fehlender Kinder. Bei Ausfall beider Kategorien im Netzwerk kann keine andere Gruppe (Eltern, andere Verwandte usw.) deren Bedeutung für die jeweiligen Befragten erreichen. Bei der Hilfe im Falle von Niedergeschlagenheit sieht es ähnlich aus (vgl. Bruckner/Knaup 1988: 8ff.).[14] Keinen Partner und keine älteren Kinder zu haben, kann daher als »Risiko« in Bezug auf die Verfügbarkeit von sozialer Unterstützung gelten. Diese Ergebnisse lassen sich als zentrales Argument für die hohe Bedeutsamkeit und normative Wertigkeit von Generationenbeziehungen lesen.[15] Auch andere Studien zeigen, daß engere solidarische Bindungen zu den unmittelbaren Angehörigen als zu der weiteren Verwandtschaft existieren (vgl. z. B. Wellman/Wortley 1990: 186). Normative Erwartungen auf Unterstützung richten sich im Angehörigenkreis hauptsächlich an Eltern und Kinder[16], auch wenn andere Hilfsinstanzen durchaus als möglich anerkannt sind und wie bei allen Solidaritätsnormen Einschränkungen im Hinblick auf die Angemessenheit des Anliegens und die Gerechtigkeit der Lastenverteilung gemacht werden (Finch/Mason 1991: 356ff.).

- Diese Überlegung läßt sich noch vertiefen, wenn man sich spezielle Bedarfslagen im familialen Kontext ansieht, für die es kaum Alternativen zu verwandschaftlichen und insbesondere Eltern-Kind-Hilfeleistungen gibt. Im Falle der Kinderbetreuung zeigte eine Zusatzerhebung zum Mikrozensus 1982 über Müttererwerbstätigkeit und die Betreuungssituation der Kinder in Baden-Württemberg, daß Großeltern und (in geringerem Maße) andere Verwandte für die Kinder im Alter von unter drei Jahren die wichtigsten Betreuungspersonen (bzw. -institutionen) sind, wenn diese Kinder außerhäuslich betreut werden (Rückert/Votteler 1985: 110ff.); für ältere Kinder (im Kindergarten- und Schulalter) nehmen zwar institutionelle Betreuungsformen einen größeren Raum ein, im Bereich der informellen Helfer stehen Großeltern und Verwandte weiter an der Spitze. Dies wird auch durch andere Untersuchungen bestätigt (vgl. Kaufmann u. a. 1989: 29f.).

- Die Pflege von Kranken und Behinderten ist in gleicher Weise eine Aufgabe, die im wesentlichen familiär gelöst wird. Angesichts der einerseits hohen Differenziertheit der Problemlagen und der andererseits geringen Gesamtzahlen der Betroffenen ist aus repräsentativen Untersuchungen dazu nur wenig Aufschluß zu erwarten. Dennoch belegen sowohl repräsentative (vgl. z. B. Kerber 1986) als auch andere sozialwissenschaftliche Untersuchungen (vgl. den Überblick in Kaufmann u. a. 1989: 35ff.) den hohen Grad an Familienzentrierung im Umgang mit diesem Problem.

ZWEIFEL AN DER REZIPROZITÄT

Die bisher entwickelten Zweifel am individualistischen Paradigma der Unterstützungsforschung setzten an der Behauptung an, die Auswahlentscheidungen bei der Suche nach Helfern würden bezüglich deren Kompetenz unter rein rationalen Gesichtspunkten getroffen; hinter den empirisch feststellbaren Kompetenzzuschreibungen verbergen sich jedoch

Normierungen, die relativ unabhängig von den »constraints«, etwa den lebenszyklischen oder sozialstrukturellen Bedingungen, unter denen die Befragten leben, greifen. Der zweite Teil des Arguments, die Behauptung, die Wahl von Beziehungen sei durch eine – wie immer geartete – Reziprozitätsnorm bestimmt, läßt sich ebenso bezweifeln:

– Gerade die Reziprozitätsunterstellung wurde offenbar als so plausibel empfunden, daß von der *Existenz der Beziehungen* umstandslos auf die Wirkmächtigkeit der *Reziprozitätsnorm* geschlossen wurde; dies ist jedoch nie überprüft worden. Geprüft wurde allerdings der Effekt fehlender Reziprozität, der in der einschlägigen sozialpsychologischen Literatur relativ eindeutig gesehen wird. Unbalancierte Unterstützungsbeziehungen führen auf der Seite derjenigen, die mehr erhalten als geben (können), zu einer Minderung des Selbstwertgefühls und des Wohlbefindens, was gerade das Ziel sozialer Unterstützung zunichte macht (Stoller 1985; Diewald 1991: 103). Nur unter der Annahme der Austauschtheorie, daß einseitige Beziehungen entweder ausgeglichen werden müssen oder instabil werden, m.a.W. der gleichen Unterstellung eines »homo oeconomicus«, die schon zum Postulat des Reziprozitätsprinzips geführt hat, läßt sich daraus zirkulär das Ergebnis ableiten, daß Reziprozität die Dauerhaftigkeit von Beziehung fördert. Dabei ist es durchaus nicht auszuschließen, daß Menschen aus Verpflichtungsgefühl gegenüber den nahen Angehörigen unbefriedigende Beziehungen über eine lange Dauer hinweg fortsetzen.
– Für Generationenbeziehungen dürfte anerkannt sein, daß es schwierig ist, Phasen direkter Reziprozität zu identifizieren. Es scheint geradezu typisch für das Verhältnis von Eltern und Kindern zu sein, daß unter Ausschluß von Äquivalenzerwägungen Hilfen gewährt und entgegengenommen werden (vgl. Vaskovics und de Singly idB).
– Ebenso typisch für Generationenbeziehungen scheint eine unaufhebbare, strukturell gegebene Differenz der Perspektivik der familialen Generationen zu sein (vgl. hierzu Lüscher idB). Auch wenn die Umfrageforschung kaum Begründungsmuster und Wahrnehmungsformen ihrer Befragten erfaßt, so zeigt doch ein Detailergebnis zur Frage des Unterstützungsverhaltens nach dem Auszug der Kinder aus dem elterlichen Haushalt die Perspektivendifferenz. Während Eltern ihre älteren Kinder, die in der Nähe wohnen, weiterhin als Hilfspersonen ansehen, die sie um Unterstützung bitten, tun dies die Kinder umgekehrt in weit geringerem Maße. Dies führt Diewald (1989: 28ff.) auf die unterschiedliche Erfahrung der Trennung zurück, die von den Kindern eher konfliktiv und als Abgrenzung, von den Eltern unter Wahrung der Beziehungskontinuität gesehen wird.

Wenn meine Rekonstruktion der Theorie sozialer Unterstützung richtig ist, stellt die Reziprozitätsnorm eine Annahme dar, die mit dem Verweis auf die Handlungslogik von nutzenmaximierenden Akteuren zwar plausibel gemacht, aber nicht belegt wird. Dabei nützt es wenig, zur Verteidigung der Behauptung von Äquivalenz-Kalkülen auf einen »schwächeren« Begriff von Reziprozität zu rekurrieren, der nur das Scheitern des Theorems belegt. Insgesamt dürfte von Generationenbeziehungen gelten: »Offensichtlich führt die mangelnde

Anwendbarkeit des Reziprozitätsprinzips jedoch nicht dazu, daß Unterstützung verweigert wird.« (Kaufmann u. a. 1989: 39)

Wenn von einem Vertreter dieses Ansatzes der Unterstützungstheorie Familie (im erweiterten Sinne von Verwandtschaft) als »›Zentralinstitution‹ der modernen Netzwerke« bezeichnet wird (Diewald 1991: 33, 107ff.), so ist dies eine Einschätzung, die weder durch das Rationalitäts- noch durch das Reziprozitätstheorem gerechtfertigt werden kann. Der Abriß der Unterstützungsforschung hatte gezeigt: Je näher die Ergebnisse an die Realität von Generationenbeziehungen heranreichen, desto unplausibler werden diese Theoreme und desto drängender wird die Frage nach einem Interpretationsrahmen, der die Eigenart des familiären Handlungsfelds berücksichtigt.

Generationenbeziehungen als solidarisches Handeln

Entgegen den Annahmen einer soziologischen Theorie, die Modernisierung und Individualisierung gleichsetzt, erweisen sich verwandschaftliche und intergenerationelle Hilfeleistungen auch heute noch als wichtige Elemente von Unterstützungsnetzwerken. Daß dies so ist, macht es fraglich, daß sich flächendeckend sowohl Handlungschancen als auch Handlungszwänge ausschließlich individuell darstellen; zumindest diejenigen, die selbstverständlich am familiären Hilfaustausch teilnehmen, lassen sich wohl stärker von Normen leiten, die in einem solchen Sozialsystem als gültig angesehen und möglicherweise auch sanktioniert werden.

Es gibt eine Reihe von Evidenzen, welche diese Vermutung stützen. Zum einen dürfte im Alltagsverständnis der meisten Menschen plausibel sein, daß die Familie eine Solidargemeinschaft aller Familienangehörigen ist (Lüscher 1986). Zum anderen wird eben jene Alltagserfahrung durch gesetzliche Rahmenbedingungen normativ untermauert. So bestimmt § 1618a des bundesdeutschen BGB: »Eltern und Kinder sind einander Beistand und Rücksicht schuldig.« Diese Vorschrift ist zwar nicht sanktionsbewehrt, drückt aber ein vom Gesetzgeber formuliertes Leitbild familiären Zusammenlebens aus, daß nach anderen Vorschriften (§ 1601 BGB und Sozialhilferecht) für Verwandte direkter Linie und des ersten Grades (Eltern – Kinder) sowie Ehegatten, mithin die Kernfamilie, zu einer lebenslangen Unterhaltsverpflichtung konkretisiert ist. Nimmt man hinzu, daß ähnliche Vorschriften für andere Formen von Verwandschaftsbeziehungen (z. B. Geschwister, weiteres Verwandschaftsnetzwerk) fehlen, so läßt sich in diesen familien- und sozialrechtlichen Normen Generationensolidarität als ein in unserer politischen Kultur deutlich akzentuiertes Familienleitbild sehen. Und zum dritten ließen sich eine Reihe von Ergebnissen aus der Umfrageforschung zitieren, welche die besondere Bedeutung des verwandschaftlichen und intergenerationellen Hilfepotentials bezeugen (s.o.).

Der Begriff der Solidarität bietet sich meines Erachtens an, die besondere Form der Verpflichtung zu kennzeichnen, die zwischen Verwandten der direkten Linie normativ vorausgesetzt wird. Im Anschluß an Durkheim hat es eine Vielzahl von Versuchen gegeben, diesen Begriff für die Erforschung von Familienbeziehungen fruchtbar zu machen, von denen ich zwei kurz diskutieren möchte, bevor ich ein eigenes Konzept vorschlage.

Einerseits ist versucht worden, Solidarität als eine Form gesellschaftlicher Steuerung neben denen des Marktes und der Bürokratie (Kaufmann 1984) zu verstehen. Dieser theoretisch anspruchsvolle Ansatz, den Ort solidarischen Handelns im Rahmen einer allgemeinen systemtheoretischen Steuerungstheorie neu zu bestimmen, setzt meines Erachtens zuviel voraus, um auf Familienbeziehungen anwendbar zu sein. Abgesehen von der Frage, wieweit die Musterbeispiele gesellschaftlicher Steuerung als »reine Typen« wirklich funktionieren, scheinen mir Generationenbeziehungen als informelle und gemeinschaftliche Sozialformen keinesfalls jenen strengen Mechanismen der Wertsetzung, Koordination und Bewertung zu unterliegen, wie sie sich in den Fällen von marktmäßiger und hierarchischer Steuerung in z.T. formalisierten Prozeduren etabliert haben. Ein Begriff der Solidarität, der ein wichtiger Baustein der Interpretation Hilfeleistungen zwischen Generationen sein soll, muß meines Erachtens Raum lassen für die Berücksichtigung des niedrigen Institutionalisierungsgrads alltäglicher Sozialbeziehungen; dabei läßt sich jedoch das hier referierte Verständnis fruchtbar machen, wenn man es in abgeschwächter Form als »regulative Idee« versteht.

Ein anderer – eher empirisch aufwendiger – Versuch, Solidarität zu fassen, hat sich in einer kalifornischen Forschungsgruppe um Vern Bengtson in der Arbeit an einer Mehrgenerationenstudie herausgebildet (vgl. Bengtson/Schrader 1982; Bengtson u.a. 1985; Roberts/Richards/Bengtson 1990). Hier bezeichnet Solidarität zunächst als Metabegriff jede Form des Austauschs der Generationen, was durch eine Reihe von Dimensionen, in denen dieser Austausch stattfindet, konkretisiert wird. Diese analytisch getrennten Dimensionen werden in der Untersuchung mittels Fragebatterien ›vermessen‹ und in einem weiteren Schritt mittels korrelations- oder faktorenanalytischer Verfahren wieder miteinander in Verbindung gebracht. Gegen diese variablensoziologische Zerteilung der alltäglich gelebten Interaktionsbeziehungen ließe sich ebenso wie im steuerungstheoretischen Ansatz einwenden, daß sich eine solche sozialwissenschaftliche Konzeptualisierung zu weit von der sozialen Realität entfernt; die spezifischen Verpflichtungen in verwandschaftlichen Hilfenetzen, die meines Erachtens den Kern Solidarität von familialen Generationen bilden, sind hier zwar in Form sogenannter familistischer Normen berücksichtigt, jedoch nicht als wesentliche Bedingung familialen Handelns.

Zwischen diesen Polen theoretischer Abstraktheit und empirischer Zerlegung schlage ich einen Begriff von Solidarität vor, der an der Konditionierung sozialen Handelns durch vorgegebene Normen ansetzt. Generationenbeziehungen sind wesentlich durch moralische Ansprüche und Erwartungen geprägt; dies ließ sich schon in einer Sekundäranalyse vorhandener Umfragedaten zeigen. Demgemäß verstehe ich unter intergenerationeller Solidarität ein für Generationenbeziehungen wesentliches Ensemble von Normen, die den Austausch von Gütern und Dienstleistungen regeln. Ausmaß und Bedeutung dieses Austauschs der Generationen, die sich empirisch ermitteln lassen, sind meines Erachtens nur zu verstehen, wenn man die Normierungen solidarischen Handelns durch ein Prinzip organisiert sieht, das sich in etwa wie folgt formulieren ließe: »Gebe Deinen Familienange-hörigen den Beistand, den sie in ihrer jeweiligen Situation benötigen!« Im Gegensatz zum »do ut des«-Prinzip (»Ich gebe, damit Du gibst.«), stellt der solidarische Imperativ die von einer Mehrzahl von Menschen (z. B. von einer kernfamilialen Gemeinschaft) geteilte Norm bzw. normative Verpflichtung dar, sich gegenseitig im Falle der Bedürftigkeit zu helfen.

Dabei darf man jedoch das *Prinzip*, also den allgemeinsten Parameter der Moral, nicht mit den konkreten Gestaltungsformen verwechseln, welche die Individuen durch Interpretation des Imperativs in ihren Handlungen realisieren; Finch und Mason (1991) haben darauf hingewiesen, daß intergenerationelle Normen nicht nur Handeln konditionieren, sondern ihrerseits konditioniert sind durch personen- und fallbezogene Interpretationen, in denen ein allgemeines normatives Prinzip auf die konkrete Situation unter Zuhilfenahme anderer moralischer Optionen (Berechtigung des Anliegens, Gerechtigkeit u.ä.) angewandt wird; die Verpflichtung zur Hilfeleistung und die Übernahme von Verantwortung wird dabei – posttraditional – nicht in absoluter Form, sondern lediglich als regulatives Prinzip akzeptiert. Das zeigt sich darin, daß meist grundsätzliche Ansprüche z. B. an Beistand der Kinder für ihre Eltern im Falle ihrer Pflegebedürftigkeit anerkannt werden, ohne daß dies als einklagbares Recht angesehen oder an eine konkrete Form der Hilfeleistung gebunden wird (Schütze 1989: 94ff). Moraltheoretisch stellt Generationen-Solidarität damit eine eigentümliche Mischform zwischen traditioneller, situativer und prinzipieller Orientierung dar. Einerseits ist sie, wie das z. B. eine Diskursethik (Habermas 1991) Verantwortungsmoralen unterstellt, nicht universalistisch organisiert, da sie personen- und situationsbezogen gehandhabt wird. Andererseits ist sie nicht rein kasuistisch; die sehr wirksame Einschränkung der normativen Verpflichtungen auf Eltern-Kind-Beziehungen zeigt, daß Generationen-Solidarität mit rechtlichen Leitbilder korrespondiert und damit als Element des kulturellen Repertoires einer Gesellschaft nicht nur rein privat verfügbar ist.

Der zweite Teil hatte aus Ergebnissen, die durch das gänzlich andere Paradigma der Austauschtheorie zustandegekommen sind, Indizien zusammengetragen, welche die Bedeutung verwandschaftlicher Hilfeleistungen bezeugen; insbesondere zeigte sich dabei, daß es auf nahe Verwandte, also im wesentlichen zwischen Eltern und Kindern, spezifizierte Erwartungen zur Unterstützung bei Bedürftigkeit geben muß. Welches aber sind die Bedingungen, unter denen diese normative Generationensolidarität wirksam wird?

BINDUNGEN ZWISCHEN GENERATIONEN

Sieht man Generationenbeziehungen als durch Solidaritätsverpflichtungen geprägt an, so ergibt sich dadurch nicht unbedingt ein sozialromantisches Bild von familiärem Zusammen-leben. Vielmehr werden Handlungszwänge offenbar, die den Individuen oft nicht bewußt und nicht immer förderlich sind. Die Pflege der alten, kranken und gebrechlichen Eltern ist einer der aufwendigsten und tiefgreifendsten Beispiele der Solidarpraxis zwischen Generationen. Zieht man eine Reihe qualitativer Studien zu diesem Komplex heran, lassen sich die tieferliegenden Prozesse des Verhältnisses von Eltern und erwachsenen Kindern studieren;

gleichzeitig bilden Pflegende eine Art »klinisches Sample«, das aufgrund der Belastungen, denen die Pflegenden ausgesetzt sind, nicht unbedingt repräsentativ für Generationenverhältnisse insgesamt ist, wenn auch die innerhalb dieses Samples gemachten Erfahrungen bestimmte Aspekte von Generationenbeziehungen verdeutlichen.

Eine der wesentlichen Bedingungen der Übernahme von Pflege, so zeigen zwei qualitative Studien über Töchter, die ihre alten Eltern pflegen (Bracker u.a. 1988; Hedke-Becker/ Schmidtke 1985), ist die räumliche Nähe der Generationen. So haben zehn von 14 Befragten in der letztgenannten Studie vor der Pflege bereits ein(e) gemeinsame(s) Haus/Wohnung mit der dann pflegebedürftigen Person, drei ziehen nach Beginn der Pflege zusammen. Tatsächlich gehen in diese über Jahre geronnene Solidaritätsstruktur normative Erwartungen von Seiten der zu Pflegenden und der übrigen Angehörigen ein, denen die Töchter sich fügen, nach denen sie ihre bildungsmäßigen und beruflichen Mobilitätswünsche ausrichten (bzw. gar nicht entwickeln) und die z.T. (wenn auch in der Minderzahl der Fälle) durch erbschafts- und vertragsrechtliche Regelungen bezüglich der Übernahme oder Nutznießung von Vermögen abgesichert werden (vgl. auch Bracker u.a. 1988: 127ff.). Solidarität zwischen Generationen hängt hier stark mit der Akkordierung der Biographien der beiden Generationen zusammen, die meist die Form einer Anpassung der jüngeren an die Belange der älteren Altersgruppe annehmen.

Unter diesen Bedingungen einer über lange Zeit gewachsenen, zum Zeitpunkt der Befragung alltäglich gewordenen Solidaritätsstruktur, kann es nicht überraschen, daß die Pflegenden meist nur über unzureichende Kenntnis ihrer Motive zur Pflegeübernahme verfügen. Das Empfinden der Selbstverständlichkeit der gewählten Zweigenerationen-Lebensform führt häufig zu wenig differenzierten Auskünften. Rekonstruktionsversuche durch die Forscherinnen (Hedke-Becker/Schmidtke 1985: 73ff.; Bracker u.a. 1988: 131ff.) fördern zwar auch normative Anteile wie Familientradition, vertragliche Regelungen oder gegebene Versprechen zu Tage; doch diese sind Argumente unter anderen, in einem Kranz von anderen Bedingungen.

An einem weiteren Element der Bindungsgeschichte bis zur Pflegeübernahme läßt sich etwas deutlicher der Anteil von normativen Erwartungen ablesen: an der Existenz von »Kontrolleuren«[17]. Erwartungen, gegebenenfalls Sanktionsdrohungen und Sanktionen (moralische Mißbilligungen) werden nach Auskunft einiger Befragter durch Ärzte, Institutionen und professionelle Helfer (ambulante Pflegedienste, Altenheime) und die anderen Familienangehörigen sowie nicht zuletzt durch die zu pflegende Person selbst artikuliert, ein Druck, der mit der Veralltäglichung der Pflegebeziehung stärker ins Gewicht fällt (Bracker u.a. 1988: 133f., 147ff.).

Hingegen zeigen sich Zusammenhänge zwischen einem positiven emotionalen Verhältnis und der Pflegebereitschaft nicht. Im Gegenteil: »Von den 10 Pflegenden, die vor der Hauspflege eine Wohn- oder Hausgemeinschaft mit der Betreuungsperson bildeten, hatten neun Frauen schon in den letzten Jahren vor Einsetzen der Pflegebedürftigkeit kein sehr herzliches Verhältnis zu ihrer Mutter« (Hedke-Becker/Schmidtke 1985: 68; Bracker u.a. 1988: 130f.). Eher wird angesichts der Belastungen der Pflege die gefühlsmäßige Beziehung tendenziell schlechter. Auch Schütze (1989: 90ff.) stellt keine Zusammenhänge zwischen der emotionalen Qualität der Generationenbeziehung und der Bereitschaft zur Übernahme von Verantwortung fest; einzig der Befragte mit dem distanziertesten Verhältnis zu seiner Mutter hatte bereits einmal ihre Betreuung übernommen. Insgesamt widersprechen diese Befunde Definitionsansätzen, die Solidarität in positiven emotionalen Beziehungen und Reziprozität fundieren wollen[18] oder die moderne Generationenbeziehungen unter den Bedingungen fortgeschrittener Individualisierung durch freiwillige Übernahme von Verantwortung auf der Basis von emotionaler Nähe, Vertrauen und gemeinsamen Werten charakterisiert sehen (zu Darstellung und empirischer Kritik: Schütze 1989). Solche Bestimmungen von Solidarität verfehlen eben das Zwingende des normativen Aspekts.

Auch in der sozialpsychologischen Dimension zeigt sich die Bedeutung von Bindungen (»attachments«) zwischen den Generationen – seien sie nun emotional positiv, negativ oder ambivalent. Starke Bindungen erklären einen großen Teil tatsächlich geleisteter Hilfen von erwachsenen Kindern für ihre pflegebedürftigen Eltern (Cicirelli 1991). Auch in den qualitativen Studien weisen einige der pflegenden Frauen Lebensgeschichten mit ihren Eltern auf, die durch starke, wenn auch häufig negative oder ambivalente Bindungen gekennzeichnet sind; einige haben sich stets um eine Form der Zuwendung und Anerkennung bemüht, die ihnen von Seiten ihrer Eltern verwehrt blieb.

Entgegen einem verkürzten Verständnis, das in jedem Kontakt zwischen Generationen bereits eine Unterstützung vermutet, kann eine hohe Kontaktdichte und Familiennormen, die den Austausch von Hilfen, Beistand und finanziellen Transfers fordern, Wohlbefinden herabsetzen und psychische Probleme fördern, wenn der familiäre Kontakt konfliktiv verläuft, entindividualisierende Folgen hat oder Normen und Sanktionen als oppressiv empfunden werden (Roberts/Richards/Bengtson 1990: 21). Eine ausgebaute Solidaritätspraxis und emotionale Gewinne schließen sich tendenziell aus.

Solidarität entwickelt sich nicht in einem sozial formlosen, gleichsam idealistischen Raum. Ihre Entfaltung ist an die Existenz von starken sozio-ökonomischen und emotionalen Bindungen geknüpft. Ob und inwieweit diese Botschaft, die an dem Extremfall langfristiger Pflege ablesbar ist, auch für andere Solidaritätsformen gilt, muß hier offen bleiben. Mit dem Hinweis auf die Bedingung, daß sich Verpflichtungen zur Generationensolidarität in den Bindung der Generationen realisieren, ist auch auf die unterschiedliche Ausgestaltung solchen solidarischen Handelns im Hinblick auf den Vergleich der Geschlechter verwiesen.

IST SOLIDARITÄT WEIBLICH?

Entgegen der landläufigen Vorstellung, daß verwandschaftliche Beziehungen durch die Initiative und die Aktivitäten der weiblichen Familienmitglieder aufrechterhalten, wenn nicht sogar geschaffen werden (für Nachweise siehe Mayr-Kleffel 1991: 164ff.), bzw. daß Unterstützungsverhalten eine Domäne der Frauen sei (Nestmann/Schmerl 1990: 12), hatte die Unterstützungsforschung durchaus differenzierte Ergebnisse zur Frage der geschlechtsspezifischen Beiträge zur privaten Wohlfahrtsproduktion erbracht. Insbesondere ist in der empirischen Literatur der Unterschied herausgearbeitet worden, daß Männer eher sachbezogene Dienste, Frauen eher personenbezogene leisten. Damit geht eine andere Struktur weiblicher Netzwerke und eine andere Qualität der Beziehungen einher (ebda.: 13).

Gerade die Frauen stehen mit den prominenten Feldern der Kinderbetreuung und Altenpflege im Vordergrund der sozialpolitischen Diskussion um Generationenbeziehungen; dadurch hat dieses Thema eine geschlechtsspezifische Zuspitzung erfahren. Es sind charakteristischerweise Felder, in denen sich über eine lange Zeit hinweg Bindungen und Abhängigkeiten in der Unterstützungspraxis etablieren. Diese wechselseitigen Abhängigkeiten erklären auch das sogenannte Geschlechterparadox: Obwohl Frauen stärker in soziale Unterstützungsbeziehungen eingebunden sind und mehr soziale Unterstützung erhalten als Männer, weisen sie eine durchschnittlich höhere psychische Belastung auf (ebda.: 16ff.). Dies ist darauf zurückzuführen, »daß in Ehe, Familie, Kinderaufzucht, Kranken- und Altenpflege Frauen einseitig soziale Unterstützung bereitstellen, die sie nicht in reziproker Weise zurückerhalten« (ebda.: 20). Diese Problematik ist auch insgesamt in der Forschung über Unterstützungsnetzwerke deutlich geworden (für eine Zusammenfassung der anglo-amerikanischen Diskussion: Gräbe 1991); Netzwerke benötigen Pflege und je dauerhafter Unterstützungsbeziehungen ausgelegt sind, desto aufwendiger ist die Beziehungsarbeit.

Gemeinhin werden Verhaltensmuster von Männern und Frauen in der Hinsicht ihrer unterschiedlichen Fürsorglichkeit auf anthropologische Grundlagen zurückgeführt. Dabei ist wegen ihrer Modellhaftigkeit immer wieder auf die Mutter-Tochter-Beziehung hingewiesen worden (Mayr-Kleffel 1991: 164ff.; Walker/Pratt 1991). In dem hier vertretenen Ansatz würde man konstatieren, daß normative Vorgaben, die Fürsorge im Familienkreis fordern, im Bindungsverhalten von Frauen sozusagen einen fruchtbaren Boden finden. Diese Normen sind als selbstverständliche Verpflichtungen in weibliche Lebensentwürfe eingelassen, was sogar zu der These der zwei Moralen geführt hat: einer kategorischen (männlichen) und einer beziehungsorientierten (weiblichen) Ethik (vgl. den Überblick in Nolte 1992).

Dieses Muster ist verknüpft mit der spezifischen ökonomischen Situation und Abhängigkeit der Mehrzahl der Frauen, woraus ihre Einbindung in den Familienhaushalt und das Verwandschaftsnetzwerk folgt. Mit der steigenden Erwerbsbeteiligung wird es fragwürdig, ob Frauen diese ihnen traditionell zugeschriebenen Aufgaben auch weiterhin erfüllen, obwohl noch keine Anzeichen eines grundlegenden Wandels erkennbar sind. Die geschlechtsspezifische Moral jedoch bedarf in dieser Umbruchsituation einer Revision, wobei die wachsende Literaturgattung der Frauenratgeber ihren Leserinnen »männliche(re)« Handlungsmodelle (»coolness«) nahelegen (Hochschild 1991).

Die Umsetzung des traditionellen, trotz Revisionsbemühungen immer noch gültigen normativen Musters darf man sich jedoch nicht zu einfach vorstellen, da in unserem »postfeministischen« Zeitalter geschlechtsspezifische Handlungsmodelle rechtfertigungsbedürftig geworden sind. So zeigen die Befragten in der englischen Studie über Verpflichtungen zwischen Generationen bei vielen Fragen danach, wer bestimmte Hilfeleistungen und Transfers erbringen soll, durch geschlechtsneutrale Antworten ihre Sensibilität in der Gleichberechtigungsproblematik. Auf Nachfrage ergeben sich jedoch meist die erwartbaren Differenzen. Männern werden z. B. finanzielle Transfers, Frauen persönliche Dienstleistungen zugeschrieben – besonders in den Fällen, wo diese großen Aufwand und Veränderungen

346

des Lebensentwurfs erfordern, so bei der Aufgabe des Berufs zur Pflege eines Angehörigen (Finch/Mason 1991: 362).

Dieses abgestufte Muster der Begründung auf Frauen spezifizierter Solidaritätsnormen zeigt sich im übrigen in einigen der wenigen Schilderungen von Prozessen der Entstehung privater Pflege-Strukturen (vgl. Hedke-Becker/Schmidtke 1985; Bracker u. a. 1988). Frauen (Töchter) werden nicht von vorneherein in diese Verantwortung gedrängt, sondern berichten über einen mehrstufigen Prozeß, in dem sie durch gezielt geäußerte Erwartungen aus dem Netz der »Kontrolleure« (z. B. Ehemänner als Söhne der zur pflegenden Person) oder durch das Nichthandeln anderer Beteiligter (z. B. Brüder, die sich – auch durch Wegzug – als nicht zuständig definieren), durch Duldung dieser Handlungen im Familiennetzwerk und durch eigene Handlungen (Koresidenz mit den Eltern) gleichsam »tragisch« in die letztlich entstehende Pflegebeziehung verstrickt werden. Geschichten dieser Art geben einen Eindruck von der Komplexität, mit der sich geschlechtsspezifische normative Vorgaben, die sich wie eine Spur durch die einzelnen Stationen durchziehen, in gesellschaftsweit typische soziale Strukturen einer überwiegenden Belastung der Frauen umsetzen, auch wenn sich auf der Ebene der abfragbaren Einstellungen nur leichte Tendenzen dazu zeigen.

SOLIDARITÄT UND FAMILIALE STRATEGIEN

Solidarität als intergenerationelle Verpflichtung zu gegenseitiger Unterstützung entfaltet sich in, durch und in Form von Bindungen, die sich über die miteinander verflochtenen Lebensgeschichten der familialen Generationen hinweg entwickeln. Diese Bedeutung der Bindungen ist in der sozialpsychologischen Forschung meist deutlicher gesehen worden als in sozio-ökonomischen Untersuchungen von Unterstützungsnetzwerken, die sich eher dem individualistischen Paradigma der Austauschtheorie bedient haben.

Welche Konsequenzen der Paradigmenwechsel zu einer normativistischen Interpretation der Generationensolidarität haben kann, soll an einem Befund beispielhaft gezeigt werden. Gemeinhin gilt die geographische Distanz zwischen Eltern und Kindern als guter Prädikator für Kontakthäufigkeit und Unterstützungsumfang (Diewald 1989: 25f.; Höllinger 1989: 517ff.). Diese Analyse fügt sich gut als Musterbeispiel in die Theorie des »constrained choice«-Ansatzes ein: Geographische Entfernung (als unabhängige Variable) beschränkt Wahlen, weil diese zu Kosten führt, die in das individuelle Kalkül einbezogen werden müssen.

Aus der Sicht langfristig sich entwickelnder normativer Bindungen gewinnt die Wohnentfernung einen anderen Stellenwert. Sie stellt hier ein zwischen den Generationen etabliertes Muster von Sozial- und Solidarbeziehungen dar, das sich aus der Akkordierung von Lebensentwürfen der Familienmitglieder (insbesondere eine Anpassung der jüngeren an die älteren unter Verzicht auf mögliche Mobilität) ergibt. Der deutliche Zusammenhang zum Umfang der Kontakte und Hilfen ergibt sich in dieser Interpretation aus ihrer gemeinsamen Bedingtheit durch Normen intergenerationeller Verantwortlichkeit, die in den Wohnverhältnissen geronnen sind.

Dieses Muster zeigt sich gerade im Falle der Pflege alter Eltern durch ihre Töchter. Hier scheint eine traditionalistische Orientierung, die an den Verbindungen zur Herkunftsfamilie festhält, sehr hoch zu sein. Das Engagement der jüngeren Generationen richtet sich hauptsächlich darauf, den (gesundheitlichen, emotionalen und ökonomischen) Status quo ihrer Eltern zu erhalten, was von diesen auch erwartet wird. Die Umsetzung dieser Erwartungen erfolgt z.T. durch erbrechtliche Regelungen, die ähnlich dem »Altenteil« der Bauern eine gewisse Kompensation für die Alterssicherung durch die Jüngeren bieten. Dennoch bleibt hier die Tochter (als Vertreterin der nachwachsenden Generation) diejenige, die belastet ist mit den Aufgaben der Betreuung sowie der Verengung ihres Lebensentwurfs.

Demgegenüber läßt sich jedoch auch ein anderes Muster erkennen, in dem die Gewichte umgekehrt verteilt sind. Im diesem ist es die ältere Generation, die unter weitgehendem Verzicht auf eigene Konsumbedürfnisse die jüngere unterstützt (vgl. Vaskovics idB). Hier ist es charakteristisch, daß diese jüngere Generation eine durch die Erhöhung der Bildungsbeteiligung und der Arbeitsmarktrisiken verlängerte Adoleszenz aufweist (Vaskovics 1989 und idB). Durch kontinuierliche Transfers zur Subsistenzsicherung und einmalige zu besonderen Anlässen (größere Anschaffungen, Heirat, Familiengründung) sowie andere Dienstleistungen unterstützen die Eltern die (von ihnen gewünschte) Aufstiegsorientierung ihrer Kinder. Diese Transfers und Dienstleistungen, die wie die Altenpflege unter z.T. großen Belastungen erbracht werden, stellen einen kontinuierlichen Strom nicht-reziproker Unterstützungen der älteren für die jüngere Generation dar. Sie werden von ersterer meist als Selbstverständlichkeit und Pflicht verstanden.

Soziologische Signifikanz gewinnen diese beiden Extremformen von Generationensolidarität, weil sie mit den »familialen Strategien« korrespondieren, die Agnès Pitrou (1988) für junge Familien herausgearbeitet hat: der erhaltungs- und der aufstiegsorientierten.[19] Sie versteht darunter eine »dominante Linie der Lebensführung« (ebda.: 244), die sich als Lebensstil bestimmter Schichten herausbildet. Bereits früher ist die Vermutung geäußert worden, die von Netzwerkforschern entdeckten Muster familialer Kontakt- und Unterstützungsformen beschrieben überwiegend »spezifische familiale Lebenswelten innerhalb unterschiedlicher ›soziokultureller Milieus‹« (Strohmeier 1983: 154). Z.B. lassen sich die von Bott (1971 [urspr. 1957]) festgestellten Zusammenhänge zwischen dem Grad der Einbindung in soziale Netzwerke und der innerehelichen Arbeitsteilung als Ausdruck einer spezifischen familialen Strategie sehen, die wiederum durch die Zugehörigkeit zu einem soziokulturellen Milieu bedingt ist. Diese Milieus sind die gesellschaftlichen Orte, in denen die Wertsetzungen und Normierungen formuliert werden, die u.a. die Fragen der Solidarität zwischen Generationen regulieren, wer wem was wann im familialen Kontext helfen soll.

Generationenbeziehungen als sozialwissenschaftliches Konstrukt

Unterstützungsbeziehungen allgemein und Generationenbeziehungen im speziellen werden heute zu zentralen Gegenständen sozialwissenschaftlicher Theoriebildung. Dies hängt mit gesellschaftlichen Entwicklungen zusammen. Die Thematisierung der Generationenbeziehungen setzt an einer Reihe von Problemen des Generationenübergangs an, die sozialpolitisch bislang nicht zureichend gelöst wurden: Kinderbetreuung und Altenpflege (Kaufmann u. a. 1989). Dieses Problematischwerden von Lebenslagen im Familienzyklus wird gemeinhin mit demographischen Entwicklungen begründet (vgl. z. B. Kaufmann idB). Doch ist dies für die genannten Phänomene nur begrenzt plausibel; so ist der Geburtenrückgang (als demographischer Trend) sowohl eine *Folge* als auch eine *Ursache* veränderter Muster der Kinderbetreuung. Nimmt man noch die Frage der verlängerten Adoleszenz als dritten Themenblock hinzu, wird offensichtlich, daß es sich charakteristischerweise um Probleme der *Enttraditionalisierung* von Generationenbeziehungen handelt, die den Anlaß ihrer neuerlichen Behandlung bilden. Wie bei allem soziologischem Argumentieren mit dem Gegensatzpaar »Tradition« vs. »Moderne« ist auch hier Vorsicht angebracht. Wesentlich für solche Überlegungen ist, was den Bezugspunkt der als traditionell verstandenen Lebensformen bildet. Hier – so vermute ich – ist es die Tradition der industriegesellschaftlichen Moderne, die bestimmte Arrangements privater Lebensformen hervorgebracht hat, die in der späten Moderne oder Post-Moderne infragegestellt werden, wie z. B. die durch neolokale Heirat gebildete, strukturell aus dem Verwandschaftssystem ausdifferenzierte Kleinfamilie oder die weitgehende Substitution privater Solidarleistungen durch öffentliche.

Am Beispiel der Altenpflege ließe sich das folgendermaßen erläutern. Sicherlich spielt hier die Ausdehnung der durchschnittlichen Lebensdauer durch verbesserte medizinische, hygienische und andere gesellschaftliche Rahmenbedingungen eine große Rolle. Ebenso wichtig ist jedoch, daß mit einer kollektiv finanzierten Altersversorgung die Sicherung des Lebensunterhalts nicht mehr den unmittelbaren Verwandten (den Kindern) obliegt, so daß im Generationenverhältnis Handlungszwänge wegfallen. Gleichzeitig entwickeln sich in einigen gesellschaftlichen Bereichen durch eine gestiegene Bildungsbeteiligung und die Teilnahme der jüngeren Generation am wirtschaftlichen Aufschwung neue Lebensstile der Kindergeneration. Beides fördert eine zunehmende soziale Distanzierung der Generationen (so z. B. im Vierten Familienbericht beschrieben; BMJFFG 1986: 54ff.). Lebensmuster auf Abstand werden unter den veränderten demographischen Bedingungen problematisch, da neue Belastungen im Generationenverhältnis entstehen, die durch das aktuelle sozialpolitische Instrumentarium nicht aufgefangen werden können. Eine wichtige Voraussetzung bildet dieses aktuelle sozialpolitische Instrumentarium insofern, als es eine Art Erwartungshorizont schafft. Damit werden neuerliche Handlungszwänge zwischen den Generationen rechtfertigungsbedürftig.[20]

Diese Überlegungen lassen sich meines Erachtens auch auf die beiden anderen Bereiche, Kinderbetreuung und verlängerte ökonomische Abhängigkeiten in der Postadoleszenz, anwenden. Veränderte Lebensstile der jüngeren Generation (erhöhte Erwerbs- und

Bildungsbeteiligung der Frauen bzw. die verlängerte ökonomische Unsicherheit der jüngeren Generation insgesamt) führen zu neuen Anforderungen im Generationenverhältnis, die durch sozialpolitische Maßnahmen nur unzureichend ausgeglichen werden. Angesichts der Logik der bisherigen wohlfahrtsstaatlichen Expansion sind Forderungen nach weiteren öffentlichen Leistungen plausibel, sie werden aber mit dem Hinweis auf die Schwierigkeiten der öffentlichen Haushalte abgewehrt. In dieser Situation entsteht die von Habermas (1985) so benannte »neue Unübersichtlichkeit«, in der die Vertreter einer weiteren Expansion des Wohlfahrtsstaats mit den beiden Gruppen der alternativen und der konservativen Verfechter von Selbsthilfe konkurrieren.

Diese öffentliche Debatte ist der Bezugspunkt der sozialwissenschaftlichen Diskussion um die Logik von Generationenbeziehungen. »Individuelles Kalkül« und »Solidarität« stellen sozialwissenschaftliche Interpretationen der alltäglichen Unterstützungspraxis auf dem Hintergrund der Tatsache dar, daß Unterstützung zwischen Generationen posttraditional nicht mehr etwas selbstverständliches ist. Wenn diese Konzepte in soziologischen Studien verwandt werden, um die Verpflichtungen zwischen Generationen zu kennzeichnen, so haben sie neben der analytischen auch eine evaluative und normative Bedeutung. Mit diesen Leitvorstellungen werden faktische Arrangements zwischen den Generationen bewertet, politische Empfehlungen entwickelt und praktische Handlungsoptionen gerechtfertigt; im Zeitalter der Verwissenschaftlichung des Alltags und der Politik werden in zunehmendem Maße durch die Sozialwissenschaften Vorgaben für die »Situationsdefinitionen« zwischenmenschlicher Prozesse und gesellschaftspolitische Debatten formuliert. Das ist die *rhetorische* Funktion der oben dargestellten soziologischen Überlegungen, die sich aus der Tatsache ergibt, daß soziologische Theoriebildung nicht in einem gesellschaftsfreien Raum stattfindet, sondern im Kontext der Diskussion um die richtige Gestaltung der öffentlichen Ordnung angesiedelt ist. Der Austausch von Argumenten über den weiteren Kurs der »polis«, heute würde man sagen: über gesellschaftlich verbindliche Entscheidungen, ist seit der Antike die genuine Domäne der Rhetorik. Neuartig daran ist, daß in diesen politischen Diskurs zunehmend die modernen Sozialwissenschaften eindringen (vgl. Edmondson 1984).

Mit Beispielen aus der Rhetorik der Altenpflegepolitik läßt sich die Formung politischer Programme durch die Leitideen der Austausch- und Solidaritätstheorie illustrieren. Zunächst kann man zwei distinkte politische Strategien unterscheiden, die sich jeweils auf eine dieser Leitideen berufen. In dem einen Konzept wird mit der vermuteten und z.T. bereits absehbaren Tendenz zur Verringerung öffentlicher Dienstleistungen die Notwendigkeit zur Reorganisation von Generationenbeziehungen durch die Hilfebedürftigen prognostiziert; Sussman (1985: 418) spricht von »a ›push‹ to reconstitute close family relationships« für die älteren Menschen. Deren Transfers (insbesondere durch Erbschaft) gewinnen für die Aufrechterhaltung einer Bindung zwischen den Generationen, die sich durch die wechselseitigen Reziprozitätserwartungen einstellt, ein größeres Gewicht durch die Verringerung der öffentlichen Leistung (ebda.: 437), so daß unter den Bedingungen eines abnehmenden Wohlfahrtsstaats das Kosten-Nutzen-Kalkül wieder zugunsten einer Investition in Generationenbeziehungen ausschlägt.

350

Ganz anders sieht dies aus, wenn man »Solidarität zwischen Generationen« als normative Basis der Eltern-Kinder-Beziehung ansieht (BMJFFG 1986: 17). Unter dieser Leitidee ist es die Aufgabe der Politik, das wahrnehmbare Niveau der Verantwortungsbereitschaft (ebda.: 89) durch ein Programm der »Stärkung der Solidarität zwischen den Generationen als Aufgabe der Familienpolitik« (ebda.: 180) noch zu heben. In ähnlicher Weise wird in einer nordamerikanischen Studie die finanzielle Förderung verwandschaftlicher Solidarität als gesundheitspolitisches Programm angesehen; dieses zielt darauf ab, durch Stärkung der Verpflichtung zu Hilfen zwischen Generationen das Ausmaß institutioneller Pflege zu verringern (Frankfather/Smith/Caro 1981: ch. 1).[21]

Beide Strategien weisen jedoch, wenn man sie im Lichte der empirischen Ergebnisse zu Generationenbeziehungen kritisch beleuchtet, Dilemmata und Risiken auf. Das Dilemma der reziprozitätsorientierten Politik-Variante liegt darin begründet, daß familiale Hilfeleistungen in einer Situation nachgefragt werden, in der die eigene Leistungsfähigkeit herabgesetzt ist,[22] was die Frage des Ausgleichs der Unterstützung prekär machen kann. Ohne institutionelle oder normative Vorkehrungen, die eine vorausschauende individuelle Sicherung erzwingen, scheint dies nicht umsetzbar zu sein. Das Risiko des Marktmodells liegt sicherlich in einer weiteren Auflösung von Generationenbeziehungen, wenn diese nur auf der Basis von ökonomischer Rechnung etabliert werden, wobei dann funktional äquivalente »Dienstleister« (bezahlte Helfer, Freunde) ebenso »rentabel« wären.

Komplementär dazu liegt das Dilemma der solidaristischen Pflegepolitik in der Tatsache, daß mit dem Ausbau der sozialen Sicherungssysteme eine nachlassende private Unterstützungsbereitschaft wahrgenommen wurde (vgl. z.B. Badura/Gross 1976). So schließt Ford (1991) aus Umfragedaten bezüglich der weitgehenden Ablehnung des Zusammenlebens mehrerer Generationen, daß ein politisches Programm, Pflegeleistungen in die Familie zu verlagern, vorherrschenden Normen in der Gesellschaft widerspräche; dem wäre allerdings die differenziertere Analyse normativer Verpflichtungen durch Finch/Mason (1991) entgegenzuhalten. Gleichwohl ist kaum zu erwarten, daß die Bindungen zwischen Generationen (einschließlich der sozio-ökonomischen und emotionalen Abhängigkeiten), die Voraussetzung einer vollentwickelten Solidaritätspraxis sind, in Familien aller Schichten und Milieus vorfindbar sind. Das Risiko einer Politik, welche die Solidarität der Generationen in den Vordergrund rückt, besteht in einer Instrumentalisierung zwischenmenschlicher Beziehungen für die Zwecke der Sozialpolitik, die angesichts der Belastungen häuslicher Pflege als problematisch anzusehen ist; so spricht Keupp (1985: 27) davon, diese Politik nähme »psychische und soziale Verelendung bewußt in Kauf«. Die Instrumentalisierung geht z.T. soweit, daß der familiale Binnenraum zu einer sozialen Dienstleistungsagentur sozialwissenschaftlich umdefiniert wird (Moroney 1986: 1, 12).[23]

Diese sozialwissenschaftliche »Rekonstruktion« von Familien- und Generationenbeziehungen zeigt, daß Generationenbeziehungen – so vertraut sie uns aus unserem Alltag scheinen mögen – in ihren Attributen und Qualitäten einer differenzierten sozialwissenschaftlichen Definitionstätigkeit unterliegen. Durch diese Abgrenzungen und Bestimmungen wird (mit-) entschieden, welche Aspekte von Generationenbeziehungen für eine öffentliche und politische Debatte relevant und welche politischen Schlußfolgerungen daraus zu ziehen sind. Entsprechend Kurt Lüschers (idB) Proposition 5, derzufolge »Theorie und Praxis der Generationenbeziehungen [...] maßgeblich beeinflußt [werden] von Überzeugungen und vom Wissen über ihre soziale Relevanz«, dürfen wir insgesamt Rückwirkungen der sozialwissenschaftlichen Diskussion auf die gelebten Formen sozialer Beziehungen vermuten. Diese Einflüsse werden wohl ebenfalls durch die Tatsache vermittelt, daß Generationenbeziehungen eine wichtige und wohl wachsende sozialpolitische Bedeutung erlangt haben. Dies steigert in der Öffentlichkeit die Rezeptivität für sozialwissenschaftliche Deutungsangebote, die formulieren, was Generationenbeziehungen sind und welcher Logik sie folgen.

Anmerkungen:

[1] Dank geht an Sabine Plathen für organisatorische, Kurt Lüscher für editorische Unterstützung (und Herausgeber-Geduld). Den Teilnehmern des Symposiums »Generationenbeziehungen in der Postmoderne« sei pauschal für nützliche Hinweise und kritische Kommentare gedankt.

[2] Hier und im folgenden bezieht sich dieser Begriff mikrosozial auf familiale Generationen. Generationenbeziehungen bezeichnen dann die Gesamtheit aller Formen gemeinschaftlicher Aktivitäten zwischen Menschen, die durch (gesellschaftlich legitimierte) Abstammung in direkter Linie miteinander verwandt sind. *Gelegentlich* werde ich für die Klärung einiger empirischer Fragen diese Perspektive *ausweiten*, indem ich auf Ergebnisse zurückgreife, die Beziehungen im Verwandschaftssystem allgemein, d. h. unter Einschluß der sog. Seitenlinien, behandeln. *Durchgängig* werde ich – entsprechend der Vorgaben im Titel dieses Aufsatzes – die Perspektive *einschränken*, indem ich Handlungen und Vergemeinschaftungsformen eines bestimmten Typs, namentlich Hilfe- und Unterstützungsbeziehungen, zwischen familialen Generationen thematisiere.

[3] Segalen (1990: 104ff) demonstriert dies an Beispielen aus der sozialanthropologischen Forschung; für die soziologische Forschung ist dies ebenso belegt (vgl. z. B. den Überblick von Lee 1979 und die Literaturhinweise in den neueren Arbeiten von Diewald 1991 und Mayr-Kleffel 1991).

[4] Für weitere Aspekte der Postmodernität siehe Lüscher idB.

[5] Vgl. zum Beitrag von Netzwerk- und Unterstützungsstudien zur Empirie von Generationenbeziehungen: Walter 1991.

[6] Daneben existiert eine weitere Variante des Netzwerkbegriffs, der eine (z.T. mathematische und graphische) *Methode zur Repräsentation informeller Sozialbeziehungen* bezeichnet (vgl. z. B. Schenk 1983).

[7] Das psychologische Support-Konzept setzt eher an den Folgen sozialer Interaktionen an, indem unterstellt wird, daß Kontakte zu Menschen einen Puffer gegen streßauslösenden Lebensereignisse und eine Bedingung für die bessere Bewältigung von Krankheiten darstellen (vgl. zur Darstellung und Kritik: Gräbe 1991).

[8] Übersetzungen der beiden Zentralbegriffe dieses aus den USA stammenden Ansatzes sind schwierig und zudem selten zu finden. Die beiden angebotenen Übertragungen sollen Anhaltspunkte für den Bedeutungsgehalt der Konzepte bieten.

9   Diewald (1991: 22) bezeichnet sich zwar (in Abweichung von seinen früheren Arbeiten) als Vertreter einer voluntaristischen Handlungstheorie, die auf den Zusammenhang von situativen und normativen Elementen in der Erreichung von Zielen abhebt. Aber diese Zuordnung bleibt nahezu folgenlos. Insbesondere argumentiert er in dem zitierten Reziprozitäts-Kapitel streng entlang des Modells von »rational choice«.

10 Bei Generationenbeziehungen ist eine unmittelbare Äquivalenz vielfach unmöglich (allenfalls in emotionaler Hinsicht); sowohl das Kind als auch der pflegebedürftige alte Mensch sind von Betreuungsleistungen abhängig, die sie direkt noch nicht oder nicht mehr aus eigener Kraft ausgleichen können.

11 Im Sinne von Thomas Kuhn (1978) sind dies die »Paradigmata« (im engeren und eigentlichen Sinne). Bekanntlich hat Kuhn die eingeschränkte Reichweite kritisch-rationaler Prüfung in der normalen Wissenschaft u. a. damit begründet, daß theoretische Verallgemeinerungen eines Ansatzes (»Paradigma« im übertragenen und nach Kuhn weiter verbreiteten Sinne) meist nur an einer Reihe von Musterbeispielen nachgewiesen werden.

12 Italien, Ungarn, Österreich, BRD, Großbritannien, USA, Australien.

13 Interkulturell zeigen sich jedoch deutliche Varianzen. Die Kontakthäufigkeit zu Angehörigen sinkt in der Reihenfolge der Länder: Italien, Ungarn, Österreich, BRD, Großbritannien, USA, Australien, was das unterschiedliche Ausmaß verwandtschaftlicher Orientierung augenfällig macht (Höllinger 1989: 517ff.; vgl. auch Bruckner/Knaup 1989: 10ff.).

14 Der hohe Rangplatz dieser beiden nahen Angehörigengruppen in der Hierarchie des Unterstützungsnetzes drückt sich auch darin aus, daß die Häufigkeit, mit der Partner oder ältere Kinder als Hilfsinstanzen gewählt werden, nicht von der Verfügbarkeit anderer Bezugspersonen (Eltern, Geschwister, engster Freund) abhängt (ebda.: 14f.).

15 Die eigenen Eltern, zu denen die befragten Personen ja auch Generationenbeziehungen unterhalten, sind nicht in gleichem Maße Hilfspersonen wie die eigenen Kinder. Abgesehen davon, daß es mit plausiblen lebenszyklischen »constraints« wie der altersbedingten Nichtverfügbarkeit der Eltern wegen Gebrechen oder Tod zusammenhängen kann, würde ich davon ausgehen, daß es zwischen Eltern und Kindern hauptsächlich auf der Basis von Nicht-Reziprozität organisierte Solidarbeziehungen gibt.

16 »So in all these questions, where we had left respondents to make their own choice of appropriate relatives, it is striking that preferences remain concentrated in the very narrow genealogical range concerning parents and children. Categories such as siblings, grandparents, grandchildren, in-laws and secondary kin are much less significant, as existing evidence predicts would be.« (Finch/Mason 1991: 357)

17 Zum »Kontrollnetz« s. auch: Marbach 1989.

18 So z. B. Kaufmann u. a. (1989: 2) in ihrer Bestimmung von Solidarität: »Motiviert wird ein kooperationsförderliches Verhalten durch gemeinsam anerkannte Normen und Werte und/oder durch Sympathie, soweit nicht die Erwartbarkeit von Gegenleistungen im Sinne des Reziprozitätsprinzips allein ausreicht.«

19 Pitrou (1988) nennt noch eine dritte familiale Strategie, die auf die Emotionalität des Familienlebens Wert legt; diese ist aber hier nicht von Belang.

20 In diesem Zusammenhang ist die bundesdeutsche Diskussion um eine Pflegeversicherung zu sehen, deren Ziel es ist, diese individuellen Handlungsnotwendigkeiten durch öffentliche Leistungen zumindest teilweise zu kompensieren.

[21] Auf Unterschiede in der Gestaltung der wohlfahrtsstaatlichen Systeme der Bundesrepublik Deutschland und der USA, die hier eine Rolle spielen, gehe ich an dieser Stelle nicht ein.

[22] Oder – wie im Falle der Kinder – in der gesellschaftlich normierten Form noch nicht erreicht ist.

[23] Einen Beleg für eine ähnliche Umwidmung von Familie oder Generationenbeziehungen zu einem reinen Markt, auf dem Unterstützungsleistungen und Transfers getauscht werden, habe ich in dieser expliziten Form auch bei Vertretern der Austauschtheorie nicht gefunden. Eine solche Version wird wohl selbst bei ihren Verfechtern als rhetorisch ungeeignet angesehen, da sie die geringe Plausibilität einer solchen Modellbildung offenbaren würde.

CLAUDINE ATTIAS-DONFUT

Die Abhängigkeit alter Menschen: Verpflichtungen der Familie – Verpflichtungen des Staates*

»So pflegte z.B. ein kleiner Knabe meiner Bekanntschaft, als er etwa dreieinhalb Jahre alt war, öfters zu seiner Mutter mit dem größten Ernst zu sagen:»»Wenn ich groß bin, dann wirst du klein sein, dann will ich dich herumtragen und anziehen und zu Bett bringen‹«. Diesem Trugbild der Umkehrung der Generationsordnung, das Ernest Jones (Jones 1913: 562) beschrieb, entspricht heute häufig die Situation von Erwachsenen, die selbst manchmal schon alt sind und die, wenn sie auch nicht die richtigen Eltern ihrer Eltern werden, sich doch um diese kümmern und sie betreuen müssen. Mag es sich nun um die spöttische Rache für die vergangene Beherrschung oder die späte Verwirklichung des vergessenen Wunsches handeln, sich um die geliebten Eltern zu kümmern[1], die Wirklichkeit ist von dem ursprünglichen Trugbild entfernt und wird von einem anderen Gespenst beherrscht, nämlich dem eines langsamen, fortschreitenden und unausweichlich stets gegenwärtigen Todes.

Mit der spektakulären Verlängerung des Lebens – einem Prozeß, der immer noch andauert – begleitet eine zunehmende Anzahl Männer und vor allem Frauen[2] das schwierige Lebensende von Eltern, mit denen zusammen sie einen großen Teil ihres Lebensweges gegangen sind, eine vielgestaltige gemeinsame Geschichte aus Annäherungen, Entfremdungen, Umkehrungen geschrieben haben. Die einzelnen Etappen des Lebens spielen sich als ständige Neudefinition der Generationsbeziehungen ab, wobei mehrere Generationen ins Spiel kommen, im allgemeinen drei, oft auch vier (Paillat et al. 1989),[3] seltener fünf.

Die Bedeutung der Abstammungslinien und ihr Vorrang vor Beziehungen durch Verbindung bestätigt sich heutzutage in der Familienforschung. Das wiederauflebende Interesse an ihnen läßt an eine Entdeckung denken, die eher einer Amnesie gleicht: Seit den sechziger Jahren und manchmal schon vorher haben gerontologische Untersuchungen gezeigt, wie verbreitet erweiterte Familiensysteme sind, komplexe Netze von Hilfe, Dienstleistungen und Aktivitäten, die Ehen und Generationen verknüpfen (Neugarten 1968). Die auch heute anhaltende Tendenz der Generationen, nicht mehr unter einem Dach zu wohnen, bedeutet nicht den Abbruch der Beziehungen, sondern, wie Leopold Rosenmayr es nannte, »Intimität auf Abstand« (Rosenmayr/Köckeis 1963). Untersuchungen hatten die Gegenseitigkeit des Austausches zwischen Großeltern, Eltern und verheirateten Enkeln gezeigt, allerdings mit einem negativen Gefälle zwischen der entgegengebrachten und der empfangenen Hilfe für erstere: ökonomisch relativ schwach (was in Anbetracht der geringen Einkünfte von Personen im Ruhestand vor dreißig Jahren erstaunlich ist), etwas stärker ausgeprägt im affektiven Bereich und im Bereich der häuslichen Dienstleistungen und Pflege (Hill 1965). Heute liegt der Akzent auf dem letzteren Aspekt, dem der Pflege und insbesondere der Pflege älterer Menschen, als Folge des neuen Platzes, den diese Frage in der Alterspolitik einnimmt. Konfrontiert mit dieser Abhängigkeit steht die Solidarität in der Familie – großenteils eine Solidarität zwischen den Generationen – in einem zunehmend institutionalisierten Zusammenhang. Diverse Formen der Pflege, der Hilfe, der Unterbringung, der Sach- oder Barleistungen werden geboten und werden allmählich genauso spezifisch finanziert und verwaltet wie Krankheit oder Arbeitslosigkeit.

Diese Politik war oft als Alternative zur Hilfe durch die Familie konzipiert, wahrscheinlich ein Überbleibsel der ursprünglichen Hilfe für verlassene Alte. Hier wird eine andere Perspektive aufgegriffen, nach der Sozialpolitik und Familiensolidarität zwischen den Generationen nicht zueinander in Gegensatz stehen, sondern sich in weiten Teilen überlagern und in Wechselbeziehung stehen. Die Analyse stützt sich auf eine Evaluierung der Anteile dieser beiden Formen von Hilfe, der informellen und der institutionalisierten, anhand der Ergebnisse einer französischen Befragung einer Stichprobe von 2 000 Personen über 75 Jahren, die im eigenen Haushalt oder in spezialisierten Institutionen leben, wobei die verschiedenen Formen ihrer Unterstützung und Pflege sowie die Kosten je nach ihrer Unterbringung verglichen werden.[4]

Die soziale Konstruktion von Abhängigkeit

Viele Faktoren kommen bei dem zunehmenden Prozeß der Institutionalisierung der Abhängigkeit alter Menschen ins Spiel: Änderungen in der Gesundheitspolitik und im Stellenwert des Krankenhauses, das Entstehen eines neuen Altersabschnitts, des sehr hohen Alters, auf das sich die Bilder des physischen und mentalen Verfalls konzentrieren, und die soziale Neudefinition von Alter und Tod. Die schwerwiegendsten Tendenzen liegen in den neuen Formen der Medikalisierung des Alters, größtenteils bedingt durch eine Wende in der Krankenhauspolitik. Ein kurzer historischer Überblick (Attias-Donfut 1986, Attias-Donfut et al. 1985, Attias-Donfut/Rozenkier 1983)[5] gestattet das Nachvollziehen einer Entwicklung, die geprägt ist durch eine fortschreitende Ausgrenzung bedürftiger und/oder behinderter alter Menschen aus der Krankenhausstruktur, für die sich nun die Frage nach alternativen Lösungen stellt.

Die moderne Geschichte der Einrichtungen zur Aufnahme von alten Menschen nimmt im 19. Jahrhundert ihren Ausgang, zu einer Zeit, als die Krankenanstalten zum bevorzugten Ort der Produktion und Transformation medizinischen Wissens von hohem Niveau werden (Foucault 1972, Steudler 1974).[6] Die Krankenanstalt war damals ein Ort sozialer Unterstützung und Unterbringung zur Aufnahme von bedürftigen Alten in großer Zahl; sie bewahrt diese Tradition bei zunehmender Medikalisierung ein Jahrhundert lang. Im Bereich der Krankenanstalten erfolgt eine Umverteilung der Funktionen zwischen dem Hospiz, einem Ort der Unterbringung, und dem auf die Pflege spezialisierten Krankenhaus. Das Hospiz bewahrt seinen Chrakter des Beistands für die Armen jeden Alters und für die Unheilbaren, während das Krankenhaus sich allen sozialen Klassen öffnet und eine moderne medizinische Technologie entwickelt, die sich seit 1945 abzeichnet.

Während die Modernisierung des Krankenhauses ihm eine heterogene Klientel einbringt, die ihm wiederum neue Betreuungsfunktionen und eine neue interne Hierarchisierung zuweist (Chauvenet 1979), müssen sich die Orte der Unterbringung alter Menschen unter dem Druck einer neuen Nachfrage ihrerseits weiterentwickeln. Die Bedürftigen sind nicht mehr die einzigen, die der Aufnahme bedürfen. Im Zuge der Urbanisierung und des getrennten Wohnens und der Isolierung sehr alter Menschen, die sich daraus ergeben, werden neue soziale Schichten dazu gebracht, im Alter Sicherheit nicht vor materiellem Elend sondern vor der Einsamkeit zu suchen.

Das Hospiz als Aufnahmestruktur hatte sich bereits weiterentwickelt. Die Verschiebung vom Sozialen zum Medizinischen, die 1905 in Frankreich in einem Gesetz zum Ausdruck kam, in dem das Alter den unheilbaren Krankheiten und Gebrechen gleichgesetzt wurde, trug zur Einbindung des Hospizes in die Welt der Krankenversorgung bei, mit dem Krankenhaus als Ort der Heilung und dem Hospiz auch als Pflegeeinrichtung für die in gewisser Weise unheilbaren Leiden.[7] Das Hospiz hat also Nutzen aus dem Fortschritt der Medizin und der Zunahme von Hygiene und Komfort gezogen. Trotzdem identifiziert man es nach wie vor mit dem »Alter der Armen« (Benoît-Lapierre et al. 1980), und es stellt das Gegenmodell des Kollektivs von Alten dar, demgegenüber Altenheime entstehen und sich entwickeln. Diese haben nichts mehr mit dem Krankensystem zu tun; sie sind Orte bloßer Unterbringung, und wenn in ihnen manchmal ein spezieller Bereich für die Gebrechlichsten (Abteilung für die Pflegebedürftigen) vorgesehen wird. Dank der Finanzierung durch die öffentliche Hand und die Rentenversicherungen vermehren sich diese Einrichtungen. Es entsteht also ein wahrer Park von Altenheimen – von denen einige auf Vereinigungen oder Gruppierungen zurückgehen, die auf diesem Gebiet schon lange tätig sind, wie beispielsweise die religiösen Kongregationen – mit äußerst unterschiedlichen Funktionsweisen, der eine sozial heterogene Bevölkerung aufnimmt.

Das Krankenhaus bewahrt und verstärkt seine medizinische Technizität, aber seine »Abräum«-Struktur in Form des Hospizes ist sozial nicht mehr zu tolerieren – sie wird unter dem, wenn auch distanzierten, Blick der Gesellschaft unhaltbar. 1975 regelt ein Gesetz sein Verschwinden in seiner aktuellen Form und seine Umwandlung entweder in soziale Einrichtungen (Altenheime) oder in Pflegeeinrichtungen (für Langzeitaufenthalte).

Gleichzeitig wird eine Politik der »Alternative zur Hospitalisierung« betrieben, eine Maßnahme, die vor allem auf alte Menschen ausgerichtet ist, deren Aufenthalt im Krankenhaus im Hinblick auf dessen eigentlichen Zweck immer »unangemessener« erscheint. So hat sich im Laufe der Jahrzehnte eine Differenzierung zwischen der Funktion der Pflege und der Funktion der Hilfe und Unterbringung ergeben. Parallel dazu ist eine Spaltung zwischen der Pflege mit Hilfe der technisierten modernen Medizin und der Pflege, die weniger medizinische Kompetenz erfordert, entstanden. Die – immer noch dürftige –

Legitimität, die man der »Geriatrie« zugesteht, führt dazu, daß man die letztere aus den spezialisierten Institutionen auslagert, soweit sie nicht an technische Behandlungen anschließen, deren spezialisierter Charakter unwiderlegbar ist. Diese Krankenhauspolitik wird noch durch die Konvergenz der Interessen zwischen den Professionen in ihrer Strategie der Aufwertung der geriatrischen Praxis und den Institutionen der Sozialversicherung in ihrem Bestreben zur wirtschaftlichen Rationalisierung verstärkt: Senken der Krankenhauskosten, indem man das Krankenhaus von seinen aus seiner Geschichte ererbten sozialen Funktionen entbindet und dabei seine Modernisierung und seine technische und wissenschaftliche Entwicklung weitertreibt.

Die Entwicklung des Krankenhauses führt zu einer zunehmenden Medikalisierung der Altenheime, die in einer Intensivierung der Pflege und nicht in einer hochtechnisierten medizinischen Behandlung besteht und es erlaubt, alte Menschen, die das Krankenhaus nicht mehr will, aufzunehmen oder zu behalten.

Nach der gleichen Logik wird die institutionelle Hilfe zu Hause durch stärker medikalisierte Dienstleistungen, die für schwere Pflegebedürftigkeit besser geeignet sind als bloße Haushaltshilfe, durch Krankenpflege und Wachdienste verstärkt. Diese Entwicklung macht eine geplante, rationalisierte Politik erforderlich, die sich auf eine Analyse der Bedürfnisse anhand einer Definition der Abhängigkeit stützt.

Wie in den administrativen oder in den epidemiologischen Texten zu lesen ist (sie beeinflussen sich gegenseitig), wird Abhängigkeit als Situation von Personen definiert, die die Fähigkeit verloren haben, die Handlungen des täglichen Lebens allein auszuführen und die Hilfe Dritter benötigen. Der Abhängigkeit entspricht folglich ein Bedürnis nach Hilfe. Wir ziehen jedoch den Ausdruck »Versorgung« (pourvoyance) dem der Hilfe vor, weil er weniger mit der Ideologie der Fürsorge belastet ist, den Austausch mehr betont und mit der Abhängigkeit so eng verbunden ist, daß man ihn umkehren kann: Der Abhängige kann zum Versorgenden (Dechamp-Le Roux 1991)[8] oder der Versorgende abhängig von Versorgung werden (Memmi 1991).

Die Grenzen dieses Artikels erlauben es nicht, den allein durch Behinderung definierten Begriff der Abhängigkeit, wie es nötig wäre, zu kritisieren noch die sozialen Vorstellungen, die ein derartiger Begriff voraussetzt oder hervorruft, zu analysieren; es geht hier darum, die Prozesse zu beleuchten, die zur sozialen Konstruktion der Abhängigkeit und zu ihrer Priorität in der Sozialpolitik des Alters beigetragen haben und die mehr durch sozialpolitische Orientierungen bedingt sind als durch die hierbei regelmäßig geltend gemachte neuere demographische Entwicklung. Der Diskurs, der diese neue Orientierung legitimiert, bezieht sich in der Tat auf die Verbreitung der Abhängigkeit und auf ihre Entwicklung im Zuge der zunehmenden Lebenserwartung. Diese Faktoren sind sicherlich wichtig, aber ihr Begreifen scheint nicht das entscheidende Element gewesen zu sein; das Interesse, um nicht zu sagen die Unruhe angesichts der demographischen Entwicklung scheinen eher durch die Entwicklung der Krankenhauspolitik hervorgerufen worden zu sein.

Verbreitung und Kosten der Abhängigkeit

Durch die in verschiedenen Regionen Frankreichs vom INSERM (Colvez et al. 1990) durchgeführten Untersuchungen kann der Anteil der abhängigen Personen, die zu Hause oder in Institutionen wohnen, an der Bevölkerung über 65 geschätzt werden, wobei man vier Gruppen nach dem Grad der Schwere ihrer Behinderung unterscheidet. Die am schwersten Behinderten, d.h. die ans Bett oder den Lehnstuhl Gefesselten, umfassen etwa 2,4 %. Die zweite Gruppe setzt sich aus Personen zusammen, die, ohne bettlägerig oder an den Lehnstuhl gebunden zu sein, Hilfe bei einigen körperlichen Verrichtungen, bei der Hygiene oder beim Essen benötigen; sie stellen 3,1 % dar. Die dritte Gruppe betrifft Personen, die ihre Wohnung nicht ohne Hilfe einer anderen Person verlassen können, sie bilden 12,4 %. Insgesamt benötigen also 17,9 % der über 65jährigen beträchtliche Hilfe. Bei den über 75jährigen beläuft sich dieser Anteil auf 29,4 %. In unserer Untersuchung über die Kosten der Abhängigkeit (Bouget/Tartarin 1990: 43 – 52) sind die Ergebnisse ähnlich, obgleich die Messung der Abhängigkeit verschieden ist: Bei den über 75jährigen leiden 23 % unter schweren Einschränkungen, 27 % unter mittleren und 50 % unter geringen oder gar keinen Einschränkungen im Alltagsleben, wohingegen bei den über 90jährigen die Inzidenz schwerer Einschränkungen 70,8 % (bei 16,8 % mittlerer und 12,4 % schwacher oder gar keiner) beträgt.

Eine multivariate Analyse der Bedingungsfaktoren zeigt, daß ceteris paribus der Grad der Abhängigkeit höher ist bei Personen mit dem schwächsten Einkommen, bei den sehr isolierten und sehr alten Personen und bei den Frauen. Die Nachteile kumulieren und verknüpfen sich im Laufe des Lebens, wobei die am stärksten benachteiligten Kategorien die mit der kürzesten Lebenserwartung sind: Sie haben das höchste Risiko von Verwitwung, Einsamkeit und prekärer Gesundheit (Attias-Donfut/Cognalons-Nicolet 1980).

Wie wird sich die Abhängigkeit weiterentwickeln? In welchem Maß wird sich das Anwachsen der sehr Hochbetagten auf die Verbreitung der Abhängigkeit auswirken? Die Lebenserwartung ohne Einschränkung (Colvez/Robine 1986) nimmt mit der höheren Lebenserwartung zu, aber gleichzeitig nimmt auch die Lebenserwartung der abhängigen Personen zu, also die Dauer der Abhängigkeit. So ergeben sich konträre Entwicklungen, deren Resultate mangels genügender zeitlicher Tiefe bei den epidemiologischen Längs-schnittdaten schwer zu schätzen ist. Kontroversen und widersprüchliche Thesen hierzu gibt es im Überfluß (Rogers et al. 1989). Was auch immer die Unsicherheitsfaktoren sein mögen, kann man doch annehmen, daß die gleichen Faktoren, welche die Zunahme der sehr Alten begünstigen, also ihre Mortalität herabsetzen, gleichzeitig ihre Morbidität verringern, denn Mortalität und Morbidität hängen in gleicher Weise mit dem Lebensstandard und der Verbesserung des Gesundheitssystems zusammen. So kann man sich nicht einfach auf die Demographie berufen, ohne die gesamte Entwicklung der Abhängigkeitsfaktoren zu berücksichten, die vermuten lassen, daß die Inzidenz der Abhängigkeit in den einzelnen Altersschichten bei weiter abnehmender Sterblichkeit geringer werden müßte.

Wo leben die abhängigen Personen? Nach unserer Untersuchung (Bouget/Tartarin 1990) sind 12 % aller Personen, die 75 Jahre oder älter, gesund oder abhängig sind, in mehr oder weniger medikalisierten Einrichtungen untergebracht (ohne die Wohnheime, die hier als gewöhnliche Wohnungen betrachtet werden). Dieser Prozentsatz steigt mit zunehmendem Alter, jedoch weniger als die Verbreitung der Abhängigkeit: 23 % der Personen zwischen 85 und 89 Jahren und 33 % der über 90jährigen leben in Einrichtungen.

Bei der in Einrichtungen untergebrachten Bevölkerung ist das Abhängigkeitsniveau sehr hoch und variiert mit der Art der Einrichtungen und ihrem Medikalisierungsgrad; in den am stärksten medikalisierten Einrichtungen (für Langzeitaufenthalte) leiden alle schweren oder mittelschweren Behinderungen, in den medizinisch versorgten Altenheimen (mit Kranken-station) 81 % und in den Altenheimen ohne medizinische Versorgung 70 %. Diese Zahlen sind in allen Fällen sehr viel höher als bei den zu Hause Lebenden. Da diese jedoch 88 % der über 75jährigen ausmachen, findet sich hier dennoch der größte Teil der abhängigen Personen: 87 % derjenigen mit mittelschwerer, 70 % derjenigen mit schwerer und 50 bis 60 % derjenigen mit sehr schwerer oder extremer Abhängigkeit (Bouget/Tartarin 1990: 19 – 54). Die Daten der INSERM-Untersuchungen zeigen die gleiche Tendenz: Drei Viertel der Pesonen über 65, die bettlägerig oder an den Lehnstuhl gefesselt sind, leben in der privaten Wohnung.

Zwischen Wohnung und kollektiver Einrichtung: Die zentrale Rolle der Familie

Die Familie spielt eine zentrale Rolle bei der Alternative zwischen eigener Wohnung und Altenheim oder einer anderen Form der kollektiven Unterbringung, sobald die Behinderun-gen ein derartiges Ausmaß annehmen, daß für das Alltagsleben die Hilfe einer Person erforderlich wird. Sie greift auf zwei Ebenen entscheidend ein: bei der Versorgung alter Menschen, die in ihrer Wohnung leben und bei der Entscheidung für den Eintritt in eine Einrichtung. Die Versorgung durch die Familie und die unmittelbare Umgebung ist für das Verbleiben in der privaten Wohnung unverzichtbar und kann praktisch nicht durch professionnelle Hilfe ersetzt werden, auch wenn diese als Ergänzung erforderlich ist. Die Entscheidung, die Wohnung zu verlassen und in eine Einrichtung zu gehen, ist meistens der betroffenen Personen entzogen und wird von der Familie oder professionellen Stellen getroffen.

1. FAMILIALE UND PROFESSIONELLE VERSORGUNG IN DER WOHNUNG

Unsere Untersuchung hat gezeigt, daß sehr abhängige Personen häufiger in privaten Wohnungen bleiben, wenn sie einen Ehepartner haben oder in der Familie untergebracht sind. Das Vorhandensein eines Ehepartners garantiert permanente Hilfe, denn es ist äußerst selten, daß beide Ehepartner gleichzeitig sehr abhängig sind: Bei 67,6 % der befragten

Ehepaare waren beide Ehepartner bei guter Gesundheit, bei 0,7 % waren beide Ehepartner stark behindert, bei 2,9 % hatten beide mittelschwere Behinderungen oder der eine war mittelschwer und der andere stark behindert, und bei dem Rest der Fälle war der eine Partner völlig gesund und der andere mehr oder weniger schwer behindert (Bouget/Tartarin 1990: 52). Dieses Phänomen erklärt sich wahrscheinlich zum einen durch den Selektionseffekt des Verbleibens in der eigenen Wohnung – abhängige Ehepaare müssen in Einrichtungen gehen (sie stellen 5 % der Bewohner von medizinisch versorgten Altenheimen dar) –, zum anderen durch die geringe Wahrscheinlichkeit der gleichzeitigen Abhängigkeit beider Partner wegen der Geschlechtsunterschiede in bezug auf Tod und Krankheit. Der Anteil der Personen über 75 Jahren, die mit anderen Mitgliedern der Familie zusammenwohnen, beträgt 20 % aller Personen in privaten Wohungen. Sie sind bei gleichen übrigen Bedingungen (Alter, Einkommen, Geschlecht) abhängiger als die allein Wohnenden (Bourget/Tartarin 1990: 120). Damit steht fest, daß nicht der Grad der Abhängigkeit selbst bestimmend für den Eintritt in eine Institution ist, sondern die Interaktion zwischen der Familiensituation und dem Grad der Abhängigkeit. Auch die Höhe des Einkommens wirkt selektiv. Die Personen mit dem geringsten Einkommen, die größere Schwierigkeiten haben, für die steigenden Kosten für Hilfe und Pflege aufzukommen, finden sich häufiger in Institutionen. In diesen finden also, allgemein gesprochen, hier die ältesten Personen mit den geringsten Ressourcen in bezug auf Familie, Geld und Gesundheit Aufnahme.

Über diese bedeutsamen Unterschiede zwischen privat und in Einrichtungen lebenden Personen hinaus ist ein effektiver Beitrag der Familien – vor allem bei den zu Hause lebenden, weniger in den Einrichtungen – zu beobachten: Bei den über 75jährigen, die zu Hause leben, ob bei guter Gesundheit oder behindert, gibt es für 60 % in ihrer Umgebung mindestens eine Person, die ihnen bei den Dingen des täglichen Lebens wirksam hilft (Haushalt, Umgang mit Behörden, persönliche Pflege); 30 % kommen für die gleichen Dinge in den Genuß professioneller Hilfe. Berücksichtigt man die Kumulation dieser beiden Arten von Hilfe, so haben 70 % der Personen mindestens eine Hilfe im täglichen Leben. Die Verbreitung und die Anzahl der Stunden steigt mit zunehmender Abhängigkeit in engem Zusammenhang bei von der Familie geleisteter Hilfe und weniger regelmäßig, wenn es sich um die – wesentlich mehr durch das Einkommensniveau bestimmte – professionelle Hilfe handelt (Abbildung 1). Von den gesunden Personen verfügen 44 % mindestens über eine Hilfe, während den sehr abhängigen Personen immer geholfen wird. Es ist hervorzuheben, daß 95 % der abhängigen Personen eine Hilfe in ihrer Umgebung finden, während professionelle Hilfe – die sich damit kumulieren kann – bei weniger als der Hälfte vorhanden ist.

Die mittlere Stundenzahl ehrenamtlicher Betreuung beträgt 50 Stunden im Monat und steigt für die am schwersten abhängigen Personen auf mehr als 100 Stunden. Der Mittelwert professioneller Hilfe ist 30 Monatsstunden und steigt bei den am schwersten abhängigen Personen auf 111 Stunden. In Anbetracht der schwächeren Verbreitung von professioneller Hilfe verglichen mit derjenigen von Familie und Nachbarn umfaßt letztere ein dreimal so hohes Stundenvolumen.

Obgleich es sich bei diesen Ergebnissen nur um Annäherungswerte handeln kann,[9] heben sie doch die vorrangige Bedeutung der Familie im täglichen Leben behinderter alter

ABBILDUNG 1:   (Bouget/Tartarin 1990, S. 128):
Verteilung der Älteren in Privatwohnungen nach Art der Hilfe und Ausmaß
der Abhängigkeit (in Prozenten)

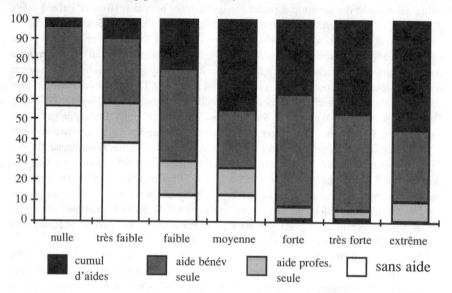

Professionelle Hilfe = Hilfe durch Haushaltshilfen, Hauskrankenpflege, Putzfrau etc.
Ehrenamtliche Hilfe = Hilfe durch die Familie und die Nachbarn

Menschen hervor, und zwar nicht nur in bezug auf den Umfang der geleisteten Hilfe, sondern auch und vor allem wegen ihrer Allgemeinheit: Alle sehr abhängigen Personen erfahren die Unterstützung ihrer Umgebung, während lediglich eine von zwei Personen professionelle Hilfe hat; mit anderen Worten: die professionelle Hilfe ist nicht ausreichend und kann diejenige der Umgebung nicht ersetzen. Krass ausgedrückt: Die Alternative ist Familie oder Eingesperrt-Werden.

Zum Vergleich der familialen mit der professionellen Versorgung kann man die Stundenzahl rechnen – wobei, wie erwähnt, gezeigt werden kann, daß dreimal mehr Stunden durch die Umgebung als durch professionelle Hilfe geleistet werden. Es können aber auch die durch Abhängigkeit entstandenen Kosten und ihre Aufteilung auf die verschiedenen Finanzierer – gemäß den Analysen und Berechnungen von D. Bouget und R. Tartarin (Bouget/Tartarin 1991: 181–219, 367–372) – in Betracht gezogen werden; wenn man den von der Familie geleisteten Stunden einen fiktiven Geldwert zumißt, kann die Aufteilung der von den Institutionen, dem Individuum und seiner Umgebung getragenen Belastungen errechnet werden. Aus den Ergebnissen geht hervor, daß bei den zu Hause lebenden über 75jährigen die »ehrenamtliche« Hilfe, d.h. die Hilfe durch die Umgebung und insbesondere durch die

362

Familie, etwas mehr als die Hälfte der gesamten für Hilfe aufgewendeten Kosten ausmacht, während die Institutionen etwa ein Drittel und die Älteren selber etwas weniger als ein Fünftel tragen. Bei den sehr abhängigen Personen sind die Ausgaben für Hilfe umfangreicher (dreimal so hoch wie für die Gesamtzahl); der Anteil der ehrenamtlichen Hilfe ist höher (er liegt bei 60 %) und derjenige der Institutionen etwas geringer (weniger als ein Drittel).

Die Analyse der Ausgaben der verschiedenen Bevölkerungskategorien zeigt eine gewisse Gleichwertigkeit oder Substituierung zwischen Inanspruchnahme von Hilfe und Inanspruchnahme von Gesundheitsmaßnahmen; die häufigere Hospitalisierung und die höheren Gesundheitsausgaben bei allein lebenden Personen im Vergleich zu Verheirateten oder mit anderen Familienmitgliedern Zusammenwohnenden lassen dies vermuten. Diese Hypothese ist umso plausibler, als unter den allein in der privaten Wohnung Lebenden weniger sehr abhängige Personen angetroffen werden als bei anderen Haushalten und sich im Zuge der steigenden Gesundheitsausgaben auch die Struktur dieser Ausgaben bei zunehmender Abhängigkeit ändert (insbesondere mehr paramedizinische Pflege) (Frossard 1990). Daraus kann man schließen, daß die paramedizinische Versorgung und die Hospitalisierung nicht nur eine technische Pflege darstellen, sondern »Hilfen«, die denen der Familie vergleichbar sind.

2. EINTRITT IN EINE EINRICHTUNG: WER ENTSCHEIDET?

Da die Familie eine herausragende Rolle beim Verbleib in der Wohnung spielt, ist sie auch vorzugsweise beim Prozeß des Eintritts in eine Einrichtung – durch ihr Handeln oder durch ihre Abwesenheit – beteiligt. Es ist in der Tat bemerkenswert, daß die Initiative zum Eintritt in eine Einrichtung den Betroffenen fast völlig entzogen ist: Bei den Pflegeaufenthalten entscheidet die Familie zu 76 % über den Eintritt, eine Organisation oder eine professionelle Stelle zu 22 % und das unterzubringende Individuum zu 2 %. Bei den Hospizen und den Altenheimen ist die betroffene Person etwas öfter beteiligt, aber immer noch sehr wenig: zu 20 %. In 80 % der Fälle wird die Entscheidung immer noch von anderen getroffen: in 45 % der Fälle von der Familie und in 35 % von anderen Partnern (Organisationen und professionelle Stellen) (Kasparian/Borkowski 1991).

Die von den Verantwortlichen für die Einrichtungen genannten Gründe für die Unterbringung sind in der Hauptsache Schwierigkeiten bei der Versorgung durch die Familie (82 % bei den Altenheimen und 56 % bei den Pflegeheimen). Diese Schwierigkeiten sind mit Gesundheitsproblemen verbunden, einschließlich eines hohen Anteils psychischer Störungen. So erfolgt nur bei 23 % die Unterbringung in einem Altenheim wegen schlechter physischer Verfassung, bei 25 % wegen nachlassender geistiger Gesundheit und bei 17 % aus beiden Gründen. In den Abteilungen für chronisch Kranke in den Krankenhäusern sind sechs von zehn Patienten physisch krank, während bei mehr als der Hälfte die geistigen Fähigkeiten reduziert sind (Kasparian/Borkowski 1991). Diese Daten einer Untersuchung des INSEE bei den Einrichtungen sind jedoch wegen der Heterogenität der unter der Kategorie »Geistes«-Krankheiten zusammengefaßten Leiden mit Vorsicht zu genießen – es werden darunter sowohl Demenz als auch Depressionen und einfache Angstzustände oder

Schlaflosigkeit zusammengefaßt. Die Untersuchung enthüllt auch das hohe Alter der untergebrachten Personen: Ein großer Teil tritt erst mit über 80 ein (45 % in den Altenheimen und 69 % in den Pflegeheimen).

Qualitative Studien haben Konfliktsituationen aufgezeigt, die der Entscheidung zur Unterbringung in einer Institution zugrunde liegen oder zum Abbruch von Beziehungen führen können, wenn darüber keine Einigung herrscht (Perrin-Espinasse/Lefèbre 1991).[10] Aus den meisten bei Heimbewohnern durchgeführten Untersuchungen geht hervor, daß Einsamkeit ein Hauptgrund für den Eintritt ist, was unsere Untersuchung bestätigt: 47 % der genannten Motive betreffen die Einsamkeit und rund 10 % Beziehungsschwierigkeiten mit der Umgebung (CNAV 91).

Nicht nur die affektiven Beziehungen spielen eine Rolle, es gibt auch ökonomische Strategien. Es ist anzunehmen, daß die Fragen von Eigentum und Weitergabe durch Vererbung oder Schenkung ebenfalls die Wahl der Familie und der Betroffenen bestimmen, ob man in der eigenen Wohnung bleibt, zusammenwohnt oder in eine Institution geht. Der Rückgriff auf Sozialhilfe,[11] der die Verpflichtung zu Alimenten und zur Rückzahlung beim Erbfall nach sich zieht und damit die Nachkommen und potentiellen Erben direkt betrifft, überschneidet sich notwendigerweise mit dem Austausch zwischen den Generationen, der ihn beeinflußt und den er beeinflussen kann.

Diese Hypothese wird eindeutig bestätigt durch den Vergleich von in Institutionen untergebrachten Personen, je nachdem, ob sie Sozialhilfe erhalten oder nicht. 22 % der in Institutionen untergebrachten Personen erhalten Sozialhilfe, wobei 66 % von ihnen kein lebendes Kind haben, wohingegen das bei 35 % der untergebrachten Personen, die keine Sozialhilfe erhalten, der Fall ist. Dieser beträchtliche Unterschied zeigt den abschreckenden Charakter der Aliment- und Rückzahlungsverpflichtung, wenn Nachkommen vorhanden sind. Außerdem erhält nur eine Minderheit von Sozialhilfeempfängern mit Kindern von den Nachkommen Hilfe (10 %), während 42 % der Personen, die keine Sozialhilfe erhalten, Kinder haben, die ihnen Hilfe zukommen lassen. Die Sozialhilfe, die in legal zwingender Form eine materielle Beteiligung der Kinder nach sich zieht, scheint also im Zusammenhang eines Mangels an Solidarität zwischen den Generationen zum Tragen zu kommen, den sie selber hervorrunft oder sanktioniert (CNAV 91).[12]

Der Einsatz in der Solidarität zwischen den Generationen

Die vorstehenden Daten haben sich auf die familiale Solidarität im ganzen bezogen und deren Ausdehnung und Bedeutung gezeigt. Eine genauere Analyse der »Helfenden« nach ihrem Verwandtschaftsgrad hebt den Platz hervor, den hierbei die Solidarität zwischen den Generationen einnimmt. Tabelle 1 – »Haupthelfer« und »Nebenhelfer« sind die ersten beiden Personen, die vom Befragten nacheinander als diejenigen genannt werden, die ihm hauptsächlich Hilfe leisten – zeigt dies gut.

TABELLE 1:   (Tapie et al. 1990, S. 309):
Ehrenamtliche Haupt- und Nebenhelfer zu Hause oder im Altenheim (in Prozenten)

Verwandtschaftsgrad

Status des Helfenden	Ehe- partner	Kinder Sohn Tochter	Schwieger- sohn/ -tochter	Bruder Schwester	Enkel	weitere Familie	Freund Nachbar	insgesamt
Haupthelfer	17.8	51.3	11.5	1.2	1.2	5.3	11.7	100.0
Nebenhelfer	0.7	56.5	20.7	1.6	2.1	15.0	3.3	100.0

Zuvorderst steht immer der Ehepartner, falls er dazu in der Lage ist; er steht praktisch nie an zweiter Stelle. Aber da der Großteil der abhängigen Personen verwitwet ist, sind in erster Linie die Kinder die Versorgenden. Bei den gesamten Nachkommen, den Kindern und ihren Ehepartnern und den (sehr seltenen) Enkeln, finden sich zwei von drei Haupt- und vier von fünf Nebenhelfern.

Die Tabellen 2 und 3 geben einige Merkmale der Haupt- und Nebenhelfer und zeigen einige Unterschiede: Unter den Nebenhelfern sind die Männer stärker vertreten, vor allem bei den Schwiegerkindern: Während die Schwiegertöchter eher an erster Stelle stehen, sind die Schwiegersöhne mehr als zweimal so zahlreich wie die Schwiegertöchter in der zweiten Position. Die Hauptversorgung geht eher über die Töchter als über die Söhne: 72 % der an erster Stelle helfenden Kinder sind Töchter.

TABELLE 2:   (CNAV 91): Merkmale der Haupthelfer (in Prozenten)*

Merkmale des Helfers	Ehegatte	Sohn/ Tochter	Schwiegersohn/ Schwiegertochter	Nachbarn
Frauen	67	72	88	70
Ledige	—	23	—	9
Ohne lebende Kinder	20	30	6	29
Berufstätige**	—	47	31	22
Arbeitslose	—	5	3	3
Ruheständler	84	18	24	46
Andere nicht Berufstätige	11	28	34	27
Wohnen in				
derselben Wohnung	98	36	42	—
der Nachbarschaft		18	28	59
demselben Viertel		17	16	37

  * Diese Zahlen beziehen sich auf die Merkmale des Helfers nach seinem Verwandtschaftsgrad zu dem alten Menschen.
 ** Die Summe der einzelnen Spalten ergibt nicht immer 100 %, da nicht alle die Fragen beantwortet haben.

TABELLE 3: (CNAV 91): Merkmale der Nebenhelfer (in Prozenten)

Merkmale des Helfers	Sohn/ Tochter	Schwiegersohn/ Schwiegertochter	Andere Familien- mitglieder
Frauen	65	30	68
Ledige	30	—	79
Ohne lebende Kinder	33	17	13
Berufstätige**	58	46	30
Arbeitslose	7	—	5
Ruheständler	15	32	22
Andere nicht Berufstätige	19	9	22
Wohnen in			
derselben Wohnung	26	24	11
der Nachbarschaft	15	15	35
demselben Viertel	22	17	33

Die stärkere Einbindung der Frauen in die Versorgung der abhängigen alten Menschen ist viele Male hervorgehoben worden, ebenso die Last, die sie zur Zeit der von einzelnen Autoren als »Matureszenz« bezeichneten mittleren Lebensphase, wo Anforderungen von seiten der Kinder und manchmal auch berufliche und soziale Probleme hinzukommen (Boyd/Treas 1989). Eine kürzlich durchgeführte Studie hat ergeben, daß die stärkere Inanspruchnahme der Frauen allerdings von der Zusammensetzung der Geschwistergruppe abhängt: Unter den Einzelkindern und den homogenen nur aus Frauen oder Männern bestehenden Geschwistergruppen helfen Männer und Frauen zu gleichen Teilen ihren Eltern und erleben die gleiche Belastung. Es sind im wesentlichen die gemischten Geschwistergruppen, in denen die Frauen stärker herangezogen werden als die Männer (Coward/Dwyer 1990).

In unserer Untersuchung erwies sich ein weiterer Faktor als bestimmend für die Neigung, sich um alte Eltern zu kümmern, nämlich keine Kinder zu haben oder nicht verheiratet zu sein: 32 % der Kinder, die Hilfe leisten, haben selbst keine Kinder; auch die Unverheirateten sind zahlreich (24 % unter den Haupt- und 30 % unter den Nebenverdienern). Der Anteil der Unverheirateten liegt bei den Söhnen wesentlich höher als bei den Töchtern: 34 % der als »Haupthelfer« tätigen Söhne gegenüber 21 % der Töchter sind ledig. Der Unterschied wird noch größer, wenn der Elternteil sehr abhängig ist: 41 % der Söhne und 25 % der Töchter, die in diesen Fällen in der Hauptsache Hilfe leisten, sind ledig. Diese Daten betreffen lediglich die in privaten Haushalten lebenden Personen, und das ist eine ganz andere Situation im Vergleich zu der in Institutionen beobachteten: Die Kinder, die ihrem in einer Institution untergebrachten Elternteil Hilfe leisten, sind praktisch alle verheiratet (CNAV 91). Somit scheint das Vorhandensein lediger Kinder, ob Sohn oder Tochter, ein Schutz gegen das Risiko der Unterbringung in einer Institution zu sein und eine größere Chance zu bieten, im Falle der Abhängigkeit Hilfe zu erhalten.

Die Tabellen 2 und 3 zeigen auch einen hohen Anteil an nicht Berufstätigen unter den Helfenden: Lediglich 47 % der Kinder und 31 % der Schwiegerkinder unter den »Haupthelfern« sind berufstätig. Bei den Nebenhelfern ist das etwas öfter der Fall: jeweils bei 58 % und 46 %. Die hohe Anzahl von Ruheständlern (37 % unter den Haupthelfern) und nicht berufstätigen Frauen, die sich dieser Aufgabe widmen, zeigt sehr wohl, welche Verfügbarkeit dazu erforderlich ist.

Auch die Daten über das Alter der helfenden Kinder (Tabelle 4) sind sehr aufschlußreich. Die Nebenhelfer sind der Tendenz nach älter als die Haupthelfer. Sie sind dem Alter nach auch weiter gestreut. In beiden Fällen findet sich jedoch die große Mehrheit in der Altersschicht zwischen 45 und 65. Mit zunehmender Abhängigkeit steigt das Alter der Helfenden, was auch einem höheren Alter der Eltern entspricht.

TABELLE 4:   (CNAV 91): Alter der helfenden Nachkommen (in Prozenten)*

Alter	Nachkommen Haupthelfer	Nebenhelfer
bis 35 Jahre	4.3	9.3
35–44	19.5	9.3
45–54	38.2	30.2
55–64	30.5	39.5
65–74	7.5	11.6

* Hilfe durch Kinder, Schwiegersöhne, Schwiegertöchter und Enkel.

Ein Vergleich der alten Menschen nach der Art der Beziehung, die zu ihrem Helfer besteht, bestätigt den Vorrang der Versorgung durch die nachfolgenden Generationen (Tabelle 5). In der Tat erfolgt eine Hilfe durch andere Verwandte oder durch die Nachbarn meistens dann, wenn keine Kinder in der Nähe wohnen oder wenn es keine lebenden Kinder gibt.

TABELLE 5:   (CNAV 91): Merkmale der Älteren nach ihren Haupthelfern

	Keine Hilfe	Hilfe durch Ehegatten	Hilfe durch Nachkommen	Hilfe durch befreundete Nachbarn	Andere Verwandte
Eigentümer	63	73	39	48	30
Mieter	22	17	23	32	27
Unentgeltliche Unterkunft	14	11	38	10	27
Haben keine lebenden Kinder	18	12	4	48	77
Keine Kinder in der Nähe	41	45	13	73	90

Haus- bzw. Wohnungseigentum ist bei den Personen weniger häufig, die von ihren Kindern Hilfe erhalten. Das entspricht der schichtspezifischen Ausprägung der intergenerationellen Versorgung: Diese ist in den untersten Schichten stärker ausgeprägt.

Diese Daten zeigen den Umfang, aber auch die Grenzen des Eingreifens der Kinder: Die schwache Dichte des Netzes von Hilfe, das selten aus mehr als zwei aktiv engagierten Personen besteht, der hohe Anteil an Ledigen oder an kinderlosen Ehepaaren sowie die große Anzahl nicht Berufstätiger sind bezeichnend für die Belastung durch eine derartige Funktion und für die Schwierigkeiten bei deren Durchführung, wenn noch Beruf und Elternrolle hinzukommen. Dennoch ist die familiale Mobilisierung trotz ihrer Schwäche real, weil sie auf den starken Normen der Familiensolidarität beruht.

Die Solidaritätsnorm

Die Versorgung zwischen den Generationen entspricht einer Solidaritätsnorm, die in der Mehrzahl der Familien sehr lebendig ist. Eine repräsentative Stichprobe von über 18jährigen Franzosen (CREDOC 1986) hat ergeben, daß die häufigsten Lösungen bei denen, die sich um einen Elternteil zu kümmern haben, die Unterbringung in der Familie (was von 46 % angegeben wird) und familiale Hilfe ohne Unterbringung durch Gewährleistung der benötigten Pflege und Dienstleistungen (bei 29 %) sind. Die Unterbringung im Altenheim ist weniger häufig (18 %), ebenso die Haushaltshilfe (13 %). Die Unterbringung in einer Krankeneinrichtung ist noch weniger verbreitet (8 %). In den seltenen Fällen jedoch, in denen die Abhängigkeit durch geistige Verwirrung bedingt ist, spricht sich die große Mehrheit für die Lösung des Altenheims oder des Krankenhauses aus.

Die Solidarität in der Familie zeigte sich auch in den Antworten derjenigen, die mit diesem Problem nicht konfrontiert sind, auf die Frage, welche Lösung sie in einem solchen Fall wählen würden: 67 % erklären, daß sie selbst eingreifen würden, wenn einer ihrer Eltern nicht mehr allein leben könnte. 40 % würden den Elternteil bei sich aufnehmen, 27 % würden sich an Einrichtungen für die Hauspflege wenden, sich zugleich aber auch selbst darum kümmern. Selbst einzugreifen wird in der Tat als sehr wichtig empfunden: Lediglich 3 % der befragten Personen würden sich an Hauspflegedienste wenden, ohne selbst persönlich tätig zu werden, 16 % würden einen Platz in einer geeigneten Institution suchen, und 14 % wissen nicht, was sie tun würden, wenn der Fall einträte.

Die Beziehungen, die sich zu den betagten Eltern ergeben, wenn diese abhängig werden, sind das Produkt einer langen Geschichte von ab- und aufsteigenden Übertragungen, die um eine Schuld kreisen (Bloch et al. 1989). Nur das System der wechselseitigen Beziehungen als ganzes kann die Frage der Versorgung der alten Eltern erhellen, ihren Einsatz, ihre Vermittlung und ihren möglichen Abbruch. Das ist Gegenstand einer in Frankreich laufenden Untersuchung über drei Generationen hinweg bei einer Stichprobe von 1500 multigenerationellen Familien. Sie befaßt sich mit den verschiedenen Aspekten des Austauschs im wirtschaftlichen, kulturellen, affektiven und symbolischen Bereich.

Öffentlichkeit und Privatheit stehen nicht zueinander im Gegensatz, sondern definieren sich ständig in bezug aufeinander mit einem Bereich der Austauschbarkeit. Die vorstehenden

Daten sind bezeichnend für dieses Phänomen, wie es sich bei der Versorgung abhängiger alter Menschen zeigt. Ebenso wie Richard Sennett (1980) die Stärke eines ausgedehnten Familiennetzes zur Beherrschung des sozialen Raums und den Zugang zu neuen sozialen Positionen aufgezeigt hatte, ist die große Bedeutung familialer Ressourcen bei der Pflege abhängiger alter Menschen festzustellen. Diese Ressourcen beeinflussen entscheidend die Fähigkeit, öffentliche Dienstleistungen für sich nutzbar zu machen. Es wurde festgestellt, daß das Fehlen einer Familie oder Konflikte in der Familie den Eintritt in eine Einrichtung stark beeinflussen. Für einen Teil der untergebrachten Personen bestehen die Bindungen zur Familie und deren Solidarität weiter. Die Unterbringung läßt sich also als eine von der Familie benutzte und teilweise gelenkte Lösung interpretieren. Diese verschiedenen Kompromißformen scheinen also den Interventionsrahmen der Sozialpolitik abzustecken, in deren zukünftiger Konzeption die Realität der Familiensolidarität in Verbindung mit institutionellen Hilfen integriert sein muß.

Anmerkungen:

[1] Nach der Interpretation von Jones und der Psychoanalytiker, die dieses Trugbild untersucht haben und auf die er sich bezieht, ist es auf zwei Haupttriebkräfte zurückzuführen, die Liebe und den Haß: Die Liebe zu den Eltern und die Feindseligkeit ihnen (oder einem Elternteil) gegenüber, wobei in der Vorstellung, Macht über sie zu haben, Befriedigung gefunden wird.

[2] Eine 1986 durchgeführte Untersuchung bei über 18jährigen Franzosen ergab, daß zum Zeitpunkt der Befragung bei 21 % ein alter Elternteil Schwierigkeiten hatte, allein zu leben. Dieser Anteil beträgt 27,2 % bei den Personen zwischen 50 und 64 (CREDOC 1986).

[3] Eine Längsschnittstudie des Übergangs in den Ruhestand (Paillat et al. 1989) hat gezeigt, daß einer von vier Ruheständlern zu einer Linie von vier Generationen gehört und einer von fünf noch einen lebenden Elternteil hat: Im letzteren Fall ergibt sich dann bezeichnenderweise eine Annäherung zwischen den beiden Ruhestandsgenerationen; die Kontakte zwischen ihnen sind häufiger als die mit anderen Verwandten.

[4] Die in diesem Artikel vorgelegten Ergebnisse sind teilweise dem Werk von Bouget/Tartarin (1990) entnommen, teilweise entstammen sie einer erneuten Auswertung der Daten, die in in Zusammenarbeit mit S. Renaut in der Direction des Recherches de la Caisse Nationale d'Assurance Vieillesse (CNAV) vorgenommen habe, die diese Untersuchung ursprünglich veranlaßt und sie koordiniert hat. Die unveröffentlichten Daten der Neuauswertung werden als »CNAV 91« zitiert.

[5] Diese Analyse ist übernommen von Attias-Donfut (1986), Attias-Donfut et al. (1985) und Attias-Donfut/Rozenkier (1983).

[6] Vgl. insbesondere die Arbeiten von Foucault (1972) und Steudler (1974).

[7] »Die Hospize sorgen für die Unterbringung der Alten, Kranken und Unheilbaren und lassen ihnen gegebenenfalls die erforderliche Pflege zukommen (Artikel L. 678 des Code de la Santé Publique vom 11. Dezember 1958).

8   Bei der Anwednung des Konzepts der Versorgung auf ihre Betrachtungen über die Gesundheitsberufe sieht Catherine Dechamp-Le Roux (1991) in umgekehrten Rollenspielen und frühen Identifikationen mit »versorgenden« Personen eine der Ursachen für eine »professionelle« Berufung.

9   Das Stundenvolumen wurde pro Tag und pro Woche gerechnet, bleibt jedoch von den mehr oder weniger genauen Angaben der Betroffenen abhängig. Es ist anzunehmen, daß informelle Hilfe, vor allem die des Ehepartners, unterbewertet ist, weil sie sich von selbst versteht.

10 »Beobachtungen zeigen Familiensituationen, die bis zur von einem alten Menschen gegen den Rat der Kinder verlangten Unterbringung oder zur Ablehnung einer derartigen Unterbringung, die zum Abbruch der Beziehungen zu den Kindern geführt hat, reichen können« (Perrin-Espinasse/Lefèbre 1991, S. 110).

11 Bei den Leistungen der Sozialhilfe handelt es sich um öffentliche Hilfe unter Berücksichtigung der Mittel und im allgemeinen mit dem direkten Rückgriff auf die Kinder (Verpflichtung zu Alimenten) oder der Rückzahlung im Erbfall verbunden. Sie wird zur Ergänzung der Unterbringungskosten – die sehr hoch sein können – von Personen mit ungenügendem Einkommen eingesetzt.

12 Die Ergebnisse dieser von mir geleiteten Untersuchung sind für 1993 vorgesehen.

*   Dieser Text ist erstmals in dem von Martin Kohli redigierten Themenheft »Das Feld der Generationenbeziehungen« der Zeitschrift für Sozialisationsforschung und Erziehungssoziologie (Juventa Verlag, Weinheim) erscheinen, übersetzt aus dem Französischen von Inge Brauer. Abdruck in leicht gekürzter Form mit Genehmigung des Verlages.

Wolfgang Glatzer, Dorothea M. Hartmann

Haushaltstechnisierung und Generationenbeziehungen

Dieser Beitrag befaßt sich mit dem Stellenwert der Generationen im sozialen Prozeß zunehmender Haushaltstechnisierung und damit verbundener Wandlungen der Haushaltsproduktion. Ein hohes Technisierungsniveau, das über Generationen hinweg entwickelt wurde, ist ein Strukturmerkmal der modernen Haushalte und stellt die Grundlage der Haushaltsproduktion dar. Aus diesem Problemkreis werden folgende Themen behandelt: Im ersten Abschnitt wird die Bedeutung der Haushaltstechnisierung für die produktiven Leistungen der privaten Haushalte erläutert. Im Anschluß daran wird auf den Zusammenhang der Haushaltstechnisierung mit drei verschiedenen Generationskonzepten eingegangen. (1) Wie unterscheiden sich verschiedene zeitgeschichtliche Generationen im Hinblick auf ihre Haushaltstechnisierung. (2) Welche soziotechnische Ungleichheit besteht zwischen verschiedenen, gleichzeitig lebenden Altersgenerationen? (3) Wie hängen innerfamiliale Generationsbeziehungen mit der Haushaltstechnisierung zusammen? In der Schlußbemerkung werden einige Aspekte zusammengefaßt.

Haushaltstechnisierung und Haushaltsproduktion

Der private Haushalt wird in neueren sozialwissenschaftlichen Ansätzen als zentrale Institution der gesellschaftlichen Wohlfahrtsproduktion betrachtet (Zapf 1984, Glatzer 1991). Aus dieser Sicht stellen die privaten Haushalte nach wie vor den grundlegenden Versorgungs- und Lebenszusammenhang der Individuen dar. Sie erbringen im Rahmen der Haushaltsproduktion spezifische Leistungen und stützen sich dabei wesentlich auf die Haushaltstechnisierung. Die Ausstattung der privaten Haushalte mit technischen Gebrauchsgütern, technischen Anschlüssen und technischem Wissen ist Voraussetzung für die modernen Formen von Eigenarbeit und Selbstversorgung (vgl. Glatzer u. a. 1991).

Unternehmen, Wohlfahrtsstaat und intermediäre Assoziationen sind neben den privaten Haushalten weitere zentrale Akteure der Wohlfahrtsproduktion mit jeweils spezifischen Leistungsbereichen und Leistungsgrenzen. Die privaten Haushalte selektieren aus den Angeboten der Unternehmen (private Güter), des Wohlfahrtsstaates (öffentliche Güter) und der intermediären Assoziationen (kollektive Güter) und kombinieren diese mit eigenen Leistungen (Haushaltsausstattung, Eigenarbeit) und mit Netzwerkhilfe zu ihrer spezifischen

371

Versorgungskonstellation. Dabei erfolgt in der Regel eine unentgeltliche Bereitstellung von Gütern, Diensten und immateriellen Wohlfahrtserträgen für und durch die Haushaltsangehörigen.

Unter den Begriff der Haushaltsproduktion fallen sowohl Leistungen für die Angehörigen des eigenen Haushalts (»Eigenarbeit«) als auch Leistungen, die für Angehörige anderer Haushalte im informellen sozialen Netzwerk erbracht werden (»Netzwerkhilfe«). Freilich besteht ein bedeutsamer Unterschied zwischen Eigenarbeit und Netzwerkhilfe: während die Eigenarbeit im eigenen Haushalt meist regelmäßig und dauerhaft erfolgt, ist die Netzwerkhilfe eher auf Notfälle und vorübergehende Bedarfssituationen abgestellt.

Die Haushaltsproduktion weist gegenüber den Leistungen anderer Instanzen Besonderheiten auf. Von privaten, öffentlichen und kollektiven Gütern unterscheidet sie sich durch ihren engen Bezug zu Personen; die Leistungen werden nicht für abstrakte Konsumenten erbracht, sondern jeweils für eine ganz konkrete Person, d. h. einen Angehörigen des eigenen Haushalts oder des sozialen Netzwerks, zu dem eine emotionale Bindung besteht und auf dessen individuellen Bedarf sie bezogen sind. Über die Zugänglichkeit zu diesen Gütern entscheidet nicht die Kaufkraft wie bei privaten Gütern oder Rechtsansprüche wie bei öffentlichen Gütern, sondern die Zugehörigkeit zu einem bestimmten Haushalt. Aufgrund der sozialen Beziehung zwischen Hersteller/in und Empfänger/in der Leistungen haben die personenbezogenen Güter oft eine situative Bedeutung bzw. einen symbolischen Gehalt (Glatzer 1986).

Es gibt theoretische Ansätze, die mit dem Begriff der Haushaltsproduktion verbinden, daß der private Haushalt als kleiner Betrieb (»small factory«) betrachtet wird. Obwohl zutrifft, daß private Haushalte wie kleine Betriebe über Sachkapital verfügen, liegen die Grenzen eines solchen Vergleichs in grundsätzlichen Unterschieden der betrieblichen Abläufe und der Arbeitsprozesse im Haushalt.

Private Haushalte werden definiert als gemeinsam bzw. allein wohnende und wirtschaftende Personen. Ein solcher Haushaltsbegriff bezieht sich auf familiale und nichtfamiliale Haushaltsformen und schließt die Einpersonenhaushalte ein. In den Haushalten kann eine unterschiedliche Zahl von Generationen zusammenleben. Haushalte, in denen mehrere Generationen – seien es zwei oder mehr – zusammenleben, verringerten ihren Anteil in den letzten Jahrzehnten stark (vgl. Tab. 1).

Knapp zwei Fünftel aller Haushalte in der Bundesrepublik im Jahr 1989 stellen Zweigenerationenhaushalte dar, in denen Eltern mit Kindern zusammenleben. Um Eingenerationenhaushalte handelt es sich bei gut einem Fünftel aller Haushalte – sie bestehen aus Ehepaaren – und bei einem weiteren Drittel aller Haushalte, denen nur eine Person angehört. Nur noch ca. 2 % der Haushalte stellen diesen amtlichen Zahlen zufolge Dreigenerationenhaushalte dar und ihr Anteil hat sich zwischen 1957 und 1989 stark reduziert. Aber die räumliche Dissoziation verwandtschaftlich verbundener Personen auf verschiedene Haushalte und Wohnungen bedeutet nicht, daß die verwandtschaftlichen Beziehungen verschwunden sind. Aufgrund der gestiegenen Lebenserwartung wären sogar weit mehr intergenerationelle Beziehungen möglich als in früheren Zeiten.

Viel spricht dafür die privaten Haushalte als Teil »informeller sozialer Netzwerke« aufzufassen (Reichenwallner/Glatzer/Bös 1991). Der Begriff des informellen sozialen

372

TABELLE 1: Privathaushalte nach Zahl der Generationen im Haushalt und Haushaltszusammensetzung von 1957 bis 1989

Zahl der Generationen/ Haushaltszusammensetzung	1957		1972		1989	
	1000	%	1000	%	1000	%
Mehrpersonenhaushalte						
1-Generation (ohne Kinder)						
Ehepaare	3 381	19.7	5 265	22.9	6 245	22.5
2-Generationen (mit Kindern)	8 692	50.5	10 587	46.0	10 258	37.0
nur mit ledigen Kindern	8 310	48.3	10 233	44.5	9 990	35.9
davon:						
Ehepaare	–	–	8 947	38.9	8 317	29.9
Alleinerziehende[1]	–	–	1 287	5.6	1 673	6.0
mit verheirateten Kindern[2]	382	2.2	354	1.5	269	1.0
davon:						
Ehepaare	–	–	201	0.9	161	0.6
Alleinstehende/Alleinerziehende[3]	–	–	153	0.6	107	0.4
3-Generationen und mehr	1 015	5.9	768	3.3	356	1.2
Ehepaare	–	–	624	2.7	292	1.0
Alleinerziehende[1]	–	–	145	0.6	65	0.2
Generationenhaushalte zusammen	13 088[4]	76.1	16 621	72.2	16 859	60.7
Nicht geradlinig Verwandte	178	1.0	199	0.9	172	0.6
Nicht Verwandte	86	0.5	160	0.7	957	3.4
Mehrpersonenhaushalte zusammen	14 186	82.5	16 980	73.8	17 988	64.7
Einpersonenhaushalte						
Einpersonenhaushalte zusammen	3 005	17.5	6 014	26.2	9 805	35.3
Haushalte insgesamt	17 191	100	22 994	100	27 793	100

Quelle: Statistisches Bundesamt; Jahrbücher 1960, 1990
[1] Zuzüglich Väter und Mütter mit volljährigen Kindern.
[2] Haushalte, die aus der Elterngeneration und verheirateten Kindern (ohne Enkel) sowie evtl. unverheirateten Kindern (ohne Enkel) bestehen.
[3] Alleinstehende ausschließlich mit verheirateten Kindern, Alleinerziehende zuzüglich Väter und Mütter mit volljährigen Kindern.
[4] Im Jahr 1957 nur »reine« Generationenhaushalte ohne weitere Personen im Haushalt.

Netzwerks bezieht sich auf die sozialen Beziehungen zu Verwandten, Nachbarn, Freunden, Bekannten und Arbeitskollegen. Innerhalb dieses Netzwerks wird soziale Unterstützung (»social support«) in vielfältigen Formen ausgetauscht. Die Spannweite der Leistungen reicht dabei von materiellen Hilfen bis zu emotionaler Unterstützung. Die Gewährung dieser Arten von »social support« erfolgt sowohl innerhalb privater Haushalte und Familien als auch im breiteren haushaltsexternen Netzwerk. Die intergenerationellen Beziehungen im Verwandtschaftszusammenhang bilden eine der wichtigsten Dimensionen sozialer Netzwerks- und Unterstützungsbeziehungen.

Haushaltstechnisierung aus verschiedenen Generationenperspektiven

ZEITGESCHICHTLICHE GENERATIONEN UND HAUSHALTSTECHNISIERUNG

Zeitgeschichtliche Generationen lassen sich definieren als eine »Gruppe von Geburtskohorten, deren Erfahrungsräume und soziale Lagen durch gesellschaftlichen Wandel bedingte Unterschiede aufweisen« (Sackmann, Hüttner, Weymann 1991: 8). Generationen können zwar einerseits durch gesellschaftliche Strukturbrüche bestimmt werden (Mannheim 1964), aber andererseits werden auch langsame evolutionäre soziale Wandlungen als generationsdifferenzierende Phänomene herausgestellt (Ryder 1956). Die Technisierung des Alltags gehört eher zum zweiten Typus generationsdifferenzierender Entwicklungen. Sie stellt einen evolutionären Prozeß dar, der sich kontinuierlich, nachhaltig und doch in Grenzen vollzieht. Unterschiedliche Generationen sind jeweils durch ein spezifisches Entwicklungsniveau der internen und externen Haushaltstechnisierung charakterisiert, mit denen Autonomiespielräume und Abhängigkeitsverhältnisse der Haushalte ständig neu gestaltet werden. Intern statten sich die privaten Haushalte mit immer mehr und immer differenzierteren technischen Geräten aus, extern werden sie zunehmend in »große technische Systeme« einbezogen (Jörges 1988), die in Vernetzung begriffen sind (Braun 1992).

Die Generationen sind »Träger« des Wandels der Haushaltstechnisierung und Haushaltsproduktion. Sie entwickeln jeweils ihr spezifisches Profil der Haushaltstechnisierung und -produktion, das sich mit einer Generation durchsetzt und von der nachfolgenden Generation abgelöst wird. Die konjunktiven Erfahrungen einer gemeinsam geteilten technischen »Umwelt« kennzeichnen zeitgeschichtliche Technikgenerationen. Sie weisen spezifische Ausstattungen mit technischen Gebrauchsgütern, Anschlüssen und Kompetenzen auf. Soziotechnischer Wandel dokumentiert sich vor allem im Ausstattungsgefälle und in Kompetenzunterschieden zwischen den Generationen.

Eine grobe Einteilung von Generationen nach ihrer Alltagstechnik kann vier technische Entwicklungsstufen unterscheiden, die von bestimmten technischen Gerätetypen geprägt sind: die »vortechnische«, die »frühtechnische«, die »moderne« und die »mikroelektronische« Entwicklungsstufe. Die vortechnische Entwicklungsstufe der Haushaltstechnisierung reicht von der Entstehung »privater Haushalte« bzw. »Haushaltsformen« bis zum Ende des letzten Jahrhunderts. Gemeinsames Merkmal der Haushaltstechnsierung war dabei, daß es einfache »technische« Geräte gab (z. B. Ofen, Messer, Waschschüssel), die zur Unterstützung und Verstärkung menschlicher Handlungen dienten. In Haushaltsbeschreibungen der frühen Industrialisierung wird demonstriert, daß es sich um eine noch wenig entwickelte Gerätevielfalt handelte und alles Gerät von einfachstem Zuschnitt war (Schnapper-Arndt 1975). Die frühtechnische Entwicklungsstufe war demgegenüber von handgetriebenen Haushaltsmaschinen gekennzeichnet. Anstelle von »Geräten« gab es nun »Maschinen«, die menschliche Bewegungsabläufe ersetzten, aber mit körperlichen Kraftaufwand betrieben werden mußten. In den zwanziger Jahren dieses Jahrhunderts waren eine Unzahl von Haushaltsmaschinen bekannt, deren genaue Verbreitung in den Haushalten nicht feststeht.

Man kann aber sagen, daß die meisten der heute vorhandenen elektrischen Haushaltsmaschinen einen Vorläufertyp in älteren handgetriebenen Maschinen haben. Die moderne Entwicklungsstufe der Haushaltstechnisierung mit elektrischen und motorgetriebenen »Alltagsmaschinen« (Hampel/Mollenkopf/Weber/Zapf 1991) wurde in Deutschland in den späten sechziger Jahren erreicht. In dieser Zeitphase entwickelte sich eine zunehmende Zahl elektrischer und motorgetriebener Geräte und Fahrzeuge zur »Standardausstattung«; erst jetzt erreichten Waschmaschine und Gefriergerät, Fernsehgerät und Personenkraftwagen, Telefon und Fotoapparat einen Verbreitungsgrad von mindestens 50% und damit die Mehrheit der privaten Haushalte.

TABELLE 2: Die Verbreitung ausgewählter Haushaltsgeräte von 1962 bis 1988 (in % der Haushalte)

	1962	1969	1973	1978	1983	1988
Geräte für die Haushaltsführung						
Kühlgerät	52	84	93	96	96	98
Gefriergerät	3	14	28	28	56	65
Geschirrspülmaschine	(0)	2	7	15	24	29
Elektrische Nähmaschine	10	26	37	46	52	53
Bügelmaschine	(1)	6	10	14	15	14
Waschmaschine	34	61	75	81	83	86
Geräte für Bildung und Unterhaltung						
Fernsehgerät	42	61	68	75	78	77
Photoapparat	42	61	68	75	78	77
Filmkamera	2	5	8	13	13	11
Geräte für Verkehr und Nachrichtenübermittlung						
Personenkraftwagen	27	44	55	62	65	68
Kraftrad	6	7	7	9	9	7
Telefon	14	31	51	70	88	93

Quelle: Statistisches Bundesamt (1990): Wirtschaftsrechnungen, Fachserie 15, S. 18

Auf die moderne Entwicklungsstufe der Haushaltstechnisierung baut schließlich die mikroelektronische Technikphase auf. Sie ist durch »intelligente« Technik gekennzeichnet, die Steuerungsaufgaben übernimmt und Geräteausstattungen partiell bzw. umfassend vernetzt. Menschliches Handeln wird von dieser Technik nicht nur physisch sondern auch im Hinblick auf Kontroll- und Steuerungsfunktionen ersetzt.

Es lassen sich also Entwicklungsstufen der Haushaltstechnisierung unterscheiden, die Generationen dadurch charakterisieren, daß ihnen bestimmte Technikausstattungen zugeordnet sind. Vier solcher technisch charakterisierten Generationen wurden von Sackmann/Hüttner/Weymann (1991) herausgearbeitet: die Vorkriegskohorte (1895–1933 Geborene), die Nachkriegskohorte (1934–1955 Geborene), und die Umweltgeneration (1956–1970 Geborene). Darüber hinaus ließen sich die ab 1970 Geborenen als Computergeneration klassifizieren. Diese Generationen sind mit ganz unterschiedlichen vorherrschenden Techniktypen aufgewachsen und haben diese weiterentwickelt.

Die Erfahrungen der Vorkriegskohorte reichen zurück bis in die frühtechnische Phase (vgl. Sackmann/Hüttner/Weymann 1991). Der Umgang erfolgte mit relativ einfachem technischen Gerät. Die Einführung elektrischer Geräte und motorgetriebener Fahrzeuge wurde für diese Generation zu einer neuen Erfahrung und der technische Fortschritt rief sowohl Technikangst als auch Technikbegeisterung hervor. Die Nachkriegskohorte war von der Ausbreitung elektrischer Geräte und motorgetriebener Fahrzeuge gekennzeichnet. Im mikro-elektronischen Zeitalter sind elektrische Geräte und Motorfahrzeuge selbstverständlicher Bestandteil des Alltagslebens; neue Anforderungen gehen nun aus der gesellschaftlichen Durchsetzung der Mikroelektronik hervor. Ab der Nachkriegsgeneration dehnt sich die Verfügungsgewalt und der Zugriff auf technische Geräte nun auch auf Jugendliche aus.

Die Ausbreitung technischer Geräte kann durch Kohorten-, Alters- und Periodeneffekte beeinflußt werden. Bei fast allen technischen Geräten, die gegenwärtig in den privaten Haushalten vorhanden sind, gab es im Zeitraum nach 1969 deutliche Periodeneffekte. In dieser Periode erfolgte die breitenwirksame Technisierung der privaten Haushalte in der Bundesrepublik. Das Telefon diffundierte beispielsweise in dieser relativ engen Zeitperiode sehr stark und alle Kohorten bzw. Altersgruppen erhöhten ihre Ausstattungsquoten in ähnlicher Weise. Diese Ausbreitung entspricht weitgehend dem Typ eines Periodeneffekts. Anders verhält es sich beim Auto, dessen Ausbreitung starke Kohorteneffekte aufweist. »Hauptträger der Automobilisierung der Gesellschaft waren die Geburtskohorten zwischen 1923 und 1943«. (Sackmann/Hüttner/Weymann 1991: 22). Bei anderen technischen Geräten vermischen sich Alters-, Kohorten- und Periodeneffekte.

»Am Anfang einer Innovationswelle sind es meist die 30 bis 40jährigen, die überpoportional am Gerätebesitz beteiligt sind, da sie sowohl über die finanziellen Mittel als auch über die Aufgeschlossenheit verfügen, um sich ein neues Gerät anzuschaffen. Sie sind die Hauptträgerschicht der jeweiligen Innovationswelle.« (Sackmann/Hüttner/Weymann 1991: 23).

Zwei gesellschaftliche Probleme sind mit der Haushaltstechnisierung eng verbunden. Erstens stellt die Entwertung traditioneller Wissensbestände durch die Technisierung ein seit langem konstatiertes Problem dar. »Je schneller der soziale Wandel, je stärker der Zwang zur Innovation, desto mehr werden die jüngeren Generationen nicht von den älteren lernen, sondern müssen umgekehrt die älteren von den jüngeren lernen, die näher am sozialen Wandel sind« (Sackmann/Hüttner/Weymann 1991: 7). Die traditionelle Wissensübergabe von den Älteren zu den Jüngeren verlor so ihre funktionale Bedeutung und kehrte sich im Bereich der Technik geradezu um. Die Ausweitung der Verfügbarkeit von technischen Haushaltsgeräten und deren Integration in individuelle Lebensbereiche enthält die Notwendigkeit, sich fortwährend mit neuen Technologien auseinanderzusetzen. »Während sich früher Verdrängungen über viele Generationen hinzogen, hat jetzt eine Generation von Menschen mit vielen technischen Umwälzungen zu tun, die in ihr Leben eingreifen, und zwar in einer Weise, daß aktive Anpassung gefordert ist, die für viele Menschen das Wort vom »lebenslangen Lernen« mit dem Akzent des »lebenslänglichen« versehen haben (Senghaas-Knobloch 1991: 221).

376

Ein zweites zentrales Problem, das mit dem Verhältnis Technik und Generationen verbunden ist, sind die Änderungen, die sich im Lauf der Generationen im Geschlechterverhältnis einstellen. In der Vorkriegsgeneration werden die Stereotype, daß der Mann technisch begabt und die Frau technisch unbegabt sei, nicht als Vorurteil entlarvt. In späteren Generationen wird die Technikdistanz der Frauen auf der normativen Ebene nicht mehr aufrechterhalten, in der Praxis aber noch zu einem erheblichen Teil beibehalten. Technik ist zwar nicht per se geschlechtsspezifisch geprägt, aber bei ihrer Nutzung gibt es einerseits typisch männliche Geräte, andererseits typisch weibliche Geräte und dazwischen eher geschlechtsneutrale Geräte (Dörr 1992).

TABELLE 3: Die Verbreitung technischer Haushaltsgeräte nach Altersgruppen in Deutschland 1988

	Alter der Bezugspersonen im Haushalt							
	unter 25	25–30	30–35	35–40	40–45	45–55	55–66	65 und mehr
1. Unimodale Verteilung	Prozent							
Personenkraftwagen	55.1	75.2	84.2	86.0	85.3	82.7	72.5	38.5
Fahrrad	73.4	77.2	84.3	87.3	88.5	84.3	72.6	43.2
Telefon	80.1	89.5	93.7	94.4	95.7	95.6	95.0	91.8
Videorecorder	23.5	35.9	44.0	40.7	37.8	31.8	23.3	8.6
Plattenspieler	23.1	29.1	29.4	31.5	29.8	30.0	28.7	24.5
Tonbandgerät	38.4	40.8	44.1	48.2	45.9	40.6	34.2	27.1
Photoapparat	70.0	78.2	86.8	89.8	90.5	87.2	81.3	55.9
Schmalfilmkamera	/	3.1	7.4	16.1	19.2	16.3	11.7	5.6
Videokamera		(1.6)	3.8	3.7	3.0	2.3	1.6	(0.6)
Projektionsapparat	10.7	21.2	33.0	41.4	42.7	40.8	32.9	16.8
Gefriergerät	28.4	49.9	70.0	77.9	81.2	81.4	79.6	62.1
Geschirrspülmaschine	(5.0)	19.0	36.3	46.2	50.6	41.4	28.0	11.6
Elektrisches Grillgerät	10.9	20.0	27.5	31.1	33.9	32.3	31.7	21.6
Mikrowellengerät	(4.6)	10.4	15.8	18.3	20.2	17.5	11.7	4.3
Elektrische Nähmaschine	18.7	35.2	53.0	61.1	64.2	64.6	60.4	43.2
Bügelmaschine	/	3.1	5.9	10.4	16.5	20.4	20.6	12.7
Waschmaschine	49.6	72.1	87.0	90.6	92.1	92.6	92.5	80.9
Wäschetrockner	(3.6)	11.2	22.0	27.8	29.0	22.9	17.1	7.8
2. Sonstige Verteilungsformen								
Kraftrad	(7.5)	10.4	9.4	8.1	9.9	11.3	6.7	2.1
Fernsehgerät	79.3	88.3	92.5	94.8	96.7	96.7	97.1	96.2
Stereorundfunkgerät	33.1	39.4	41.9	44.1	43.4	43.4	43.2	40.3
Stereo-Anlage	50.7	52.0	53.0	52.1	55.9	53.1	41.8	21.7
CD-Player	10.8	11.7	10.1	7.4	8.0	8.4	4.5	1.1
Kühlschrank	67.1	73.5	74.6	77.0	77.9	79.1	79.3	79.4
Wohnwagen	/	(1.3)	2.6	4.1	4.6	4.6	3.3	1.3
Motor-, Segelboot	/	(0.7)	(1.0)	1.5	1.9	2.0	1.5	(0.4)
	1000							
Haushalte	797	1792	2138	2212	1925	4760	4158	6904

Quelle: Statistisches Bundesamt (1990): Wirtschaftsrechnungen, Fachserie 15, S. 15

Altersgenerationen bestehen im Unterschied zu den zeitgeschichtlichen Generationen nicht nacheinander sondern nebeneinander. In vielen Zusammenhängen wird von einer dreigenerationellen Zusammensetzung der Gesellschaft ausgegangen (z. B. mit dem Begriff des Dreigenerationenvertrags): der Kinder- und Jugendgeneration, der Erwachsenengeneration im aktiven Lebensalter und der Generation der älteren Menschen. Die technische Entwicklung hat es mit sich gebracht, daß alle heutigen Generationen in selbstverständlicher Weise in ihren Alltag eine Vielzahl mehr und weniger hochentwickelter technischer Geräte integriert haben. Da diese technischen Geräte und damit verbundene Kompetenzen nicht gleichmäßig verteilt sind, entsteht eine neue Dimension sozialer Ungleichheit, nämlich die soziotechnische Differenzierung der modernen Gesellschaft. Eine der markanten Disparitäten liegt dabei zwischen Altersgruppen bzw. den gleichzeitig lebenden Generationen. Die Betrachtung nach dem Alter zeigt, daß in der Regel die mittlere Generation über die beste technische Haushaltsausstattung verfügt; der Ausstattungsgrad ist in den jüngeren Altersgruppen meist niedriger als in den mittleren und nimmt mit höherem Alter ab. Dabei ist zu beachten, daß es sich bei der Alterseinteilung in der folgenden Tabelle 3 um das Alter der jeweiligen Bezugsperson eines Haushalts handelt. Die Technikausstattung eines Haushalts wird aber von allen Haushaltsangehörigen und weiteren Faktoren beeinflußt.

Je nach technischem Gerät sind die Ausstattungsdifferenzen zwischen den Altersgruppen unterschiedlich hoch, am höchsten bei der Ausstattung mit PKW's. Teilweise, wie beim CD-Player, weisen die jüngeren Altersgruppen die höchste Ausstattungsquote auf, teilweise, wie beim Fernseher und beim Kühlschrank, die höheren Altersgruppen.

Während sich die ältere und mittlere Generation kompetent für mechanische und elektrische Geräte einschätzen, fühlen sie sich gegenüber (mikro-)elektronischen Geräten manchmal überfordert (vgl. Sackmann/Hüttner/Weymann 1991: 42). Die Hemmschwelle, sich mit technischen Geräten zu beschäftigen, ist für die jüngere Generation wesentlich niedriger als für

TABELLE 4: Fertigkeiten im Umgang mit technischen Geräten, die zumindest einigermaßen beherrscht werden, aufgeschlüsselt nach Alter[1]

	bis 34 %	35–54 %	über 54 Jahre %
Computer bedienen	49	29	10
Fotografieren	97	95	79
Mit Video Sendungen aufzeichnen	75	44	17
Mit Tonband Sendungen aufzeichnen	92	76	40
Mit Taschenrechner umgehen	99	93	62
Schreibmaschine schreiben	80	68	49
Zündkerzen im Auto wechseln	63	53	33
Führerschein	89	82	45

Quelle: Glatzer, W. u.a. (1991): Haushaltstechnisierung und gesellschaftliche Arbeitsteilung, Frankfurt, S. 83.
[1] Durchschnitt für die jeweilige Altersgruppe.

ältere Generationen. Auch der Kompetenzerwerb im Umgang mit neuen Technologien erfolgt bei der jüngeren Generation um einiges schneller als bei deren Elterngeneration. Zum Ausdruck kommt dies, wenn man die Fertigkeiten mit verschiedenen Technikbereichen umzugehen nach Altersgruppen vergleicht (vgl. Tab. 4) (Glatzer u. a. 1991: 83).

Nachgewiesen wird hiermit, daß bei allen abgefragten Fertigkeiten die ältere Generation durchgängig weniger Kompetenz im Umgang mit technischen Geräten besitzt als die jüngere Altersgruppe. Insbesondere bei den neueren Technologien zeigt sich der Kompetenzvorsprung der Jüngeren, denn fast die Hälfte der Bevölkerung unter 35 Jahren kann einen Computer bedienen, jedoch nur 10 % der über 54jährigen (Glatzer u. a. 1991: 84). Ausschlaggebend für die Offenheit und Lernbereitschaft gegenüber technischen Artefakten ist der frühe Kontakt mit ihnen im Haushalt und deren Allgegenwart.

Die jüngere Generation wurde in eine hochtechnisierte Gesellschaft hineingeboren, in der ihnen der Umgang mit Technik natürlich und notwendig erscheint. Im Unterschied zu der älteren Generation haben sie die Technik weitgehend in ihren Lebens- und Handlungszusammenhang integriert. Sie sind Teil eines sozialen Prozesses, in dem »immer mehr Teilfunktionen soziotechnischer Handlungssysteme von menschlichen Funktionsträgern auf Sachsysteme übergehen« (Ropohl 1988: 126).

Die Aneignung technischer Angebote erfolgt für die jüngere Generation meist angstfrei; das Interesse der Jüngeren geht vielfach über bloße Bedienung und Konsumtion hinaus und es werden Bedürfnisse entwickelt, technische Funktionszusammenhänge zu verstehen (vgl. Ropohl 1988: 150). Dies spiegelt sich beispielsweise in hohen Reparaturkompetenzen der Jüngeren wieder. Durch diesen offenbar leichteren und schnelleren Zugang zur Technik erwirbt sich die junge Generation vergleichsweise größere Sachkompetenz und technisches Wissen als ältere Generationen.

In einer Studie, die generationstypische Merkmale im Umgang der heutigen Kinder mit Technik untersucht (Diskowski/Harms/Preising 1989), wird festgestellt, daß die Beschäftigung mit Technik oft mit einer Vernachlässigung der sozialen Umwelt verbunden ist. Eine andere Studie über männliche Computerkids, die die Folgen einer intensiven Beschäftigung mit dem Computer untersucht, befaßt sich mit dem Einfluß der Technik – hier des Computers – auf das Selbstbild der adoleszenten Computerfreaks (Noller/Paul 1991). Zwar werden die Befürchtungen von Persönlichkeitsveränderung nicht bestätigt, jedoch eine Hemmung zur Entwicklung einer eigenen Identität und Lebensinterpretation und ein an Vorgaben angepaßtes Verhalten konstatiert (Noller/Paul 1991: 162). Die Annahme, daß »die vom Computer transportierten sozialen Bedeutungsgehalte weitaus mehr die Lebensziele und Werthaltungen beeinflussen als die technische Funktionalität des Computers« hat sich als richtig erwiesen. Der Computer steht als Sinnbild für die technikbejahende Grundeinstellung der leistungsbewußten Industriegesellschaft (Noller/Paul 1989: 29/34).

Gegenüber der älteren Generation haben sich die Möglichkeiten der Freizeitbeschäftigung mit Hilfe der Technik geradezu potenziert. Die Fülle an Angeboten, sich als Jugendliche/r und junge/r Erwachsene/r allein zu beschäftigen (man denke an Computerspiele etc.), ist groß. Zwar haben sich durch Technikinnovationen auch die Unterhaltungs- und Bewegungsmöglichkeiten der Älteren vervielfacht, jedoch längst nicht in diesem Maße.

Ein altersspezifischer Unterschied zwischen den Ansprüchen an technischen Geräten kann auch hinsichtlich der Ästhetik der äußeren Erscheinung konstatiert werden. Genügt der älteren Generation häufig die Funktionstüchtigkeit des Geräts, so stehen für mittlere und junge Generationen ebenso das Design und der Prestigewert im Zentrum (vgl. Glatzer 1991: 72). Generationelle Unterschiede ergeben sich außerdem in der Auswahl von Produkttypen, denn bei jüngeren Generationen spielt zunehmend »der bewußt gewählte individuelle Stil oder das unbewußt übernommene subkulturelle Lebensmodell« und die Identifizierung mit dem jeweilig erworbenen technischen Gerät eine Rolle (vgl. Rammert 1988: 188).

INNERFAMILIALE GENERATIONSBEZIEHUNGEN UND HAUSHALTSTECHNISIERUNG

Das Problem der innerfamilialen Generationsbeziehungen stellt sich unterschiedlich je nach dem, ob die intergenerationellen Beziehungen innerhalb eines Haushalts (also in Mehrgenerationenhaushalten) oder zwischen verschiedenen Haushalten aber innerhalb verwandtschaftlich verbundener Generationen (also im Rahmen mehrgenerationeller verwandtschaftlicher Netzwerke) erfolgen. Sowohl Eingenerationenhaushalte als auch Mehrgenerationenhaushalte können in verwandtschaftliche soziale Netzwerke einbezogen sein, die mehrere Generationen umfassen. Bei Einpersonenhaushalten stellt die Einbettung in insbesondere intergenerationelle Netzwerke eine Existenzvoraussetzung dar.

Der techniksoziologisch interessante Aspekt ist hierbei, daß über die Technik die Einbeziehung von Individuen und Haushalten in mehrgenerationelle Zusammenhänge erfolgt. Durch die Haushaltstechnisierung wird die Aufrechterhaltung sozialer Netzwerke auch über große Entfernungen hinweg ermöglicht und gestützt: das Telefon als Kommunikationsinstrument und das Auto als Transportmittel haben dabei herausragende Bedeutung. Ohne Haushaltstechnisierung wäre die Aufgliederung von Familien und Verwandtschaften auf mehrere Wohnungen unter Wahrung von Netzwerkbeziehungen nicht vorstellbar.

Auch bei Austauschbeziehungen, die sich auf technische Geräte beziehen, vom Ausleihen von Geräten und Disketten bis hin zu Ratschlägen bei Reparaturen, kommt der Verwandtschaft eine erhebliche Bedeutung zu, eine höhere jedenfalls als dem übrigen sozialen Netzwerk von Freunden, Nachbarn und Kollegen.

Im Mehrgenerationenhaushalt erfolgen Techniknutzung und Haushaltsproduktion weitgehend generations- und geschlechtsspezifisch. Je nach dem Stadium im Familienzyklus gibt es dabei bedeutsame Unterschiede. Insbesonders in den Familien mit erwachsenen Kindern begegnen sich unterschiedlich technikorientierte Generationen unmittelbar und die ungleiche Technikbegeisterung bzw. -distanz und Techniknutzung bzw. Nichtnutzung je nach Geschlechts- und Generationszugehörigkeit müssen bewältigt werden. Eklatante Differenzen in der Telefonnutzung zwischen den Generationen sind dafür ein Beispiel. Auch das Ausleihen von Geräten im Rahmen der informellen Netzwerke erfolgt durch Töchter und Söhne häufiger als durch ihre Eltern. Die Generationsunterschiede innerhalb von Familien, Haushalten und Verwandtschaften stellen das Komplement des intergenerationellen soziotechnischen Wandels dar.

Schlußbemerkung

Gesellschaftliche Produktionsprozesse und damit verbundene Arbeitsteilung wandeln sich mit der Haushaltstechnisierung, weil sich auf ihrer Grundlage neue Formen der Haushaltsproduktion entwickeln. Je nach Generationenkonzept treten andere Probleme im Verhältnis zur Technik in den Vordergrund. Zeitgeschichtliche Generationen weisen spezifische Technisierungsniveaus auf, die aufeinander aufbauen und ihre Entwicklung zu beschleunigen scheinen. Die Entwertung traditioneller Wissensbestände und die Aneignung neuer Kompetenzen sind damit verbundene gesellschaftliche Probleme. Gleichzeitig lebende Altersgenerationen weisen große Unterschiede in der Ausstattung mit technischen Geräten und der Verfügung über technische Kompetenzen auf. Die Technisierung schafft neue Formen soziotechnischer Ungleichheit zwischen den Altersgenerationen. Innerfamiliale Generationsbeziehungen werden mithilfe technischer Ausstattungen wie Telefon und Auto auch bei räumlicher Trennung der verwandten Personen aufrechterhalten. In Haushalten mit mehreren Generationen haben die einzelnen Haushaltsmitglieder jeweils besondere Beziehungen zu den technischen Geräten des Haushalts. Im Verhältnis der Generationen zur Technik kommen grundlegende Probleme sozialer Ungleichheit und sozialstrukturellen Wandels zum Ausdruck.

MARTIN KOHLI

Generationenbeziehungen auf dem Arbeitsmarkt – Die Erwerbsbeteiligung der Älteren in alternden Gesellschaften

1. Der »Generationenvertrag«: Einkommensumverteilung und Arbeitsteilung

Das Verhältnis zwischen den Generationen oder Altersgruppen im Wohlfahrtsstaat – das, wofür sich in der deutschen sozialpolitischen Diskussion die Metapher des »Generationenvertrags« eingebürgert hat – bildet heute eine der brisantesten sozialstrukturellen Verwerfungslinien. Durch die Entwicklung von Demographie und Arbeitsmarkt gerät der bisher geltende Generationenvertrag unter starken Druck. Das »Altern der Gesellschaft« wird in den nächsten Jahrzehnten in Größenordnungen führen, die historisch einmalig sind und für die soziologische Vorstellungskraft eine Herausforderung bedeuten, der sie sich erst zögernd stellt.

Der Begriff des »Generationenvertrags« (Kohli 1989) ist ebenso metaphorisch wie derjenige des »Gesellschaftsvertrags«: Es gibt keinen expliziten Vertrag, den spezifische Partner miteinander abschließen, um das Verhältnis von Leistung und Gegenleistung zu regeln, sondern es gibt eine politische Regelung, an die sich die Partner zu halten haben, wenn sie miteinander interagieren. Im Falle des Generationsvertrags lassen sich immerhin die politischen Institutionen identifizieren, welche die Regelung geschaffen haben und in Gang halten. Und anders als beim Gesellschaftsvertrag läßt sich der Gegenstand des Vertrags – zumindest auf den ersten Blick – problemlos erkennen: es handelt sich um eine Einkommensumverteilung von den Erwerbstätigen zu den Rentnern.

Der Begriff meint also ein spezifisches Verfahren zur Finanzierung der Renten, das in der Bundesrepublik durch die umfassende »Rentenreform« von 1957 verwirklicht wurde, nämlich das Umlageverfahren, das an die Stelle eines (allerdings beschränkten) Kapitaldekkungsverfahrens trat. Man zahlt nicht mehr in einen Fonds ein, aus dem man später die Rente erhält; nicht »Sparvertrag nach dem Muster der privaten Lebensversicherung, sondern ›Solidar-Vertrag zwischen jeweils zwei Generationen‹« hieß die neue Lösungsformel (Hockerts 1980: 310). Mit dem Umlageverfahren wurde die Rente dynamisiert, und zwar in einem weitgehenden Sinn: sie wurde nicht nur an die Entwicklung der Kaufkraft, sondern an die der Löhne gekoppelt. Die Rentner sollten also in gleicher Weise wie die arbeitende Bevölkerung am Wirtschaftswachstum teilhaben. Der so geregelte Generationenvertrag hat sich zumindest quantitativ zum Kern des Wohlfahrtsstaats entwickelt. Der Wohlfahrtsstaat bedeutet heute überwiegend Wohlfahrt für die Älteren.

Bei näherer Betrachtung erweist sich der Generationenvertrag allerdings als vielschichtiger. Was die »Partner« des Vertrags betrifft, handelt es sich natürlich nicht um Generationen im Mannheimschen Sinn, sondern allenfalls um Kohorten mit laufend wechselnder Abgrenzung, in mancher Hinsicht aber auch eher um Altersgruppen. Die formalen Probleme dieser Art sind dieselben, die sich für die Kohortenanalyse auch in andern thematischen Bereichen stellen. Darüber hinaus sollte man, wie Franz-Xaver Kaufmann betont (Kaufmann/Leisering 1984), statt von einem Zwei- von einem Drei-Generationen-Vertrag sprechen, da die erwerbstätige Generation nicht nur für die Rentner, sondern auch für die Heranwachsenden aufzukommen hat – wobei die letzteren Leistungen allerdings zu einem wesentlich geringeren Teil über öffentliche Transfers laufen.

Was den Gegenstand des Vertrags betrifft, so ist es aus sozialstruktureller Sicht zu eng, nur die Umverteilung von Einkommen zu sehen. Der Vertrag regelt auch die Verteilung des Zugangs zu Erwerbsarbeit, d. h. des Zwangs oder der Chance zum Verkauf der eigenen Arbeitskraft. Der Aspekt der Chance ist im Verlauf der Arbeitsmarktkrise der letzten Jahre auch den Beteiligten selber deutlich geworden, wenn etwa im Zusammenhang mit dem Vorruhestand von einer Umverteilung der Arbeit von den Älteren auf die Jüngeren gesprochen wurde (vgl. Schürkmann et al. 1987). Allerdings betrachten die Älteren – wie aus unsern empirischen Befunden hervorgeht (Kohli et al. 1989) – diese Umverteilung, soweit sie mit akzeptablen Auffangformen verknüpft ist, überwiegend eher als Erleichterung. Aber jedenfalls ist die Regelung des Zugangs zur Erwerbsarbeit in einer Gesellschaft, die in wesentlichen Dimensionen nach wie vor als »Arbeitsgesellschaft« verfaßt ist, ein zentraler Punkt. Der Generationenvertrag ist auch ein Vertrag über die altersbezogene Arbeitsteilung – über die lebenszeitlichen Grenzen des Systems formeller Arbeit.

Wie hat sich diese Arbeitsteilung in den westlichen Gesellschaften in den letzten Jahrzehnten entwickelt, wie läßt sich diese Entwicklung erklären, und welche Perspektiven für die Zukunft lassen sich erkennen? Dies sind die Fragen, denen ich hier nachgehe.[1] Der Hauptbefund ist derjenige einer zunehmenden Verkürzung der Erwerbsphase, insbesondere durch das Sinken des Alters beim Übergang in den Ruhestand (Abschnitt 2). Dieser Trend zum frühen Ruhestand ist in mehrfacher Hinsicht paradox: Er vollzog sich in einer Periode zunehmender Lebenserwartung, zunehmender Befürchtungen über die finanzielle Tragfähigkeit der öffentlichen Alterssicherung und zunehmender Insistenz der Gerontologen auf den positiven Effekten von Aktivität im Alter.

Die Erklärung für diese Paradoxie liegt im wesentlichen im Zusammenhang von Sozialpolitik und Arbeitsmarktregime (Abschnitt 3). Die Verkürzung der Erwerbsphase im Lebenslauf ist eines der Mittel, die einer Gesellschaft offenstehen, wenn sie sich auf eine Entwicklung einläßt, in der aufgrund hoher Produktivität und hoher Löhne die Arbeitsnachfrage nicht mit dem Arbeitsangebot Schritt hält.

In den gegenwärtigen Transformationsprozessen der osteuropäischen Gesellschaften – die nicht zuletzt eine Transformation von extensiver zu intensiver Wirtschaftsweise ist, d. h. von einem hohen Arbeitskräftebestand mit niedriger Produktivität zu einem niedrigen Arbeitskräftebestand mit hoher Produktivität – kommt es zu einer Nutzung von »Vorruhestands«-regelungen, die noch weit massiver ist als diejenige im Westen, wie sich am Beispiel der neuen Bundesländer zeigen läßt (Abschnitt 4). Im Vergleich zu den alten Bundesländern sind die Regelungen hier sozialpolitisch schlechter ausgestattet, so daß die Folgen für die betroffenen Generationen eher negativ sein dürften.

Was die Zukunftsperspektiven betrifft, haben angesichts des demographischen Drucks jetzt mehrere Länder die sozialpolitischen Weichen wieder in Richtung auf eine Erhöhung des Rentenzugangsalters gestellt. Es ist allerdings fraglich, ob sich dies am Arbeitsmarkt faktisch durchsetzen lassen wird (Abschnitt 5).

2. Veränderungen im Verrentungsprozeß: Die Entstehung des frühen Übergangs in den Ruhestand

Der Ruhestand ist ein historisch ziemlich neues Phänomen. Erst seit einem Jahrhundert begann sich das höhere Alter als eine Phase zu entwickeln, die durch den Rückzug aus dem Erwerbsleben definiert ist. Für eine Darstellung dieser Entwicklung können wir auf die altersspezifischen Erwerbsquoten zurückgreifen. Die Daten zur Erwerbsbeteiligung in der ersten Hälfte dieses Jahrhunderts (oder noch früher) sind nicht sehr gut: Infolge unterschiedlicher Definitionen und Alterskategorien sind sie nicht ohne weiteres für einen Vergleich zwischen den Ländern zu verwenden. Und sogar was die Entwicklung innerhalb der einzelnen Länder betrifft, stehen sie nur in groben Altersaufgliederungen zur Verfügung, die überdies im Lauf der Zeit manchmal verändert worden sind. Dennoch erlauben diese Daten einige generelle Schlußfolgerungen.

Die Daten für Frankreich, Deutschland und die USA werden in Tabelle 1 ausgewiesen. Für alle drei Länder kann man sehen, daß vom Beginn dieses Jahrhundert bis ungefähr 1970 der Ruhestand bei den Männern sich zunehmend durchsetzte und das Austrittsalter sich zunehmend um das 65. Lebensjahr konzentrierte. Die Erwerbsbeteiligung der Männer über 65 fiel von 65,6 % (Frankreich 1901), 47,4 % (Deutschland 1925) und 68,4 % (USA 1900) auf etwa 20 % im Jahre 1970 (in den USA auf etwa 25 %). Im gleichen Zeitraum blieb die Erwerbsbeteiligung der 60 bis 64jährigen Männer – mit einigen Schwankungen – relativ hoch. Die größte Abnahme für diese Altersgruppe ist in Frankreich zu verzeichnen; in Deutschland und den USA blieb sie gering. Soweit entsprechende Meßpunkte zur Verfügung stehen, sind die Schwankungen nach unten während der 30er Jahre am größten, insbesondere zur Zeit der Weltwirtschaftskrise (Frankreich 1936, Deutschland 1933).[2]

An der Entwicklung der Erwerbsquoten können wir somit ablesen, daß für Männer bis etwa zum Ende der 60er Jahre der Ruhestand sich »normalisierte«, d.h. zu einem selbstverständlichen Teil ihrer Biographie wurde. »Alter« wurde synonym mit »Ruhestand«: mit einer Lebensphase, die strukturell vom »aktiven« Erwerbsleben abgesetzt ist und einen relativ einheitlichen Beginn hat, der maßgeblich durch die Altersgrenzen der öffentlichen Rentensystem bestimmt wird. Dieser Prozeß ist ein wesentlicher Teil der historischen Institutionalisierung des Lebenslaufs (Kohli 1985).

TABELLE 1: Langfristige Entwicklung der Erwerbsquoten nach Altersgruppen und Geschlecht (in %)

FRANKREICH

	Männer					Frauen				
Jahr	50–54	55–59	60–64	65–69	65–	50–54	55–59	60–64	65–69	65–
1896	/	-86.4-		/	66.6	/	-32.2-		/	24.9
1901		-88.1-		/	65.6		-39.6-		/	23.5
1906	-91.8-		85.1	78.0	65.6	-50.4-		44.4	37.8	27.7
1911	93.5	89.2	83.4	/	/	51.0	48.3	43.4	41.0	/
1921	95.1	91.7	85.7	78.6	/	54.0	51.6	47.0	33.5	/
1926	94.2	89.2	82.4	73.8	/	47.8	44.8	39.9	32.2	/
1931	93.8	88.4	80.7	71.9	/	48.0	44.8	38.9	29.0	/
1936	91.0	83.2	74.0	65.4	/	46.1	42.2	36.4	31.3	/
1946	93.1	85.4	76.3	66.5	/	50.2	46.1	40.1	20.2	/
1954	94.0	82.0	69.9	49.3	/	46.8	42.0	33.5	16.9	/
1962	93.0	83.5	67.9	36.5	/	45.3	41.5	31.9	/	/
1970	/	82.9	68.0	/	19.5	/	46.0	34.3	/	8.6
1980	/	80.9	47.6	/	7.5	/	47.3	27.3	/	3.3
1988	/	67.3	25.4	/	4.6	/	45.3	17.9	/	1.8

DEUTSCHLAND (ab 1950 Bundesrepublik)

	Männer					Frauen				
Jahr	50–54	55–59	60–64	65–69	65–	50–54	55–59	60–64	65–69	65–
1882	-91.5-		-79.3-		/	-24.9-		-22.2-		/
1895	-92.4-		-75.3-		/	-26.5-		-22.5-		/
1907	-90.4-		-71.2-		/	-36.6-		-30.1-		/
1925	-92.4-		79.7	/	47.4	-37.3-		31.9	/	17.6
1933	-86.9-		67.0	29.7	/	-34.8-		27.0	13.1	/
1939	-89.7-		71.4	/	29.5	-36.9-		28.0	/	14.0
1950	93.4	87.4	73.0	/	26.8	33.0	29.4	21.2	/	9.7
1961	93.9	88.9	73.0	/	22.9	37.8	32.5	21.2	/	8.4

(Fortsetzung)

Männer

Jahr	45–54	55–59	60–64		65–
1970	/	88.4	71.8	/	17.2
1980	/	80.0	42.5	/	7.0
1988	/	76.6	31.5	/	4.7

Frauen

Jahr	45–54	55–59	60–64		65–
1970	/	36.4	20.4	/	6.1
1980	/	37.4	12.0	/	3.1
1988	/	38.5	10.8	/	2.2

USA

Männer

Jahr	45–54	55–59	60–64	65–
1890		–95.2 –		73.8
1900	95.5		–90.0 –	68.4
1910		–92.1 –		63.5
1920		–93.8 –		60.2
1930	96.5		–90.2 –	58.3
1940	92.0	87.9	79.0	41.8
1950	92.0	86.7	79.4	41.4
1960	93.3	87.7	77.8	30.6
1970	93.2	88.3	71.7	25.7
1980	90.5	80.9	59.8	18.3
1988	90.3	78.7	53.8	15.9

Frauen

Jahr	45–54	55–59	60–64	65–
1890		–12.6 –		8.3
1900	14.7		–13.2 –	9.1
1910		–16.2 –		8.9
1920		–17.1 –		8.0
1930	20.4		–16.1 –	8.0
1940	22.5	18.5	14.8	6.1
1950	32.9	25.9	20.6	7.8
1960	46.7	39.7	29.4	10.4
1970	54.2	48.8	34.8	9.0
1980	59.6	48.1	32.9	7.6
1988	68.7	53.0	33.6	7.4

Quelle: Jacobs/Kohli 1990.

387

ABBILDUNG 1:   Erwerbsquoten von Männern über 65

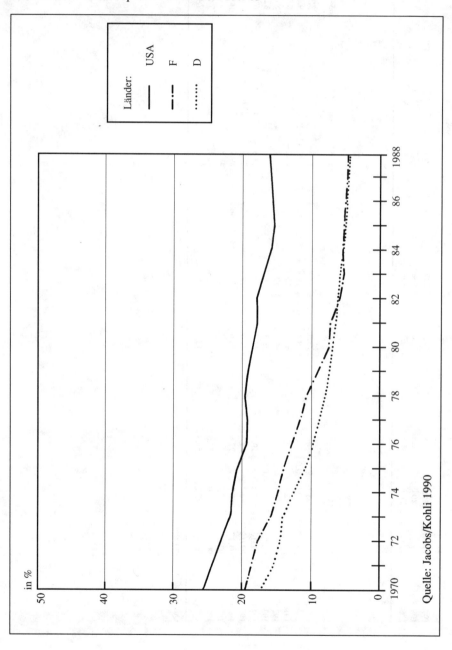

ABBILDUNG 2: Erwerbsquoten von Männern zwischen 60 und 64

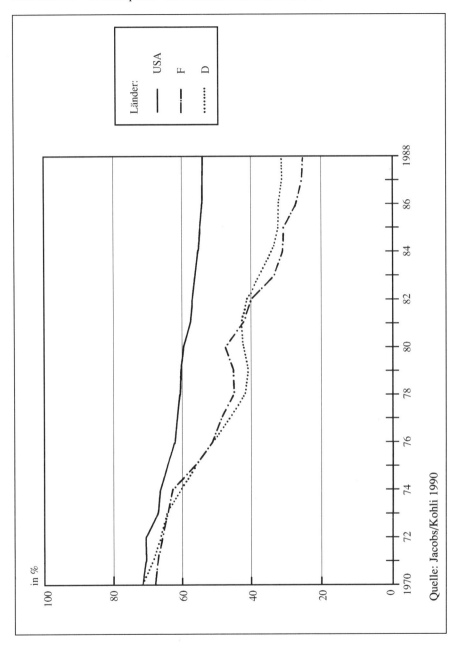

Quelle: Jacobs/Kohli 1990

389

ABBILDUNG 3:   Erwerbsquoten von Männern zwischen 55 und 59

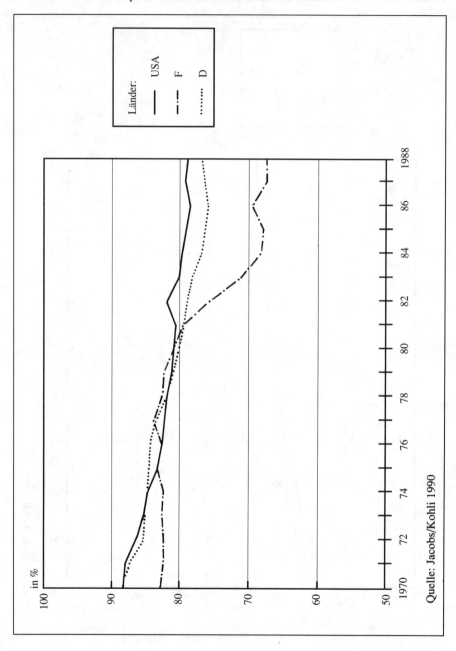

Quelle: Jacobs/Kohli 1990

ABBILDUNG 4:   Erwerbsquoten einzelner Jahrgänge nach dem Alter
                (BR Deutschland: Frauen)

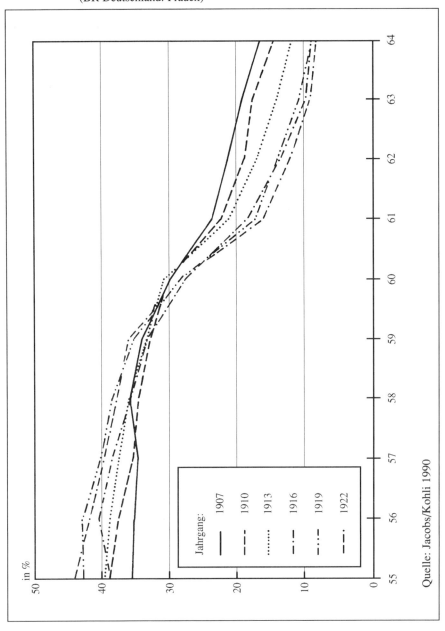

Quelle: Jacobs/Kohli 1990

391

Während der letzten beiden Jahrzehnte hat sich die Situation verändert: Die Erwerbsbeteiligung der Männer über 65 ist weiter gesunken, aber wichtiger ist, daß die Erwerbsbeteiligung im Alter von 55 bis 64 ebenfalls beträchtlich gefallen ist. Dies läßt sich im Überblick schon aus Tabelle 1 ersehen. Detailliertere Verlaufsdaten werden in den Abbildungen 1 bis 3 dargestellt. Für Frauen ist dieses Muster weniger augenfällig, da ihre Erwerbsbeteiligung allgemein zunimmt. Aber Kohortendaten (wie sie in Abbildung 4 für Deutschland gezeigt werden) machen deutlich, daß der Trend zum frühen Ruhestand für sie ebenso gilt: Jede aufeinanderfolgende Kohorte beginnt den Austrittsprozeß auf einem höheren Niveau, hat einen steileren Rückgang und erreicht das Alter 61 auf einem niedrigeren Niveau.

Offensichtlich ist die Verkürzung des Arbeitslebens ein Schlüsselmechanismus zur Anpassung an die sinkende Arbeitsnachfrage und/oder das wachsende Arbeitsangebot gewesen. Sie ist allerdings nicht der einzige Mechanismus: Gleichzeitig gab es auch eine Verkürzung der jährlichen Arbeitszeit.[3] Aber entscheidend ist, daß die Dreiteilung des Lebenslaufs weiter fortbesteht (auch wenn die Übergangsperioden zwischen den einzelnen Teilen länger und diffuser geworden sind). Das frühe Ausscheiden der Älteren aus dem Erwerbsleben hat es ermöglicht, diese Grundstruktur des Lebenslaufs aufrechtzuerhalten. Der Trend ist noch ausgeprägter bei einer Betrachtung der Beschäftigtenquoten anstelle der Erwerbsquoten (die auch die Arbeitslosen einschließen), da die Arbeitslosenquoten im Zeitverlauf zugenommen haben und gewöhnlich an den beiden Enden der Erwerbsphase besonders hoch sind (Tabelle 2).

TABELLE 2: Erwerbsquoten und Erwerbstätigenquoten von Männern zwischen 55 und 64 (in %)

Erwerbsquoten

	1970	1971	1972	1973	1974	1975	1976	1977	1978	1979	1980	1981	1982	1983	1984	1985	1986	1987	1988
F	75.4	74.6	73.6	72.1	70.8	68.9	67.9	69.4	68.8	69.9	68.5	64.3	59.8	53.6	50.3	50.1	49.5	47.6	47.3
BRD	80.1	77.8	75.2	73.4	70.5	68.1	66.5	65.7	65.1	65.4	65.5	64.5	62.6	60.2	57.8	57.0	56.8	56.3	56.5
USA	80.7	80.0	79.1	76.9	76.2	74.6	73.3	72.8	72.3	71.8	71.2	69.9	70.2	68.8	67.9	67.3	66.7	67.0	66.4

Arbeitslosenquoten

	1970	1971	1972	1973	1974	1975	1976	1977	1978	1979	1980	1981	1982	1983	1984	1985	1986	1987	1988
F	1.9	2.2	2.6	1.9	2.1	2.6	3.1	3.6	4.3	4.0	4.7	4.8	5.3	6.0	6.2	6.7	7.6	7.7	7.5
BRD	0.9	1.2	2.0	1.6	2.3	3.9	3.9	3.7	4.0	4.3	4.3	5.4	7.0	8.5	10.0	10.1	8.5	9.4	10.2
USA	2.8	3.3	3.2	2.4	2.6	4.3	4.2	3.5	2.8	2.7	3.4	3.6	5.5	6.1	5.0	4.3	4.3	3.7	3.5

Erwerbstätigenquoten

	1970	1971	1972	1973	1974	1975	1976	1977	1978	1979	1980	1981	1982	1983	1984	1985	1986	1987	1988
F	74.0	73.0	71.7	70.7	69.3	67.1	65.8	66.9	65.8	67.1	65.3	61.2	56.6	50.4	47.2	46.7	45.7	43.9	43.8
BRD	79.4	76.9	73.7	72.2	68.9	65.4	63.9	63.3	62.5	62.6	62.7	61.0	58.2	55.1	52.0	51.2	52.0	51.0	50.7
USA	78.4	77.4	76.6	75.1	74.2	71.4	70.2	70.3	70.3	69.9	68.8	67.4	66.3	64.6	64.5	64.4	63.8	64.5	64.1

Quelle: Kohli et al. 1991.

Es sollte hinzugefügt werden, daß die Erwerbsphase sich – zumindest in den kontinentaleuropäischen Ländern – auch von unten her verkürzt hat, nämlich durch die Verlängerung der Ausbildungzeiten und der »Suchphase« im Übergang ins formelle Erwerbssystem, die sich in hoher Jugendarbeitslosigkeit niederschlägt. Man könnte versucht sein, daraus zu schließen, daß es keineswegs zu einer Umverteilung der Erwerbsarbeit von den Älteren auf die Jüngeren gekommen ist. Dies wäre aber voreilig, denn es ist natürlich denkbar, daß die Probleme des Zugangs zum Erwerbssystem für die Jüngeren ohne den Rückgang der Erwerbsbeteiligung der Älteren noch größer geworden wären. Und in der Tat gibt es einzelne Befunde – vor allem im Zusammenhang mit Vorruhestandsprogrammen, die eine solche Umverteilung explizit zum Ziel hatten –, die ein erhebliches Ausmaß der Wiederbesetzung von Arbeitsplätzen durch Jüngere zeigen.

Es ist nützlich, sich die Veränderung im Alter von 65 zu vergegenwärtigen, das ja für die Männer größtenteils – nach den rechtlich-administrativen Begriffen – immer noch das »normale« Rentenzugangsalter darstellt, auch wenn die meisten inzwischen faktisch ihr Erwerbsleben früher beenden. Von den 10,2 % der deutschen Männer, die 1988 im Alter von 65 noch »aktiv« waren, waren mehr als die Hälfte (5,8 %) selbständig, ein weiteres Fünftel war als mithelfende Familienangehörige tätig (vermutlich überwiegend in der Landwirtschaft), und nur 2,5 % waren Lohnempfänger. Dies vermittelt einen Eindruck davon, wie selten eine Erwerbstätigkeit nach dem 65. Lebensjahr weitergeführt oder neu aufgenommen wird. In einer Studie über Nebenerwerbstätigkeit nach Alters- und Berufsstatusgruppen haben sich die Rentner als diejenigen mit dem niedrigsten Anteil herausgestellt – niedriger als für die Arbeitslosen, die Studenten und sogar die Vollzeitbeschäftigten (Helberger/ Schwarze 1986).

In den USA ist die Erwerbsquote derjenigen über 65, wie Tabelle 1 zeigt, (noch) erheblich höher als in Deutschland und den meisten anderen Industriestaaten. Neben diesen aggregierten Daten gibt es für die USA auch Individual-Längsschnittdaten (vor allem aus dem Retirement History Survey), die auf eine beträchtliche Quote von »Rückübergängen« aus dem Ruhestand zurück in eine Erwerbstätigkeit hinweisen (vgl. Burkhauser/Quinn 1989, Reimers/Honig 1989). Allerdings hängt das natürlich davon ab, wie der »Ruhestand« definiert wird: ob als Abschluß der Erwerbstätigkeit (ganz oder teilweise), als starke Einkommensminderung, als Bezug einer Altersrente oder – wie bei den erwähnten Autoren – als eine Kombination dieser drei Kriterien. Wenn einzig die Erwerbstätigkeit zugrundegelegt wird, ergibt sich eine vernachlässigenswert geringe Quote von Rückübergängen (Hurd 1990). Bemerkenswert ist aber immerhin, daß die verschiedenen Kriterien sich zunehmend auseinanderentwickeln. Der Übergang in den Ruhestand wird also (ähnlich wie es für den Übergang ins Erwachsenenleben nachgewiesen worden ist) länger und diffuser – nicht nur auf der aggregierten, sondern auch auf der individuellen Ebene (vgl. Hayward et al. 1988).

3. Die Erklärung des Trends: Strukturen und Akteure

Der Trend zum frühen Ruhestand ist zu einer Zeit gekommen, als viele Faktoren in die entgegengesetzte Richtung zu weisen schienen. Der »härteste« ist die Lebenserwartung; sie hat sich (sogar im Alter von 60) während dieses Zeitraums beträchtlich erhöht. Auch haben die jüngeren Kohorten der Älteren zunehmend bessere Ressourcen, was Gesundheit und Ausbildung betrifft. Aber es haben auch dramatische Veränderungen in der kulturellen »Software« des Alterns stattgefunden. Eine davon ist der anhaltende Strom (psycho-) gerontologischer Literatur, der – seit etwa 1960 – immer und immer wieder argumentiert hat, daß der Altersprozeß nicht notwendigerweise mit einem Verlust an funktionaler Kapazität und Produktivität gleichzusetzen sei (zumindest nicht innnerhalb des Altersbereichs, um den es hier geht) und das weitverbreitete »Defizit-Modell« des Alterns daher abgeschafft gehöre. Eine weitere ist die zunehmende Betonung von Aktivität und sozialer Partizipation als günstig für ein »erfolgreiches« Altern. Und schließlich werden feste Altersgrenzen als Kriterium für den Austritt aus dem Erwerbsleben und für den Anspruch auf Wohlfahrtsleistungen in zunehmendem Maße als Widerspruch zum universalistischen normativen Regime moderner Gesellschaften (mit ihrer Betonung auf Leistung anstelle von Zuschreibung) und sogar als Verletzung grundlegender Verfassungsrechte betrachtet. In den westeuropäischen Ländern hat dieser Widerspruch bisher keine unmittelbaren institutionellen Auswirkungen gehabt, aber in den USA hat er zu einem verfassungsrechtlichen Verbot eines an chronologisches Alter gekoppelten Zwangs zum Ruhestand geführt, ebenso wie zu einem breiten Diskurs über die Frage, ob chronologisches Alter nicht durch funktionales Alter als Grundkriterium zu ersetzen sei (vgl. Neugarten 1982).

Trotz dieser Faktoren ist es also zu einem zunehmend früheren Ende des Erwerbslebens gekommen. Zusammen mit der Erhöhung der Lebenserwartung hat sich dies in einer massiven Verlängerung der Ruhestandsphase niedergeschlagen. Der Median des Austrittsalters für deutsche Männer (gemessen an der aggregierten Erwerbsquote) ist zwischen 1960 und 1985 um etwa 5 Jahre gefallen (von 65 auf 60)[4], und die Lebenserwartung im 60. Lebensjahr ist um 1 1/2 Jahre gestiegen (von 15 1/2 auf 17 Jahre). Die mittlere Dauer der Ruhestandsphase hat somit um fast zwei Drittel zugenommen.

Wie läßt sich diese paradoxe Entwicklung erklären? Um eine Erklärung zu finden, ist es verlockend, auf die besondere – je nach Standpunkt besonders lobenswerte oder besonders perverse – Ausgestaltung des sozialen Sicherungssystems eines Landes oder gar auf einzelne sozialpolitische Entscheidungen zu verweisen. Der Befund, daß es sich nicht um eine einzelstaatliche Entwicklung, sondern um eine der westlichen Länder insgesamt handelt, läßt solche Erklärungsversuche jedoch ins Leere laufen. Auch bei einer vergleichenden Perspektive ist man allerdings leicht versucht, sich auf die Variation zwischen den Ländern und Zeitpunkten zu konzentrieren. Vergleichende Untersuchungen können aber nicht nur Unterschiede herausarbeiten, sondern auch Gemeinsamkeiten. Es gibt in der Tat Unterschiede, was Niveau und Neigung des Trends zum frühen Ruhestand anbetrifft, aber seine hervorstechendste Eigenschaft ist seine Allgemeingültigkeit und Homogenität.

Wenn man diese Eigenschaft betrachtet, so liegt es nahe, eine Erklärung nicht in sozialpolitischen Regulierungen – die zwischen den einzelnen Ländern stark differieren – zu suchen, sondern in den allgemeinen strukturellen Bedingungen des Arbeitsmarkts, insbesondere in dem kombinierten Druck von hoher Arbeitslosigkeit, von der die meisten westlichen Ökonomien seit 1970 heimgesucht sind, und zunehmender technischer und organisatorischer Rationalisierung. Die Unterschiede in der Sozialpolitik sollten nicht vernachlässigt werden – insbesondere soweit sie sich zu spezifischen Wohlfahrtsregimes verdichten (vgl. Esping-Andersen 1990), die wiederum mit spezifischen Arbeitsregimes verbunden sind –, aber zunächst ist es wichtig, der Einheitlichkeit des Trends gerecht zu werden.

Der Trendverlauf in den drei Ländern, die in den Tabellen und Abbildungen dokumentiert werden, läßt auch ohne formale Zeitreihenanalysen klare Parallelen zur wirtschaftlichen Entwicklung erkennen. In allen drei Ländern gab es einen Zusammenbruch des Wachstums des Bruttosozialprodukts nach 1974 im Gefolge des ersten Ölschocks, eine Erholung mit positiven Wachstumsraten in den späten 70er Jahren und einen erneuten Fall auf ein Null- oder sogar Negativwachstum in den frühen 80ern. Die aggregierten Arbeitslosenquoten sind dieser Entwicklung eng gefolgt, mit einer erheblichen Zunahme nach 1974, einer Plateauphase in den späten 70er und einer erneuten starken Zunahme in den frühen 80er Jahren.

Die strukturelle Erklärung kann allerdings nur eine erste Annäherung sein. Die Sprache der Struktur muß in die Sprache des Handelns übersetzt werden. Die Akteure sind hier offensichtlich nicht nur die älteren Arbeitnehmer, sondern auch (und wesentlicher) korporative Akteure wie die Betriebe, die Gewerkschaften und der Staat. Der Durchgang durch eine akteurbezogene Erklärung (vgl. Kohli 1992) würde den Umfang dieses Beitrags sprengen, deshalb sei hier nur das Ergebnis berichtet: Im Gegensatz zu manchen Auffassungen stößt ein frühes Ausscheiden aus dem Erwerbsleben bei den meisten der beteiligten Akteure auf Zustimmung. Es ist das Ergebnis einer gemeinsamen »Anstrengung« von Betrieben, Gewerkschaften und älteren Arbeitnehmern selbst, wobei der Staat entweder aktiv institutionelle Pfade für ein akzeptables Ausscheiden schafft oder zumindest die anderen Akteure die bestehenden sozialen Sicherungssysteme zu diesem Zwecke umfunktionieren läßt. Vergleiche zwischen den Branchen zeigen im übrigen, daß das Alter beim Ausscheiden aus dem Erwerbsleben nicht nur in den schrumpfenden oder stagnierenden Branchen zurückgegangen ist, sondern auch in den expandierenden (Jacobs et al. 1991).

4. Der »Vorruhestand« in den neuen Bundesländern

Die Entwicklung im Gebiet der ehemaligen DDR bildet zu den bisherigen Überlegungen einen Kontrastfall (vgl. Wolf 1991). Der Kontrast liegt nicht in den staatlichen und betrieblichen Interessen: In massivster Weise wird der vorgezogene Ruhestand zum Abbau des Arbeitskräfteüberhangs eingesetzt. Noch nie ist die Funktion des Ruhestandes als »Kontrolle von Arbeitslosigkeit« so bedrückend deutlich gemacht worden. Neben der quantitativen Arbeitsmarktbilanz spielt dabei auch der qualitative Umbau – im Hinblick auf die Qualifikationen, die für den marktwirtschaftlichen Neubeginn erforderlich sind, und zugleich auf die Bewältigung der politischen »Altlasten«[5] – eine Rolle. Aber für die betroffenen Arbeitnehmer sind die Bedingungen des frühen Ruhestandes so, daß sich tatsächlich ein Kontrast zu den meisten seiner Formen im Westen ergibt. Das betrifft sowohl seine finanziellen Konsequenzen – soweit sie heute absehbar sind – wie auch seine moralische Bedeutung. Der frühe Ruhestand wird den Älteren aufgebürdet, ohne daß sie selber an der Entscheidung beteiligt sind; er trifft auf eine biographische Normalerwartung, die mit einem viel späteren Ausscheiden aus dem Erwerbssystem rechnete; und er schneidet sie von der Beteiligung am Neuaufbau ab.

Die DDR war in noch wesentlich stärkerem Maße eine Arbeitsgesellschaft als die bisherige Bundesrepublik, und zwar in drei Dimensionen: der faktischen Erwerbsbeteiligung, der Zuteilung von knappen Ressourcen über die Betriebe (»betriebszentrierte Sozialpolitik«) und der gesellschaftlichen Bewertung der Arbeit (»Arbeiter- und Bauernstaat«). Die Zerstörung der biographischen Normalerwartung bedeutet einen umso tieferen Einschnitt. Dabei ist auch das Tempo des Wandels zu bedenken. Was sich in den westlichen Ländern längerfristig entwickeln und dabei auch lebensweltlich normalisieren konnte, wird jetzt in kürzester Zeit nachgeholt und überholt.

Daß sich der frühe Ruhestand arbeitsmarktpolitisch nutzen läßt, lernte die DDR schnell. Während im Westen der Vorruhestand aus Abschied und Traktanden fiel (und mit der Rentenreform '92 die politischen Weichen in Richtung auf eine Erhöhung der Altersgrenze gestellt wurden), kam er in der DDR zu neuen Ehren. Die »Verordnung über die Gewährung von Vorruhestandsgeld«, die am 1. Februar 1990 – noch unter der Modrow-Regierung – in Kraft trat, war die erste arbeitsmarktpolitische Maßnahme der DDR mit dem expliziten Ziel einer Reduktion des Arbeitskräftevolumens. Arbeitnehmer konnten 5 Jahre vor der Rentengrenze – die Frauen also mit 55 Jahren, die Männer mit 60 – Vorruhestandsgeld beantragen. Mit dem Einigungsvertrag lief diese Verordnung zum 2. Oktober 1990 aus und wurde durch die »Altersübergangsgeld«-Regelung ersetzt. Im Unterschied zum eigentlichen Vorruhestand ist das Altersübergangsgeld eine spezielle Form des Arbeitslosengeldes für den berechtigten Personenkreis.

Welche Wirkungen hatten diese Maßnahmen? Bis April 1992 hatten bereits rund 780 000 Personen von der Vorruhestandsregelung Gebrauch gemacht (IAB-Werkstattbericht 1.5 vom 15.5.1992). Eine weitere Maßnahme bestand in der Ausgliederung weiterarbeitender Altersrentner, von denen es im Herbst 1989 etwa 280 000 gab. Altersspezifische Maßnahmen haben also zu einem gewaltigen »Freisetzungs«-effekt auf dem Arbeitsmarkt der neuen Länder geführt. Zum Vergleich: Im westdeutschen Gebiet wurden im gesamten Zeitraum von 1984–1988 rund 160 000 Arbeitnehmer durch die Vorruhestandsregelung und zusätzlich rund 200 000 Arbeitnehmer durch »59er-Regelungen« freigesetzt – in einem längeren Zeitraum und einem dreimal größeren Arbeitsmarkt also nur ein Drittel so viele Personen.

Die Konsequenzen tragen die Betroffenen. Was die finanziellen Konsequenzen betrifft, ist das zentrale Problem die generelle Unsicherheit über die weitere Entwicklung. Auch wenn das Vorruhestandsgeld im gleichen Zuge wie die Renten dynamisiert wird, bleiben die Empfänger auf der Berechnungsgrundlage sitzen, die mit ihrem früheren DDR-Erwerbseinkommen gegeben ist. Sie werden also zwar an der Preisentwicklung, weniger aber an der Lohnentwicklung partizipieren. Eine zweite Konsequenz betrifft die gesellschaftliche Partizipation. In der DDR blieb die Betriebsbindung der Älteren nicht zuletzt durch die Veteranenorganisationen des FDGB erhalten. Die »Veteranen« konnten spezifische Leistungen in Anspruch nehmen, z. B. verbilligtes oder kostenloses Werkküchenessen, Reisen und Ferienheimplätze, medizinische Betreuung, Hilfen bei Beschaffung und Renovierung von Wohnraum. Nicht nur das Rentnerprivileg der Westreisen ist mit dem Fall der Mauer beseitigt, auch diese Form betriebszentrierter Sozialpolitik für Ältere ist praktisch nicht mehr vorhanden. Daraus entsteht eine zumindest ambivalente Lage. Diese Form der Vergesellschaftung der Älteren war zweifellos auch ein Kontrollinstrument, das die Verteilung knapper Ressourcen vom Wohlverhalten abhängig machte. Diese Leistungen sind nun dem Markt übertragen worden, wo man sie politisch und moralisch entlastet kaufen kann. Aber neben der nicht unwichtigen Frage »Kann ich es mir leisten?« kann diese Befreiung von Kontrolle bei den Älteren auch ein Gefühl der Abkoppelung von Unterstützung und der weiteren Entwicklung der Gesellschaft überhaupt bewirken.

Eine dritte Konsequenz betrifft die moralische Bedeutung des Ausscheidens. Im Westen wird der frühe Ruhestand vielfach nicht nur offensiv gefordert, sondern wird auch (soweit die institutionelle Regelung günstig ist) als eine moralisch gerechtfertigte Gegenleistung für die besondere Lebensleistung verstanden – als eine Art Belohnung für die Aufbauleistungen, die Anstrengungen und Versagungen in der Nachkriegszeit. In der ehemaligen DDR ist das Gegenteil der Fall: Der Vorruhestand hat den Charakter einer nachträglichen Entwertung der Lebensleistung. Der Staat und die Wirtschaft, zu denen man ein Leben lang beigetragen hat, sind verschwunden, und für die neue Wirtschaftsordnung ist man nicht mehr gefragt.

Natürlich mag die Lage der Frührentner in mancher Hinsicht immer noch weniger belastend sein als diejenige von langfristig Arbeitslosen, denen die Möglichkeit zum Übergang in den Ruhestand (noch) versagt ist. Die vorstehenden Überlegungen sollten aber deutlich machen, daß die Praxis der Frühverrentung in den neuen Bundesländern in ihren Folgen für die Betroffenen anders zu bewerten ist als der Trend zum frühen Ruhestand im Westen.

5. Zukünftige Entwicklungslinien

Es ist leicht zu sehen, daß der Trend zum frühen Ruhestand nicht unbeschränkt weitergehen kann. Wenn wir den Trend der letzten zwei Jahrzehnte extrapolieren, erreichen wir irgendwann in der zweiten Hälfte des nächsten Jahrhunderts den Punkt, wo man im Alter von ungefähr 38 Jahren direkt von der Hochschule in den Ruhestand geht. Man kann ohne Risiko sagen, daß Trendextrapolation hier keine gute Prognosemethode ist.

Überdies ist der frühe Ruhestand zwar eine populäre Lösung zur Bewältigung (eines Teils) des Arbeitsangebotsüberhangs, aber er ist aus anderen Gründen fraglich. Langfristig scheint eine Lösung wenig vernünftig, die die verfügbare Arbeit auf eine immer kürzere Strecke des Lebenslaufs konzentriert und einen immer größeren Teil der Bevölkerung völlig außerhalb der Arbeit hält. Es gibt gute Gründe – psychologische Gründe hinsichtlich Aktivität und Kompetenz, soziologische Gründe hinsichtlich sozialer Partizipation und Integration und ökonomische Gründe hinsichtlich Finanzierung der sozialen Sicherheit – für das entgegengesetzte Szenario, nämlich die Arbeit gleichmäßiger auf alle Altersgruppen zu verteilen. Dazu kann man z. B. die wöchentliche Arbeitszeit weiter verkürzen, für die »aktive« Erwerbsbevölkerung Teilzeitarbeit propagieren und die Möglichkeit zu Sabbatzeiten – Zeiten des »Ruhestands« – über den ganzen Lebenslauf schaffen. Aber gute Gründe allein produzieren noch keineswegs das gewünschte Resultat; es ist die Dynamik der Interessen zwischen den beteiligten Akteuren, die hier entscheidend bleibt.

Diese Interessen hängen ihrerseits eng von den Arbeitsmarktbedingungen ab. Wenn ein institutionelles Programm wie etwa der Vorruhestand aufgegeben und damit ein Pfad zum frühen Ausscheiden blockiert wird, führt das noch nicht dazu, daß die Leute länger arbeiten, solange der Arbeitsmarkt sie nicht aufnimmt und solange andere Pfade (wie etwa Erwerbsunfähigkeit oder Arbeitslosigkeitsversicherung) existieren. Das erwartbare Ergebnis ist, daß diese anderen Pfade häufiger begangen werden. Einzelne sozialpolitische Entscheidungen haben nur eine begrenzte Wirkung;[6] sie können allein den Trend nicht umkehren. Was sie tun können, ist, die Belastung zu verschieben, bis hin zu dem Punkt, wo die älteren Arbeitnehmer selber das meiste davon zu tragen haben.[7] Für sie unterscheiden sich die Pfade beträchtlich hinsichtlich ihrer Kosten, ihrer Kontrolle und ihrer moralischen Bedeutung; in diesen Punkten kommt es in der Tat auf Sozialpolitik an.

Die wesentliche Grenzbedingung für alle Versuche zur Veränderung der lebenszeitlichen Verteilung der Erwerbsarbeit ist also die Entwicklung des Arbeitsmarktes. In allen alternden Gesellschaften geht das Angebot an potentiellen jungen Eintrittskandidaten in den Arbeitsmarkt rasch zurück. Gewöhnlich wird argumentiert, daß dies bald zu einer Arbeitskräfteknappheit und ebenso zu einer finanziellen Krise des Renten- und Gesundheitssystems führen wird. Der leichteste Ausweg aus dieser demographischen Falle würde – wie eingangs erwähnt – in dcr Erhöhung der Altersgrenze zu liegen scheinen. Es ist jedoch nach wie vor eine offene Frage, ob die älteren Arbeitnehmer tatsächlich durch den Arbeitsmarkt absorbiert würden. Vor einigen Jahren wurde in der Bundesrepublik noch allgemein prognostiziert, daß im Zuge der abnehmenden Größe der Eintrittskohorten das Arbeitsüberangebot etwa 1990 verschwinden würde. Danach – und zwar noch längst bevor sich die Vereinigung am Horizont abzuzeichnen begann – verschoben die Prognosen dieses Datum auf das Jahr 2000 oder später. Inzwischen hat der Vereinigungsprozeß im Osten den Primat des Arbeitsmarkts in dramatischer Weise bestätigt. Es entsteht eine Massenarbeitslosigkeit von bisher ungekanntem Ausmaß, und wiederum wird der frühe Ruhestand dazu benutzt, um einen Teil davon zu bewältigen. Und für die alten Bundesländer bleibt abzuwarten, ob die

Wirkungen des demographischen Wandels die Wirkungen des weiteren Arbeitsplatzverlustes durch Rationalisierung ausgleichen werden. Damit eine höhere Altersgrenze sich faktisch durchsetzen könnte, müßte die Arbeitsmarktsituation eine andere sein. Falls die Altersgrenze für den Zugang zum öffentlichen Rentensystem angehoben wird und der Arbeitsmarkt die entsprechenden Arbeitsplätze für die Älteren nicht zur Verfügung stellt, handelt es sich um nichts anderes als um einen Prozeß der Lastenverschiebung zwischen den verschiedenen sozialstaatlichen Programmen und den Älteren selber.

Natürlich reicht es nicht aus, nur auf die aggregierte Arbeitsmarktbilanz zu blicken; Arbeitslosigkeit auf der aggregierten Ebene kann mit einem Arbeitskräftemangel in manchen (regionalen und/oder qualifikationsspezifischen) Segmenten des Arbeitsmarkts koexistieren. Ein weiterer Punkt kommt hinzu: Viele älteren Arbeitnehmer sind (z. B. aus gesundheitlichen Gründen) gar nicht mehr in der Lage, bis zur gesetzlichen Altersgrenze durchzuhalten, oder können nicht mehr produktiv eingesetzt werden. Aus der Sicht der Betriebe − dies hat sich in unserer Befragung bestätigt − wäre die vorteilhafteste Lösung deshalb eine, in der sie die Kontrolle über den Prozeß des Ausscheidens haben, so daß sie die benötigten und noch brauchbaren Arbeitskräfte länger halten und sich der anderen früh und ohne unangemessene Kosten entledigen könnten. Damit hätten sie auch die Möglichkeit, das Ausscheiden individuell − nämlich nach Leistungsfähigkeit − zu steuern. Eine solche Lösung könnte darin bestehen, daß die Normalaltersgrenze für den Rentenzugang angehoben und zugleich ein Fächer öffentlich finanzierter Pfade des frühen Ausscheidens für die »Problemgruppen« unter den Älteren beibehalten wird oder diese selber stärker mit den Kosten des frühen Austritts belastet werden. Ähnlichkeiten mit real existierenden Programmen sind beabsichtigt: Es handelt sich um das, was im Zuge der Rentenreform '92 erwartbar wird.

Es dürfte keine Überraschung sein, daß diese Lösung für die Gewerkschaften und die älteren Arbeitnehmer selber nicht übermäßig attraktiv ist. Eine Anhebung der Altersgrenze kann jedoch langfristig akzeptabler werden, wenn die Arbeitspolitik über den ganzen Lebenslauf sich ändert, etwa in Richtung auf gesundheitlich weniger belastende Arbeitsbedingungen, eine regelmäßige Requalifizierung und kürzere wöchentliche Arbeitszeiten. (Der letzte Punkt ist auch hinsichtlich der Arbeitsmarktbilanz relevant.) In diesem Sinn hängen die einzelnen Dimensionen der Arbeitspolitik und Arbeitszeitpolitik voneinander ab. Es wird hier auch deutlich, wie wichtig eine Unterscheidung zwischen kurzfristigen und langfristigen Politikoptionen ist. Langfristig dürften die Konflikte weniger dramatisch sein, als sie sich jetzt zu entwickeln scheinen.

Die Arbeitskräfteknappheit und die finanzielle Belastung des sozialen Sicherungssystems werden darüber hinaus durch Migration gemildert: »interne Migration« der Frauen in die Erwerbsarbeit hinein (die aller Voraussicht nach in den westlichen Ländern weitergehen wird)[8] und Einwanderung von Arbeitskräften von außerhalb. Die Harmonisierung des EG-Arbeitsmarktes nach 1992 wird die Arbeitskräftemobilität erhöhen, ganz zu schweigen von der Möglichkeit einer Aufnahme von Ländern mit hoher Fruchtbarkeit wie der Türkei in die EG. Noch gewichtiger dürfte die − legale und illegale − Immigration aus Osteuropa, Nordafrika und der Dritten Welt werden. Als Ergebnis werden die älteren Arbeitnehmer sich zunehmender Konkurrenz durch jüngere Frauen und Einwanderer ausgesetzt sehen. In

Deutschland haben die Ereignisse der letzten zwei Jahre die Zerbrechlichkeit der Annahme eines geschlossenen Systems schlagend demonstriert. Und in ganz Westeuropa setzt sich allmählich die Einsicht durch, wie schwierig es sein wird, diese alternden und reichen Bevölkerungen vom Druck der Massenmigration zu isolieren.

Anmerkungen:

[1] In den folgenden Abschnitten übernehme ich Teile eines Beitrags, der bereits in einem andern Zusammenhang erscheint (Kohli 1993) und seinerseits eine überarbeitete und ergänzte Fassung eines ursprünglich englisch geschriebenen Textes ist (in: van den Heuvel et al. 1992). Die Befunde in Abschnitt 2 entstammen einer vergleichenden Untersuchung über den Trend zum frühen Ruhestand in Europa und den USA (Kohli et al. 1991; eine Übersicht über die Befunde bei Jacobs/Kohli 1990). Ich danke den daran beteiligten Kolleginnen und Kollegen – insbesondere Klaus Jacobs und Martin Rein – für ihre Unterstützung. Für vielfältige Anregungen danke ich auch meinen Mitarbeiterinnen und Mitarbeitern der Berliner »Arbeitsgruppe Lebenslauf- und Altersforschung«, insbesondere Jürgen Wolf.

[2] Für die Frauen ist das Bild weniger einheitlich. Für Frauen über 65 war die Erwerbsbeteiligung in den betrachteten Ländern – mit Ausnahme von Frankreich – immer gering. Für Frauen unter 65 wird der Austrittstrend durch die generell zunehmende Frauenerwerbsbeteiligung überlagert und maskiert, was nur mittels einer Kohortenanalyse aufgehellt werden kann.

[3] In Deutschland ist die durchschnittliche Zahl der Arbeitsstunden zwischen 1960 und 1985 von 2144 auf 1705 Stunden, d.h. um über 20 % gesunken (Reyher/Kohler 1986: 47). Ähnlich in Schweden: Dort ist die Erwerbsbevölkerung seit 1970 um 10 % gestiegen, während in der gleichen Zeit die Zahl der Arbeitsstunden um 4 % gesunken ist (Kruse/Söderstrom 1989).

[4] Da es sich um eine sehr schiefe Verteilung handelt, liegt das durchschnittliche Alter niedriger (was ja auch schon für das durchschnittliche Rentenzugangsalter gilt), kann aber aufgrund des Fehlens von Individualdaten nicht genau ermittelt werden.

[5] »Nicht Rache – Rente!« fordert Wolf Biermann in seinem Lied über die »verdorbenen Greise«.

[6] Sogar im US-amerikanischen System, wo die Zugänglichkeit von Pfaden relativ beschränkt ist, wird die gesetzlich beschlossene Erhöhung der Altersgrenze für die vollen Leistungen des öffentlichen Rentensystems nach den meisten Prognosen relativ kleine Auswirkungen auf das Alter des Ausscheidens aus der Erwerbsarbeit haben (Gohmann/Clark 1989; Ruhm 1989). Größere Wirkungen könnten von einer Änderung der Anreize, die in vielen betrieblichen Rentenplänen enthalten sind, ausgehen (Ruhm 1989).

[7] In manchen Fällen, wie etwa in Großbritannien, setzt sich der frühe Ausstieg auch dann fort, wenn die meisten Pfade geschlossen worden sind; das Ergebnis ist eine Zunahme der Armut in dieser Altersgruppe zwischen Arbeit und eigentlichem Ruhestand (Laczko/Phillipson 1991).

[8] Die Integration der Frauen in den Arbeitsmarkt hat zugenommen, auch wenn ihre Benachteiligung in andern Punkten geblieben ist. Diese Zunahme hat sich im Westen in den letzten zwei Jahrzehnten in einem wirtschaftlichen Klima vollzogen, das ihr eher hinderlich war (abnehmendes Wachstum, zunehmende Arbeitslosigkeit). Dies allein ist schon ein klarer Hinweis darauf, daß es sich um einen Prozeß handelt, der nicht primär von Konjunkturen abhängt, sondern eng mit den grundlegenden

gesellschaftlichen Modernisierungsprozessen (z. B. der Individualisierung der Lebensführung) verknüpft ist. In den Gebieten des ehemaligen Realsozialismus ist dagegen im Zuge ihrer Transformation zumindest auf kürzere Sicht ein beträchtlicher Rückgang der Frauenerwerbstätigkeit zu erwarten.

WOLFGANG FACH

Das puritanische Dilemma.
Familienkrise und Staatsversagen im frühen Amerika

In den 70er Jahren hat das American Enterprise Institute eine Studie veröffentlicht, deren Sorge dem maroden Zustand der amerikanischen Gesellschaft galt. Als Maxime für bessere Zeiten empfahl sie: »To Empower People« (Berger, Neuhaus 1977). Im Zentrum dieser allgemeinen Ermächtigung sollte die Wiederherstellung der »gestörten« Familie stehen.

Zum soundsovielten Male wurde damit das private Leben zum Gegenstand der öffentlichen Debatte: und immer wieder geht es – in Amerika wie anderswo – darum, daß die Familie, mit gravierenden Folgen für den weiteren Kontext, nicht (mehr) normal funktionieren würde. »Normal« bezeichnet dabei jenen Standard, den »die Stimme der Natur« uns angeblich einflüstert: biologisch vorprogrammierte, jedenfalls anthropologisch konstante Verhaltensweisen der Vereinigung, Fortpflanzung, Aufzucht, Versorgung.

Aus dieser Warte steht jede Familie im zeitlichen Kontinuum der Generationen, das sie mit gegenwärtigen, vergangenen und künftigen »Gliedern« durch »Blutsbande« quasi-monolithisch verknüpft. Gleichzeitig sind Familien aber auch ein Feld staatlicher Intervention, wann immer sie ihre Aufgaben nicht erfüllen – oder doch nicht so, wie die souveräne Macht es für richtig hält. Will heißen: mit dem zeitlichen kreuzt sich ein soziales Kontinuum, »natürliche« und gesellschaftliche Beziehungen überlagern einander, und (erwartete, erbrachte) Funktionen spannen private Generationslinien in politische Stabilitäts-kalküle.

1. »Disturbing the Nest«

Im Grenzfall – den die amerikanische Debatte des letzten Jahrzehnts (wieder einmal) als Richtschnur angemessener Familienpolitik genommen hat – reduziert sich diese Verkettung auf »Null«. Demnach wäre es für alle Beteiligten am besten, wenn die Natur tendenziell ihren Lauf nehmen könnte. Schon früher kam indessen an den Tag, daß der Verhaltenskodex dieser Natur keineswegs so eindeutig war wie vermutet und sogar »widernatürliche« Varianten keineswegs auszuschließen schien. Interventionsverzicht bedeutete daher nicht automatisch, daß Familie und Generation sich uniform reproduzieren würden. Im Gegenteil – konfrontiert mit einer ausufernden Praxis wurde selbst die Theorie »permissiv«, akzeptierte alle möglichen Formen, war's schließlich zufrieden, wenn ihre funktionalistische Rechnung wenigstens aufging. Vor Augen stand den Reformern eine modernisierte Familie, Funktion sollte vor Form gehen:

»Unsere Absicht«, verkündeten sie, »ist es nicht, die bürgerliche Familie zu verherrlichen. Pflegeeltern, lesbische und homosexuelle Paare, wilde Ehen – egal was: sie alle können den Job machen, solange sie für die Kinder jene Liebe und Konstanz bereitstellen, wie sie typischerweise von traditionellen Familien geboten worden sind« (Ibid, S. 21). So mit ihrer Hilfe alte Werte überleben würden, waren auch neue Moden willkommen. Doch die funktionalistische Rechnung ging nicht auf.

1.1 DAS LOB DER TRADITION

Ein Jahrzehnt später hatte sich an der nationalen Misere, dem (hauptsächlich) »schwarzen« Elend in den Städten, nichts geändert. Die Indikatoren (Scheidungsraten, uneheliche Geburten, Jugendkriminalität, physische Gewalt, Drogenkonsum) zeugten von dramatischem Verfall, Amerikas Zivilisationsgrad lag inzwischen spürbar unter (west-)europäischen Verhältnissen.

Erneut offerierte das American Enterprise Institute einen Ausweg – wieder die Familie; denn, so propagierte man: »Keine andere Institution ist so universell und für die Gesellschaft so fundamental« (Novak 1987). Der aufgeklärte Funktionalismus von einst ist indes verschwunden – die bürgerliche Kernfamilie, deren programmatisches Monopol 10 Jahre zuvor gebrochen worden war, herrscht wieder umstandslos. Propagiert wird sie als »neuer Konsens«; inzwischen herrscht er wieder wie selbstverständlich:

»Familien, die durch Heirat entstehen – wo zwei fürsorgliche Erwachsene sich umeinander und ihre Kinder kümmern – sind das beste Umfeld, um Kinder zur Welt zu bringen, ihr Heranwachsen zu fördern und ihre Entwicklung zu unterstützen« (National Commission on Children 1991, S. 251). Punktum.

In der offiziellen Programmatik hat die »richtige« Familie ihre Krise überwunden. Das »Original« ist zurückgekehrt – und mit ihm kommen alte Illusionen zu neuen Ehren.

1.2 DAS GESETZ DES NIEDERGANGS

Die fallierende Familie als ein »Nest« zu beschreiben, in das »Unordnung« gekommen ist (Popenoe 1988), suggeriert, die gesunde Familie sei in erster Linie durch ihre Intimität markiert: d. h. durch eine Abschließung nach außen, speziell gegen den allmächtigen Staat. Diese Gegenüberstellung von (emotionaler) Innenwelt und (bürokratischer) Außenwelt, von privatem Gefühl und öffentlicher Vernunft, hat tatsächlich Tradition. Populäre Formeln wie die vom »haven in a heartless world« (Lasch 1977) oder eingängige Parolen wie »families

404

against the city« (Sennet 1970) reflektieren diese Differenz; und nicht von ungefähr kommt der Schluß, daß sie (auch als geschlechtsspezifische Arbeitsteilung) das Grundmuster des bürgerlichen Familienlebens darstelle (Degler 1980, Gadlin 1977, S. 33ff., Hareven 1991, S. 95ff.).

Die Familie drangsalieren heißt dann: ihren »Nest«-Charakter aufheben. Es kommt zum Verlust der Intimität – zugeschrieben wird er dem intervenierenden Rechtsstaat. Eine »innere Kolonialisierung« via Recht habe stattgefunden, heißt es, und sie erzeuge die »dilemmatische Struktur einer Verrechtlichung der Familie« (Habermas 1981, S. 542). Denn staatlich durchgesetzte Freiräume würden den familiären Rückhalt zerbrechen. Die Tendenz gehe »from status to contract« (Weitzman 1981, S. XIX), damit gleichzeitig »from traditional families to individual liberty« (Morse 1979, S. 319ff.) oder: von der Liebe zum Tausch (Malloy 1990). Eine zweischneidige Segnung, wie man weiß.

Die »rechtliche Einmischung« (Malloy 1990, S. 371ff.) des Staats in die innerfamiliären Beziehungen hätten freilich nicht den (allgemein unterstellten) Grad an zerstörerischer Wirkung haben können, wäre sie nicht als zweite Interventionsstufe einer anderen aufgesetzt worden, nämlich der sozialen Einmischung des Wohlfahrtsstaats. Dem Verlust an Intimität ist nach herrschender Meinung jener an Funktionalität vorausgegangen, so daß »Geborgenheit« eben das letzte war, worauf die Familie noch einen exklusiven Anspruch erheben konnte.

Die »vorinterventionistische« Familie hat eine Vielzahl von Aufgaben wahrgenommen. Sie war Produktionsbetrieb, allgemein- und berufsbildende Schule, Krankenhaus, Erziehungs-, Alters- und Waisenheim (Demos 1970, S. 183f.). Aus all den sozialen Räumen hat sich die Familie seither zurückgezogen, besser: sie ist, will man der herrschenden Meinung glauben, vom »vorsorglichen« Staat hinausgedrängt worden. Diese Schelte kann sich auf eine erste Adresse berufen:

»Ich will mir vorstellen«, spekuliert Alexis de Tocqueville über den demokratischen Weg, »unter welchen neuen Merkmalen der Despotismus in der Welt auftreten könnte: ich erblicke eine Menge einander ähnlicher und gleichgestellter Menschen, die sich rastlos im Kreise drehen, um sich kleine und gewöhnliche Vergnügungen zu verschaffen, die ihr Gemüt ausfüllen. Jeder steht in seiner Vereinzelung dem Schicksal aller andern fremd gegenüber: seine Kinder und seine persönlichen Freunde verkörpern für ihn das ganze Menschengeschlecht [...] Über diesen erhebt sich eine gewaltige bevormundende Macht, die alleine dafür sorgt, ihre Genüsse zu sichern und ihr Schicksal zu überwachen. Sie ist unumschränkt, ins einzelne gehend, regelmäßig, vorsorglich und mild.« (Tocqueville 1976, S. 814)

Im Wissen, daß dieser »schlimmste Fall« tatsächlich einem noch schlimmeren Platz gemacht hat – der imperfekten Wohlfahrtsdespotie –, schielen die Reformer unserer Tage auf vergangene Zeiten, da »weniger Staat« mehr Stabilität bedeutet haben soll.

2. »Well Ordered Families«

Das Ideal des Anfangs, von den – puritanischen – Wortführern jener Zeit unablässig ausgemalt, angemahnt und eingeklagt, war die »wohlgeordnete Familie«. Diese Maxime steht für eine bestimmte Mentalität – auch sie ist von Tocqueville ans interessierte Publikum überliefert worden.

2.1 DAS RECHT DER GEWALT

Am meisten sticht dem französischen Beobachter das amerikanische Recht ins Auge:

> »Es gibt nichts Merkwürdigeres und Lehrreicheres zugleich«, notiert der Bericht, »als die Gesetzgebung jener Zeitspanne [...] Unter diesen Denkmälern ist als eines der kennzeichnendsten insbesondere das Gesetzbuch hervorzuheben, das sich der Staat Connecticut im Jahre 1650 gab [...] Gotteslästerung, Hexerei, Ehebruch, Notzucht werden mit dem Tode bestraft; schwere Beleidigung der Eltern durch einen Sohn wird mit der gleichen Strafe belegt.« (Ibid. S. 43)

Ähnlich streng versuchten damals andere Verfassungen die familiäre und sexuelle Normalität gegen abweichendes Verhalten zu verteidigen. Massachusetts etwa (Swindler, 1975) deklarierte auch Homosexualität (»If any man lyeth with mankinde as he lyeth with a woeman«) oder Sodomie (»If any man or woeman shall lye with any beaste or bruite creature by Carnall Copulation«) als todeswürdige Verbrechen. Typisch für ihresgleichen, begnügten sich die Verfassungsväter nicht damit, perverse Energien zu zähmen; vielmehr gingen sie wie selbstverständlich dazu über, ganz gewöhnliche Konflikte des familiären Innenlebens zu ordnen. Sie dekretierten, daß einer Witwe nicht grundlos ihr Erbteil vorenthalten und die Ehefrau nur in Notwehr verprügelt werden durfte (ansonsten waren unzufriedene Gatten gehalten, den Klageweg zu beschreiten). Auch Kindern sollte das Recht zustehen, um gerichtliche Abhilfe nachzusuchen, wenn sie »mit unnatürlicher Strenge« behandelt wurden (Vgl. ibid. S. 59f.).

Nun ist bekannt, daß auch das »puritanische« Papier geduldig war: die drakonischen Strafen sind praktisch nie vollzogen worden. Im allgemeinen (d.h., außerhalb zyklisch wiederkehrender Kollektiv-Hysterien) hat man vergleichsweise moderate Bußen verhängt, die der Schwäche des Fleisches durchaus Rechnung trugen. So wurde selbst wer Ehebruch beging, keineswegs ins Jenseits befördert, sondern öffentlich ausgepeitscht und dazu verurteilt, sich ein »A« (»adultery«) ans Oberkleid zu nähen.

Allerdings darf von der laxeren Bestrafung des abweichenden nicht ohne weiteres auf eine nachlässige Überwachung des normalen Verhaltens geschlossen werden. Unterstützt durch aufmerksame Nachbarn – »watchfulness« war Christenpflicht – beäugte die Obrigkeit wachsam, was sich in den vier Wänden des puritanischen Heims abspielte. Wie dicht diese

Kontrolle ausfiel, hing natürlich auch davon ab, welcher Spielraum den Familienmitgliedern in ihren unterschiedlichen Rollen – Gatte, Gattin, Vater, Mutter, Tochter, Sohn – rechtlich und ideologisch zugestanden wurde. Während recht viele Konflikte zwischen Eheleuten in die Arena gerichtlicher Auseinandersetzung vordrangen, war das Eltern-Kind-Verhältnis seltener Gegenstand staatlicher Direktintervention (Demos 1986, S. 68ff., Pleck 1987, S. 27f.). Darunter fällt gerade ein Fall von Kindesmißhandlung – der Vorwurf lautete: »cruel and excessive beating of his daughter with a flail swingle [Dreschflegel]« (Pleck, op. cit. S. 27).

»Excessive beating« – das impliziert, daß »normale« Schläge legal waren: von Rechts wegen eingeräumtes Eltern-Privileg. Daran wird der geheime Mechanismus einer Eingriffspraxis deutlich, die sich darauf konzentriert, aus konkretem Anlaß Pflöcke einzuhauen.

2.2 DAS RECHT DER DISPOSITION

Grenzfälle als Übertretungen ahndend, fixiert Recht auch allgemein und positiv den Erziehungsraum: was Eltern verlangen dürfen, welche disziplinarischen Mittel ihnen zustehen, wo ihre Dispositionsfreiheit greift. Jene scheue Zurückhaltung des puritanischen Souveräns markiert keinen Machtverzicht, sondern verlagert Macht nur: hinein ins traute Heim, wo sie von autoritären Vätern exekutiert wurde.

An anderen Stellen funktioniert diese staatliche Konstruktion von Intimität ganz offen und gezielt. Ein sprechendes Bild von der hoheitlich abgesicherten Reichweite des elterlichen Machtspielraums vermittelt das (ungeschriebene und geschriebene) Erbrecht. Es markiert eine natürliche Schlüsselstelle. Denn hier überschneiden sich zwei familiäre Kreise (»family of orientation« und »family of procreation«), mit entsprechenden Verschiebungen im Herrschaftssystem. Den Söhnen bot sich die Chance, das »Joch« (wie es schon damals hieß) des väterlichen Willens abzuschütteln; und die Väter setzten alles daran, den unvermeidlichen, auch gewünschten Schritt so zu lenken, daß ihre Stellung möglichst wenig erschüttert würde:

> »Die Heirat der Söhne insbesondere hing von der elterlichen, speziell väterlichen Einwilligung und Unterstützung ab. Bevor ein Sohn die Mittel übertragen bekommen oder selbständig erworben hatte, eine Frau zu ernähren, war eine Heirat praktisch unmöglich« (Greven 1970, S. 75).

Bedenkt man weiter, daß in jener Epoche »Selbständigkeit« keine realistische Alternative war, dann wird deutlich, daß ökonomisch begründete, rechtlich kanalisierte Eltern-Herrschaft sozial unumschränkt gewesen sein muß. In einem Satz: via Erbrecht konnten Väter das Leben ihrer Söhne kontrollieren und sie haben sich diesen Hebel auch nicht entwinden lassen. Ein typisches Beispiel: Henry Ingalls Jr. heiratete (für damalige Verhältnisse) spät mit 32 Jahren. Erst zehn Jahre danach erhielt er eine bescheidene Fläche Landes, übertragen durch Schenkungsurkunde von seinem Vater, »in Consideracon of a Marriage with my allowance approbation & good liking« (Vgl. ibid. S. 77). Dabei ging es diesem Nachkommen in zweierlei Hinsicht noch besser als vielen anderen, die auf den Tod der Väter warten mußten, und auch dann ihr Erbe nur unter genau spezifizierten Bedingungen antreten konnten. Ebnezer Lovejoy etwa bekam das väterliche Gut erst testamentarisch zugesprochen, versehen mit vielen lästigen, dabei keineswegs ungewöhnlichen Auflagen: seine verwitwete Mutter behielt zeitlebens ein Wohnrecht im elterlichen Haus (»the east end«), weiters stand ihr pro Jahr eine genau bestimmte Menge an »good & marchantable corn« zu, darüberhinaus noch 120 Pfund Fleisch, genügend Most, einige Kisten Äpfel, 5 Pfund Bargeld sowie Pferd und Kutsche für den wöchentlichen Kirchgang, nicht zu vergessen »Suteable help in Sickness or weakness« – alles abzuleisten von jemand, der, wiewohl längst Oberhaupt seiner eigenen Familie, mit Bedacht abhängig gehalten wurde. Es war ein System sozialer Rechte vor dem sozialen Staat.

Das Schicksal Henry Ingalls enthüllt ein weiteres Mal, wie staatliches Recht in den familiären Binnenraum Macht einbaut: der Sohn erbt als Belohnung dafür, daß er seine Heiratspläne am Willen des Vaters ausgerichtet hat – andernfalls wäre es zulässig gewesen, ihn leer ausgehen zu lassen. Und die Lage, der sich Ebnezer Lovejoy gegenübersah, legt offen, was sich hinter den elterlichen Autoritätsgelüsten (jedenfalls auch) verbarg: eine existentielle Angst davor, auf die interesselose Liebe des eigenen Nachwuchses angewiesen zu sein. Trotzdem war das Eltern-Kind-Verhältnis keine bloße Macht- oder reine Geschäftsbeziehung; legal geknebelt wurde der »Lovinge son«.

3. »A Little Commonwealth«

Daß die puritanische Seele im Schoß der Familie zur Ruhe kommen würde – davon, so glaubten ihre Besitzer, hing Gedeih und Verderb des Gemeinwesens ab:

> »Ohne die Fürsorge der Familie kann es den Ratsherrn und Pfarrern kaum gelingen, Reformation und Religion wirksam zu verbreiten. Es steht sehr zu befürchten, daß junge Menschen ohne häusliche Erziehung sich um das, was Pfarrer in der Öffentlichkeit predigen, nicht scheren werden; und daß sie, falls ihnen zuhause nicht die rechte Ordnung beigebracht worden ist, gute Gesetze der weltlichen Obrigkeit wenig achten werden.« (Vgl. Axtell 1974, S. 146)

Kein Wunder, daß die anderen Stützen der Gesellschaft auf diese ein wachsames Auge geworfen und im »kleinen Commonwealth« unablässig nach dem Rechten gesehen haben. Ihre harten Strafen sollten für Fehlerkorrektur sorgen: vorexerziert an gewalttätigen Vätern, untreuen Ehefrauen, aufmüpfigen Kindern; ihre legalen Schikanen leisteten Funktionshilfe: das Gesetz hielt Söhne vom Erbe, Freier von ihren Schönen so lange fern, bis alles seine gute Ordnung haben würde: »Die Gemeinschaft führte Aufsicht über den Haushalt« (Gadlin op. cit. S. 35).

Der Kontrolleffekt enttäuschte. Ausgezogen, eine leuchtende »citty upon the hill« zu gründen, mußten sich Amerikas Puritaner damit abfinden, daß sie eine »äußerst streitsüchtige Gesellschaft« (Wall 1990, S. IX) waren. Staatsversagen in der Familienpolitik schon damals, da sich öffentlich besorgte Wohlfahrt noch auf öffentlich erzwungenes Recht konzentrierte?

3.1 DIE EROSION DER LIEBE

»Love«, darauf wiesen puritanische Geistliche ihre Schäflein nachdrücklich hin, »was Condition in the married Relation«. Sie war »the sugar to sweeten every addition to married life« – aber nicht im Sinne einer bloßen Zutat, die unter Umständen auch wegfallen könnte; ihren Platz im Eheleben hatten die Menschen vor Urzeiten mit Gott vertraglich vereinbart. Daher bestand eine »Pflicht zur Liebe«, und voller Naivität versuchte man, das schöne Gefühl kanonisch zu sichern, ja geradezu zu erzwingen: »Gottes klares Gebot war es, daß Eheleute sehr viel Zuneigung, Liebe und Freundlichkeit füreinander empfinden und einander beweisen sollen.« (Vgl. Morgan 1966, S. 47f.)

Allerdings stand diese Liebe unter einem doppelten »Streß«. Erstens mußte sich die affektive Gleichheit der Geschlechter mit dem effektiven Vorrang des Mannes vertragen. »Unterordnung war die wahre Seele der Ordnung« (Morgan), und er war das gottgewollte Oberhaupt seiner Familie: »He for God only, she for God in him«, hieß John Miltons Formel für den rechten Umgang zwischen Eheleuten; alles andere würde außerdem, wie ein weiterer Schreiber, ans Praktische denkend, bemerkte, »reduce things into an heap of confusion« (Ibid. S. 18). Das puritanische Recht sorgte dafür, daß es soweit nicht kam, und erklärte »family government« zu seiner Aufgabe.

Gatten sollten diese Pflicht liebend erfüllen – ein delikates Geflecht von Gewalt und Gefühl, das, von vorneherein anfällig und daher von der Obrigkeit sorgsam überwacht (Gadlin op. cit. S. 37), dadurch besonders strapaziert wurde, daß »wahre« Liebe für höhere Weihen reserviert sein sollte. Zwischen Mann und Frau zwängte sich Gott – der Tod erinnerte zur Liebe einander Bestimmte ans transzendente Objekt ihrer Begierde (»let this caution be minded, that they dont love inordinately, because death will soon part them«).

Die göttliche Präsenz im weltlichen Bund erhielt, konsequent durchfühlt, einen zerstörerisch intensiven Charakter – das gläubige Subjekt empfand sich als »Braut Christi«: »The soul is espouse and married unto Jesus Christ«, formulierte Jonathan Edwards, Wortführer des fundamentalistischen Lagers, den dogmatischen Common sense. Wo das Gefühl des Mannes derart himmelwärts entschwebte, blieb der Frau häufig nur noch seine Würde: »walk uprightly and religiously« war die Maxime des verhimmelten und versteinerten Puritaners; hielt er sich daran, konnte ihn die »vernünftige« Gemahlin, motiviert durch eine »edle und großmütige Furcht«, als den Überlegenen anerkennen (Vgl. Greven 1977, S. 127, Morgan, op. cit. S. 45).

Wo sich die zarten Bande der Liebe in rigide Gebote des Respekts verwandeln, ist das Risiko groß, daß legale Autorität in »continuall tiransing« umschlägt und weibliche Ehrfurcht schließlich verkommt zu sklavischer Angst, »which is nourished with hatred or aversion« (Demos 1970, op. cit. S. 93, Morgan, op. cit. S. 45). Es kommt wohl nicht von ungefähr, daß puritanische Ehemänner immer wieder gerichtlich belangt wurden, weil sie ihre Frauen mißhandelt hatten, und lange vor allen anderen Gesetzgebern der puritanische übermäßige Gewalt gegen Frauen unter Strafe gestellt hat[1]. Verwundern kann dann auch nicht, daß die derartig Kujonierten, wenn möglich, zu reagieren begannen. Frauen übernahmen den rabiaten Stil – »abusive carriage« verbreitete sich rasch im weiblichen Lager, und eines schönen Tages mußte Massachusetts auch Gewalt gegen Männer unter Strafe stellen (Ibid.). Indes verbot das Ordnungsinteresse zu scheiden, was nicht mehr harmonierte. (Riley 1991, Cott 1976/77, S. 20ff., Philips 1988)

3.2 DIE DOMINANZ DER STRENGE

»Die Familie war auch eine ›Schule‹« (Demos, op. cit. S. 183). Genauer war sie die Schule des frühen Amerika, noch vor Staat und Kirche. Das pädagogische Primat der Familie beruhte, jenseits seiner kanonischen Verankerung, auf einem strategischen Privileg: In Sachen Erziehung waren Eltern zeitlich die erste Instanz und sozial der nächste Ort.

Der Puritanismus liebte seine Kinder, aber noch mehr hatte er Angst vor ihnen: »fear of childhood« sollte das amerikanische Herz noch lange beschweren (Finkelstein 1976, S. 321ff.). An schlechter Natürlichkeit den Tieren vergleichbar, wurden die »kindlichen Dämonen« und »jungen Nattern« alleine durch ihre schwache Physis daran gehindert, schlechte Triebe ganz unschuldig in böse Taten umzusetzen. Charakterliche Rekonstruktion hieß daher zunächst Zerstörung des Kreatürlichen, so früh, so intensiv wie möglich – eben nach Familienart:

> »Weise Eltern [...] sollten in dem Augenblick damit beginnen, den Willen [ihrer Kinder] zu brechen, da er sich regt. Die gesamte Kunst christlicher Erziehung kennt nichts wichtigeres. Für das kleine Kind ist der Wille eines Elternteils der Wille Gottes.« (Vgl. Greven 1977, op. cit. S. 37).

Erziehen hieß daher wesentlich »korrigieren«, in letzter Instanz mit der Rute: »Better whipt, than Damn'd«. Aber Schläge waren nicht das einzige Mittel puritanischer Pädagogik; »the rod« blieb aufgespart für »obstinacy: or some gross Enormity«. Ihnen wurde ein Programm abgestuften psychologischen Drucks vorgeschaltet, darunter vor allem die Taktik des zeitweiligen Zuwendungsentzugs (»to be chased for a while out of my Presence«).

Den Hohlraum des willenlosen Kleinkind-Hirns wollte die puritanische Pädagogik mithilfe des (eines) Katechismus füllen. In disziplinärem Geist durchexerziert, verlangte diese Übung vordringlich Lesen und Memorieren gottgefälliger Verhaltensregeln. Deren Sinn würde sich dann der erwachsenen Einsicht erschließen, im Stadium des endgültigen Übergangs vom »Young Hypocrite« zum »Old Angel« (Vgl. ibid. S. 28ff., Morgan, op. cit. S. 87ff.).

Freilich, ganz gewiß waren sich puritanische Eltern ihrer Konsequenz nicht. Gelang ihnen tatsächlich der richtige – harte – Ton den eigenen Kindern gegenüber? Würde nicht

410

väterliche, mütterliche Zuneigung unkontrolliert aufkeimen und den Charakter des Zöglings nachhaltig verderben? Um aus übertriebener Liebe nichts falsch zu machen, pflegten sie die Praxis, Sprößlinge (männliche zumal) rechtzeitig außer Hauses zu geben (»putting out«), damit sie, vertraglich fixiert, unter fremder Obhut hinreichend streng erzogen würden (Morgan, op. cit. S. 77ff., Wall, op. cit. S. 86ff.).

Die Diagnose der puritanischen Erziehungspraxis ergibt so ein bekanntes Bild: das einschlägige Recht umschreibt und verfestigt Kompetenzverhältnisse, deren emotionale Ausdünnung dadurch weiter vorangetrieben wird. Dies provoziert Zuspitzungen, und ihre Kontrolle erfordert dann, um wenigstens des Symptoms Herr zu werden, noch mehr Recht.

3.3 EIN EXZESS DER SORGE

Zur Routine puritanischer Rechtspflege gehörte die Befassung mit Verleumdungsklagen:

> »Männer und Frauen zogen vor Gericht, um von allen möglichen Schandflecken gereinigt zu werden. Meist klagten Frauen gegen den Vorwurf der Promiskuität; Männer setzten sich zur Wehr, wenn man ihnen Verführung vorwarf oder uneheliche Kinder zuschreiben wollte.« (Wall, op. cit. S. 39).

In einer Gesellschaft, die »Reinheit« als ihren Richtwert erkor und öffentliche Aufsicht mit privatem Einblick nahtlos verband, konnte es nicht verwundern, daß das Familienleben immer wieder vors Tribunal kam:

> »Verleumdungsklagen, deren es so viele gab und die alle voller Emotionen waren, bezeugten den hohen Wert und prekären Charakter von gutem Ruf und öffentlicher Wertschätzung. Im kolonialen Amerika akzeptierte man, daß Nachbarn das eigene Privatleben überprüften und beurteilten. Die Realität des Gemeindelebens gab ihnen außerdem jede Gelegenheit dazu. Doch eine obsessive Fixierung auf das Renommee, die Macht des Tratsches und den Schrecken öffentlicher Schande provozierte unweigerlich Ressentiment, Konflikt und die Suche nach einer Lösung« (Ibid. S. 126) – eben per Gerichtsbeschluß.

Anders gesagt: Der Umschlag in die Perversion folgte unmittelbar aus dem überragenden Stellenwert einer heilen Privatwelt. Aus der Warte puritanischer Herrschaftstechnik gab es für »family government« kein funktionales Äquivalent, weshalb so detaillierte wie umfassende Kontrollen unabdingbar schienen.

Außerhalb der Familie durfte es kein Leben geben (»Singles« wurden Familien zugewiesen), und das Leben in der Familie mußte »wohlgeordnet« sein: »Die Regierung war nicht damit zufrieden, daß Eheleute zusammenlebten – gefordert wurde, daß ihr Zusammenleben friedlich sei« (Morgan, op. cit. S. 39). Und wenn Nachbarn, oft mit voyeuristischer Zudringlichkeit, »holy watchfulness« übten, dann konnte ihre Neugier deshalb heilig heißen, weil über das Objekt des Interesses auch Gottes Auge wachte.

Am Ergebnis der Überwachung entschied sich im Zweifel sogar die Existenz von Familien. Zum Beispiel wurde ein gewisser William Scant vor Gericht gestellt,

> »weil er seine Kinder nicht so anleitet und versorgt, wie es für ihre gute Erziehung notwendig wäre; und weil er sich weigert, die Anordnung der Stadtväter von Braintree zu befolgen, seine Kinder bei einer anderen Familie in die Lehre zu geben.« (Ibid. S. 148)

In diesem Fall hielt sich das Gericht auffällig zurück und überließ es der Gemeinde, unter Würdigung aller Umstände nach eigenem Gutdünken zu verfahren. Daraus spricht die Angst vor einer Überreaktion: vermutlich stand den Richtern vor Augen, wie schnell ihre Sorge um Familienqualität kontraproduktiv werden könnte – weil sie endgültig zerstören würde, was eigentlich gerettet werden sollte.

Solche Rücksichten bewogen den puritanischen Souverän auch sonst, sein überragendes Interesse an privaten Angelegenheiten pragmatisch zu zügeln:

> »Vergehen, die innerhalb der Familie begangen wurden und nicht an die Öffentlichkeit drangen, wurden privat bestraft. Kinder, die vor Gericht gebracht worden waren, kamen wieder frei, wenn der Vater bezeugte, daß er sie im kleinen Kreis der Familie bestraft hatte« (Flaherty 1972, Konig 1979).

Auch in den Ermahnungen an die Nachbarn, ihren Beobachtungseifer nicht zu übertreiben, Verleumdern gleich, »of whome we have no Hopes to do any good« – kam so etwas wie Respekt vor der Nähe zum Ausdruck (Flaherty 1971, S. 203ff., hier: S. 269). Ein Respekt, dem später auch dadurch Nachdruck verschafft wurde, daß Massachusetts' Behörden die Nächstenkontrolle der privaten Willkür stärker entzogen. Sie betrauten mit dieser Aufgabe öffentliche Blockwarte – jede Gemeinde war gehalten,

> »anständige und verantwortungsvolle Personen auszuwählen, die [...] für zehn bis zwölf Familien ihrer Nachbarschaft verantwortlich sind, diese einer sorgfältigen Inspektion unterziehen und Personen, die gegen Gesetze verstoßen, melden« (Morgan, op. cit. S. 149).

Angesichts der Zwiespältigkeit dieses Fortschritts – weniger private Willkür, dafür mehr öffentliche Vorsorge – erstaunt es wenig, daß sich (wieder einmal) am Erbübel puritanischer Herrschaft nichts änderte: mithilfe des Rechts will sie ein wohlgeordnetes Gemeinwesen herstellen und produziert stattdessen eben jene »streitsüchtige« Gesellschaft.

4. »Here to Stay«

Die (ewig) neue Debatte um den Niedergang der Familie[2] hat, ganz allgemein gesehen, recht – Familienversagen ist Staatsversagen. Freilich nicht so, wie es sich einschlägige Wortführer zurechtlegen: als ob »natürliche« Verhältnisse durch staatliche Eingriffe hinterrücks »pervertiert« würden. Diese Denkfigur einer »reaktionären Rhetorik« (Hirschman 1991) liegt schief.

Die Familie ist von Natur aus unterdeterminiert: »Die Möglichkeit einer Vielzahl von Familienformen oder -modellen gehört zur sozialen und kulturellen Ausstattung des Menschen« (Lüscher 1990, S. 6). Oder noch weiter zugespitzt: Es gibt kein »natürliches« (vorsoziales, vorstaatliches) Familienleben, und vielfältige Formen sind nicht einfach Variationen eines konstanten, konsistenten Grundmusters. Auch die biologische Generationenfolge läßt alles offen, mehr noch: ihre »intimen« Verhaltensmuster werden, unabhängig vom »Zusammenhang der Blutsverwandtschaft« (Hegel 1972, S. 161), bis ins Mark durch kulturelle Praktiken, soziale Kontrollen und staatliche Interventionen strukturiert.[3] Deshalb, so kann man folgern, »versagt« jener Staat, der »seinen« Familientypus nicht durchzusetzen vermag.

Versagt hat auch Amerikas puritanischer Souverän. Seine vorbildliche Idee jener »citty upon the hill«, zusammengesetzt aus wohlgeordneten Familien, war mit rechtlichen Mitteln nicht realisierbar. Wie aber sonst? »Here to stay« (Bane 1976) ging anders nicht, aber auch nicht so – das puritanische Dilemma als erste Phase einer dauerhaften Widersprüchlichkeit staatlicher Familienpolitik.

Anmerkungen:

1 Jedenfalls läßt sich auch als Gewalteffekt interpretieren, was Pleck, op.cit., für den vorzeitigen Fall eines emanzipatorischen Gewissens hält.

2 In den USA z. B. sind die modernen Themen und Ängste nahezu identisch schon vor 100 Jahren einmal en vogue gewesen (vgl. Mintz, 1989, S. 387ff.).

3 Im übrigen spielt noch ein anderer »Denaturierungs«-Effekt herein: Je stärker eine Erhaltung des »Stammes« als einheitsstiftendes Kriterium wirkt, desto mehr rückt das vererbte Eigentum ins Zentrum der Gemeinsamkeit – die Sache, nicht das Blut verbindet Generationen (vgl. auch Ditz, 1986 sowie dies. 1990, S. 235ff.).

FRANZ SCHULTHEIS

Genealogie und Moral: Familie und Staat als Faktoren der Generationenbeziehungen

Generationenbeziehungen als Ausdruck schicksalshafter Verbundenheit: Versuch einer theoretischen Annäherung an eine »eigensinnige« Form der Vergemeinschaftung

Wenn Eltern anhand testamentarischer Verfügungen versuchen, so weitgehend wie möglich Gerechtigkeit und Gleichheit zwischen den Nachkommen walten zu lassen, tun sie dies in der Regel nicht primär deshalb, weil es sich bei der Erbgleichheit um ein staatlich sanktioniertes Rechtsinstitut handelt und sie einen juristischen Rekurs etwaiger Benachteiligter fürchten.

Ebensowenig wird die Pflege und Versorgung älterer abhängiger Menschen von deren Kindern vorrangig aus dem Grunde übernommen, um einer möglichen Heranziehung zu den Kosten einer Heimbetreuung gemäß den Regeln des bürgerlichen Unterhaltsrechts zuvorzukommen.

Dies gilt umgekehrt wohl auch für den überwiegenden Teil jener Eltern, die ihren Töchtern und Söhnen oft weit über die allgemeine Schulpflicht hinaus eine Fortsetzung ihrer Ausbildung finanziell ermöglichen, ohne auch nur im geringsten daran zu denken, daß sie nach den Bestimmungen des Bundesausbildungs-Förderungsgesetzes auch gegen ihren Willen hierzu verpflichtet werden könnten.

Auch Kinder aus geschiedenen Ehen empfangen wohl nicht immer nur allein deswegen Unterhaltszahlungen seitens des nicht sorgeberechtigten Elternteils, weil sie über einen gerichtlichen Titel verfügen, mittels welchem sie – bzw. das sorgeberechtigte Elternteil – diese Zahlungen notfalls einklagen könnten. Schließlich muß auch angenommen werden, daß Väter und Mütter in der Regel nicht primär deshalb für eine angemessene Pflege und Erziehung ihrer Kinder Sorge tragen, weil ihnen im Falle einer Mißachtung des Kindeswohls eine Intervention des Jugendamtes und im Extremfall ein Entzug des Sorgerechts seitens des Jugendgerichts drohen könnte.

Tagtäglich erbringen Menschen millionenfach solidarische Leistungen für ihre Kinder, Eltern, Enkel und Großeltern. Fragte man sie wider alle Regeln des gesunden Menschenverstandes, warum sie dies tun, so wäre wohl die einzige vernünftige Antwort: »Deshalb!«.

Generationenbeziehungen stellen eine Form schicksalshafter Verbundenheit dar. Sie bedürfen hinsichtlich ihrer Begründung und Legitimation keines Rückgriffs auf Drittes, ja verbieten sogar einen solchen Rekurs angesichts der ihnen eigenen Beziehungsqualität. Generationenbeziehungen scheinen den Schlüssel zu ihrem Verständnis in sich selbst zu tragen und ihren sozialen Sinn aus sich heraus zu stiften. Sie sind, um es mit einem Begriff der Systemtheorie zu sagen, »rekurrent«.

In Generationenbeziehungen tritt man nicht qua zweckrationaler freier Wahl bis auf Widerruf ein, sondern wird ungefragt und alternativlos in sie hineingeboren. Der sich aus dieser Form schicksalshafter sozialer Verbundenheit ableitende moralische Verpflichtungscharakter genealogischer Beziehungen erinnert in vielerlei Hinsicht an den Charakter »totaler sozialer Tatbestände«, die, wie Marcel Mauss am Beispiel der »Gabe« in archaischen Gesellschaften aufzeigte »[...] alle Arten von Institutionen auf einen Schlag [...]« zum Ausdruck bringen (1978, Bd. 2, 12).

Analog zum archaischen Gabentausch kommen auch in Solidarbeziehungen zwischen den Generationen moralische, rechtliche, ökonomische und – was oft vergessen wird – religiöse soziale Tatbestände in Gestalt unauflösbarer Verflechtungszusammenhänge zur Geltung: »Das materielle und moralische Leben sowie der Austausch funktionieren hier in uneigennütziger und zugleich obligatorischer Form.« (Mauss, a.a.O., 59).

Hierdurch heben sich Generationenbeziehungen deutlich von den für »marktvergesellschaftete« (Weber) Zivilisationen prägenden sozialen Verkehrsformen ab: Die Rechenhaftigkeit des kapitalistischen Geistes scheint vor der besonderen moralischen Qualität der Generationenbeziehungen haltzumachen. Deren Handlungslogik entspricht eben nicht den utilitaristischen Spielregeln der Marktgesellschaft, ja erscheint sogar im höchsten Maße »unvernünftig«, wenn man rein ökonomische Rationalitätskriterien zu ihrer Beurteilung heranzieht. Nach den Standards utilitaristischen Kalküls ist es unter den Lebensbedingungen fortgeschrittener Industriegesellschaften ebenso »unvernünftig«, Kinder in die Welt zu setzen, wie »nutzlos«, für abhängig gewordene Eltern Sorge zu tragen. Wenn solches Handeln dennoch weiterhin den gesellschaftlichen Alltag spätmoderner Gesellschaften trotz der für sie so häufig diagnostizierten hochgradigen Individualisierungstendenzen prägt, so spricht diese Beharrungskraft für den besonderen moralischen Verpflichtungscharakter dieser eigensinnigen Sozialbeziehung. Generationenbeziehungen wirken gerade wegen ihrer Selbstverständlichkeit wie eine vom Prozeß der okzidentalen Rationalisierung und Modernisierung ausgesparte Enklave »urwüchsiger Gemeinschaftsbeziehung« (Weber). Zwar gilt auch hier das für zweckrationale Tauschbeziehungen kennzeichnende Prinzip des »eine Hand wäscht die andere«, dies jedoch, weil beide, um es metaphorisch bzw. in der weniger prosaischen Sprache der frühen Soziologie auszudrücken, zum gleichen »Gesellschaftskörper« gehören, und nicht, weil eine entsprechende explizite vertragliche Abmachung dazu verpflichtete.

Es scheint ganz so, als ob der in den Solidarbeziehungen zwischen Generationen zum Ausdruck kommende ungeschriebene und stillschweigende »Gesellschaftsvertrag« einer völlig anderen Rechtslogik als der des in marktvergesellschafteten Verkehrsformen omninpräsenten und omnipotenten »Kontraktrechts« gehorcht. In Anlehnung an Max Webers Rechtssoziologie ließe sich der für die »Gerechtigkeit zwischen den Generationen« (Rawls) kennzeichnende Verpflichtungscharakter treffend als »statusrechtlich« kennzeichnen (vgl. 1972, 401ff.). Während »Zweckkontrakte« die sich vertraglich bindenden Parteien nur punktuell in einer sowohl in ihren zeitlichen wie sachlichen Dimensionen klar definierten und begrenzten Weise zueinander in Beziehung setzen, hat der »Statuskontrakt« nach Auffassung Webers eine »Veränderung der rechtlichen Gesamtqualität, der universellen Stellung und des sozialen Habitus von Personen« (ebd.) zum Inhalt.

Wie Rehbinder (1968, 151) im Anschluß an Tönnies hervorhebt, scheinen diese beiden Rechtsformen zugleich als Grundlage der idealtypischen Unterscheidung zwischen zwei entgegengesetzten gesellschaftlichen Strukturtypen zu fungieren. Während das Statusrecht an einem »gruppengebundenen Selbst« und dem Strukturtypus der »Gemeinschaft« orientiert scheint, wirkt das Kontraktrecht wahlverwandt mit einer »Gesellschaft« vollrechtsfähiger Personen.

Während Zweckkontrakte prinzipiell aufkündbar sind und schon in den Konditionen ihres Abschlusses die Kündigungsbedingungen klar definieren und zum Gegenstand ihrer selbst machen, sind »Statuskontrakte« in der – von Ausnahmen bestätigten – Regel unaufkündbar, haben weder Hintertüren, noch Notausgänge und nehmen die Kontraktpartner »mit Leib und Seele« in die Pflicht. Wie im Falle anderer Typen des »Statuskontraktes«, tritt man auch in Generationenbeziehungen nicht qua freier Willensbekundung bis auf Widerruf ein. Der Verpflichtungscharakter des statusvertraglichen Beziehung gilt sozusagen »im Guten wie im Bösen« bzw. jenseits beider und bindet die Parteien schicksalshaft, eben weil man durch sie »etwas qualitativ anderes ›wird‹ als bisher [...]« (Weber, ebd.). Natürlich müßte diese von Weber am Beispiel des archaischen »Verbrüderungsvertrages« als der idealtypischen Ausdrucksform des Statuskontraktes entwickelte Formel betreffs des neu in eine Generationenbeziehung Hineingeborenen insoweit modifiziert werden, als dieser über die Abstammungsbeziehung überhaupt erst »etwas qualitativ Existierendes wird«. Über die Genealogie vermittelt erhält der Neugeborene eine soziale Identität zugeschrieben, bekommt über seine rein physische Existenz hinaus eine über den angestammten Familiennamen symbolisch vermittelte kulturelle Identität, wird zum Träger einer erst über die Generationenbeziehung sozial konstituierten Individualität. Dies verdeutlicht auch, daß Generationenbeziehungen zunächst einen rein deszendenten Charakter haben, und das Konzept des Statuskontraktes angesichts fehlender Reziprozität zwischen Eltern und noch nicht sozial handlungsfähigen Kindern hier einen ähnlich hypothetischen Stellenwert hat, wie jenes des »Gesellschaftsvertrages« als Legitimationsbasis der staatlichen Ordnung.

Die genealogische Beziehung ist darüber hinaus Bindeglied zwischen Individuum und den jeweils sozio-historisch gegebenen weiteren Formen sozialer Zugehörigkeit qua Geburt. So ist etwa das erste im Rahmen der Generationenbeziehung ererbte Gut des Neugeborenen, der Familienname, ein Schlüsselelement gesellschaftlicher Schließungen und Ausschließungen (s. Weber 1972). Prototypisch kommt dies im Falle des durch Geburt angestammten Adelsprädikats zur Geltung, welches dem Individuum sozusagen mittels familialer Transmission in die Wiege gelegt wird und es zum Teilhaber klassenspezifischer Privilegien macht. Ähnlich steht es mit der ebenfalls über die Schicksalhaftigkeit genealogischer Beziehungen schon vor der Geburt besiegelten gesellschaftlichen Plazierung von Individuen in hierarchisch geordneten religiösen Kastensystemen.

Selbst wenn diese Form der rein genealogisch geordneten, »mechanischen« gesellschaftlichen Reproduktion unter den Bedingungen moderner Industriegesellschaften durch ein durchlässigeres System sozialstruktureller Selektions- und Plazierungskriterien weitgehend abgelöst wurde, spielt die schicksalshafte Zugehörigkeit zu einer Generationenfolge auch hier noch eine Schlüsselrolle für eine politisch brisante Form sozialer Identitätszuschreibung. Zumindest auf den Gebieten deutscher Rechtstradition wird auch heute noch die Nationalität gemäß dem hier geltenden Institut des »droit du sang« allein über die genealogische Beziehung definiert, während ansonsten westliche Zivilisationen mehrheitlich eine über das »droit du sol« vermittelte territoriale Logik nationaler Reproduktion kennen.

Nun deutet angesichts der geschilderten soziologischen Besonderheiten alles darauf hin, daß Generationenbeziehungen so etwas wie eine transhistorische bzw. transkulturelle Konstante bilden und der sich aus ihrem urwüchsigen Charakter ableitenden Solidarität der Status einer naturrechtlichen Institution zukommt.

Mit einer solchen Auffassung befände man sich im übrigen in prominenter Gesellschaft: Von der Hegelschen Rechtsphilosophie über die Fichtesche Lehre von der sittlichen Ordnung der Familie bis hin zur Katholischen Soziallehre wird der familialen Generationenbeziehung die Qualität einer dem positiven Recht historisch vorgeordneten und hinsichtlich der Legitimität übergeordneten organischen Einheit zugestanden.

Angesichts ihres urwüchsigen Charakters ließe sich die genealogische Vergemeinschaftung zunächst durchaus folgerichtig als eine »Keimzelle« gesellschaftlicher Moral ansehen und hieraus wiederum das Prinzip einer Subsidiarität zwischen primären Abstammungsgruppen und historisch gewachsener und deshalb eben auch nur sekundärer politischer Gesellschaft ableiten. Nach diesem Prinzip der Vorrangigkeit familial organisierter Solidarität vor staatlichen Zuständigkeitsbereichen hätten sich dann öffentliche Interventionen im Bereich der Daseinssicherung auf den Schutz und die Stützung autonomer Selbsthilfe-Kapazitäten dieser Primärbeziehungen zu beschränken. Darüber hinausgehende staatliche Interventionen im Bereich familialer Binnenbeziehungen zwischen den Generationen erscheinen in naturrechtlicher Perspektive stets als eine Gefahr für das Funktionieren ihrer autonomen und ursprünglichen Solidarität. Anders gesagt weist der naturrechtliche »family discourse« ausgeprägte anti-etatistische Züge auf und tendiert dazu, familiale Primärbeziehungen zwischen den Generationen als ein letztes staatsfreies Reservat ursprünglicher Gemeinschaftsbeziehungen zu repräsentieren.

Die Unauflösbarkeit genealogischer Bande und die an ihr haftende moralische Qualität stellen jedoch in soziologischer Sicht alles andere als eine anthropologische Konstante dar.

Auch wenn es naturrechtliche Konzeptionen des Verhältnisses von familialer und staatlicher Ordnung bis zum heutigen Tage in unzähligen Variationen des gleichen Themas nahelegen, ist der unkündbare Charakter von Generationenbeziehungen nicht einfach eine in der vermeintlichen »physis« des Sozialen verankerte Universalie, sondern vielmehr Ausdruck eines langfristigen soziohistorischen Konstruktionsprozesses. Hauptakteur dieses Prozesses aber war und bleibt, folgt man der gegen den Strich naturrechtlichen Denkens entwickelten soziologischen Argumentation Emile Durkheims, der Staat.

Zur Genealogie der »Familienmoral«:
der Staat als Faktor der Generationenbeziehungen

»Es gibt keine Familie ohne Recht, ohne eine häusliche Moral, und dieses Recht und diese Moral werden der familialen Gruppe von der sie umgebenden Gesellschaft aufgezwungen [...]. Und je mehr man in der Geschichte voranschreitet, desto mehr wird man einen sich in alle Details des Familienlebens einmischenden Staat vorfinden.« Nach dieser Auffassung Durkheims (1969, 227) ist der moderne Staat ein omnipräsenter Faktor familialer Lebensformen.

Schon bei der Geburt ist er in der Person des Zivilstandsbeamten präsent, um die zunächst rein biologische Generationenbeziehung zu »beglaubigen« und durch Feststellung der Elternschaft zu legitimieren. Erst mittels einer Geburtsurkunde bzw. durch den Eintrag ins Stammbuch der Familie wird aus dem natürlichen Generationenverhältnis ein rechtliches. Dies ist insbesondere im Hinblick auf die »Feststellung« und Legitimation der Vaterschaft von ausschlaggebender Bedeutung, denn diese ist, wie Max Weber schon hervorhob, aufgrund ihrer nur physiologischen Grundlage »in ihrem Bestande gänzlich labil und problematisch; die Vaterbeziehung fehlt ohne stabile Versorgungsgemeinschaft zwischen Vater und Mutter überhaupt gänzlich und ist selbst da, wo jene besteht, nicht immer von großer Tragweite.« (1972, 212).

Dies kommt in prototypischer Weise bei nicht »legitimen« Vater-Kind-Beziehungen zum Ausdruck. Während sich die Legitimität der Vaterschaft bei ehelichen Geburten gerade über die staatlich garantierte Rechtmäßigkeit der Beziehung zur Mutter sozusagen als abgeleitetes Rechtsverhältnis ergibt, muß die nicht über Ehe institutionalisierte Vater-Kind-Beziehung von »Staates wegen« festgestellt werden, und sei es auch gegen den Willen des Erzeugers. Keine Rechte und keine Pflichten zwischen den Generationen ohne staatliche Beurkundung.

Aufgrund seines Legitimations-Monopols ist der moderne Staat sozusagen von der ersten Stunde nach der Geburt an ein zentraler Faktor der Beziehungen zwischen den Generationen und ein Garant ihrer wechselseitigen Pflichten und Rechte.

Diese sind nach soziologischer Sicht der Dinge keine dem subjektiven Empfinden und den individuellen Handlungsspielräumen anheimgestellte Privatsache. Vielmehr sind sie im höchsten Maße rechtlich normiert und staatlich reguliert, ja, wenn man Durkheim folgt, sogar von ihrer Soziogenese her essentiel eine vom Staat als dem »Organ des sozialen Denkens« (ebd.) hervorgebrachte und institutionalisierte gesellschaftliche Wirklichkeit.

Ohne die stetig anwachsende staatliche Einflußnahme auf die Gestaltung familialer Binnenbeziehungen hätte sich der Typus der modernen Gattenfamilie, so Durkheim (1975, 38), überhaupt nicht aus seinen historischen Vorläufern herausentwickeln können. In paternalistisch bzw. patriarchal geordnete Familienformen traditionaler Gesellschaften »[...]konnten Verwandtschaftsbeziehungen immer aufgelöst werden, sei es durch den Verwandten, der die Familie verlassen wollte, sei es durch den Vater, von dem er abhing [...]. Mit der Gattenfamilie sind die Verwandtschaftsbeziehungen völlig unauflösbar geworden.

Der Staat hat sich zu ihrem Garanten gemacht und dadurch den Einzelnen das Recht genommen, sie zu lösen.« (ebd.).

In einer solchen soziologischen Rekonstruktion der Genealogie der Familienmoral kommt dem Staat vorab in den drei folgenden Bereichen die Rolle eines Architekten moderner Generationenbeziehungen zu:

- Von herausragender Bedeutung für die gesellschaftliche Konstruktion moderner Generationenbeziehungen war das Erbrecht, denn dieses erlaubte einen direkten Zugriff auf die materiellen Grundlagen der familialen Reproduktion. Wie im folgenden aufgezeigt werden sollte, stellte die staatliche Durchsetzung der obligatorischen Erbteilung das eigentliche Schlüsselelement einer »Modernisierung« traditionaler Generationenbeziehungen dar. Erst der Oktroi der Erbgleichheit emanzipierte, so die hier geteilte Auffassung Durkheims, das Individuum von der patriarchalen Familienordnung und schuf die Voraussetzung für eine auf wechselseitiger Verpflichtung basierende Moral der Generationenbeziehungen.
- Die Ökonomie moderner Generationenbeziehungen basiert des weiteren maßgeblich auf deren familien- bzw. zivilrechtlichen Redefinitionen im Rahmen der verschiedenen bürgerlichen Kodifizierungen, bei denen sich der »Staat«, wie Emile Durkheim nachdrücklich unterstrich, immer mehr zu einem zentralen Faktor des häuslichen Lebens aufschwang. Dieser neue Faktor des Familienlebens kam maßgeblich im Rahmen der Neudefinition wechselseitiger Verpflichtungsverhältnisse familialer Generationen zum Tragen, welche unter den neuen bürgerlichen Rechtsverhältnissen überhaupt erst den Charakter der »Unkündbarkeit« und »Unauflöslichkeit« annahmen.
- Schließlich ist der moderne Staat auch in seiner Rolle als Garant der »Wohlfahrt« seiner Bürger ein zentraler Akteur der soziohistorischen Konstruktion von Generationenbeziehungen. Sowohl über die Einführung einer allgemeinen Schulpflicht, als auch über die Schaffung einer obligatorischen Altersversicherung nahm er maßgeblichen Anteil an der Institutionalisierung moderner Generationenbeziehungen. Des weiteren entwickelte sich der Wohlfahrtsstaat auch dort zu einem direkten Faktor der Generationenbeziehungen, wo er unzureichenden oder fehlenden familialen Unterhalt durch sozialrechtliche Garantien auf ein Mindesteinkommen kompensiert.

»Erb und Eigen«: zur »politischen Ökonomie« traditioneller Generationenbeziehungen

Generationenbeziehungen beruhen zwar maßgeblich auf Austauschprozessen, unterscheiden sich jedoch im Hinblick auf die für sie kennzeichnenden Reziprozitätsmodi von anderen gesellschaftlichen Tauschbeziehungen im allgemeinen und marktwirtschatflichen Tauschprozessen im besonderen. Während letztere auf – wenn auch oft nur »fiktiver« – direkter

Reziprozität der Akteure beruhen, muß man im Falle von Tauschbeziehungen zwischen Generationen von »indirekt alternierender Reziprozität« (»reciprocité alternative indirecte« – Mauss 1969, Bd. III, 19) sprechen.

Sowohl die Weitergabe bzw. »Vererbung« materiellen wie kulturellen Besitzes sind deszendent geordnet und kommen der »nachwachsenden« Generation zugute, ohne daß diese ihre »Schuld« den Gläubigern in gleicher Münze begleichen könnte, ein Umstand, der etwa von Immanuel Kant (1977, 127) als grundlegende gesellschaftliche Ungerechtigkeit eingestuft wurde (vgl. hierzu auch Rawls, 1990, 321). Angesichts der anthropologisch vorgegebenen Irreversibilität der Beziehung zwischen »vererbender« und »erbender« Generation lautet daher nach Mauss (ebd.) die Gerechtigkeitsmaxime indirekt alternierender Reziprozität: »Was der Vater für uns getan hat, können wir dem eigenen Sohn tun.« Hieraus resultiert dann die für traditionale Kulturen kennzeichnende, wohl aber auch auf »moderne« Gesellschaften übertragbare Maxime der »gerechten« Besitztradierung zwischen den Generationen, daß das jeweils weiterzugebende Erbe umfangsmäßig »mindestens dem selbst ererbten Kapital entsprechen sollte« (Bourdieu 1963, 28). Diese »Ehrenpflicht« familialer Besitzstandswahrung verweist auf eine vormoderne Handlungslogik, die man mit Alexis de Tocqueville (1968, 193) als »kollektiven Individualismus« oder mit Eduard von Hartmann (1923, 143) als »Familienegoismus« bezeichnen kann. Diese spezifische Handlungslogik rückt die primären Generationenbeziehungen gerade in die Nähe »totaler sozialer Tatbestände«, denn bei diesen fallen, wie Mauss (1978, Bd. 2, 12) hervorhob, »Politik und Familie [...] in eins.« Wie Pierre Bourdieu angesichts dieser besonderen »Ökonomie materiellen und symbolischen Austauschs zwischen den Generationen« wohl zurecht postuliert, müßte die Familiensoziologie sich eigentlich konsequenterweise als »ein besonderer Fall politischer Soziologie« begreifen (1980, 280 u. 264; vgl. auch Sabean 1984, 232).

Gerade die Transmissionsprozesse zwischen Generationen (s. Segalen idB) stellen seit jeher buchstäblich ein »Politikum« ersten Ranges dar. So sind die für die »Ordnung der Familie« und ihre Reproduktion zentralen Erbschaftsregeln alles andere als eine »Privatangelegenheit«, sondern Gegenstand massiver staatlicher Eingriffe. Wie schon A. de Tocqueville (1856; 1968) und F. Le Play (1855; 1871) unterstrichen, stellen diese politischen Regulierungen der Beziehungen zwischen den Generationen einen mächtigen Prägefaktor familialer Lebensformen und Verhaltensweisen dar und wirken hierüber auch auf makro-gesellschaftliche Strukturen ein.

In seiner Studie »De la démocratie en Amérique« aus den Jahren 1835 und 1840 unterstrich Alexis de Tocqueville nachdrücklich den folgenden Zusammenhang zwischen Erbschaftsregeln, Generationenbeziehungen und gesellschaftlicher Ordnung:

»Es erstaunt mich, daß die Schriftsteller in Vergangenheit und Gegenwart den Erbgesetzen keine größere Bedeutung im Hinblick auf das menschliche Geschick beimessen. Sicher: Diese Gesetze gehören zur Zivilordnung, aber sie müßten eigentlich an oberster Stelle aller politischen Institutionen rangieren, denn sie sind von unglaublichem Einfluß auf den Gesellschaftszustand der Völker, welcher sich ja direkt in den politischen Gesetzen zum

Ausdruck bringt [...]: in gewisser Weise nehmen sie die Generationen schon vor der Geburt in Beschlag.« (1968, 43).

Tocqueville sah im Erbrecht das maßgebliche Regulativ familialer wie auch gesamtgesellschaftlicher Reproduktion und eine mächtige gesellschaftliche Prägekraft im Hinblick auf ökonomische und politische Verkehrsbeziehungen. Über die Erbschaftsregeln erfolgt die soziale Plazierung der Nachgeborenen, deren Schicksal schon vor der Geburt weitgehend »besiegelt« ist.

Bourdieu kommt im Rahmen seiner ethnographischen Studien zu einem ganz ähnlichen Schluß: »Das ursprüngliche Verhältnis zur Sozialwelt, der man angehört, d. h. durch die und für die man geschaffen ist, ist ein Besitzverhältnis, welches die Inbesitznahme des Besitzenden durch seine Besitztümer impliziert. Hat das Erbe, wie Marx es ausdrückt, vom Erbenden Besitz ergriffen, so kann auch dieser dann sein Erbe antreten.« (Bourdieu 1980a, 7).

Das Besagte kommt besonders in den Generationenbeziehungen plastisch zum Ausdruck, die man gemäß F. Le Plays Begriff der »famille souche« als »Stammfamilie« kennzeichnen kann.

Diese im vormodernen Europa insbesondere im deutschsprachigen, skandinavischen, aber auch südfranzösischen Raum vorherrschende Form der Familienorganisation beruhte, wie schon die Familienmonographien Le Plays (vgl. 1855) vor nahezu eineinhalb Jahrhunderten aufzeigten, auf dem Prinzip des Erstgeborenen- bzw. Anerbenrechts.

Hiermit ging zugleich eine »wahlverwandte« Haushaltsstruktur einher: dem Zusammenleben von drei Generationen unter einem Dach, oder doch zumindest auf der gleichen »Scholle«, wenn es zu einer Auslagerung der erblassenden Generation auf ein »Altenteil« kam (vgl. Segalen 1984).

Das Prinzip der »primogéniture« erwächst aus einer familien-egoistischen Reproduktionsstratgie, welche zum Zwecke ausgeprägter Besitzstandswahrungs-Interessen systematisch »strukturelle Opfer« (Bourdieu 1980b, 266) erzeugt: die jüngeren Geschwister. Wie im Fall der Testierfreiheit liegt auch hier eine ausgeprägt patriarchale Familienordnung vor, jedoch wird die zumindest bis zur Übergabe des Hofs mittels des Monopols der Verfügung über die familialen Produktionsmittel gesicherte Machtfülle und Willkür des pater familias in doppelter Weise eingeschränkt. Zum einen kann es im Alter und vor allem im Falle von Gebrechlichkeit zu einem Umkippen des Kräfteverhältnisses zwischen den Generationen kommen, bei dem plötzlich das »Familienoberhaupt« von der »Willkür« des hofführenden Sohnes abhängig werden kann (s. Collomp 1984).

Des weiteren unterscheidet sich das Erstgeborenenrecht dadurch von der besitzindividualistischen Testierfreiheit, daß hier ein zum »sozialen Schicksal« gewendetes »biologisches Schicksal« (Geburtenrang) weitgehend immer schon »Sieger« und »Verlierer« der Konkurrenz um das Familienerbe vorherbestimmt und somit weniger auf meritokratisch geprägte direkte Reziprozität zwischen Erblasser und Erbendem hinausläuft, denn auf eine von Brauch und Sitte bestimmte »ständische« Selektion. Was die strukturellen Opfer dieses Vererbungsmodus – die jüngeren Geschwister- betrifft, so werden hier diejenigen weiblichen Geschlechts mit einer Mitgift ausgestattet dem Heiratsmarkt anheimgestellt, die jüngeren

Brüder hingegen haben die Möglichkeit, als ledige »mithelfende« Familienangehörige und sozusagen »ewige Söhne« unter dem Vorstand des Ältesten weiterhin am patrimonium teilzuhaben und hierbei – so die tröstlichen Worte F. Le Plays – »den Frieden des Zölibats mit den Freuden des Familienlebens« verbinden zu können (zit. nach Bourdieu 1980b, 267).

Patriarchal ist die auf der »primogéniture« ruhende Generationenbeziehung insofern, als der Erstgeborene – der zwar zum Erben auserkoren, bis zum Erbantritt aber eher vom patrimonium »ererbt« bzw. assimiliert wird – oft bis ins fortgeschrittene Alter zunächst nur »Sohn« bleibt, auch wenn er selbst schon Vater ist, und so lange die väterliche Autorität ertragen muß, bis er im intergenerationellen Wechsel an die Reihe kommt und dann – im Guten, wie im Bösen – »seinem Sohn tun kann, was sein Vater ihm getan hat« (vgl. Mauss). Der Stammhalter, auch »Familiensohn« genannt (s. Collomp 1984, 208), befand sich demnach in eine grundlegend ambivalente Generationenbeziehung hineingeboren. Einerseits kam er als zukünftiger Träger von Familienerbe und -ehre in den Genuß vielfältiger Gratifikationen wie etwa der Bevorzugung bei der Rangfolge der für die symbolische Ordnung der Familienbeziehungen paradigmatischen Tischordnung (vgl. Medick und Sabean 1984, 36). Wie Bourdieu (1972) aufzeigte, manifestiert sich z. B. die Ökonomie der Generationenbeziehungen in der von ihm analysierten agrarischen Kultur des südfranzösischen Béarn der 60iger Jahre auch darin, daß Familien buchstäblich ein Mehr an Ressourcen in den Stammhalter investierten, indem sie ihm die besten und nahrhaftesten Speisen zuteilten. Auf der anderen Seite aber blieb dieser »Familiensohn« bis ins fortgesetzte Alter unmündig (s. Collomp 1984) und wurde durch eine strategisch dosierte Transmission der Verfügung über die Produktionsmittel nur nach und nach aus dem väterlichen Kuratel entlassen. Diese familiale Transmissionsstrategie kommt übrigens im »Volksmund« auf sehr unverblümte Weise zum Ausdruck. So lautet etwa ein gängiges schwäbisches Sprichwort: »Junge Immen setzt man nicht in volle Körbe« (s. Sabean 1984, 247), dessen Gehalt durchaus jenem des burgundischen Bonmot »Avec tes enfants, garde tes cinq doigts et ton pouce« entsprechen dürfte.

Auch dieses vormoderne Modell familialer Transmission kann im übrigen dank entsprechender familialer Reproduktionsstrategien durchaus den Einfluß der in allen bürgerlichen Kodifikationen moderner Gesellschaften vorgeschriebenen obligatorischen Erbteilung und einer de jure-Egalität aller Nachkommen (s. de Singly idB) de facto überleben. So wird beispielsweise der bäuerliche Familienbesitz – aber auch industrielle Familienbetriebe – trotz scheinbar historisch obsolet gewordenem Erstgeborenenprinzips oft mittels rechtzeitigem Aushandeln von Kompensationsleistungen für »Verzichtende« weiterhin nach eben diesem »familienegoistischen« Modell der Besitzstandswahrung tradiert (vgl. Bourdieu 1980b). Betreffs der ausgeprägt »familienegoistischen« Tendenz dieses traditionellen Musters von Generationenbeziehungen soll abschließend noch mit Tocqueville auf das ihr wahlverwandte »bodenständige« Verständnis von Familie hingewiesen werden: »Bei jenen Völkern, deren Erbgesetze sich auf das Erstgeborenenrecht stützen, wird der Grund und Boden meistens ungeteilt von Generation zu Generation weitergegeben. Hieraus resultiert, daß sich der Familiensinn gewißermaßen im Boden materialisiert. Die Familie repräsentiert den Boden, der Boden repräsentiert die Familie: er bewahrt ihren Namen, ihre

Wurzeln, ihren Ruhm, ihre Tugenden. Der Boden ist ein unvergänglicher Zeuge des Vergangenen und ein kostbares Pfand des Zukünftigen.« (1968, 45).

Ganz ähnlich verhält es sich bei den durch das Prinzip der Testierfreiheit geregelten Transmissionsformen zwischen den Generationen, welche insbesondere den angelsächsischen Raum im Zeitalter des Ancien Régime bestimmten und dort auch heute die Reproduktion adliger Familien prägt.

Dieses von der sozialromantisch-patriarchalen Gesellschaftslehre Le Plays (1871) so sehr idealisierte Vererbungsmodell wies ebenfalls ausgeprägt familienegoistische und autoritäre Züge auf und legte dem pater familias quasi absolutistische Machtbefugnisse gegenüber den Nachkommen – wie auch der Frau – in Händen.

Trotz bzw. wegen dieses patriarchalen Zuges kann die Testierfreiheit aber auch insoweit als »liberal« eingestuft werden, als sie dem Prinzip des Besitzindividualismus im höchsten Maße Rechnung trägt und familiale Transmission als eine reine Privatangelegenheit erscheinen läßt.

Auch treten hierbei deutlich »meritokratische« Prinzipien der Definition und Legitimation von Generationenbeziehungen zutage: der Nachwuchs mußte sich nach diesem »liberalen« Modell zuerst einmal des familialen – bzw. besser des »väterlichen« – Erbes als würdig erweisen, wobei die väterliche Gewalt die Spielregeln der Konkurrenz um Chancen auf zukünftige Güter selbstherrlich definieren konnte. Hierbei konnte also weniger von einem »Rechtsanspruch« auf Erbnachfolge, denn von einem Gnadenerweis im Sinne des römischen Modells des »peculium«, welches der Hausvater einem Sklaven oder einem Sohn zukommenlassen konnte, die Rede sein.

Es scheint ganz so, als ob dieses zugleich »patriarchale« und »liberale« Muster intergenerationeller Beziehungen sich wesentlich deutlicher am Prinzip direkter Reziprozität orientiert als das Anerbenrecht: hier müssen nämlich Chancen auf künftige Belohnungen zuvor verdient bzw. erdient werden, und dies oft in marktmäßiger Konkurrenz mit anderen potentiellen Erbanwärtern. Zugleich bietet das patriarchale Monopol der Verfügung über die Produktions- und Subsistenzmittel in einer Agrargesellschaft natürlich auch einen optimalen Vorsorgecharakter und »Altersschutz« in Form der von den Nachgeborenen bis zum Ableben einforderbaren Versorgungsleistungen.

Die »familienegoistischen« Züge dieses Tradierungsmodells kommen auch heute noch prototypisch in den Reproduktionsstrategien industrieller Familiendynastien zum Ausdruck. Durch geschickte Arrangements von Aktienmehrheiten und testamentarischen Zusatzklauseln wird hier nicht selten versucht, den möglichen »Diadochen-Kämpfen« zwischen konkurrierenden Erbnachfolgern vorzubeugen und dem Niedergang der Hausmacht zu entgehen.

Schließlich existierte aber auch schon zu Zeiten des Ancien Régime die uns heute selbstverständlich erscheinende Form der egalitären Erbteilung und prägte insbesondere die Generationenbeziehungen in den mediteranen Kulturen (Spanien, Süditalien) und im Norden Frankreichs.

Tocqueville schildert die Auswirkungen dieses Transmissionsmodells auf die Generationenbeziehungen in folgender, unverhohlen weltanschaulich engagierter Weise: »Wenn das Gesetz die Erbgleichheit vorschreibt, zerstört es die innige Beziehung zwischen Familiensinn und Besitzstandswahrung: Der Boden hört auf, die Familie zu repräsentieren [...]. Sobald man aber den Grundbesitzern das auf Gefühl, Erinnerung, Hochmut und Ehrgeiz beruhende Motiv der Bewahrung von Grund und Boden entzieht, kann man davon ausgehen, daß er es früher oder später veräußert [...]«, und weiter: »Das Gesetz der Erbgleichheit geht auf zwei Ebenen vor: auf die Sache einwirkend, nimmt es Einfluß auf den Menschen; auf den Menschen einwirkend, nimmt es Einfluß auf die Sache. Auf diese doppelte Weise schafft es das Gesetz, den Grundbesitz tiefgreifend zu erschüttern und die Familien ebenso wie die Güter schnell auszutilgen.« (a.a.O., 46).

Anders gesagt, stellt das hier beschriebene Modell der Erbgleichheit ein gesellschaftliches Strukturierungsprinzip von Generationenbeziehungen dar, welches systematisch die Voraussetzungen der modernen Kern- bzw. Gattenfamilie produziert und reproduziert und sich gegenüber dem stark familienegoistischen Charakter der Testierfreiheit und des Ältestenrechts durch egalitär-individualistische, auf der Anerkennung subjektiver Rechtsansprüche aller Nachkommen beruhenden Besitzauffassung unterscheidet.

Hiermit einher geht eine massive Schwächung der väterlichen Gewalt, der durch den Verlust auf »posthume« Verfügung über den Familienbesitz buchstäblich der »Boden« entzogen wird.

Konservative Kritiker des mit dieser Form der Transmission einhergehenden Modells der »Kernfamilie« – von Le Play bezeichnenderweise als »famille instable« etikettiert – rückten seit dem frühen 19. Jahrhundert immer wieder den Zusammenhang zwischen »systematischer Unfruchtbarkeit der Haushalte« (Le Play 1864, t.1, 188) und obligater Erbteilung in den Vordergrund. Nach dieser unter Demographen und Historikern sehr verbreiteten Auffassung stellte der für das nachrevolutionäre Frankreich kennzeichnende massive Geburtenrückgang einen direkten Niederschlag familienegoistischer Strategien der Besitzstandswahrung unter den Bedingungen staatlich oktroyierter Erbteilung dar (vgl. Segalen 1984, 182). Auch Ariès (1971, 23) unterstreicht, daß sich die »nouvelle mentalité basé sur le malthusianisme« schon kurz nach Inkrafttreten des Code Civil (1804) gerade in jenen südlichen Regionen bemerkbar machte, die bis dahin durch den Modus der Erstgeborenen-Tradierung gekennzeichnet waren. Anders gesagt geht also der Übergang vom »familienegoistischen« zum »individualistisch-egalitären« intergenerationellen Transmissionsmodus zugleich mit dem für die Moderne charakteristischen Prozeß der »Rationalisierung« des generativen Verhaltens einher und findet in der »Rechenhaftigkeit« neo-malthusianistischer Geburtenplanung einen prototypischen Ausdruck.

Auch dieser Zusammenhang scheint die Tocquevillesche Formel zu untermauern, nach der die Erbgesetze eines Landes die Nachkommenschaft »schon vor der Geburt in Beschlag nehmen« und sei es auch nur im negativen Sinne einer Geburtenbeschränkung, welche dann gewissermaßen eine moderne Variante des »familienegoistischen« Motivs (den eigenen Erben mindestens das selbst angestammte Ausgangskapital zu hinterlassen) darstellt.

Ebenso wie der französische Code Civil setzten auch alle anderen staatlichen Kodifikationen mit dem Eintritt in die Moderne das Prinzip egalitärer Erbteilung durch und schufen hierdurch die materiellen Grundlagen des modernen Familienlebens.

Unter der Herrschaft des modernen Familienrechts ist es nicht mehr primär der »Boden«, welcher die Familie im Sinne traditionaler Zugehörigkeit »repräsentiert«, sondern die »subjektiv gefühlte Zusammengehörigkeit« (Weber 1972, 21) der Familiengemeinschaft aus rechtlich emanzipierten, formal »gleichrangigen« Mitgliedern.

Die vom modernen Rechtsstaat geschaffene egalitäre Logik der »Gerechtigkeit zwischen den Generationen« in Fragen des »Erb und Eigen« war zugleich auch Voraussetzung für die Durchsetzung eines auf Reziprozität basierenden familialen Unterhaltsrechts, welches den Generationenbeziehungen überhaupt erst ihren unauflöslichen Charakter verlieh.

Moderne Zeiten: Generationenbeziehungen unter den Auspizien von Freiheit und Gleichheit

Mit Max Weber (1972) kann man den Prozeß der Modernisierung bzw. Rationalisierung gesellschaftlicher Lebenszusammenhänge okzidentalen Typs einerseits als Weg in die allgemeine »Marktvergesellschaftung«, andererseits und komplementär hierzu als Prozeß fortschreitender Bürokratisierung und wachsender staatlicher Regulierung gesellschaftlicher Lebensvollzüge begreifen.

Diese paradox anmutende doppelgesichtige Prozeßlogik der Moderne, gekennzeichnet, so Durkheim, durch konkomitante Tendenzen zunehmender »Individualisierung« und »Verstaatlichung«, schlug sich auch in einer radikalen Transformation der Generationenbeziehungen nieder.

War zuvor der aus dem Erbrecht stammende Besitzgrund »nahezu alleinherrschend« (Weber 1972, 227), was der familialen Transmission eine sozialstrukturelle Schlüsselrolle zukommen ließ, so entwickelte sich im Prozeß der Marktvergesellschaftung allmählich der zwischen individuellen Akteuren auf dem freien »Markt« geschlossene Kontrakt zum vorherrschenden Muster des Besitzerwerbs. Während der erbrechtlich angestammte Besitz, wie Weber (ebd.) unterstrich, durch die Zugehörigkeit zu einem spezifischen Personenkreis gekennzeichnet war und dem Einzelnen in der Regel qua Geburt und »unabhängig von seinem eigenen Tun« geradezu naturwüchsig zufiel, müssen nun marktwirtschaftliche Chancen absichtsvoll geschaffen werden – eine Handlungslogik, die mit der modernen Konzeption von Individualität auf engste verflochten ist. Zugleich bedeutete aber der Aufstieg der Markt- und Kontraktgemeinschaft auch den Niedergang des traditionellen Hauskommunismus, der durch die sich in allen gesellschaftlichen Teilbereichen durchsetzende »Rechenhaftigkeit« einen »inneren Zersetzungsprozeß« (Weber 1972, 227) erfuhr. Maßgeblich durch das Prinzip der Erbgleichheit – dem prototypischen Ausdruck intrafamilialer »Rechenhaftigkeit« – gefördert, aber auch durch die individualisierenden Tendenzen der marktmäßigen Lohnarbeit vorangetrieben, kam es nicht nur zu einer Zersetzung der materiellen Grundlagen des Familienkommunismus, sondern auch zu einer von Weber und Durkheim gleichermaßen hervorgehobenen Schrumpfung bzw. Kontraktion des Familienverbandes auf die für die bürgerliche Gesellschaft kennzeichnende Kern- oder Gattenfamilie. Beide Gründerväter der modernen Soziologie betonen interessanterweise fast unisono, daß der Niedergang des Familienkommunismus keineswegs auf die Emergenz einer neuen sozialpsychologischen Stufe, des sog. Subjektivismus oder Individualismus, zurückzuführen sei, sondern auf die objektiven Sachverhalte der Marktvergesellschaftung, welche die Verkleinerung der Hausgemeinschaften begünstigte. (Vgl. Weber 1972, 226–227; Durkheim 1969, 103–104). Dieses Argument dürfte auch im Hinblick auf die aktuellen Debatten rund um die Frage der Generationensolidarität stichhaltig sein, bei denen immer wieder moralisierend auf vermeintliche Ursprünge des öffentlichen Problems der Versorgung abhängiger älterer Menschen in den stillschweigend mit »Egoismus« gleichgesetzten Formen moderner »Individualität« verwiesen wird (vgl. Pitrou idB).

Die Rechtslogik des Kontraktes bestimmte jedoch nicht nur den außerhalb familialer Binnenbeziehungen ablaufenden Prozeß der Marktvergesellschaftung, sondern entwickelte sich dank rechtsstaatlicher Interventionen mehr und mehr zur Grundlage moderner Generationenbeziehungen.

Wie Rehbinder in Anlehnung an Weber und Ehrlich hervorhob, kam es im Rahmen des Modernisierungsprozesses zu einer schrittweisen Überführung traditioneller »statusrechtlicher« familialer Generationenbeziehungen in »kontraktrechtliche« Verhältnisse, bei denen nicht mehr die »Hausgenossenschaft als solche« (1968, 146), sondern das Individuum zum Träger von Rechten und Pflichten wurde.

Diese moderne »Ökonomie« der Generationenbeziehung, die sich von der deszendent geordneten Transmissionslogik des Ancien régime durch strikte Reziprozität unterscheidet, mag zu einem guten Teil durch die »Staatsräson« einer Eindämmung der öffentlichen Kosten der Armenunterstützung qua »Reprivatisierung« der Solidarpflicht motiviert gewesen sein, zugleich stellte das bürgerliche Unterhaltsrecht jedoch gewissermaßen den eigentlichen Archetypus des sogenannten »Generationenvertrages« dar.

Erst das moderne Familienrecht verknüpft die »naturwüchsige« Qualität der biologischen Abstammung mit dem »gesetzlichen« Charakter einer unauflösbaren Solidargemeinschaft zwischen den Generationen, die sich nun bis zum zweiten Grade der Abstammungslinie wechselseitig Unterstützung im Falle von Bedürftigkeit schulden. Es dürfte wohl nicht einfach Zufall gewesen sein, daß die Emergenz dieser unterhaltsrechtlichen Reziprozitätsnormen der Generationenbeziehungen in den bürgerlichen Kodifikationen direkt mit der Durchsetzung des egalitären Erbrechts einherging. Reziprozität und Egalität der vom modernen Zivilrecht kodifizierten Generationenbeziehungen drücken zugleich eine von Durkheim als zentral erachtete Entwicklungsrichtung der staatlichen Regulierung familialer Beziehungen aus: das Individuum wird zum Träger subjektiver Rechte, d. h. es gewinnt einen vom Familienverband bzw. vom pater familias unabhängigen staatsbürgerlichen Status, eine unmittelbare ›citizenship‹ oder ›citoyenté‹.

Wie Durkheim es formulierte, spielte der moderne Rechtsstaat hier die Rolle einer »Hebamme des Individuums«, zugleich aber auch, wie man versucht sein könnte zu ergänzen, eines »Totengräbers« der patriachalen Herrschaft und der mit ihr einhergehenden relativen Autonomie des Familienverbandes.

Durch die rechtsstaatliche Intervention in die Ökonomie der Generationenbeziehungen wurden demnach erst die Möglichkeitsbedingungen eines auf dem »Code der Liebe« (Luhmann) basierenden Familiensinnes geschaffen (s. de Singly idB). Dieser spezifische Code familialer Kommuniktation, der ja gerade »Individualität« der Kommunizierenden voraussetzt, ist zugleich die Basis moderner Solidarbeziehungen zwischen den Generationen. Diese beruhen zwar sehr wohl auf subjektiv gefühlten Verpflichtungen, lassen sich jedoch nicht auf diese reduzieren und dürfen erst recht nicht als eigentliche genealogische Quelle der »Familienmoral« verstanden werden. Nach Durkheim (1975, 202) sind die reziproken Pflichten und Rechte zwischen den Generationen gerade nicht von individuellen Einstellungen und Motiven als solchen abhängig. Vielmehr sind sie gesellschaftlich »vorgegeben« und hierdurch gegenüber dem individuellen Fühlen und Meinen transzendent und verpflichtend. Als dem eigentlichen »Organ des sozialen Denkens« kommt dem Staat nach Auffassung Durkheims (1969, 113) eine herausragende Bedeutung zu. Dies gilt im übrigen vollumfänglich auch für die Rolle, die der moderne Staat als »Wohlfahrtsstaat« bei der Gestaltung von Generationenbeziehungen auf makrogesellschaftlicher Ebene gespielt hat.

Die wohlfahrtsstaatliche Konstruktion gesellschaftlicher Generationenbeziehungen

Die oben skizzierte Entwicklungslogik der Generationen- und Familienbeziehungen im Prozeß der Modernisierung scheint in mehrfacher Hinsicht mit jenen makrostrukturellen Veränderungen art- und wahlverwandt zu sein, welche die schrittweise Durchsetzung der Marktgesellschaft bzw. den Niedergang der feudal-ständischen Ordnung des Ancien régime begleiteten. Analog zur Freisetzung von Frau und Kind aus der Willkür patriarchaler Familienordnung kam es, wie Durkheim (1969, 99) unterstrich, auch zu einer »Befreiung« der Individuen von der »Tyrannei der Korporationen«, d.h. zu einer Zerschlagung der ständisch-monopolistischen Schranken der Marktvergesellschaftung, durch die der Einzelne überhaupt erst den Status eines »individuellen« Wirtschaftssubjektes und die formalrechtliche Gleichheit als zentrales Attribut der modernen Staatsbürgerschaft erhielt. Zu unterstreichen ist hier, daß auch diese Form der Freisetzung des Individuums aus den traditionellen Vergemeinschaftungsformen staatliche Interventionen wie etwa im Falle der Zerschlagung der Zünfte zur Zeit der französischen Revolution, oder die Bauernbefreiung im Kontext der Stein-Hardenbergschen Reformen in Deutschland eine Schlüsselrolle beanspruchen konnten. Durkheim zieht im übrigen direkte Parallelen zwischen der Zerschlagung der Tyrannei der »Väter« und jener der ständischen Herrschaft und spricht in beiden Fällen davon, daß der »Staat das Individuum von der Gesellschaft freikaufte« (1969, 103–104).

Unter den Lebensbedingungen moderner Marktgesellschaften und der fortschreitenden »commodification« (vgl. Polanyi 1978 und Esping-Andersen 1990) des Arbeitspotentials verlor die familiale Tradierung von Produktionsmitteln entlang den beschriebenen

428

Vererbungsregeln für breite Bevölkerungsschichten ihre ursprünglich zentrale Bedeutung und damit auch ihre strukturierende Kraft im Hinblick auf die Generationenbeziehungen. Für die soziale Plazierung der Individuen auf dem »Markt« gewinnt nun die Tradierung kulturellen Kapitals eine vergleichbare Prägefunktion, nur geschieht, wie schon Weber (1972, 226) unterstrich, »die gesamte Schulung für das Leben« – und dies im wachsenden Maße – »außer Haus« und wird primär von staatlichen Institutionen geleistet. Dies beklagte im übrigen bereits Tocqueville (1968, 331) vor nahezu eineinhalb Jahrhunderten: »Bei den meisten Völkern ist die Erziehung eine nationale Angelegenheit geworden. Der Staat empfängt bzw. entreißt oft sogar das Kind aus den Armen seiner Mutter, um es seinen Dienern anzuvertrauen; er übernimmt es, jeder Generation Gefühle einzugeben und Ideen zu vermitteln.«

Die schon hier durchscheinende liberalistische Kritik an der wachsenden staatlichen Monopolisierung von zuvor rein familialen Funktionen spitzte sich in allen westlichen Industriegesellschaften mit der Einführung einer allgemeinen Schulpflicht noch zu und fand in der Formel vom »gestürzten Vater« (le père déchu) ihren prototypischen Ausdruck.

Mit Philippe Ariès muß aber auch davon ausgegangen werden, daß die staatlich oktroyierte Verschulung einer ganzen Altersklasse zugleich die zentrale Voraussetzung für die soziohistorische Emergenz zunächst von »Kindheit«, später dann auch von »Adoleszenz« und schließlich gar »Post-Adoleszenz« als eigenständige Kategorien der Sozialwelt war. Anders gesagt, war die Institution Schule maßgeblich an der »Erfindung« der »ersten Generation« beteiligt und griff zugleich tiefgehend in die »Ökonomie« der Generationenbeziehungen ein.

Historisch parallel zur Emergenz von Kindheit und Jugend als staatlich institutionalisiertem und geschütztem sozio-ökonomischem Moratorium der »nachwachsenden Generation«, läßt sich in allen westlichen Industriegesellschaften ein mehr oder minder rascher und ausgeprägter komplementärer Prozeß der gesellschaftlichen Umgestaltung von Generationenbeziehungen beobachten. Hierbei kam es, analog zur »Erfindung der Kindheit« (Ariès) als rechtlich geschützter eigenständiger Kategorie der Bevölkerung zu einer staatlichen »Konstruktion« der sogenannten »älteren Generation«, basierend auf einem sozialversicherungsrechtlich definierten allgemeinen Austrittsalter aus dem Erwerbsleben.

Die Institutionalisierung eines »ersten« und eines »dritten Alters«, die sich schrittweise als zentrales Strukturierungsprinzip der modernen »Normalbiographie« erwies (vgl. Kaufmann idB), ging einher mit massiven staatlichen Eingriffen in die Ökonomie der Generationenbeziehungen.

Indem der moderne Wohlfahrts- und Bildungsstaat Kindheit als ein ökonomisches Moratorium institutionalisierte, schuf er zugleich die »Familienlasten«. Durch Arbeitsschutzgesetzgebung und Schulpflicht erzwungen, wurden Kinder, die in frühindustriellen Gesellschaften häufig schon vor dem 6. Lebensjahr voll in die Fabrikarbeit integriert waren und einen maßgeblichen Beitrag zur Existenzsicherung ihrer Familien leisteten, für einen immer weiter hinausgezögerten Zeitraum ökonomisch freigesetzt. Hierdurch wurden Kinder aber zugleich zu einem beachtlichen Kostenfaktor, der zunächst allein durch die erwerbstätige Elterngeneration zu tragen war, später wenigstens teilweise mittels wohlfahrtsstaatlicher Transfers kompensiert wurde.

Kindheit entwickelt sich also in der Moderne zu einem kostspieligen familialen Investitionsfaktor, erweist sich angesichts der seit dem 19. Jahrhundert stetig wachsenden Bedeutung schulischen Kapitals für die gesellschaftliche Plazierung als ein oft sehr langfristiger Einsatz familialer Reproduktionsstrategien. Anders gesagt erzwingt der moderne »Wohlfahrts- und Bildungsstaat« beachtliche »private« Transferleistungen zwischen den Generationen in Form materiellen und monetären Unterhalts für eine sich immer weiter ausdehnende Sozialisations- und Qualifikationsphase der »ersten Generation«, zu erbringen durch die sog. Erwachsenengeneration (s. Vaskovics idB).

Zugleich kommt es im Rahmen fiskalischer Eingriffe in die Ökonomie der Generationenbeziehungen zu weiteren massiven staatlich gelenkten Redistributionen gesellschaftlicher Ressourcen zugunsten der nachwachsenden Generation. Seit dem 19. Jahrhundert haben die über das staatliche Steuermonopol finanzierten kollektiven Kosten moderner Bildungssysteme kontinuierlich zugenommen, und auch hier war es wieder die »steuerpflichtige« erwachsene Generation, deren erwirtschaftetes Sozialprodukt vermittels einer ständig wachsenden Staatsrate zugunsten der »ersten Generation« abgeschöpft und »deszendent« umverteilt wurde. Im Rahmen dieser grundlegend gewandelten Ökonomie der Generationenbeziehungen scheint sich eine neue Logik familialer und gesamtgesellschaftlicher Transmission und Reproduktion zum Ausdruck zu bringen, welche sich von jener der für das Ancien Régime charakteristischen »posthumen« Vererbung familialer Ressourcen durch einen Modus frühzeitiger Investitionen verfügbarer Mittel (Geld und Arbeit) in die nachwachsende Generation und des von dieser buchstäblich »inkorporierten« familialen Kapitals (Bourdieu) zur Geltung kommt.

Dies ist jedoch nur die eine Hälfte eines in allen westlichen Industriegesellschaften beobachtbaren Grundmusters der gesellschaftlichen Regulierung von Generationenbeziehungen. Nicht minder durchschlagend für deren »Ökonomie« wirken die durch sozialstaatliche Interventionen erzwungenen aszendenten Transferleistungen der erwerbstätigen Generation für das sog. »Rentenalter«. Wie es der Begriff »Sandwich-Generation« treffend auf den Punkt bringt, kann für die Generation der »Erwachsenen« moderner Industriegesellschaften tatsächlich von einer permanent wachsenden Doppelbelastung im Rahmen staatlich organisierter volkswirtschaftlicher Redistributionen die Rede sein, denn sie muß nicht nur die bereits erwähnten Transferleistungen für die nachwachsende Generation, sondern ebenso die durch eine sich in allen Industriegesellschaften rasch wandelnde Altersstruktur anschwellenden Kosten der sozialstaatlichen Alimentierung des »dritten Alters« aufbringen und häufig auch im Falle einer Abhängigkeit gebrechlicher Eltern neben den eigenen noch zu versorgenden Kindern auch hier aktive Pflege- und Hilfeleistungen übernehmen (s. Hareven u. Adams idB).

Erstaunen mag unter gegenwärtigen wohlfahrtsstaatlichen Regulierungen, und hier kommen wir abschließend nochmals auf die Frage der »Gerechtigkeit zwischen den Generationen« zurück, daß sich gesamtgesellschaftliche Umverteilungsprozesse in fast allen fortgeschrittenen Industriegesellschaften – sieht man einmal von Schweden und Frankreich ab – durch massive Ungleichgewichte des Umfangs aszendenter und deszendenter sozialpolitischer Transfers kennzeichnen. Während der Unterhalt der »3. Generation« im allgemeinen sehr umfassend durch Rentenversicherungssysteme garantiert wird, stellen die sozialpolitischen Zuwendungen an die »erste Generation« einen nur sekundären Faktor fast aller nationaler Sozialbudgets dar. Während das »Altersrisiko« des Ausscheidens aus dem Erwerbsleben somit weitgehend »sozialisiert« ist, bleibt jenes des noch nicht ins Erwerbsleben Integriertseins im Sinne der von den Eltern zu tragenden Familienlast »privatisiert«. Es scheint demnach ganz so, als ob die Kategorie »Kindheit« aus dem wohlfahrtsstaatlichen Generationenvertrag und den von ihm gewährten sozialen Teilhaberechten des Staatsbürgers weitgehend ausgeschlossen bleibt.

Im Gegensatz zu dem primär deszendenten Charakter der Austauschprozesse zwischen den Generationen vormoderner Gesellschaften zeichnet sich also die für fortgeschrittene Industriegesellschaften kennzeichnende Ökonomie der Generationenbeziehungen durch eine merkwürdige Teilung der Zuständigkeiten für Solidarleistungen aus. Die Sorge für die nachwachsende Generation und die hier erforderlichen deszendenten Zuwendungen bleiben den familialen Generationenbeziehungen vorbehalten, für die somit die Gerechtigkeitsmaxime indirekt alternierender Reziprozität zu gelten scheint (vgl. Wilk idB). Die Sorge für die ältere Generation hingegen hat sich schon sehr weitgehend zu einer Zuständigkeit gesamtgesellschaftlicher Generationenbeziehungen entwickelt (s. Attias-Donfut idB). Die wohlfahrtsstaatlich organisierten aszendenten Transfers zwischen den Generationen gehorchen zwar immer noch der Logik indirekt alternierender Reziprozität, dies jedoch in entgegengesetzter Richtung zum Prinzip »Was Dein Vater für Dich getan hat, das kannst Du später Deinem Sohn tun« (Mauss). »Was Du für Deinen Vater tust, wird dereinst Dein Sohn für Dich tun«, so scheint die Gerechtigkeitsmaxime des modernen Generationenvertrages zu lauten.

Der moralische Verpflichtungscharakter eines solchen Modells der Solidarität zwischen den Generationen wirkt jedoch in zweierlei Hinsicht alles andere als selbstverständlich. Zum einen ist die weitgehend aus familialen Primärbeziehungen zwischen den Generationen in anonyme Sozialbürokratien ausgelagerte Sorge und Pflege für die ältere Generation dem alltäglichen Erfahrungshorizont gerade jüngerer Menschen weitgehend entzogen, während sich die hierfür erforderlichen Sozialtransfers aufgrund der sich verschiebenden Altersstruktur der Bevölkerung immer deutlicher auf den Lohnzetteln als Abzüge bemerkbar machen. Zum anderen aber wirkt es im Hinblick auf die »Gerechtigkeit zwischen den Generationen« fragwürdig, daß die von der wohlfahrtsstaatlichen Verteilungsgerechtigkeit weitgehend ausgeklammerte nachwachsende Generation dereinst von einem Generationenvertrag in die Pflicht genommen werden soll, dessen ›terms of trade‹ unter völlig anderen soziohistorischen Voraussetzungen festgelegt wurden.

Zu Zeiten der soziohistorischen Emergenz des Sozialstaates und dessen Modells der Verteilungsgerechtigkeit zwischen den Generationen lagen, wie bereits erwähnt, zunächst grundlegend andere sozio-demographische Voraussetzungen vor. Eine oberhalb der Nettoreproduktionsrate rangierende Fertilität stellte sozusagen eine Art impliziten »Generationenvertrag« dar, der die materiellen Voraussetzungen für gleichgewichtige Solidarbeziehungen gewährte. Angesichts einer seit den 60er Jahren in allen westlichen Industriegesellschaften weit unter dem Nettoreproduktionsniveau liegenden Fertilität, kann von diesem

Gleichgewicht keine Rede mehr sein: die nachwachsenden Generationen werden auch hier mit beträchtlichen (sozial-) ökonomischen »Altlasten« zu rechnen haben. Dieser Umstand wirft nicht allein Fragen der Gerechtigkeit »zwischen«, sondern auch »innerhalb« der Generationen auf.

Angesichts einer sich für die jüngere Erwachsenengeneration der früheren BRD bereits abzeichnenden Quote dauerhafter Kinderlosigkeit von mehr als 20%, wird die Frage der Solidarität zwischen den Generationen auch zu einem Problem der Verteilungsgerechtigkeit zwischen Bürgern mit und solchen ohne Familienlasten. Aber auch in einer weiteren Hinsicht hat sich die gesellschaftliche Realität spätmoderner Zivilisationen bereits heute weit von den soziohistorischen Voraussetzungen des sozialstaatlichen »Generationenvertrages« entfernt. Dieser ruhte eben nicht nur auf einer gesellschaftlichen Arbeitsteilung zwischen den Generationen, sondern ganz maßgeblich auch auf einem im Modell der bürgerlichen Kernfamilie prototypisch zum Ausdruck kommenden impliziten »Geschlechtervertrag«. Dieser sah eine spezifische Form der Arbeitsteilung zwischen den Geschlechtern vor, welche dem Mann den Bereich der Produktions – und der Frau jenen der Reproduktionsarbeit zuwies. Ersterer war als Beitragszahler bzw. -empfänger demnach Träger des sozialstaatlichen Generationenverbandes, während die Frau, abgesichert durch die zivilrechtlichen Unterhaltspflichten des »Ernährers«, die Solidarpflichten für die jüngere Generation übernahm.

Ebenso wie die sozio-demographischen Grundlagen des traditionellen Generationenvertrages, haben sich insbesondere seit den 60er Jahren auch dessen familienstrukturelle Voraussetzungen radikal gewandelt. Weibliche Erwerbstätigkeit hat sich in allen fortgeschrittenen Industriegesellschaften, wenn auch mit zum Teil beträchtlichen Niveauunterschieden, zu einem bereits weitgehend »normalisierten« Aspekt spätmoderner Sozialstrukturen und zu einem im wachsenden Maße »selbstverständlichen« Bestandteil weiblicher Normalbiographie entwickelt (vgl. Schütze idB). Hierdurch gerät der dem traditionellen Modell der Generationensolidarität zugrundeliegende »Geschlechtervertrag« mehr und mehr in eine Krise. Selbstaufopfernde Pflege und Sorge für jüngere und ältere abhängige Familienmitglieder als eine Art »totale soziale Rolle« (Goffman) scheinen schon heute kaum mehr als alternativloses weibliches Geschlechtsschicksal zu gelten und akzeptiert zu werden. Hiervon zeugt möglicherweise die seit den 60er Jahren deutlich gesunkene Geburtenrate bzw. die wachsende Zahl lebenslang kinderloser Frauen (s. Höpflinger idB).

Hinzukommt, daß die familienstrukturellen Grundlagen des traditionellen »Generationenvertrages« ebenfalls durch den seit den 60er Jahren in allen fortgeschrittenen Industriegesellschaften zu beobachtenden Prozeß einer zunehmenden Deinstitutionalisierung privater Lebensformen problematisch werden. Hohe Scheidungsraten, steigende Illegitimitätsquoten und der stark gewachsene Anteil unverheiratet zusammenlebender Paare verweisen auf die zunehmende Brüchigkeit der institutionellen Grundlagen familialer Lebensformen. Diese Destabilisierung der »Gattenfamilie« schlägt sich direkt in Veränderungen der Generationenbeziehungen fortgeschrittener Industriegesellschaften nieder. Diese kommen prototypisch in der Lebensform sogenannter »Einelternfamilien« zum Ausdruck. Wie schon Weber (1972, 212) hervorhob, ist die Vater-Kind-Beziehung »ohne stabile Versorgungsgemeinschaft zwischen Vater und Mutter« problematisch, während die Mutter-Kind-Beziehung als »Versorgungsgemeinschaft« nach seiner Auffassung weiterhin »urwüchsige« Züge trägt. So sind denn auch Nachscheidungsfamilien in ihrer überwältigenden Mehrheit Familien alleinerziehender Mütter. Diese tragen maßgeblich das »familiale Risiko«, die Lasten für die nachwachsende Generation weitgehend ungeteilt übernehmen zu müssen, als eine Art neues Geschlechtsschicksal. Dies tritt im übrigen deutlich zutage, wenn man etwa den weit überproportionalen Anteil der Einelternfamilien an den Haushalten mit Einkommen unterhalb der Armutsgrenze betrachtet.

Es scheint ganz so, als ob das weibliche Geschlecht auch hier den eigentlichen Stabilitätskern der Solidarbeziehungen zwischen den Generationen (re-)präsentiert (vgl. hierzu Schütze, Pitrou, Attias-Donfut idB). Angesichts einer deutlichen Schwächung der Stellung des Mannes innerhalb der Generationenbeziehungen unserer zunehmend »vaterlosen« Gegenwartsgesellschaften, kommt wohl dem modernen Wohlfahrtsstaat notwendigerweise eine wachsende Bedeutung für die Gewähr der Solidarität zwischen den Generationen zu. In allen westlichen Industrieländern hat sich die Einelternfamilie zu einer bevorzugten Kategorie wohlfahrtsstaatlicher Interventionen entwickelt. Von der Bereitstellung von Unterhaltsvorschuß bzw. -ersatzleistungen, über die Schaffung spezieller Unterstützungsprogramme bis hin zur Bereitstellung außerhäuslicher Betreuungsmöglichkeiten erweist sich der moderne Staat auch hier mehr denn je als ein direkter Faktor der Generationenbeziehungen.

Bibliographie*

Acock, A. C. (1984). Parents and their children: The study of inter-generation influence. In: Sociology and Social Research, 68, 151–171

Acock, A. C./ Bengtson, V. L. (1980). Socialization and attribution process: Actual versus perceived similarity among parents and youth. In: Journal of Marriage and the Family, 42, 501–515

Adams, B. N. (1968). Kinship in an urban setting. Chicago

Adam, K. (1990). Kleinhalten. Staat und Familie. In: FAZ, 26.10.1990, 33

Adam, K. (1992). Last für fremde Schultern. In: FAZ, 1.6.1992, 33

Agger, B. (1991). Critical theory, poststructuralism, postmodernism. In: Annual Review of Sociology, 17, 125–149

Ainsworth, M. D. S. (1989). Attachment beyond infancy. In: American Psychologist, 44, 709–716

Ainsworth, M. D. S./ Bell, S. M./ Stayton, D. J. (1972). Individual differences in the development of some attachment behaviors. In: Merrill-Palmer Quarterly, 18, 123–143

Aldous, J. (1985). Parent-adult-child relations as affected by the grandparent status. In: Bengtson, V. L./ Robertson, J. F. (Ed.): Grandparenthood. Beverly Hills

Aldous, J./ Klaus, E./ Klein, D. M. (1985). The understanding heart: Aging parents and their favorite children. In: Child Development, 56, 303–316

Allerbeck, K./ Hoag, W. J. (1985). Jugend ohne Zukunft? München

Allmendinger, J./ Brückner, H./ Brückner, E. (1991). Arbeitsleben und Lebensarbeitsentlohnung: Zur Entstehung von finanzieller Ungleichheit im Alter. In: Mayer, K. et al. (Hg.): Vom Regen in die Traufe: Frauen zwischen Beruf und Familie. Frankfurt/ Main

Amato, P. R. (1988). Long-term implications of parental divorce for adult self-concept. In: Journal of Family Issues, 9, 201–213

Antonucci, T. C./ Akiyama, H. (1987). An examination of sex differences in social support among older men and women. In: Sex Roles, 17, 737–749

Aquilino, T. C./ Supple, K. R. (1991). Parent-child relations and parent's satisfaction with living arrangements when adult children live at home. In: Journal of Marriage and the Family, 53, 13–27

Arber, S./ Gilbert, G. N. (1989). Transitions in caring: Gender, life course and the care of the elderly. In: Bytheway, B. et al. (Ed.): Becoming and being old. London

Ariès, P. (1960). L'enfant et la vie familiale sous l'ancien régime. Paris

Ariès, P. (1971). Histoire des populations françaises. Paris

Ariès, P. (1977). Die Geschichte der Kindheit. München

---

* Zusammengestellt von Andreas Lange, M. A., unter Mitarbeit von Bettina Leitow und David Wüest. Die integrierte Bibliographie wurde nach den von den Autoren zur Verfügung gestellten Angaben in möglichst einheitlicher Form zusammengestellt. Einige fehlende bibliographische Daten wurden ergänzt.

Ashford, D. E. (1986). The emergence of the welfare state. Oxford

Attias-Donfut, C. (1986). Prendre en charge la dépendance. In: CNAF (Ed.), Informations Sociales, 5–9

Attias-Donfut, C. (1988). Sociologie des générations. L'empreinte du temps. Paris

Attias-Donfut, C. (1991). Générations et âges de la vie. Paris

Attias-Donfut, C. (1992). La génération, mythe, symbole, concept. In: Annales de Vaucresson, 30/31, 79–91

Attias-Donfut, C./ Cognalons-Nicolet, M. (1980). Après cinquante ans, la redistribution des inégalités. Paris

Attias-Donfut, C./ Rozenkier, A. (1983). Logements-foyers: l'enjeu d'une médiation. In: Gérontologie et Société, 25, 40–53

Attias-Donfut, C./ Rozenkier, A./ Renaut, S. (1985). La taille des maisons de retraite et leur médicalisation. Paris

Augé, M. p. à. A. G. (1988). Hériter. Paris

Axtell, J. (1974). The school upon a hill. New Haven

Bacon, E. E. (1964). ›Generation‹. In: Gould, J./ Kolb, W. L. (Ed.): A dictionary of the social sciences. New York

Badura, B./ Gross, P. (1976). Sozialpolitische Perspektiven. Eine Einführung in Grundlagen und Probleme sozialer Dienstleistungen. München

Baethge, M. (1985). Individualisierung als Hoffnung und als Verhängnis. In: Soziale Welt, 37, 299–312

Baethge, M./ Hantsche, B./ Pelbuck, W. (1988). Jugend. Arbeit und Identität. Opladen

Baethge, M. (1989). Jugend – Postadoleszenz in der nachindustriellen Gesellschaft. In: Nave-Herz, R./ Markefka, M. (Hg.): Handbuch der Familien- und Jugendforschung, Bd. 2: Jugendforschung. Neuwied

Balandier, G. (1985). Le détour. Pouvoir et modernité. Paris

Balbo, L. (1982). The servicing work of women and the capitalist state. In: Zeitlin, M. (Ed.): Political power and social theory, Vol.3.

Baldwin, P. (1990). The politics of social solidarity. Cambridge

Ballion, R. (1986). Le choix du collège, le comportement ›éclairé‹ des familles. In: Revue Française de Sociologie, 27, 719–734

Baltes, P. B./ Baltes, M. M. (1990). Successful aging: Perspectives from the behavioral sciences. New York

Bandura, A. (1982). The self and mechanisms of agency. In: Suls, J. (Ed.): Psychological perspectives on the self, Vol.1. Hillsdale

Bane, M. J. (1976). Here to stay. New York

Barber, C. E. (1988). Correlates of subjective burden among adult sons and daughters caring for aged parents. In: Journal of Aging Studies, 2, 133–144

Barthelemy, M./ Muxel, A./ Percheron, A. (1986). »Et si je vous dis: famille...«. Notes sur quelques représentations sociales de la famille. In: Revue Française de Sociologie, 27, 697–718

Bastard, B./ Cardia-Voneche, L. (1988). Les familles monoparentales face à leur situation économique: une étude sociologique. Paris

Baumann, Z. (1988). Is there a postmodern society? In: Theory, Culture and Society, 5, 217–238

Baumert, G. (1954). Deutsche Familien nach dem Kriege. Darmstadt

Bawin-Legros, B. (1988). Famille, mariage, divorce. Bruxelles

Bäcker, G. (1991). Pflegebedürftigkeit und Pflegenotstand. In: WSI-Mitteilungen, 2, 88–103

Becker, G. S. (1980). A theory of the allocation of time. In: Amsden, A. H. (Ed.): The economics of women and work. London

Becker, H. A. (Ed.) (1991). Life histories and generations. Utrecht

Beck, U. (1986). Risikogesellschaft. Auf dem Weg in eine andere Moderne. Frankfurt/ Main

Beck, U. (1990). Der Konflikt der zwei Modernen. Vortrag auf dem 25. Deutschen Soziologentag. Frankfurt/ Main

Beck-Gernsheim, E. (1983). Vom ›Dasein für andere‹ zum Anspruch auf ein Stück ›eigenes Leben‹: Individualisierungsprozesse im weiblichen Lebenszusammenhang. In: Soziale Welt, 34, 307–340

Beck-Gernsheim, E. (1991). Frauen – die heimliche Ressource der Sozialpolitik? – Plädoyer für andere Formen der Solidarität. In: WSI-Mitteilungen, 2, 58–66

Bedford, V. H./ Gold, D. T. (1989). Siblings in later life: A neglected family relationship. In: American Behavioral Scientist, 33

Beham, M. (1990). Diskussion des Begriffs Familie. In: Gisser, R./ Reiter, L./ Schattovits, H./ Wilk, L. (Hg.): Lebenswelt Familie. Wien

Bell, N. W./ Vogel, E. F. (1968). Toward a frame work for functional analysis of family behaviour. In: Bell, N. W./ Vogel, E. F. (Ed.): A modern introduction to the family. New York

Belsky, J. (1979). The interrelation of parental and spousal behavior during infancy in traditional nuclear families. In: Journal of Marriage and the Family, 48, 62–68

Belsky, J./ Perry-Jenkins, M./ Crouter, A. (1985). The work-family interface and marital change across the transition to parenthood. In: Journal of Family Issues, 6, 205–220

Belsky, J./ Rovine, M. (1990). Patterns of marital change across the transition to parenthood. In: Journal of Marriage and the Family, 52, 109–123

Belsky, J./ Steinberg, L. D. (1978). The effects of day care: A critical review. In: Child Development, 49, 929–949

Bengtson, V. L. (1985). Diversity and symbolism in grandparental roles. In: Bengston, V. L./Robertson, J. F. (Ed.): Grandparenthood. Beverly Hills

Bengtson, V. L. (1989). The problem of generations: Age group contrasts, continuities, and social change. In: Bengston, V. L./ Schae, K. W. (Hg.): The course of later life: Research and reflections. New York

Bengtson, V. L. (1990). Generations and aging: Continuities, conflicts, and reciprocities. Boston

Bengtson, V. L./ Olander, E. B./ Haddad, E. A. (1976). The ›generation gap‹ and aging family members: Towards a conceptual model. In: Gubrium, J. E. (Hg.): Time, role, and self in old age. New York

Bengtson, V. L./ Schrader, S. (1982). Parent-child relations. In: Mangen, D./ Peterson, W. A. (Hg.): Research instruments in social gerontology, Vol. 2. Minneapolis

Bengtson, V. L./ Schütze, Y. (1992). Altern und Generationenbeziehungen. Aussichten für das kommende Jahrhundert. In: Baltes, P. B./ Mittelstraß, J. (Hg.): Zukunft des Alterns und gesellschaftliche Entwicklung. Berlin (im Druck)

Bengtson, V. L./ Treas, J. (1980). Intergenerational relations and mental health. Handbook of mental health and aging. New York

Bengtson, V. L. et al. (1985). Generations, cohorts, and relations between age groups. In: Binstock, R. L./ Shanas, E. (Ed.): Handbook of Aging and the Social Sciences. New York

Benoît-Lapierre, N. et al. (1980). La vieillesse des pauvres. Paris

Berger, B. M. (1960). How long is a generation. In: British Journal of Sociology, 11, 10–23

Berger, P. L./ Neuhaus, R. J. (1977). To empower people. Washington

Bernard, J. (1972). The future of marriage. New Haven

Bernhardt, E. M. (1988). The choice of part-time work among Swedish one-child mothers. In: European Journal of Population, 4, 117–144

Bertaux, D. (1979). La détermination sociale des déstinées individuelles. In: Economie & Humanisme, 250, 7–27

Bertaux, D./ Bertaux-Wiame, I. (1991). »Was du ererbst von deinen Eltern...«. In: BIOS, 4, 13–40

Bertaux-Wiame, I. (1987). Le projet familial. In: Annales de Vaucresson: histoires des vies, histoires de familles, trajectoires social, 26

Bertaux-Wiame, I. (1990). La force de rappel des liens familiaux. In: Actes du Colloque de Liège 1990 (Hg.): Relations intergénérationelles. Parenté. Transmission. Mémoire. Université de Liège/ Genève

Bertram, H. (1987). Jugend heute. München

Bertram, H./ Borrmann-Müller, R. (1988). Von der Hausfrau zur Berufsfrau? Der Einfluß struktureller Wandlungen des Frauseins auf familiales Zusammenleben. In: Gerhardt, U./ Schütze, Y. (Hg.): Frauensituation. Frankfurt/ Main

Bertram, H. et al. (Hg.) (1989). Blickpunkt Jugend und Familie. Internationale Beiträge zum Wandel der Generationen. Weinheim

Bielby, D. D./ Bielby, W. T. (1988). Women's and men's commitment to paid work and family: Theories, models and hypotheses. In: Gutek, B. A./ Stromberg, A. H./Larwood, L. (Ed.): Women and work: An annual review, Vol. 3. Newbury Park

Bierhoff, H. W. (1990). Psychologie hilfreichen Verhaltens. Stuttgart

Blancpain, R. et al. (1983). Erwachsen werden. Bern

Blau, P. M./ Duncan, O. D. (1967). The american occupational structure. New York

Bloch, F./ Buisson, M./ Mermet, J. C. (1989). Dettes et filiations. Paris

Bloch, F./ Buisson, M./ Mermet, J. C. (1991a). L'activité féminine, une affaire de famille. Quelques éléments d'une problématique de la socialisation familiale. In: Sociologie du Travail, 31, 255–275

Bloch, F./ Buisson, M./ Mermet, J. C. (1991b). Filiations, obligations familiales, continuité et discontinuité conjugale. In: Actes du Colloque de Liège 1990 (Ed.): Relations intergénérationelles. Parenté. Transmission. Mémoire. Université de Liège/ Genève

Bloch, F./ Buisson, M./ Mermet, J. C. (1991c). Du don à la dette. Sociologie du lien familial. In: Revue du MAUSS, 11,1 re trimestre

Blood, R. O./ Wolf, D. M. (1960). Husbands and wives. New York

Blossfeld, H.-P. (1985). Bildungsexpansion und Berufschancen. Frankfurt/ Main

Blossfeld, H.-P./ Muthmann, R. (1989). Strukturelle Veränderungen der Jugendphase zwischen 1925 und 1984 als Kohortenprozeß. In: Zeitschrift für Pädagogik, 35, 845–867

Blümi, H./ Schneider, K. (1988). Kleinkindererziehung – allein Sache der Familien? In: Deutsches Jugendinstitut (Hg.): Wie geht's der Familie ?. München

Bois-Raymond, d. M./ Occhslc, M. (1990). Neue Jugendbiographie? Zum Strukturwandel der Jugendphase. Opladen

Borkowsky, A./ Streckeisen, U. (1989). Arbeitsbiographien von Frauen. Chur

Boss, P. G. (1980). Normative family stress: Family boundary changes across the life-span. In: Family Relations, 29, 445–450

Bott, E. (1971) (1957). Family and social network. Roles, norms, and external relationships in ordinary urban families. New York

Bott, E. (1973). Family and social network. London

Boudon, R. (1973). L'inégalité des chances. Paris

Bouget, D./ Tartarin, R. (Ed.) (1990). Le prix de la dépendance . Paris

438

Bourdieu, P. (1963). La société traditionelle. Attitude a l'égard du temps et conduite économique. In: Sociologie du travail, 1, 24–44

Bourdieu, P. (1972). Les stratégies matrimoniales dans le système de reproduction. In: Annales, 27, 1105–1277

Bourdieu, P. (1974). Avenir de classe et causalité du probable. In: Revue Française de Sociologie, 15, 3–42

Bourdieu, P. (1974). Zur Soziologie der symbolischen Formen. Frankfurt/ Main

Bourdieu, P. (1979). La distinction. Critique sociale du jugement. Paris

Bourdieu, P. (1980a). Le mort saisit le vif. Les relations entre l'histoire réifiée et l'histoire incorporée. In: Actes de la recherche en sciences sociales, 32/33, 3–14

Bourdieu, P. (1980b). Le sens practique. Paris

Bourdieu, P. (1983). Ökonomisches Kapital, kulturelles Kapital, soziales Kapital. In: Kreckel, R. (Hg.): Soziale Ungleichheiten, Soziale Welt, Sonderbd. 2. Göttingen

Bourdieu, P. (1986). La force du droit. In: Actes de la recherche en sciences sociales, 61, 3–19

Bourdieu, P./ Passeron, J.-C. (1967). La comparabilité des systèmes d'enseignement. In: Castel, R. M./ Passeron, J.-C. (Hg.): Education, développement et démocratie. Paris

Bowlby, J. (1988). A secure base: Clinical applications of attachment theory. London

Boyd, S. L./ Treas, J. (1989). Family care of the frail elderly: A new look at »women in the middle«. In: Women's Studies Quarterly, 17, 66–74

Boyne, R./ Rattansi, A. (1990). Postmodernism and society. London

Bracker, M./ Dallinger, U./ Karden, G./ Tegethoff, U. (1988). Die Pflegebereitschaft der Töchter. Zwischen Pflichterfüllung und eigenen Lebensansprüchen. Wiesbaden

Braukmann, W./ Filipp, S.-H. (1990). Personale Kontrolle und die Bewältigung kritischer Lebensereignisse. In: Filipp, S.-H. (Hg.): Kritische Lebensereignisse. München

Braun, I. (1992). Geflügelte Saurier – Systeme zweiter Ordnung: ein Verflechtungsphänomen großer technischer Systeme. Berlin

Bray, J./ Berger, S. (1990). Noncustodial father and paternal grandparent relationships in stepfamilies. In: Family Relations, 39, 414–419

Bretherton, I. (1985). Attachment theory: Retrospect and prospect. In: Bretherton, I. et al. (Ed.): Growing points of attachment: Theory and research. Monographs of the Society for Research in Child Development, 50, 1–2. Chicago

Bretherton, I. (1989). Open communication and internal working models: Their role in the development of attachment relationships. In: Thompson, T. A. (Ed.): Nebraska symposium on motivation 1988: Socioemotional development. Chicago

Brody, E. M. (1990). Women in the middle: Their parent-care years. New York

Brody, E. M. (1985). Parent care as a normative family stress. In: The Gerontologist, 25, 19–29

Brody, E. M./ Hofmann, C./ Kleban, M. H./ Schoonover (1989). Care-giving daughters and their local siblings: Perceptions, strains and interactions. In: The Gerontologist, 29, 529–538

Brody. E. M. (1981). Women in the middle and the family help to older people. In: The Gerontologist, 21, 471–480

Bronfenbrenner, U. (1958). Socialization and social class through time and space. In: Maccoby, E. E./Newcomb, T. M./Hartley, E. L. (Ed.): Reading in social psychology. New York

Bronfenbrenner, U. (1961). The changing American child: A speculative analysis. In: Merrill-Palmer Quarterly, 7, 73–84

Bronfenbrenner, U. (1970). Two worlds of childhood. New York

Bronfenbrenner, U. (1979). The ecology of human development: Experiments by nature and design. Cambridge

Bronfenbrenner, U. (1985). Freedom and discipline across the decades. In: von Hentig, H. (Hg.): Ordnung und Unordnung. Weinheim

Bronfenbrenner, U. (1986a). Ecology of the family as a context for human development. In: Developmental Psychology, 22, 723–743

Bronfenbrenner, U. (1986b). Recent advances in research on the ecology of human development. In: Silbereisen, R. K./ Eyferth, K./ Rudinger, G. (Ed.): Development as action in context. Berlin

Bronfenbrenner, U. (1988). Interacting systems in human development: Research paradigms: Present and future. In: Bolger, N./ Caspi, A./ Downey, G./ Moorehouse, M. (Ed.): Persons in context: Developmental processes. New York

Bronfenbrenner, U. (1989a). Ecological systems theory. In: Vasta, R. (Ed.): Six theories of child development. Greenwich

Bronfenbrenner, U. (1989b). Who cares for children. Paris

Bronfenbrenner, U. (1992a). Child care in the Anglo-Saxon mode. In: Lamb, M./ Sternberg, K. J./ Hwang, C. P./ Broberg, A. G. (Ed.): Child care in context. Cross-cultural perspectives. Hillsdale

Bronfenbrenner, U. (1992b). The process-person-context model in developmental research. Unpublished manuscript. Department of Human development and Family studies, Cornell University

Bronfenbrenner, U. (in press). The ecology of cognitive development: Research models and fugitive findings. In: Wozniak, R. H./ Fischer, K. (Ed.): Thinking in context. Hinsdale

Brooks-Gunn, J./ Matthews, W. S. (1979). He and she. Englewood Cliffs

Brown, G. W./ Harris, T. (1978). Social origins of depression: A study of psychiatric disorder in women. London

Brubaker, Th. (1985). Later life families. Beverly Hills

Brubaker, Th. (1990). Families in later life: A burgeoning research area. In: Journal of Marriage and the Family, 52, 959–981

Bruckner, E./ Knaup, K. (1988). The impact of network composition on the ascribed responsibility. Mannheim

Bruckner, E./ Knaup, K. (1989). Networks and social support in comparative perspective. Mannheim

Buchhofer, B./ Friedrichs, J./ Lüdtke, H. (1970). Alter, Generationsdynamik und soziale Differenzierung. In: Kölner Zeitschrift für Soziologie und Sozialpsychologie, 22, 300–334

Bundesminister für Jugend, Familie, Frauen und Gesundheit (1986). Die Situation der älteren Menschen in der Familie – Vierter Familienbericht – . Bonn

Burgess, E./ Cottrell, L. S. (1939). Predicting success or failure in marriage. New York

Burgess, E. W./ Locke, H. J./ Thomes, M. M. (1963 (1945)). The family. From institution to companionship. New York

Burguière, A. (1986). Les cent et une familles de l'Europe. In: Burguière, A./ Klapisch-Zuber, M./ Segalen, M. (Ed.): Histoire de la famille. Paris

Burkhauser, R./ Quinn, J. (1989). American patterns of work and retirement. In: Schmähl, W. (Ed.): Redefining the process of retirement: An intergenerational perspective. Heidelberg

Burnley, C. S. (1987). Caregiving: The impact on emotional support for single women. In: Journal of Aging Studies, 1, 253–264

Campbell, A. (1981). The sense of well-being in America. New York

Caplan, G. (1976). The family as a support system. In: Caplan, G./ Killilea, M. (Eds.) Support systems and mutual help. New York

Cantor, M. H. (1983). Strain among caregivers: A study of experience in the United States. In: The Gerontologist, 23, 597–604

Carlson, J. E./ Dillman, D. A. (1983). Influence of kinship arrangements on farm innovativeness. In: Rural Sociology, 48, 183–200

Caspi, A./ Elder, G. H. Jr./ Bem, D. J. (1987). Moving away from the world: Life-course patterns of shy children. In: Developmental Psychology, 23, 308–313

Chapell, N. L. (1991). In-group differences among elders living with friends and family other than spouses. In: Journal of Aging Studies, 5, 61–76

Charles, M. (1990). Occupational sex segregation: A log-linear analysis of patterns in 25 industrial countries. Stanford

Chaudron, M. (1991). Vie de famille, vie de travail. In: Singly, de F. (Ed.): La famille, l'état des savoirs. Paris

Chauvenet, A. (1979). Médecine au choix, médecine de classes. Paris

Cheal, D. (1991). Family and the state of theory. New York

Cherlin, A. J./ Furstenberg, F. F. J. (1986). The new American grandparent. A place in the family, a life apart. New York

Chodorow, N. (1978). The reproduction of mothering: Psychoanalysis and the sociology of gender. Berkeley

Christen, C. (1989). Wenn alte Eltern pflegebedürftig werden. Bestandsaufnahme, Lösungsansätze und Empfehlungen für die Pflege alter Menschen. Bern

Chudacoff, H. P./ Hareven, T. K. (1979). From the empty nest to family dissolution: Life course transitions into old age. In: Journal of Family History, 4, 69–83

Cicirelli, V. G. (1983). Adult children's attachment and helping behaviour to elderly parents: A path model. In: Journal of Marriage and the Family, 45, 815–823

Cicirelli, V. G. (1991). Adult children's help to aging parents: Attachment and altruism. In: Montada, L./ Bierhoff, H. W. (Ed.): Altruism in social systems. New York

Cicirelli, V. G. (1991). Sibling relationships in adulthood. In: Pfeifer, S. P./ Sussman, M. B. (Ed.): Families: Intergenerational and generational connections. New York

Claes, M. (1990). Les relations entre parents et enfants dans une famille en changement. In: Lemieux, D. (Hg.): Familles d'aujourd'hui. Québec

Clausen, J. (1986). The life course: A sociological perspective. Englewood Cliffs

Clausen, J. (1991). Adolescent competence and the shaping of the life course. In: American Journal of Sociology, 96, 805–842

Clausen, J. (1993). Lifescapes 1930–1990. The shaping of lives of 300 individuals over a 60 year period. Glencoe

Clausen, J./ Mussen, P. H./ Kypers, J. (1981). Involvement, warmth, and parent-child resemblances in three generations. In: Eichborn, D. H./ Clausen, J. A./ Haan, N./ Honzik, M. P./ Mussen, P. H. (Ed.): Present and past in middle life. New York

Clemens, A. W./ Axelson, L. J. (1985). The not-so-empty-nest: The return of the fledgling adult. In: Family Relations, 34, 259–264

Coleman, J. (1988). Social capital in the creation of human capital. In: American Journal of Sociology, 94, 95–120

Collomp, A. (1984). Spannung, Konflikt und Bruch: Familienkonflikte und häusliche Gemeinschaften in der Haute-Provence im 17. und 18. Jahrhundert. In: Medick, H./ Sabean, D. (Hg.) Emotionen und materielle Interessen. Sozialanthropologische und historische Beiträge zur Familienforschung. Göttingen

Colvez, A./ Robine, J. M. (1986). L'espérance de vie sans incapacité en France en 1982. In: Population, 6, 1025–1042

Colvez, A. e. a. (1990). Approche épidémiologique des besoins en service pour les personnes âgées dépendantes. Paris

Conrad, C. (1990). Gewinner und Verlierer im Wohlfahrtsstaat. Deutsche und internationale Tendenzen im 20. Jahrhundert. In: Archiv für Sozialgeschichte, 30.

Conroy, D. B./ Fahey, C. J. (1985). Christian perspective on the role of grandparents. In: Bengtson, V. L./Robertson, J. F. (Ed.): Grandparenthood. Beverly Hills

Cooney, T. M. (1989). Co-residence with adult children: A comparison of divorced and widowed women. In: The Gerontologist, 29, 779–784

Corden, A./ Piachaud, D./ Bradshaw, J. (1980). How Europe meets family costs. In: New Society, 159–161

Costa, P. T./ McCrae, R. R. (1985). The NEO personality inventory manual. Odessa

Cott, N. F. (1976/77). Eighteenth-Century family and social life revealed in Massachusetts divorce records. In: Journal of Social History, 10, 20–43

Cottrel, L. S. (1969). Interpersonal interaction and the development of the self. In: Goslin, D. A. (Ed.): Handbook of socialization theory and research. Chicago

Cowan, C. P./ Cowan, P. A. (1992). When partners become parents. New York

Coward, R. T./ Dwyer, J. W. (1990). The association of gender, sibling network composition, and patterns of parent care by adult children. In: Research on Aging , 12, 158–181

CREDOC (1986). Enquête: Conditions de vie et aspirations des Français. Paris

Cribier, R. F. (1982). La retraite au bord de la mer et les relations avec les enfants. In: Gérontologie et Société, 21, 66–73

Crosnier, M.-A. (1985). L'Allemagne Fédérale. In: Les Cahiers Français, 15–34

Cyba, E. (1991). Frauen – Akteure im Sozialstaat? In: Österreichische Zeitschrift für Soziologie, 16, 25–42

Daedalus (1978). Special issue: Generations

Dandurand, R./ Morin, D. (1990a). L'impact de certains changements familiaux sur les enfants de l'école primaire. Revue de littérature, enquête exploratoire. Québec

Dandurand, R./ Morin, D. (1990b). Représentations de la parenté et du soutien dans trois quartiers montréalais. Communication à l'Association Internationale des Sociologues de Langue Française. Québec

Dandurand, R./ Morin, D. (1991). Les relations de parenté dans la sociabilité et le soutien des foyers monoparentaux. In: Actes du Colloque de Liège 1990 (Ed.): Relations intergénérationelles. Parenté. Transmission. Mémoire. Université de Liège/ Genève

Dannenbeck, C. (1990). Was ist Eltern wichtig? In: DJI Bulletin, 16, 7

Daune-Richard, A. M. (1983). Travail professionnel et travail domestique: le travail et ses représentations au sein de lignées féminines. In: Travail et Emploi, 17, 31–42

Daune-Richard, A. M. (1990). Autres histoires de transfuges: le cas des jeunes filles inscrites dans des formations masculines de BTS et DUT industriels . In: Formation-Emploi, 2

Davis, K. (1940). Sociology of parent-youth conflict. In: American Sociological Review, 5, 523–525

Day, A. T. (1985). ›We can manage‹. Melbourne

De Cooman, E./ Ernisch, J./ Joshi, H. (1987). The next birth and the labour market: A dynamic model of births in England and Wales. In: Population Studies, 46, 237–268

Degler, C. N. (1980). At odds. New York

Delbes, C. (1983). La famille salariée du secteur privé à la veille de la retraite II: Les relations familiales. In: Population, 6, 102–115

Deleeck, H./ Cantillou, B. (1988). Prestations non contributives et revenu minimum garanti. Approche comparative. In: Meulders-Klein, M. T./ Eekelaar, J. (Ed.): Famille, Etat et Sécurité Economique d'Existence, t.2. Bruxelles

Demos, J. (1970). A little Commonwealth. New York

Demos, J. (1986). Past, present, and personal. The family and the life course in American history. New York

Denham, Th./ Smith, C. W. (1989). The influence of grandparents: A review of the literature and resources. In: Family Relations, 38, 345–350

Der Senator für Gesundheit und Soziales (Hg.) (1988). Strukturanalyse pflegebedürftiger Menschen. Eine statistische Analyse. Berlin

Deutsches Jugendinstitut (Hg.) (1984). Lebenslage der Jugend. München

Deutsches Jugendinstitut (Hg.) (1987). Materialien zum Vierten Familienbericht. München

Déchamp-Le Roux, C. (1991). Propos sur le concept le pourvoyance. In: Déchamp-Le Roux, C. (Ed.): Figures de la dépendance autour d'Albert Memmi. Colloque de Cherisy-La-Salle. Paris

Déschaux, J. H. (1990). Les échanges économique au sein de la parenté. In: Sociologie du Travail, 32, 3–29

Diewald, M. (1986). Sozialkontakte und Hilfeleistungen in informellen Netzwerken. In: Glatzer, W./ Berger-Schmitt, R. (Hg.): Haushaltsproduktion und Netzwerkhilfe. Frankfurt/ Main

Diewald, M. (1989a). Der Wandel von Lebensformen und seine Folgen für die soziale Integration. Berlin

Diewald, M. (1990). Pluralisierung oder Polarisierung? Empirische Ergebnisse zur gesellschaftspolitischen Bedeutung von Familien- und Netzwerkbeziehungen in der Bundesrepublik Deutschland. In: Zeitschrift für Sozialreform, 36, 746–763

Diewald, M. (1991). Soziale Beziehungen: Verlust oder Liberalisierung? Soziale Unterstützung in informellen Netzwerken. Berlin

Dilthey, W. (1924(1875)). Über das Studium der Geschichte der Wissenschaften vom Menschen der Gesellschaft und dem Staat. In: Dilthey, W. (Hg.): Gesammelte Schriften. Leipzig

Diskowski, D./ Harms, G./ Preissing, G. (1989). Technik im Alltagsleben von Kindern. In: Lutz, B. (Hg.) Technik in Alltag und Arbeit. Berlin

Ditz, T. L. (1986). Property and kinship. Princeton

Ditz, T. L. (1990). Ownership and obligation: Inheritance and patriarchal households in Conneticut. In: William and Mary Quarterly, 3, 235ff

Doi, T. (1973). The anatomy of dependence. Tokyo

Doka, K. J./ Mertz, M. E. (1988). The meaning and significance of greatgrandparenthood. In: The Gerontologist, 28, 192–197

Donati, P. (1991a). Secondo rapporto sulla famiglia in Italia. Cinisello Balsamo

Donati, P. (1991b). Teoria relazionale della società. Milano

Donati, P. (1992). ›Generational Equity‹ in West Europe: A sociological and social policy issue. Paper presented at the Annual conference of the University of Kent at Canterbury

Dowd, J. J. (1975). Aging as exchange: A preface to theory. In: Journal of Gerontology, 30, 584–594

Downey, G./ Moen, P. (1987). Personal efficacy, income, and family transitions: A study of women heading households. In: Journal of Health and Social Behavior, 28, 820–833

Dörr, G. (1992). Die geschlechtsspezifische Aneignung der Haushaltstechnik. Unveröffentlichtes Manuskript. Frankfurt/ Main

Durkheim, E. (1921). La famille conjugale. In: Revue Philosophique, 91, 1–14

Durkheim, E. (1933). The division of labor in society. New York

Durkheim, E. (1961 (1912)). The elementary forms of the religious life. New York

Durkheim, E. (1964 (1895)). The rules of the sociological method. New York

Durkheim, E. (1967). Introduction à la sociologie de la famille. In: Durkheim, E. (Ed.): Textes, Bd. 3. Paris

Durkheim, E. (1969). Journal sociologique. Paris

Durkheim, E. (1975). La famille conjugale. Textes, Bd. 3. Paris

Dyer, E. D. (1972). Upward social mobility and extended family cohesion as perceived by the wife in Swedish urban families. In: Journal of Marriage and the Family, 34, 713–724

Eckenrode, J./ Gore, S. (1990). Stress between family and work. New York

Eckert, R. (1989). Sozialer Wandel und das Verhältnis der Generationen. In: Bertram, H./ Borrmann-Müller, R./ Hübner-Funk, S./ Weidacher, A. (Hg.): Blickpunkt Jugend und Familie. München

Edmondson, R. (1984). Rhetoric in sociology. London

Ehmer, J. (1982). Zur Stellung älterer Menschen in Haushalt und Familie – Thesen auf der Grundlage von quantitativen Quellen aus europäischen Städten seit dem 17. Jahrhundert. In: Konrad, H. (Hg.): Der alte Mensch und die Geschichte. Wien

Ehmer, J. (1990). Sozialgeschichte des Alters. Frankfurt/ Main

Eisenstadt, S. (1956). Von Generation zu Generation. Altersgruppen und Sozialstruktur. München

Elder, G. H. Jr. (1974). Children of the great depression. Chicago

Elder, G. H. Jr. (1978). Family history and the life course. In: Hareven, T. (Ed.): Transitions: The family and the life course in historical perspective. New York

Elder, G. H. Jr. (1981). History and the life course. In: Bertaux, D. (Ed.): Biography and Society. Beverly Hills

Elder, G. H. Jr. (1985). Life course dynamics: 1960s to 1980s. Ithaca

Elder, G. H. Jr. (1991). The life course. In: Borgatta, E./ Borgatta, M. (Ed.): Encyclopedia of Sociology. New York

Elder, G. H. Jr./ Caspi, A. (1990). Studying lives in a changing society. In: Rabin, A. I./ Zucker, R. A./ Frank, S./ Simmons, R. (Ed.): Study in persons and lives. New York

Elder, G. H. Jr./ Caspi, A./ Downey, G. (1986). Problem behaviour and family relationships: Life course intergenerational themes. In: Sorensen, A./ Weinert, F./ Sherrod, L. (Ed.): Human development and the life course: Multidisciplinary perspectives . Hillsdale

Elder, G. H. Jr./ Hareven, T. K. (1993). Rising above life's disadvantage. In: Elder, G. H. Jr./ Parke, R./ Modell, J. (Ed.): Children in place and time. New York

Elder, G. H. Jr./ Robertson, E./ Conger, R. D. (1991). Fathers and sons in rural America: Career choice and intergenerational ties across the life course. Presented at the University of Delaware

Elias, N. (1981). Über den Prozeß der Zivilisation. 2 Bde. Frankfurt/ Main

Elster, J. (1983). Familie und Arbeitswelt.

Elwert, G. (1992). Alter im interkulturellen Vergleich. In: Baltes, P. B./ Mittelstraß, J. (Hg.): Zukunft des Alterns und gesellschaftliche Entwicklung. Berlin

Erelcin, F. G. (1988). Collectivistic norms in Turkey: Tendency to give and receive support. Unpublished master's thesis. Bogazici University. Istanbul

Erler, G. (1988). The German paradox. In: Jenson, J./ Hagen, E./ Reddy, C. (Ed.): Feminization of the labour force. Cambridge

Ermisch, J. (1980). Time costs, aspirations, and the effect of economic growth on German fertility. In: Oxford Bulletin of Economics and Statistics, 42, 125–143

Ernst, C./ Luckner, N. (1984). Stellt die Frühkindheit die Weichen? Eine Kritik an der Lehre von der schicksalhaften Bedeutung erster Erlebnisse. Stuttgart

Esping-Andersen, G. (1985). Politische Macht und wohlfahrtsstaatliche Regulation. In: Naschold, F. (Hg.): Arbeit und Politik. Frankfurt/ Main

Esping-Andersen, G. (1990). The three worlds of welfare capitalism. Cambridge

Establet, R./ Baudelot, C. (1971). L'école capitaliste en France. Paris

Fauser, R. (1982). Zur Isolationsproblematik von Familien. Sozialisationstheoretische Überlegungen und empirische Befunde. München

Featherman, D. L./ Hauser, R. M. (1978). Opportunity and change. New York

Featherstone, M. (1988). In pursuit of the postmodern: An introduction. In: Theory, Culture and Society, 5, 195–215

Ferrari, G. (1874). Teoria dei periodi politici. Milano

Field, D./ Minkler, M. (1988). Continuity and change in social support between young-old, old-old and very old age. In: Journal of Gerontology, 43, 100–106

Finch, J. (1989). Family obligations and social change. Cambridge

Finch, J./ Mason, J. (1991). Obligations of kinship in contemporary Britain: Is there normative agreement? In: British Journal of Sociology, 42, 345–367

Finkelstein, B. (1976). In fear of childhood: Relationships between parents and teachers in popular primary schools in the nineteenth century. In: History of Childhood Quarterly, 3, 321–335

Fink, D. (1986). Open country, Iowa: Rural women, tradition, and change. Albany

Fischer, C. S. (1982). To dwell among friends. Personal networks in town and city. Chicago

Fischer, L. R. (1981). Transition in the mother-daughter relationship. In: Journal of Marriage and the Family, 43, 613–622

Fischer, L. R. (1986). Linked lives: Adult daughters and their mothers. New York

Fisch, R./ Lüscher, K. (1977). Knowledge on socialization. Arbeitsbericht Nr. 3. Konstanz

Fisher, L. R. (1983). Transition into grandmotherhood. In: International Journal of Aging and Human Development, 16, 67–78

Flaherty, D. H. (1971). Law and the enforcement of morals in early America. In: Perspectives in American History, 5, 203ff.

Flaherty, D. H. (1972). Privacy in colonial New England. Charlottsville

Foa, U./ Foa, E. (1974). Societal structures of the mind. Springfield

Ford, D. E. D. (1991). Translating the problems of the elderly into effective policies: Filial responsibility. In: Anderson, E. A./ Hula, R. C. (Ed.): The Reconstruction of Family Policy, Contributions in Family Studies, Bd. 15. New York

Forest, K. B./ Moen, P./ Dempster-McClain, D. (1991). A life course analysis of female depressive symptomatology. Paper presented at the annual meeting of the American Sociological Association. Cincinnati

Foucault, M. (1972). Histoire de la folie. Paris

Foucault, M. (1972). Naissance de la clinique. Paris

Frankfather, D. L./ Smith, M. J./ Caro, F. G. (1981). Family care of the elderly. Public initiatives and private obligations. Lexington

Franz, H.-J. (1990). Die Konstituierung von Jugend durch rechtliche Regulierungen des Staates und die Entwicklung wohlfahrtsstaatlicher Politik. Manuskript, Universität Bielefeld, Institut für Bevölkerungsforschung und Sozialpolitik. Bielefeld

Franz, P. (1986). Der ›Constrained Choice‹-Ansatz als gemeinsamer Nenner individualistischer Ansätze in der Soziologie. Ein Vorschlag zur theoretischen Integration. In: Kölner Zeitschrift für Soziologie und Sozialpsychologie, 36, 32–54

Friedberger, M. (1988). Farm, families and change in 20th century America. Lexington

Friedlmeier, W./ Trommsdorff, G. (1992). Entwicklung und Empathie. In: Finger, G. et al. (Hg.): Neue Aspekte familienbezogener Frühförderung. Freiburg

Frossard, M. (1990). Dépenses de santé. In: Bouget, D./ Tartarin, R. (Ed.): Le prix de la dépendance. Paris

Fthenakis, W. (1989). Mütterliche Berufstätigkeit, außerfamiliale Betreuung und Entwicklung des (Klein-)kindes aus kinderpsychologischer Sicht. In: Zeitschrift für Familienforschung, 1, 5–27

Fuchs, H. (1983). Jugendliche Statuspassagen als individualisierte Jugendbiographie. In: Soziale Welt, 34, 341–374

Furstenberg, F. (1988). Die Entstehung des Verhaltensmusters ›sukzessive Ehe‹. In: Lüscher, K./ Schultheis, F./ Wehrspaun, M. (Hg.): Die ›postmoderne‹ Familie. Konstanz

Gadlin, H. (1977). Private lives and public order: A critical view of the history of intimate relations in the United States. In: Levinger, G./ Rausch, H. L. (Ed.): Close relationships. Amherst

Gaiser, W./ Müller, H.-U. (1988). Die Erosion der Normalbiographie. Lebenslage und Lebensbewältigung von Jugendlichen und jungen Erwachsenen in Großstädten der Bundesrepublik Deutschland. In: Instituto de ha Juventud (Hg.) Madrid

Galton, F. (1969). Hereditary genius. London

Garms-Homolová, V./ Hoerning, E. M./ Schäffer, D.(Ed.) (1984). Intergenerational relationships. Leviston

Gecas, V. (1979). The influence of social class on socialization. In: Burr, W. R./ Hill, R./ Nye, F. I./ Ress, I. L. (Ed.): Contemporary theories about the family, Vol.1. New York

Gecas, V. (1981). Contexts of socialization. In: Rosenberg, M./ Turner, R. H. (Ed.): Social Psychology: Sociological Perspectives. New York

Gergen, K. J. (1990). Die Konstruktion des Selbst im Zeitalter der Postmoderne. In: Psychologische Rundschau, 41, 191–199

Giddens, A. (1991). The consequences of modernity. Cambridge

Gilligan, C. (1982). In a different voice: Psychological theory and women's development. Cambridge

Gilligan, C. (1986). On ›In a different voice: An interdisciplinary forum‹. A reply. In: Signs, 11, 324–333

Gilligan, C./ Attanucci, J. (1988). Two moral orientations: Gender differences and similarities. In: Merrill-Palmer-Quarterly, 34, 223–237

Gitlin, T. (1989). Postmodernism: Roots and politics. In: Dissent, 100–108

Girvetz, H. K. (1968). Welfare state. In: International Encyclopedia of the Social Sciences, 16, 512–521

446

Glass, J./ Bengtson, V. L./ Dunham, C. C. (1986). Attitude similarity in three-generation-families: Socialization, status inheritance, or reciprocal influence. In: American Sociological Review, 51, 685–698

Glatzer, W. (1986). Haushaltsproduktion und Netzwerkhilfe. Frankfurt/ Main

Glatzer, W. (1991). The significance of households and families in the process of welfare production. In: Peláez, M. J. (Ed.): Comparative sociology of family, health and education. Barcelona

Glatzer, W./ Dörr, G./ Hübinger, W./ Prinz, K./ Bös, M./ Neumann, U. (1991). Haushaltstechnisierung und gesellschaftliche Arbeitsteilung. Frankfurt/ Main

Godart, F./ Cuturello, P. (1980). Familles mobilisées. Accession à la propriété du logement et notion d'effort des ménages. Laboratoire de Sociologie. Nice

Goffman, I. (1969). Wir alle spielen Theater. München

Gohmann, S. F./ Clark, R. L. (1989). Retirement responses to social security changes. In: The Journal of Gerontology, 44, 218–225

Gokalb, C. (1978). Le réseau familial. In: Population, 33, 1077–1093

Goodnow, J. (1984). Parents' ideas about parenting and development. A review of issues and recent work. In: Lamb, M. E./ Brown, A. L./ Royall, B. (Ed.): Advances in developmental psychology. Vol. 3. Hillsdale

Goodnow, J. (1985). Change and variation in ideas about parenting. In: Sigel, I. E. (Ed.): Parental belief systems. Hillsdale

Gotman, A. (1988). Hériter. Paris

Gotman, A. (1991). L'héritier et le commis voyageur. Transmission et héritage de la maison de famille. In: Segalen, M. (Ed.): Jeux de familles. Paris

Göckenjahn, G. (1991). Altersbilder und Altersgrenze. Geschichte und Funktion im Hinblick auf die Rentenversicherung. Arbeits- und Ergebnisbericht des Sonderforschungsbereichs 186 der DFG, Universität Bremen. Bremen

Gräbe, S. (1991). Reziprozität und Stress in ›Support‹-Netzwerken. Neue Perspektiven in der familiensoziologischen Netzwerkforschung. In: Kölner Zeitschrift für Soziologie und Sozialpsychologie, 43, 344–356

Greven, P. (1966). The protestant temperament. In: Morgan, E. S. (Ed.): The puritan family. New York

Greven, P. (1970). Four generations: Population, land, and family in colonial Andover. Massachusetts

Greven, P. (1977). The protestant temperament. New York

Griebel, W. (1991). Aufgabenteilung in der Familie: Was übernehmen Mutter, Vater, Kind (und Großmutter)? In: Zeitschrift für Familienforschung, 3, 21–53

Gubrium, J. F. (1986). Oldtimer's and Alzheimer's: The descriptive organization of senility. Greenwich

Gubrium, J. F. (1988). Family responsibility and caregiving in the qualitative analysis of the Alzheimer's disease experience. In: Journal of Marriage and the Family, 50, 197–207

Gubrium, J. F. (1989). Local cultures and service policy. In: Gubrium, J. F./ Silverman, D. (Ed.): The Politics of Field Research. London

Gubrium, J. F. (1991a). Out of control: Family therapy and the construction of domestic disorder. Gainesville

Gubrium, J. F. (1991b). Recognizing and analyzing local cultures. In: Shaffir, W./ Stebbins, R. A. (Ed.): Experiencing Fieldwork. Newbury Park

Gubrium, J. F./ Holstein, J. A. (1990). What is family? Mountain View

Guillemard, A.-M. (1986). Le déclin du social. Paris

Guillemard, A.-M. (1989). The trend towards early labour force withdrawal and the reorganisation of the life course: A cross-national analysis. In: Johnsen, P. et al. (Ed.): Workers versus Pensioners. Manchester

Haavio-Mannila, E. (1989). Gender segregation in paid and unpaid work. In: Boh, K./ Bak, M. et al. (Ed.): Changing patterns of European family life. London

Habermas, J. (1981). Theorie des kommunikativen Handelns. Frankurt/ Main

Habermas, J. (1985). Die Krise des Wohlfahrtsstaates und die Erschöpfung utopischer Energien. In: Habermas, J. (Hg.): Die neue Unübersichtlichkeit. Frankfurt/ Main

Habermas, J. (1991). Gerechtigkeit und Solidarität. Zur Diskussion über ›Stufe 6‹. In: Habermas, J. (Hg.): Erläuterungen zur Diskursethik. Frankfurt/ Main

Hagestad, G. O. (1985). Continuity and connectedness. In: Bengtson, V. L., Robertson, J. F. (Ed.): Grandparenthood. Beverly Hills

Hagestad, G. O. (1987). Parent-child relations in later life: Trends and gaps in past research. In: Lancaster, J. B. et al. (Ed.): Parenting across the life span. New York

Hagestad, G. O./ Neugarten, B. L. (1985). Age and the life course. In: Shanas, E./ Binstock, R. (Ed.): Handbook of aging and the social sciences, third edition. New York

Hagestad, G. O./ Smyer, M. A. (1982). Dissolving long-term relationships: Patterns of divorcing in middle age. In: Duck, S. (Ed.): Personal relationships 4: Dissolving personal relationships. London

Haller, A. O. (1982). Reflections on the social psychology of status attainment. In: Hauser, R. M./ Mechanic, D./ Haller, A. O./ Hauser, T. S. (Ed.): Social structure and behavior: Essays in honor of William Sewell. New York

Hamilton, W. D. (1964). The genetical evolution of social behavior: I.&II. In: Journal of Theoretical Biology, 7, 1–52

Hampel, J./ Mollenkopf, H./ Weber, U./ Zapf, W. (1991). Alltagsmaschinen. Die Folgen der Technik in Haushalt und Familie. Berlin

Hardach-Pinke, J. (1981). Kinderalltag. Frankfurt/ Main

Hareven, T. K. (Ed.) (1978). Transitions: The family and the life course in historical perspective. New York

Hareven, T. K. (1981). Historical changes in the timing of family transitions: Their impact on generational relations: Stability and change in the family. New York

Hareven, T. K. (1982). Family time and industrial time. New York

Hareven, T. K. (1982). The life course and aging in historical perspective. In: Hareven, T. K./ Adams, K. (Ed.): Aging and life course transitions. New York

Hareven, T. K. (1986). Historical changes in the social construction of the life course. In: Human Development, 29, 171–177

Hareven, T. K. (1987). Family History at the crossroads. In: Journal of Family History, 12, 9–23

Hareven, T. K. (1991). The history of the family and the complexity of social change. In: American Historical Review, 96, 95–124

Hareven, T. K./ Langenbach, R. (1978). Amoskeag: Life and work in an American factory. New York

Hareven, T. K./ Masoaka, K. (1988). Turning points and transitions: Perceptions of the life course. In: Journal of Family History, 13, 271–289

Hartmann, E. v. (1923). Gedanken über Staat, Politik, Sozialismus. Leipzig

Hartshorne, Th./ Manaster, G. J. (1982). The relationship with grandparents: contact, importance, role-concepts. In: International Journal of Aging and Human Development, 15, 233–245

Hauser, K. (1983). Identitätsentwicklung. New York

Hayward, M. D./ Grady, W. R./ McLaughlin, S. D. (1988). Recent changes in mortality and labor force behavior among older Americans. In: Demography, 25, 371–386

Hedke-Becker, A./ Schmidtke, C. (1985). Frauen pflegen ihre Mütter. Eine Studie zu Bedingungen häuslicher Altenpflege. Frankfurt/ Main

Hegel, G. F. W. (1972). Grundlagen der Philosophie des Rechts. Frankfurt/ Main

Hegner, F./ Lakemann, U. (1989). Familienhaushalt und Erwerbstätigkeit. In: Nave-Herz, R./ Markefka, M. (Hg.): Handbuch der Familien- und Jugendforschung, Bd. 1: Familienforschung. Neuwied

Heinz, W. R. (1985). Jugend und Arbeit: Kontinuität und Diskontinuität. In: Baacke, D./ Heitmayer, W. (Hg.): Neue Widersprüche: Jugend in den 80er Jahren. München

Helberger, C./ Schwarze, J. (1986). Umfang und Struktur der Nebenerwerbstätigkeit in der Bundesrepublik Deutschland. In: Mitteilungen aus der Arbeitsmarkt- und Berufsforschung, 19, 271–286

Herget, H. et al. (1987). Berufsausbildung abgeschlossen – was dann? Ergebnisse einer Längsschnittuntersuchung zum Übergang der Jugendlichen nach Abschluß einer betrieblichen Berufsausbildung in das Beschäftigungssystem. Berlin

Hernes, H. M. (1984). Women and the welfare state: The transition from private to public dependence. In: Holter, H. (Ed.): Patriarchy in a welfare society. Oslo

Hernes, H. M. (1987). Welfare state and woman power. Essays in state feminism. Oxford

Hess, B. B./ Waring, J. M. (1978). Parent and child in later life: Rethinking the relationship. In: Lerner, R. M./ Spanier, G. B. (Ed.): Child influences on marital and family interaction. New York

Hess, R. D./ Handel, G. (1959). Family worlds: A psychosocial approach to family life. Chicago

Heuvel, A. V. (1988). The timing of parenthood and intergenerational relations. In: Journal of Marriage and the Family, 50, 483–481

Heuwinkel, D. e. a. (1984). Lebenssituation von Jugendlichen und jungen Erwachsenen. Befragungsergebnisse zum Jugendkompaß-Niedersachsen. Hannover

Hill, R. (1965). Decision making and the family life cycle. In: Shanas, E./ Streib, G. (Ed.): Social structure and the family: Generational relations. Englewood Cliffs

Hill, R./ Foote, N./ Aldous, J./ Carlson, R./ McDonald, R. (1970). Family development in three generations. Cambridge

Hirschman, A. O. (1991). The rhetoric of reaction. Princeton

Hobbs, F./ Lippman, L. (1990). Children's well-being: An international comparison. Washington

Hochschild, A./ Machung, A. (1989). The second shift: Working parents and the revolution at home. New York

Hochschild, A. R. (1991). The need for nurture and the culture of coolness: A study of advice books for women. In: Zapf, W. (Hg.): Die Modernisierung moderner Gesellschaften. Verhandlungen des 25. Deutschen Soziologentages in Frankfurt am Main 1990. Frankfurt/ Main

Hockerts, H. G. (1980). Sozialpolitische Entscheidungen im Nachkriegsdeutschland. Stuttgart

Hoem, B./ Hoem, J. M. (1989). The impact of women's employment on second and third birth in modern Sweden. In: Population Studies, 43, 47–67

Hoffmann-Nowotny, H. J. (1988). Beziehungsformen im 21. Jahrhundert. Vortrag anläßlich der 25th Anniversary Celebration des Centrum voor Bevolkings- en Gezinstudien. Brüssel, 25./ 26. November 1988

Hoffmann-Nowotny, H. J. (1988). Weibliche Erwerbstätigkeit und Kinderzahl. In: Gerhardt, U./ Schütze, Y. (Hg.): Frauensituation. Veränderungen in den letzten Jahren. Frankfurt/ Main

Hoffman, L. W./ Manis, J. D. (1982). The value of children in the United States. In: Nye, F. I. (Ed.): Family relationships. Reward and costs. London

Homans, G. C. (1969). Theorie der sozialen Gruppe. Köln

Hornstein, H. A. (1976). Cruelty and kindness – A new look at agression and altruism. Englewood Cliffs

Horowitz, A. (1985). Sons and daughters as caregivers to older parents: Differences in the role performance and consequences. In: The Gerontologist, 25, 612–617

Horowitz, A./ Shindelman, L. W. (1983). Reciprocity and affection: Past influences on current caregiving. In: Journal of Gerontological Social Work, 5, 5–20

Horx, M. (1989). My generation. In: Zeitmagazin, Nr. 16, 55–67

Höllinger, F. (1987). Familie und außerfamiliäre Netzwerke als Basis für soziale Hilfeleistungen. In: Haller, M./ Holm, K. (Hg.): Werthaltungen und Lebensformen in Österreich. Wien

Höllinger, F. (1989). Familie und soziale Netzwerke in fortgeschrittenen Industriegesellschaften. Eine vergleichende empirische Studie in sieben Nationen. In: Soziale Welt, 40, 513–537

Höllinger, F. (o.J.). Familie und soziale Netzwerke in fortgeschrittenen Industriegesellschaften. Hektographiertes Manuskript. Graz

Höpflinger, F. (1987). Wandel der Familienbildung in Westeuropa. Frankfurt/ Main

Höpflinger, F. (1991). Neue Kinderlosigkeit: Demographische Trends und gesellschaftliche Spekulationen. In: Acta Demographica, 2, 81–100

Höpflinger, F./ Charles, M. (1990). Innerfamiliale Arbeitsteilung: Mikrosoziologische Erklärungsansätze und empirische Beobachtungen. In: Zeitschrift für Familienforschung, 2, 87–113

Höpflinger, F./ Charles, M./ Debrunner, A. (1991). Familienleben und Berufsarbeit. Zum Wechselverhältnis zweier Lebensbereiche. Zürich

Hullen, G. (1991). Besprechung von Becker, H. A., Life histories and generations. In: Zeitschrift für Bevölkerungswissenschaft, 15, 510–512

Hurd, M. D. (1990). Research on the elderly: Economic status, retirement, and consumption and saving. In: Journal of Economic Literature, 28, 565–637

Hurrelmann, K. et al. (1985). Lebensphase Jugend. Eine Einführung in die sozialwissenschaftliche Jugendforschung. Weinheim

Hurtebise, R. (1989). L'amour, le soi et la société. Sociologie de la connaissance amoureuse dans les correspondances québécoises (1860–1968). Unveröffentlichte Habilitationsschrift. Université de Montréal. Montréal

Huston, T. L. (1983). Power. In: Kelley, H. H. et al. (Ed.): Close relationships. New York

ILO (1988). Work and family: The child care challenge. Geneva

Jaeger, H. (1977). Generationen in der Geschichte. In: Geschichte und Gesellschaft, 3, 429–452

Jacobs, K./ Kohli, M./ Rein, M. (1991). Testing the industry-mix hypothesis of early exit. In: Kohli, M./ Rein, M./ Guillemard, A.-M./ Van Gunsteren, H. (Ed.): Time for retirement: Comparative studies of early exit from the labor force. Cambridge/New York

Jacobs, K./ Kohli, M. (1990). Der Trend zum früheren Ruhestand: Die Entwicklung der Erwerbsbeteiligung der Älteren im internationalen Vergleich. In: WSI-Mitteilungen, 43, 498–509

Jakobs, J. A. (1989). Revolving doors: Sex segregation and women's careers. Stanford

Jallinoja, R. (1989). Women between the family and employment. In: Boh, K./ Bak, M. et al. (Ed.): Changing patterns of European family life. London

Jameson, F. (1991). Postmodernism, or the cultural logic of late capitalism. London

Janowitz, M. (1976). Social control of the welfare state. New York

Jarret, W. H. (1985). Caregiving within kinship systems: Is affection really necessary? In: The Gerontologist, 25, 5–10

Jencks, C. (1990). Was ist Postmoderne?. Zürich

Johnson, C. L. (1985). Grandparenting options in divorcing families: An anthropological perspective. In: Bengtson, V. L., Robertson, J. F. (Ed.): Grandparenthood. Beverly Hills

Johnson, P./ Conrad, C./ Thomson, D. (Eds.) (1989). Workers versus pensioners. Manchester

Jones, E. (1913). Generations-Umkehrungsphantasie. In: Internationale Zeitschrift für ärztliche Psychoanalyse, 1, 6

Jörges, B. (1988). Large technical systems: Concepts and issues. In: Mayntz, R./ Hughes, T. P. (Ed.): The development of large technical systems. Frankfurt/ Main

Jugendwerk der Deutschen Shell (Hg.) (1981). Shell Studie '81. Lebensentwürfe, Alltagskulturen, Zukunftsbilder. Hamburg

Jugendwerk der deutschen Shell (1985). Jugendliche und Erwachsene '85, Bde. 1–5. Leverkusen

Kagan, J. (1971). Change and continuity in infancy. New York

Kagitcibasi, C. (1982). Sex roles, values of children and fertility in Turkey. In: Kagitcibasi, C. (Ed.): Sex roles, family and community in Turkey. Bloomington

Kagitcibasi, C. (1990). Family and home-based intervention. In: Brislin, R. W. (Ed.): Applied cross-cultural psychology. London

Kahn, A. J./ Kamermann, S. B. (1988). Public policy and income insecurity. Change and challenges in western societies. In: Meulders-Klein, M. T./ Eekelaar, J. (Ed.): Famille, état et sécurité économique d'existence. Bruxelles

Kaldor, D. R./ Eldrige, E. B. L./ Arthur, I. W. (1962). Occupational plans of Iowa farm boys. Ames

Kamerman, S. B./ Kahn, A. J. (1988). Social policy and children in the United States and Europe. In: Palmer, J. L./ Smeeding, T./ Torrey, B. B. (Ed.): The vulnerable. Washington

Kamerman, S.B./ Kahn, A.J. (1988). What Europe does for single-parent families. In: The Public Interest, 93, 70–86

Kant, I. (1977). Idee zu einer allgemeinen Geschichte in weltbürgerlicher Absicht. In: Kant, I. (Hg.): Schriften zur Anthropologie, Geschichtsphilosophie, Politik und Pädagogik, Bd. 1. Frankfurt/ Main

Kasparian, L./ Borkowski, J. L. (1991). Les circonstances d'entrée dans les établissements sociaux. Paris

Kaufmann, F.-X. (1960). Die Überalterung. Ursachen, Verlauf wirtschaftliche und soziale Auswirkungen des demographischen Alterungsprozesses. Zürich

Kaufmann, F.-X. (1980). Sozialpolitik und familiale Sozialisation. Zur Wirkung öffentlicher Sozialleistungen. Schriftenreihe des BMfJFG, Band 76. Stuttgart

Kaufmann, F.-X. (1983). The churches and the emergent welfare state in Germany. In: Kaufmann, F.-X. (Ed.): Concern: The welfare state (three papers). Bielefeld

Kaufmann, F.-X. (1983). The welfare state. In: Institut für Bevölkerungsforschung und Sozialpolitik (Hg.): IBS-Materialien Nr. 11. Bielefeld

Kaufmann, F.-X. (1984). Demographische Bedingungen einer Optimierung der wirtschaftlichen Gesamtbelastungsquote der erwerbstätigen Generation. In: Birg, H. et al. (Hg.): Zusammenhänge zwischen Bevölkerungs- und Wirtschaftsentwicklung in der Bundesrepublik. Wiesbaden

Kaufmann, F.-X. (1984). Solidarität als Steuerungsform – Erklärungsansätze bei Adam Smith. In: Kaufmann, F.-X./ Krüsselberg, H.-G. (Hg.): Markt, Staat und Solidarität bei Adam Smith. Frankfurt/ Main

Kaufmann, F.-X. (1988). Familie und Modernität. In: Lüscher, K./ Schultheis, F./ Wehrspaun, M. (Hg.): Die ›postmoderne‹ Familie. Konstanz

Kaufmann, F.-X. (1988a). Steuerung wohlfahrtstaatlicher Abläufe durch Recht. In: Grimm, D./ Maihofer, W. (Hg.): Gesetzgebungstheorie und Rechtspolitik. Jahrbuch für Rechtssoziologie und Rechtstheorie, Nr. 13.

Kaufmann, F.-X. (1990a). Zukunft der Familie. Stabilität, Stabilitätsrisiken und Wandel der familialen Lebensformen sowie ihre gesellschaftlichen und politischen Bedingungen. München

Kaufmann, F.-X. (1990b). Sozialpolitik und Bevölkerungsprozeß. In: Birg, H./ Mackensen, R. (Hg.): Demographische Wirkungen politischen Handelns. Frankfurt/ Main

Kaufmann, F.-X./ Engelbert, A./ Herlth, A./ Meyer, B./ Strohmeier, K. P. (1989). Netzwerkbeziehungen von Familien. Wiesbaden

Kaufmann, F.-X./ Leisering, L. (1984). Studien zum Drei-Generationen-Vertrag. Institut für Bevölkerungsforschung und Sozialpolitik. Bielefeld

Kaufmann, J.-C. (1988). La chaleur du foyer. Méridiens-Klinsieck

Kellerhals, J./ Coenen-Huther, J./ Modak, M. (1988). Figures de l'équité. Paris

Kellerhals, J./ Troutot, J. Y. (1987). Milieu social et types de familles. In: Annales de Vaucresson: histoires des vies, histoires de familles, trajectoires sociales, 26, 113–132

Kellner, D. (1988). Postmodernism as social theory: Some challenges and problems. In: Theory, Culture and Society, 5, 239–270

Kempeneers, M. (1988). Le travail féminin: analyse démographique de la discontinuité professionelle des femmes au Canada. Montréal

Kerber, U. (1986). Informelle Netzwerkhilfe und sozialstaatliche Unterstützung bei hilfebedürftigen Haushalten. In: Glatzer, W./ Berger-Schmitt, R. (Hg.): Haushaltsproduktion und Netzwerkhilfe. Frankfurt/ Main

Kertzer, D. (1983). Generations as a sociological problem. In: Annual Review of Sociology, 9, 125–149

Keupp, H. (1985). Psychisches Leiden und alltäglicher Lebenszusammenhang aus der Perspektive sozialer Netzwerke. In: Röhrle, B./ Stark, W. (Hg.): Soziale Netzwerke und Stützsysteme. Perspektiven für die klinisch-psychologische und gemeindepsychologische Praxis. Tübingen

Kickbusch, I. (1984). Familie als Beruf – Beruf als Familie. Der segregierte Arbeitsmarkt und die Familialisierung der weiblichen Arbeit. Frankfurt/ Main

Kivnick, H. Q. (1982). Grandparenthood: An overview of meaning and mental health. In: The Gerontologist, 22, 59–66

Kivnick, H. Q. (1983). Dimensions of grandparenthood meaning: Deductive conceptualization and empirical derivation. In: Journal of Personality and Social Psychology, 44, 1056–1068

Klijzing, E./ Siegers, J. et al. (1988). Static versus dynamic analysis of the interaction between female labour-force participation and fertility. In: European Journal of Population, 4, 97–116

Klusmann, D./ Bruder, J./ Lauter, H./ Lüders, I. (1981). Beziehungen zwischen Patienten und ihren Familienangehörigen bei chronischen Erkrankungen des höheren Lebensalters. Teilprojekt A 16 Sonderforschungsbereich 115 der Deutschen Forschungsgemeinschaft. Hamburg

Kobak, R. R./ Hazan, C. (1991). Attachment in marriage: Effects of security and accuracy of working models. In: Journal of Personality and Social Psychology, 60, 861–869

Kobak, R. R./ Sceery, A. (1988). Attachment in late adolescence: Working models, affect regulation and representations of self and others. In: Child Development, 59, 135–145

Kobrin, F. E./ Da Vanzo, J. (1984). Leaving home and the transition to adulthood. Santa Monica

Kobrin, F. E./ Waite, L. (1983). Effects of family stability and nestleaving patterns on the transitions to marriage. In: Journal of Marriage and the Family, 46, 807–816

Kohli, M. (1985). Die Institutionalisierung des Lebenslaufs. Historische Befunde und theoretische Argumente. In: Kölner Zeitschrift für Soziologie und Sozialpsychologie, 37, 1–29

Kohli, M. (1989). Moralökonomie und ›Generationenvertrag‹. In: Haller, M. et al. (Hg.): Kultur und Gesellschaft. Frankfurt/ Main

Kohli, M. (1993). Arbeitsmarktperspektiven und Tätigkeitsformen der Älteren in einer alternden Gesellschaft. In: Behrens, J./ Voges, W. (Hg.): Statuspassagen und Institutionalisierung. Weinheim

Kohli, M./ Gather, C./ Künemund, H./ Mücke, B./ Schürkmann, M./ Voges, W./ Wolf, J. (1989). Je früher – desto besser? Die Verkürzung des Erwerbslebens am Beispiel des Vorruhestandes in der chemischen Industrie. Berlin

Kohli, M./ Rein, M./ Guillemard, A.-M./ Van Gunsteren, H. (Ed.) (1991). Time for retirement: Comparative studies of early exit from labor force. Cambridge

Kohn, M./ Slomczynski, K. M./ Schoenbach, C. (1987). Social stratification and the transmission of values in the family. In: Sociological Forum, 1, 73–102

Kohn, M. L. (1977). Class and conformity: A study in values. Chicago

Konig, D. T. (1979). Law and society in puritan Massachusetts. Chapel Hill

Kornadt, H. J. (1989). Frühe Mutter-Kind Beziehungen im Kulturvergleich. In: Trommsdorff, G. (Hg.): Sozialisation im Kulturvergleich. Stuttgart

Kornhaber, A./ Woodward, K. L. (1981). Grandparents/ Grandchildren. The vital connection. New York

Köhler, M. (1977). Postmodernismus: Ein begriffsgeschichtlicher Überblick. In: Amerikastudien, 22, 8–18

König, R. (1972). Familie und Familiensoziologie. In: Bernsdorf, W. (Hg.): Wörterbuch der Soziologie, 3 Bde. Frankfurt/ Main

König, R. (1974 (1945)). Materialien zur Soziologie der Familie. Köln

König, R. (1978). Die Familie der Gegenwart. München

Krappmann, L. (1978). Soziologische Dimensionen der Identität. Stuttgart

Krappmann, L. (1988). Über die Verschiedenheit der Familien alleinerziehender Eltern – Ansätze zu einer Typologie. In: Lüscher, K./ Schultheis, F./ Wehrspaun, M. (Hg.): Die ›postmoderne‹ Familie. Konstanz

Krombholz, H. (1989). Zusammenhänge zwischen mütterlicher Berufstätigkeit und Schulleistungen in der Grundschule. In: Zeitschrift für Familienforschung, 1, 28–34

Kruse, A./ Söderström, L. (1989). Early retirement in Sweden. In: Schmähl, W. (Ed.): Redefining the process of retirement: An intergenerational perspective. Heidelberg

Krüger, H. H. (1989). Zum Wandel der Lebensphase Jugend in der Bundesrepublik Deutschland nach 1945. Opladen

Kuhn, T. S. (1978 (1962)). Die Struktur wissenschaftlicher Revolutionen. Frankfurt/ Main

Künzler, J. (1990). Familiale Arbeitsteilung bei Studierenden mit Kleinkindern – Erste Ergebnisse einer Zeitbudgetstudie. In: Zeitschrift für Soziologie, 19, 376–384

Kytir, J./ Münz, R. (1991). Wer pflegt uns im Alter? In: Zeitschrift für Sozialisationsforschung und Erziehungssoziologie, 11, 332–354

Laczko, F./ Phillipson, C. (1991). Great Britain: The contradictions of early exit. In: Kohli, M./ Rein, M./ Guillemard, A.-M./ Van Gunsteren, H. (Ed.): Time for retirement: Comparative studies of early exit from the labor force. Cambridge

Lamb, M./ Sternberg, K. J./ Hwang, C. P./ Broberg, A. G. (Ed.) (1992). Child care in context. Cross-cultural perspectives. Hillsdale

Lamb, M. E. (1987). The fathers role: Cross-cultural perspectives. Hillsdale

Lampert, H. (1989). Familie heute – Sozialökonomische Analyse ihrer Lebenslagen. In: Wingen, M. (Hg.): Familie im Wandel – Situation, Bewertung, Schlußfolgerungen. Köln

LaRossa, R. (1986). Becoming a parent. London

Lasch, C. (1977). Haven in a heartless world. New York

Lauber, K. e. a. (1980). Mit achtzehn schon erwachsen? Auswirkungen der Herabsetzung des Volljährigkeitalters. München

Le Bras, H. (1981). Le cycle de la vie familial: une nouveauté déjà périmée? In: Dialogue, 72, 87–102

Le Bras, H. (1982). Evolution des liens de famille au cours de l'existence. In: Actes du 7ème colloque national de Démographie. Paris

Le Bras, H./ Todd, E. (1981). L'invention de la France. Paris

Lee, G. R. (1979). Effects of social networks on the family. In: Burr, W. R. et al. (Ed.): Contemporary theories about the family, Bd. 1. New York

Lefaucheur, N. (1987). Les beaux-enfants et leur représentation en pédo-psychatrie. In: Dialogue, 97, 12–25

Lefaucheur, N. (1988). La catégorie »Familles monoparentales« à l'épreuve du temps. In: Actes du Colloque de Liège 1987 (Ed.): La dynamique familiale et les constructions sociales du temps. Université de Liège

Lefaucheur, N./ Le Drian, M.-F. (1980). Mères célibataires: trajectoires sociales et modèles familiaux. Histoires de Marie Lambert, récits de vies à bâtons rompus. Paris

Le Gall, D./ Martin, C. (1988). Le réseau de parenté après la désunion. Caisse Nationale des Allocations Familiales Paris, Centre de Recherche sur le Travail Social. Caen

Leibfried, S. (1990). Soziale Grundsicherung – Das Bedarfsprinzip in der Sozial- und Gesellschaftspolitik der Bundesrepublik Deutschland. In: Vobruba, G. (Hg.): Strukturwandel der Sozialpolitik. Frankfurt/ Main

Leisering, L. (1992). Sozialstaat und demographischer Wandel: Wechselwirkungen – Generationenverhältnisse – politisch-institutionelle Steuerung. Frankfurt/ Main

Lemaire, J. (1984). La réalité informe, le mythe structure. In: Dialogue, 84, 3–23

Lenoir, R. (1985). Transformations du familialisme et reconversions morales. In: Actes de la recherche en sciences sociales, 59, 3–47

Le Play, F. (1855). Les ouvriers européens. Paris

Le Play, F. (1864). La réforme sociale en France. Paris

Le Play, F. (1871). L'organisation de la famille. Paris

Lesemann, F./ Chaume, C. (1989). Famille-Providence. La part de l'Etat. Montréal

LeVine, Robert A. (1987). Comparative notes on the life course. In: Hareven, T. (Ed.) Transitions: The family and the life course in historical perspective. New York

Lewis, R. A./ Spanier, G.B. (1982). Marital quality, marital stability and social exchange. In: Nye, I.F. (Ed.) Family relationships. Rewards and costs. Beverly Hills

Le Wita, B. (1991). L'énigme des trois générations. In: Segalen, M. (Ed.): Jeux de familles. Paris

Linder, P. (1982). Aufwendungen für die nachwachsende und ältere Generation und Auswirkungen der demographischen Entwicklung. In: Baden-Württemberg in Wort und Zahl, 30, 282–287; 314–321

Litke, S. (1989). Das Verhältnis von Erwerbsarbeit und Ruhestand als Problem der Rentenversicherung. Diplomarbeit, Fakultät für Soziologie. Bielefeld

Litwak, E. (1960a). Geographic mobility and extended family cohesion. In: American Sociological Review, 25, 385–394

Litwak, E. (1960b). Occupational mobility and extended family cohesion. In: American Sociological Review, 25, 9–21

Litwak, E. (1965). Extended kin relations in an industrial democratic society. In: Shanas, E./ Streib, G. F. (Ed.): Social structure and the family: Generational relations. Englewood Cliffs

Lopata, H. A. (1979). Women as widows: Support systems. New York

Lorenzer, A. (1970). Sprachzerstörung und Rekonstruktion. Vorarbeiten zu einer Metatheorie der Psychoanalyse. Frankfurt/ Main

Lovreau, R. (1978). L'Etat – inconscient. Paris

Luhmann, N. (1981). Politische Theorie im Wohlfahrtsstaat. München

Luhmann, N. (1990). Amour comme passion. Paris

Lupri, E. (1969). Contemporary authority patterns in the West German family. In: Journal of Marriage and the Family, 31, 134–144

Luria, Z. (1986). A methodological critique. In: Signs, 11, 316–321

Lutz, B. (1989). Technik in Alltag und Arbeit. Berlin

Lüschen, G. (1988). Familial-verwandtschaftliche Netzwerke. In: Nave-Herz, R. (Hg.): Wandel und Kontinuität in der Familie der Bundesrepublik Deutschland. Stuttgart

Lüscher, K. (1980). Autorität in der Familie. In: Bildung und Erziehung, 33, 57–69

Lüscher, K. (1982). Familienpolitik und Wissenssysteme: Das Beispiel der Elternbildung. In: Kaufmann, F.-X. (Hg.): Staatliche Sozialpolitik und Familie. München

Lüscher, K. (1986). Die Aktualität zeitgenössischer Musik. Überlegungen zu Witold Lutoslawskis Aleatorik. In: Neue Züricher Zeitung, 15./16.2.1986

Lüscher, K. (1986). Familie als Solidargemeinschaft aller Familienangehörigen – Erwartungen und Möglichkeiten. In: Fichtner, O. (Hg.): Familie und soziale Arbeit. Familienideal, Familienalltag – Neue Aufgaben für die soziale Arbeit. Frankfurt/ Main

Lüscher, K. (1988). Der prekäre Beitrag von Familie zur Konstitution personaler Identität. In: Zeitschrift für Evangelische Ethik, 32, 250–259

Lüscher, K. (1989). Von der ökologischen Sozialisationsforschung zur Analyse familialer Aufgaben und Leistungen. In: Nave-Herz, R./ Markefka, M. (Hg.): Handbuch der Familien- und Jugendforschung, Bd. 1: Familienforschung. Neuwied

Lüscher, K. (1990). The social meaning of family policy. Manuskript. Konstanz

Lüscher, K. (1990). The social reality of perspectives: On G. H. Meads's potential relevance for the analysis of contemporary societies. In: Symbolic Interaction, 10, 1–18

Lüscher, K./ Koebbel, I./ Fisch, R. (1984). Elternbildung durch Elternbriefe. Möglichkeiten und Grenzen einer aktuellen familienpolitischen Maßnahme. Konstanz

Lüscher, K./ Lange, A. (1992). Konzeptuelle Grundlagen einer Politik für Kinder. In: Zeitschrift für Sozialisationsforschung und Erziehungssoziologie, 12, 204–218

Lüscher, K./ Schultheis, F. (1988). Die Entwicklung von Familienpolitik – Soziologische Überlegungen anhand eines regionalen Beispiels. In: Nave-Herz, R. (Hg.): Wandel und Kontinuität der Familie in der Bundesrepublik Deutschland. Stuttgart

Lüscher, K./ Schultheis, F./ Wehrspaun, M. (Hg.) (1988). Die postmoderne Familie. Familiale Strategien und Familienpolitik in einer Übergangszeit. Konstanz

Lüscher, K./ Stein, A. (1985). Die Lebenssituation junger Familien – die Sichtweise der Eltern. Konstanz

Lüscher, K./ Wehrspaun, M. (1985). Identitätszuschreibung als familiale Leistung. In: Schweizerische Zeitschrift für Psychologie, 44, 197–219

Lüscher, K./ Wehrspaun, M./ Lange, A. (1989). Begriff und Rhetorik von Familie. In: Zeitschrift für Familienforschung, 1, 61–76

Lyotard, J.-F. (1988). The postmodern condition. Minneapolis

Lyson, T. A. (1982). Stability and change in farming plans: Results from a longitudinal study of young adults. In: Rural Sociology, 47, 544–556

Lyson, T. A. (1984). Pathways into production agriculture: Results from a longitudinal study of young adults. In: Shwarzweller, H. K. (Ed.): Research in rural sociology and development. Greenwich

Maccoby, E. E./ Jacklin, C. N. (1974). The psychology of sex differences. Stanford

Mace, N. L./ Rabins, P. V. (1981). The 36-hour day. Baltimore

Maier, K. U./ Wagner, M. (1986). Der Auszug von Kindern aus dem elterlichen Haushalt. Ein Erklärungsmodell für die Geburtenjahrgänge 1929–31, 1939–41 und 1949–51. In: Zimmermann, K. F. (Hg.): Demographische Probleme der Haushaltsökonomie. Bochum

Main, M./ Kaplan, N./ Cassidy, J. (1985). Security, in infancy, childhood, and adulthood: A move to the level of representation. In: Bretherton, I. et al. (Ed.): Growing points of attachment. Theory and research. Monographs of the Society for Child development. Chicago

Malloy, R. P. (1990). Market philosophy in the legal tension between children's autonomy and parental authority. In: Moffat, R. C. L. et al. (Ed.): Perspectives on the family. Lewiston

Mannheim, K. (1928). Das Problem der Generationen. In: Maus, H./ Fürstenberg, F. (Hg.): Wissenssoziologie. Darmstadt

Mannheim, K. (1952 (1928)). The problem of generations. In: Kecskemeti, D. (Ed.): Essays on the sociology of knowledge. London

Mannheim, K. (1964). Das Problem der Generation. In: Mannheim, K. (Hg.): Wissenssoziologie. Berlin

Mannheim, K. (1990). Le problème des générations. Paris

Marbach, J. H. (1989). Soziale Netzwerke von Familien. Wer hat, dem wird gegeben. In: Gaiser, W. et al. (Hg.): Familienalltag. Ein Report des Deutschen Jugendinstituts. Frauensichten – Männersichten. Reinbek

Marìas, J. (1968). Generations: The concept. In: Sills, D. L. (Ed.): Encyclopedia of the Social Sciences. 6 Bde.

Marìas, J. (1987). The structure of society. Tuscaloosa

Marshall, Th. H. (1992). Bürgerrechte und soziale Klassen. Zur Soziologie des Wohlfahrtsstaates. Frankfurt/ Main

Marshall, V. W. (1984). Tendencies in generational research: From generation to the cohort and back to generation. In: Garms-Homolová, V/ Hoerning, E. M./ Schäffer, D. (Ed.): Intergenerational relationships. Leviston

Matthes, J. (1985). Karl Mannheims »Das Problem der Generation« neu gelesen. Generations»gruppen« oder »gesellschaftliche Regelung von Zeitlichkeit«. In: Zeitschrift für Soziologie, 14, 363–372

Matthews, S. H. (1987). Provision of care to old parents: Division of responsibility among adult children. In: Research on Aging, 9, 45–60

Matthews, S. H./ Sprey, J. (1984). The impact of divorce on grandparenthood: An exploratory study. In: The Gerontologist, 24, 41–47

Maurisson, M.-A./ Marchand, O. (1990). Structures familiales et marchés du travail dans les pays développés. In: Economie et Statistique, 19–30

Mauss, M. (1978). Soziologie und Anthropologie, 2 Bde. Frankfurt/ Main

Mauss, M. (1981). Oeuvres, 3 Bde. Paris

Mayer, K. U./ Müller, W. (1988). Individualisierung und Standardisierung im Strukturwandel der Moderne. In: Weymann, A. (Hg.): Handlungsspielräume. Stuttgart

Mayr-Kleffel, V. (1991). Frauen und ihre sozialen Netzwerke. Auf der Suche nach einer verlorenen Ressource. Opladen

McAuley, W. J./ Bliezner, R. (1985). Selection of long-term care arrangements by older community residents. In: The Gerontologist, 25, 188–193

McChesney, K. Y./ Bengtson, V. L. (1988). Solidarity, integration, and cohesion in families: Concepts and theories. In: Mangen, D./ Bengston, V. L./ Landry, P. Jr (Ed.): Measurement of intergenerational relations. Newbury Park

McLanahan, S./ Bumpass, L. (1988). Intergenerational consequences of family disruption. In: American Journal of Sociology, 94, 130–152

Mead, G. H. (1932). The philosophy of the present. La Salle

Mead, G. H. (1964 (1927)). The objective reality of perspectives. In: Reck, A. J. (Ed.): Selected writings. Indianapolis

Mead, M. (1971). Der Konflikt der Generationen. Olten

Medick, H./ Sabean, D. (1984). Emotionen und materielle Interessen. Sozialanthropologische und historische Beiträge zur Familienforschung. Göttingen

Memmi, A. (1991). Le fardeau du pourvoyeur. In: Déchamp-LeRoux, C. (Ed.): Figures de la dépendance autour d'Albert Memmi. Colloque de Cherisy-la-Salle. Paris

Menahem, G. (1979). Les mutations de la famille et les modes de reproduction de la force de travail. In: L'Homme et la Société, 51–54

Menthonnex, J. (1981). Analyse par cohortes et modélisation de la fécondité. Application à la Suisse. Genève

Mesmer, B. (1986). Generationenfrage einst und jetzt. In: Schritte ins Offene, 16, 2–4

Meyer, S./ Schulze, E. (1989). Fernseher contra Waschmaschine – Wie Familienstrukturen auf Technik wirken. In: Wagner, G./ Notburga, O./ Hoffmann-Nowotny, H.-J. (Hg.): Familienbildung und Erwerbstätigkeit im demographischen Wandel. Berlin

Meyrowitz, J. (1985). Die Fernseh-Gesellschaft. Wirklichkeit und Identität im Medienzeitalter. Weinheim

Michel, A. (1960). Les aspects sociologiques de la notion de famille dans la législation française. In: L'Année sociologique, 10, 79–107

Michel, A. (1989). The impact of marriage and children on the division of gender roles. In: Boh, K./ Bak, M. et al. (Ed.): Changing patterns of European family life. London

Mill, J. S. (1843). A system of logic, ratiocinative and inductive. London

Ministerio dell Interno (1992). Politiche sociali par l'infanzia e l'adoloscenza. Milano

Mintz, S. (1989). Regulating the American family. In: Journal of Family History, 14, 387–408

Mitterauer, M. (1976). Auswirkungen von Urbanisierung und Frühindustrialisierung auf die Familienverfassung an Beispielen des österreichischen Raums. In: Conze, W. (Hg.): Sozialgeschichte der Familie. Stuttgart

Mitterauer, M. (1989). Entwicklungstrends der Familie in der europäischen Neuzeit. In: Nave-Herz, R./ Markefka, M. (Hg.): Handbuch der Familien- und Jugendforschung, Bd. 1: Familienforschung. Neuwied

Moch, M./ Pajung-Bilger, B./ Frenz, A./ Lüscher, K. (1992). Veränderungen von Generationenbeziehungen nach einer Scheidung im mittleren Lebensalter. Zwischenbericht 15.2.1992 des Forschungsschwerpunktes ›Gesellschaft und Familie‹. Konstanz

457

Moen, P. (1985). Continuities and discontinuities in women's labor force activity. In: Elder, G. H. Jr. (Hg.): Life course dynamics: Trajectories and transitions, 1968–1980. Ithaca

Moen, P. (1989). Working parents: Transformation in gender roles and public politics in Sweden. Madison

Moen, P./ Dempster-McClain, D./ Williams, R. M. Jr. (1989). Social integration and longevity: An event history analysis of womens' roles and resilience. In: American Sociological Review, 54, 635–647

Moen, P./ Dempster-McClain, D./ Williams, R. M. Jr. (1992). Successful aging and women's multiple roles. In: American Journal of Sociology, 97, 1612–1638

Molnar, J. J./ Dunkelberger, J. E. (1981). The expection to farm: An interaction of background and experience. In: Rural Sociology, 46, 62–84

Mongin, O. (1991). La grande famille ou l'auberge espagnole. In: Esprit, 73–82

Montada, L. (1981). Entwicklung interpersonaler Verantwortlichkeit und interpersonaler Schuld. In: P.I.V.-Bericht, 1. Universität Trier (Hg.) Trier

Moors, H./ Koesoebjono, S. (1991). Die Akzeptanz fertilitätsbezogener politischer Maßnahmen: Ein internationaler Vergleich. In: Zeitschrift für Bevölkerungswissenschaft, 17, 3–31

Morgan, E. S. (1966). The puritan family. New York

Moroney, M. (1986). Shared responibility. Families and social policy. Hawthorne

Morse, S. J. (1979). Family law in transition: From traditional families to individual liberty. In: Tufte, V./ Myerhoff, B. (Ed.): Changing images of the family. New Haven

Mortimer, J./ Simmons, R. (1978). Adult socialization. In: Annual Review of Sociology, 4, 421–454

Mortimer, J./ Kumka, D. S. (1982). A further examination of the occupational linkage hypothesis. In: Sociological Quarterly, 23, 3–16

Mortimer, J. T./ Lorece, J./ Kumka, D. S. (1986). Work, family, and personality: Transitions to adulthood. Norwood

Murray, C. A. (1984). Loosing ground: American social policy 1950–1980. New York

Muxel, A. (1991). La mémoire familiale. In: Singly, de F. (Ed.): La famille, l'état des savoirs. Paris

Münz, R. (1983). Kinder als Last, Kinder als Lust?. In: Matthes, J. (Hg.): Krise der Arbeitsgesellschaft? Verhandlungen des 21. Deutschen Soziologentages. Frankfurt/ Main

Nadler, A. (1991). Help-seeking behavior: Psychological costs and instrumental benefits. In: Clarks, M. S. (Ed.): Prosocial behavior. London

Nash, L. L. (1978). Concepts of existence: Greek origins of generational thought. In: Daedalus, 107, 1–21

National Commission on children (1991). Beyond rhetoric. A new American agenda for children and families. Washington

Nauck, B. (1985). Ressourcen, Aufgabenallokation und familiale Spannungen. Abschlußbericht Teil 2. Oldenburg

Nauck, B. (1985). ›Heimliches Matriarchat‹ in Familien türkischer Arbeitsmigranten. In: Zeitschrift für Soziologie, 14, 450–465

Nauck, B. (1987). Erwerbstätigkeit und Familienstruktur. Weinheim

Nauck, B. (1988). Migration and change in parent-child relationships. In: International Migration, 26, 33–55

Nauck, B. (1989). Familien- und sozialpolitische Aspekte der Nachfrage vorschulischer Betreuung. In: Zeitschrift für Familienforschung, 1, 36–60

Nauck, B. (1989). Individualistische Erklärungsansätze in der Familienforschung: die rational-choice-Basis von Familienökonomie, Ressourcen- und Austauschtheorien. In: Nave-Herz, R./ Markefka, M. (Hg.): Handbuch der Familien- und Jugendforschung, Bd. 1: Familienforschung. Neuwied

Nave-Herz, R. (1988). Kontinuität und Wandel in der Bedeutung, in der Struktur und Stabilität von Ehe und Familie in der Bundesrepublik Deutschland. In: Nave-Herz, R. (Hg.): Wandel und Kontinuität der Familie in der Bundesrepublik Deutschland. Stuttgart

Nave-Herz, R./ Nauck. B. (1978). Familie und Freizeit. München

Neidhardt, F. (1975). Die Familie in Deutschland. Opladen

Neidhardt, W. (1966). Der Konflikt der Generationen. München

Nestmann, F./ Schmerl, C. (1990). Das Geschlechterparadox in der Social Support-Forschung. In: Schmerl, C./ Nestmann, F. (Hg.): Ist Geben seliger als Nehmen? Frauen und Social Support. Frankfurt/Main

Neugarten, B. L. (1968). Middle age and aging. Chicago

Neugarten, B. L. (1982). Age or need? Public policies older people. Beverly Hills

Neugarten, B. L./ Hagestad, G. O. (1976). Age and the life course. In: Binstock, R. H., Shanas, E. (Ed.): Handbook of aging and the social science. New York

Neyran, G./ Guillot, C. (1988). La socialisaton des enfants de parents isolés. Caisse Nationale des Allocations Familiales; Paris. CIMERSS, Aix-en-Provence

Nisbet, R. A. (1969). Community and power. New York

Noller, P./ Paul, G. (1991a). Jugendliche Computerfans. Selbstbilder und Lebensentwürfe – Eine empirische Untersuchung. Frankfurt/Main

Noller, P./ Paul, G. (1991b). Selbstbilder und Lebensentwürfe jugendlicher Computerfans. In: Lutz, B. (Hg.): Technik in Alltag und Arbeit. Berlin

Nolte, D. (1992). Moral für zwei. Geschlechtsspezifische Merkmale des guten Lebens?. In: FAZ 6.5.92,

Norvez, A. (1990). De la naissance à l'école. Santé, modes de garde et préscolarité dans la France contemporaine. Paris

Novak, M. (Ed.) (1987). The new consensus on family and welfare. Washington

Nowotny, H. (1989). Eigenzeit. Frankfurt/ Main

Nye, F. I. (1979). Choice, exchange, and the family. In: Burr, W. R./ Hill, R./ Nye, F. I./ Reiss, I. L. (Ed.): Contemporary theories about the family. General Theories/Theoretical Orientations, Bd. 2. New York

Nye, F. I. (1982). Family mini theories as special instances of choice and exchange theory. In: Nye, F. I. (Ed.): Family relationships. Beverly Hills

Nye, F. I./ McLaughlin, S. (1976). Role competence and marital satisfaction. In: Nye, F. I. (Hg.): Role structure and analysis of the family. Beverly Hills

Nye, F. I./ Rushing, W. (1969). Toward family measurement research. In: Hadden, J./ Borgatta, F. (Ed.): Marriage and family. Illinois

OECD (1988a). Employment outlook. Paris

OECD (1988b). Reforming public pensions. Paris

Olsen, D. H./ Russel, C. S./ Sprenkle, D. H. (1983). Circumplex model of marital and family systems: VI Theoretical update. In: Family Process, 22, 69–83

Oppenheimer, V. K. (1982). Work and the family: A study in social demography. New York

Ormezzano, J. (1982). Vivre avec la vieillerie de ses proches. In: Gérontologie et Société, 21

Ory, M. G. (1985). The burden of care. In: Generations (fall), 14–18

Oswald, H. (1989). Intergenerative Beziehungen (Konflikte) in der Familie. In: Nave-Herz, R./ Markefka, M. (Hg.): Handbuch der Familien- und Jugendforschung, Bd. 2: Jugendforschung. Neuwied

Oswald, H./ Boll, W. (1992). Das Ende des Generationenkonflikts? Zum Verhältnis von Jugendlichen und Eltern. In: Zeitschrift für Sozialisationsforschung und Erziehungssoziologie, 12, 30–51

Ott, N. (1986). Ausscheiden erwachsener Kinder aus dem elterlichen Haushalt. In: Zimmermann, K. F. (Hg.): Demographische Probleme der Haushaltsökonomie. Bochum

Paillat, P./ Attias-Donfut, C./ Clement, F./ Delbes, C./ Renaut, S./ Rozenkier, A. (1989). Passage de la vie active à la retraite. Paris

Parke, R. D. (1988). Families in life-span perspective: A multilevel developmental approach. In: Hetherington, E. M. et al. (Ed.): Child development in life-span perspective. Hillsdale

Parsons, T. (1943). The kinship system of the contemporary United States. In: American Anthropologist, 45, 22–38

Parsons, T. (1959 (1949)). The social structure of the family. In: Anshen, R. N. (Ed.): The family: Its function and destiny. New York

Percheron, A. (1985). Le domestique et le politique. In: Revue Française de Science Politique, 35, 5–17

Perrin-Espinasse, M. T./ Lefèbvre, B. (1991). Services urbains et personnes âgées dépendantes. Paris

Pfeil, E. (1967). Der Kohortenansatz in der Soziologie. In: Kölner Zeitschrift für Soziologie und Sozialpsychologie, 19, 645–657

Pfeil, E./ Ganzert, J. (1973). Die Bedeutung der Verwandten für die großstädtische Familie. In: Zeitschrift für Soziologie, 2, 366–383

Pfliegler, M. (1968). Generationenproblem. In: Deutsches Institut für Wissenschaftliche Pädagogik (Hg.): Lexikon der Pädagogik. Freiburg

Phillips, R. (1988). Putting asunder. Cambridge

Pinder, W. (1949 (1928)). Das Problem der Generationen in der Kunstgeschichte Europas. Köln

Pitaud, P. (1988). Le plan gérontologique départemental des Bouches du Rhône. Centre de Gérontologie Sociale de l'Université Aix-Marseille

Pitrou, A. (1977). Un processus de récupération du statut social: le cas des cadres non-diplômés. In: Sociologie du Travail, 1, 72–88

Pitrou, A. (1988). Familienpolitik und familiale Strategien. In: Lüscher, K./ Schultheis, F./ Wehrspaun, M. (Hg.): Die ›postmoderne‹ Familie. Familiale Strategien und Familienpolitik in einer Übergangszeit. Konstanz

Pitrou, A. (1988). Pour une lecture théorétique de l'articulation entre temps sociaux et projet familial. In: Actes du Colloque de Liège 1987 (Ed.): La dynamique familiale et les constructions sociales du temps. Université de Liège

Pitrou, A. (1990). Etapes du cycles de vie et vieillissement: modes d'approche et rapports entre générations. In: Actes de la chaire Quételet 1986 (Ed.): Populations agées révolution grise. Université de Louvain

Pitrou, A. (1991). La mise en place du Revenue Minimum d'Insertion dans les Alpes de Haute Provence: une chance pour le département. Aix-en-Provence

Pitrou, A. (1992). Les solidarités familiales. Vivre sans famille? Toulouse

Pleck, E. (1987). Domestic tyranny. New York

Pollner, M. (1987). Mundane reason. New York

Polyani, K. (1978). The great transformation. Frankfurt/ Main

460

Popenoe, D. (1987). Beyond the nuclear family: A statistical portrait of the changing family in Sweden. In: Journal of Marriage and the Family, 49, 173–183

Popenoe, D. (1988). Disturbing the nest. New York

Popenoe, D. (1991). Family decline in the Swedish welfare state. In: The Public Interest, 102, 65–77

Postmoderne und Dekonstruktion (1990). Texte französischer Philosophen der Gegenwart. Stuttgart

Pöschl, H. (1989). Formen des Zusammenlebens 1988. In: Wirtschaft und Statistik, 10, 627–634

Preston, S. H. (1975). Children and the elderly: Divergent paths for America's dependents. In: Demography, 21, 435–458

Preston, S. H. (1984). Children and the elderly. In: Scientific American, 251, 36–41

Pulkkinen, L. (1982). Self control and continuity from childhood to late adolescence. In: Baltes, P./ Brim, O. (Ed.): Life span development and behavior, Vol 4. New York

Pulkkinen, L./ Saastamoinen, M. (1986). Cross-cultural perspectives on youth violence. In: Apter, S. J./ Goldstein, A. P. (Ed.): Youth violence: Programs and prospects. New York

Quinton, D./ Rutter, M. (1988). Parenting breakdown: The making and breaking of intergenerational links. Avebury

Radbruch, G. (1961). Der Mensch im Recht. Göttingen

Raffin, T. (1987). L'amour romanesque. Mythe et réalité d'un mode féminin d'engagement matrimonial. In: Dialogue, 6, 96–104

Rammert, W. (1988). Technisierung im Alltag. In: Joerges, B. (Hg.): Technik im Alltag. Frankfurt/ Main

Rauh, S. (1990). Wertewandel in der Familie – die Entwicklung der Intimität. Frankfurt/Main

Rawls, J. (1990). Eine Theorie der Gerechtigkeit. Frankfurt/ Main

Rehbinder, M. (1968). Status – Kontrakt – Rolle. Wandlungen der Rechtsstruktur auf dem Weg zur offenen Gesellschaft. In: Berliner Festschrift für Ernst E. Hirsch. Berlin

Rehbinder, M. (1971). Wandlungen der Rechtsstruktur im Sozialstaat. In: Hirsch, E./ Rehbinder, M. (Hg.): Studien und Materialien zur Rechtssoziologie. Opladen

Reichenwallner, M./ Glatzer, W./ Bös, M. (1991). Die Einbindung älterer Menschen in familiale, nachbarschaftliche und andere Netzwerke. In: Deutsches Zentrum für Altersfragen (Hg.): Expertisen zum ersten Teilbericht der Sachverständigenkommission zur Erstellung des ersten Altenberichts der Bundesregierung. Berlin

Reimers, C./ Honig, M. (1989). The retirement process in the United States: Mobility among full-time work, partial retirement, and full retirement. In: Schmähl, W. (Ed.): Redefining the processs of retirement: An intergenerational perspective. Heidelberg

Reisberg, B. (1981). A guide to Alzheimer's disease. New York

Reisberg, B. (Ed.) (1983). Alzheimer's desease: The standard reference. New York

Reyher, L./ Kohler, H. (1986). Arbeitszeit und Arbeitsvolumen: Die empirische Basis der Arbeitszeit-Politik. In: Institut für Arbeitsmarkt- und Berufsforschung (Hg.): Arbeitszeit und flexible Altersgrenze. Nürnberg

Rheinstein, M. (1987). Einführung in die Rechtsvergleichung. München

Rhodes, R. (1989). Farm. New York

Riedel, M. (1969). Wandel des Generationenproblemes. Düsseldorf

Riehl, W. H. (1922). Vom Deutschen Land und Volke (Zaunert, P.). Jena

Riley, G. (1991). Divorce. New York

Riley, M. (1987). On the significance of age in sociology. In: American Sociological Review, 52, 1–14

461

Risse-Kappen, Th. (1991). Public opinion, domestic structure, and foreign policy in liberal democracies. In: World Politics, 479–512

Roberge, A. (1985). Réseau d'échange et parenté inconsciente. In: Anthropologie et Société, 9, 3–16

Roberts, R./ Richards, L./ Bengtson, V. L. (1991). Intergenerational solidarity in families (unveröff. Manuskript). Los Angeles

Roberts, R. E. L. (1991). Intergenerational solidarity in families: Untangling the ties that bind. In: Pfeifer, S. P./ Sussman, M. B. (Ed.): Families: Intergenerational and generational connections. New York

Roberts, R. E. L./ Bengtson, V. L. (1990). Is intergenerational solidarity an unidimensional construct?. In: Journal of Gerontology, 45, 12–20

Robertson, J. F. (1976). Significance of grandparents: Perceptions of young adult grandchildren. In: The Gerontologist, 16, 137–140

Robertson, J. F. (1977). Grandmotherhood: A study of role conceptions. In: Journal of Marriage and the Family, 39, 165–174

Rodmann, H. (1970). Eheliche Macht und der Austausch von Ressourcen im kulturellen Kontext. In: Kölner Zeitschrift für Soziologie und Sozialpsychologie, Sonderheft 14, 121–143

Rogers, R. G./ Rogers, A./ Bélanger, A. (1989). Active life expectancy among the elderly in the United States: Multistate life-table estimates and population projections. In: Milbank Quarterly, 67, 370–411

Rohner, R. P. (1975). They love me, they love me not: A worldwide study of the effects of parental acceptance and rejection. New Haven

Ropohl, G. (1988). Zum gesellschaftstheoretischen Verständnis soziotechnischen Handelns im privaten Bereich. In: Joerges, B. (Hg.): Technik im Alltag. Frankfurt/ Main

Rosanvallon, P. (1981). La crise de l'Etat-Providence. Paris

Rosenberg, M./ Pearlin, L. I. (1978). Social class and self-esteem among children and adults. In: American Journal of Sociology , 84, 53–77

Rosenmayr, L./ Köckeis, E. (1963). Essai d'une théorie sociologique de la vieillesse et de la famille. In: Revue International des Sciences Sociales, 3, 423–448

Rosenstiel, L. v. (1980). Psychologische Untersuchungen zum Geburtenrückgang in der Bundesrepublik Deutschland. In: Olechowski, R. (Hg.): Geburtenrückgang: Besorgniserregend oder begrüßenswert? Freiburg

Rosenthal, C. J. (1985). Kinkeeping in the familial division of labour. In: Journal of Marriage and the Family, 47, 965–974

Rosenthal, M. K. (1982a). Vocal dialogues in the neonatal period. In: Developmental Psychology, 18, 17–21

Rosenthal, M. K. (1982b). Sex differences in mother-infant interaction during breast-feeding in the neonatal period. Unpublished report. Department of Social work, the Hebrew University of Jerusalem

Rosenthal, M. K. (1983a). Mother-infant reciprocity during the neonatal period. In: Southern Psychologist, 1, 91–96

Rosenthal, M. K. (1983b). State variation in the newborn and mother-infant interaction during breast feeding. In: Developmental Psychology, 19, 740–745

Rossi, A. (1980). Aging parenthood in the middle years. In: Lifespan development and behavior, 3, 138–205

Rossi, A./ Rossi, P. (1990). Of human bonding: Parent-child relations across the life course. New York

Rougemont, d. D. (1972 (1938)). L'amour et l'Occident. Paris

Roussel, L. (1980). Ehe und Ehescheidungen. In: Familiendynamik, 5, 186–203

462

Roussel, L. (1983). Les ménages d'une personne. In: Population, 6, 71–86

Roussel, L. (1990). La famille incertaine. Paris

Roussel, L./ Bourguignon, O. (1976). La famille après le mariage des enfants. Paris

Ruffiot, A. (1988). De la logique opératoire au tissu mythique familial. In: Dialogue, 100, 101–105

Ruhm, C. J. (1989). Why older Americans stop working. In: The Gerontologist, 29, 294–299

Rückert, G.-R./ Votteler, M. (1985). Die Erwerbstätigkeit von Müttern und die Betreuung ihrer Kinder in Baden-Württemberg. Ergebnisse einer Mikrozensus-Zusatzerhebung vom April 1982. Stuttgart

Ryder, N. (1956). The cohort as a concept in the study of social change. In: American Sociological Review, 30, 843–861

Ryffel-Gericke, C. (1983). Männer in Familie und Beruf. Diessenhofen

Sabean, D. (1984). Junge Immen im leeren Korb. Beziehungen zwischen Schwägern in einem Schwäbischen Dorf. In: Medick, H./ Sabean, D. (hg.) Emotionen und kulturelle Interessen. Sozialanthropologische und historische Beiträge zur Familienforschung. Göttingen

Sackmann, R./ Hüttner, B./ Weymann, A. (1991). Technik und Forschung als Thema der Generationen. Zwischenbericht des Forschungsvorhabens. Bremen

Sackmann, R. (1991). Das Deutungsmuster ›Generation‹. In: Meuser, M. (Hg.): Analyse sozialer Deutungsmuster. Pfaffenweiler

Safilios-Rothschild, C. (1967). Family. In: Journal of Marriage and the Family, 29, 345–352

Safilios-Rothschild, C. (1970). The study of family power structure: A review 1960–1969. In: Journal of Marriage and the Family, 32, 539–552

Saladin, P./ Zeuger, C. (1988). Rechte künftiger Generationen. Basel

Sanborn, B./ Bouls, S. (1991). Intergenerational caregivers of the oldest old. In: Pfeifer, S. P./ Sussman, M. B. (Ed.): Families: Intergenerational and generational connections. New York

Sanders, G. F./ Trygstad, D. W. (1989). Stepgrandparents and grandparents: The view from young adults. In: Family Relations, 38, 71–75

Sayers, S. (1987). The psychological significance of genealogy. In: Bennet, G./ Smith, P./ Widdowson, J. D. A. (Ed.): Perspectives on contemporary legend. Sheffield

Scharlach, A. E. (1987). Role strain in mother-daughter relationship in later life. In: The Gerontologist, 27, 627–631

Schelsky, H. (1960). Wandlungen der Deutschen Familie in der Gegenwart. Stuttgart

Schenk, M. (1983). Das Konzept des sozialen Netzwerkes. In: Neidhardt, F. (Hg.): Gruppensoziologie. Perspektiven und Materialien. Opladen

Schmidt, M. G. (1988). Sozialpolitik. Historische Entwicklung und internationaler Vergleich. Opladen

Schmied, G. (1984). Der soziologische Generationsbegriff. In: Neue Sammlung, 24, 231–244

Schnapper-Arndt, G. (1975 (1883)). Fünf Dorfgemeinden auf dem Hohen Taunus. Bonn

Schneider, A. (1970). Expressive Verkehrskreise. Eine Untersuchung zu freundschaftlichen und verwandtschaftlichen Beziehungen. In: Lüschen, G./ Lupri, E. (Hg.): Soziologie der Familie. Opladen

Schriewer, J. (1987). Vergleich als Methode und Externalisierung auf Welt: Vom Umgang mit Alterität in Reflexionsdisziplinen. In: Baecker, D. (Hg.): Theorie als Passion. Niklas Luhmann zum 60. Geburtstag. Frankfurt/M.

Schubert, H. J. (1990). Mitglieder der erweiterten Familie in persönlichen Hilfenetzen. Ergebnisse einer egozentrierten Netzwerkanalyse. In: Zeitschrift für Familienforschung, 2, 176–210

Schuler, T. (1987). Der Generationenbegriff und die historische Familienforschung. In: Schuler, P.-J. (Hg.): Die Familie als sozialer und historischer Verbund. Sigmaringen

Schultheis, F. (1986). Selbsthilfe unter Kuratel. Eine kleine Sozialgeschichte des bürgerlichen Selbsthilfe-Gedankens in Frankreich. In: Deutscher Caritasverband (Hg.): Ehrenamt und Selbsthilfe. Freiburg

Schultheis, F. (1987). Fatale Strategien und ungeplante Konsequenzen beim Aushandeln ›familialer Risiken‹ zwischen Mutter, Kind und ›Vater Staat‹. In: Soziale Welt, 38, 40–56

Schultheis, F. (1989). Comme par raison, comparaison n'est pas toujours raison. Pour une critique sociologique de l'usage social de la comparaison interculturelle. In: Droit et Société, 219–244

Schultheis, F. (1991). La famille, le marché et l'Etat providence. In: de Singly, F./ Schultheis, F. (Hg.): Affaires de famille, affaires d'Etat. Colloque franco-allemand, Nancy. Nancy

Schultheis, F. (im Druck). Familienpolitik in Grenzen: theoretische und methodologische Probleme des interkulturellen Vergleichs familienpolitischer Leistungen. In: Hoffmann-Nowotny, H.-J. et al. (Hg.): Kinderzahl und Familienpolitik im Drei-Länder-Vergleich, Schriften des Bundesinstituts für Bevölkerungswissenschaften. Wiesbaden

Schultheis, F. ((im Druck)). Famille – le remue-ménage venu du nord. In: Feron, F. (Ed.): L'Etat de l'Europe. Paris

Schultheis, F./ Lüscher, K. (1987). Familles et savoirs. In: L'Année Sociologique, 37, 239–263

Schulz, W./ Weiß, H./ Strodl, R. (1980). Ehe- und Familienleben heute. Einstellungen und Bewertungen. Wien

Schumann, H./ Rieger, Ch. (1992). Historical analogies, generational effects, and attitudes toward war. In: American Sociological Review, 315–326

Schülein, J. A. (1987). ...Vater (oder Mutter) sein dagegen sehr. In: Soziale Welt, 38, 411–436

Schürkmann, M./ Voges, W./ Wolf, J./ Kohli, M. (1987). Vorruhestand und ›Generationenvertrag‹. In: Zeitschrift für Sozialisationsforschung und Erziehungssoziologie, 7, 117–131

Schütze, Y. (1988). Mutterliebe – Vaterliebe. In: Frevert, U. (Hg.): Bürgerinnen und Bürger. Kritische Studien zur Geschichtswissenschaft 77. Göttingen

Schütze, Y. (1988). Zur Veränderung im Eltern-Kind-Verhältnis seit der Nachkriegszeit. In: Nave-Herz, R. (Hg.): Wandel und Kontinuität der Familie in der Bundesrepublik Deutschland. Stuttgart

Schütze, Y. (1989). Intergenerationelle Beziehungen zwischen Erwachsenen und ihren alten Eltern – Ergebnisse einer Pilotstudie. In: Zeitschrift für Familienforschung, 1, 72–102

Schwartz, D. (1990). Le monde privé des ouvriers. Hommes et femmes du Nord. Paris

Segalen, M. (1984). »Seinen Teil haben«. Geschwisterbeziehungen in einem egalitären Vererbungssystem. In: Medick, H./ Sabean, D. (Hg.) Emotionen und materielle Interessen. Sozialanthropologische und historische Beiträge zur Familienforschung. Göttingen

Segalen, M. (1990). Die Familie: Geschichte, Soziologie, Anthropologie. Frankfurt/ Main

Segalen, M./ Michelat, C. (1991). L'amour de la généalogie. In: Segalen, M. (Ed.): Jeux de familles. Paris

Senghaas-Knobloch, E. (1991). Lust und Unlust am technischen Fortschritt. In: Leithäuser, T. (Hg.): Lust und Unbehagen an der Technik. Frankfurt/Main

Sennett, R. (1970). Family against the city. Cambridge

Sennett, R. (1980). La famille contre la ville: les classes moyennes de Chicago à l'ère industrielle (1872–1890). Paris

Sewell, W. H./ Hauser, R. M. (1975). Education, occupation, earnings: Achievement in the early career. New York

464

Sgritta, G. B. (1992). Inquita generazionale e logica della compatibilita. In: Ministero dell' Interno (Ed.) Politiche sociali par l'infanzia e l'adoloscenza. Milano

Sgritta, G. B. (1988). The Italian family: Tradition and change. In: Journal of Family Issues, 9, 372–396

Sgritta, G. B. (1989). Towards a new paradigm: Family in the welfare crisis. In: Boh, K./ Bak, M. (Ed.): Changing patterns of European life. London

Shanas, E. (1974). The family as a support system in old age. In: The Gerontologist, 19, 169–174

Shanas, E. (1979). Social myth as hypothesis: The case of the family relations of old people. In: The Gerontologist, 19, 3–9

Shorter, E. (1975). Der Wandel der Mutter-Kindbeziehungen zu Beginn der Moderne. In: Geschichte und Gesellschaft, 1, 257–287

Shorter, E. (1977). Die Geburt der modernen Familie. Reinbek

SINUS-Institut (1983). Die verunsicherte Generation – Jugend und Wertewandel. Opladen

SINUS-Institut (1984). Jugendforschung in der Bundesrepublik. Opladen

Simons, R. L./ Whitbeck, L. B./ Conger, R. D./ Chyi-In, W. (1991). Intergenerational transmission of harsh parenting. In: Developmental Psychology, 27, 159–171

Simonton, D. K. (1983). Intergenerational transfer of individual differences in hereditary monarchs: Genetic, role-modeling, or cultural effects? In: Journal of Personality and Social Psychology, 44, 354–364

Singly, d. F. (1987). Fortune et infortune de la femme mariée. Paris

Singly, de F. (1988). Les ruses totalitaires de la pédagogie anti-autoritaire. In: Revue de l'Institut de Sociologie. Bruxelles

Singly, de F. (1988). L'amour, un bien privé, un mal public? In: Revue Française des Affaires Sociale, 2, 12–26

Singly, de F. (1990). L'homme dual. In: Le débat, 61–68

Singly, d. F. (1991). Conclusion: les affinités électives entre l'état et la famille. In: Singly, de F./ Schultheis, F. (Ed.): Affaires de famille, affaires d'Etat. Nancy

Singly, F. d./ Schultheis, F. (Ed.) (1991). Affaires de famille, affaires d'Etat. Colloque franco-allemand, Nancy.

Skolnick, A. (1986). Early attachment and personal relationships across the life-course. In: Baltes, P. et al. (Ed.): Life-span development and behavior, Vol. 7. Hillsdale

Smiles, S. (1876). Die Sparsamkeit. Leipzig

Society (1991). Special issue ›Generations in conflict‹

Sommerkorn, I. (1988). Müttererwerbstätigkeit in der Bundesrepublik Deutschland – Wandlungen und Problemveränderungen. In: Nave – Herz, R. (Hg.): Wandel und Kontinuität der Familie in der Bundesrepublik Deutschland. Stuttgart

Sonenstein, F. L./ Wolf, D. (1991). Satisfaction with child care: Perspectives of welfare mothers. In: Journal of Social Issues, 47, 15–31

Sorrentino, C. (1990). The changing family in intergenerational perspective. In: Monthly Labor Review, 113, 41–58

Spanier, G. B./ Furstenberg, F. F. (1987). Remarriage and reconstituted families. In: Sussman, M. B./ Steinmetz, S. K. (Ed.): Handbook of marriage and the family. New York

Spitze, G. (1988). Women's employment and family relations: A review. In: Journal of Marriage and the Family, 50, 595–618

Spitze, G./ Logan, J. (1989). Gender differences in family support: Is there a payoff? In: The Gerontological Society of America, 108–113

Spitz, A. B. (1973). The historical problem of the generation. In: The American Historical Review, 78, 1353–1385

Sprey, J. (1991). Studying adult children and their parents. In: Pfeifer, S. P./ Sussman, M. B. (Ed.): Families: Intergenerational and generational connections. New York

Stacey, J. (1991a). Zurück zur postmodernen Familie. Geschlechterverhältnisse, Verwandtschaft und soziale Schicht im Silicon Valley. In: Soziale Welt, 42, 300–322

Stacey, J. (1991b). Backward toward the postmodern family. In: Zapf, W. (Hg.): Die Modernisierung moderner Gesellschaften. Verhandlungen des 25. Deutschen Soziologentages in Frankfurt am Main 1990. Frankfurt/ Main

Stack, C. (1974). All our kin: Strategies for survival in the black community. New York

Statistisches Bundesamt (1989). Stand und Entwicklung der Erwerbstätigkeit 1988. Fachserie 1, Bevölkerung und Erwerbstätigkeit, Reihe 4.1.1. Stuttgart

Statistisches Bundesamt (1990). Wirtschaftsrechnungen, Fachserie 15, Heft 1. Stuttgart

Stauss, M. A. (1956). Personal characteristics and functional needs in the choice of farming as a career. In: Rural Sociology, 21, 257–266

Stauss, M. A. (1964). Social needs and personal characteristics in the choice of farm, blue collar, white collar occupations of farmers' sons. In: Rural Sociology, 29, 408–425

Stähelin, H. B. et al. (1985). Pflege von betagten Patienten durch ihre Angehörigen. Eine Untersuchung im Rahmen des NFP 8. In: Sozial- & Präventivmedizin, 30, 290–311

Stegmann, H./ Kraft, H. (1987). Ausbildungs- und Berufswege von 23–24jährigen. In: Mitteilungen aus der Arbeitsmarkt- und Berufsforschung, 20, 142–163

Steinberg, L. D. (1989). Parenting academic achievers: When families make a difference (and when they don't). Paper presented at the annual meeting of the American Educational Research Association. San Francisco

Steinberg, L. D./ Brown, B. B. (1989). Beyond the classroom: Invited paper presented to the families as Educators Special Interest Group at the annual meetings of the American Educational Research Association, San Francisco

Steinberg, L. D. (1987). Recent research on the family at adolescence: The extent and nature of sex differences. In: Journal of Youth and Adolescence, 16, 191–198

Steudler, F. (1974). L'hôpital en observation. Paris

Stevenson, H. W./ Stigler, J. W. (1992). The learning gap. New York

Stoller, E. P. (1985). Exchange patterns in the informal support networks of the elderly: the impact of reciprocity on morale. In: Journal of Marriage and the Family, 47, 335–342

Stone, L. (1977). The family, sex and marriage in England 1500–1800. New York

Stone, R./ Cafferata, G. L./ Sangl, J. (1987). Caregivers of the frail elderly: A national profile. In: The Gerontologist, 27, 616–626

Storer, D. (1985). Ethnic family values in Australia. Sydney

Straus, M. A./ Gelles, R. J./ Steinmetz, S. K. (1980). Behind closed doors: Violence in the American family. Beverly Hills

Streib, G. F. (1965). Intergenerational relations: Perspectives of the two generations on the older parent. In: Journal of Marriage and the Family, 27, 469–476

Strohmeier, K. P. (1983). Quartier und soziale Netzwerke. Grundlagen einer sozialen Ökologie der Familie. Frankfurt/ Main

Strohmeier, K. P. (1988). Geburtenrückgang als Ausdruck von Gesellschaftswandel. In: Wehling, H.-G. (Hg.): Bevölkerungsentwicklung und Bevölkerungspolitik in der Bundesrepublik. Stuttgart

Stroller, E. P. (1983). Parental caregiving by adult children. In: Journal of Marriage and the Family, 45, 851–58

Suitor, J. J. (1987). Mother-daughter relations when married daughters return to school: Effects of status similarity. In: Journal of Marriage and the Family, 49, 435–444

Suitor, J. J. (1988). Husband's educational attainment and support for wives' return to school. In: Gender & Society, 2, 428–495

Suitor, J. J./ Pillemer, K. (1991). Transition to the status of family caregiver: A framework for studying social support and well-being. In: Stahl, T. M. (Ed.): The legacy of longevity: health, illness, and long-term care in later life . Beverly Hills

Sullerot, E. (1984). Pour le meilleur et sans le pire. Paris

Sussman, M. B. (1985). The family life of old people. In: Binstock, R. L./ Shanas, E. (Ed.): Handbook of Aging and the Social Sciences. New York

Sweetser, D. G. (1966). The effect of industralization on intergenerational solidarity. In: Rural Sociology, 31, 156–170

Swindler, W. F.(Ed.) (1975). Sources and documents of United States Constitutions. Nr. 5. Dobbs Ferry

Tapie, M./ Tripier, P./ Diaz, M. (1990). Formes d'aides. In: Bouget, D./ Tartarin, R. (Ed.): Le prix de la dépendance. Paris

Terman, L. M./ Miles, C. C. (1936). Sex and personality. New York

The Japan Times (1991). Cost of cram school jumpes. August 31, p. 4

Theory Culture and Society (1988). Special issue on postmodernism. In: Theory, Culture and Society, 5

Théry, I. (1987). Remariage et familles composées: des évidences aux incertitudes. In: L'Année Sociologique, 36, 119–152

Théry, I. (1988). Die Familien nach der Scheidung: Vorstellungen, Normen, Regulierungen. In: Lüscher, K./ Schultheis, F./ Wehrspaun, M. (Hg.): Die ›postmoderne‹ Familie. Familiale Strategien und Familienpolitik in einer Übergangszeit. Konstanz

Théry, I. (1991). Trouver le mot juste. Langage et parenté dans les recompositions familiales après divorce. In: Segalen, M. (Ed.): Jeux de familles. Paris

Théry, I./ Biet, C. (1989). La famille, la loi, l'état de la révolution au Code Civil. Paris

Thibault, M.-N. (1986). Politiques familiales, politiques d'emploi: Nouvelles questions feministes. Paris

Thiessen, V./ Rohlinger, H. (1988). Die Verteilung von Aufgaben und Pflichten im ehelichen Haushalt. In: Kölner Zeitschrift für Soziologie und Sozialpsychologie, 40, 640–658

Thomas, W. I./ Znaniecki, F. (1972). The polish peasant in Europe and America. Chicago

Thompson, R./ Lamb, M. (1986). Infant-mother attachment: New directions for theory and research. In: Baltes, P. et al. (Ed.): Life-span development and behavior, Vol. 7. Hillsdale

Thomson, D. (1989). The welfare state and generation conflict: Winners and loosers. In: Johnson, P. et al. (Ed.): Workers versus pensioners. Manchester

Thornton, A./ Alwin, D. F./ Camburn, D. (1983). Causes and consequences of sex-role attitudes and attitude change. In: American Sociological Review, 48, 211–227

Thornton, A./ Freedman, D. (1979). Changes in the sex role attitudes of women. In: American Sociological Review, 44, 831–842

Tietze, W./ Rossbach, G. (1991). Die Betreuung von Kindern im vorschulischen Alter. In: Zeitschrift für Pädagogik, 37, 555–579

Tobin, S. S./ Kulys, R. (1981). The family in the institutionalization of the elderly. In: Journal of Social Issues, 37, 145–157

467

Tocqueville, d. A. (1968). De la démocratie en Amérique. Paris

Tocqueville, d. A. (1976). Über die Demokratie in Amerika. München

Todd, E. (1990). L'invention de l'Europe. Paris

Towson, M. (1985). Paid parental leave policies: An international comparison. Ottawa

Triandis, H. C./ Bontempo, R./ Villareal, M. J./ Asai, M/ Lucca, N. (1988). Individualism and collectivism: Cross-cultural perspectives on self-ingroup relationships. In: Journal of Personality and Social Psychology, 54, 323–338

Trivers, R. (1983). The evolution of cooperation. In: Bridgeman, D. L. (Ed.): The nature of prosocial development. New York

Troll, L. E. (1983). Grandparents: The family watchdogs. In: Brubaker, Th. (Ed.): Family relationships in later life. Beverly Hills

Troll, L. E. (1986). Family issues in current gerontology. New York

Troll, L. E. (1987). Mother-daughter relationship through the life span. In: Oskamp, S. (Ed.): Family processes and problems: Social psychological aspects. Newbury Park

Troll, L. E./ Bengtson, V. L. (1979). Generations in the family. In: Burr, W. R./ Hill, R./ Nye, E. I. (Ed.): Contemporary theories about the family. New York

Troll, L. E./ Miller, S. J./ Atchley, R. C. (1979). Families in later life. Belmont

Trommsdorff, G. (1986). Wertewandel der japanischen Jugend. In: Linhart, S. (Hg.): 40 Jahre modernes Japan. Wien

Trommsdorff, G. (1989). Sozialisation und Werthaltungen im Kulturvergleich. In: Trommsdorff, G. (Hg.): Sozialisation im Kulturvergleich. Stuttgart

Trommsdorff, G. (1991a). Sympathie und Partnerwahl. In: Amelang, M. et al. (Hg.): Partnerwahl und Partnerschaft. Formen und Grundlagen partnerschaftlicher Beziehungen. Göttingen

Trommsdorff, G. (1991b). Child-rearing and children's empathy. In: Perceptual and Motor Skills, 72, 387–390

Trommsdorff, G. (1992a). Kulturvergleich von Emotionen beim prosozialen Handeln. In: Mandl, H. et al. (Hg.): Kultur – Entwicklung – Denken. Göttingen

Trommsdorff, G. (1992b (im Druck)). Value change in Japan and Germany. In: Kreiner, J. (Ed.): Japanese value change in comparative perspective. Tokyo

Trommsdorff, G. (1992c (im Druck)). Entwicklungen im Kulturvergleich. In: Thomas, A. (Hg.): Einführung in die kulturvergleichende Psychologie. Göttingen

Trommsdorff, G. (1992d (in Vorb.)). Japanisches Denken im interkulturellen Vergleich. In: Kornadt, H.-J. et al. (Hg.): Deutsch-japanische Begegnungen in den Sozialwissenschaften. Konstanz

Trommsdorff, G./ Iwawaki, S. (1989). Students' perceptions of socialization and gender role in Japan and Germany. In: International Journal of Behavioral Development, 12, 485–493

Trommsdorff, G./ Suzuki, T./ Sasaki, M. (1987). Soziale Ungleichheiten in Japan und der BRD. In: Kölner Zeitschrift für Soziologie und Sozialpsychologie, 39, 471–495

Tuggener, H. (1992). Die Zunahme der Lebensspanne seit 300 Jahren. Überlegungen aus der Sicht eines Sozialpädagogen. In: Imhof, A. E. (Hg.): Leben wir zu lange? Köln

Tyrell, H. (1976). Probleme einer Theorie der gesellschaftlichen Ausdifferenzierung der privatisierten modernen Kernfamilie. In: Zeitschrift für Soziologie, 6, 393–417

United Nations Department of international Economic and Social Affaires (1988). Adolescent reproductive behavior. New York

Van de Heuvel, W./ Illsley, R./ Jamieson, A./ Knipscheer, K. (Ed.) (1992). Opportunities and challenges in an aging society . Amsterdam

Vaskovics, L. A. (1989). Familienabhängigkeit junger Erwachsener und Familienzyklus. In: Bertram, H. et al. (Hg.): Blickpunkt Jugend und Familie. Weinheim

Vaskovics, L. A./ Andorka, R. (1990). Post-adolescence and family life cycle – an international comparative study: The Federal Republic of Germany – The Republic of Hungary. Paper presented at 12th World Congress of Sociology, 9–13 July, Madrid

Vaskovics, L. A./ Buba, H. P. (1991). Familienabhängigkeit junger Erwachsener und ihre sozialen Folgen. Interdisziplinäre Familienforschung. In: Heft 3 der Reihe Forschungsforum, Otto-Friedrich-Universität. Bamberg,

Vaskovics, L. A./ Buba, H. P./ Eggen, B./ Junge, M. (1990). Familienabhängigkeit junger Erwachsener und ihre Folgen. Forschungsbericht der Sozialwissenschaftlichen Forschungsstelle/ Universität Bamberg. Bamberg

Vaskovics, L. A. et al. (1988). Familienabhängigkeit junger Erwachsener. Zwischenbericht. Ergebnisse einer Realanalyse. Bamberg

Véron, J. (1988). Activité féminine et structures familiales. Quelle dépendances? In: Population, 43, 103–120

Wagner, M./ Huinink, J. (1991). Neuere Trends beim Auszug aus dem Elternhaus. In: Acta Demographica, 2, 39–62

Wagner, P. (1990). Sozialwissenschaften und Staat. Frankreich, Italien, Deutschland 1870–1980. Frankfurt/ Main

Walker, A. J./ Pratt, C. C. (1991). Daughters' help to mothers: Intergenerational aid versus caregiving. In: Journal of Marriage and the Family, 53, 3–12

Walker, A. J./ Thompson, L. (1983). Intimacy and intergenerational aid contact among mothers and daughters. In: Journal of Marriage and the Family, 45, 841–849

Wallerstein, J./ Blakeslee, S. (1988). Gewinner und Verlierer. Frauen, Männer und Kinder nach der Scheidung. München

Wall, H. M. (1990). Fierce communion. Cambridge

Walter, W. (1991). Familien, Netzwerke und Soziale Unterstützung. Ergebnisse aus der Umfrageforschung (unveröff. Manuskript). Konstanz

Weber, M. (1924). Gesammelte Aufsätze zur Soziologie und Sozialpolitik. Tübingen

Weber, M. (1964). Wirtschaft und Gesellschaft. Tübingen

Weber, M. (1967). Rechtssoziologie. Neuwied

Weber, M. (1972 (5. Aufl.)). Wirtschaft und Gesellschaft. Tübingen

Weishaus, S./ Field, D. (1988). A half century of marriage: Continuity or change. In: Journal of Marriage and the Family, 50, 763–774

Weitzman, L. J. (1981). The marriage contract: Spouses, lovers, and the law. New York

Wellman, B./ Wortley, N. S. (1990). Brothers' keepers: situating kinship relations in broader networks of social support. In: Cseh-Szombathy, L./ Farber, B., Somlai, P./ Trost, J. (Hg.): Aiding and aging. The coming crisis in support for the elderly by kin and state. New York

Welsch, W. (1987). Unsere postmoderne Moderne. Weinheim

Welsch, W. (1988). ›Postmoderne‹ – Genealogie eines umstrittenen Begriffes. In: Kemper, P. (Hg.): Postmoderne oder der Kampf um die Zukunft. Frankfurt/ Main

Welsch, W. (1991). Ästhetisches Denken. Stuttgart

Wentowski, G. J. (1985). Older women's perceptions of great-mother-hood: A research note. In: The Gerontologist, 25, 260–266

Wertheimer, M. (1922/23). Untersuchungen zur Lehre von der Gestalt. In: Psychologische Forschung, 1, 12–16; 4, 301–350

Wettstein, A./ Gall, U. (1991). Der Bedarf an Pflegebetten und Langzeitpflegepersonal. Sozialpolitischer Sprengstoff. In: Schweizer Spital, 4, 7–11

Whitbeck. L. B. et al. (1991). The effects of early family relationships on contemporary relationships and assistance patterns between adult children and their parents. In: Journal of Gerontology

Whiting, B. B./ Whiting, J. W. M. (1975). Children of six cultures: A psychocultural analysis. Cambridge

Wilensky, H. L. (1985). Comparative social policy. Berkeley

Wilk, L./ Goldberg, C. (1990). Einstellungen zur Ehe und Familie. In: Gisser, R./ Reiter, L./ Schattovits, H./ Wilk, L. (Hg.): Lebenswelt Familie. Wien

Wilson, E. O. (1975). Sociobiology. A new synthesis. Cambridge

Wingen, M. (1988). Drei-Generationen-Solidarität in einer alternden Gesellschaft-Familienpolitische Anmerkungen zur Strukturreform der sozialen Altersversorgung. Neuwied

Wissenschaftlicher Beirat für Familienfragen beim Bundesministerium für Familie und Senioren (1992). Familie und Beratung. Bonn

Wolf, J. (1991). Die Vergesellschaftungslücke. Der Vorruhestand in den neuen Bundesländern. In: Zeitschrift für Sozialreform, 37, 723–735

Wurzbacher, G. (1958). Leitbilder gegenwärtigen deutschen Familienlebens. Stuttgart

Wurzbacher, G. (1987). Zur bundesdeutschen Familien- und Sozialisationsforschung in den Nachkriegs-jahren. In: Zeitschrift für Soziologie, 16, 223–231

Yang, K.-S. (1988). Will societal modernization eventually eliminate cross-cultural psychological differences? In: Bond, M. H. (Hg.): The cross-cultural challenge to social psychology. London

Y Gasset, O. (1978(1923)). Die Aufgabe unserer Zeit. In: Y Gasset, O. (Hg.): Gesammelte Werke. Bd. 3. Stuttgart

Y Gasset, O. (1978(1923)). Im Geiste Galileis. In: Y Gasset, O. (Hg.): Gesammelte Werke. Bd. 3. Stuttgart

Young, M./ Willmot, P. (1957). Family and kinship in East London. London

Youniss, J./ Smollar, J. (1985). Adolescent relations with mothers, fathers, and friends . Chicago

Youth Affairs Administration. Prime Minister's Office (Hg.) (1989). A summary report of the world youth survey. Tokyo

Zahn, F. (1927). Familienpolitik. In: Die Zukunft der Arbeit, 5

Zahn, F. (1929). Die familienpolitische enquête der Internationalen Vereinigung für Sozialen Fortschritt. In: Allgemeines Statistisches Archiv, 145, 165

Zapf, W. (1984). Welfare production: Public versus private. In: Social Indicators Research, 14, 263–274

Zapf, W./ Breuer, S./ Hampel, J./ Krause, P./ Mohr, H.-M./ Wiegand, E. (1987). Individualisierung und Sicherheit. Untersuchungen zur Lebensqualität in der Bundesrepublik Deutschland. München

Zapf, W./ (Hg.) (1990). Die Modernisierung moderner Gesellschaften. Frankfurt/ Main

Zonabend, F. (1980). Le mémoire longue. Temps et histoires au village. Paris

Sachregister*

* Zusammengestellt von Peter Sägesser, VDM, Bottighofen.

Autorinnen und Autoren

KATHLEEN ADAMS, Research Associate, Center for Population Studies, Harvard University, 9 Bow Street, USA-Cambridge, Mass. 02138

CLAUDINE ATTIAS-DONFUT, Professeur associé à l'Université Paris V, Directrice des Recherches sur le Vieillissement, Caisse Nationale d'Assurance Vieillesse, 49 rue Mirabeau, F-75016 Paris

URIE BRONFENBRENNER, Professor of Psychology, Cornell University, Department of Human Development and Family Studies, Martha Van Rensselaer Hall, USA-Ithaca, N. Y. 14 853

JOHN CLAUSEN, Professor of Sociology (em.), University of California, Institute of Human Development, 1203 Edward Chace Tolman Hall, USA-Berkeley, C. A. 94720

RAND D. CONGER, Professor of Sociology, Iowa State University, USA-Ames, I. A. 50011

FRANÇOIS DE SINGLY, Professeur en Sociologie, Université de Paris 5 – Sorbonne, UFR Science Sociales, 12 rue Cujas, F-75005 Paris

GLEN H. ELDER, Professor of Sociology, University of North Carolina, Carolina Population Center, USA-Chapel Hill, N. C. 27516-3997

WOLFGANG FACH, Professor für Politische Wissenschaft, Universität Leipzig, Institut für Politikwissenschaft, O-7010 Leipzig

WOLFGANG GLATZER, Professor für Soziologie, Johann Wolfgang Goethe-Universität, FB Gesellschaftswissenschaften, Robert Mayer-Str. 5, D-6000 Frankfurt

JABER F. GUBRIUM, Professor of Sociology, University of Florida, Department of Sociology, USA-Gainesville, F. L. 32611

TAMARA K. HAREVEN, Unidel Professor of Family Studies and History, University of Delaware, Center for Family Research, 101 Alison Hall, USA-Newark, Del. 19716

DOROTHEA M. HARTMANN, stud. soz., Johann Wolfgang Goethe-Universität, FB Gesell-schaftswissenschaften, Robert Mayer-Str. 5, D-6000 Frankfurt

FRANÇOIS HÖPFLINGER, Privatdozent, Universität Zürich, Soziologisches Institut, Rämistr. 69, CH-8001 Zürich

FRANZ-XAVER KAUFMANN, Professor für Sozialpolitik und Soziologie, Universität Bielefeld, Fakultät für Soziologie, Postfach 8640, D-4800 Bielefeld

MARTIN KOHLI, Professor für Soziologie, Freie Universität Berlin, Institut für Soziologie, Hittorfstr. 16, D-1000 Berlin 33

KURT LÜSCHER, Professor für Soziologie, Leiter des Forschungsschwerpunktes »Gesellschaft und Familie«, Universität Konstanz, FG Soziologie, Postfach 5560, D-7750 Konstanz

MATTHIAS MOCH, Projektleiter, Universität Konstanz, FG Soziologie, Postfach 5560, D-7750 Konstanz

PHYLLIS MOEN, The Ferris Family Professor of Life Course Studies, Cornell University, Life Course Institute, Martha Van Rensselaer Hall, USA-Ithaca, N. Y. 14853-4401

AGNÉS PITROU, Directrice de Recherche, L. E. S. T. – CNRS, 35 avenue Jules Ferry, F-13626 Aix en Provence Cedex

ELIZABETH B. ROBERTSON, University of North Carolina, Carolina Population Center, USA-Chapel Hill, N. C. 27516-3997

FRANZ SCHULTHEIS, Maître de Conférences, Université de Paris 5 – Sorbonne, 12 rue Cujas, F-75005 Paris

YVONNE SCHÜTZE, Privatdozentin, Max Planck Institut für Bildungsforschung, Lentzeallee 94, D-1000 Berlin 33

MARTINE SEGALEN, Directeur de Recherches au CNRS, Directeur du Centre d'Ethnologie Française, 6 avenue du Mahatma Gandhi, F-75116 Paris

LILIAN E. TROLL, Professor of Psychology (em.), University of California, Medical Anthropology, 1350 7th Avenue, USA-San Francisco, C. A. 94501

GISELA TROMMSDORFF, Professorin für Psychologie, Universität Konstanz, FG Psychologie, Postfach 5560, D-7750 Konstanz

LASZLO A. VASKOVICS, Professor für Soziologie, Universität Bamberg, Lehrstuhl für Soziologie I, Feldkirchenstr. 21, D-8600 Bamberg

WOLFGANG WALTER, Hochschulassistent, Universität Konstanz, FG Soziologie, Postfach 5560, D-7750 Konstanz

LISELOTTE WILK, Professorin für Soziologie, Johannes-Kepler-Universität Linz, Institut für Soziologie, Altenbergerstr. 69, A-4040 Linz

Band 3
Kurt Lüscher/Franz Schultheis
Michael Wehrspaun (Hg.)
Die »postmoderne« Familie
Familiale Strategien und
Familienpolitik in einer
Übergangszeit
2. Auflage 1990,
456 S., kt.,DM 120,–
ISBN 3-87940-313-9

Band 4
Hans-Dieter Daniel
Rudolf Fisch (Hg.)
Evaluation von Forschung
Methoden – Ergebnisse –
Stellungnahmen
1988, 504 S., kt., DM 148,–
ISBN 3-87940-339-2

Bisher in der Reihe erschienen

Band 1
Kurt Lüscher / Adelheit Stein
**Die Lebenssituation junger
Familien –
die Sichtweise der Eltern**
1985, 116 S., kt., DM 21,80
ISBN 3-87940-278-7

Band 2
Rudolf Fisch
Hans-Dieter Daniel (Hg.)
**Messung und Förderung
von Forschungsleistung**
Person – Team – Institution
1987, 408 S., kt., DM 95,–
ISBN 3-87940-297-3

Der Wandel der Familie wird gegenwärtig intensiv diskutiert. Er äußert sich auf mannigfache Weise: In einer wachsenden Vielfalt von Lebensformen, in neuen Einstellungen zur Familiengründung und zum Familienleben, der Inanspruchnahme von Fruchtbarkeitstechnologien, in Versuchen, die Spannung zwischen Familientätigkeit und Erwerbstätigkeit auszuhalten, in einer Zunahme der Stiefelternschaft, in neuen familienpolitischen Initiativen etc. Je besser man diese Probleme zu beschreiben vermag, desto deutlicher erkennt man Anzeichen eines gesellschaftlichen Übergangs, der seit einiger Zeit mit dem Attribut »postmodern« gekennzeichnet wird. Darin zeigt sich ein enger Zusammenhang von Familienforschung und aktueller Gesellschaftsanalyse. Beiträge von 28 Wissenschaftlerinnen und Wissenschaftlern vermitteln eine umfassende Zwischenbilanz der aktuellen familiensoziologischen Forschung und ihrer Bedeutung für die politische Lebenspraxis.

Führende Wirtschaftsforscher- und politiker überprüfen in diesem Band die Aussagekraft von Universitätsranglisten, und zwar für die Fächer Anglistik, Biologie, Neurologie, Ökonomie, Physik, Politikwissenschaft, Psychiatrie, Psychologie, Soziologie und Sportwissenschaft. Sie behandeln auch die Frage, ob es sinnvoll ist, die Universitäten fächerübergreifend zu vergleichen. Darüber hinaus enthält der Band Beiträge zur Evaluation der bundesdeutschen Forschung im internationalen Vergleich, zum Begutachtungsverfahren der Deutschen Forschungsgemeinschaft sowie einen Bericht über die Entwicklung und Erprobung eines Instruments zur Beurteilung abgeschlossener Forschungsprojekte.

sozialwissenschaftlichen Forschung
Herausgegeben von Rudolf Fisch und Kurt Lüscher

UVK
Soziologie

Band 5
Rudolf Fisch
Margarete Boos (Hg.)
**Vom Umgang mit Komplexität
in Organisationen**
Konzepte – Fallbeispiele –
Strategien
1990, 348 S., kt., DM 98,–
ISBN 3-87940-377-5

Der Band gibt einen Überblick über
die Forschung zum Thema Umgang
mit Komplexität in Organisationen.
In Feld- und Laborstudien werden
drei Organisationsebenen betrachtet:
Die Organisation als Ganzes, Abteilungen und das individuelle Problemlösungs- und Entscheidungsverhalten
einzelner Führungskräfte. Der Band
enthält ferner Erfahrungsberichte
über Maßnahmen der Organisationsentwicklung sowie Hinweise für die
Praxis.

Band 6
Hans-Joachim Kornadt
Gisela Trommsdorff (Hg.)
**Deutsch-japanische
Begegnungen in den
Sozialwissenschaften**
Wiederbeginn wissenschaftlicher
Kooperation in gesellschaftsbezogener Forschung
1993, 264 S., kt., DM 68,–
ISBN 3-87940-409-7

Der Band vereinigt Studien zu wichtigen Aspekten der japanischen Gesellschaft. So werden insbesondere
Fragen nach den geistesgeschichtlichen Wurzeln der japanischen Kultur,
nach der Bedeutung westlicher Einflüsse auf die japanische Wissenschaft und nach der kulturstiftenden
Funktion von Erziehung und Sprache
erörtert. Die Beiträge, sowohl von
deutschen wie japanischen Wissenschaftlern geschrieben und aus jahrelangem Dialog hervorgegangen, vermitteln ein facettenreiches und kritisches Bild der Gesellschaft Japans
und ihrer Mechanismen und leisten
damit einen wichtigen Beitrag zur interkulturellen Begegnung.

Band 7
Kurt Lüscher
Franz Schultheis (Hg.)
**Generationenbeziehungen in
»postmodernen« Gesellschaften**
Analysen zum Verhältnis von
Individuum, Familie, Staat und
Gesellschaft
1993, 492 S., kt., DM 128,–
ISBN 3-87940-408-9

Der Band enthält aus den drei Ländern Deutschland, Frankreich und
den USA Darstellungen wichtiger
theoretischer Ansätze (Bronfenbrenner, Kaufmann, Pitrou), anschauliche
Berichte über empirische Analysen
von Generationenbeziehungen in Familien (Clausen, Elder, Segalen,
Vaskovics u.a.) sowie über die makrosozialen Zusammenhänge (Glatzer,
Hareven, Kohli u.a.).
Der Band ist sowohl als systematische
Einführung in eine aktuelle Soziologie
der Generationen als auch als Forschungsübersicht in international vergleichender Perspektive konzipiert.

**UVK
Universitätsverlag Konstanz
Postfach 102051
D-78420 Konstanz
Tel. 07531/23058**

Der Fachverlag für Wissenschaft und Studium **UVK**

Schriftreihen

Kommunikationswissenschaft

Journalismus

COMNET

Medien und Märkte

Soziologie

Konstanzer Beiträge z. sozialwissenschaftl. Forschung

édition discours

Geschichte

XENIA
Konstanzer althistorische Vorträge u. Forschungen

Konstanzer Bibliothek

Portraits des Widerstands

Weiße Bibliothek
(Regionalgeschichte)

Rechtswissenschaft

Konstanzer Schriften zur Rechtstatsachenforschung

Frankfurter Schriften zum Medienrecht

Wirtschaftswissenschaft

Intern. Management
(Hg. Forschungsstelle für intern. Management, St. Gallen)

Philosophie

Pittsburgh-Konstanz-Series in the Philosophy and History of Science

Literaturwissenschaft

Konstanzer Bibliothek

Informationswissenschaft

Schriften zur Informationswissenschaft
(Hg. Hochschulverband für Informationswissenschaft, Konstanz)

Pädagogik

Kollegium
Schriften d. Pädagogischen Hochschule St. Gallen

Sport in der Lehrerfortbildung

spezial

Kulturgeschichtl. Skizzen

Konstanzer Universitätsreden

Eulenspiegel Jahrbuch

Zeitschriften

Publizistik

Georgica

UVK · Universitätsverlag Konstanz
Postfach 102051 · D-78420 Konstanz
Tel. 07531/23058